Ferdinand Probst

**Sakramente und Sakramentalien in den drei ersten christlichen Jahrhunderten**

Ferdinand Probst

**Sakramente und Sakramentalien in den drei ersten christlichen Jahrhunderten**

ISBN/EAN: 9783337248802

Hergestellt in Europa, USA, Kanada, Australien, Japan

Cover: Foto ©ninafisch / pixelio.de

Weitere Bücher finden Sie auf **www.hansebooks.com**

# Sakramente und Sakramentalien

in den

## drei ersten christlichen Jahrhunderten.

# Sakramente und Sakramentalien

in den

## drei ersten christlichen Jahrhunderten

von

### Dr. Ferdinand Probst,
o. ö. Professor der Theologie an der Universität zu Breslau.

---

Tübingen, 1872.
Verlag der H. Laupp'schen Buchhandlung.

Druck von H. Laupp in Tübingen.

# Vorwort.

Dieser Band sollte, wie die beiden vorausgehenden, beinahe durchweg Neues enthalten und für den Geistlichen um so nützlicher und interessanter sein, als er zeigt, wann und wie sich der jetzige römisch-katholische Ritus gebildet hat. Der Entwicklungsproceß der Liturgie hat sich mit dem Beginn des vierten Jahrhunderts noch nicht abgeschlossen, darum fehlen zwischen „der Liturgie der drei ersten christlichen Jahrhunderte" und der heutigen noch manche Mittelstufen. Der Ritus, mit dem die Sakramente (die Oelung ausgenommen) in den ersten drei Jahrhunderten gespendet wurden, coincidirt hingegen theils mit dem heutigen, theils läßt sich leicht erkennen, wie er aus ihm geworden ist.

Weil mit dem Ritus das Dogma enge verbunden ist, konnten dogmatische Materien nicht umgangen werden. Ob der Verfasser in dieser Beziehung zu viel gethan hat, darüber läßt sich rechten. Blos die dogmatische Lehre von der Eucharistie blieb unberücksichtigt, weil eine dürftige Darstellung nicht genügt, eine eingehende aber zu viel Raum erfordert hätte.

Breslau, 15. Juli 1872.

Der Verfasser.

# Inhaltsverzeichniß.

## Einleitung.

| | | Seite. |
|---|---|---|
| § 1. | Das Wort Sakrament | 1 |
| § 2. | Wesen des Sakramentes | 5 |
| § 3. | Zahl und Aufeinanderfolge der Sakramente | 7 |
| § 4. | Ceremonien bei Spendung der Sakramente | 11 |
| § 5. | Eintheilung unserer Schrift | 14 |

## Erster Theil.
### Verwaltung der Sakramentalien.

#### Erstes Kapitel.
##### Exorcismus.
###### Erster Artikel.
###### Voraussetzungen des Exorcismus.

| | | |
|---|---|---|
| § 6. | Dämonische Einflüsse | 16 |
| § 7. | Die verfluchte Erde | 20 |
| § 8. | Erklärungsarten der Uebel | 27 |
| § 9. | Besessenheit | 35 |

###### Zweiter Artikel.
###### Vornahme des Exorcismus.

| | | |
|---|---|---|
| § 10. | Vom Exorcismus im Allgemeinen | 39 |
| § 11. | Minister des Exorcismus | 43 |
| § 12. | Beschaffenheit des Exorcismus | 46 |
| § 13. | Beschwörungsformulare | 51 |
| § 14. | Verschiedene Arten des Exorcismus | 56 |

#### Zweites Kapitel.
##### Benediktionen.

| | | |
|---|---|---|
| § 15. | Wesen und Wirkungen der Benediktionen | 62 |
| § 16. | Eintheilung und Minister derselben | 66 |
| § 17. | Benediktion der Speisen und Früchte | 68 |
| § 18. | Eulogien | 71 |
| § 19. | Weihe des Taufwassers | 74 |
| § 20. | Ritus dieser Weihe | 78 |
| § 21. | Weihe des Oeles | 83 |
| § 22. | Verschiedene Arten der Oelweihe | 86 |
| § 23. | Weihegebete über das Oel | 89 |
| § 24. | Weihe der Kirchen | 92 |

VIII

## Zweiter Theil.
### Die Sakramente und ihre Verwaltung.

### Erstes Kapitel.
#### Die Taufe
##### Erster Artikel.
###### Verschiedene Arten der Taufe.

| | | Seite |
|---|---|---|
| § 25. | Namen für die Taufe | 97 |
| § 26. | Wesen und Wirkungen der Wassertaufe | 98 |
| § 27. | Bluttaufe | 101 |
| § 28. | Begierde- und Feuertaufe | 106 |
| § 29. | Klinische Taufe | 108 |

##### Zweiter Artikel.
###### Zeit, Ort, Minister und Empfänger der Taufe.

| § 30. | Zeit der Taufe | 110 |
|---|---|---|
| § 31. | Ort der Taufe | 113 |
| § 32. | Spender der Taufe | 115 |
| § 33. | Empfänger derselben; Kindertaufe | 120 |

##### Dritter Artikel.
###### Die Taufhandlung und die sie umgebenden Ceremonien.

| § 34. | Lesungen, Prophezeiungen | 125 |
|---|---|---|
| § 35. | Widersagung und Exorcismus | 128 |
| § 36. | Reihenfolge der weiteren Handlungen | 134 |
| § 37. | Salbung | 137 |
| § 38. | Glaubensbekenntniß und Taufbündniß | 141 |
| § 39. | Sakramentsspendung | 144 |
| § 40. | Ceremonien nach der Taufe | 149 |
| § 41. | Die Allerheiligenlitanei im römischen Missale | 153 |

### Zweites Kapitel.
#### Firmung.

| § 42. | Von der Firmung im Allgemeinen | 159 |
|---|---|---|
| § 43. | Firmung und Taufe | 168 |
| § 44. | Minister und Empfänger | 173 |
| § 45. | Salbung, Signation und Handauflegung | 175 |
| § 46. | Ritus der Firmung | 183 |
| § 47. | Nachfeier in der Osteroktav | 191 |

### Drittes Kapitel.
#### Eucharistie.
##### Erster Artikel.
###### Stellung, Materie und Form der Eucharistie.

| § 48. | Stellung der Eucharistie zur Taufe, Firmung und Wiedergeburt | 194 |
|---|---|---|
| § 49. | Waizenbrod | 200 |
| § 50. | Wein | 203 |
| § 51. | Consecrationsformel | 206 |

##### Zweiter Artikel.
###### Minister und Empfänger.

| § 52. | Lehre der Schrift und ältesten Väter | 212 |
|---|---|---|
| § 53. | Tertullian und Cyprian | 217 |

| | | Seite |
|---|---|---|
| § 54. | Origenes, die apostolischen Constitutionen und Hippolyt über diesen Gegenstand | 221 |
| § 55. | Geistige Disposition des Empfängers | 224 |
| § 56. | Körperliche Disposition | 226 |
| § 57. | Wirkungen der würdigen Communion | 229 |
| § 58. | Wirkungen der unwürdigen Communion | 232 |

### Dritter Artikel.
#### Die Sakramentsspendung.

| | | |
|---|---|---|
| § 59. | Oftmaliger Empfang der Communion | 233 |
| § 60. | Wegzehrung | 236 |
| § 61. | Aufbewahrung der Eucharistie | 240 |
| § 62. | Ritus der Sakramentsspendung | 243 |

## Viertes Kapitel.
### Buße.
### Erster Artikel.
#### Von der Buße im Allgemeinen.

| | | |
|---|---|---|
| § 63. | Namen derselben | 244 |
| § 64. | Zulässigkeit der Buße | 245 |
| § 65. | Die Buße ein Heilmittel für schwere Sünden | 250 |
| § 66. | Die Buße ein göttliches Gnadenmittel | 252 |
| § 67. | Minister der Buße | 256 |
| § 68. | Clemens und Origenes hierüber | 261 |

### Zweiter Artikel.
#### Die einzelnen Theile der Buße.

| | | |
|---|---|---|
| § 69. | Reue | 271 |
| § 70. | Von dem Bekenntnisse im Allgemeinen | 274 |
| § 71. | Exomologese | 279 |
| § 72. | Geheimes Sündenbekenntniß | 284 |
| § 73. | Genugthuung | 289 |
| § 74. | Ablaß | 292 |

### Dritter Artikel.
#### Bußdisciplin.

| | | |
|---|---|---|
| § 75. | Die heilige Schrift | 296 |
| § 76. | Die Bußdisciplin nach den apostolischen Vätern | 298 |
| § 77. | Die Bußdisciplin um die Mitte des zweiten Jahrhunderts | 303 |
| § 78. | Hermas | 308 |
| § 79. | Bußdisciplin zu Ende des zweiten Jahrhunderts | 314 |
| § 80. | Der Montanismus und Papst Zephyrin | 318 |
| § 81. | Tertullian und Kallistus | 323 |
| § 82. | Origenes | 326 |
| § 83. | Das novatianische Schisma | 331 |
| § 84. | Bekämpfung des Novatianismus im Morgenlande | 333 |
| § 85. | Cyprian und die Bußdisciplin | 336 |
| § 86. | Verschiedene Büßerklassen | 344 |

### Vierter Artikel.
#### Ritus der Buße.

| | | |
|---|---|---|
| § 87. | Verschiedene Bußgerichte | 351 |
| § 88. | Lage des Büßers und Fürbitte der Gemeinde | 355 |
| § 89. | Absolution | 359 |
| § 90. | Handauflegung und Gebet | 361 |

§ 91. Verhältniß der geheimen zur öffentlichen Absolution . . 367
§ 92. Ritus der Privatbeicht . . . . . . 370

## Fünftes Kapitel.
### Sakrament der Oelung.

§ 93. Vorbemerkung . . . . . . . 373
§ 94. Schrift und Tradition . . . . . . 374
§ 95. Spender und Empfänger . . . . . 377

## Sechstes Kapitel.
### Priesterweihe.

§ 96. Wahl der Priester und Cleriker . . . . 378
§ 97. Namen der Ordination . . . . . . 384
§ 98. Wesen der Weihe . . . . . . 387
§ 99. Vorschriften und Ceremonien . . . . 393
§ 100. Weihe der verschiedenen Grade und ihr Gemeinsames . 400
§ 101. Die Weihegebete der apostolischen Constitutionen im Allgemeinen 403
§ 102. Ordinationsgebet über den Bischof nach den apostolischen Constitutionen 405
§ 103. Die Clementinen und Hippolyt über dieses Gebet . 409
§ 104. Dieses Weihegebet nach dem römischen Pontificale . 414
§ 105. Ordination der Presbyter . . . . . 417
§ 106. Weihe der Diaconen . . . . . . 420

## Siebentes Kapitel.
### Ehe.

§ 107. Ihr Wesen nach der Schrift . . . . 424
§ 108. Häretische Gegensätze . . . . . 428
§ 109. Die natürliche Ehe . . . . . . 434
§ 110. Die christliche Ehe . . . . . . 438
§ 111. Unauflösbarkeit der christlichen Ehe . . . 443
§ 112. Erfordernisse zur Eingehung der Ehe . . . 449
§ 113. Verlobung und Trauung . . . . . 454
§ 114. Zweite Ehe . . . . . . . 461

# Einleitung.

## §. 1. Das Wort Sakrament.

Das griechische Wort „Mysterion" geben die Lateiner durch „Sakrament" wieder. In der allgemeinsten Bedeutung bezeichnet es alle jene geheimnißvollen Dinge in der Natur und Offenbarung, die der Mensch nicht zu erkennen vermag oder nicht erkennt [1]). Weil vorherrschend die geoffenbarte Religion Geheimnißvolles und Unbegreifliches in ihrem Schoße trägt, wird von den Büchern Moses gesagt, in ihnen liege der Schatz des ganzen jüdischen und christlichen Sakramentes [2]).

Der alte Bund war zudem Mysterium, weil er unter der Hülle des Buchstabens und Aeußern Sakramente verbarg [3]), wie die Weissagungen der Propheten Mysterien sind [4]), die Parabeln eine im Mysterium verborgene Weisheit enthalten [5]). Die der allegorischen Deutung des Apostels Gal. 4. 22 zu Grunde liegende Wahrheit heißt darum allegoriae sacramentum [6]).

Wenn die dem altteftamentlichen Bilde zu Grunde liegende Wahrheit Sakrament genannt wurde, so um so mehr die wirklich gewordene Wahrheit selbst, deren Inbegriff lautet: Gott ist Mensch geworden, um die Menschen zu Kindern Gottes zu machen. Die Jungfräulichkeit Mariens, die Geburt und den Tod Christi nennt darum Ignatius die drei Geheimnisse [7]). Vorzüglich hebt Hippolyt das Mysterium der In-

---

1) Iren. l. 2. c. 28. n. 2. p. 156.   2) Tert. apol. c. 17. p. 50.
3) Clem. strom. l. 5. c. 10. p. 682.   4) l. c. l. 6. c. 15. p. 803.
5) l. c. l. 1. c. 12. p. 348. Orig. in Genes. hom. 9. n. 1. p. 222.
6) Tert. adv. Marc. l. 5. c. 4. p. 385. cf. l. 5. c. 1. p. 371. adv. Jud. c. 11. p. 323. c. 13. p. 328.
7) Ignat. ad Ephes. c. 19. p. 130. cf. Clem. A. cohort. c. 11. p. 90.

carnation hervor [8]), während nach Cyprian das Kreuz Christi das Sakrament des Heiles ist [9]).

Die Kirche, bei der zu bleiben Christus verheißen, erhielt die Aufgabe, die von ihm erworbene Gnade und Wahrheit den einzelnen Menschen zuzuwenden. Sie ist deßwegen das zweite große christliche Mysterium, das in den Briefen an Diognet unter den Worten „Mysterium des Vaters" begriffen wird [10]). Sie ist das geheimnißvolle Wunder [11]); sie versteht Cyprian unter dem Sakramente der Einheit, von dem er so oft redet [12]).

Wahrheit und Gnade vermittelt die Kirche den Einzelnen durch Lehre und Gnadenmittel, weßwegen sie ebenso an dem Charakter, wie an dem Namen des Sakramentes participiren. Nicht um abstrakte Begriffe handelt es sich jedoch, sondern die beiden Worte schließen eine Fülle concreter Bestandtheile in sich, auf die alle der Name Sakrament sich übertrug.

2) Außer dem Mysterium der Wahrheit [13]) gibt es ein Sakrament des Glaubens und ein Sakrament des Wortes Gottes [14]). Man könnte vermuthen, es werden damit die in den Bereich der Arcandisciplin fallenden Lehren bezeichnet; allein, obwohl sie zu den Sakramenten gerechnet werden [15]), beschränkte sich das Wort doch nicht auf sie, sondern das Bekenntniß des Namens Christi vor dem heidnischen Richter war ebenso ein Sakrament des Glaubens [16]), als Abraham durch das Sakrament des Glaubens Gott gefiel [17]). Ferner wird Cyprian ebenso gerühmt, durch seine Abhandlungen die verborgenen Geheimnisse aufgeschlossen zu haben [18]), als er im zweiten Buche der Testimonien das Sakrament Christi zum Behufe des katechetischen Unterrichtes niederlegte. [19]). Kurz die göttlichen Mysterien, welche man von dem eingeborenen Sohne lernt [20]), sind die christlichen Lehren und der christliche Glaube überhaupt.

Das hinderte nicht, daß man noch einzelne Theile derselben mit diesem Namen belegte. Tertullian wirft den Heiden vor, sie äffen christ-

---

[8]) Hippol. c. Noet. c. 4. p. 456. c. Beron. c. 4. p. 467.
[9]) Cyp. epist. 77. p. 328. d.    [10]) Epist. ad Diog. c. 11. p. 238.
[11]) Clem. paedag. l. 1. c. 6. p. 123.
[12]) Cyp. de unit. eccl. p. 378 b. epist. 55. p. 176 a; 51. p. 145 d.
[13]) Hippol. c. Noet. c. 6. p. 457.
[14]) Orig. in Jesu Nav. hom. 5. n. 1. p. 626.
[15]) Cyp. test. l. 3. p. 584. f. Sacramentum fidei non esse prophanandum.
[16]) Cyp. epist. 31. p. 98 b.    [17]) Tert. de bapt. c. 13. p. 200.
[18]) Cyp. epist. 78. p. 331 a.    [19]) Cyp. test. proem. 532 a.
[20]) Clem. strom. l. 7. c. 1. p. 831.

liche Sakramente nach), und versteht darunter die Lehre vom Paradies, von der Hölle ꝛc. ²¹). Cyprian kennt ein sacramentum trinitatis ²²), ein sacramentum vitae, unter dem er die zwei Gebote der Liebe versteht ²³), wie ein sacramentum orationis dominicae ²⁴). Vor allen andern erhält aber der Inbegriff des Glaubens und der Lehre, das Glaubensbekenntniß, das bei der Taufe abgelegt wurde, diesen Namen. In dem Satze: die Häretiker werden wegen der Verschiedenheit des Sakramentes nicht zur Kirchengemeinschaft zugelassen ²⁵), steht Sakrament für Lehre und Glauben überhaupt, doch blickt die Anspielung auf das Symbolum durch. Ebenso in der Stelle derselben Schrift, in der es heißt: die apostolischen Kirchen stehen in der vollkommenen Gemeinschaft des Friedens, der Bruderbegrüßung, der Gastfreundschaft, Vorrechte, die von keinem anderen Grunde geleitet werden, als von der Einen Ueberlieferung Eines und Desselben Glaubensbekenntnisses ²⁶). Hier findet sich sogar der spätere technische Ausdruck traditio sacramenti oder symboli. Allerdings ist er noch in einem weiteren Sinne gebraucht, man sieht aber, wie er entstanden ist. Der allgemeine Begriff der Ueberlieferung des Glaubens gestaltete sich zu einer traditio symboli bei der Taufe.

Der strenge Begriff des bei der Taufe abgelegten Bekenntnisses ist mit diesem Worte verbunden in der Schrift De rebaptismate ²⁷), wie in den Worten: Damals wurden wir zur Miliz Christi berufen, als wir in sacramenti verba antworteten ²⁸). In dieser Stelle steht das Wort in der Bedeutung von juramentum, oder Schwur, durch den man sich zu etwas verbindlich machte, besonders aber von dem Fahneneid des Soldaten. Der Christ gehörte zur militia Christi, sein Fahneneid war die Ablegung des Symbolum. Wenn daher Cyprian einem Gefallenen die Worte in den Mund legt: eingedenk meines Sakramentes ergriff ich die Waffen zum Kampfe, aber die Qualen besiegten mich ²⁹), so sind hier beide Begriffe mit einander verknüpft. Eine Parallele zwischen dem christlichen und dem Mithraskrieger zieht auch Tertullian ³⁰). Das Symbolum ist sonach aus einem doppelten Grunde ein Sakrament, einmal

---

21) Tert. apol. c. 47. p. 114.   22) Cyp. de orat. dom. p. 426 e.
23) l. c. p. 424 e.   24) l. c. p. 417 a.
25) Tert. de praesc. c. 32. p. 41.
26) Quae jura non alia ratio regit, quam ejusdem sacramenti una traditio. Tert. de praesc. c. 20. p. 24.
27) Inter Cypr. opera p. 643 c.   28) Tert. ad martyr. c. 3. p. 69.
29) Cyp. de laps. p. 376. f.   30) Tert. de coron. c. 5. p. 363.

sofern es Eidschwur, sodann, sofern es Inbegriff des sacramentum fidei war.

3) Im Unterschiede von Worten wurden auch sichtbare Gegenstände Mysterien genannt, die mit einem gewissen Ritus gespendet wurden ³¹). Wenn Jemand nach den Mysterien der Wahrheit, nach den Worten des Evangeliums, nach der Lehre der Kirche, nach dem Schauen ihrer Sakramente sündigt, wird er betrauert ³²). Diese Sakramente galten den Christen als verehrungswürdig und erhaben und waren nur Jenen bekannt, welche eingeweiht waren ³³). Eine genaue und vollständige Beschreibung derselben darf man darum nicht erwarten. Andeutungen über dieselben gibt Tertullian, wenn er gegen Marcion bemerkt: der Erlöser sei vom Himmel in diese armseligen Elemente herabgestiegen und verwerfe weder das Wasser des Schöpfers, durch das er die Seinigen abwasche, noch das Oel, mit dem er sie salbe, noch Milch und Honig, die er den Kindern reiche, noch das Brod, durch das er seinen eigenen Leib darstelle, genöthigt auch in seinen eigenen Sakramenten (in sacramentis propriis) bei dem Schöpfer zu betteln ³⁴).

Im Mittelalter, vor Thomas von Aq., benannte man Sakramente und Sakramentalien mit dem gemeinschaftlichen Worte sacramenta, unterschied sie aber durch das Beiwort majora und minora. In unserer Periode jedoch wird Wasser, Milch und Honig auf dieselbe Weise bezeichnet, d. h. unter sacramenta verstand man sowohl Sakramentalien als eigentliche Sakramente. Beweise dafür, daß auch einzelne Sakramente diesen Namen erhielten, wird das Folgende liefern. Unverblümt sagt Tertullian: nec alibi conjunctos ad sacramentum baptismatis et eucharistiae admittens ³⁵), während Cyprian von einem sacramentum paschae et agni ³⁶), von einem Sakrament des Kelches ³⁷) redet. Da wir den Nachweis über die Mysteriennatur der Liturgie an einem anderen Orte geführt haben ³⁸), mag es an einer Aeußerung des

---

31) Orig. in Num. hom. 16. n. 9. p. 426.
32) Orig. in Luc. hom. 38. p. 414.
33) Orig. in Jesu Nav. hom. 4. n. 1. p. 621. Si vero ad mysticum baptismi veneris fontem, et consistente sacerdotali et Levitico ordine initiatus fueris venerandis illis magnificisque sacramentis, quae norunt illi, quos nosse fas est etc.
34) Tert. adv. Marc. l. 1. c. 14. p. 25. Felix sacramentum aquae nostrae beginnt der Apologet seine Schrift de baptismo.
35) Tert. adv. Marc. l. 4. c. 34. p. 326.   36) Cyp. epist. 76. p. 317 f.
37) De laps. p. 381 d.
38) Probst, Liturgie der ersten Jahrhunderte §. 84.

Firmilian genügen, in der er das Gebet, mit welchem das Opfer des Herrn dargebracht wurde, sacramentum solitae praedicationis nennt³⁹).

Die Ursache, warum man diese Sachen und Handlungen so benannte, liegt darin, daß sie Geheimnißvolles sowohl **symbolisirten als bewirkten** und daß sie zu jenen Gegenständen gehörten, die vor den Nichteingeweihten verborgen wurden. Ex forma omnium mysteriorum silentii fides debetur, sagt Tertullian von der Feier der Eucharistie⁴⁰).

An diesem mag es hier genügen, da das Folgende hinlänglich zeigen wird, für welche sichtbaren Zeichen das Wort Sacrament gebraucht wurde.

### §. 2. Wesen des Sakramentes.

Der Mensch als sinnlich geistiges Wesen kann nicht auf blos geistige Weise mit Gott in Verbindung treten, deßhalb wurde der Logos Fleisch, rief die, welche Fleisch sind, zu sich, machte sie sich gleichförmig und vereinigte sie dadurch mit dem unsichtbaren Gott und Vater¹). Der einigende Mittelpunkt zwischen Gott und Mensch ist nicht der Geist, sondern das Fleisch, und keine Seele kann das Heil erlangen, außer wenn und so lange sie im Fleische geglaubt hat; so sehr ist das Fleisch der Angelpunkt des Heiles. Ferner, wenn die Seele von Gott erkoren wird, so ist es das Fleisch, das macht, daß sie erkoren werden kann. Das Fleisch wird nemlich abgewaschen, damit die Seele entmakelt werde. Das Fleisch wird gesalbt, damit die Seele geheiligt werde. Das Fleisch wird mit dem Kreuze bezeichnet, damit die Seele geschirmt werde. Das Fleisch wird durch die Händeauflegung überschattet, damit auch die Seele durch den Geist erleuchtet werde. Das Fleisch genießt den Leib und das Blut Christi, damit auch die Seele von Gott genährt werde²).

Der Grund dieser Auffassung liegt in dem Verhältnisse vom Inneren zum Aeußeren, von Fleisch zu Geist, von Menschlichem zu Göttlichem. Wie Gott Mensch wurde, um die Menschen mit Gott zu vereinigen, wie ihnen durch die Menschheit des Erlösers die Gottheit vermittelt wurde: so wird dem Geiste das Heil durch den Leib zu Theil

---

39) Cyp. epist. 75. p. 306. b.   40) Tert. apol. c. 7. p. 22.
1) Orig. c. Cels. l. 6. c. 68. p. 429.   2) Tert. de resurr. c. 8. p. 226.

und das Innere durch das Aeußere geheiligt. Wäre Christus nicht Mensch geworden, es gäbe weder eine sichtbare Kirche, noch sichtbare Zeichen der Gnade, oder Sakramente.

Im einseitigen Spiritualismus befangen stellten gnostische Sekten den Satz auf: **Das Geheimniß der unsichtbaren Kraft bedarf der sichtbaren Creatur nicht**³). Folgerichtig läugneten sie die Menschheit Christi, die sichtbare Kirche und die Sakramente. Der häretische Hochmuth schämt sich der Demüthigung, durch das Sinnliche zum Uebersinnlichen aufzusteigen. Tertullian antwortete ihnen: Was läßt sich dagegen einwenden, wenn Gott die Materie, welche er bei allen Dingen und Stoffen gebrauchte, auch in seinen eigenen Sakramenten sichtar werden ließ; wenn das, was das irdische Leben lenkt, auch im himmlischen thätig ist⁴). Dem Apologeten war die Durchdringung des Irdischen und Himmlischen keine Unmöglichkeit, sondern etwas Wirkliches. Das Himmlische ließ sich in das Irdische herab und das Irdische wurde in das Himmlische aufgenommen.

Bereits das Gesagte involvirt die Lehre, die Sakramente seien nicht leere Symbole innerer Vorgänge, sondern **wirksame Ursachen** derselben. Obwohl die ältesten Schriftsteller den symbolischen Charakter derselben nicht läugneten, sondern als ein berechtigtes, wenn auch untergeordnetes Moment anerkannten: so beruht ihnen doch darin der Unterschied zwischen alt- und neutestamentlichen Gnadenmitteln, daß jene blos Symbole waren, oder nur eine heilende Kraft für den Leib besitzen, diese hingegen Höheres und Geistiges bewirken, daß jene blos eine fromme Erinnerung gewähren, diese aber Träger einer götlichen Kraft sind. „Das Geistige wird immer in körperlichen Figuren vorgebildet. Mit der Zunahme der göttlichen Gnade gegen die Menschen wuchs aber die Macht des Wassers und Engels (cf. Joh. 5. 6). Heilten sie vordem die Gebrechen des Leibes, so verleihen sie jetzt die Gesundheit des Geistes; die ehedem nur zeitliches Wohlsein verursachten, stellen jetzt das ewige Heil wieder her; die nur Einen einmal im Jahre befreiten, retten jetzt täglich Völker dadurch, daß sie den Tod durch die Abwaschung der Vergehungen

---

3) Ἄλλοι δὲ ταῦτα πάντα παραιτησάμενοι φάσκουσι, μὴ δεῖν τὸ τῆς ἀρρήτου καὶ ἀοράτου δυνάμεως μυστήριον δι' ὁρατῶν καὶ φθαρτῶν ἐπιτελεῖσθαι κτισμάτων, καὶ τῶν ἀννοήτων καὶ ἀσωμάτων δι' αἰσθητῶν καὶ σωματικῶν. Εἶναι δὲ τελείαν ἀπολύτρωσιν, αὐτὴν τὴν ἐπίγνωσιν τοῦ ἀρρήτου μεγέθους. Iren. l. 1. c. 21. n. 4. p. 96.

4) Si materiam, quam in omnibus rebus et operibus suis Deus disposuit, etiam in sacramentis proprie parere fecit; si quae vitam terrenam gubernat, et in coelesti procurat, Tert. de bapt. c. 8. p. 187.

tilgen. Ist nämlich die Schuld erlassen, so ist auch die Strafe erlassen. So wird der Mensch Gott wieder nach seinem Gleichnisse zurückgestellt, der ehedem nach seinem Bilde gewesen ... Er empfängt jenen Geist Gottes wieder, den er einst durch dessen Einhauchung erhalten, aber hernach durch die Uebertretung verloren hatte [5]). In den Sakramenten oder Eines für alle gesetzt, in der Taufe, zieht der Mensch Christus an: wird ihm einverleibt und in Folge dessen wird sein Sterben und seine Auferstehung unser Sterben und unsere Auferstehung. Das ganze christliche Leben ist Entfaltung des durch die Sakramente Eingegossenen. Selbst der als Spiritualist verschrieene Origenes lehrt dieses deutlich. Wie die wunderbaren Krankenheilungen des Erlösers, obwohl äußerlich am Körper vorgenommen zugleich auch geistige Aktionen des Glaubens in den Geheilten hervorriefen: so ist auch das Taufbad das äußere Zeichen der Reinigung der Seele, in gleicher Weise durch **und aus sich** für den, welcher sich der in der Anrufung der angebeteten Dreieinigkeit liegenden Gotteskraft hingibt, Grund und Quelle göttlicher Gnadengaben [6]).

Jenen aber, welche die Sakramente blos für Symbole erklärten, galt der Vorwurf: cogentur hi tales, semper typos typorum, et imagines imaginum adinvenire, et nunquam figere animum suum in uno et vero Deo. Supra enim Deum factae sunt cogitationes ipsorum, supergressi cordibus suis ipsum magistrum suspicione quidem superelati et supergressi, veritate autem declinantes a vero Deo [7]).

### §. 3. Die Zahl und Aufeinanderfolge der Sakramente.

Kaum bedarf es der Erwähnung, daß sich in den Büchern der ersten christlichen Schriftsteller keine Stelle findet, die es sich zur Aufgabe machen würde, die **Zahl** der Sakramente anzuführen, oder die sie auch nur nur alle miteinander aufzählte. Daran hinderte sie schon die Arcandisciplin. Origenes sagt z. B., außer der Taufe gebe es noch andere verehrungswürdige und erhabene Sakramente, in die man in Gegenwart der Priesterschaft und Diaconen eingeweiht werde, die jedoch blos die **Eingeweihten** kennen [1]). Da wir die Sakramente im Ein-

---

5) Tert. de bapt. c. 4. u. 5. p. 191.   6) Orig. in Joann. t. 6. n. 17. p. 884.
7) Iren. l. 4. c. 19. n. 1. p. 252.
1) cf. §. 1. not. 83.

zelnen behandeln, wird hier nur auf jene Stellen aufmerksam gemacht, welche von mehreren Sakramenten zumal und ihrem Verhältnisse zu einander sprechen.

Die oben angeführten Worte Tertullians gehören hierher[2]); denn sie zählen drei Handlungen auf, deren erste das Fleisch abwäscht und die Seele reinigt, es ist die **Taufe**. Die zweite besteht in Salbung und Handauflegung, durch die der Geist erleuchtet wird, es ist die **Firmung**; die dritte im Genusse des Fleisches und Blutes Christi, oder der **Eucharistie**. An einem anderen Orte spricht er von den Sakramenten der Heiden und Häretiker, indem er den Teufel der Nachäffung der göttlichen Sakramente beschuldigt. Auch der Teufel, sagt er, tauft seine Anhänger und verspricht ihnen Sündenvergebung, er bezeichnet die Stirne seiner Kämpfer, feiert das Opfer des Brodes, führt das Bild der Auferstehung auf und unter dem Schwerte schenkt er die Krone[3]). Ja selbst den Oberpriester stellt er in den Ehen als Beispiel auf[4]).

Bezieht man beide Citate aufeinander, so nennt er die Abwaschung geradezu **Taufe**; statt der Handauflegung sagt er: er bezeichnet die Stirne seiner Kämpfer, ein Ausdruck der von der **Firmung** gilt. Das Opfer des Brodes erklärt die erste Stelle durch den Genuß des Fleisches und Blutes Christi; denn mit dem Opfer des **eucharistischen Brodes** war die Communion verbunden. Schwieriger ist die Erklärung der Worte: „er führt das Bild der Auferstehung auf." Nach unserer Ueberzeugung weist er mit ihnen auf die Buße hin, denn sie war eine Erhebung oder Auferstehung nach dem Falle. Sodann wurden die Mysten der Mithrasmysterien erst nach sehr harten Prüfungen, ja Mißhandlungen aufgenommen. Der Menippus Lucians erzählt, wie er in Babylon, wohin er sich begeben, um von den Nachfolgern Zoroasters zum Hades geführt und von da zurückgeführt zu

---

2) cf. §. 2. not. 2. 3) Ueber diese Worte vergleiche man Tert. de coron. c. 15. p. 368. Qui (Mithrae miles) cum initiatur in spelaeo in castris vere tenebrarum, coronam interposito gladio sibi oblatam quasi mimum martyrii, debinc capiti suo accomodatam, monetur obvia manu a capite depellere, et in humerum si forte transferre, dicens Mithram esse coronam suam.

4) Sed quaeritur, a quo intellectus interpretetur eorum, quae ad haereses faciant. A diabolo scilicet, cujus sunt pares intervertendi veritatem, qui ipsas quoque res sacramentorum divinorum, in idolorum mysteriis aemulatur. Tingit et ipse quosdam, utique credentes et fideles suos, expiationem delictorum de lavacro repromittit et si adhuc memini Mithrae, signat illic in frontibus milites suos, celebrat et panis oblationem et imaginem resurrectionis inducit et sub gladio redimit coronam. Quid quod et suum pontificem nuptiis statuit. Habet et virgines etc. Tert. de praesc. c. 40. p. 52.

werden, derartigen Prüfungen von ihnen unterworfen worden sei⁵). Tertullian sagt ausdrücklich, er rede von den Mithrasmysterien und das Zurückführen aus dem Hades unter harten Uebungen eignet sich vollständig zu einem Bild der Wiederbelebung des Todsünders unter schweren Bußwerken. Auf die leibliche Auferstehung lassen sich die Worte ohnehin nicht deuten, weil nach dem Zusammenhange durchweg von kirchlichen Handlungen die Rede ist, die von den Häretikern und Heiden nachgeäfft werden. Darum muß sich auch diese Auferstehung auf eine solche beziehen. Unter ihnen kann man aber blos der Buße den Namen Auferstehung beilegen, denn die Taufe ist Eingangs der Stelle namhaft gemacht.

Von keiner geringeren Bedeutung sind die folgenden Worte, in welchen der Apologet von der **Ehe** spricht und dann fortfährt: Er hat auch Jungfrauen und Enthaltsame, und wenn wir die abergläubischen Einrichtungen des Numa Pompilius erwägen, die **priesterlichen** Dienstleistungen Insignien, Privilegien, den Opferdienst, die Opfergefäße und die Sonderbarkeiten der Sühnungen und Gelübde betrachten, hat der Teufel nicht offenkundig die Düftelei (morositatem) des jüdischen Gesetzes nachgeahmt? Der also diese Dinge, durch welche die **Sakramente Christi** verwaltet werden, so eifrig in den Verrichtungen des Götzendienstes anzuwenden sich bestrebt⁶), wird es auch mit der hl. Schrift so machen.

Gemäß den Schlußworten gehörten auch **Ehe** und **Priesterthum** zu den **Sakramenten Christi**. Auf den Einwurf von dem **Priesterthum** und den priesterlichen Funktionen ꝛc. bemerke der Apologet ausdrücklich, sie seien eine Nachahmung **jüdischer Institutionen**, ist zu erwidern, daß das tertium comparationis sich einerseits auf die morositas bezieht, andererseits konnte Tertullian doch nicht ohne Weiteres behaupten, der viel früher lebende Numa habe christliche Geheimnisse copirt, darum recurrirt er auf das Judenthum. Das christliche Priesterthum stimmte aber, wenn auch nicht in äußerlichen Ceremonien (moro-

---

5) Döllinger, Heidenthum und Judenthum. S. 387.
6) Habet et virgines, habet et continentes. Caeterum si Numae Pompilii superstitiones revolvamus, si sacerdotalia officia, insignia, et privilegia, si sacrificantia ministeria et instrumenta et vasa ipsorum sacrificiorum ac piaculorum et votorum curiositates consideremus, nonne manifeste diabolus morositatem illam Judaeae imitatus est? Qui ergo ipsas res de quibus sacramenta Christi administrantur, tam aemulanter adfectavit exprimere in negotiis idololatriae, utique et idem etc. Tert. l. c. p. 53.

sitas), so doch im Wesen, mit dem christlichen überein, deßwegen die genannten Schlußworte. Dabei will nicht geleugnet werden, daß das Wort Sakrament im damaligen Sprachgebrauch auch die Sakramentalien bezeichnete. Die priesterlichen Gefäße, Sühnungen, Gelübde schließen sich an das Priesterthum an, wie die Speisung mit Milch und Honig an die Taufe, und so wenig durch Aufnahme der Milch unter die Sakramente der Charakter der Taufe als Sakrament in Frage gestellt wird, ebenso wenig durch Anführung der Insignien ꝛc. der Charakter des Priesterthums. Unbestreitbar, weil durch Tertullian allzubeutlich ausgesprochen, bleibt, daß er außer der **Taufe, Firmung, Eucharistie und Buße auch die Ehe und das Priesterthum als christliche Sakramente** kennt. Er beginnt die Stelle mit dem Satze: qui ipsas quoque res sacramentorum divinorum in idolorum mysteriis aemulatur und schließt mit den correspondirenden Worten: qui ergo ipsas res, de quibus Sacramenta Christi administrantur, tam aemulanter adfectavit exprimere in negotiis idololatriae. Das mitten inne Liegende muß also nothwendig von den res Sacramentorum Christi handeln, wie es denn auch von den genannten sechs Sakramenten handelt. Wenn er zugleich von der Märtyrerkrone redet, so erinnere man sich nur an die Bluttaufe und man wird ihren Platz an diesem Orte nicht unpassend finden. Die Richtigkeit dieser Auffassung wird dadurch bestätigt, daß Buße, Ehe und Priesterweihe in anderen Stellen zu den Sakramenten gerechnet werden.

In beiden Citaten folgt der Taufe die Firmung und dieser die Eucharistie, eine Ordnung, die bei Spendung der Sakramente während unserer ganzen Periode beobachtet wurde. Ihren Grund hat sie in der Lehre, von den Sakramenten sei die Heiligung in ihrem Anfange wie in ihrer Entwicklung und Vollendung abhängig. Näheren Aufschluß hierüber giebt Origenes in einer Homilie über Leviticus c. 14. 7 ff. Seine Erklärung ist jedoch insofern nicht ganz zutreffend, als er durch den Text dieser Schriftstelle genöthigt wurde, das Opfer des Lammes, das sich in der Eucharistie erfüllt, vor die Salbung mit Oel, oder die Firmung zu stellen, der Gedanke selbst wird aber dadurch nicht alterirt.

Er sagt nemlich, die Reinigung des Sünders verlauft in einem dreifachen Stadium, erstens in der Nachlassung der Sünden, zweitens in der Hingabe an Gott und drittens in dem Reichsein an guten

Werken⁷). Diese drei sittlichen Zustände werden durch drei sakramentale Handlungen eingeleitet und getragen. Die Nachlassung der Sünden gründet sich auf den Empfang der Taufe und Buße⁸); die Hingabe an Gott, das sich ihm Opfern, hängt mit dem Opfer des Lammes oder der Eucharistie zusammen⁹). Der, welcher die Kraft des siebengestaltigen Geistes empfängt, bringt, reich an guten Werken, Früchte der Unschuld. Aendert man die Stellung der beiden letzten Sakramente, so bildet das sich völlige Hingeben an Gott (integrum se et in integro se obtulit Deo) den Abschluß und Höhepunkt. Durch das Opfer ist Gott versöhnt und gibt sich Jesus dem gereinigten und vom heiligen Geiste erfüllten Menschen hin, wie die Communion die vollkommenste Hingabe des Menschen an Gott involvirt¹⁰).

Warum Origenes die Buße neben die Taufe stellt, während Tertullian „das Bild der Auferstehung" nach der Eucharistie anführt, mag daher rühren, daß der Erste sie als Ersatz der nicht wiederholbaren Taufe faßt¹¹). Was für den Ungläubigen die Taufe, das ist für den gläubigen Todsünder die Buße, die Grundlage eines neuen Lebens. Tertullian hingegen stellt sie an das Ende, weil der Rückfall nicht zu der Entwicklung des geistigen Lebens gehört und darum auch nicht die Wiederbelebung durch die Buße. Ebenso leuchtet ein, warum von den übrigen Sakramenten da keine Rede sein kann, wo die Bedeutung der Gnadenmittel für das sittlich religiöse Leben überhaupt und nicht für bestimmte Lagen und Stände hervorgehoben wird.

### §. 4. Ceremonien bei Spendung der Sakramente.

Die Bedeutung, welche dem Aeußeren überhaupt zukommt (cf. §. 2), hätte die Annahme nahe legen sollen, die Kirche der ersten Jahrhunderte werde auch den Ceremonien nicht abgeneigt gewesen sein. Christus selbst hatte dadurch, daß er die Augen eines Blinden mit Speichel bestrich,

---

7) Orig. in Levit. hom. 8. n. 11. p. 152.
8) Spiritus enim est gallina istius, quae occiditur et aqua viva, quae in vase est, et sanguis qui super eam diffusus est, non quod per haec iterandam baptismi gratiam sentiamus, sed quod omnis purificatio peccatorum etiam haec quae per poenitentiam quaeritur, illius ope indiget de cujus latere aqua processit et sanguis. 1. c. n. 10. p. 148.
9) l. c. 11. p. 152.
10) Wir kommen auf diesen Gegenstand ausführlicher zurück. cf. §. 48.
11) l. c. p. 148.

Kindern die Hände auflegte, die Jünger anwies, Kranke mit Oel zu salben, die Bedeutung der Ceremonien und des Sinnlichen für das Geistige sattsam hervorgehoben. Dennoch kann man die gegentheilige Behauptung häufig hören. Zum Beweise für die damalige einfache Sakramentsspendung wird besonders Tertullian aufgerufen. Seine Worte lauten: Nichts verhärtet den Sinn der Menschen so sehr als die Einfachheit der göttlichen Werke, wie sie in der Handlung erscheint und die Erhabenheit, welche in der Wirkung verheißen wird. Weil der Mensch mit solcher Einfachheit, ohne Pomp, ohne irgend eine neue Zurüstung und Aufwand in das Wasser gesenkt, mit wenigen Worten untergetaucht, nicht viel, oder um nichts reiner hervorgeht, scheint die Erlangung des ewigen Heiles unglaublich. Ich will ein Lügner sein, wenn nicht dagegen die heidnischen Festlichkeiten und Mysterien durch die Pracht, die Zurüstungen und den Aufwand sich Glauben und Ansehen verschafften. O, armseliger Unglaube, der du Gott seine Eigenthümlichkeiten abspricht, Einfachheit und Macht [1]).

Man sieht, der Apologet stellt der Einfachheit der Handlung die Erhabenheit der Wirkung gegenüber, ohne über Ceremonien und ihren Werth zu urtheilen. Die Vergleichung mit dem Heidenthum soll den Gedanken: viel Prunk und keine Wirkung, noch mehr ins Licht stellen. Zudem rühmt Tertullian an der Spendung der Taufe die Einfachheit, obwohl gerade sie damals, wie heute, mit den meisten Ceremonien umgeben war. Die Art und Weise, wie Form und Materie dem Subjekt applicirt wurde, war hingegen schmuck- und prunklos und doch wurde durch sie der Mensch ein Kind Gottes.

So verbreitet und festgewurzelt war der Gebrauch der Sakramente und Ceremonien in den ersten Jahrhunderten, daß sie selbst solche Häretiker, deren Princip sie widersprachen, beibehielten. Die gnostischen Ebioniten kennen ihrem Systeme zufolge keine Erlösung, keine Wiedergeburt, keine von Gott ertheilte Sündenvergebung, keine Heilsanstalt [2]), und doch lehren sie eine Taufe, Buße, Kirche, Hierarchie. Wozu, muß man fragen, erhält der Bischof die Gewalt zu binden und zu lösen, wenn der Mensch dadurch gottgefällig wird, die (geistige) Gesundheit erhält und der künftigen Strafe entgeht, daß er aus sich selbst erkennend, der Vernunft gemäß handelt [3])? Wozu bedarf er Lehrer,

---

1) Tert. de bapt. c. 2. p. 185.    2) Uhlhorn, die Homilien und Recognitionen. Göttingen, 1854. S. 210.    3) Clem. hom. 7. n. 4.

was die Bischöfe sind⁴), wenn der eigene Geist Jeden über ein gottseliges Leben belehrt⁵). Offenbar ist dieser Cyclus von Gebräuchen und äußeren Einrichtungen auf einem anderen Boden gewachsen und von ihnen blos äußerlich adoptirt. „Die Lehre von der Taufe, sagt Uhlhorn, ist ein den Homilien abgezwungenes Zugeständniß an das Christenthum. Die Gegenwart des Christenthums ist zu mächtig, die Theorie muß sich vor der Praxis beugen"⁶). Was jedoch von der Taufe gilt, gilt nicht weniger von der Ordination, Eucharistie, Buße, Hierarchie. Auch in ihnen ist „die Gegenwart des Christenthums zu mächtig", oder, zur Zeit da die Clementinen geschrieben wurden (circa 160), waren diese Institutionen als so eminent christliche anerkannt und eingebürgert, daß die Theorie der Ebioniten sich vor der Praxis der Kirche beugen mußte.

Es ist ein Irrthum, wenn man glaubt, alle Irrlehrer der ersten Zeit haben die äußeren Gebräuche der Kirche über Bord geworfen. Bei Einzelnen, die ihr Princip consequent durchführten, war dieses der Fall, die Meisten hielten jedoch heuchlerischer Weise zur Verunehrung Gottes und zur Täuschung der Schwachen an ihnen fest⁷). Da sie in den meisten Fällen das, wodurch wir den Bedürftigen helfen, nicht besitzen, so entlehnen sie es von uns. Dabei aber erfüllt von allem Trug und aller Gottlosigkeit, sind sie wahrhaft Vorläufer jenes Drachen, der mit seinem Schwanze den dritten Theil der Sterne nach sich zieht und sie zur Erde wirft⁸). Selbstverständlich unterschoben sie jedoch der äußeren Form einen fremden Gehalt. Um so mehr darf man deßhalb davon ausgehen, das Ceremoniell, das sie festhielten, sei den kirchlichen Gebräuchen entsprechend gewesen.

Wenn darum ein direktes Zeugniß von kirchlichen Schriftstellern über solche Gegenstände nicht vorliegt, dürfen wir die häretische Uebung als Beweis für ihre Existenz in der Kirche verwenden. Dieses ist dann um so zulässiger, wenn sehr alte Häresien Gebräuche beobachten, über die zwar gleichzeitige Katholiken nichts berichten, die aber später lebende kirchliche Schriftsteller kennen. Bezüglich der Zeugnisse katholischer Auktoren ist ferner zu beachten, daß die Arcandisciplin ein offenes und eingehendes Besprechen der Sakramente verbot, weßwegen wir uns mit

---

4) hom. 3. n. 62.   5) hom. 3. n. 69.   6) Uhlhorn l. c. S. 218.
7) A. c. l. 6. c. 18. p. 959. Οἱ τοὺς θείους λόγους ἀρνούμενοι, ἢ μεθ' ὑποκρίσεως προσποιούμενοι δέχεσθαι, ἐφ' ὕβρει θεοῦ καὶ ἀπάτῃ τῶν αὐτοῖς προσιόντων.
8) Iren. l. 2. c. 31. n. 3. p. 164. Sed et nobis ipsis quae sunt nostra erogantibus pro salute hominum, et ea quibus hi qui curantur, indigent, saepissime non habentes, a nobis accipiunt.

kurzen, lückenhaften Angaben begnügen müssen. Ergänzt wird dieser Mangel in Etwas durch die Aengstlichkeit und Zähigkeit, mit der die kleinsten Gebräuche festgehalten wurden. Gottesdienstliche Gebräuche, die Schriftsteller des dritten Jahrhunderts bezeugen, haben ihre Wurzel schon im zweiten oder ersten, wenn sich im einzelnen Falle ein historischer Beweis auch nicht führen läßt. Denn die katholische Kirche ist allein die wahre, immer sich selbst gleiche und beständige. Die Verläumbungen, die man ihr nachgesagt, hat der Lauf der Zeit weggenommen, ihre Lehre und Disciplin hat aber siegreich Alles überlebt [9]).

### §. 5. Eintheilung unserer Schrift.

Zweierlei Gegenstände und Handlungen, welche die Schriftsteller der ersten Jahrhunderte mit dem Namen Sakrament oder Mysterium bezeichnen, fallen in den Bereich dieses Buches, die Sakramente im eigentlichen und engeren Sinne und verschiedene, die Sakramente meistens begleitende, religiöse Gebräuche. Die Letzteren faßt man heut zu Tage unter dem Namen Sakramentalien zusammen. Obwohl manche derselben der eigentlichen Sakramentsspendung folgen, gehen ihr doch die meisten als Vorbereitung auf dieselbe voran. Hierin liegt der Grund, warum diese Schrift in zwei Theile, in die Lehre von der Verwaltung der Sakramentalien und der Sakramente zerfällt, und die Lehre von den Sakramentalien vorangestellt wird.

2) Da die weitere Abtheilung dieser Theile durch den Stoff unmittelbar gegeben ist, ist es zweckmäßiger auf den Zusammenhang dieses Bandes mit dem vorausgehenden, „Lehre und Gebet" und dem nachfolgenden „Liturgie" hinzuweisen.

Durch das prophetische Amt (Lehre und Gebet) vermittelt der Priester dem Menschen göttliche Wahrheit und Gnade [1]). Er soll aber neu geboren, ein Kind Gottes werden. Die Kindschaft beruht auf der intimsten Verwandtschaft, die im natürlichen Leben durch Zeugung und Geburt bedingt ist. Diese Begriffe werden auch auf das Verhältniß Gottes zu den Gläubigen angewendet. Der Vater der Lichter hat uns aus freier Liebe gezeugt. Jakob. 1. 17. Jeder aus Gott Geborene thut keine Sünde, weil sein Samen in ihm bleibt. Joh. 1. 13. I. Joh. 3. 9. Dieser Samen, der in uns bleibt und uns mit Gott

---

9) Euseb. h. e. l. 4. c. 7. n. 6 u. 7.
1) Ueber das Verhältniß des Gebetes zum Lehramte vergleiche man unsere Schrift: Lehre und Gebet. §. 70.

verwandt macht, ist die **heiligmachende Gnade**. Sie regt nicht blos den Willen zum persönlich freien Gebrauche seiner natürlichen Vermögen an, sondern sie ist ein Ausfluß des göttlichen Willens, durch den wir der göttlichen Natur theilhaftig, nicht nur Kinder Gottes genannt werden, sondern auch sind. Sie ist ein neues Lebensprincip, das wie Feuer die Herzen durchglüht und den Menschen zu einem neuen Geschöpfe in Christus macht.

Christus hat sie uns erworben durch sein Leben und Sterben. Das für Alle Erworbene soll den Einzelnen zugewendet werden und das geschieht durch die Sakramente. Zum Empfangen der Gnade gehört jedoch nicht nur ein **Geben** von der einen, sondern auch ein **Nehmen** von der anderen Seite. **Glauben** und **Sakrament** sind daher die zwei Grundbedingungen der in der Wiedergeburt eintretenden Vereinigung mit Gott. Wer glaubt und sich taufen läßt, wird selig werden. Marc. 16. 16. Und hat das prophetische Amt (Lehre und Gebet) den Glauben erzeugt, das Annehmen der Gnade, so wird durch das hohenpriesterliche Amt, (Sakramentalien und Sakramente) die Gnade gegeben.

In letzter Instanz beruht jedoch das Christenthum auf der **Person Christi**. Als er auf Erden erschien, war er Erlöser und Mittler für Alle, für die ganze Welt wurde er geboren und starb. Der Akt der Incarnation, wie seines Todes ist aber ein ewiger; er ist Priester von Ewigkeit. Was sich in der Ewigkeit in Einem Akte vollzieht, das muß sich in der Zeit in einer Succession von Zeitmomenten vollziehen, und was Christus in seiner Incarnation und in seinem Tode für Alle ist, das muß ebenso, wie Wahrheit und Gnade, dem Einzelnen zugewendet werden. Beides geschieht in der Eucharistie. Sie tritt als Transubstantiation an die Stelle der Incarnation und als Opfer an die Stelle des Todes Jesu, und wendet uns nicht nur Gnade und Wahrheit, sondern **ihn selbst** zu. Die Verwaltung des hohenpriesterlichen Amtes befaßt sich deßhalb mit der Spendung der Sakramente und der Feier der Eucharistie oder Liturgie. Dem vorliegenden Bande folgt darum der über „die Liturgie" ebenso sachgemäß, als ihm der über „Lehre und Gebet" sachgemäß vorausgieng [2]).

---

2) Daß diese Aufeinanderfolge der Materien auch von den Vätern der ersten Jahrhunderte und der alten Kirche beobachtet wurde, zeigt Justin. Zuerst wurden die Katechumenen **belehrt**; glaubten sie, das Vorgetragene sei wahr, so lehrte man sie **beten**. Hierauf wurde ihnen die **Taufe** (und Firmung) gespendet und dann führte man sie zur Feier der **Eucharistie**, oder in die **Liturgie**.

# Erster Theil.
## Verwaltung der Sakramentalien.

### Erstes Kapitel.
### Exorcismus.

#### Erster Artikel.
#### Voraussetzungen des Exorcismus.

##### §. 6. Dämonische Einflüsse.

Die Lehre von dem Exorcismus und den Benediktionen empfiehlt ein näheres Eingehen auf die Folgen des Sündenfalles. Unbestritten hängt der dämonische Einfluß auf die Menschen und die Natur mit ihm zusammen. Durch den Gehorsam, den Adam der Schlange leistete, trat er in des Teufels Dienstbarkeit, die sich auch auf seine Nachkommen vererbte. Die Zerstörung und Verkehrung des Verhältnisses des Menschen zu Gott hatte auch die Verbindung zwischen Leib und Seele, und den Zusammenhang des Menschen mit der Natur gelöst. Wie die Seele, auf dem Grund der göttlichen Gnade, ihren Leib und die Natur beherrschte, so machte sich nach dem Falle ein durch die sündhafte Seele vermittelter dämonischer Einfluß auf den Leib und die Natur geltend. Die heidnische Religion und ihr Gottesdienst war geradezu auf den Dämonencult basirt und gipfelte in ihm.

Jener religiös-geistige Kampf, der mit dem Erscheinen des Christenthums sich entzündete, sagt Möhler, und die Menschheit in zwei getrennte Lager schied, zeigte in dem Maße, als der Mensch im letzteren zu seiner idealen Würde in der Erkenntniß Gottes und der Sittlichkeit emporstieg, wie das Heidenthum so recht eigentlich die Religion des

Abfalles, eine gereifte Frucht der Ursünde, die versuchte Durchbildung der dämonischen Herrschaft in der Menschheit sei. Der Gedanke ist so wahr als entsetzlich. Wir können die Geschichte nicht Lügen strafen, und Erscheinungen nicht abläugnen, welche mit der Einführung der christlichen Religion ursächlich zusammenhangen, und von allen christlichen Apologeten bezeugt sind. Alle sagen nämlich, die unreinen gefallenen Geister, Dämonen, seien es, die mit den Götzenbildern in Verbindung traten, durch ihre Einwohnung die Menschen zu deren Anbetung vermochten; welche die grauenhaften Ecstasen bei den Orakeln hervorriefen, die Einbildungskraft entsetzten und verwirrten, welche vermöge der Geistigkeit ihrer Substanz auch in die Körper drangen, da unter verschiedenen äußeren Formen von Epilepsie, Wahnsinn, Tollheit 2c. die Menschen quälten, oft zum Scheine sich wieder durch Opfer besänftigen ließen 2c. [1]).

Der äußere augenfällige Ueberzeugungsgrund, auf den die Apologeten diese Behauptung stützen, ist, daß die Dämonen, die Urheber dieser Leiden, von den Christen in Gegenwart der Heiden Rede zu stehen, und von den Gepeinigten auszuziehen gezwungen wurden. Selbst gemeine Christen hatten diese Gewalt. Die Mittel dazu waren ganz einfach: die Anrufung des Einen und wahren Gottes, oder das Aussprechen des Namens Jesus, oder das Auflegen oder Ablesen des Evangeliums über die Besessenen; die Wirkung war augenblicklich, und nach Umständen ganz plötzlich und vollständig; eine Täuschung nicht möglich, da diese Heilungen vor den Augen, ja auf Bitten der Heiden, in den verschiedenen Zeiten und Ländern vorgenommen, öffentlich selbst von den Gelehrten zugestanden wurden, und darum ohne Absurdität nicht auf Rechnung einer kranken Einbildungskraft geschrieben werden können [2]).

---

1) Minucius Felix Octav. c. 27. Isti igitur impuri spiritus, daemones, sub statuis et imaginibus consecrati delitescunt, et afflatu suo auctoritatem quasi praesentis numinis consequuntur, dum inspirantur interim vatibus, dum fanis immorantur... oracula efficiunt falsis pluribus involuta. Nam et falluntur et fallunt, ut nescientes sinceram veritatem, et quam sciunt, in perditionem sui non confitentes. Sic a coelo deorsum gravant, et a vero Deo ad materiam avocant, vitam turbant, omnes inquietant; irrepentes etiam corporibus occulte, ut spiritus tenues, morbos fingunt, terrent mentes, membra distorquent, ut ad cultum sui cogant etc. cf. Athanas. legat. pro chri. c. 26. 27. Just. apol. 1. c. 12. Orig. c. Cels. 7. 5. 69. Exhort. ad Marty. c. 46. Tatian. oratio c. Graec. c. 12 nennt sie passend latrones divinitatis. Clem. A. Cohor. c. 4. p. 49.
2) Orig. c. Cels. 2. 1. c. 6. l. 7. c. 4. Just. apol. II. 6. Theoph. ad Aut. l. 2. c. 18. Tatian. Orat. c. Gr. c. 16. 18. Als Einer für Alle kann Tertullian gelten. Apol. c. 22. 23. Nachdem er von der Natur der Dämonen,

Minucius Felix sagt: „das Alles weiß der größte Theil von euch, daß nemlich die Dämonen von sich selbst bekennen, so oft sie von uns durch die Folter der Worte und durch die Gluth des Gebetes aus den Körpern vertrieben werden. Selbst Saturnus, Serapis, Jupiter, und was ihr sonst noch von Dämonen anbetet, sprechen von Schmerz bezwungen aus, was sie sind; und sie lügen doch, besonders wenn Manche von den Eurigen dabei stehen, nicht zu ihrer eigenen Schande. Glaubet es ihnen nun auf ihr Zeugniß hin, daß sie Dämonen seien, wo sie es selbst von sich einbekennen. Denn sobald sie beschworen werden bei dem lebendigen und einigen Gott, da erschaudern sie unwillkürlich und im Gefühle ihres Leidens in den Leibern, und springen entweder alsogleich ab, oder sie verschwinden allmählich, je nachdem der Glaube des Leidenden mithilft, oder die Gnade des Heilenden einwirkt ³)."

Was man deßhalb auch über die Dämonenbesitzungen in den Evangelien gewitzelt und gedichtet hat; es ist gewiß, daß dieselben Erscheinungen nicht auf den Umkreis von Palästina, sondern auf alle Länder sich erstreckten; gewiß, daß die Wahrheit der ersteren durch die Allgemeinheit dieser Erscheinungen auch in der folgenden Zeit contrasignirt wurde. Von daher haben auch unsere Väter die Erscheinungen des Christenhasses und der Verfolgungen ⁴), von eben daher die der Erschütterungen der Kirche durch Häresie und Schisma erklärt, die, in wie ferne sie gegen die Einheit und Wahrheit der Kirche, auch gegen Christus gerichtet, und als durchgeführte Resultate dämonischer Bestrebungen anzusehen sind. Hier in diesem eklatanten Conflikte offenbarte sich das Christenthum als eine wahre Geistesmacht, als die einzig erlösende, als die Religion des Schlangentreters; das Heidenthum dagegen, weit entfernt, eine naturgemäße Entfaltung des menschlichen

---

als der gefallenen Geisterwesen, geredet, welche von den Heiden angebetet werden, erbietet er sich zum Beweise darüber: Edatur hic aliquis *sub tribunalibus vestris*, quem daemone agi constet. Jussus a quolibet christiano loqui spiritus ille, tam se daemonem confitebitur de vero, quem alibi deum de falso. Aeque producatur aliquis ex iis, qui de deo pati existimantur, qui aris inhalantes nomen de nidore concipiunt... iste ipse Aesculapius medicinarum demonstrator etc. ... *nisi se daemones confessi fuerint, christiano mentiri non audentes, ibidem illius christiani procacissimi sanguinem fundite.* Quid isto opere manifestius, quid hac probatione fidelius? Simplicitas veritatis in medio est; virtus illi sua assistit. Nihil suspicari licebit; magia, aut aliqua ejusmodi fallacia fieri dicetis, si oculi vestri et aures permiserint vobis etc. cf. ad Scapul. c. 2. 4.    3) Octav. l. c.

4) Hinc vulgus in odium nostri nominis cogunt, ut nos odisse incipiant homines antequam nosse. Cyp. de idol. vanit. p. 451 d.

Geistes zu sein, — als die Religion des Abfalls und Verfalls, als die unnatürlichste Berückung und Verwirrung des menschlichen Bewußtseins; sein inneres Princip aber als eine nicht blos intelligible, sondern auch reale lebendige Macht, die Alles, so viel sie es vermochte, mit ihren Armen umspannte, und die Menschheit zur Abtrünnigkeit von Gott niederzog, und außer dem Christenthum und der Kirche noch heute Alles niederzieht [5]).

Dieses ist das Bild, welches Möhler von den dämonischen Einwirkungen auf die Welt und Menschheit entwirft [6]). Gerade zur Zeit Christi concentrirte sich der große Kampf. In den vorausgehenden Jahrhunderten hatte sich Gott mehr und mehr sein Volk zubereitet, bis aus ihm jene Jungfrau geboren wurde, welche die Kraft des Allerhöchsten überschattete. In ihr wurde der Sohn Gottes Mensch, durch welchen alle Völker gesegnet wurden. Damit hatte sich die göttliche Liebe und Barmherzigkeit in absoluter Weise geoffenbart.

Der Widersacher suchte mit den Erweisen der göttlichen Liebe in seiner Art gleichen Schritt zu halten. Auch er bereitete sich ein Volk. Immer größer wurde die Kluft und Feindschaft zwischen des Weibes Samen und der Schlange Samen und als sich dort das Mysterium der Liebe in der Incarnation vollendete, verwirklichte sich das der Bosheit in der Obsession. Menschwerdung des Logos in dem auserwählten Volke, Besessenheit vom Teufel in der verworfenen Welt, standen sich Aug in Aug gegenüber. Darum jetzt ein Kampf, wie weder vorher noch nachher. Obwohl aber Satan durch Christus besiegt und gebunden wurde, so tobt doch der Kampf noch in den ersten drei Jahrhunderten, wie in keiner anderen Zeit, fort. Unzähligemal erwähnen die christlichen Schriftsteller der Besessenen und wie sie durch die Gläubigen exorcisirt und befreit wurden.

Im Folgenden ziehen wir zuerst die dämonische Einwirkung auf die Natur in Betracht, dann gehen wir auf die Besessenheit und schließlich auf das Heilmittel, den Exorcismus, über. Den ersten

---

[5] Octav. c. 26. Isti igitur spiritus, posteaquam simplicitatem substantiae suae, onusti et immersi vitiis, perdiderunt, ad solatium calamitatis suae non desinunt, perditi jam perdere, et depravati errorem pravitatis infundere, et alienati a Deo inductis pravis religionibus a Deo segregare. C. 27. Sic christianos de proximo fugitant, quos longe in coetibus per vos lacessebant. Ideo inserti mentibus imperitorum, odium nostri serunt, occulte per timorem etc. cf. Tert. l. c. Orig. c. Cels. l. 4. c. 32, l. 8. c. 44.

[6] Möhler Patrologie. S. 804.

Punkt nehmen wir theils darum in diese Schrift auf, weil bekanntlich viele neuere Theologen den Benediktionen die Aufgabe zuschreiben, den auf die Erde gelegten Fluch wegzunehmen. Die betreffenden §§. zeigen, wie sich die Schriftsteller der ersten Jahrhunderte zu dieser Lehre verhalten.

## §. 7. Die verfluchte Erde.

Mit dem Falle des Menschen gieng auch eine Veränderung in seinem Verhältnisse zur Natur vor sich. Einige Schriftsteller glauben, er sei zur Strafe für die Sünde aus dem Paradiese, das sich nicht auf dieser Erde, sondern in dem Raume zwischen dem Himmel und unserer Erde befand, vertrieben und im Gegensatze gegen den Garten voller Freuden an diesen Ort der Leiden versetzt worden [1]. Diese Strafe traf alle Menschen, sei es weil alle in den Lenden Adams gewesen sind, die von ihm abstammen und mit ihm zugleich vertrieben wurden, sei es, daß ein jeder auf eine unnennbare, Gott allein bekannte Weise, aus dem Paradiese vertrieben und von der Verdammung getroffen scheint [2]. Andere hingegen nehmen an, das Paradies habe sich auf dieser Erde befunden. Es war ein Ort, der was Schönheit betrifft, die Mitte hielt zwischen Erde und Himmel, dem Menschen entsprechend, der in der Mitte zwischen Sterblichkeit und Unsterblichkeit stehend, an beiden Theil nahm [3]; es war ein Garten im Orient, glänzend von Licht, von reinerer Luft durchdrungen, fruchtbar an Bäumen aller Art [4]; kurz es war ein herrlicher, ausgezeichneter Ort c. 23. Hier sollte der Mensch vollkommen, ja göttlich werden um, sich von da in den Himmel erhebend, das ewige Leben zu erhalten. c. 26. Aber auch die Erde, im Unterschiede vom Paradies, war in vielen Stücken von der jetzigen Gestalt derselben verschieden. Der Mensch hätte nicht nöthig gehabt, sie zu bauen; denn von selbst hätte sie ihm nach dem göttlichen Willen Alles hervorgebracht, um ihn lästiger Arbeit zu entheben. c. 19. Alles war seinem Befehle und seiner Macht unterworfen; von den Früchten der Erde, Gesämen, Kräutern und Obst sollte er leben; die Thiere sollten ihm dienen und sich beßgleichen von den Pflanzen der Erde nähren. c. 18.

Durch die Sünde gieng eine Veränderung vor sich, die Tertullian in folgenden kurzen Sätzen zusammenfaßt. „Sogleich (nach der Sünde)

---

[1] Orig. c. Cels. l. 7. c. 50. p. 365.   [2] Orig. ad Rom. l. 5. c. 4.
[3] Theoph. ad Autol. l. 2. c. 24.   [4] l. c. c. 19.

wird das Weib verurtheilt in Schmerzen zu gebären und dem Manne zu dienen, da sie vorher gehört hatte, ohne Beschwerden, durch den Segen „wachset und vermehrt euch", würde sich die Menschheit ausgebreitet haben, die vorher dem Mann zur Hilfe, aber nicht zur Dienstbarkeit bestimmt war. Sogleich wurde die Erde verflucht, vorher aber ist sie gesegnet; sogleich Dorn und Distel, vorher aber Gras und Kräuter und fruchtbare Bäume; sogleich Schweiß und Arbeit um des Brodes willen, vorher aber bot jeder Baum mühelos und sicher Nahrung und Unterhalt. Sofort war der Mensch zu (ad) der Erde, vorher aber von (de) der Erde; sofort zum Tode, vorher aber zum Leben 2c.[5]).

Von dem Faktum, es habe eine Veränderung in dem Verhältnisse, in welchem die Natur zu dem Menschen stand und umgekehrt, stattgefunden, gehen sämmtliche alte Schriftsteller aus, in der Erklärung dieser Thatsache weichen sie sehr von einander ab.

Der Wortlaut des obigen tertullianischen Citates lehrt eine Verfluchung der Erde. Von den bekannten alttestamentlichen Stellen glaubt aber derselbe Apologet, all' das, was in ihnen von Gunst oder Zorn, den Gott der Natur erwiesen habe, berichtet werde, sei auf das Fleisch (den menschlichen Leib) zu beziehen. Da nemlich die Erde weder Gutes noch Böses gethan, wird sie von ihm nicht gerichtet. Sie heißt zwar verflucht, weil sie Blut getrunken Gen. 4. Das ist jedoch figürlich vom Fleische des Mörders gesagt [6]). Selbst Theophilus, der, wie wir hören werden, die Folgen der Sünde gegenüber der Creatur sehr premirt, sagt da, wo er vom Tode Abels redet, es leuchte ein, daß die Schuld nicht auf der Erde ruhe, sondern auf dem Menschen, der das Gebot übertrat [7]). Am ausführlichsten handelt Origenes hierüber. Sofern die Uebel blos Uebel sind, schaden und wehe thun, läugnet er, daß Gott ihr Urheber sei. Keiner glaube, die Leiden rühren von einem Anderen, als uns selbst her. Gott macht keine Strafen, sondern die, welche uns treffen, bereiten wir uns selbst [8]). Gott flucht auch nicht. Im Evangelium steht deßwegen bezeichnend: Gesegnete meines Vaters, bei den Verfluchten ist hingegen „meines Vaters" weggelassen. Denn Gott ist zwar Spender des Segens, Urheber des Fluches ist aber Jeder selbst, sofern er Fluchwürdiges gethan hat [9]). Im Gesetze kommen

---

5) Tert. adv. Marc. l. 2. c. 11. p. 83.
6) Tert. de resurrect. c. 26. p. 263.
7) Theoph. ad Autol. l. 2. c. 29.
8) Orig. in Ezech. hom. 3. n. 7. p. 127.
9) Orig. in Matth. series 72. p. 172.

zwar oft Verwünschungen und Verfluchungen vor und selbst Jesus ruft über den Pharisäer das Wehe, aber sowohl jene Verwünschungen als dieses Wehe fällt auf den Sünder, nicht durch den Ausspruch des Verfluchenden, sondern vermöge der Sünde des Sündigenden, welcher sich für die Aufnahme des Fluches empfänglich macht, den Gott aus pädagogischen Absichten ausgesprochen hat [10]). Bedienen sich ja auch Väter und Erzieher der Strafe zur Besserung ihrer Zöglinge. Es hat darum nichts Anstößiges, wenn Gott derartige Uebel verhängt, um die zu reinigen und zu bekehren, welche durch sein Wort nicht erzogen werden wollen [11]). Nicht weniger unsicher ist die Antwort auf die Frage, worin dieser Fluch bestanden habe.

Nach Jrenäus verfluchte Gott nicht Adam nach dem Falle, sondern die Erde in seinen Werken. Wie Einer von den Alten sagt: Gott übertrug den Fluch auf die Erde, damit er nicht auf den Menschen verweile. Als Strafe (condemnationem) für die Uebertretung erhielt der Mensch aber Beschwerde und irdische Arbeit, daß er das Brod im Schweiße seines Angesichtes essen und zur Erde zurückkehren sollte, aus der er genommen war; ähnlich das Weib Beschwerden und Arbeit, Seufzen, Geburtsschmerzen und Dienstbarkeit, damit weder die von Gott Verfluchten gänzlich verloren giengen, noch straflos fortlebend Gott verachteten. Der ganze Fluch aber (omnis maledictio) gieng auf die Schlange über [12]). Man sieht auch hier wieder das Schwanken. Einerseits übertrug Gott den Fluch auf die Erde, andererseits ist die Erde in den Werken des Menschen verflucht, oder der Mensch bringt durch seine verderbliche Thätigkeit den Fluch über sie. Welche Darstellung ist die richtige? Aus den Schriften des Heiligen läßt sich keine sichere Antwort hierauf geben. Von Bedeutung ist es aber, daß die Glaubensregel, wie sie Novatian aufbewahrt hat, sich beinahe derselben Worte wie Jrenäus bedient. „Nicht so fast er selbst (Adam) als seine Arbeit auf der Erde wird verflucht [13]). Das in operibus suis erklärt sie durch labores ejus und den zweiten Satz kennt sie gar nicht. An einen auf der Erde ruhenden Fluch lassen diese Worte nicht einmal denken.

---

10) l. c. series 18. p. 27.   11) C. Cels. 1. 6. c. 56.

12) Propter hoc et in initio transgressionis Adae, sic ut enarrat scriptura, non ipsum maledicit Adam, sed terram in operibus ejus etc. Iren. l. 3. c. 23. n. 3. p 221.

13) Cujus tamen poenam nihilominus indulgenter temperavit, dum non tam ipse, quam labores ejus maledicuntur super terram. Novat. de trinit. c. 1. p. 287 b. Gall. III.

Ebenso verhält es sich mit dem Dankgebet in der Liturgie der apostolischen Constitutionen [14]). Die verschiedenen Strafen über Adam 2c. gibt sie an, von einem auf der Erde lastenden Fluch schweigt sie. Sofern Irenäus, um auch dieses Moment herbeizuziehen, dem **Chiliasmus** [15]) huldigt, geht er von der Ansicht aus, nach der Ueberwindung des Antichrist und ehe das Gericht gehalten werde, reintegrire Gott die Creatur. In dieser Zeit werden alle Thiere, wie Jesaias geweissagt, sich der Speise bedienen, welche sie von der Erde erhalten [16]). Es tritt eine wahrhaft exorbitante Fruchtbarkeit ein [17]) und jede Creatur dient dem Menschen auf's Bereitwilligste. Würde Irenäus den jetzigen Zustand der Natur auf den Fluch zurückführen: so bestände er nach ihm aus drei Momenten, in Feindseligkeit der Thiere unter sich und gegen den Menschen, in Unfruchtbarkeit und in der Auflehnung der Natur gegen den Menschen. Allein für's Erste leitet er diese Uebel nicht von einem Fluche ab und zweitens stellt er die drei genannten Momente nicht auf gleiche Linie neben einander, sondern das Hauptgewicht bei der reintegratio in pristinum legt er darauf, daß alsdann die Creatur dem Menschen wieder freiwillig diene. Auf dieses Dienen bezieht er zudem Röm. 8. 19—21 [18]). Die Feindseligkeit der Thiere und die Unfruchtbarkeit der Erde sind darum als Wirkungen der aufgehobenen **Dienstbarkeit** zu fassen.

Die Verwandtschaft der Materie, nämlich das Verhältniß der verklärten Natur zu dem verklärten Menschen nach der **Auferstehung**,

---

14) Der du ihm die Creatur unterordnetest, ließest ihn nun in seinem Schweiße und in Mühe die Nahrung erwerben, indem du Alles, das Pflanzen, das Wachsthum und die Reife gabst. A—C. l. 8. c. 12. p. 1098. d.

15) Selbst auf das Wort „jungfräuliche Erde" hat man sich berufen, um sie nach dem Falle des Menschen für verflucht erklären zu können. Wie Irenäus das meint, gibt er jedoch selbst an: et quemadmodum protoplastus ille Adam de rudi terra, et de adhuc virgine (nondum enim pluerat Deus et homo non erat operatus terram). l. 3. c. 21. n. 10. p. 218. Tertullian interpretirt das Wort auf folgende Weise: Virgo erat adhuc terra, nondum opere compressa, nondum sementi subacta; ex ea hominem factum accipimus a Deo in animam viventem. Tert. de carne Chr. c. 17. p. 382. Daraus läßt sich erkennen, wie wenig man Recht hat, aus solchen Worten etwas für oder gegen einen Fluch auf der Erde zu folgern.

16) Iren. l. c. l. 5. c. 33. n. 4. p. 333. 17) l. c. 3. p. 333.

18) Oportet ergo et ipsam conditionem reintegratam ad pristinum, sine prohibitione servire justis: et hoc apostolus fecit manifestum in ea quae est ad Romanos, sic dicens: *Nam expectatio creaturae revelationem filiorum Dei expectat. Vanitati enim creatura subjecta est non volens, sed propter eum qui subjecit in spe: quoniam et ipsa creatura liberabitur a servitute corruptelae: in libertatem gloriae filiorum Dei.* Sic ergo et promissio Dei, quam promisit Abrahae, firma perseverat. Iren. adv. haeres. l. 5. c. 32. n. 1.

mag es entschuldigen, daß wir diesem eine Bemerkung des Methodius, der 100 Jahre nach Irenäus schrieb, beifügen. Die Natur, sagt er, freut sich und frohlockt über die auferstehenden Kinder Gottes, um deren willen sie auch seufzt und deren Erlösung von dem Verderben des Leibes sie erwartet . . . Sind nemlich wir von der Sünde befreit, so wird auch sie von dem Verderbniß befreit und sie dient nicht mehr der Eitelkeit, sondern der Gerechtigkeit [19]. Offenbar legt er das Verderbniß und die Eitelkeit darein, daß die Natur dem sündigen Menschen dient, oder von ihm zur Sünde mißbraucht wird, was mit der Auferstehung aufhört.

2. Außer der verfluchten (maledicta) Erde, erwähnen einige Schriftsteller eine befleckte (maculata) Erde. In einer entschieden häretisch-gnostischen Weise sprechen dieses die clementinischen Homilien aus, wenn sie sagen, durch das viele Blut, daß die Giganten vergossen haben, sei die Erde so unrein geworden, daß sie vergiftete und schädliche Thiere ausschäumte [20]. Neben der häretischen Gnosis macht sich jedoch in den Homilien, wie in den Recognitionen, auch die kirchlich christliche Lehre geltend, obwohl der Widerspruch beider Anschauungen auf der Hand liegt. Auf die zweite Auffassung kommen wir zurück.

Nach den Recognitionen sind die Uebel, Hagel, Krankheiten, Schmerz ꝛc. nicht mit der Schöpfung gegeben, sondern die Gottlosigkeit der Menschen ist die Quelle, aus der sie entsprangen, weßwegen sich ihre Zahl mit der wachsenden Sündhaftigkeit vermehrte. Gott wollte sie nicht, darum gab er ebenso Gesetze, durch welche er den Menschen die Sünde verbot, als er nach ihrer Uebertretung die ganze durch die Sünde befleckte Erde durch die Fluth reinigte [21].

Wie diese Befleckung zu fassen ist, wird nicht angegeben, da sie aber durch Wasser gereinigt werden soll, scheint sie eine gnostisch manichäische Färbung an sich zu tragen. Ganz entschieden macht sie sich jedoch nicht geltend, denn nicht nur führt der Verfasser das Wuchern von Dorn und Disteln auf dem Acker auf die Nachlässigkeit des Bebauers zurück [22], sondern an der obigen Stelle sagt er auch, die durch die Sünde hervorgerufenen Uebel seien zur Strafe gegeben. Diesen Ge-

---

19) Method. de resurr. c. 8. p. 775. Gall. IH.
20) Clem. hom. 8. n. 17.   21) Recog. l. 8. c. 47—50.
22) l. c. l. 6. c. 2. Quoniam quidem, sicut terra a cultore neglecta spinas et tribulos necessario producit, ita sensus vester longi temporis incuria nullas et falsas opiniones germinavit.

banken führt er jedoch nicht aus, sondern greift zu der Reinigung durch die Fluth. Im fünften Buche stellt er ihn in der Form dar, Gott räche sich nicht durch Verhängung von Uebeln, sondern die durch die Sünde mißbrauchte Creatur empöre sich gegen solche Mißhandlung, wovon später.

Am allerwenigsten darf man bei Origenes an eine ethische Befleckung der Erde denken, denn dagegen erklärt er sich ganz entschieden. Wenn er dessenungeachtet sagt, die Ungerechtigkeit verdirbt die Erde, die Gerechtigkeit bewahrt sie und der Sünder, soweit es an ihm liegt, verdirbt die Erde, nicht in der Fluth wurde die Erde verdorben, denn da wurde das Verderben abgewaschen, sondern in der Ungerechtigkeit [23]): so zeigt dieser Satz nur, was er unter dem Verderben der Erde versteht, den Mißbrauch nämlich, den der Sünder mit ihr treibt. Die Vorsehung aber reinigt sie, indem sie die Menschen straft, welche die Naturgesetze verletzen. Ihnen droht sie durch die Propheten und den Erlöser, damit die, welche sie hören, umkehren, jene aber, welche die zur Reue bewegenden Mahnungen nicht beachten, Strafe leiden [24]). Eine solche Reinigung der Erde fand in der Fluth statt, da die Menschen vertilgt wurden [25]). Nach diesen Worten wäre „Erde" tropisch für „Fleisch" zu nehmen. Das thut aber auch Origenes, wie Tertullian, wenn er sagt: Erde bezeichnet tropisch das Fleisch [26]).

Wenn daher Gott die Welt durch Wasser oder Feuer reiniget, so thut er das nicht in der Weise eines Künstlers, dessen Werk etwas mangelt, oder dem Fehlerhaftes anklebt, sondern er schränkt die Bosheit ein, daß sie nicht weiter um sich greift [27]). Was ist es denn Ungereimtes, wenn man lehrt, Gott reinige die Welt, wenn die Bosheit überhand genommen und verfahre mit Jedem so, wie er es verdient hat? Das wäre vielmehr Gott zuwider, wenn er der Sünde und Bosheit ihren Lauf ließe, ohne sie durch Erneuerung zu hemmen [28]). Der böse Wille des Menschen hat demnach durch Verletzung der Naturgesetze das Verderbniß der Erde hervorgerufen. Gott erneuert das Beschädigte und straft die Bosheit des Menschen. Das geschah durch die Fluth und wird am Ende der Welt durch Feuer geschehen.

Damit sind wir jedoch seiner Anschauung noch nicht auf den Grund gekommen. Eine quasi, (ὡσπερεί) Befleckung, die einer Reinigung bedarf, lehrt er nicht nur in den obigen Stellen, sondern auch

---

23) Orig. Selecta in Genes. p. 80.   24) C. Cels. l. 4. c. 99. p. 635.
25) l. c. l. 6. c. 56. p. 228.   26) l. c. l. 7. c. 22. p. 313.
27) C. Cels. l. 4. c. 69. p. 574.   28) l. c. l. 4. c. 20.

C. Cels. l. 4. c. 64. p. 506 und l. 4. c. 69. p. 574, dehnt sie aber hier nicht blos auf die Erde, sondern auf den ganzen Kosmos aus. Nach unserer Ansicht legt er den Fluch und die Befleckung in die Vergröberung der Materie. Die vanitas, der die Creatur unterworfen ist[29]), besteht nemlich nach seiner Muthmaßung (ego arbitror) in der **Körperlichkeit**, denn auch der Körper der Gestirne, obwohl ätherisch, ist dennoch materiell. Wie Paulus sagt: ich wünsche aufgelöst zu werden und bei Christus zu sein, um euretwillen ist es aber besser, im Fleische zu verweilen, so kann auch die Sonne sagen[30]). Daß die Erde erst in Folge der Sünde Adams materiell geworden sei, kann er so wenig behaupten, als daß Adam erst nach der Sünde Fleisch und Bein erhalten habe, aber eine **Vergröberung der Materie** nimmt er an, ohne den Vorgang näher zu erklären. Durch die Sünde hat die Seele nicht nur die Gnade und mit ihr die geistigen Sinne verloren, sondern sie wird durch sie auch fleischlich. Wie die Tugend sie subtiler macht, alles Körperliche von ihr abstreift und die Körperliche reiner gestaltet: so macht sie die Sünde härter und dichter. Das Herz dieses Volkes ist verhärtet (incrassatum)[31]). Ja sie wird so zu sagen fleischlich, gemäß dem Schriftworte: Mein Geist verweilt nicht in diesen Menschen, weil sie Fleisch sind[32]). In diesem Sinne möchte er auch gerne die Worte: Gott der Herr machte Adam und seinem Weibe Röcke von Fellen und zog sie ihnen an, erklären, denn buchstäblich können sie nicht verstanden werden[33]).

Ueberblickt man diese Erörterung, so leuchtet ein, einige Schriftsteller reden von einem Fluche, andere läugnen ihn. Aber selbst die, welche sich dieses Wortes bedienen, geben ihm eine Deutung, die den eigentlichen Begriff des Fluches aufhebt, sofern sie ihn mit Verhängung von Strafen oder Uebel, durch die der Mensch gezüchtigt und gebessert werden soll, identificiren. Von einer Veränderung der Natur in der Weise, daß durch den auf die Erde gelegten Fluch Dorn und Distel, giftige Thiere etc. entstanden wären, wissen sie nichts. Die Annahme, die Uebel seien eine Folge der **Endlichkeit und Vergänglichkeit** der Geschöpfe, die meistens heidnischen Lehren gegenüber aufgestellt

---

29) l. c. l. 7. c. 50. p. 365.
30) Orig. de princ. l. 1. c. 7. n. 5. p. 75.
31) Orig. In psal. 38. hom. 2. n. 8. p 131. Band 8.
32. Orig. Select. in psl. 64. p. 251. Bd. 8.
33) Orig. Select. in Genes. p. 74. cf. In Levit. hom. 6. n. 2. p. 181.

wurde, schritt zu dem Satze fort, die durch die Schöpfung in die Natur gelegten Potenzen gestalteten sich auf Gottes Geheiß oder mit seiner Zulassung gegen den **gefallenen Menschen** zu **feindlichen Mächten**, um ihn zu strafen, sein sündhaftes Thun zu hemmen und ihn zu bessern. Besonders aber sind es die **Dämonen**, die durch den Fall Adams Einfluß auf die Menschen und die Natur gewinnen und sie corrumpiren.

Das sind die drei Punkte, die im Folgenden noch näher entwickelt werden müssen, denn der Fluch ist die Quelle der Uebel nicht. Noch viel weniger ist aber irgendwo die Rede davon, daß dieser auf die Natur gelegte Fluch durch die Benediktionen gehoben werden könne oder solle.

## §. 8. Erklärungsarten der Uebel.

Obwohl die meisten alten Schriftsteller die Uebel auf die Sünde des Menschen zurückführen, so doch nicht alle. Nach Clemens A. rührt das Entstehen und Vergehen der Geschöpfe von der Beschaffenheit ihrer Natur her, bis in der vollständigen Scheidung und Apocatastasis das in der jetzigen Welt Vermischte dem Verwandten zugetheilt wird, . . . Ebenso folgt vermöge des von Gott gegebenen Naturgesetzes der Zeugung der Tod[1]). Weil die irdischen Dinge aus verschiedenen und ungleichartigen Bestandtheilen gebildet sind, können sie, das scheint die nächste Folgerung aus dem obigen Satze zu sein, sich nicht nur auflösen und dadurch den Untergang einer Sache bedingen, sondern gegen einander kämpfend auch Unordnung und Störung verursachen. Wirklich schreibt Clemens, außer dem Zorne der Dämone, einer Unordnung ($\alpha\tau\alpha\xi\iota\alpha\varsigma$) des hylischen Wohnortes, Seuchen, Hagel, Stürme zc. zu[2]). Ebenso gehören zu dem **natürlichen Decaloge der Erde** nicht nur zahme, sondern auch wilde Thiere, solche, die sich von Fleisch, wie von Kräutern nähren, deßgleichen fruchtbare und unfruchtbare Kräuter[3]). Die letzteren hat Gott alle zugleich erschaffen[4]); die ersten laufen, kämpfen, ($\mu\acute{\alpha}\chi\varepsilon\sigma\vartheta\alpha\iota$) entstehen und vergehen vermöge ihrer Natur[5]). Wenn Ackerbau und Wissenschaft das Unfruchtbare auch zwingen fruchtbar zu sein[6]), die Natur als solche ist unwandelbar, weder durch Gewalt

---

1) Clem. strom. l. 3. c. 9. p. 540.   2) l. c. l. 6. c. 3. p. 754.
3) l. c. l. 6. c. 16. p. 807.   4) l. c. c. 15. p. 799. c. 11. p. 690.
5) Strom. l. 7. c. 4. p. 842.   6) Strom. l. 6. c. 15. p. 799.

noch Affect zu verändern⁷). Das Fleischfressen, Kämpfen ꝛc. ist darum nicht später in Folge eines Fluches eingetreten, wohl aber hat sich das Verhältniß des Menschen zur Natur verändert. Der Mensch ist Herr aller Geschöpfe; Gott hat sie ihm zum Genusse und Gebrauche erschaffen und sie gehören ihm, wenn er Gott dient. Wenn ihr mich höret und wollet, sagt er, werdet ihr die Güter der Erde essen; das ist der Lohn des Gehorsams. Wenn ihr mir aber nicht gehorchet und mich nicht wollet, so wird euch Feuer und Schwert fressen; das ist das Urtheil über den Ungehorsam⁸). Die aus disparaten Elementen zusammengesetzte Natur löste sich ohne Ursache nicht in schneidende Gegensätze auf. Die Ursache, welche dieses bewirkte, war die Sünde des Menschen.

Auf demselben Standpunkte stehend, wie Clemens, führt Origenes manche Uebel auf Gott zurück, weil er Vergängliches geschaffen hat. Dem Sterben des Irdischen geht gerade so Schwäche und Krankheit voraus, wie dem Tode des Menschen. Deßwegen begleiten Erdbeben, Unfruchtbarkeit ꝛc. das Ende der Welt. Sie sind gleichsam die Agonie ihres Hinscheidens⁹). Ferner glaubt er, die mühselige Bebauung der Erde habe Gott dem Menschen beschieden, damit er seine geistigen Kräfte übe, eine Uebung, die ihm auch ohne die Sünde nothwendig gewesen wäre. Gott wollte, daß der Mensch seine Vernunft gebrauche und bethätige, darum hat er ihn so dürftig erschaffen (so könnte Origenes nicht sprechen, wenn er diese Dürftigkeit blos von der Sünde abhängig machte), damit die Noth ihn zwinge, Künste zu erfinden, um sich zu nähren uud zu kleiden. Ackerbau, Weinbau, Baumzucht, Handwerke und Gewerbe verdanken dieser Noth ihre Entstehung. Man muß darum die Vorsehung bewundern, welche den Menschen so armselig bildete, während die Natur den vernunftlosen Thieren Nahrung und Kleidung gibt¹⁰). Deßgleichen bringt er auch die Existenz von schädlichen Thieren und Pflanzen in keine Verbindung mit der Sünde oder dem Fluche, sondern er findet sie „in dem natürlichen Decaloge der Erde" begründet. Celsus, der läugnete, Donner, Blitz, Regen, Drachen, Nattern seien Gottes Werke¹¹), entgegnet er, weil er nicht zu begreifen vermöge, wie so

---

7) Οὐ γὰρ ὄν ποτε βιασθείη φύσις εἰς μεταβολήν, τὸ δὲ ἅπαξ πεπλασμένον εἰς αὐτήν, οὐ θέμις ἀντιπλασθῆναι πάθει. τὸ γὰρ πάθος οὐ φύσις. παραχαράττειν δὲ οὐ μετακοσμεεῖν τοῦ πάθος εἴωθε τὴν πλάσιν. Paed. l. 2. c. 10. p. 221.
8) Clem. cohort. c. 10. p. 76.    9) In Math. series 36. p. 74.
10) C. Cels. l. 4. c. 76. p. 588.    11) l. 4. c. 54. u. c. 75.

verschiedene Dinge, die der Erde entsprossen, Gottes Werk seien und wozu Gott manche Wesen erschaffen habe, darum spreche er so. Hätte er die Sache genauer untersucht, so würde er gefunden haben, daß nur Ein Gott sei, der Alles erschaffen habe. Denn obwohl die Welt aus dem Verschiedenartigsten zusammengesetzt ist, hat sie dennoch nur Einen Schöpfer, der Alles so einzurichten wußte, daß jedes erschaffene Wesen seinen besonderen Zweck und Nutzen hat, und jede der so vielfältigen Gattungen der Dinge das Ihrige zu dem allgemeinen Besten der Welt beiträgt[12]. Ja gerade diese Verschiedenheit der Geschöpfe dient zur Verherrlichung des Schöpfers; der sie alle nährt[13]. Denn daß Gott auch die wildesten Thiere ernährt, ist gar nichts Wunderbares. Sagten ja doch Philosophen, jene Thiere seien dem Menschen zur Uebung erschaffen. Einer unserer Weisen aber spricht: sage nicht, was ist dieses oder zu was dient es? denn Alles ist zu ihrem Nutzen geschaffen. Sage auch nicht: was ist Jenes und wozu ist es, denn Alles wird zu seiner Zeit gesucht[14]. Löwen, Bären, Panther, Eber und andere derartige Thiere sind wegen uns zur Uebung unserer Mannhaftigkeit erschaffen worden[15]. Die ersten Menschen waren durch höhere Geister und eine innigere Verbindung mit Gott gegen sie geschützt, bis sie geübt sich selbst schützen und von Gott belehrt sie bändigen konnten. Die Behauptung, wilde Thiere haben anfänglich die Menschen geraubt und gefressen, ist demnach falsch[16]. Ueberhaupt gibt es in der Schöpfung Dinge, welche die menschliche Natur schwer oder gar nicht ergründen kann. Darum ist aber Gott, der Schöpfer des All', nicht anzuklagen. Wir finden z. B. die Ursache nicht, warum Basilisk und andere giftige Thiere erschaffen sind. Gott weiß es und wird, wenn er uns würdig hält, das einstens offenbaren, was wir nun fromm betrachten[17].

Das ist die Eine, wenn der Ausdruck erlaubt ist, rationalistische Betrachtungsweise. Die Alexandriner halten sie nicht ausschließlich fest, sondern gehen auch auf die andere über, der zufolge Tod und Schmerz Folge der Sünde sind. Das leuchtet jedoch ein, die Doktrin

---

12) C. Cels. l. 4. c. 54.
13) Orig. in Num. hom. 27. n. 1. p. 540.
14) C. Cels. l. 4. c. 75. p. 586.   15) l. c. c. 7c. p. 592.
16) Οὐ γὰρ ὑπέβαλε τοὺς ἀνθρώπους τοῖς θηρίοις ὁ θεός, ἀλλὰ τῇ συνέσει τῶν ἀνθρώπων ἁλωτὰ δέδωκεν εἶναι τὰ θηρία, καὶ τοῖς ἀπὸ συνέσεως ὑφισταμένοις κατ' ἐκείνων τέχναις. οὐ γὰρ ἀθέει ἐμηχανήσαντο σφίσιν αὐτοῖς οἱ ἄνθρωποι σωτήριον ἀπὸ τῶν θηρίων καὶ τὴν κατ' ἐκείνων ἐπικράτειαν. C. Cels. l. 4. c. 80. p. 596.
17) Orig. Select in psl. p. 197. Bd. 7.

mancher neuerer Theologen, welche den Ursprung der giftigen und reißenden Thiere 2c. von einem Fluche ableiten, ist mit dieser Auffassung unvereinbar.

2) Die andere Betrachtungsweise geht von der Sünde aus und faßt die hieher gehörenden Erscheinungen in der Natur als **Folge und Strafe derselben**. Wie oben bemerkt, macht sich in den Clementinen eine doppelte Auffassung geltend. Nach der zweiten ist das Uebel nicht, wie nach der ersten, aus der Blutsubstanz entstanden, selbst etwas Substanzielles, sondern etwas Accidentelles (τῶν συμβαινόντων) und Privatives. Was ist der Schmerz anders, als nicht Uebereinstimmung? Was der Tod anderes, als Trennung der Seele vom Leibe? Wenn also Harmonie herrscht, tritt Schmerz und Tod nicht ein, denn zu sterben ist dem Existirenden nicht wesentlich und wo Harmonie herrscht, gibt es weder Tod noch Schmerz. Die Pflanzen sind nicht verderblich, die Reptilien nicht giftig, noch irgend etwas Anderes [18]). Auf die Frage, warum nicht? geben dieselben Homilien die Antwort, weil der Mensch vor der Sünde über alle Leiden erhaben, in seinem unsterblichen Leib keinen Schmerz empfand [19]). Ehe er sündigte, wirkte weder das Gift der Reptilien, noch die Kräfte verderblicher Pflanzen, noch die Quälereien der Dämonen, noch irgend ein anderes Uebel auf ihn ein. Durch die Sünde die Unsterblichkeit verlierend, wurde er für jedes Uebel empfänglich [20]). Gegen den Gerechten würde sich überhaupt die Natur nicht aufgelehnt haben, wo hingegen sich die durch den Sünder mißbrauchte Kreatur gegen seine Mißhandlung empört. Die Güte Gottes läßt über Gerechte und Ungerechte die Sonne scheinen, obwohl diese ihr Licht nur mit Schmerz den Bösen spendet. Bisweilen aber bricht den durch die Verbrechen der Gottlosen abgehetzten Elementen die Geduld, selbst entgegen der Güte des Schöpfers, und daher rührt das Verderbniß der Früchte, Sonnenbrand, Ueberschwemmung, Hunger und Krankheit. Die Kreatur rächt sich an den Gottlosen, die Güte Gottes zügelt sie jedoch und zwingt sie seiner Barmherzigkeit zu gehorchen, denn er will nicht den Tod des Sünders, sondern seine Bekehrung [21]). In hervorstehender Weise macht dieses **Theophilus** von den Thieren geltend. Wie der Herr vom rechten Wege abwich, so auch sie, seine Diener [22]). Einige unter ihnen übertreten das Gebot Gottes und fressen

---

[18]) Clem. hom. 19. n. 20.   [19]) Hom. 10. n. 4.   [20]) Hom. 19. n. 15.
[21]) Recog. l. 5. c. 27. p. 1348.
[22]) Theoph. ad Autolyc. l. 2. c. 17.

die schwächeren auf c. 16, denn von Anfang waren sie weder schädlich noch angreifend [23]), sondern gut und sehr gut, aber die Sünde des Menschen hat sie böse gemacht. Wenn jedoch der Mensch zu dem zurückkehrt, was seiner Natur gemäß ist, und zu sündigen aufhört, so kehren auch die Thiere zu der ursprünglichen Zahmheit zurück [24]).

Theophilus will selbstverständlich nicht sagen, die Thiere haben, wie der Mensch gesündigt, sondern in Folge der Sünde des Menschen lehnen sie sich gegen ihn auf, wie er sich gegen seinen Herrn und Gott empört hat; ein Satz, der ebenso wahr, als tief religiös ist. Das Fleischfressen ist übrigens hiermit noch nicht erklärt. Lag nemlich ihre naturgemäße Nahrung im Pflanzenreiche, so wäre durch die Sünde des Menschen ihre Natur alterirt worden, was seiner ausdrücklichen Lehre, wenn der Mensch zu sündigen aufhöre, kehren die Thiere zu ihrer ursprünglichen Zahmheit zurück, widerspricht. Die durch die Sünde erfolgte Veränderung, sagt er, besteht nach ihm in der Wildheit. Θηρία, sagt er, kommt her von θηρεύεσθαι, oder diese Thiere heißen wild, weil sie wild geworden sind. Als eine von der Wildheit untrennliche Eigenschaft sah er jedoch das Fleischfressen an. Hier liegt das Mangelhafte seiner Auffassung. Die Thiere können Fleischfresser sein und doch dem Menschen dienen und gehorchen. Das ist aber der Kern seiner Lehre: vor der Sünde waren die Thiere dem Menschen unterthan, nach der Sünde lehnten sie sich gegen ihn auf. Mit Aufhebung der Sünde kehren sie wieder zu der ursprünglichen Botmäßigkeit zurück.

Ferner liegt die Ursache, warum die Elemente nicht längst den Menschen und sein Thun vernichtet und alles sich in Verwirrung und Unordnung auflöste, in den Gerechten. Um der Christen willen, deren Samen Gott kennt, erhält er die Schöpfung, daß sie nicht in Verwirrung und Auflösung geräth [25]). Was die Seele im Leibe ist, das sind nemlich die Christen in der Welt ... Die Seele ist zwar vom Leibe eingeschlossen, aber sie hält den Leib zusammen, und die Christen werden zwar wie in einem Gefängnisse durch die Welt festgehalten, sie selbst aber

---

23) Θηρία δὲ ὠνόμασται τὰ ζῷα ἀπὸ τοῦ θηρεύεσθαι. οὐχ ὡς κατ᾿ ἀρχῆθεν γεγεννημένα, ἢ ἰοβόλα. c. 17. Maranus und Gallandus übersetzen ἰοβόλα mit venenatae und in neuester Zeit haben es Deutsche mit „giftig" wiedergegeben. Das scheint nicht im Sinne des Theophilus zu sein. Besser faßt man es wohl, als Erklärung von θηρεύεσθαι, in seiner ursprünglichen Bedeutung, Pfeile werfend oder angreifend. So steht es auch im Gegensatze zu ἡμερότητα.

24) Ὁπόταν οὖν πάλιν ὁ ἄνθρωπος ἀναδράμῃ εἰς τὸ κατὰ φύσιν, μηκέτι κακοποιῶν· κἀκεῖνα ἀποκατασταθήσεται εἰς τὴν ἀρχῆθεν ἡμερότητα. l. c. p. 102. Gall.

25) Just. apol. II. c. 7. p. 299.

halten die Welt zusamen ²⁶). Wenn daher die Liebe Vieler erkaltet, und das Geheimniß der Bosheit sich offenbart, dann naht das Weltende; denn die Menschen, die das Salz und Licht der Welt sind und sein sollen, wurden durch die Sünden taub und finster gemacht. Weil aber das Salz taub geworden, geht das in Verwesung über, was nicht mehr gesalzen wird; weil das Licht Finsterniß geworden ist, können sich die Mächte der Finsterniß, durch Niemand gehindert, einmüthig erheben und ihre verderblichen Einflüsse über die Natur verbreiten ²⁷). Die volle Entwicklung des Geheimnisses der Bosheit hat den vollständigen Untergang zur Folge, das theilweise Offenbar-werden desselben, eine partielle Zerstörung, d. h. elementares Unglück, wie Krieg, Aufruhr ꝛc. unter den Menschen ²⁸).

---

26) Epist. ad Diog. c. 6.
27) Orig. in Math. series 37. p. 75.
28) Völlig im Geiste der ersten Jahrhunderte gedacht, durch eine sorgfältigere Entwicklung die obigen Bemerkungen der Väter aber übertreffend, ist eine Erörterung des Bischofes Wittmann über diesen Gegenstand, die darum zur Erklärung dienen mag. Er faßt den Zorn Gottes als Verwirrung des Gott entfremdeten menschlichen Geistes. Im Menschengeiste wohnt eine Kraft, die stets nach Gott strebt und der Sünde entgegentritt und in diesem Ankämpfen ein lasterhaftes Gemüth beunruhigt und verwirrt. Sodann ist dieser Zorn eine schädliche Disposition oder Richtung körperlicher (belebter und unbelebter) Geschöpfe gegen den Menschen. Auch den unvernünftigen und leblosen Geschöpfen wohnt eine göttliche Kraft ein, weil sie nur durch eine fortwährende Wirkung Gottes bestehen und thätig sind und weil die natürliche Liebe einem jeden Dinge als Aehnlichkeit mit ihrer Ursache, der göttlichen Liebe, eingedrückt ist. Daher setzt der Lobgesang der drei Knaben voraus, daß alle Geschöpfe auf ähnliche Weise, wie die gerechten Menschen, Gott loben können und also eine gewisse Fähigkeit haben, nach Gott zu streben. Nur die Sünder sind im Aufrufe zum Lobe Gottes übergangen, weil ihnen eine geringere Wirkung der göttlichen Kraft einwohnt, als selbst leblosen Geschöpfen. Diese göttliche Kraft in allen Geschöpfen ist dem Sünder entgegen, denn er kämpft gegen die göttliche Kraft in seinem eigenen Innern und darum auch gegen die göttliche Kraft in anderen Geschöpfen, welche mit der in seinem Innern dieselbe ist. Wie er sich aber allen Geschöpfen widersetzt, so bekämpfen ihn hinwieder alle Geschöpfe durch ihre eigene Kraft. Aus dieser feindseligen Richtung der Geschöpfe entspringen Krankheiten, Unfruchtbarkeit ꝛc.
Drittens beschreibt Wittmann den Zorn Gottes als die Wegwendung der guten Geister von dem gottlosen Menschen und die Macht der bösen Geister über ihn. Der Zorn Gottes gegen ein ganzes Volk ist ein so großer Abgang der göttlichen Gegenwart im Volke, daß damit das Wohl des Volkes nicht bestehen kann; denn Gott ist mehr oder minder einem Volke auf besondere (gnädige) Weise gegenwärtig, je nachdem die Zahl der Gerechten im Volke größer oder geringer ist. Das Heil des Volkes hängt von dieser besonderen (gnädigen) Gegenwart Gottes ab, daher jeder Gottlose als ein Uebel des ganzen Volkes betrachtet werden kann. Der Mangel dieser besonderen Gegenwart Gottes im Volke erzeugt Aufreizungen, Ueberdruß der Unterthanen am bürgerlichen Joche, Härte der Fürsten ꝛc. Es gibt kein Gewicht mehr für die entgegengesetzte Seite, wenn die Gerechten fehlen; daher lehrt die ganze Geschichte, daß auf Entsittlichung der Priester, Philosophen und Mönche verheerende äußere oder innere Kriege folgen. Mittermeier Leben und Wirken des Bischofes Wittmann. S. 44.

3) Endlich leiten die Schriftsteller der ersten Jahrhunderte die Uebel von dem Einflusse der Dämonen ab. Unter den Creaturen findet nach Tatian eine Verschiedenheit statt, die einen sind schön, die anderen sind schöner, alle miteinander geben aber die schönste Harmonie[29]). Die Dämonen üben jedoch einen schlimmen Einfluß auf sie. Sie mißbrauchen das Gute zum Bösen. Das, was als bös erscheint, ist ihr Werk und nicht des vollkommenen Gottes. c. 17. Wenn aber etwas Giftiges in dem ist, was entsteht, so kam dieses wegen unserer Sünde hinzu. c. 19. Tatian geht offenbar von der Ansicht aus, Giftiges, oder überhaupt Schädliches, sei erst nach der Sünde entstanden. Da er die Hervorbringung desselben durch Gott in Abrede stellt und den Dämonen einen bösen Einfluß einräumt, scheint die Annahme die richtige, der gemäß er die betreffenden Geschöpfe durch dämonische Einwirkung giftig oder schädlich werden läßt.

Deßgleichen schreibt Clemens A. Seuchen, Hagel, Stürme und dergleichen nicht nur einer Unordnung des hylischen Wohnortes, sondern auch dem Zorne der Dämonen und bösen Engel zu[30]). Gott ist es allerdings, der körperliche und äußerliche Uebel, die mißbräuchlich Böses genannt werden, verhängt, um die Sünder zu bekehren[31]). Nach der gewöhnlichen Ordnung überläßt er jedoch solche Züchtigungen den Dämonen, die gleichsam seine Scharfrichter, vermöge eines göttlichen Gerichtes, die Macht dazu erlangen. Sie sind es daher, die Hunger, Unfruchtbarkeit, übermäßige Hitze, Verpestung der Luft verursachen und dadurch Früchten, Thieren und Menschen schaden[32]). In solchen Leiden soll deßwegen der Gläubige sprechen: du hättest keine Macht über mich, wenn sie dir nicht von oben gegeben wäre Joh. 19 11 und lernen, Alles als Fügung Gottes hinzunehmen, weil nichts ohne Gott geschieht[33]).

Von Tertullian haben wir schon Worte vernommen, die einen eigentlichen Fluch auf der Erde lehren, wie solche, denen gemäß nicht die Erde, sondern das Fleisch verflucht wurde. Die übrigen Stellen, in welchen er auf diesen Gegenstand eingeht, kennen zwar ein Verderben,

---

29) Tatian. orat. c. Graec. c. 12.
30) Λέγουσι δ' οὖν τινὲς λοιμούς τε καὶ χαλάζας καὶ θυέλλας καὶ τὰ παραπλήσια οὐκ ἀπὸ τῆς ἀταξίας τῆς ὑλικῆς μόνης, ἀλλὰ καὶ κατά τινα δαιμόνων ἢ καὶ ἀγγέλων οὐκ ἀγαθῶν ὀργὴν φιλεῖν γίνεσθαι. Clem. strom. l. 6. c. 3. p. 754.
31) Orig. c. Cels. l. 6. c. 56. p. 228.
32) C. Cels. l. 8. c. 31. p. 449. l. 1. c. 31. p. 79.
33) Orig. de princ. l. 3. c. 2. n. 7. p. 263. cf. in Matth. series 37. p. 76.

das auf der Natur liegt, führen dieses aber auf den sündhaften menschlichen und dämonischen Willen, als seine Quelle, zurück. Wir überlassen es darum dem Leser, für welche Auffassung er sich entscheiden will.

Der Apostel, bemerkt er, beruft sich auf das Naturgesetz, bestätigend, daß die Menschen den natürlichen Gebrauch der Schöpfung in einen nicht natürlichen verwandelt haben. Wir sollen uns darum nicht dahinreißen lassen, wo Gottes Widersacher die ganze zu einem bestimmten Gebrauche dem Menschen übergebene Schöpfung mit dem Menschen selbst verdorben hat, weßwegen sie auch, nach dem Apostel, unfreiwillig der Eitelkeit unterworfen ist, indem sie zuerst zu eitlem, dann schändlichem, ungerechtem und gottlosem Gebrauche verderbt wurde. So ist auch die Schöpfung durch die lüsternen Schauspiele entehrt von jenen, die zwar vermöge ihres natürlichen Gefühles wohl wissen, daß all das, was zur Aufführung der Schauspiele gehört, Gottes ist, es fehlt ihnen aber die klare Erkenntniß, der Teufel habe Alles mißgestaltet [34]). Zum Verständniß einer weiteren Stelle, auf die man sich als Beweis für die „Fluchttheorie" gestützt hat, ist zu bemerken, manche Christen wohnten den Säcularspielen, welche nach dem Siege des Septimius Severus gehalten wurden, bei, mit dem Vorgeben, es sei das ein unschuldiges Vergnügen. Tertullian entgegnet, allerdings ist das, was bei diesen Spielen gebraucht wird, an sich gut. Die Löwen sind von Gott erschaffen, deßgleichen das Eisen, aus dem die Schwerter geschmiedet sind ꝛc. Niemand läugnet, weil Niemand verborgen ist, was die Natur von freien Stücken verkündet, daß Gott der Schöpfer des Universums und daß dieses Universum sowohl gut als dem Menschen zu eigen gegeben sei. Aber weil die Heiden Gott nicht völlig kennen, nur aus dem Natur- und nicht auch Hausrecht, von der Ferne und nicht aus der Nähe, ergibt sich von selbst, daß sie nicht wissen, wie er das zu gebrauchen gebietet und verbietet, was er erschaffen hat und zugleich wer der Nebenbuhler sei, der die göttliche Schöpfung durch schlechten Gebrauch entweiht, weil du weder den Willen, noch Widersacher dessen kennst, den du weniger kennst. Man hat also nicht allein darauf zu sehen, von wem Alles erschaffen, sondern von wem es verkehrt wurde, denn es ist ein großer Unterschied zwischen Verderbniß und Unversehrtheit, weil ein großer Unterschied zwischen Schöpfer und Verfälscher ist. Uebrigens, fährt er

---

[34]) Tert. de coron. c. 6.

fort, bestehen alle Arten des Bösen aus Werken Gottes. Das Gold, Erz ꝛc., das zum Götzendienst verwendet wird, hat Gott erschaffen. Der Mensch selbst, der Vollbringer aller Laster, ist nicht nur ein Werk, sondern Bild Gottes und doch ist er von ihm abgefallen. Gott hat uns auch die Augen nicht zur Begierlichkeit, die Zunge zum Verläumben ꝛc. verliehen, denn er, der Heilige, kann sie nicht zu Werken geschaffen haben, die er verdammt, obwohl diese Werke durch seine Geschöpfe verübt werden. In dem verkehrten Gebrauch der Geschöpfe besteht nämlich das ganze Wesen der Verdammung (tota ratio damnationis). Wir also, die wir nicht nur Gott, sondern auch seinen Nebenbuhler erkennen, dürfen uns weder wundern, noch zweifeln, da die Kraft des Verfälschers den Menschen selbst, das Werk und Ebenbild Gottes, den Inhaber des ganzen Universums, von seiner Unversehrtheit herabstürzte, daß er das ganze Universum zugleich mit ihm in Verkehrtheit gegen den Schöpfer verändert hat, um in ihm den Menschen gegen Gott schuldig zu machen und seine Herrschaft zu gründen, deren Ertheilung an den Menschen ihn geschmerzt hatte [35]).

Das ist nicht nur der Sinn, sondern die beinahe wortgetreue Uebersetzung der hieher gehörenden Stelle. Man sieht aber, sie sagt nichts weiter, als der Teufel gebrauche die Creatur gegen den Schöpfer und verkehre sie dadurch. Von einem Verderbniß der Natur an sich durch den Fluch, den Gott sprach, ist gar keine Rede. Nicht die Natur an sich ist verderbt, Gold und Silber der Götzenbilder, die Kräuter, welche zu Zaubereien gebraucht werden, sind an sich gut, aber in operibus Satanae ist sie verdorben. Der Teufel gebraucht sie gegen Gott und dieser schlechte Gebrauch der Geschöpfe durch die Geschöpfe est tota ratio damnationis.

## §. 9. Besessenheit.

Der Mensch hat zwei Engel zu seiner Seite, einen guten und einen bösen, von welchen böse und gute Gedanken herrühren [1]). Salomo bezeugt, daß böse Geister Gedanken einflößen und auch Paulus spricht es aus [2]). Ihre Begierde, die Menschen zu verführen, rührt daher, daß sie in gottlosen Menschen Werkzeuge suchen, durch welche sie auf die

---

35) Tertull. de spect. c. 2.
1) Orig. in Luc. hom. 12. p. 328.
2) Orig. de princ. l. 3. c. 2. n. 4. p. 259.

sinnliche Welt einwirken können³). Doch überläßt Gott auch zur Strafe schlechte Menschen, die den bösen Geistern ähnlicher sind, als den Menschen, den Dämonen, daß sie ihnen nicht nur allerlei, böse Gedanken eingeben, sondern auch andere Uebel und Plagen auflegen⁴). Ferner suchen sie den Leibern der Menschen einzuwohnen, um mittelst derselben ihre Begierden zu befriedigen und die Bewegungen der Seele ihren Gelüsten dienstbar zu machen⁵). Weil nämlich ihr Sinn auf das Böse gerichtet ist, wollen sie auch den Menschen zur Sünde drängen⁶). Besonders üben sie auf die Heiden, die in Unwissenheit leben, Einfluß, obwohl sie auch die Gläubigen zu Werken der Finsterniß zu verleiten suchen⁷), indem sie hauptsächlich die Einbildungskraft mit sündhaften Bildern erfüllen⁸) Willigt der Mensch ein, was er, als frei, nicht thun muß, so ist bereits zwischen ihm und dem Satan eine Verbindung hergestellt. Das Böse rührt zwar nicht ausschließlich von ihm her, sondern hat seinen Grund auch in uns, dennoch kann man sagen, ohne seine Mitwirkung wird keine Sünde vollbracht⁹) und zur Zeit der Sünde ist im Herzen eines Jeden ein böser Geist¹⁰).

Die Anfänge und Keime der Sünde liegen in den natürlichen Anlagen. Wenn wir diesen nicht widerstehen, sondern sie gewähren lassen, geben wir den ersten Anstoß zum Bösen, die feindliche Macht tritt aber hinzu, um das Angefange weiter zu führen und die Sünde womöglich schrankenlos auszudehnen¹¹).

Um die Dämonologie des Origenes recht zu verstehen, muß man wissen, daß nach ihm die Dämonen unter **Einem** Haupte stehen, das **Alle in Allem** versucht, während die ihm **unmittelbar** Untergebenen einen bestimmten Wirkungskreis haben. Der eine versucht zu diesem, der andere zu jenem. Solcher **Hauptdämonen** gibt es so viele als es Hauptkeime zum Bösen im Menschen gibt, die sie unter Mitwirkung der Menschen zu den Hauptsünden ausbilden. Diese Keime sind die Affecte, die durch die Nachlässigkeit der Menschen und die Einwirkung der bösen Geister zu Hurerei, Geiz, Zorn ꝛc. ausarten. Es gibt darum einen eigenen Dämon der Hurerei, der von dem des

---

3) Orig. in Math. t. 13. n. 22. p. 64.    4) Orig. C. Cels. l. 8. c. 61.
5) Recog. l. 2. c. 72.    6) Recog. l. 4. c. 16.
7) Orig. in Num. hom. 27. n. 8. p. 552.
8) C. Cels. l. 4. c. 95. p. 626.
9) Orig. de princ. l. 3. c. 2. n. 2. p. 254. In Luc. hom. 12. p. 828.
10) Orig. in Num. hom. 6. n. 3. p. 295.
11) De princ. l. 3. c. 2. n. 2. p. 255.

Zornes verschieden ist, wie der des Geizes ein anderer ist, als der des Stolzes [12]). Jeder dieser Hauptdämonen hat eine große Menge Diener unter sich, welche an die verschiedenen Sünden des Menschen anknüpfen, so daß Ein Mensch von einer Menge Dämonen influencirt und besessen sein kann, weßwegen sich jener Dämon im Evangelium Legion nannte [13]). Wer daher einen Ehebruch begeht, oder wer vom Zorne hingerissen wird oder stiehlt, ist nicht ohne Dämon [14]). Origenes ist nemlich der Ansicht, jeder Dämon bemühe sich um die Verbreitung einer Sünde, und der, welcher diese Sünde begehe, werde diesem Dämon besonders zu eigen (consecratus). Auf diese Weise kann es geschehen, daß wir so vielen Dämonen hörig werden, als wir verschiedene Sünden begehen und in den einzelnen Vergehen uns zu den Mysterien dieses oder jenes Idols bekennen [15]). Ohne das Band der Sünde, das uns an den Teufel knüpft, vermöchte er nichts wider uns, in dem Verhältnisse aber, als unsere Sünden zunehmen, wachsen auch seine Kräfte. Durch sie erhält er den Eintritt in und die Herrschaft über uns [16]).

Näher gibt Adamantinus den Verlauf im Folgenden an. Der Mensch zügelt das Verlangen nach Gold nicht. Hier setzt der Dämon des Geizes an und steigert die Begierde bis zur Habsucht. Diese Leidenschaft verursacht einerseits geistige Blindheit, anderseits drängen und treiben die bösen Geister und zu der Habsucht gesellt sich Raub, Gewalt, selbst Blutvergießen. Durch Unmäßigkeit, oder Nichtzüglung der Begierde wurde ihnen der Eingang in die Seele aufgeschlossen, zuletzt nehmen sie den Sinn solcher Menschen in Besitz [17]). Die Besitznahme ist entweder eine völlige, wenn sie den Besessenen nichts denken und fühlen lassen, wie das bei den s. g. Energumenen der Fall ist, die irr- und wahnsinnig sind, oder sie richten die Seele durch allerlei Gedanken und falsche Einflüsterungen zu Grunde, wie z. B. Judas durch Eingebung des Teufels zum Verräther wurde [18]).

Dieses ist der Verlauf, in dem sich die dämonische Einwirkung zur eigentlichen Besessenheit steigert. Einige sind jedoch schon als Kinder und Säuglinge von bösen Geistern besessen. Der Dämon Python soll

---

12) Orig. in Jesu Nav. hom. 15. n. 5. p. 699.
13) l. c. n. 6. p. 701.
14) Orig. in Num. hom. 27. n. 8. p. 552.
15) l. c. hom. 20. n. 3. p. 470.
16) Orig. in Jud. hom. 3. n. 4. p. 25. cf. hom. 7. n. 1. p. 45.
17) De princ. l. 3. c. 2. n. 2. p. 256.
18) l. c. l. 3. c. 3. n 4. p. 269.

Einige vom zartesten Alter an besitzen [19]). Da es gottlos wäre, die Vorsehung der Ungerechtigkeit zu zeihen, so werden wir zu der Annahme gezwungen, diese Seelen haben vor ihrer irdischen Geburt das verschuldet, was sie hier nach göttlicher Beurtheilung mit Recht dulden [20]).

Die Besessenheit setzt sonach eine Verschuldung von Seiten des Menschen voraus, in Folge welcher der Dämon einen Einfluß auf die Seele gewinnt und sie verblendet. Diese Verblendung geht mit der Besitznahme in Wahnsinn, Verwirrung der Erkenntniß und Bindung des freien Willens über. Doch ist die Besessenheit nicht immer von solchen abschreckenden und augenfälligen Symptomen begleitet, denn Alle, welche die Christen verfolgen, verrathen und sich ihrer Verfolgung freuen, sind voll von bösen Geistern [21]).

2. Außer den Schriften des Origines ist uns blos das Buch der Recognitionen bekannt, das sich über das Wesen und die Beschaffenheit der Besessenheit äußert. Auch sie gehen von dem Satze aus, durch Sünden erlangen die Dämonen Eingang in die Leiber der Menschen und wenn sie, durch Nachläßigkeit gehegt, längere Zeit in ihnen verweilen, zwingen sie die Besessenen ihren Willen zu vollstrecken [22]). Vorzüglich sind es Unglaube und Unmäßigkeit, die zur Besessenheit führen [23]). So lange Jemand das natürliche Maaß und die rechte Art und Weise (der Ernährung) einhält, gibt die Güte Gottes den Dämonen keine Macht in die Menschen einzugehen. Wie sich aber der menschliche Geist der Gottlosigkeit zuwendet, oder der Körper durch unmäßigen Genuß von Speise und Trank überfüllt wird, erlangen sie, durch den Willen solcher Sünder gleichsam eingeladen, gegen die Gewalt, welche das göttliche Gesetz übertreten [24]). Der alte Ebionitismus macht sich in den Recognitionen immer noch geltend und mit ihm hängt ebenso die Verabscheuung der Unmäßigkeit zusammen, als die materielle Auffassung der Besessenheit. Die Dämonen suchen sich nämlich vor dem Besessenen zu verbergen und geben ihm vor, sein Zorn rühre blos von zu vieler Galle, seine Wuth von schwarzer Galle, seine Dummheit von der Menge des Phlegma her. Doch all' das, heißt es weiter, könnte nicht schaden, wenn nicht durch Uebermaaß im Essen und Trinken das,

---

19) l. c. l. 3. c. 3. n. 5 p. 271.
20) l. c. p. 271. Hier tritt seine bekannte irrige Ansicht von der Präexistenz der Seele hervor.
21) Orig. c. Cels. l. 8. c. 43.    22) Recog. l. 4. c. 15.
23) l. c. c. 16.    24) l. c. l. 4. c. 16.

was die natürliche Wärme nicht verdauen kann, zu einer Art Gift würde, das sich durch den ganzen Leib ergießend, die Regungen desselben schädlich und schändlich macht. Darum ist Mäßigkeit in Allem zu beobachten, um den Dämonen keinen Raum zu geben ²⁵). Man kann durch diese Worte zu der Annahme kommen, dieses Gift sei eigentlich das Dämonische, oder wenigstens das Vehikel für die Dämonen. Der Verfasser glaubt nämlich die bösen Geister entweichen aus den Menschen, in welchen der Glaube zunimmt und halten sich blos noch in jenem Theile (in ea solum parte) auf, in dem noch etwas Unglauben zurückgeblieben sei ²⁶). Eine solche Darstellung setzt voraus, der Verfasser habe den Unglauben, wie die Dämonen, als materielle Substanzen gefaßt und ohne ihm gerade Aberwitz aufzubürden, ist diese Annahme blos dadurch denkbar, daß man das genannte Gift für das Vehikel des Unglaubens und des Dämons erklärt. Von solchen mehr körperlich Kranken und Besessenen werden darum die geistig Kranken und Besessenen unterschieden. Zu ihnen gehört Simon Magus, der auch nicht geheilt werden kann, weil sein Wille und Vorsatz krank ist und der Dämon ihn nicht gegen seinen Willen besitzt. Wenn ihn darum Jemand austreiben wollte, würde er den Simon selbst tödten, da der Dämon, man gestatte das Wort, zu seiner Seele geworden ist ²⁷).

Abgesehen von der Deduktion der Recognitionen, lieferte die damalige Zeit den Beweis, daß die direkten Verfündigungen gegen Gott am häufigsten mit Besessenheit gestraft wurden. Cyprian erzählt, wie Solche, die vom Glauben abgefallen, oder sacrilegisch zur Eucharistie hinzugetreten waren, plötzlich besessen wurden ²⁸).

### Zweiter Artikel.
### Vornahme des Exorcismus.
#### §. 10. Vom Exorcismus im Allgemeinen.

Vor der Ankunft Christi besaßen Dämonen Körper und Seelen der Menschen ungestört, als aber die Gnade und Barmherzigkeit unseres Erlösers und Gottes erschien, um der Seele das Bild Gottes, nach

---

25) l. c. l. 4. c. 18.   26) l. c. l. 4. c. 17.   27) Recog. l. 2. c. 72.
28) Nachdem er mehrere Beispiele angeführt, schließt er: Quam multi quotidie poenitentiam non agentes, nec delicti sui conscientiam confitentes, immundis spiritibus adimplentur, quam multi usque ad insaniam mentis excordes, dementiae furore quatiuntur. Cyp. de laps. p. 882. a.

dem sie erschaffen war, aufzudrücken, begann der Kampf mit ihnen [1]). Fern davon, sie zu verehren, suchten sie die Christen sowohl durch Gebet, als andere Mittel, welche ihnen die h. Schriften darboten, aus den Seelen der Menschen, aus ihren Aufenthaltsorten und bisweilen aus den Körpern von Thieren, welchen sie gleichfalls Schaden brachten, zu vertreiben [2]).

Im Allgemeinen wird der Teufel überwunden und aus den Seelen ausgetrieben durch **Glauben und Beobachtung der göttlichen Gebote** [3]). Erkenntniß Gottes und Beobachtung der göttlichen Religion schützt nicht nur vor dämonischen Anfällen und verleiht Herrschaft über sie, sondern je mehr die Dämonen den Glauben in einem Menschen wachsen sehen, desto mehr weichen sie vor ihm zurück. Von Jenen aber, welche den vollen **Glauben** haben, fliehen sie ohne Zögern. Wenn nämlich die Seele zum Glauben Gottes gelangt, erhält sie die Kraft des himmlischen **Wassers**, welches die Dämonen, wie einen Feuerfunken, auslöscht [4]). Die Heilmittel müssen der Krankheit entsprechen, wie aber die Besessenheit im weitesten Sinne, sofern der Sünder voll unreiner Geister ist [5]), mit Mißachtung der göttlichen Gebote beginnt, so nimmt die Austreibung der bösen Geister im weitesten Sinne mit den angeführten Mitteln seinen Anfang [6]). Zugleich ist es auch eine große Strafe für die Dämonen, wenn Jemand, von ihnen betrogen, dem Götzendienste huldigte und sich nun zu Gott bekehrt; wenn er sich vom Stolze zur Demuth, von der Verschwendung zur Sparsamkeit wendet. Die ärgste Pein verursacht ihnen, wenn man dem Worte Gottes obliegt, Gesetz und Schrift erforscht, weil sie sich besonders bestreben, das menschliche Herz zu verblenden und den Gott gebührenden Dienst sich zuzuwenden [7]).

Ein weiteres Mittel zur Austreibung war **Fasten und Gebet**. Um die Dämonen zu vertreiben, ist Enthaltsamkeit, Fasten und Abtödtung das beste Mittel. Aber auch zum Gebete muß man Zuflucht nehmen [8]). Solches Verfahren stützt sich auf die Schrift, in der es

---

1) Orig. in Jesu Nav. hom. 14. n. 1. p. 687.
2) C. Cels. l. 7. c. 67. cf. l. 8. c. 48.
3) Orig. in Num. hom. 12. n. 4. p. 377.
4) Recog. l. 4. c. 17. Cum tamen ad aquam Salutarem atque ad baptismi sanctificationem venitur, scire debemus et fidere quia illic diabolus opprimitur et homo Deo dicatus divina indulgentia liberatur. Cyp. epist. 76. p. 328. a.
5) Orig. in Jerem. Select. c. 28. n. 24. p. 789.
6) Orig. in Jos. hom. 24. n. 1. p. 752.
7) Orig. in Num. hom. 27. n. 8. p. 551.    8) Clem. hom. 9. n. 10. u. 11.

heißt, diese Art böser Geister wird nicht ausgetrieben, außer durch Gebet und Fasten. Aus ihr erkannten nämlich die damaligen Christen, daß, wenn sie eine Dienstleistung an Jemand zu verrichten hatten, der von einem solchen Uebel befallen war, sie weder beschworen, noch fragten, noch den unreinen Geist anredeten, sondern sich des Gebetes befleißen, mit Fasten über den Darniederliegenden beteten und durch Fasten den unreinen Geist austrieben⁹).

Was das Gebet betrifft, hatten die Christen sowohl in der Liturgie Bitten, Gott möge sie durch Jesus Christus vor den Dämonen bewahren¹⁰), als auch Orationen, welche für Besessene verrichtet wurden¹¹), wie sie denn überhaupt Gebete an Gott richteten, um Erlösung von dämonischen Einflüssen¹²).

2) Mit diesen Heilmitteln steht jedoch der Exorcismus nicht auf völlig gleicher Stufe, sondern jene verhalten sich zu ihm wie Handlungen, welche die Seele des Subjekts für seinen Empfang fähig machen und vorbereiten, oder die Wirkungen desselben unterstützen und fördern. Nach altchristlicher Anschauung hängt das Freiwerden von dämonischen Einflüssen nicht allein von dem subjektiven Verhalten des Infestirten ab, sondern es bedarf einer objektiven Hilfeleistung durch die Kirche, mit welcher das Subjekt mitzuwirken hat. Daß dem so sei, zeigt nicht nur die heilige Schrift, sondern auch die Tradition; Renuntiation und Exorcismus gehören zusammen. Selbst wenn Jemand den Exorcismus nicht empfangen konnte, genügte es nicht an seinem Willen, sondern die Taufe ersetzte in diesem Falle die Beschwörung. Nachdem Cyprian den Exorcismus erwähnt hat, fährt er fort: Wenn Jemand zu dem heilsamen Wasser und zur Heiligung der Taufe gelangt, sollen wir wissen und vertrauen, daß daselbst der Teufel unterdrückt und der durch die himmlische Gnade Gott geweihte Mensch befreit wird. Denn wie Scorpionen und Schlangen, die auf dem Lande leben, sich nicht ins Wasser begeben und ihr Gift beibehalten können: so können auch die bösen Geister, Scorpionen und Schlangen genannt, sich ferner nicht in dem Leibe eines Menschen auf-

---

9) Orig. in Math. tom. 13. n. 7. p. 26.
10) Just. d. c T. c. 30. p. 98.  11) A. C l. 8. c. 7.
12) Iren. l. 2. c. 32. n. 5. p. 166. Nec invocationibus angelicis facit aliquid, nec incantationibus, nec reliqua prava curiositate, sed munde et pure et manifeste orationes dirigens ad Dominum, qui omnia fecit et nomen Domini nostri Jesu Christi invocans, virtutem ad utilitates hominum, sed non ad seductionem perficit.

halten, in dem, durch die Taufe geheiligt, der h. Geist zu wohnen anfängt [13]).

In ihrem letzten Grunde ruht diese Lehre auf der von dem Verhältnisse der Heilsmittel zur menschlichen Thätigkeit. Jene bilden die Grundlage für diese. Wie die Taufe Instrument und die durch sie verliehene Gnade Princip der Rechtfertigung ist, so ist der Exorcismus Ursache der Befreiung von dämonischen Einflüssen, wobei natürlich der Unterschied zwischen Sakrament und Sakramentale nicht geläugnet wird. Es will blos hervorgehoben werden, daß die Wirkung des Exorcismus das Principielle sei, mit welchem die menschliche Thätigkeit mitwirken soll. Ist dieses nicht möglich, wie bei förmlich Besessenen, dann tritt das Gebet der Kirche ein, sei es, daß die Gläubigen in der Liturgie für solche bitten, wie es in der alten Kirche geschah, oder daß der Priester mit dem förmlichen Exorcismus Gebete verbindet, wie es jetzt der Fall ist. In leichteren Fällen hingegen, in welchen das Uebel noch nicht tiefer eingedrungen ist, mag es an Gebet und Fasten, welche die Empfänglichkeit für dämonische Einflüsse zerstören und sie damit selbst abweisen, genügen. Die Regel bleibt jedoch Exorcismus von Seiten der Kirche und Widersagung von Seiten des Objektes. In dieser Gestalt begegnet uns die Abwehr dämonischer Einflüsse bei den Competenten und Täuflingen. Auch Taufe (und Buße), obwohl an sich keine Heilmittel gegen Besessenheit, wirken exorcisirend, weil sie die Sünde wegnehmen, und damit das Band zerreißen, durch das der Dämon den Menschen fesselte.

Ohne über diese Materie die h. Schriften beizuziehen, sei nur bemerkt, daß wie die Juden den Exorcismus gebrauchten [14]), so auch die Anhänger des Simon Magus [15]), er wurde innerhalb und außerhalb der Kirche angewendet. Wir, die wir an den gekreuzigten Jesus, unsern Herrn, glauben, unterwerfen alle Dämonen und bösen Geister, beschwörend, seiner Macht [16]); denn, durch das Wort der göttlichen Macht geschlagen, fliehen sie erschrocken [17]). Sie kennen nämlich die, welche sich Gott übergeben haben und weichen vor ihnen [18]). Daemones, sagt Tertullian, id est genios adjuvare consuevimus, ut illos de homi-

---

13) Cyp. epist. 76. p. 823. a. u. c. cf. not. 4.
14) Iren. l. 2. c. 6. n. 2. p. 122.   15) l. c. l. 1. c. 23. n. 4. p. 100.
16) Καὶ νῦν ἡμεῖς, οἱ πιστεύοντες ἐπὶ τὸν σταυρωθέντα ἐπὶ Ποντίου Πιλάτου Ἰησοῦν κύριον ἡμῶν, τὰ δαιμόνια πάντα καὶ πνεύματα πονηρὰ ἐξορκίζοντες ὑποτασσόμενα ἡμῖν ἔχομεν. Just. D. c. T. c. 76. p. 259.
17) Tatian. orat. ad. Graec. c. 16.   18) Clem. homil. 9. c. 19.

nibus exigamus, non deierare, ut illis honorem divinitatis conferamus ¹⁹). Damit die obigen Worte aus Origenes nicht einseitig gefaßt werden, fügen wir ihnen die ergänzenden bei: wenn die feindliche Kraft des Dämon den Leib von irgend Jemand besitzt und den Geist verwirrt, gebrauchen wir viele Gebete, häufiges Fasten, multas exorcistarum invocationes ²⁰). Die Versöhnung beider Stellen liegt in Annahme, das einemal rede der große Alexandriner von heidnischen, das anderemal von christlichen Beschwörungen.

### §. 11. Minister des Exorcismus.

Die angeführten Worte Justins ¹) legen dafür Zeugniß ab, daß zu seiner Zeit noch kein eigener Ordo der Exorcisten bestand. Doch möchten unter den beiden Ansichten, es haben alle Gläubigen unterschiedslos den Exorcismus ausgeübt und es haben dieses **hauptsächlich** jene gethan, die ein donum, ein Charisma, besaßen, die letzte den Vorzug verdienen. Nicht nur beschränkt Justin die obigen Worte in der späteren Aeußerung: Viele von unsern Christen haben Besessene geheilt ²), sondern nach Minucius Felix war die schnellere oder langsamere Befreiung von Dämonen, wie von dem Glauben des Besessenen, so auch von der gratia curantis abhängig ³). Die wahrhaft Schüler Christi sind und von ihm die Gnade empfangen haben, vollbringen dieses zum Wohl der übrigen Menschen, je nachdem ein jeder derselben die Gabe von ihm erhalten hat ⁴). Es lag in der Natur der Sache, daß obwohl unter Umständen jeder Gläubige den Exorcismus üben konnte, doch jene alsbald den Vorzug erhielten, welche eine besondere Gabe besaßen. Selbst Tertullian kennt noch keine eigens aufgestellten Exorcisten, sondern spricht von Soldaten, die bei Tag die Dämonen durch Exorcismen in die Flucht schlagen, während sie bei Nacht die Aufenthaltsorte derselben (heidnische Tempel) bewachen ⁵). Soldaten, die Wachdienste zu verrichten hatten, waren wohl schwerlich beamtete Exorcisten.

Nicht anders war es in der ersten Hälfte des dritten Jahrhunderts im Morgenlande. Nach Origenes vertreiben Viele aus den Christen

---

19) Tert. apol. c. 32. p. 88.
20) Orig. in Jesu Nav. hom. 24. n. 1. p. 752.
1) D. c. T. c. 76. p. 259. cf. §. 10. not. 12.
2) Just. apol. II. c. 6. p. 298.   3) Octav. c. 27. p. 397. Gall.
4) Iren. l. 2. c. 32. n. 4. p. 166.
5) Tert. de coron. c. 11. p. 354. cf. de idol. c. 11. p. 162.

Dämonen durch Gebet und einfache Beschwörungen, welche auch nicht unterrichtete Menschen vornehmen können. Meistens thun dieses nämlich Idioten. Dadurch offenbarte sich gerade die Gnade Christi, die der christlichen Lehre einwohnt, und die Schwäche der Dämonen, daß zu ihrer Austreibung weder ein Weiser, noch ein in der Theologie Bewanderter nöthig war [6]. Wenn derselbe Schriftsteller aber bemerkt, bei Behandlung von Besessenen fragen wir weder den unreinen Geist, noch reden wir ihn an [7]: so weisen solche Vorschriften auf eine ausgebildete Disciplin hin, die das Amt bald nach sich zog, wie denn auch Origenes von förmlichen Exorcisten redet [8]. Die Zeit des Origenes bildet darum den Uebergang von der freien Ausübung des Charisma zum geregelten Amte. Papst Cornelius erwähnt dieselben in seinem bekannten Briefe und ein Schreiben an Cyprian schließt mit den Worten: In Gegenwart des Clerus, des Exorcisten und des Lektor schreibt dieses Lucian [9].

2) Wie bemerkt, galt im Allgemeinen die Regel, den unreinen Geist in den Besessenen weder zu fragen, noch anzureden. Gott will nicht, daß wir Zuhörer und Schüler der Dämonen werden, noch daß wir von ihnen lernen, wenn wir etwas lernen wollen. Jesus nimmt deßhalb auch kein Zeugniß von ihnen an, sondern sagt: Verstumme und fahre aus. In seine Fußstapfen tretend, befiehlt Paulus dem Wahrsagergeiste, das Weib zu verlassen, weil er es für unwürdig hält, von ihm Zeugniß anzunehmen [10]. Diese Regel erlitt jedoch viele Ausnahmen. Manche nöthigten den Dämon, der sich für einen verstorbenen Menschen ausgab, die Wahrheit zu sagen, d. h. zu bekennen, wer er sei [11]. Da dieses während der Vornahme des Exorcismus geschah, setzt es ein Fragen und Anhören des Dämons voraus. Zudem zwangen sie die Christen oft zu Geständnissen, um dadurch die Heiden von der Nichtigkeit und dem dämonischen Charakter ihrer Religion und Gottesverehrung zu überführen [12]. Solchen Aeußerungen schenkten sie auch Glauben, weil sie ihnen abgenöthigt gegen sie selbst zeugten. In

---

6) Orig. c. Cels. l. 7. c. 4. p. 281. cf. l. 1. c. 6. p. 28.
7) Orig. in Math. tom. 13. n. 7. p. 26.
8) Verbi gratia, si inimica virtus daemonis ex amaritudinis turma veniens obsideat alicujus corpus, perturbet ac decipiat mentem, adhibeantur multae orationes, multa jejunia, multae exorcistarum invocationes. Orig. in Jesu Nav. hom. 24. n. 1. p. 752.
9) Cyp. epist. 16. p. 64.    10) Orig in Num. hom. 16. n. 7. p. 418.
11) Tert. de anim. c. 57. p. 331.
12) Tert. apol. c. 23. p. 65. Lactant. instit. l. 2. c. 16. p. 264; l. 5. c. 22. p. 323.

anderen Dingen aber wußten sie wohl, daß die Dämonen Lügengeister seien. Wenn der Dämon oft sagt, er wolle ausfahren und den Menschen Gottes verlassen, glaube ihm nicht, er lügt wie Pharao [13]).

Die Beschwörung wirkte weder immer plötzlich noch unfehlbar. Wie die Jünger des Herrn nicht alle bösen Geister auszutreiben vermochten, so gab es auch in den folgenden Jahrhunderten Besessene, die schwer zu heilen waren [14]), so daß die, welche die Gnade hatten, Dämonischen zu helfen, bisweilen ermatteten, bisweilen sie aber mit Fasten und Gebet und vieler Mühe befreiten [15]). Der Glaube des Leidenden, wie die Gnade des Heilenden war von großem Einflusse [16]). Ausschließlich ex opere operantis wirkte jedoch der Exorcismus nicht. Abgesehen von der Kraft, welche die Schriftsteller den göttlichen Namen und dem Kreuzeszeichen an sich zuschreiben, sagen sie ausdrücklich, der Name Jesu vermag so viel gegen die Dämonen, daß er sie zuweilen auch dann austreibt, wenn er von schlechten Menschen ausgesprochen wird [17]). Fester Glaube und reiner Wandel war jedoch zu allen Zeiten das nothwendige Requisit eines guten Exorcisten. Firmilian erzählt einen sehr belehrenden Fall. Während der Verfolgung, schreibt er, trat plötzlich eine Frau auf, welche ekstatisch geworden, sich für eine Prophetin, eine vom heiligen Geiste Inspirirte ausgab. Lange Zeit täuschte sie durch wunderbare und staunenswerthe Dinge die Gläubigen und übte dadurch einen solchen Einfluß, daß ihr Manche völlig glaubten und willenlos folgten. In strenger Winterkälte gieng sie ohne Beschwerde oder Beschädigung mit bloßen Füßen auf dem Schnee und sagte, daß sie in Judäa und Jerusalem umhergehe. Der ihr einwohnende Dämon betrog den Presbyter Rusticus und einen Diacon, daß sie sich mit der Frau versündigten, was bald darauf entdeckt wurde. Denn plötzlich erschien ein Exorcist, ein erprobter Mann und der religiösen Disciplin immer treu ergeben, der durch viele Gläubige aufgemuntert sich zur Besiegung dieses bösen Geistes erhob, der in seiner Schlauheit kurz vorher auch das gesagt hatte, es werde ein feindseliger und ungläubiger Versucher kommen. Der Exorcist jedoch, durch die Gnade Gottes inspirirt, widerstand mann-

---

13) Cypr. epist. 76. p. 323. a.
14) Mit Rücksicht auf die Vorkommnisse in späteren Jahrhunderten ist auch die Notiz der Recognitionen interessant, daß die Dämonen aus den einen Theilen des Leibes weichen und sich in andere zurückziehen. l. 4. c. 17.
15) Orig. in Math. tom. 13. n. 6. p. 25.
16) Minuc. Felix Octav. c. 27. Cyp. de idol. vanit. p. 451. c.
17) Orig. c. Cels. l. 1. c. 6. p. 30.

haft und machte offenbar, es sei das ein sehr verworfener Geist, den man früher für heilig hielt [18]).

## §. 12. Beschaffenheit des Exorcismus.

Die Beschwörung geschah bei dem lebendigen und einigen Gott [1]), hauptsächlich aber durch den Namen Jesu [2]), oder wie Tertullian sagt: (daemones) Christum timentes in Deo et Deum in Christo, subjiciuntur servis Dei et Christi [3]). Wenn die Juden darum die Dämonen durch den Namen eines Königs, oder Gerechten, Propheten oder Patriarchen beschworen, unterwarf sich keiner. Wenn jedoch, fährt Justin fort, Einer von euch durch den Gott Abrahams, Gott Isaaks und Gott Jakobs beschwört, wird er vielleicht unterworfen. Bereits habe ich aber gesagt, daß euere Exorcisten, wie die Heiden, mit künstlichen Mitteln beschwören, Räucherungen und Ligaturen gebrauchen [4]).

Justin hält demnach die Beschwörung durch den Gott Abrahams für zulässig. Zur Zeit des Origenes war bereits die Formel im Gebrauche: Gott Israels, Gott der Hebräer und Gott, der du den König der Egyptier und die Egyptier im rothen Meere versenkt hast [5]). Ebenso besitzen die Namen Abraham, Isaak und Jakob, verbunden mit dem Namen Gottes, eine solche Kraft, daß nicht nur die Juden davon Gebrauch machen, sondern überhaupt jene, welche Zauberei und Magie treiben. In allen magischen Büchern findet sich diese Anrufung Gottes und der Gebrauch der Namen von solchen Männern, die in einer innigen Verbindung mit Gott standen, als ein zweckdienliches Mittel gegen die Dämonen [6]).

Hinsichtlich dieses Gegenstandes stellt Origenes noch folgende eigenthümliche Ansicht auf. Namen, welche in einer bestimmten Sprache Kraft haben, verlieren diese, wenn sie in eine andere Sprache übersetzt werden [7]). Daraus folgt, die Kraft Dieses oder Jenes zu bewirken, liegt nicht in dem, was die Namen bedeuten, sondern in der Beschaffen-

---

18) Oper. Cypr. epist. 75. p. 305. f.
1) Adjurati enim per Deum verum et solum, inviti, miseri, corporibus inhorrescunt. Min. Felix. Octav. c. 27. p. 397. b.
2) Εἰ γὰρ ὑπὸ τῶν ἀνθρώπων ἤδη διὰ τοῦ ὀνόματος Ἰησοῦ Χριστοῦ ἡττῶνται, δίδαγμά ἐστι τῆς καὶ μελλούσης αὐτοῖς καὶ τοῖς λατρεύουσιν αὐτοῖς ἐσομένης ἐν πυρὶ αἰωνίῳ κολάσεως. Just. apol. II. c. 8. cf. D. c. T. c. 121. p. 404.
3) Tert. apol. c. 23. p. 68.    4) Just. D. c. T. c. 85. p. 290.
5) Orig. c. Cels. l. 4. c. 34. p. 509.    6) l. c. l. 4. c. 33. p. 507.
7) l. c. l. 5. c. 45. p. 85.

heit und Eigenthümlichkeit der Worte⁸). Die Namen Abraham, Isaak, Jakob übersetzt, bedeuten, Vater der Völker, Lacher, Fersenhalter; wenn du nun bei einer Beschwörung sagen würdest: Gott des Vaters der Völker, Gott des Lachers, Gott des Fersenhalters, so würdest du mit diesen Namen gerade so viel ausrichten, als wenn du solche nimmst, die keine Kraft haben⁹).

Den Grund davon findet er darin, daß die Namen ihren Ursprung nicht menschlichem Uebereinkommen oder dem Zufalle verdanken, wie Aristoteles und Epicur glauben, weil es in diesem Falle rein unbegreiflich wäre, wie Dämonen und andere unsichtbare Kräfte, berufen, uns folgen würden, sondern man muß annehmen, die Vocale und Sylben, und die Art wie sie ausgesprochen werden, führen uns die Berufenen mittelst eines geheimnißvollen Naturbandes zu¹⁰). Die Lehre von diesen Namen gehört daher nicht den zufälligen und erschaffenen Dingen, sondern einer geheimnißvollen Theologie an¹¹). Jeder, der in der geheimen Wissenschaft der Namen bewandert ist, weiß, daß z. B. den Engeln Namen verliehen sind, welche den Dingen entsprechen, die sie nach dem Willen Gottes in der Welt verwalten. Zu dieser Wissenschaft von den Namen gehört auch der Name Jesus, welcher, wie Allen offenkundig, unzählige Dämonen aus den Seelen und Leibern vertrieben hat¹²).

Mit dem Namen Jesu wurde Thatsächliches aus dem Leben Christi in die Beschwörungsformel aufgenommen¹³), so daß wir in der nachfolgenden Angabe Justins wohl Einiges aus einer solchen Formel vor uns haben. „Durch den Namen desselben Sohnes Gottes und Erstgeborenen aller Creatur, welcher aus der Jungfrau geboren und als Mensch dem Leiden unterworfen, unter Pontius Pilatus gekreuziget und gestorben ist, der, auferstanden von den Todten, in den Himmel aufgefahren, beschworen, wird jeder Dämon besiegt und unterworfen¹⁴).

---

8) l. c. l. 1. c. 25. p. 64.   9) l. c. l. 5. c. 45. p. 88.
10) Orig. ad marty. c. 46. p. 668. Origenes stimmt in dieser Beziehung mit Plato überein, der nach Schleiermacher, in der physiologischen Qualität der Töne den Grund alles Bedeutsamen in der Sprache, nicht etwa als Nachahmung des Hörbaren, sondern als Darstellung des Wesens der Dinge aufzusuchen befiehlt.
11) C. Cels. l. 1. c. 24. p. 62.
12) C. Cels. l. 1. c. 25. p. 64. cf. in Jesu Nav. hom. 23. n. 4. p. 750.
13) C. Cels. l. 1. c. 6. p. 30. Τῷ ὀνόματι τοῦ Ἰησοῦ καὶ ἄλλων λόγων πεπιστευμένων κατὰ τὴν Ἰουδαίων γραφήν.
14) Just. d. c. T. c. 85. p. 289.

Ferner erwähnte man in der Beschwörungsformel die Strafen, welche die Dämonen trafen. Tertullians Worte sind jedoch dunkel. Er sagt, alle unsere Herrschaft und Gewalt über die Dämonen beruht in dem Namen Christi und der Erwähnung jener Strafen, welche ihnen von Gott durch den Richter Christus drohen [15]). Zweierlei scheint in diesen Worten zu liegen; einmal wurde die Verdammung der Dämonen mit ihren Leiden und Qualen in dem Exorcismus erwähnt und sodann ausgedrückt, diese Verurtheilung verhänge der Richter Christus. Enthielt die Formel aber den letzten Satz, so liegt sehr nahe, daß auch die Austreibung im Namen Christi geschah, der kommen wird zu richten die Lebendigen und Todten. Bekanntlich ist dieses heute noch die Schlußformel der Exorcismen. Ein weiteres Indicium für diese Annahme ist, daß sich Irenäus dieser Formel bei einer (allerdings nicht dämonischen) Beschwörung bedient [16]). Was aber die Erwähnung der Strafen betrifft, so stimmt damit die Aeußerung anderer Schriftsteller überein, die den Dämon durch die Worte des Exorcisten geißeln und quälen lassen [17]). Weil Minucius Felix die durch Worte verursachten Qualen von der Gluth der Gebete unterscheidet, kann man die verursachten Leiden auch nicht blos auf die Gebete und den Namen Jesu beziehen [18]). Mit Rücksicht auf den jetzigen römischen Exorcismus ist man berechtigt, auf das Vorkommen einer Verfluchung des Teufels zu schließen, und Tertullian bestätigt diese Annahme. Satanam denique in omni aversatione et aspernatione et detestatione pronuncias, quem nos dicimus malitiae angelum, totius erroris artificem, totius saeculi interpolatorem, per quem homo a primordio circumventus, ut praeceptum Dei excederet, et propterea in mortem datus, exinde totum genus de suo semine infectum, suae etiam

---

15) Atqui omnis haec nostra in illos dominatio et potestas de nominatione Christi valet et de commemoratione eorum, quae sibi a Deo per arbitrum Christum imminentia expectant. Tert. apol. c. 23. p. 67.
16) Ὁρκίζω σε τὸν μεταγραψόμενον τὸν βιβλίον τοῦτο, κατὰ τοῦ κυρίου ἡμῶν Ἰησοῦ Χριστοῦ, καὶ κατὰ τῆς ἐνδόξου παρουσίας αὐτοῦ, ἧς ἔρχεται κρῖναι ζῶντας καὶ νεκρούς. Euseb. h. e. l. 5. c. 20. n. 1.; p. 359.
17) O si audire eos velles et videre quando a nobis adjurantur et torquentur spiritalibus flagris et verborum tormentis de obsessis corporibus ejiciuntur, quando ejulantes et gementes voce humana et potestate divina flagella et verbera sentientes venturum judicium confitentur. Cyp. ad Demet. p. 438. b. cf. Epist. 76. p. 323.
18) Haec omnia sciunt plerique, pars vestrum, ipsos daemones de semetipsis confiteri, quoties a nobis tormentis verborum et orationis incendiis de corporibus exiguntur. Min. Felix Octav. c. 27. p. 397. cf. Lactant. instit. l. 5. c. 22. p. 323. Gall. IV.

damnationis traducem fecit. Sentis igitur perditorem tuum [19]). Die Phrase: quem nos dicimus bezieht sich offenbar nicht auf die Umgangssprache, sondern auf eine rituelle oder liturgische Ausdrucksweise. Unter dieser Voraussetzung hat man aber zuerst an den Exorcismus zu denken. Wie genau das Citat mit dem römischen Exorcismus stimmt, wird das Folgende zeigen. Es könnte scheinen, im Morgenlande sei die Praxis eine andere gewesen, denn nach Origines werden nicht die Dämonen verflucht, sondern blos ihre auf das Verderben der Menschen gerichtete Wirksamkeit [20]); allein gerade von dieser Thätigkeit ist auch in dem Citate Tertullian's die Rede.

Die genannten Theile bildeten die Beschwörungsformel im engeren Sinne, zu der nach Minucius Felix noch Gebete hinzukamen. Deßgleichen wurden die Dämonen dadurch vertrieben, daß man über die Energumenen einen Abschnitt aus den Evangelien las. Diesen Erfolg hatte die Lesung besonders dann, wenn sie mit reiner Gesinnung und ächtem Glauben geschah [21]).

2) Da die Lesung in der Liturgie den Anfang machte, werden wir nicht irren, wenn wir ihr auch bei der Beschwörung diesen Platz einräumen. Ihr mochten Gebete gefolgt sein, ähnlichen Charakters wie die in der Liturgie stehenden. Mit der eigentlichen Beschwörung schloß der Akt. In ihr wurde dem Dämon bei dem Einen lebendigen Gott, dem Gott Abrahams ꝛc. befohlen, aus dem Besessenen zu weichen. Derselbe Befehl ergieng an ihn im Namen Jesu, der gekreuzigt wurde ꝛc. Das Thatsächliche aus dem Leben Jesu, das nach Origenes in den Exorcismus verwoben war, mußte sich jedoch nicht nur auf Kreuzigung, Tod, Auferstehung und Himmelfahrt erstrecken, sondern konnte ebenso gut „Historien" in sich begreifen, die sich auf Teufelsaustreibungen bezogen. An sie schloß sich die Aufzählung der Strafen, welche der Richter Christus über sie verhängen wird und die Verfluchung des Satan selbst an. Die Schlußformel aber lautete: durch Christus, der kommen wird zu richten die Lebendigen und Todten.

---

19) Tert. de testim. anim. c. 3. p. 33.
20) Orig. c. Cels. l. 8. c. 54. p. 490.
21) Orig. c. Cels. l. 1. c. 6. p. 28. u. 30. Οὐ γὰρ κατακηλήσεσι δοκεῖν ἰσχύειν δοκοῦσιν, ἀλλὰ τῷ ὀνόματι Ἰησοῦ μετὰ τῆς ἀπαγγελίας τῶν περὶ αὐτὸν ἱστοριῶν. Ταῦτα γὰρ λεγόμενα πολλάκις τοὺς δαίμονας πεποίηκεν ἀνθρώπων χωρισθῆναι, καὶ μάλισθ', ὅταν οἱ λέγοντες ἀπὸ διαθέσεως ὑγιοῦς καὶ πεπιστευκυίας γνησίως, αὐτὰ λέγωσι. Es ist übrigens ebenso möglich, daß unter diesen Historien Thatsachen aus dem Leben Jesu zu verstehen sind, von welchen Origenes gleichfalls spricht. cf. not. 13.

Die Handlungen, welche die Beschwörung begleiteten, waren der Contakt, das Anhauchen und die Bezeichnung mit dem Kreuzeszeichen. Bezüglich der beiden ersten Punkte schreibt Tertullian: ita de *contactu* deque *afflatu* nostro, contemplatione et repraesentatione ignis illius correpti, etiam de corporibus nostro imperio excedunt inviti et dolentes, et vobis praesentibus erubescentes [22]). Diese Worte bezeugen direkt das Anhauchen des Energumenen von Seiten des Exorcisten, dem ein Aushauchen entsprach, wie später cf. §. 35. n. 3 gezeigt wird. Der heutige Gebrauch, dem gemäß der Priester den Täufling anhauchend spricht: Exi, immunde spiritus, ist sonach uralt.

Was den Contakt betrifft, so wissen wir ihn bloß auf die Handauflegung zu beziehen. Vincentius von Thibari sprach auf dem Concil von Karthago: Die Häretiker können zu den Verheißungen Christi gelangen, erstens durch Handauflegung im Exorcismus, sodann durch die Wiedergeburt in der Taufe [23]). Deßgleichen kennt Origenes eine Handauflegung der Exorcisten, welche die bösen Geister drückt [24]), wie ihrer die arabischen Kanonen Hippolyts gedenken [25]).

Mit dem Aussprechen des Namens Jesu, d. h. mit der Beschwörung, war ferner die Bezeichnung mit dem Kreuze verbunden. Vielleicht versteht Tertullian auch dieses unter dem Contakt. Die genannten Kanonen Hippolyts schreiben nämlich den Täuflingen gegenüber vor: Nach Beendigung der Beschwörungen haucht er in ihr Angesicht und bezeichnet Brust, Stirne, Ohren und Mund [26]). Signo crucis fügt Haneberg in Parenthese bei.

Spuren dieses Gebrauches finden sich schon frühe. Die Worte Justins: seinem Namen und der Oekonomie seines Leidens sind selbst die Dämonen unterthan [27]), legen es nahe. Noch bestimmter weist er darauf hin, wenn er von dem mit ausgespannten Armen betenden Moses sagt, es seien das Symbole dafür gewesen, daß künftig durch den gekreuzigten Jesus Dämonen ausgetrieben werden und daß sie seinen Namen fürchten [28]). Wenn ferner die bösen Geister vor dem Kreuze Christi, in welchem ihre Macht vernichtet wurde, zittern, wenn

---

22) Tert. apol. c. 23. p. 68.   23) Cyp. opera p. 603. b.
24) Orig. in Jesu Nave hom. 24. n. 1. p. 752.
25) Hippol. Can. 19. n. 6. p. 75. Episcopus .... manus super eos expandat recitans (exorcismum), ut malignum spiritum ab omnibus membris eorum expellat.   26) l. c. p. 75.
27) Just. D. c. T. c. 30. p. 98.   28) l. c. l. c. 131. p. 435.

sie Schrecken befällt, da sie das Kreuzeszeichen in uns befestigt sehen [29]), wenn sich der Christ auf der Stirne mit dem Kreuze bezeichnete, um Satan zu überwinden [30]): so ist wohl anzunehmen, daß sich auch der Exorcist desselben bediente. Ausdrücklich bezeugt es Lactantius [31]).

Nimmt man dazu, daß die Beschwörung in der Kirche vorgenommen [32]) und über den auf die Erde Niedergeworfenen gebetet wurde [33]): so glauben wir alle äußeren den Exorcismus begleitenden Handlungen, so weit sie noch erkennbar sind, dargestellt zu haben.

## §. 13. Beschwörungsformulare.

In späteren Jahrhunderten hatte sich der Exorcist bei Ausübung seines Berufes vorgeschriebener Formulare zu bedienen. Es fragt sich nun, ob schon in den ersten Jahrhunderten solche Formulare vorhanden waren?

Nach allgemeiner Annahme lebte und schrieb Celsus um die Mitte des zweiten Jahrhunderts seine Schmähschrift gegen die Christen, die Origenes widerlegte. Der heidnische Philosoph berichtet, er habe bei christlichen Priestern barbarische Bücher gesehen, die dämonische Namen und Zeichen enthielten [1]). Celsus war es begreiflich weder um die Bücher, noch um ihre Barbarismen, sondern um die dämonischen Zeichen und Namen zu thun. Darin lag der Vorwurf und auf ihn antwortet Origenes, es könne sich Jeder von der Lügenhaftigkeit der Anklage selbst überzeugen, da die, welche mit Christen umgehen, nie etwas derartiges gehört haben werden [2]). Was die Barbarismen betrifft, erneuert Celsus den Vorwurf in folgender Gestalt wieder: die Christen

---

29) Orig. in Exod. hom. 6. n. 8. p. 400.  30) Hippol. Can. 29. p. 84.
31) Quanto terrori sit daemonibus hoc signum, sciet qui viderit, quatenus adjurati per Christum de corporibus quae obsederint, fugiant. Nam sicut ipse, cum inter homines ageret universos daemones verbo fugabat: ita nunc sectatores ejus eodem spiritus inquinatos de hominibus et nomine magistri sui et *signo passionis* excludunt. Lact. inst. l. 4. c. 27. p. 305. Gall. cf. de mort. persecut. c. 10.
32) Impudenter in ecclesia daemonia exorcizat, quorum voluptates in spectaculis laudat. Cyp. de spectac. p. 611. d. Die Gegenüberstellung von Kirche und Theater verlangt beidemal an Oertlichkeiten zu denken. Da zudem Widersagung und Exorcismus zu einander gehörten und die erste, nach Tertullian, in der Kirche geschah, so auch der letzte.
33) Orig. in Math. tom. 13. n. 7. p. 26.
1) Orig. c. Cels. l. 6. c. 40. p. 194. Ἐν οἷς ἔφησε (acl. Celsus) ἑωρακέναι παρά τισι πρεσβυτέροις, τῆς ἡμετέρας δόξης τυγχάνουσιν, βιβλία βάρβαρα, δαιμόνων ὀνόματα ἔχοντα, καὶ τερατείας.  2) Orig. l. c.

glauben, wenn Jemand die Dämonen mit barbarischen Namen anrufe, üben sie eine Gewalt, keine aber, wenn sie griechische oder lateinische Namen gebrauchen ³). Ganz unbegründet war demnach dieser Vorwurf nicht, da Origenes selbst der Ansicht ist und sie unbefangen kund gibt; die bei Exorcismen gebrauchten hebräischen (barbarischen) Namen, vermögen, ins Lateinische oder Griechische übersetzt, nichts ⁴). Die Notiz von barbarischen Büchern leidet daher an keiner inneren Unwahrscheinlichkeit. Das von Celsus ausgesprochene Vorhandensein liturgischer Bücher bestreitet Adamantius durchaus nicht. Im Commentar zu Mathäus ⁵) beklagt er sich vielmehr über jene Christen, welche sich bei Beschwörungen untauglicher Bücher bedienen. Man könnte daraus schließen, weil Christen untaugliche, den Juden entlehnte, Bücher gebrauchen, folge, daß sie keine eigenen besaßen. Allein das Wort „untaugliche Bücher" involvirt zugleich den Vorwurf, daß sie keine tauglichen anwendeten. Ueberhaupt setzt es die Sitte, nach Büchern zu beschwören, voraus.

2) Die zweite Frage lautet dahin, ob kein solches Formular aus den ersten Jahrhunderten auf uns gekommen sei? Auch diese Frage ist zu bejahen. Das heutige römische Ritual enthält ein solches. Nicht nur stimmt es im Großen und Ganzen mit dem oben aus den ältesten Schriftstellern reconstruirten überein, sondern die Harmonie geht bis auf das Einzelne.

Nach Psalm 53 und zwei vorbereitenden Gebeten folgen Lesungen aus den Evangelien (Joh. 1. 1—14. Marc. 16. 15—18. Luc. 10. 17—20. Luc. 11. 15—22), wie es Origenes angibt; mit den Exorcismen wechseln Gebete, wovon Minucius Felix redet. Die Schlußformel lautet: qui venturus est etc., womit das Obige zu vergleichen ist.

Auf das Einzelne eingehend gebietet der vorbereitende Exorcismus dem bösen Geiste per mysteria incarnationis, passionis, resurrectionis et ascensionis Domini nostri Jesu Christi, während Justin sagt, die Beschwörung geschehe im Namen Jesu, der gekreuzigt wurde, auferstanden ist 2c. Im ersten Exorcismus heißt es: Audi ergo et time, satana, inimice fidei, hostis generis humani, mortis ad-

---

3) Orig. c. Cels. l. 8. c. 37. p. 459.  4) cf. §. 12. not. 7—12.
5) In Math. series. 110. p. 232. Sed ipsi qui utuntur adjurationibus illis, aliquoties nec idoneis constitutis libris utuntur; quibusdam autem et de Hebraeo acceptis adjurant daemonia.

ductor, vitae raptor, justitiae declinator, malorum radix, fomes vitiorum, seductor hominum. Tertullian sagt: satanam ... dicimus malitiae angelum, totius erroris artificem, totius saeculi interpolatorem, per quem homo a primordio circumventus etc.⁶)

In der lateinischen Uebersetzung des Origenes werden die Beschwörungen der Exorcisten invocationes genannt ⁷). Das Gebet des römischen Rituale sagt: Da, Domine, ad hanc invocationem s. nominis tui gratiam.

Die folgenden Worte Tertullians erhalten durch das römische Ritual den treffendsten Commentar: atqui omnis haec nostra in illos (daemones) dominatio et potestas de nominatione Christi valet et de commemoratione eorum, quae sibi a Deo per arbitrum Christum imminentia exspectant. Christum timentes in Deo et Deum in Christo, subjiciuntur servis Dei et Christi. Ita de contactu deque afflatu nostro, contemplatione et repraesentatione ignis illius correpti, etiam de corporibus nostro imperio excedunt inviti et dolentes et vobis praesentibus erubescentes ⁸). Die hierauf bezügliche Formel des römischen Rituales lautet: Adjuro de, serpens antique, per judicem vivorum et mortuorum ... per eum qui habet potestatem mittere te in gehennam ... Da locum Christo, qui te projecit in tenebras exteriores, ubi tibi cum ministris tuis erit praeparatus interitus. Sed quid, truculente, reniteris? quid temerarie, detrectas? ... Ille te perpetuis flammis urget, qui in fine temporum dicturus est impiis: Discedite a me maledicti, in ignem aeternum, qui paratus est diabolo et angelis ejus. Tibi enim, impie, et angelis tuis vermescunt, qui numquam morientur. Tibi et angelis tuis inexstinquibile praeparatur incendium ... Jam non est differendi tempus. Ecce enim dominator Dominus proximat cito, et ignis ardebit ante ipsum, et praecedet, et inflammabit in circuitu inimicos ejus ... Ille te excludit qui tibi et angelis suis praeparavit aeternam gehennam, de cujus ore exibit gladius acutus, qui venturus est judicare vivos et mortuos, et saeculum per ignem.

Wie drastisch stellt das Ritual die Worte dar: excedunt inviti et dolentes. Der Satz: ecce enim dominator Dominus proximat

---

6) cf. §. 12. not. 19.
7) Orig. in Jesu Nav. hom. 24. n. 1. p. 752. cf. Iren. l. 2. c. 32. n. 5. p. 166.    8) Tert. apol. c. 23. p. 68.

cito scheint uns aber noch insbesondere die Signatur eines sehr hohen Alterthums an der Stirne zu tragen. Einzelne haben zwar in allen Jahrhunderten die Parusie für nahe bevorstehend gehalten, am meisten fand das jedoch in den Zeiten der Verfolgungen statt. Die Aufnahme eines solchen Passus in ein kirchliches Gebet verweist darum auf die ältesten Zeiten, in welchen man auch pro mora finis betete [9]). Aehnlich verhält es sich mit den Worten: adjuro ergo te … ut discedas ab hoc homine, discedas ab ecclesia Dei (fiat signum crucis super circumstantes). Im Mittelalter nannte man eine einzelne Gemeinde, oder gar einen Theil dieser Gemeinde, nicht ecclesia Dei, wohl aber geschah dieses in den ersten Jahrhunderten. Auch der Ausdrucksweise, der Teufel soll von der Kirche Gottes weichen, hätte man sich in späterer Zeit nicht mehr bedient, wohl aber war sie in jenen Jahrhunderten motivirt, in welchen man die Verfolgungen der Kirche dem Teufel zuschrieb.

Nach Origenes wurde der Name Jesu ausgesprochen, mit Erwähnung der ihn betreffenden Historien ($τῶν\ περὶ\ αὐτὸν\ ἱστοριῶν$ [10]). Die Erklärung dieser Worte enthält das römische Ritual. Omnipotens Domine, Verbum Dei patris, Christe Jesu … qui sanctis Apostolis tuis didisti potestatem calcandi super serpentes et scorpiones, qui inter cetera mirabilium tuorum praecepta dignatus es dicere: Daemones effugate, cujus virtute motus tanquam fulgur de coelo satanas cecidit … Ipse tibi imperat qui te de supernis coelorum in inferiora terrae demergi praecepit. Ipse tibi imperat qui mari, ventis et tempestatibus imperavit … Imperat tibi Verbum caro factum; imperat tibi natus ex virgine; imperat tibi Jesus Nazarenus, qui te, cum discipulos ejus contemneres, elisum atque prostratum exire praecepit ab homine, quo praesente, cum te ab homine separasset, nec porcorum gregem ingredi praesumebas … Adjuro te … in nomine Jesu Christi Nazareni, qui post lavacrum Jordanis in desertum ductus est, et te in tuis sedibus vicit, ut quem ille de limo terrae ad honorem gloriae suae formavit tu desinas impugnare etc.

Daß Christus im Paradiese den Adam bildete, ist völlig im Geiste

---

9) Tert. apol. c. 39. p. 93.
10) Orig. c. Cels. l. 1. c. 6. p. 29. Weil sich, wie oben bemerkt, diese Worte verschieden erklären lassen, wenden wir sie auch in verschiedener Weise an, denn die eine Erklärung schließt die andere nicht aus.

der ersten Jahrhunderte gedacht, wie überhaupt die oftmalige Hervorhebung des Satzes, der Mensch sei das Bild Gottes. Das Geißeln und Quälen des Dämon durch die Worte des Exorcisten kennt auch das Ritual, indem es sagt: ille enim te divinis verberibus tangit. Und wenn Origenes bemerkt, man habe bei Gott, der den König der Egyptier und die Egyptier im rothen Meere versenkte, beschworen [11]), so bestätigt dieses der Satz des Ritual: Cede Deo, qui te et malitiam tuam in Pharaone, et in exercitu ejus per Moysen servum suum in abyssum demersit. Man könnte zwar glauben, die Worte: imperat tibi fides ss. apostolorum Petri et Pauli, et ceterorum sanctorum; imperat tibi martyrum sanguis; imperat tibi continentia confessorum; imperat tibi pia sanctorum et sanctarum omnium intercessio seien ein Beweis für spätere Abfassung und wir glauben auch, der letztere Befehl sei ein späterer Zusatz. Die ganze Anschauung, die in der Stelle liegt, ist jedoch altchristlich. Denn nicht nur die Anrufung Gottes, sondern auch solcher Männer, die in inniger Verbindung mit Gott standen, galt für ein zweckdienliches Mittel gegen die Dämonen [12]). Ohne auf das „Blut der Martyrer" ein Gewicht zu legen, das doch immerhin den Eindruck von einem damals fließenden Blute macht, liegt hingegen in der continentia confessorum ein Indicium für das hohe Alter. Diese Confessoren sind die alten Asceten, die continentes, und nicht etwa fromme Gläubige überhaupt.

Wie ganz und gar im Geiste und in der Ausdrucksweise der ältesten Zeit ist ferner das Gebet gehalten: Deus coeli, Deus terrae, Deus angelorum, Deus archangelorum, Deus prophetarum, Deus apostolorum, Deus martyrum, Deus virginum, Deus qui potestatem habes donare vitam post mortem, requiem post laborem, quia non est alius Deus praeter te, nec esse poterit verus, nisi tu creator coeli ut terrae etc. Drey schreibt der Liturgie im achten Buche der apostolischen Constitutionen ein so hohes Alter zu, weil in ihr die Gottesmutter noch nicht erwähnt werde und statt der Mönche, welche in alten Liturgien vorkommen, in der unsrigen die Asceten stehen. Diese Argumentation greift auch hier Platz; um so mehr als der Hymnus: Memento rerum Conditor den Vers enthält: Tu (Maria) nos ab hoste protege. Im Mittelalter erscheint Maria durchweg als Schlangentreterin und hätte darum in einem zu

---

[11] Orig. c. Cels. l. 4. c. 34. p. 509.  [12] Orig. c. Cels. l. 4. c. 33. p. 506.

dieser Zeit verfaßten Exorcismus sicher nicht gefehlt. Der Schluß endlich: non est alius Deus praeter te etc. ist so sichtlich gegen das Heidenthum oder den Gnosticismus gerichtet, daß daran bloß erinnert werden darf.

Aus diesen Gründen glauben wir, die Substanz des benannten Formulares gehört den ersten Jahrhunderten an, wenn es im Verlaufe der Zeit auch einige Aenderungen erfuhr. „Das Ritual ist stetiger als das Dogma und in jenem lebt noch manches uralte Lebensbild, freilich erstarrt und selten verstanden", sprach Mommsen in einem in der Singakademie in Berlin (22. Januar 1870) gehaltenen Vortrage über die römischen Ackerbrüder.

## §. 14. Verschiedene Arten des Exorcismus.

Der Exorcismus wurde Personen und Sachen gegenüber angewendet. Zu den ersten gehörten Katechumenen, Täuflinge, Besessene, zu den letzten Wasser und Oel.

Wenn auch nicht Jeder, der sich zum Eintritte in die Kirche meldete, von dämonischen Quälereien afficirt war, wie die eigentlichen Energumenen, so ist doch jeder mit der Erbsünde Behaftete solchen Einflüssen leicht zugänglich und für sie disponirt, wie er durch sie unter der Herrschaft des Fürsten dieser Welt steht, d. h. wenn er auch aktuell kein Energumene ist, so doch potentiell.

Bei solcher Sachlage begann die Vorbereitung auf die Taufe damit, daß der Katechumene dem Teufel und seinen Engeln widersagte. Weil jedoch die dämonische Infektion nicht blos vom Willen des Subjektes abhängig war, sondern die bösen Geister seit dem Falle Adams eine Macht über dasselbe besaßen, mußte bei ihrer Austreibung zu der Widersagung die kirchliche Beschwörung hinzukommen. Die Kirche hat von Christus selbst die Macht erhalten, in seinem Namen Dämonen auszutreiben Marc. 16. 17. Und wie er von bösen Geistern Geplagte heilte, so machten es auch seine Jünger act. 5. 16; 8. 7 und ihre Schüler.

Ein Ungläubiger, der den ernstlichen Willen, Christ zu werden, offenbarte, und nach angestellter Prüfung würdig erschien, wurde nicht nur durch den Diakon unterrichtet, sondern lernte auch in der Kirche dem Teufel und all seinem Pompe widersagen. Dieses wurde aber die ganze Zeit, so lange er die Katechese genoß, fortgesetzt, bevor er den

Gläubigen beigezählt wurde ¹). So Hippolyt in den arabischen Kanonen. Von der Widersagung und nicht vom Exorcismus ist hier die Rede und es will auch nicht geläugnet werden, daß die Renuntiation bei den Katechumenen vorzüglich am Platze war. Aus den angegebenen Gründen gehörte aber die Beschwörung als der sie ergänzende Theil zu ihr. Sie bilden das subjektive und objektive Moment, beide sind in gleicher Weise nothwendig, um von dämonischen Einflüssen frei zu werden und zu befreien. Mehr als eine Vermuthung ist daher die Annahme, die Widersagung war auch in der Praxis mit der Beschwörung verbunden und wenn jene vorkam, wurde auch diese verlangt, wo und wann es möglich war. Nun wissen wir aus Tertullian, daß einer alten, jedenfalls in den Anfang des zweiten Jahrhunderts fallenden Uebung zufolge, die Renuntiation bei der Taufe selbst und etwas früher abgelegt wurde, folglich fand zu dieser Zeit auch eine Beschwörung statt. Doch die genannten Kanonen Hippolyts selbst fügen der Widersagung die Beschwörung bei. „Am Samstage rufe der Bischof die zusammen, welche zu taufen sind, und nachdem sie niedergekniet und ihr Angesicht gegen Osten gewendet, breite er die Hände betend über sie aus, daß er den bösen Geist von allen ihren Gliedern austreibe. Sie selbst sollen sich aber hüten, daß sie von nun an durch ihre Werke nicht mehr zu jenen (bösen Geistern) zurückkehren. Nachdem er die Beschwörungen derselben beendigt hat, haucht er in ihr Angesicht und bezeichnet Brust, Stirne, Ohren und Mund derselben (mit den Zeichen des Kreuzes). Jene Nacht verbringen sie aber wachend, mit heiligen Reden und Gebeten beschäftigt ²).

Wem obiges Argument und dieses Citat nicht genügt, den verweisen wir auf den Brief des Papstes Cornelius, der die Beschwörung der Katechumenen direkt bezeugt. Während nämlich Novatian von den Exorcisten Hilfe erfuhr, wurde er von einer schweren Krankheit befallen und da man glaubte, er werde sterben, empfieng er in demselben Bette, in welchem er lag, durch Uebergießen die Taufe ³). Die Hilfe, welche die Exorcisten dem Novatian leisteten, kann in nichts Anderem bestanden haben als in Beschwörungen, denn das war ihr Beruf und die Widersagung war kein Akt der Exorcisten, sondern des Inficirten. Novatian selbst war kein Energumene (das hätte Cornelius sicher bemerkt, da ihm

---

1) Hippol. can. 10. p. 69.   2) Hippol. Canon arab. p. 75. c. 19. n. 6.
3) Ὃς βοηθούμενος ὑπὸ τῶν ἐπορκιστῶν, νόσῳ περιπεσὼν χαλεπῇ, καὶ ἀποθανεῖσθαι ὅσον οὐδέ πω νομιζόμενος, ἐν αὐτῇ τῇ κλίνῃ, ᾗ ἔκειτο, περιχυθεὶς (τὸ βάπτισμα) ἔλαβεν. Euseb. h. e. l. 6. c. 43. p. 469.

daran liegt, alle seine Fehler aufzuzählen), sondern ein Katechumene, also wurden die Katechumenen exorcisirt und zwar nicht nur bei, sondern auch vor der Taufe. Die Thätigkeit der Exorcisten gieng nämlich in dem genannten Falle der Taufe so voran, daß sich zwischen jener und dieser eine tödtliche Krankheit entwickeln konnte. Niemand wird aber behaupten wollen, das sei in derselben Nacht geschehen, in welcher der Katechumene getauft wurde.

War das vielleicht eine neue Einrichtung, die noch keine fünfzig Jahre alt war? Obwohl Cyprian ein Zeitgenosse des genannten Papstes war, ist das nach der Art und Weise, wie er von dieser Sache redet, nicht möglich. Einige wendeten gegen die klinische Taufe ein, die so Getauften seien dämonischen Einflüssen mehr ausgesetzt. Der Bischof von Karthago bestreitet dieses, indem er gegen das genannte Vorbringen einwendet, der Exorcismus allein sei häufig nicht im Stande, böse Geister auszutreiben, bringe man aber die Betreffenden zur Taufe, so verlassen sie ihn. Damit will er beweisen, der beste Exorcismus, der alle Anderen ersetze, sei die Taufe, weßwegen es unter Umständen an ihr genüge. Sodann habe der Einfluß der Dämonen auf den Getauften seine Ursache nicht in der Weglassung des Exorcismus vor und bei der Taufe, da klinisch Getaufte ebenso häufig von ihm frei seien, als Untergetauchte ihm unterliegen, sondern in dem sittlich religiösen Verhalten des Getauften. Halte sich dieser von der Sünde frei, so vermögen die Dämonen nichts gegen ihn, wenn er auch klinisch getauft sei. Gebe er sich aber der Sünde hin, so werde er von ihnen angefochten, trotz der Untertauchung ⁴).

Das obige Bedenken gegen die klinische Taufe konnte nur entstehen, wenn bei ihr kein, bei der ordentlichen Taufe aber ein Exorcismus vorkam. Es handelt sich jedoch hier nicht um die mit der Taufe **unmittelbar** verbundene Beschwörung, sondern um den den **Katechumenen** früher ertheilten Exorcismus. Auch er ist in dieser Stelle indicirt. Man beachte besonders die in der Note ⁵) stehenden Worte, die offenbar

---

4) Cyp. epist. 76. p. 322 u. 323.

5) Quod hodie etiam geritur, ut per exorcistas voce humana et potestate divina flagelletur, uratur et torqueatur diabolus, et cum exire se et homines Dei dimittere *saepe* dicat, in eo tamen quod dixerit *fallat*, et id quod per Pharaonem prius gestum est eodem mendacio obstinationis et fraudis exerceat. Cum tamen ad aquam salutarem atque ad baptismi sanctificationem venitur (das war jedenfalls später, der Exorcismus gieng darum voraus), scire debemus et fidere quia illic (im Unterschiede von dem früheren Exorcismus) diabobus opprimitur. Cyp. epist. 76. p. 323. a.

die Vornahme des Exorcismus vor der Taufe, und zwar geraume Zeit vor der Taufe voraussetzen. Wäre nämlich derselbe blos bei der Taufe selbst angewendet worden, so hätte man sich wegen des kurzen Zeitverlaufes von der Beschwörung bis zur Untertauchung von der oftmaligen betrügerischen Versicherung des Dämon nicht überzeugen können. Da es sich ferner um Solche handelt, die später getauft wurden, müssen die exorcisirten Katechumenen gewesen sein. Aber nicht nur das, sondern der (falsche oder wahre) Glaube, die ohne Exorcismus Getauften seien dämonischen Einflüssen mehr ausgesetzt, konnte sich nur auf Erfahrung und Beobachtung stützen und diese setzt voraus, der Exorcismus sei schon lange vor Cyprian in Uebung gewesen. Jedenfalls war nicht die Beschwörung der Katechumenen und Täuflinge vor der Mitte des dritten Jahrhunderts etwas Neues, sondern die Weglassung derselben bei der klinischen Taufe. In den Clementinen wenigstens muß die Handauflegung, die sie, wie Hippolyt die Widersagung, als entferntere Vorbereitung zur Taufe täglich vorschreiben [6]), auf die Exorcismen bezogen werden. Mit Recht bemerkt jedoch Mayer, sollten die (mit ihnen verbundenen) Gebete sich auch nicht direkt an Satan gewendet, sondern einzig Gottes Vermittlung und Wirken angerufen haben, so bliebe doch ihr exorcistischer Charakter unbestritten, und es bestände nur ein formeller, kein wesentlicher Unterschied zwischen solchen Gebeten und direkten Exorcismen [7]). Hierüber gibt jedoch das Folgende Aufschluß.

2) Vom Exorcismus der Täuflinge wird später §. 35 die Rede sein, deßwegen gehen wir auf den der Energumenen im eigentlichen Sinne über. Daß sie beschworen wurden, unterliegt keinem Zweifel. Die Frage ist vornehmlich die, wie dieser Exorcismus beschaffen war. Nach dem Vorausgehenden war die Beschwörung mit Lesungen aus der Schrift und Gebeten verbunden. In der Liturgie der apostolischen Constitutionen [8]) folgen auf die Lesungen Gebete für die Katechumenen, Energumenen, Competenten und Büßer. Ist dieses Gebet über die Energumenen die älteste Form des Exorcismus? Der Dämon wird in demselben durch Worte gequält, der Sohn des großen Vaters gebeten, das Werk seiner Hände von der Plage des fremden Geistes zu befreien, weßwegen diese Oration nicht, wie sonst durchweg

---

6) Clem. hom. 3. c. 73. p. 662. cf. §. 12. not. 23—25.
7) Mayer, Geschichte des Katechumenates. S. 81.   8) A. C. l. 8. c. 7.

üblich, an den Vater, sondern an den Sohn gerichtet ist. Ferner wurde sie in der Kirche über die auf die Erde Niedergeworfenen verrichtet [9]. All das stimmt mit den oben angegebenen Merkmalen und Eigenschaften des alten Exorcismus überein. Wenn Origenes von der Beschwörung bei dem Gott Abrahams ꝛc. redet, so bildet das keine Instanz dagegen, denn nach Justin war diese Art der Beschwörung nur zulässig, aber nicht allgemein gebräuchlich. Anders verhält es sich mit der Bemerkung Justins, es sei im Namen Jesu des Gekreuzigten ꝛc. exorcifirt worden. Solche Beisätze finden sich in der benannten Oration nicht, nicht einmal der Name Jesus, und eine Beschwörung im strengen Sinne ist dieses Gebet ebenso wenig als es vom Bischof, und keinem Exorcisten gesprochen wurde. Es prädicirt sich vielmehr als eine Segnung ($\varkappa\lambda\iota\nu\alpha\tau\varepsilon$, $o\iota\ \varepsilon\nu\varepsilon\rho\gamma o\upsilon\mu\varepsilon\nu o\iota\ \varkappa\alpha\iota\ \varepsilon\upsilon\lambda o\gamma\varepsilon\tilde\iota\sigma\vartheta\varepsilon$), die zwar einen exorcistischen Charakter, aber nicht das Wesen des strengen Exorcismus, wie er den Energumenen gegenüber angewendet wurde, an sich trägt.

Aus diesen Gründen halten wir die betreffende Oration nicht für den im 2. und 3. Jahrhunderte üblichen, strengen Exorcismus, sondern für ein Gebet, das vielleicht bei der eigentlichen Beschwörung gleichfalls verrichtet, außerdem aber in der Liturgie über solche Energumenen gebetet wurde, die sich unter den Händen der Exorcisten befanden. Aus den Schriftstellern unserer Periode ist nämlich zu ersehen, daß die wirksame Beschwörung nicht immer das Werk eines Augenblickes war, sondern oft lange Zeit in Anspruch nahm. Die in Rede stehende Oration war darum die Fortsetzung und der Nachhall des eigentlichen Exorcismus, das Mittelglied, das den einen Exorcismus mit dem andern verknüpfte, so daß der Faden der exorcistischen Thätigkeit nie abriß. Auch wurde dadurch der Erinnerung Jesu, manche böse Geister werden blos durch Fasten und Gebet ausgetrieben, Rechnung getragen, daß der Bischof mit der ganzen Gemeinde für die Energumenen betete. Zugleich mochte diese Oration als ein Präservativ gegen dämonische Inficirung der Gläubigen überhaupt gelten.

Der Annahme, dieses Gebet sei in zweiter Linie der Exorcismus über die Katechumenen gewesen, steht zwar die Rubrik entgegen, der gemäß sie die Kirche vor dieser Oration verließen. Die Büßer und Competenten waren hingegen anwesend, weßwegen das Gesagte auf sie Anwendung findet. Weil der Apostel den Blutschänder dem

---

[9] cf. §. 12 am Schluß.

Teufel übergab, liegt die Annahme sehr nahe, die ersten Christen werden die Büßer, als unter dämonischem Einflusse stehend, angesehen und darum dieses Gebet auf sie ausgedehnt haben. Der Exorcismus, welchen die Katechumenen beim Eintritt in die zweite Klasse, durch welchen sie Competenten wurden, empfiengen, setzte sich aber während ihres Aufenthaltes in dieser Klasse dadurch fort, daß sie dieser Oration anwohnten.

3) Welchen Einfluß die christlichen Schriftsteller den Dämonen auf die Natur zuschreiben, wurde §. 7 gezeigt. Man darf sich darum nicht wundern, wenn materielle Gegenstände durch den Exorcismus von dämonischer Inficirung befreit und der Einwirkung böser Geister entzogen wurden. Dieses geschah besonders solchen Sachen gegenüber, die beim Gottesdienste verwendet, allem Unreinen und Diabolischen ferne stehen sollten. Damit war jedoch der Zweck der Beschwörung nicht gänzlich erfüllt. Der Exorcismus vertrieb nicht nur alle höllische Macht von den beschworenen Sachen, sondern verlieh ihnen auch die Eigenschaft, Menschen und Dingen, welchen sie applicirt wurden, vor dämonischen Einflüssen zu bewahren, oder sie von ihnen frei zu machen. Der 19. arabische Kanon Hippolyts erklärt: der, welcher untergetaucht wird, spreche mit dem Angesicht gegen Westen gewendet: Ich widersage dir Satan mit all deinem Pompe. Wenn er dieses aber gesagt hat, salbt ihn der Priester oleo exorcismi, super quo prius oraverat, ut recedat ab eo spiritus malignus [10]). Das Oel wurde durch den Exorcismus zu einem Instrumente gemacht, das dieselbe Wirkung hervorbrachte, wie der vom Priester gesprochene Exorcismus; oder die Salbung mit demselben vertrat seine Stelle. Sie war der das subjektive Moment der Widersagung ergänzende objektive Bestandtheil.

Außer dem Worte war es das Wasser, das zu diesem Behufe exorcisirt wurde. Als Materie der Taufe hatte es die Aufgabe, den Menschen von der Herrschaft des Teufels zu befreien, weßwegen es derselben nicht nur selbst entzogen sein mußte, sondern es sollte auch durch die Weihe die Kraft, solches zu verursachen, erhalten. Mit der Weihe des Taufwassers war deshalb, wie wir hören werden, eine Reinigung oder Beschwörung verbunden. Daß dieses der Grund des Exorcismus war, tritt bei der Weihe des Oeles am klarsten zu Tage. Das Katechumenenöl wurde exorcisirt. Bei der Weihe des Chrisam, mit

---

10) Hippol. Can. 19. n. 9. p. 75.

dem der Getaufte, das Kind Gottes, bei der Firmung gesalbt wurde, ist hingegen von einer Beschwörung keine Rede. Dem entsprechend heißt jenes oleum exorcismi, dieser oleum gratiarum actionis. Um Verwandtes nicht zu trennen, wird dieser Gegenstand bei der Benediktion des Wassers und Oeles weiter besprochen.

## Zweites Kapitel.

## Benedictionen.

### §. 15. Wesen und Wirkung der Benedictionen.

Jesus segnete Kinder Math. 19. 15., Brode und Fische Math. 14. 19, wie Brod und Wein der Eucharistie. Selbst einen Auftrag zum Segnen gab er in den Worten: Wenn ihr in ein Haus geht, so grüßet dasselbe und saget, der Friede sei mit diesem Hause, und wenn das Haus dessen würdig ist, so wird euer Friede über dasselbe kommen; ist es aber dessen nicht würdig, so wird euer Friede auf euch zurückkehren [1]). Der Nachsatz zeigt, es sei hier von keinem leeren Gruße die Rede, sondern von der Mittheilung einer Gabe, des Friedens, der je nach der Disposition des Subjectes auf demselben ruhen bleibt oder nicht. Ferner gab er den Jüngern den Auftrag Math. 10. 8. Luc. 10. 9. und die Macht, Krankheiten zu heilen und Teufel auszutreiben Math. 10. 1. Marc. 10. 15. Sie trieben viele Teufel aus, salbten viele Kranke mit Oel und heilten sie. Marc. 6. 13. Bei der Himmelfahrt ertheilte er aber die Verheißung, daß dieses fortan in seinem Namen geschehen werde. Marc. 16. 17. Durch den Namen Jesu heilte auch Petrus einen Lahmen; an ihn hat also Jesu die genannte Kraft geknüpft.

Demnach hat Jesus selbst gesegnet, die Jünger mit der Vollmacht dafür ausgerüstet und ihnen den Auftrag dazu ertheilt. Für den Gebrauch der Benediktionen im apostolischen Zeitalter zeugt am schlagendsten die Stelle aus dem Hebräerbriefe: Ohne alle Widerrede wird, was geringer ist, von dem Größeren gesegnet. Hebr. 7. 7, denn sie setzt nicht nur den Gebrauch, sondern den häufigen Gebrauch der Segnung außer Zweifel. Die Erhabenheit Melchisedek's über Abraham hätte nicht von der

---

1) Math. 10. 12 u. 13.

Segnung des Ersteren abgeleitet werden können, wenn sie den Christen nicht völlig bekannt gewesen wäre.

Da Clemens A. nur sehr allgemein von der Benediction, als der Summe des zeitlichen und ewigen Glückes, das Gott dem Gerechten verleiht, spricht ²), ist das erste bedeutendere Zeugniß das des Tertullian. „Daß bei Gott aller Segen der Güte und des Wohlthuns sei unter uns das höchste Sakrament der Disciplin und des Umganges, das sprichst du in den Worten: Gott segne dich, so leicht aus, als es den Christen nothwendig ist ³). Zwei Arten von Benedictionen werden unterschieden. Die erste ist das sacramentum conversationis. Wenn Jemand einem Anderen auf dem Wege begegnet, und zu ihm sagt: Gott segne dich, so nennt man das zwar auch eine Benediction, es ist jedoch mehr ein Gruß ⁴).

Von ihm muß das sacramentum disciplinae unterschieden werden. Es bezieht sich nicht wie das sacramentum conversationis auf den gewöhnlichen Verkehr, sondern ist auf den Gottesdienst zu deuten, wie denn Tertullian das Wort Disciplin öfter in diesem Sinne faßte. Die im Gottesdienste vorkommende Benediction ist in erster Linie die liturgische Danksagung ⁵), doch nicht ausschließlich, denn der Apologet kennt auch eine Benediction, die mit der Ehe verbunden war. Man hat also festzuhalten, daß es gottesdienstliche, oder liturgische Benedictionen gab, deren Inhalt sich nicht blos auf einen frommen Wunsch oder Gruß beschränkte.

Mehr Aufschluß gibt Origenes über das Wesen und die Wirkungen der Segnung. Der Segen Gottes ertheilt immer jenen eine Gabe, welche von ihm gesegnet werden ⁶), wenn sie würdig sind, daß die Benediktion über sie komme ⁷). Der erste Satz hält den objektiven Charakter derselben aufrecht, wornach sie nicht nur Gebet, Wunsch sondern Mittheilung einer Gabe ist. Das Ruhen derselben auf dem Subjekte ist jedoch durch die Disposition bedingt. Es sind das die beiden fundamentalen Sätze in der Lehre von den Benedictionen, die

---

2) Clem. R. I. Cor. c. 31. p. 75. 3) Tert. de test. anim. c. 2. p. 30.
4) Tert. adv. Marc. l. 4. c. 24. p. 284.
5) cf. Probst, Liturgie der ersten Jahrhunderte §. 62.
6) Sed Dei quidem benedictio aliquid muneris semper his qui ab eo benedicuntur impertit; homines vero Deum benedicere, pro eo quod est laudare et gratias referre, dicuntur. Orig. ad Rom. l. 9. c. 14. p. 458.
7) l. c. l. 1. c. 8. p. 20. Per ipsum ergo Spiritum benedictiones capient hi qui benedicuntur ab Apostolo, si tamen digni inveniantur super quos veniat benedictio ejus.

allerdings noch manche nähere Bestimmung erheischen. Ueber die Disposition äußert er sich jedoch nicht weiter und bezüglich der mitgetheilten Gabe stehen uns nur jene Stellen zu Gebote, in welchen er die von Jesus vollzogene Benediction bespricht.

Origenes glaubt, man habe Jesus die Kinder in der Absicht gebracht, damit sie von ihm berührt und durch diese Berührung seiner theilhaftig, von keinem Unfalle, keinem Dämonium oder etwas Anderem betroffen werden; denn durch Auflegung seiner schützenden Hände kam ihnen die Kraft Jesu zu [8]. Auffallend ist, wie er sich die Benediktion der Brode und Fische vorstellt. Christus wirkt bei ihr nicht aus eigener Kraft als Gott, sondern zum Himmel aufblickend, zog er mit den Strahlen seiner Augen von dort her Kraft herab, die er den Broden und Fischen beimischte. Hierauf vermehrte er sie durch das Wort und die Segnung und nachdem er sie gebrochen und den Jüngern zum Vorlegen gegeben hatte, sättigten sie die Essenden [9]. Beidemal wird dem gesegneten Gegenstande eine Kraft ($\delta\acute{u}\nu\alpha\mu\iota\varsigma$) mitgetheilt, deren Objektivität besonders in dem Ausdrucke „er mischte sie mit dem Brode", stark hervortritt; eine Bezeichnung, die auch in der Taufwasserweihe des römischen Missale vorkommt. Das aliquid muneris im Commentare des Römerbriefes wäre sonach eine höhere himmlische Kraft, die dem Benedicirten mitgetheilt wird, und wenn er derselben würdig ist, ihm inhärirt.

Diese Kraft kennt auch der Gnostiker Theodot. „Brod und Oel" wird durch die Kraft des Namens geheiligt und sie sind dadurch nicht mehr dasselbe, für was sie ihrer Erscheinung nach gelten, sondern werden durch die Kraft in geistige Kraft verwandelt. Ebenso wird das Wasser, welches man exorcisirt, zur Taufe (zum Taufwasser); nicht nur das Schlechte weicht, sondern es empfängt auch Heiligung [10], oder wie sich die Recognitionen ausdrücken: Wenn die Seele zum Glauben kommt, empfängt sie die Kraft des himmlischen Wassers [11].

Gegen diese Auffassung läßt sich einwenden, sie rühre von einem Gnostiker her; allein Origenes und Tertullian lehren nichts Anderes.

---

8) Orig. in Math. tom. 15. n. 6 u. 7. p. 185. l. c. n. 8. p. 190.
9) Orig. in Math. tom. 11. n. 2. p. 414.
10) Theod. axcerpt. (Clem. A. opera) n. 82. p. 988. Καὶ ὁ ἄρτος καὶ τὸ ἔλαιον ἁγιάζεται τῇ δυνάμει τοῦ ὀνόματος, οὐ τὰ αὐτὰ ὄντα κατὰ τὸ φαινόμενον οἷα ἐλήφθη, ἀλλὰ δυνάμει εἰς δύναμιν πνευματικὴν μεταβέβληται.
11) Recog. l. 4. n. 17. p. 1322.

Mit aller Bestimmtheit tritt diese Lehre in dem Satze hervor: Supervenit enim statim spiritus de coelis et aquis superest, sanctificans eos de semetipso et ita sanctificatae vim sanctificandi combibunt[12]). Die Materie des Oeles wird nach Cyprian geheiligt[13]); das Oel erhält nach dem Weihegebete der apostolischen Constitutionen die Kraft, Gesundheit ꝛc. zu verleihen. Kurz, man lese die nachfolgenden Weihegebete und an einer durch die Benediktion ertheilten virtus, die dem geweihten Gegenstande inhärirt, läßt sich nicht zweifeln. Empfahl doch die Art und Weise, wie man dem natürlichen Wasser eine inhärirende Zeugungskraft zuschrieb[14]), diese Annahme. Was auf dem natürlichen Gebiete zugestanden wurde, läugnete man nicht auf dem übernatürlichen.

2) Da die Benediction ferner eine Person oder Sache zu einer geweihten (sanctum) macht, ist zu untersuchen, welchen Begriff die alten Schriftsteller mit dem Worte sanctus verbinden. Wir halten uns dabei an Origenes[15]), welcher zur Entwicklung dieses Begriffes besonders jene Gegenstände in's Auge faßt, welche in der Schrift den Namen „heilig, geweiht" führen, seien es nun Menschen, oder Geräthe oder Orte. Der ist sanctus, welcher Gott geheiligt (consecratus) ist und diese Heiligung besteht darin, daß die betreffende Person oder Sache Gott allein dienen und angehören, und darum vom profanen Gebrauche ausgeschieden, weltlichem Sinnen und Trachten ferne sein soll. In dem griechischen Worte ἅγιος ist auch dieses Nicht-von-der-Erde-sein (ἄ-γῆ) angedeutet. Wenn daher Jemand sagt, ich will diese Früchte, oder diesen Wein der Kirche opfern (ecclesiae offere), oder den Armen und Reisenden geben, sie aber dennoch für sich verwendet, so mißbraucht er das Gott Geweihte (sancta Dei)[16]). Ebenso sollen Personen, die sich Gott geweiht haben, sich nicht mehr mit weltlichen oder gar sündhaften Handlungen abgeben. Qui in castitate vivit, corpus suum vovit Deo secundum eum qui dixit: Virgo autem cogitat quando sit sancta corpore et spiritu. Nam et hoc ipsum quod dixit

---

12) Tert. de bapt. c. 4. p. 189.
13) Sanctificare autem non potuit olei creaturam, qui nec altare habuit nec ecclesiam. Cyp. epist. 70. p. 269. e.
14) Aquis enim inest quaedam vis spiritus a Deo dati ex initio, cujus opere habitus futuri corporis, in ipso statim semine formari incipit. Recog. l. 8. c. 26.
15) In der Lehre von der Kirchweihe wird das Gesagte besonders durch Clemens A. ergänzt.
16) Orig. in Levit. hom. 11. n. 1. p. 188—186.

*sancta*, ad hoc respicit: sancti enim dicuntur illi, qui se voverunt Deo [17]).

Von einer liturgiſchen Weihe iſt hier allerdings keine Rede. Waren aber Aſceten und Jungfrauen „geweiht" (sancti) und als ſolche völlig Gott geheiligt, ſo müſſen um ſo mehr durch eine Benediction geweihte Perſonen und Sachen vom profanen Gebrauche ausgeſchieden und blos für den gottesdienſtlichen beſtimmt geweſen ſein. Man muß darum beide Momente der Benediction zuſammenfaſſen, das negative Ausſcheiden von dem profanen Gebrauche, und das poſitive = Ertheilung einer Kraft, um den vollen Begriff derſelben zu erhalten. Das erſte oder negative Moment macht ſich jedoch nicht immer in der Form des Ausſcheidens von dem profanen Gebrauche geltend, ſondern tritt auch in der Form der Abwehr feindlicher Angriffe auf. Ebenſo dient das poſitive Moment, Mittheilung einer Kraft, nicht immer gottesdienſtlichen, ſondern auch anderen Zwecken z. B. Verleihung der Geſundheit. So lehren die Benedictionsformulare, die wir aus der älteſten Zeit noch beſitzen. Durch die Waſſerweihe wird nicht nur das Waſſer geheiligt [18]), ſondern auch Kraft zur Geſundheit verliehen und die Entfernung von Krankheiten und Dämonen bewirkt [19]). Die Weihe gibt dem Orte Heiligung, infolge der es geiſtige Gnade und wirkſame Kraft, Verzeihung der Sünden und Tauglichkeit zum Empfange der Taufe ertheilt [20]).

### §. 16. Eintheilung und Miniſter der Benedictionen.

Das Vorausgehende enthält bereits die Eintheilung in Weihungen und Segnungen, wenn auch nicht dem Worte, ſo doch der Sache nach. Es gab nemlich Benedictionen, durch welche eine Sache oder Perſon von dem Gebrauche ausgeſchieden und für Gott und den Gottesdienſt beſtimmt wurde, und ſolche, durch welche dieſes nicht ſtattfand.

---

17) Unde et aries, verbi causa, si vovetur Deo, sanctus appellatur, quem tonderi ad communes usus non licet. Sed et vitulus si devotus fuerit Deo, sanctus nihilominus appellatur, nec licet eum jungi in opus commune. Ex iis ergo colligamus, quid est hominem seipsum vovere Deo. Si te voveris Deo, imitandus est tibi vitulus, quem non licet humanis operibus deservire, nihil facere, quod ad homines et ad praesentem pertinet vitam. Sed quidquid ad animam pertinet, et ad divini cultus observantiam, hoc et agendum et cogitandum tibi est, Orig. in Num. hom. 24. n. 2. p. 511. cf. l. c. hom. 10. n. 1. p. 336.
18) A. C. l. 7. c. 43.   19) A. C. l. 8. c. 29.   20) A. C. l. 7. c. 42.

Die apostolischen Constitutionen theilen sie in große und kleine ein[1]), ohne jedoch anzugeben, was unter diesen Namen zu verstehen ist. Man hat jene für bischöfliche, diese für priesterliche erklärt. Wohl mit Unrecht, denn wenn die Verwaltung derselben so bestimmt und constant den verschiedenen hierarchischen Graden zugewiesen gewesen wäre, daß dieses den Eintheilungsgrund für dieselben gab, so wären die Verordnungen, Laien und Diaconen dürfen weder große noch kleine Segnungen ertheilen, unbegreiflich.

Man könnte vermuthen, da den Priestern die Segnung des Volkes zugestanden wird[2]), sei vielleicht unter den Personalbenedictionen die große und unter den Realbenedictionen die kleine zu verstehen. Allein die Worte groß und klein eignen sich doch gar zu wenig, um einen solchen Unterschied auszudrücken. In der Anordnung A. C. l. 3. c. 20. ist jedoch unter Volk die im Gottesdienste versammelte Gemeinde zu verstehen. Diese Segnung war daher eine **öffentliche und feierliche** und im Unterschiede von der privaten Segnung einer Person konnte sie eine **große** genannt werden. Ebenso gab es Realbenedictionen von Gegenständen, die für den Gottesdienst bestimmt waren und darum auch im Gottesdienste feierlich vorgenommen wurden, wie das Taufwasser ꝛc. Ihnen gegenüber war die Segnung von Wasser zu beliebigem Gebrauche eine kleine. Wie uns scheint, liegt diese Eintheilung auch den Worten Tertullians zu Grunde, in welcher er von einem sacramentum oder einer benedictio disciplinae et conversationis redet[3]).

2. Weitere Vorschriften über den **Minister** der Benedictionen enthält das achte Buch der apostolischen Constitutionen. Der Bischof segnet und wird nicht gesegnet. Von Bischöfen empfängt er die Benediction, niemals von Presbytern. Der Presbyter segnet und wird nicht gesegnet. Er empfängt die Benediction vom Bischofe und Mitpriester, wie er sie auch dem Mitpriester gibt. Der Diacon ertheilt keine Benediction, empfängt sie aber vom Bischofe und Priester. Wenn er sie aber, da der Bischof oder Priester das Opfer darbringt, dem Volke ertheilt, thut er das nicht als Priester, sondern als Helfer der Priester.

---

1) Ἀλλ' οὔτε λαϊκοῖς ἐπιτρέπομεν ποιεῖν τι τῶν ἱερατικῶν ἔργων· οἷον θυσίαν, ἢ βάπτισμα, ἢ χειροθεσίαν, ἢ εὐλογίαν μικρὰν ἢ μεγάλην. A. C. l. 3. c. 10. cf. l. 8. c. 46. p. 1153. a.
2) A. C. l. 3. c. 20. Ἀλλὰ μόνον τὸν μὲν πρεσβύτερον διδάσκειν, ἀναφέρειν, βαπτίζειν, εὐλογεῖν τὸν λαόν.
3) Tert. de test. anim. c. 2. p. 30.

Keinem anderen Kleriker ist es aber gestattet, die Verrichtung des Diakon auszuüben [4]).

Mit Rücksicht auf die Worte des Hebräerbriefes 7. 7., der Niedere wird vom Höheren gesegnet, darf man die genannten Vorschriften, obwohl sie dem 8. Buche angehören, keiner allzu späten Zeit zuschreiben. Die citirten Stellen des dritten Buches enthalten dem Wesen nach auch nichts Anderes als eine Bestimmung über den Minister der Benedictionen.

Der allgemeinen Regel zufolge war der Bischof Spender wie aller so auch dieser liturgischen Handlungen. An seiner Vollmacht participiren die Presbyter. Abgesehen von den apostolischen Constitutionen segnete auch nach Cyprian der Priester das Wasser [5]). Alle übrigen Kleriker waren hingegen von diesen Funktionen ausgeschlossen.

Zu den kleinen Benedictionen, von welchen wir Kunde haben, gehört wahrscheinlich die Segnung von Speisen und Früchten, von Wasser und Oel; zu den großen, die Weihe von Brod, Taufwasser, Chrisam, Kirchen-Geräthe und Gewänder, die der Jungfrauen und niederen Kleriker. Von der Weihe der letzteren wird da die Rede sein, wo von den kirchlichen Ständen gehandelt wird, weßwegen sie hier wegfällt. Ferner werden wir, um die verwandten Materien mit einander abhandeln zu können, und weil die Zuweisung der verschiedenen Benedictionen an die genannten Klassen, zu unsicher ist, die Eintheilung in kleine und große Benedictionen im Folgenden nicht weiter berücksichtigen.

### §. 17. Benediction der Speisen und Früchte.

Der Apostel lehrt: Alles Geschöpf Gottes ist gut, und nichts verwerflich, was mit Danksagung empfangen wird, denn es wird geheiligt durch Gottes Wort und Gebet, 1. Tim. 4. 4 und 5. Was der Apostel hier in Worten ausspricht, übte er nach dem Vorgange des Herrn Math. 14, 19. Luc. 24. 30. selbst, sofern er Brod nahm und nachdem er vor Allen Gott Dank gesagt, aß, act. 27. 35. Die Allgemeinheit der christlichen Sitte, vor Tisch zu beten, beweist am besten

---

[4]) A. C. l. 8. c. 28.
[5]) Oportet ergo mundari et sanctificari aquam prius a sacerdote, ut possit baptismo suo peccata hominis qui baptizatur abluere. Cyp. epist. 70. p. 269. b.

das in den apostolischen Constitutionen aufbewahrte Tischgebet, das also lautet: Gepriesen seiest du Herr, der du mich von meiner Jugend an ernährtest, der du allem Fleische Speise gibst. Erfülle mit Freude und Lust unsere Herzen, damit wir immer die volle Genüge habend, reich seien an jedem guten Werke, in Christus Jesus unserem Herrn, durch den dir Ruhm, Ehre und Herrschaft in Ewigkeit. Amen [1]). Dabei bezeichnete man sich selbst, vielleicht auch die Speisen, mit dem Kreuzeszeichen [2]).

Das Tischgebet war nemlich nicht nur ein Dank, sondern involvirte auch eine Segnung. Als sich der Märtyrer Theodotus mit seinen Genossen zum Essen niederlegte, ließ er einen benachbarten Presbyter rufen, damit er mit ihnen esse und die Reisenden mit den gewohnten Gebeten (consuetis precationibus) schütze. Denn der Heilige pflegte keine Speise zu nehmen, außer ein Presbyter habe sie gesegnet (benedicente presbytero [3]). Alle konnten jedoch diese Sitte Theodots freilich nicht beobachten; der Schluß wird aber nicht unbegründet sein, daß bei christlichen Gastmahlen und den Agapen die Speisen gesegnet wurden.

Die Bedeutung des Tischgebetes und -Segens liegt darin, daß zu dem, der betend isset und trinkt, die nährenden Elemente in anderem, viel wirksamerem uud wohlthätigerem Verhältnisse stehen, als zu dem, der da genießt, ohne an den Geber zu denken; das Gebet heiliget den Genuß, sagt der Apostel, und in der Legende vom hl. Johannes, der den Giftbecher trinkt, ohne Schaden zu leiden, liegt eine tief-christliche Idee, die nemlich, daß dem, der betend Speise nimmt, die schädlichen Bestandtheile der Nahrungsmittel weniger schaden, die heilsamen förderlicher sind [4]).

2. Der dritte und vierte apostolische Kanon verordnet: Wenn ein Bischof oder Presbyter gegen die Anordnung des Herrn bei den Opfern etwas Anderes auf den Altar bringt, es sei Honig oder Milch, oder statt Wein, Obstmost, oder Eingemachtes, oder Vögel oder Thiere, oder Hülsenfrüchte, werde er als gegen die Anordnung des Herrn handelnd

---

1) A. C. l. 7. c. 49.
2) Tert. de coron. c. 3. p. 341. Ad omnem progressum atque promotum, ad omnem exitum et aditum, ad vestitum et calceatum, ad lavacra, *ad mensas*, ad lumina, ad cubilia, ad sedilia, quaecunque nos conversatio exercet, frontem signaculo terimus.
3) Ruinart. II. n. 11. p. 298.
4) Mack, Commentar über die Pastoralbriefe. S. 316.

ausgeschlossen. Der folgende (4., nach dem griechischen Texte gleichfalls 3.) Kanon gestattet „frische Aehren und Trauben, wenn die rechte Zeit dafür da ist, sowie Oel zur Beleuchtung und Weihrauch auf den Altar zu legen" [5]. Das Niederlegen auf den Altar konnte blos zum Behufe der Weihe stattfinden. Zur Zeit Cyprians wurde auch Oel auf dem Altare geweiht, das römische Missale enthält heute noch die auf die Weihe von Früchten ꝛc. bezüglichen Worte und die arabischen Kanonen Hippolyts schreiben vor: wenn Oel vorhanden ist, betet er über dasselbe, wenn aber nicht, verrichtet er blos die gewöhnlichen Gebetstheile. Ebenso bete er über die Erstlinge von eßbaren Früchten und segne die Früchte, die ihm zu diesem Behufe gebracht wurden. Er verrichte die einzelnen Gebete über die einzelnen Gegenstände und sage am Ende der einzelnen Orationen: Ehre dir Vater und dem Sohne und heiligem Geiste von Ewigkeit zu Ewigkeit. Amen [6]. Der 36. Kanon gibt die verschiedenen Gegenstände der Benediction und das Segensgebet an: Der Besitzer von Erstlingsfrüchten bringe sie dem Bischofe in die Kirche; deßgleichen die Erstlingsfrüchte von Waizen und Wein, Oel, Honig, Milch, Wolle und den ersten Lohn seiner Hände Arbeit. All' das werde mit den Erstlingen der Bäume dem Bischofe gebracht. Der Priester aber, der sie in Empfang nimmt, sage vor Allem über sie Gott Dank, während der Ueberbringer außerhalb des Velum steht [7].

Der Priester aber bete so: Wir danken dir allmächtiger Gott, weil du uns würdig gemacht hast, diese Früchte zu sehen, welche die Erde dieses Jahr hervorbrachte. Segne sie o Herr, der du das Jahr krönst mit deiner Güte (Psl. 64. 12) und mögen sie den Armen deines Volkes zur Sättigung gereichen; (segne) auch deinen Diener N., der sie aus seinem Vorrathe brachte, weil er dich fürchtet, segne ihn von deinem heiligen Himmel zugleich mit seinem Hause und seinen Kindern und gieße über sie deine Barmherzigkeit und heilige Gnade aus, daß sie in Allem deinen Willen erkennen; und gewähre auch, daß er das als Erbe erhalte, was im Himmel ist durch Jesum Christum unsern Herrn, deinen geliebten Sohn und den heiligen Geist von Ewigkeit zu Ewigkeit. Amen.

Deßgleichen segne er alle Gemüse der Erde, alles Obst der Bäume und alle Feldfrüchte, wie auch die, welche sie brachten [8].

---

[5] Canon. apost. c. 8 u. 4.  [6] Hippol. Can. 3. p. 65.
[7] Hippol. Can. 36. p. 93.  [8] l. c. p. 93.

Wir haben keinen Grund, an der Aechtheit dieses Kanons zu zweifeln, weil er nichts enthält, was der Sitte um die Mitte des dritten Jahrhunderts widerspricht. Daß solche Segnungen in der Kirche vorkamen, bezeugt Cyprian, die römische Liturgie und der dritte apostolische Kanon. Was aber das Gebet über die Erstlinge betrifft, findet sich in den apostolischen Constitutionen, wenn auch kein Segens-, so doch ein Dankgebet. Da wir den Leser mit den ältesten Gebets- und Segensformeln bekannt machen wollen, lassen wir die Uebersetzung dieser „Epiklese für die Erstlinge" folgen. „Wir danken dir, allmächtiger Herr, Schöpfer und Regent des All, durch deinen eingeborenen Sohn Jesum Christum, unsern Herrn, für die dir dargebrachten Erstlinge, nicht wie wir sollen, sondern wie wir es vermögen. Wer nämlich kann dir würdig danken für das, was du ihnen zum Genusse gegeben hast? Gott Abrahams, Isaaks, Jakobs und aller Heiligen, der du Alles zur Reife bringst durch deinen Logos, und der Erde befiehlst, die verschiedenartigsten Früchte zu unserer Freude und Nahrung hervorzubringen, der du den Rindern und Schafen zu Käuendes⁹), den Grasfressenden Pflanzen, den Einen Fleisch, den Andern Kräutern, uns aber Frucht zur dienlichen und angemessenen Nahrung gegeben, doch je verschieden das eine zum Nutzen, das andere zur Gesundheit, das dritte zum Vergnügen, für all dieses bist du unaussprechlich zu preisen, für deine Güte gegen Alle, durch Christus, durch welchen dir Ruhm, Ehre und Anbetung im heiligen Geiste, in Ewigkeit. Amen [10]).

Die angegebenen Citate scheinen das „daß und wie" der betreffenden Benedictionen hinlänglich zu erweisen, weßwegen wir nichts beizufügen haben.

## §. 18. Eulogien.

Eine weitere Art der Segnung betraf Brode, die deßhalb den Namen „Gesegnete", oder Eulogien, erhielten. Das erste Zeugniß für ihre Existenz ist ein griechischer Kanon, der Hippolyt zugeschrieben wird [1]) und beinahe wörtlich mit einem Kanon der apostolischen Constitutionen übereinstimmt [2]).

---

9) So übersetzen wir: ὁ δοὺς τοῖς νωθεστέροις καὶ βληχώδεσι χεῖλόν.
10) A. C. l. 8. c. 40.
1) Τὰς περισσευούσας ἐν τοῖς μυστικοῖς εὐλογίας, κατὰ γνώμην τοῦ ἐπισκόπου ἢ τῶν πρεσβυτέρων οἱ διάκονοι διανεμέτωσαν τῷ κλήρῳ. c. 19. Gall. II. p. 507.
2) cf. A. C. l. 8. c. 31.

Die Brode, welche die Gläubigen für die Feier der Eucharistie opferten, wurden nicht sammt und sonders, sondern blos insoweit consecrirt, als der Bedarf forderte. Die übrigen Theile oder wie der betreffende Kanon sagt, das, was von den mystischen Opfern übrig blieb, die Eulogien, vertheilte man an den Klerus. Der Bischof erhielt vier, ein Presbyter drei, ein Diacon zwei Theile, den Anderen, Subbiaconen, Lektoren, Sängern und Diaconissen gab man je Einen Theil; denn jeder sollte seiner Würde gemäß geehrt werden³). Diese Verwendung derselben, dergemäß sie blos Kleriker erhielten, wird durch den 33. arabischen Kanon Hippolyts modificirt. Die Gedächtnißfeier der Verstorbenen regulirend sagt er: ehe sie zusammensitzen, sollen sie die Sakramente empfangen, aber an keinem Sonntage. Nach der Communion theile man ihnen das Brod vor Sonnenuntergang aus, bevor sie beisammensitzen. Es sitze aber mit ihnen kein Katechumene in den Agapen⁴).

Zu Hippolyts Zeit fand die eucharistische Feier am frühen Morgen statt; wenn es daher heißt, man theile ihnen das Brod nach der Communion vor Sonnenuntergang aus, so sind damit die äußersten Grenzen angegeben, nicht vor der Communion und nicht nach Sonnenuntergang. Ferner legt der Zusammenhang mit dem letzten Satze nahe, daß diese Brode in den Agapen gegessen wurden. Da aber die, welche den Anniversarien beiwohnten, Laien waren, da an den Agapen vorherrschend Laien Theil nahmen, so folgt daraus, daß nicht nur Kleriker, sondern die Gläubigen überhaupt die Eulogien erhielten und sie nur den Katechumenen versagt wurden. Allein, weil die an den Gedächtnißtagen der Verstorbenen dargebrachten Opfer von Brod und Wein einen mehr privaten Charakter an sich trugen⁵): so ist es wahrscheinlich, daß der Kanon gerade diesem Rechnung trägt und deßwegen die Ueberbleibsel dieser Opfer nicht der Kirche, d. h. dem Klerus, sondern den Verwandten der Verstorbenen zurückzugeben befiehlt, die sie in den Agapen genießen sollen. Die Agapen waren kein gewöhnliches, profanes Mahl, sondern eine religiöse Versammlung. In ihr sollten die Eulogien genossen werden, um ihren „heiligen" Charakter, das Wort „heilig" im Sinne des Origenes gefaßt, zu wahren.

Eine weitere Schwierigkeit bietet der folgende arabische Kanon Hippolyts: Catechumenis autem curante episcopo mittatur panis

---

3) A. C. l. 8. c. 31.   4) Hippol. can. 33. p. 91.
5) cf. Probst, Liturgie, §. 100. S. 376.

benedictione purgatus, ut, illo vescentes, ecclesiae associentur[6]). Im Obigen haben wir vorausgesetzt, daß in Rede stehende Brod seien Eulogien; eine Annahme, die wohl nicht bestritten werden wird. Eine andere Frage ist, ob „die durch Segnung gereinigten Brode" des 20. Kanon gleichfalls Eulogien waren? Der betreffende Kanon handelt vom Fasten am Mittwoch und Freitag jeder Woche und in der Quadragesima und schließt mit den citirten Worten. Entweder waren die Katechumenen, als noch nicht zu den Gläubigen gehörend, von dem kirchlichen Fastengebote ausgenommen und wurde dafür ihr Brod gesegnet, oder, da sie doch essen mußten, wurde das Brod, dessen sie bedurften, gesegnet. Weil es ihnen im Auftrage des Bischofes zukam, konnte es nicht das gewöhnliche Brod, sondern mußte es von den Opferbroden der Gläubigen genommen sein. Diese Opferbrode gehörten der Kirche, über sie konnte beßwegen auch der Bischof verfügen. In diesem Falle waren es aber Eulogien. Das scheint uns das Wahrscheinlichere zu sein, obwohl die andere Annahme, in der Fastenzeit haben die Katechumenen Brod segnen lassen, nicht verwerflich ist. Im letzten Falle hat die Sache keine weiteren Schwierigkeiten. Im ersten Falle durften aber auch die Katechumenen Eulogien essen, was dem Obigen widerspricht. Vielleicht liegt die Lösung in den Worten: ut ecclesiae associentur. In der Quadragesimalzeit wurden ihnen die Eulogien verabreicht, in dieser Zeit bereiteten sich aber die Competenten auf den Eintritt in die Kirche vor. Sie standen in einer viel näheren Verbindung mit ihr als die übrigen Katechumenen, deßhalb ist es wohl möglich, daß die Competenten als Vorbereitung auf die Einverleibung in die Kirche die Eulogien erhielten, obwohl sie den Katechumenen im Allgemeinen versagt waren. Ferner galten die Eulogien nach diesem Kanon nicht nur für „heilig", sofern sie von den Gläubigen Gott geopferte Brode waren, sondern sie wurden außerdem durch eine eigene Benediction gereinigt.

2) Origenes ist sehr schwer zu verstehen, wenn es sich darum handelt, den seinen allegorischen Deutungen zu Grunde liegenden historischen Kern herauszufinden. Aus Veranlassung des evangelischen Berichtes über die Brodvermehrung spricht er so oft und emphatisch von den gesegneten Broden ($\tau\tilde{\omega}\nu$ $\dot{\alpha}\varrho\tau\tilde{\omega}\nu$ $\tau\tilde{\eta}\varsigma$ $\varepsilon\dot{\upsilon}\lambda o\gamma\iota\alpha\varsigma$), daß darin ein Indicium liegt, der Name sei damals häufig gebraucht worden. Wenn er aber zudem sagt: Niemand kann die Brode der Segnung Jesu essen,

---

6) Hippol. can. 20. p. 78.

wenn er das nicht thut, was Jesus befohlen hat [7]), so machen diese Worte den Eindruck, er rede von der Eucharistie und nenne dieses Brod Eulogien. Aehnlich verhält es sich mit der Beantwortung der Frage, wer diese Brode gegessen habe? Wenn auch die Unterscheidung zwischen Volk und Jünger für unseren Gegenstand kein Interesse hat, so ist doch die Thatsache, daß er sich mit dieser Frage so einläßlich beschäftigt und die Erklärung, weder Frauen, noch Kinder, sondern blos die Männer haben sie gegessen, von Bedeutung; um so mehr, als er das Wort „Kinder" von den Katechumenen, das Wort „Männer" von den Gläubigen versteht. An sich kommt allerdings dieser allegorischen Interpretation keine Beweiskraft zu, wohl aber ist dieses der Fall, wenn Hippolyt, der ältere Zeitgenosse des Origenes, Eulogien kennt.

## §. 19. Weihe des Taufwassers.

Basilius bemerkt, in der katholischen Kirche werde Manches beobachtet, was sich nicht auf die Schrift, wohl aber auf die von den Aposteln herrührende Ueberlieferung gründe. Dahin gehört die Weihe des Taufwassers und Salböles [1]). Die Worte dieses Heiligen verdienen Glauben, weil er die Wahrheit ebenso sagen wollte, als er sie wissen konnte. Wir haben daher die Spuren dieser Weihungen bis auf die ältesten Zeiten zu verfolgen und es fallen, unter der Voraussetzung der Wahrheit seiner Aussage, auch schwächere Andeutungen ins Gewicht.

Die Bedeutung, welche der Reinigung des Wassers zum Behufe der Taufe seit den Tagen der apostolischen Väter beigelegt wurde, zeigt der Satz des h. Ignatius: Christus war geboren und getauft, um durch sein Leiden das Wasser zu reinigen [2]). Einiges Licht fällt auf das Wort des Basilius durch das Verfahren gnostischer Sekten vor der Mitte des zweiten Jahrhunderts. Sie mischten Wasser und Oel und gossen diese Mischung über das Haupt des Täuflings [3]). Weil die Häretiker katholische Gebräuche vielfach nachahmten, kann man schließen, der ganze Vorgang sei eine Nachäffung der kirchlichen Weihe des Taufwassers

---

[7]) Orig. in Math. tom. 11. n. 5. p. 425.
[1]) Basil. de spirit. s. c. 27. p. 187.
[2]) Ignat. ad Ephes. c. 18. p. 180. Hancque ob causam baptizatus est salvator noster, cum baptismo non egeret ipse, ut his qui regenerarentur aquam omnem sanctificaret. Eclogae ex scripturis prophetarum. Clem. opera p. 991.
[3]) Iren. l. l. c. 21. n. 4. p. 96.

gewesen. Dazu ist man um so mehr berechtigt, als die nachfolgenden Worte des Bischofs Sedatus von Tuburbo geradezu eine **häretische Taufwasserweihe** bezeugen. Die hauptsächlichsten Häretiker waren aber um das Jahr 250 immer noch die **Gnostiker**. Die Gültigkeit der gnostischen, besonders marcionitischen Taufe [4]) bestreitet Cyprian vorzüglich, ihnen gilt darum auch das Wort, daß sie weder **Oel gültig weihen**, noch die Eucharistie vollziehen können [5]). Weihten die Marcioniten aber Oel, so wird die Weihe des Taufwassers um und vor der Mitte des zweiten Jahrhunderts schwer zu bestreiten sein. Zudem findet sich für die **kirchliche Taufwasserweihe** eine Andeutung in einem Fragmente des Irenäus, in welchem von der Reinigung durch **heiliges Wasser** (διὰ τοῦ ἁγίου ὕδατος) die Rede ist [6]).

Ein klares Zeugniß legen die excerpta Theodoti ab. „Ueberdies, heißt es in denselben, werden Brod und Oel in derselben Kraft des Namens (der Trinität) geheiligt. Auf dieselbe Weise exorcisirt man auch das Wasser und es wird zur Taufe (zum Taufwasser); nicht nur das Schlechte weicht, sondern es empfängt auch Heiligung" [7]). Die letzten Worte lehren, mit dem Exorcismus sei eine Weihe verbunden gewesen, welche die Heiligung bewirkte.

Eine Weihe des Taufwassers erwähnt **Tertullian** nicht ausdrücklich und die betreffenden Worte sind dunkel, doch geht so viel aus ihnen hervor, daß er dem Taufwasser eine **durch religiöse Gebräuche vermittelte Kraft zuschreibt**. Obwohl er nämlich annimmt, das Wasser sei durch den bei der Schöpfung über ihm schwebenden Geist geheiligt, unterscheidet er doch zwischen natürlichem und geheiligtem Wasser. Wenn die Heiden glauben, das Wasser erlange **durch die Religion eine Heilkraft**, welche Religion vermag das mehr als die des lebendigen Gottes? Wenn sie annehmen, böse Geister halten sich an dem Wasser auf, um den profanen Gebrauch dieses Elementes den Menschen verderblich zu machen: sollte es da schwerer zu glauben sein, ein Engel Gottes sei den Wassern zum Heile der Menschen gegenwärtig [8])? Die Antwort lautet: Nein. Denn durch die Dazwischenkunft eines Engels wird dem Wasser gewissermaßen Heilkraft

---

[4]) Cyp. epist. 73. p. 279. d. u. e.   [5]) Cypr. epistol. 70. p. 269. e.
[6]) Iren. fragm. 35. p. 1247. Migne (348 Massuet).
[7]) Οὕτως γὰρ τὸ ὕδωρ καὶ τὸ ἐξορκιζόμενον καὶ τὸ βάπτισμα γινόμενον, οὐ μόνον χωρεῖ τὸ χεῖρον, ἀλλὰ καὶ ἁγιασμὸν προσλαμβάνει. l. c. n. 82. p. 988. Potter.
[8]) Tert. de bapt. c. 5.

zu Theil und nachdem es dieses erlangt hat, wirb sowohl der Geist im Wasser leiblicher Weise abgewaschen, als auch das Fleisch darin geistiger Weise gereinigt [9]). Wie es sich mit dem Engel verhält, zeigen die Worte desselben Capitels: „die Wasser erhalten das Sakrament der Heiligung durch die Anrufung Gottes (invocato Deo). Denn da läßt sich sogleich der Geist vom Himmel herab und weilt über den Wassern, indem er sie aus sich heiligt und so geheiligt ziehen sie die Kraft zu heiligen in sich hinein". Da die Abwaschung erst stattfindet, nachdem das Wasser geheiligt ist, muß der Taufe selbst eine Benediction des Wassers vorangegangen sein, die in einer Anrufung Gottes bestand. Ausdrücklich sagt er nämlich: precationes religionem aquae ordinaverunt. De bapt. c. 9., was doch so viel heißt als, Gebete heiligten das Wasser. Wenn dem so ist, warum spricht sich der Apologet nicht deutlicher aus? Weil die Benedictionen zu den sacramentis disciplinae und darum in das Gebiet der Arcandisciplin gehörten. Das scheint auch die Ursache zu sein, warum er sich in der folgenden Stelle nicht klarer ausdrückt. Wer wird dich, ruft er den Katechumenen zu, so du nicht wahrhaft bußfertig bist, mit einem Tropfen irgend eines Wassers nur einmal besprengen [10]). Die Gegensätze fallen in das Gewicht. Der bußfertige Katechumene wurde dreimal untergetaucht; dem steht das einmalige Besprengen gegenüber. In dieser Verbindung muß auch dem cujuslibet aquae eine ähnliche Bedeutung zukommen. Selbst nicht mit dem nächsten besten Wasser wird dich Jemand besprengen, das ist der Sinn dieser Worte. Das nächste beste Wasser steht aber im Gegensatze zu einem hiezu besonders bereiteten, dem Taufwasser. Von einer Weihe des Taufwassers ist allerdings keine Rede, man verbinde jedoch diese Worte mit den obigen und wir werden nothwendig zur Annahme einer solchen geführt. Sollte endlich Tertullian einen Gebrauch, den Theodot zu Ende des zweiten Jahrhunderts erwähnt und der zur Zeit des h. Cyprian in Uebung war, nicht gekannt haben? Kannte er ihn aber, wer kann dann den obigen Citaten ihre Beweiskraft abstreiten?

Von dem Taufwasser bemerkt Cyprian, das Wasser muß zuvor vom Priester gereinigt und geheiligt werden, damit er, taufend, die Sünden des Täuflings abwaschen kann, laut dem Ausspruche Ezechiels c. 36. Wie kann aber ein Häretiker das Wasser reinigen und heiligen,

---

9) l. c. c. 4.
10) Quis enim tibi tam infidae poenitentiae viro, asperginem unam cujuslibet aquae commodabit. Tert. de poenit. c. 6. p. 53.

der selbst unrein ist und den heiligen Geist nicht besitzt [11]). Darum nennt er das Taufwasser aqua salutaris [12]), während er die häretische Taufe eine Befleckung mit profanem Wasser nennt [13]). Auf den Inhalt der Weihe deuten die Worte „reinigen und heiligen" hin. Reinigen bezieht sich auf dämonische Einflüsse, von welchen Tertullian redet, und zeigt, daß sie in ihrem ersten Theile eine Art Exorcismus war, während der zweite Theil die Heiligung bezweckte. Es sind somit dieselben Wirkungen angegeben, die Theodot namhaft macht. Welchen Werth man endlich der Weihe beilegte, zeigt das oportet aquam mundari. Cyprian scheint geradezu die Gültigkeit der Taufe von dem Gebrauche des geweihten Wassers abhängig zu machen. Denn weil die Häretiker, als unrein, das Wasser nicht reinigen können, ist ihre Taufe ungültig. Sie ist allerdings nicht blos wegen dieses Mangels ungültig, aber er trägt dazu bei. Bei diesem Stand der Sache wird Niemand behaupten wollen, die Weihe des Taufwassers sei eine erst zu Cyprians Zeit eingeführte Institution. Man wird dieses um so weniger können, als er sich in demselben Briefe auf seine Amtsvorgänger beruft. Die Schlüsse, die er aus den Prämissen bezüglich der Ketzertaufe zog, waren neu, die Prämissen, und zu ihnen gehört die Weihe des Taufwassers, waren alt und mußten alt sein, wenn er sich auf sie als etwas allgemein Zugestandenes berufen wollte. Der Bischof von Karthago ist endlich auch nicht der Einzige, der diese Benedictionen so unumwunden bezeugt, sondern Sedatus von Tuburbo sagt gleichfalls: das in der Kirche durch das Gebet des Priesters geheiligte Wasser wasche die Sünden ab [14]). Diesen Worten zufolge wurde die Weihe vom Priester vorgenommen und war in der ganzen Kirche heimisch. Die arabischen Kanonen Hippolyts enthalten darum keinen Anachronismus, wenn sie verordnen: circa gallicinium autem consistant prope undas piscinae aquae purae *benedictione paratae* [15]).

Abgesehen von dem Angeführten gibt das siebente Buch der apostolischen Constitutionen c. 43 den hauptsächlichsten Inhalt dieser Weihe an.

---

11) Cyp. epist. 70. p. 269. b. u. c. cf. §. 16. not. 5.
12) Cyp. epist. 76. p. 321. f. 13) l. c. p. 324. a.
14) Cyp. oper. p. 600. f. In quantum aqua sacerdotis *prece* in ecclesia *sanctificata* abluit delicta, in tantam haeretico *sermone* velut cancere *infecta* cumulat peccata. Man sieht daraus, auch Häretiker weihten das Wasser.
15) Hippol. can. 19. p. 75.

## §. 20. Ritus dieser Weihe.

Dieser Gegenstand ließe sich leicht erledigen, wenn wir ein Benediktionsformular aus den ersten Jahrhunderten besäßen. Ein durch äußere Zeugnisse beglaubigtes ist zum Theil [1]) in dem soeben citirten Capitel der apostolischen Constitutionen vorhanden. Da in solchen Gegenständen der Ritus der verschiedenen Kirchen nicht durchweg derselbe war, geben die apostolischen Constitutionen nach unserem Ermessen blos einen Anhaltspunkt für den Ritus im Morgenlande. Bezüglich des Abendlandes sind wir gänzlich ohne Nachrichten. Aus inneren Gründen glauben wir aber, die in das römische Missale aufgenommene, mit der Charsamstagsliturgie verbundene, benedictio fontis gehöre dieser Zeit an.

Das betreffende Capitel der apostolischen Constitutionen trägt die Aufschrift: **Danksagung über das mystische Wasser.** Der Text lautet: Der Priester lobt und preist den Herrn, Gott den Allherrscher, den Vater des eingebornen Gottes, ihm danksagend, weil er seinen Sohn sandte, für uns Mensch zu werden, damit er uns rette, weil er duldete, daß er in der Menschwerdung in Allem gehorsam sei, das Reich Gottes predige, wie die Nachlassung der Sünden und die Auferstehung von den Todten. Hierauf verehrt er den **eingeborenen Gott** [2]) selbst und dankt durch ihn Gott, weil er den Tod am Kreuze für Alle auf sich nahm, als dessen Type er die Taufe der Wiedergeburt einsetzte. Er lobt auch, daß in dem Namen Christi und im heiligen Geiste der Gott und Herr des All' das menschliche Geschlecht nicht verwarf, sondern in verschiedenen Zeiten verschiedene Anordnungen traf. Dem Adam im Paradiese überwies er dasselbe zuerst zu einem freudevollen Aufenthalte, sodann gab er ihm seiner Vorsehung gemäß das Gebot, nach der Sünde aber vertrieb er ihn durch seine Gerechtigkeit. Durch seine Güte verwarf er ihn jedoch nicht völlig, sondern auch seine Nachkommen erzog er auf verschiedene Weise, weßwegen er am Ende der Zeit seinen Sohn sandte, für die Menschen Mensch zu werden und die ganze menschliche Natur, die Sünde ausgenommen, anzunehmen. Ihn ruft nun auch jetzt der

---

1) Wir halten das Referat für sehr summarisch. Ohne Zweifel war mit der Heiligung des Wassers ein Exorcismus verknüpft, den jedoch der Bericht völlig übergeht.

2) Tertullian bemerkt: quanta aquae gratia penes Deum et Christum ejus est ad baptismi confirmationem. Tert. de bapt. c. 9. p. 194. Dem entsprechend zerfällt sowohl diese Weihe, als die des römischen Missale, in zwei Abschnitte.

Priester bei der Taufe an und sagt: Siehe vom Himmel herab und heilige dieses Wasser, gib auch Gnade und Kraft, damit der Täufling nach dem Auftrage deines Christus mit ihm gekreuzigt und begraben werde und auferstehe zu seiner Kindschaft, daß er, der Sünde sterbend, der Gerechtigkeit lebe."

Dieses Gebet erinnert auffallend an das eucharistische Dankgebet und trägt insofern den Charakter des griechischen Ritus an sich. Wie dasselbe nämlich durch die Weihe unbedeutend alterirt wurde, so ließ sich die griechische Liturgie später durch das Kirchenjahr nicht influenziren. Der lateinische Ritus paßte sich hingegen der betreffenden Handlung oder Zeit an und diese Eigenthümlichkeit tritt in der benedictio fontis zu Tage.

2) Es ist mehr als unwahrscheinlich, daß die alten Weihegebete der römischen Kirche mit späteren vertauscht wurden, da sie so zähe an dem Ueberlieferten hielt (z. B. Symbolum). Darum spricht die Vermuthung dafür, die benedictio fontis des römischen Missale verdanke ihren Ursprung den ersten Jahrhunderten. Hierzu gesellen sich noch folgende Indicien. Nach Tertullian erhält das Wasser das Sakrament der Heiligung invocato Deo [3]). Eine Anrufung Gottes ist das Weihgebet des Missale von dem Anfangssatze an: Deus ... ad nostras preces aures tuae piatatis inclinas, und immer wieder kehrt das Wort: Deus cujus etc. Deus qui etc. Wie Theodot und Cyprian berichten, zerfiel dasselbe in einen Exorcismus und eine Segnung; das Nämliche ist in dem Formular des Missale der Fall. Dasselbe tritt in dem Gewande der Präfation oder Danksagung auf. Als „Danksagung für das mystische Oel, Wasser, Salbe" erscheinen die Benedictionen auch in den apostolischen Constitutionen [4]). Das Eigenthümliche des alten Dankgebetes ist die historische, ich möchte sagen epische, Haltung desselben. Ohne Reflexion, ohne lyrischen Erguß werden in kräftigen Worten die Thaten Gottes, durch sich selbst zu Lob und Dank auffordernd und sie verkündigend, aufgezählt; das ist auch der Charakter dieser Präfation. Es beginnt mit dem Lobe des Vaters und seiner Thätigkeit und geht dann fort zu dem des Sohnes, und gerade so diese Präfation. Ein derartiges Dankgebet ist nach der Synode von Nicäa um so weniger erst entstanden, als um die Mitte des vierten

---

3) Tert. de bapt. c. 4. p. 188.
4) A. C. l. 7. c. 42. 43. 44.

Jahrhunderts die so gestaltete eucharistische Präfation aus der Liturgie entfernt wurde ⁵).

Was den Inhalt der benedictio fontis im Missale betrifft, wird die feierliche Taufe einer großen Zahl erwachsener Katechumenen am Ostertage vorausgesetzt und das Katechumenat als eine mit großer Strenge verbundene Vorbereitung auf die Taufe dargestellt. (Fuerunt mihi lacrymae meae panes die ac nocte.) Das Hinzutreten zur Taufquelle leiten die Worte ein: wie der Hirsch verlanget nach der Wasserquelle. Es ist das der Hirsch, den man in den Cömeterien abgebildet sieht. Wir läugnen nicht, diese Indicien sind nicht ausschließlich Merkmale, welche für das dritte Jahrhundert sprechen, sie haben auch für das vierte Geltung. Hingegen tritt in den Gedanken des römischen Formulares eine auffallende Aehnlichkeit mit der Schrift Tertullians über die Taufe hervor ⁶). Selbstverständlich wollen wir die Entstehung des römischen Formulares in keine Verbindung mit der Person des Tertullian bringen. Die Gedanken und Ideen aber, die eine Zeit beleben, suchen sich zu verkörpern und jedes schriftliche Dokument trägt das Gepräge derselben an sich. Was Tertullian ausspricht, war zugleich das Bewußtsein, die Anschauungsweise der Kirche zu seiner Zeit. Dieselben Gedanken enthält das Formular, darum schließen wir auf Gleichzeitigkeit beider Schriften.

3) Um dem Leser selbst Gelegenheit zur Vergleichung zu geben, lassen wir den Text des römischen Formulares folgen und setzen die Parallelstellen aus Tertullian als Noten bei: Nach dem bekannten Eingange der Meßpräfation fährt die benedictio fontis fort: Deus, qui invisibili potentia sacramentorum tuorum mirabiliter operaris effectum ⁷). Et licet nos tantis mysteriis ⁸) exequendis simus indigni, tu tamen gratiae tuae dona non deserens, etiam ad nostras preces aures tuae piatatis inclinas. Deus, cujus spiritus

---

5) Damit ist nicht gesagt, daß diese Weiheformulare nicht im vierten oder zwölften Jahrhundert Muster für andere Benedictionsformulare werden konnten und wurden.

6) Das verdient Beachtung. Nicht etwa aus verschiedenen Schriften des Apologeten stellten wir die zutreffenden Sätze zusammen, sondern bloß das Buch benützen wir, in welchem er von der Taufe handelt.

7) Aehnlich beginnt Tertullian: Nihil adeo est quod tam obduret mentes hominum, quam simplicitas divinorum operum quae in actu videtur et magnificentia quae in effectu repromittitur. De bapt. c. 2. p. 185.

8) Conform dem alten Sprachgebrauch wird die Weihe ein Mysterium genannt. Tertullian fängt seine Schrift mit dem Ausrufe an: felix sacramentum aquae nostrae l. c. c. 1. p. 188.

super aquas, inter ipsa mundi primordia ferebatur [9]), ut etiam tunc virtutem sanctificationis aquarum natura conciperet [10]). Deus, qui nocentis mundi crimina per aquas abluens, regenerationis speciem in ipsa diluvii effusione signasti, ut unius ejusdemque elementi mysterio et finis esset vitiis et origo virtutibus [11]). Respice Domine in faciem ecclesiae tuae et multiplica in ea regenerationes tuas, qui gratiae tuae affluentis impetu laetificas civitatem tuam fontemque baptismatis aperis toto orbe terrarum gentibus innovandis, ut tuae majestatis imperio sumat unigeniti tui gratiam de spiritu sancto. . Qui hanc aquam regenerandis hominibus praeparatam, arcana sui numinis admixtione fecundet, ut sanctificatione concepta [12]), ab immaculato divini fontis utero, in novam renata creaturam progenies coelestis emergat; et quos aut sexus in corpore aut aetas discernit in tempore, omnes in unam pariat gratia mater infantiam.

Procul ergo hinc, jubente te Domine omnis spiritus immundus abscedat, procul tota nequitia diabolicae fraudis absistat [13]). Nihil hic loci habeat contrariae virtutis admixtio, non insidiando circumvolet, non latendo subrepat, non inficiendo corrumpat. Sit haec sancta et innocens creatura, libera ab omni impugnatoris incursu et totius nequitiae purgata discessu. Sit fons vivus, aqua regenerans, unda purificans, ut omnes hoc lavacro salutifero diluendi, operante in eis spiritu sancto, perfectae purgationis indulgentiam consequantur.

Unde benedico te creatura aquae per Deum vivum, per Deum verum, per Deum sanctum, per Deum, qui te in principio, verbo separavit ab arida, cujus spiritus super te fereba-

---

9) Dei spiritus, qui ab initio supervectabatur super aquas c. 4. p. 188.
10) Igitur omnes aquae de pristina originis praerogativa sacramentum sanctificationis consequuntur c. 4. p. 188.
11) Quemadmodum enim post aquas diluvii, quibus iniquitas antiqua purgata est, post baptismum (ut ita dixerim) mundi pacem columba adnuntiavit: eadem dispotitione spiritalis effectus terrae, id est carni nostrae columba s. spiritus advolat. l. c. c. 8. p. 193.
12) Ita de sancto sanctificata natura aquarum et ipsa sanctificare concepit. l. c. c. 4. p. 188.
13) An non et alias sine ullo sacramento immundi spiritus aquis incubant, adfectantes illam in primordio divini spiritus gestationem? l. c. c. 5. p. 190. Es mag auffallen (dieselbe Erscheinung begegnet uns in der benedictio chrismatis), daß Tertullian den eigentlichen Erorcismus und die Benediction nicht weiter berührt. Ohne Zweifel ist es auf Rechnung der Arcandisciplin zu schreiben, da die Weihungen zu den Sakramenten gehörten.

tur. Qui de te paradisi fonte manare fecit et in quatuor fluminibus totam terram rigare praecepit. Qui te in deserto amaram, suavitate indita fecit esse potabilem et sitienti populo de petra produxit [14]). Benedico te et per Jesum Christum filium ejus unicum, Dominum nostrum, qui te in Cana Galilaeae signo admirabili, sua potentia convertit in vinum. Qui pedibus super te ambulavit et a Joanne in Jordane in te baptizatus est. Qui te una cum sanguine de latere suo produxit et discipulis suis jussit, ut credentes baptizarentur in te dicens: Ite, docete omnes gentes, baptizantes eos in nomine patris et filii et spiritus sancti.

Haec nobis praecepta servantibus, tu Deus omnipotens, clemens adesto, tu benignus adspira, tu has simplices aquas tuo ore benedicito, ut praeter naturalem emundationem, quam lavandis possunt adhibere corporibus, sint etiam purificandis mentibus efficaces [15]).

Descendat in hanc plenitudinem fontis virtus spiritus sancti, totamque hujus aquae substantiam, regenerandi fecundet effectu [16]).

Hic omnium peccatorum maculae deleantur, hic natura ad imaginem tuam condita et ad honorem sui reformata principii, cunctis vetustatis squaloribus emundetur [17]), ut omnis homo sacramentum hoc regenerationis ingressus, in verae innocentiae novam infantiam renascatur. Per Dominum nostrum etc. Hier-

---

14) Item aqua de amaritudinis vitio in suum commodum suavitatis Mosei ligno remediatur. Haec est aqua, quae de comite petra populo defluebat. Si enim petra Christus, sine dubio aqua in Christo baptismum videmus benedici. Quanta aquae gratia penes Deum et Christum ejus est ad baptismi confirmationem. Nunquam sine aqua Christus, siquidem et *ipsa aqua tingitur*. Prima rudimenta potestatis suae, *vocatus ad nuptias*, aqua auspicatur. Cum sermonem facit, sitientes ad aquam suam invitat sempiternam. Cum de agape docet, aquae calicem fratri oblatum inter opera dilectionis probat. Apud puteum vires resumit, *super aquam incedit libenter transfretat;* aquam discentibus ministrat; perseverat testimonium baptismi usque ad passionem. Quum deditur in crucem, aqua intervenit, sciunt Pilati manus; quum vulneratur, *aqua de latere prorumpit;* scit lancea militis. l. c. c. 9. p. 195.
15) Qui vitia corporis remediabant, nunc spiritum medentur, qui temporalem operabantur salutem nunc aeternam reformant l. c. c. 5.
16) Supervenit enim statim spiritus de coelis, et aquis superest, sanctificans eas de semetipso et ita sanctificatae vim sanctificandi combibunt l. c. c. 4.
17) Exempto scilicet reatu, eximitur et poena. Ita restituitur homo Deo ad similitudinem ejus, qui retro ad imaginem Dei fuerat. Recipit enim illum Dei spiritum, quem tunc de afflatu ejus acceperat, sed post amiserat per delictum. l. c. c. 5.

auf folgt die Vermischung mit Oel und Chrisam, die auch bei den Gnostikern des zweiten Jahrhunderts stattfand.

Das scheinen uns doch Aehnlichkeiten, die der Beachtung werth sind! Nachdem endlich Tertullian die Vorzüge und Geheimnisse des Wassers aufgezählt hat, ruft er aus: Quot igitur potrocinia naturae, quot privilegia gratiae, quot solemnia disciplinae, figurae, praestructiones, precationes religionem aquae ordinaverunt. de bapt. c. 9. Die ersten Worte, wie die figurae sind durch das Vorausgehende klar. Die solemnia disciplinae lassen sich auf die Widersagung 2c. beziehen, von Gebeten, welche dem Wasser die religiöse Weihe (religionem) verleihen, ist hingegen nirgends die Rede. Sollte er durch diese precationes auf die Benediktion hinweisen, die nach Cyprian vom Priester vorgenommen wurde? Mehr als wahrscheinlich ist diese Annahme jedenfalls, denn wenn man ihr nicht zustimmt, werden diese Worte nicht erklärt werden können.

## §. 21. Weihe des Oeles.

Aehnlich wie mit der Weihe des Taufwassers verhält es sich mit der des Oeles. Das Wort des h. Basilius gilt auch von ihr. Cyprian aber sagt, der welcher getauft ist, muß auch gesalbt werden, damit er kraft des empfangenen Chrisam d. h. der Salbung, Gottes Gesalbter sein und Christi Gnade in sich haben könne. Nun wird aber die Eucharistie und das Oel, womit die Getauften gesalbt werden, auf dem Altare geheiligt; es kann jedoch der die Creatur des Oeles nicht heiligen, der weder einen Altar noch eine Kirche hat [1]). Die Lesearten des letzten Satzes sind verschieden. Eucharistia est, unde baptizati unguntur, oleum in altari sanctificatur. Baluzius: oleo in altari sanctificato. Möhler, dem wir folgten, liest: eucharistia, et unde baptizati unguntur, oleum, in altari sanctificatur. Jedenfalls spricht

---

1) Cyp. epist. 70. p. 269. e. Ungi quoque necesse est eum qui baptizatus sit, ut accepto chrismate, id est unctione, esse unctus Dei et habere in se gratiam Dei possit. Porro autem eucharistia, et unde baptizati unguntur, oleum, in altari sanctificatur. Sanctificare autem non potuit olei creaturam, qui nec altare habuit nec ecclesiam. Unde nec unctio spiritalis apud haereticos potest esse, quando constat oleum sanctificari et eucharistiam fieri apud illos omnino non posse. Scire autem et meminisse debemus scriptum esse: Oleum peccatoris non ungat caput meum, quod ante in psalmis praemonuit spiritus sanctus, ne quis exorbitans et a via veritatis exerrans apud haereticos et Christi adversarios ungeretur.

Cyprian von einem auf dem Altare geweihten Oele, denn im folgenden Satze fährt er fort, bei den Häretikern könne sich die geistige Salbung nicht finden, weil bei ihnen weder Oel geweiht, noch die Eucharistie vollzogen werden könne. Aus der Verbindung der Eucharistie mit dem Oele läßt sich um so sicherer auf die Weihe des letzten während der Messe schließen, als die erste unzweifelhaft auf dem Altare gefeiert wurde, so daß auch in dieser Beziehung die heutige Uebung ihre Wurzel in der ältesten Zeit hat. Endlich hält Cyprian diese Weihe für so nothwendig, daß er von ihr die Gültigkeit des Sakramentes abhängig macht. Aus der Wichtigkeit, welche er ihr beilegt, läßt sich aber auch auf das Alter schließen.

Wenn daher Tertullian sich der Worte bedient: perungimur benedicta unctione ²), so ist man berechtigt, sie durch „geweihtes Oel" zu übersetzen. Unctio steht selbstverständlich für oleum, was soll aber oleum benedictum anderes sein als geweihtes Oel? Sonach läßt sich diese Weihe bis an das Ende des zweiten Jahrhunderts verfolgen. Bedenkt man, mit welcher Strenge der katholische Tertullian an dem Hergebrachten hält, wie er, in Uebereinstimmung mit Basilius, bezeugt, solche in der Kirche übliche Gebräuche, wenn sie sich auch nicht aus der Schrift ableiten lassen, gründen sich auf eine alte Ueberlieferung: so darf man wohl behaupten, die Weihe des Oeles geht bis in die apostolische Zeit hinauf.

Zudem haben wir aus der zweiten Hälfte des zweiten Jahrhunderts positive Beweise für sie. Die Recognitionen bemerken, der Katechumene werde unter Anrufung der Trinität gesalbt, nachdem zuvor das Oel durch Gebet geheiligt wurde ³). An die Aeußerung Theodots über die Weihe nicht nur des Taufwassers, sondern auch des Brodes und Oeles wurde bereits erinnert ⁴). Wenn er sagt, sie werden in der Kraft desselben Namens geweiht, so ist an den Namen des dreieinigen Gottes zu denken, den er vorher n. 80 erwähnt hat. Die Mittheilung einer durch die Benediction verursachten Kraft drückt er in den Worten aus: sie sind nicht mehr das, als was sie erscheinen, nachdem sie diese (die Weihe) empfangen haben, sondern wurden durch Kraft in geistige Kraft umgesetzt ⁵). Diese Worte stimmen mit der benedictio fontis insofern zu-

---

2) Tert. de bapt. c. 7. p. 192.
3) Rocog. l. 3. c. 67. Man vergleiche hiezu Note 3 u. 4 in §. 37.
4) cf §. 15 u. 19.
5) Καὶ ὁ ἄρτος καὶ τὸ ἔλαιον ἁγιάζεται τῇ δυνάμει τοῦ ὀνόματος, οὐ τὰ αὐτὰ

sammen, als ihr zufolge dem Taufwasser eine Kraft zu Theil wird. Bekanntlich lehrt die Kirche dasselbe vom Chrisam [6]).

Das älteste Zeugniß, aus dem Anfange des zweiten Jahrhunderts, würde das Testament der zwölf Patriarchen liefern, wenn die Beziehung auf christliche Sakramente gesichert wäre. Die Worte lauten: „Der Erste salbte mich mit heiligem Oele und gab mir den Richterstab; der Zweite wusch mich mit reinem Wasser und gab mir als Speise Brod und Wein, das Heilige der Heiligen" [7]). Das heilige Oel ist identisch mit geheiligtem oder geweihtem Oele; das Abwaschen mit Wasser und die Speise von Brod und Wein, mit dem Zusatze: das Heilige der Heiligen, läßt sich unschwer auf die Taufe und Eucharistie beziehen. Allein die judaisirende Haltung der Schrift im Allgemeinen und die Beziehung dieser Worte auf Levi insbesondere machen es zweifelhaft, ob der Verfasser christliche oder jüdische Sakramente im Auge hatte.

2) Was den Minister dieser Weihen betrifft, so heben die apostolischen Constitutionen zwar deutlich hervor, daß der Bischof die Weihe des Katechumenenöles [8]) und die von Wasser und Oel vorzunehmen habe [9]), und die letzte blos ausnahmsweise einem Priester gestattet sei. Bezüglich der Weihe des Chrisams ist die Sache unsicherer. Nachdem nämlich die Weihe des Katechumenenöles vom Bischofe vollzogen ist, heißt es: Sodann geht er zum Wasser. Es lobt und preißt der Priester Gott . . . und nachdem er ihn getauft hat, salbt er ihn mit Oel, sprechend [10]). Hierauf kommt das Dankgebet über den Chrisam. Der, welcher zum Wasser geht, ist der Bischof ($\dot{\alpha}\rho\chi\iota\epsilon\rho\epsilon\acute{\nu}\varsigma$), der welcher Wasser und Oel weiht der Priester ($\acute{o}$ $\iota\epsilon\rho\epsilon\acute{\nu}\varsigma$). Weiht ein Priester im Beisein des Bischofes, oder ist der ($\acute{o}$) Priester, welcher auch tauft, der Bischof? Der Zusammenhang spricht für den Bischof, der Wechsel der Worte (Bischof und Priester) für den Presbyter.

Die arabischen Kanonen Hippolyts schreiben die Weihe des Katechumenenöles, wie des Chrisams, dem Bischofe zu [11]). Dasselbe thut das römische Pontificale auch hinsichtlich des Krankenöles.

---

ὄντα κατὰ τὸ φαινόμενον οἷα ἐλήφθη, ἀλλὰ δυνάμει εἰς δύναμιν πνευματικὴν μεταβέβληται. Excerpta Theod. n. 82. Clem. opera p. 988.
6) cf. Probst, Benediktionen und ihre Verwaltung. §. 18.
7) Testamenta XII. Patriarch. c. 3. p. 8. p. 203. b. Gall.
8) A. C. l. 7. c. 42.   9) A. C. l. 8. c. 29.
10) A. C. l. 7. c. 44. Daß der Chrisam von einem Priester oder Bischof geweiht wurde, folgt auch aus der Verbindung, in die Cyprian Chrisam und Eucharistie bringt.   11) Hippol. Can. 19. n. 8.

Ueber Zeit und Ort der Weihe, besonders die des Chrisams, wird noch gesprochen werden ¹²).

## §. 22. Verschiedene Arten der Oelweihe.

Die vorausgehenden die Weihe des Oeles im Allgemeinen treffenden Bestimmungen und Zeugnisse bedürfen eine concretere Formulirung, da die Weihe des Oeles eine verschiedene war, je nach dem Gebrauche, den man von ihm machte.

Die abendländischen Weihegebete nicht weniger als die morgenländischen unterscheiden die Weihe des Oeles (oleum, ἔλαιον) von der des Chrisam (unctio, chrisma, μύρον). Während aber die apostolischen Constitutionen die Weihe des einen, wie des anderen εὐχαριστία, gratiarum actio heißen, nennen die arabischen Kanonen Hippolyts das Oel, mit dem der Katechumene vor der Taufe gesalbt wurde, oleum exorcismi, und das nach der Taufe, bei der Firmung verwendete, oleum gratiarum actionis ¹). Sieht man jedoch auf die kurze Inhaltsangabe der beiden Weihegebete, welche die apostolischen Constitutionen ²) enthalten, so läßt sich nicht verkennen, obwohl die Weihe des Katechumenenöles die Aufschrift Eucharistia hat, trägt sie den Charakter des Exorcismus an sich. Der Unterschied beider Schriften liegt also nicht in der Sache, sondern blos in dem Namen. Von Bedeutung ist, daß das römische Pontificale denselben Unterschied kennt. Die benedictio olei catechumenorum (et infirmorum) beginnt mit den Worten: exorcizo te creatura olei. Dem Exorcismus folgt eine kurze Oration. In der benedictio chrismatis wird der Chrisam zwar auch zuerst exorcisirt, die Schlußformel dieses Exorcismus: per omnia saecula saeculorum. Amen. setzt sich aber in den Worten fort: Dominus vobiscum. Et cum spiritu tuo. Sursum corda. Habemus ad Dominum. Gratias agamus Domino Deo nostro. Dignum et justum est. — Vere dignum et justum est, aequum et salutare, nos tibi semper et ubique gratias agere, Domine sancte, pater omnipotens, aeterne Deus. Qui in principio inter cetera etc.

---

12) cf. 36.
1) Episcopus autem oret super oleo exorcismi illudque tradat sacerdoti. Deinde oret super oleo unctionis, quod est oleum gratiarum actionis, hocque alii sacerdoti tradat. Hippol. Can. 19. n. 8. cf. n. 9. u. 12.
2) A. C. l. 7. c. 42. u. 43.

Man sieht, dieses Gebet ist eine Eucharistie, denn mit diesen Eingangsworten war die Präfation der Messe, oder das liturgische Dankgebet, schon in den ersten Jahrhunderten versehen [3]). Ferner zählte dieses Dankgebet die Werke Gottes lobend und dankend auf, beginnend mit der Offenbarung in der Natur und dann übergehend auf den alten und neuen Bund, worauf sich die Consecration von Brod und Wein anschloß. Nicht anders die Weihe des Chrisams. Selbst das te igitur, mit dem jetzt der römische Kanon beginnt, findet sich in demselben, so daß man an dem eucharistischen Gepräge dieser Weihe so wenig zweifeln kann, als an der des Taufwassers. All das fehlt hingegen bei der Weihe des Katechumenen- (Kranken-) Oeles. Dieses ist, wie Hippolyt kurz sagt, ein oleum exorcismi, der Chrisam hingegen ein oleum gratiarum actionis. So stimmt der heutige römische Ritus mit dem der ersten drei Jahrhunderte überein!

Auch die Materie dieser zwei Weihen scheint eine verschiedene gewesen zu sein, denn das Katechumenenöl wird $\mathit{\check{\varepsilon}\lambda\alpha\iota\nu}$, der Chrisam, oder das Firmungsöl $\mu\acute{\nu}\varrho\nu$ genannt. In dem Weihegebet des Chrisam heißt es ferner: Wir danken dir für den Wohlgeruch des Chrisam [4]). Da nun Oel keinen Wohlgeruch hat, muß demselben eine wohlriechende Substanz beigemischt worden sein. Das weist auf den römischen Ritus hin, demzufolge unter das Oel Balsam gemengt wird; ein Ritus, den die Gnostiker schon zu Anfang des zweiten Jahrhunderts beobachteten. Nachdem sie nämlich den Betreffenden getauft haben, salben sie ihn mit Opobalsam. Diese Salbe ($\mu\acute{\nu}\varrho\nu$), sagen sie nämlich, sei eine Type jenes Wohlgeruches, der über Alles ist [5]). Myron wird hier geradezu mit Balsam übersetzt und sein Wohlgeruch hervorgehoben. Da von dem Katechumenenöl nichts weiter bemerkt wird, bestand dieses ohne Zweifel aus reinem Oele.

2) Schwieriger ist die Frage zu beantworten, ob es eine eigene Weihe des Krankenöles gab. Das achte Buch der apostolischen Constitutionen enthält eine Benediction ($\varepsilon\mathring{\upsilon}\lambda o\gamma\acute{\iota}\alpha$) von Wasser und Oel [6]). In derselben wird um die Wirkung gebetet, Gesundheit zu verleihen und Krankheiten zu vertreiben. Insofern kann man diese Benediction auf die Weihe von Krankenöl beziehen. Da nämlich der Apostel Jakobus die Salbung der Kranken mit Oel ausdrücklich vorschreibt, ist an der Befolgung dieser Anordnung nicht zu zweifeln.

---

3) cf. Probst, Liturgie. §. 102.   4) A. C. l. 7. c. 27. u. 44.
5) Iren. l. 1. c. 21. n. 3. p. 96.   6) A. C. l. 8. c. 29.

Bedenken, ob die genannte Weihe die des Krankenöles sei, erregt das, daß mit dem Oel zugleich Wasser gesegnet wurde. Wir können dieses nicht hinlänglich erklären, doch mag zur theilweisen Aufhellung dieses Gegenstandes Folgendes einen Beitrag liefern. Nach Irenäus goßen Anhänger einiger gnostischen Sekten solchen, welche im Begriffe waren, aus dem Leben zu scheiden, Oel mit Wasser vermischt, über das Haupt [7]). War es zu Anfang und um die Mitte des zweiten Jahrhunderts üblich das Krankenöl mit Wasser zu vermischen? Die Gebräuche dieser Häretiker sind gewöhnlich der Kirche entlehnt [8]) und darum nicht zu verachten. Zugleich wäre daraus ersichtlich, daß der Sammler dieses Buches alte Formulare in seine Schrift aufgenommen hat. Er konnte dieses Gebet nicht dem Apostel Mathäus zuschreiben, wenn zu der Zeit, in welcher er lebte, die Sitte, Oel zu diesem Zwecke zu weihen, nicht allgemein in Uebung gewesen wäre; denn eine Benediction konnte nicht auf die Apostel zurückgeführt werden, deren Ursprung die Zeitgenossen kannten. Der Gebrauch dieser Weihe wurzelt darum jedenfalls in den ersten drei Jahrhunderten.

Gegen unsere Auffassung, die Weihe dieses Oeles sei die des Krankenöles gewesen, spricht ferner der Satz des Formulares: „Heilige du durch Christus das Wasser und Oel für den oder die, welche es brachten", denn in diesen Worten liegt, es sei für den Privatgebrauch der Gläubigen überhaupt gesegnet worden. Erwägt man jedoch, daß einfache Gläubige durch Salbung mit Oel Kranke heilten, so verliert der Einwurf dadurch seine Spitze. Das Oel, das der Priester bei Krankensalbungen gebrauchte, konnte zu diesem Behufe auch für Laien geweiht werden. Wenn (der Kaiser) Septimius Severus den Christen Proculus, der ihn durch Oel geheilt hatte, holen ließ und in seinem Palaste bis zu seinem Tode behielt [9]) so wird man an kein ungeweihtes Oel denken dürfen, denn eine Heilung durch gewöhnliches Oel hätte Tertullian nicht erwähnt. Proculus handelte nicht als Arzt, sondern als Christ und heilte mit christlichen Mitteln; ein solches war das Oel aber nur, wenn es geweiht war. Mehr als Wahrscheinlichkeit hat diese Folgerung nicht und weitere Notizen über benedicirtes Krankenöl wissen wir aus den Schriften der ersten Jahrhunderte nicht beizubringen, denn Tertullian und Cyprian constatiren blos die Weihe des Chrisam. Greift man hingegen

---

7) Iren. l. 1. c. 21. n. 5. p. 97.  8) cf. §. 4.
9) Tert. ad Scap. c. 4. p. 207.

zum römischen Pontificale, dann ergibt sich Uebereinstimmung zwischen den Griechen und Lateinern. Die drei Weihen, von welchen die morgenländischen Schriftsteller sprechen, sind in ihm in drei verschiedenen Formularien vorhanden.

3) Wenn Oel vorhanden ist, verordnen die arabischen Kanonen Hippolyts, soll es der Bischof unter der Messe weihen. Wenn die Erstlinge eßbarer Früchte gebracht werden, bete er über sie und segne die Früchte, welche ihm zum Behufe seines Gebetes (pro oratione sua) gebracht wurden und es werden einzelne Gebete über die einzelnen Gegenstände verrichtet. Am Schluße der einzelnen Gebete sage er aber: Ehre dir dem Vater und Sohne und heiligen Geiste in die Ewigkeit der Ewigkeiten. Amen [10]).

So viel ist sicher, außer den genannten Weihen gab es noch eine vierte, in welcher das Oel als Nahrungsmittel, ohne weitere Bestimmung, wie die Erstlingsfrüchte, gesegnet wurde und zwar hatten diese Früchte je ein eigenes Weihegebet. Das Letzte ist neu, das Erste nicht, denn der uralte dritte (4) apostolische Kanon verbietet Milch, Honig ꝛc. auf den Altar zu bringen, gestattet dieses aber bezüglich neuer Aehren, Trauben, Oel und Weihrauch [11]). Ein Formular für diese Weihe ist aus den ersten drei Jahrhunderten nicht vorhanden.

### §. 23. Weihgebete über das Oel.

Das Gebet bei der Weihe des Katechumenöles lautet nach den apostolischen Constitutionen folgendermaßen: Er (der Bischof) rufe den ungezeugten Gott an, den Vater Christi, den König aller sichtbaren und geistigen Natur, daß er **heilige das Oel im Namen des Herrn Jesu Christi**, geistige Gnade gebe und wirksame Kraft, Vergebung der Sünden und Vorbereitung zum Bekenntnisse der Taufe, damit der Gesalbte, gelöst von jeder Gottlosigkeit, würdig werde der Initiation nach dem Befehle des Eingeborenen [1]).

Das römische Pontificale beginnt diese Benediktion mit den Worten: exorcizo te creatura olei, dann folgt das Gebet, das der Sache nach mit dem der apostolischen Constitutionen übereinstimmt [2]). Diese Schrift

---

10) Hippol. Can. 3. p. 65.    11) Canon. apost. c. 3. u 4. cf. §. 17.
1) A. C. l. 7. c. 42.
2) Der Schlußsatz im Pontificale lautet: sit unctionis hujus praeparatio utilis ad salutem, quam etiam coelestis regenerationis nativitate in sacramento sunt baptismatis adepturi.

gibt jedoch auf keinen Fall das vollständige Weihegebet, sondern nur einen kurzen Bruchtheil. Noch deutlicher sieht man das an dem Gebete über den Chrisam ³). „Herr Gott, Ungezeugter, über alle Herrn, erhabener Herr des All, der du den Wohlgeruch der evangelischen Erkenntniß allen Völkern mittheilst: gib du nun auch, daß dieser Chrisam an dem Getauften wirksam werde, damit er fest und standhaft in dem Wohlgeruche deines Christus verharre, dem er, gestorben und auferstanden, lebt. Dieses und das ihm folgende spreche er ⁴).

2) Das achte Buch der apostolischen Constitutionen enthält ferner ein Gebet für die Benediction von Wasser und Oel. Der Bischof, so befiehlt der Apostel Mathäus, segne Wasser und Oel unter Assistenz eines Presbyter und Diakon. In seiner Abwesenheit segne es der Presbyter im Beisein des Diakon und spreche: Herr Sabaoth, Gott der Kräfte, Schöpfer der Wasser und Spender des Oeles, Barmherziger und Menschenfreundlicher, der du das Wasser zum Trinken und Reinigen gibst und Oel zu erheitern das Angesicht in freudigem Frohlocken, heilige du nun durch Christus dieses Wasser und Oel für den oder die, welche es herbrachten und gib ihm die Kraft Gesundheit zu verleihen, Krankheiten zu vertreiben, Dämonen zu verscheuchen, alle Nachstellungen zu verjagen, durch Christus, unsere Hoffnung, mit dem dir Ruhm sei, Ehre und Anbetung und dem h. Geiste in alle Ewigkeit. Amen ⁵).

3) Mit der benedictio chrismatis des römischen Pontificale verhält es sich wie mit der Taufwasserweihe des römischen Missale ⁶). Nicht nur trägt sie nach Form und Inhalt das Gepräge eines sehr hohen Alters an sich, sondern sie erinnert auch ebenso sehr an Tertullian. Der Apologet verbreitet sich zwar in seinem Buche de baptismo hauptsächlich über die Taufe, in c. 7 und 8 wendet er sich jedoch auch der Firmung zu und diesen zwei Capiteln gehören die nachfolgenden Parallelstellen an ⁷). Nach dem der Meßpräfation entsprechenden Eingange heißt es im Pontificale: Deus, qui in principio inter cetera bonitatis tuae munera

---

3) Ein zweites noch kürzeres Fragment enthält c. 27 desselben Buches. „Wir sagen dir Dank Gott, Schöpfer des All! auch für den Wohlgeruch des Chrisam und den unsterblichen Aeon (?), den du uns bekannt gemacht hast durch Jesus deinen Sohn. Denn dein ist die Herrlichkeit und die Kraft in Ewigkeit. Amen. Wer hinzutretend so Dank sagt, den nehmet als einen Schüler Christi auf." Die Weihe des Chrisam war ein Dankgebet, eine Eucharistie, soviel ist bekannt. Im Uebrigen sind uns die weiteren Worte räthselhaft.
4) A. C. l. 7. c. 44.   5) A. C. l. 8. c. 29.
6) Um Wiederholungen zu vermeiden, verweisen wir auf §. 20.
7) Wie bei der benedictio fontis geben wir den Text der benedictio chrismatis nach dem Pontificale und begleiten ihn mit Noten aus Tertullian.

terram producere fructifera ligna jussisti, inter quae hujus pinguissimi liquoris ministrae olivae nascerentur, quarum fructus sacro chrismati deserviret. Nam et David prophetico spiritu gratiae tuae sacramenta praenoscens, vultus nostros in oleo exhilarandos esse cantavit: et cum mundi crimina diluvio quondam expiarentur effuso, similitudinem futuri muneris columba demonstrans per olivae ramum pacem terris redditam nuntiavit. Quod in novissimis temporibus manifestis est effectibus declaratum, cum baptismatis aquis omnium criminum commissa delentibus haec olei unctio vultus nostros jucundos afficit et serenos [8]). Inde etiam Moysi famulo tuo mandatum dedisti, ut Aaron fratrem suum prius aqua lotum per infusionem hujus unguenti constitueret sacerdotem [9]). Accessit ad hoc amplior honor, cum filius tuus Jesus Christus Dominus noster lavari se a Joanne undis Jordanicis exegisset; ut spiritu sancto in columbae similitudine desuper misso unigenitum tuum, in quo tibi optime complacuisse testimonio subsequentis vocis ostenderes [10]) et hoc illud esse manifestissime comprobares, quod cum oleo laetitiae prae consortibus suis ungendum David propheta cecinisset. Te igitur deprecamur [11]), Domine sancte, pater omnipotens, aeterne Deus, per eundem Jesum Christum filium tuum Dominum nostrum, ut hujus creaturae pinguedinem sanctificare tua benedictione digneris, et

8) Quemadmodum enim post aqnas diluvii quibus iniquitas antiqua purgata est, post baptismum, ut ita dixerim, mundi pacem coelestis irae praeco columba terris adnuntiavit (imissa ex arca et cum olea reversa: quod signum etiam apud nationes paci praetenditur: eadem dispositione spiritalis effectus terrae, id est carni nostrae emergenti de lavacro post vetera delicta columba sancti spiritus advolat, pacem Dei adferens. Tert. de bapt. c. 8. p. 193.

9) Perungimur benedicta unctione de pristina disciplina, qua ungi oleo de cornu in sacerdotium solebant; ex quo Aaron a Moyse unctus est. c. 7. p. 192.

10) Tunc ille sanctissimus spiritus super emundata et benedicta corpora libens a patre descendit, super baptismi aquas tanquam pristinam sedem recognoscens conquiescit, columbae figura delapsus in Dominum, ut natura spiritus sancti declaretur per animal simplicitatis et innocentiae. l. c. c. 8. p. 193.

11) Diese und die folgenden Worte, die dem Eingang des canon missae völlig entsprechen, zeigen, daß zu der Zeit, als diese benedictio abgefaßt wurde, praefatio und canon missae noch ein Ganzes bildeten, denn dieses „Dankgebet" ist offenbar eine Nachbildung des eucharistischen. Wie dem te igitur der Benediktion die Erzählung der Taufe Jesu und der Herabkunft des h. Geistes vorhergeht: so ging dem canon missae die Erzählung von dem Leben Christi vorher. Das wurde bald nach dem Nicänum anders. In der benedictio fontis ließ man hingegen die alte Form der „Eucharistia" stehen. cf. Probst Liturgie in den ersten Jahrhunderten. §. 92. S. 349.

sancti spiritus ei admiscere virtutem, cooperante Christi filii tui potentia a cujus nomine sancto, chrisma nomen accepit [12]), unde unxisti sacerdotes, reges, prophetas, ut spiritualis lavacri baptismo renovandis, creaturam chrismatis in sacramentum perfectae salutis vitaeque confirmes, ut sanctificatione unctionis infusa, corruptione primae nativitatis absorpta, sanctum uniuscujusque templum acceptabilis vitae innocentiae odore redolescat [13]), ut secundum constitutionis tuae sacramentum, regio et sacerdotali, propheticoque honore perfusi, vestimento incorrupti muneris induantur, ut sit his, qui renati fuerint ex aqua et spiritu sancto, chrisma salutis, eosque aeternae vitae participes et caelestis gloriae faciat esse consortes. Per eumdem etc.

Schließlich sei nur noch daran erinnert, daß die benedictio fontis im Missale der benedictio chrismatis des Pontificale so gleichartig ist, daß sie beide zu derselben Zeit abgefaßt sein müssen. Die Gründe, die für das hohe Alter der einen zeugen, gelten deßwegen auch für das der anderen.

## §. 24. Weihe der Kirchen.

Jenen, welche die **Existenz** von christlichen Kirchen noch zur Zeit Tertullians anzweifeln, mag es sonderbar erscheinen, daß hier von der **Weihe** derselben gesprochen wird. Von dem Vorhandensein christlicher Kirchen im zweiten Jahrhunderte wird in einem anderen Bande gehandelt [1]).

Dieses hier vorausgesetzt, ist zuerst zu beachten, daß der **alte Bund** eine sehr feierliche Tempelweihe kennt, die von Salomo bis auf die Machabäer immer wieder stattfand, wenn sie die Umstände erheischten. Sie schien den Juden eine unerläßliche Bedingung, um den Gottesdienst in demselben auf rechte Weise feiern zu können. Die Adoption dieses Gebrauches von Seiten der Christen hat darum nichts Befremdendes, um

---

12) Unde Christus dicitur a chrismate quod est unctio, quae Domino nomen accomodavit. Tert. c. 7. p. 192.

13) Sic et in nobis carnaliter currit unctio, spiritaliter proficit; quomodo et ipsius baptismi carnalis actus, quod in aqua mergimur, spiritalis effectus, quod delictis liberamur. l. c.

1) Uebrigens lese man nur die nachfolgende Stelle aus Clemens A und man wird finden, daß es im zweiten Jahrhunderte, eigene, vom Künstler geschmückte, christliche Gotteshäuser gab.

so weniger als ihre Anschauung von der Befleckung der Orte und Räumlichkeiten durch böse Geister dieser Weihe Vorschub leistete. Wenn daher berichtet wird, Papst Evaristus habe die Weihe der christlichen Gotteshäuser angeordnet, so möchten wir das nicht als baare historische Wahrheit annehmen, etwas Wahres kann aber dem Berichte nach dem Angeführten immerhin zu Grunde liegen.

Die erste Notiz über die Weihe einer Kirche verdanken wir den Recognitionen. Sie erzählen nämlich: Theophilus weihte die Basilika seines Hauses im Namen der Kirche [2]). Der unmittelbar vorhergehende Satz lautet: Die an Gott glaubten, wurden getauft und durch Heiligung geweiht. Durch die Taufe Gott geweiht werden, war eine damals allgemein übliche Phrase, welche die Bedeutung hatte, durch die Taufe gehöre man Gott zu eigen, habe man das Leben in seinem Dienste zuzubringen [3]). Da nun die Recognitionen von der Weihe der Kirche dasselbe Wort, mit Weglassung von sanctificatione, gebrauchen, wie von der Weihe durch die Taufe, so liegt diesem Consecriren oder Weihen der Gedanke zu Grunde, Theophilus habe sein Haus ausschließlich zum Gebrauche für den Gottesdienst bestimmt. Darum consecrirt auch er und nicht Petrus. Wäre von einem liturgischen Acte die Rede, er wäre nicht einem Laien zugeschrieben worden. In nomine ecclesiae heißt aber, im Namen der Gemeinde, zu ihren Gunsten trat er sein Haus ab.

So viel ist ferner sicher, zu der Zeit, als die Recognitionen abgefaßt wurden, wurde der Raum, welcher für den Gottesdienst bestimmt war, allem profanen Gebrauche entzogen. Dadurch war er aber auch geweiht oder heilig. Clemens A. nennt ἱερόν nicht blos Gott, sondern auch das zu seiner Ehre Errichtete (κατασκεύασμα). Das Errichtete ist ihm aber das Kirchengebäude. Er fährt nämlich fort, wenn dieses (das Gebäude) heilig genannt wird, warum nicht die Kirche, die in der Versammlung der Erwählten besteht, die zur Ehre Gottes durch Erkenntniß heilig geworden ist, die viel mehr werth ist und nicht durch Handwerker erbaut, noch durch die Hand des Künstlers [4]) geschmückt,

---

2) Intra septem dies plus quam decem millia hominum credentes Deo baptizati sunt et sanctificatione consecrati, ita ut omni aviditatis desiderio Theophilus, qui erat cunctis potentibus in civitate sublimior, domus suae ingentem basilicam ecclesiae nomine consecraret, in qua Petro apostolo constituta est ab omni populo cathedra. Recog. l. 10. c. 71. p. 1458.
3) cf. §. 15.
4) Ἀγύρτης, Einsammler, Bettler, Gaukler, der Blendwerke macht. Der Pro=

sondern durch den Willen Gottes zum Tempel gemacht wurde, denn Kirche nenne ich jetzt nicht den Ort, sondern die Versammlung der Erwählten [5]).

Ein noch größeres Gewicht erlangen diese Worte, wenn man sie mit seinem Berichte über die Karpocratianer verbindet, die dem Epiphanes zu Ehren einen Tempel mit Altären bauten und weihten [6]). An beiden Stellen findet sich das Wort καθιέρωται und Clemens fällt blos das auf, daß sie solche Ehren ihrem Sektenstifter (statt Gott) erwiesen. Daraus läßt sich aber schließen, das Weihen der Kirchen sei im zweiten Jahrhunderte etwas Gewöhnliches gewesen.

Gehen wir vom Lehrer zum Schüler über. Zum Gebete, bemerkt Origenes, ist jeder Ort geeignet. Um dasselbe ruhiger und gesammelter zu verrichten, kann man jedoch in seinem Hause einen Raum aussondern und ihn eigens dafür bestimmen. Zuvor erkundige dich, ob daselbst nicht etwas Sündhaftes geschehen sei, denn Gott zieht sich nicht nur von dem, der Solches gethan, zurück, sondern auch von einem solchen Orte. Auch jene Gemächer, in welchen Ehegatten den erlaubten Beischlaf pflegen, eignen sich hierfür nicht. Wenn man sich nämlich um des Gebetes willen einige Zeit enthalten soll, soll man auch einen solchen Ort meiden [7]). — Diese Vorschriften galten von den Oratorien in P r i v a t w o h n u n g e n, um so mehr fanden sie den K i r c h e n gegenüber Anwendung. Von diesen Oratorien unterscheidet nämlich Origenes den Ort, an welchem die Versammlung der Gläubigen statt hatte und der nicht nur etwas Nützliches, sondern auch etwas Anmuthiges hat. l. c. Das Anmuthige und Erfreuliche bezieht er allerdings auf die Gegenwart Christi, der Engel und Heiligen, die den Versammlungen beiwohnen. Er verbindet es aber auch mit der Reinheit des Ortes, denn er stellt nicht nur beide Sätze neben einander, die Sätze: man nehme zum Oratorium keinen Schlafsaal und es hat der Ort an dem sich die Gläubigen zum Gebete versammeln, etwas Anmuthiges und Nützliches, sondern er sagt auch aus-

---

vinzialismus „Faßmaler", der aus Holz Marmor macht, gibt das griechische Wort am treuesten.

5) Clem. A. strom. l. 7. c. 5. p. 846. Εἰ δὲ τὸ ἱερὸν διχῶς ἐκλαμβάνεται, ὅτε θεὸς αὐτὸς καὶ ὁ εἰς τιμὴν αὐτοῦ κατασκεύασμα, πῶς οὐ κυρίως τὴν εἰς τιμὴν τοῦ θεοῦ κατ' ἐπίγνωσιν ἁγίαν γενομένην ἐκκλησίαν ἱερὸν ἂν εἴποιμεν θεοῦ τὸ πολλοῦ ἄξιον καὶ οὐ βαναύσῳ κατεσκευασμένον τέχνῃ, ἀλλ' οὐδὲ ἀγύρτου χειρὶ δεδαιδαλμένην, βουλήσει δὲ τοῦ θεοῦ εἰς νεὼν πεποιημένην. οὐ γὰρ νῦν τὸν τόπον, ἀλλὰ τὸ ἄθροισμα τῶν ἐκλεκτῶν ἐκκλησίαν καλῶ.

6) Ἔνθα αὐτῇ ἱερὸν φυτῶν λίθων, βωμοὶ τεμένη, μουσεῖον ᾠκοδόμηταί τε καὶ καθιέρωται. Clem. strom. l. 3. c. 2. p. 511.

7) Orig. de orat. c. 31. p. 582.

brücklich, von einem durch Sünde entweihten Orte weiche die wachende und schützende Thätigkeit Gottes. Die Gegenwart Christi, der Engel und Heiligen setzt also die Reinheit des Ortes voraus. Sodann spricht er in der angeführten Stelle nicht von der Versammlung der Christen, sondern, im Unterschiede von ihr, von dem Versammlungsorte. Derselbe Gedanke liegt auch dem Satze zu Grunde, daß Gebäude für reiner oder unreiner gehalten werden, je nachdem sie zu Ehren des Göttlichen oder zur Aufnahme unreiner Körper bestimmt seien [8]).

Von der Weihe der Kirchen ist in diesen Worten keine Rede, aber die Reinigung und Heiligung der Orte involviren sie, die für Kirchen bestimmt waren. Damit ist jedoch die Sache nicht abgethan. Nicht nur nennt Ambrosius die Kirchweihe eine **sehr alte** Gewohnheit, sondern Eusebius wohnte im Jahre 315 einer feierlichen Kirchweihe in Tyrus bei und erwähnt, daß bei ihr außer der Feier des Opfers, Psalmengesang, gotteswürdige Gebräuche und herrliche von den Bischöfen verrichtete Ceremonien vorgekommen seien [9]). Diese Gebräuche und Ceremonien, die er noch näher „durch göttliche und mystische Dienstleistungen, durch geheimnißvolle Symbole des heilbringenden Cultus" l. c. erklärt, können sich blos auf einen **feierlichen** Weiheakt beziehen. Zugleich setzen sie aber voraus, daß er schon vor dem Jahre 315 vorhanden und im Gebrauche war [10]), denn daß mit dem Aufhören der Verfolgung plötzlich die Kirchweihe mit **einem ausgebildeten, großartigen Ritus** improvisirt worden sei, wird kein Historiker annehmen wollen.

Zu Ende des dritten Jahrhunderts wurden darum bereits die Kirchen mit einem eigenen Ceremoniell geweiht. Man darf jedoch unbedenklich bis auf das Jahr 250 zurückgehen. In diesem Jahre starben Tryphon und Respicius als Martyrer. Nach ihrem Tode kamen gottesfürchtige Männer und Priester des Herrn, **weihten das Martyrium derselben mit allen Ehren** und feierten das Geheimniß unserer Erlösung, ihre Seelen dem Schutze der heiligen Martyrer anempfehlend [11]).

---

8) Orig. c. Cels. l. 4. c. 59. p. 558.   9) Euseb. h. e. l. 10. c. 3.
10) Cardinal Bona bemerkt zu diesen Worten: Quibus verbis Eusebius laetitiam Christianorum describit, consecrationes et sacrificia, quae prius occulte fiebant, jam publice peragi spectantium, cum maxima majestate et solemnitate. Bona rerum liturg. l. 1. c. 20. §. 3. p. 71.
11) Ruinart I. n. 6. p. 375. s. Caeciliam inducias a Deo petiisse legimus, ut domus sua in ecclesiam consecraretur, integro saeculo ante Silvestrum. Bona l. c. Robert Sala macht dazu die Bemerkung: B. Lucina rogavit s. Marcellum episcopum, ut domum ejus ecclesiam consecraret, quod *cum omni devotione* facit Marcellus episcopus. l. c. p. 72 ad 4.

Das Martyrium, das geweiht wurde, ist die am Orte ihres Todes errichtete Kirche oder Kapelle. Dieselbe mit aller Ehre weihen, kann aber nicht blos ein einfaches Erbauen und Uebergeben zum Gottesdienste bezeichnen, denn hierfür passen die Worte: cum omni honore, nicht. Vielmehr hat man hier an einen feierlichen Ritus, mit welchem die dedicatio vollzogen wurde, zu denken. War die feierliche Kirchweihe aber im Jahre 250 vorhanden, so darf man das oben angegebene Citat aus Clemens wohl im Sinne einer förmlichen Weihe fassen. Wenn es eine solche auch nicht direkt lehrt, so schließt es sie auch nicht aus und Niemand wird glauben, erst zur Zeit des Decius, in welcher die Kirchen von den Verfolgern niedergerissen wurden, sei die Weihe derselben aufgekommen.

Eine Andeutung über ihre Beschaffenheit enthalten die Worte des Eusebius: er errichtete die eingestürzte Kirche, nachdem er sie von Befleckung gereinigt und durch Mittel zubereitet hatte [12]). Die doppelte Aufgabe der Weihungen, die in den ersten Jahrhunderten überall zu Tage tritt, offenbart sich auch hier und zeigt, daß die Kirchweihe eine förmliche Benediction war, die an der betreffenden Räumlichkeit das bewirkte, was Origenes von einem Bethaus verlangt.

12) Euseb. l. c. l. 10. c. 4. n. 15. p. 783. Τὴν πεσοῦσαν ἤγειρε, προαποκαθάρας καὶ προθεραπεύσας τῶν κακῶν.

## Zweiter Theil.

# Die Sakramente und ihre Verwaltung.

### Erstes Kapitel.

## Die Taufe.

### Erster Artikel.

## Verschiedene Arten der Taufe.

#### §. 25. Namen für die Taufe.

Das griechische Wort βαπτίζειν bezeichnet ebenso Untertauchen (βάπτειν), wie das deutsche „taufen" davon herstammt. Tertullian gebrauchte dafür auch tingere, doch bürgerte sich baptizare alsbald im Sprachgebrauch der lateinischen Kirche ein. Von der Art und Weise, wie man anfänglich die Taufe spendete, durch Untertauchen nämlich, erhielt demnach die ganze Handlung den Namen und zwar durch den Mund des Herrn selbst, da er sprach: taufet alle Völker ꝛc.

An ihn lehnte sich die Benennung Bad und Abwaschung, im bildlichen Sinne „Begräbniß in Christus, Symbol des Todes," an. Das Untertauchen galt für ein Sinnbild des Begräbnisses, das Auftauchen für ein Bild der Auferstehung in und mit Christus, daher die Namen, deren Gebrauch der Apostel Röm. 6. 4. nahe legte.

Von der Materie, oder dem Wasser, in das die Untertauchung stattfand, hieß man die Taufe Wasser des Lebens (Justin), sacramentum aquae (Tertullian), lavacrum aquae salutaris (Cyprian). Von der Form, sofern in ihr der Name der Dreifaltigkeit ausgesprochen wurde, erhielt sie den Namen sacramentum trinitatis, sofern in diesem Bekenntniß der Inbegriff des christlichen Glaubens lag, sacramentum fidei und sofern endlich in der Taufe das Bekenntniß des christlichen

Glaubens bestätigt und besiegelt wurde, obsignatio fidei, sigillum. Das letzte Wort wird zwar vorherrschend von der Firmung gebraucht, Hermas wendet es aber auf die Taufe an. ... Ehe Jemand den Namen des Sohnes Gottes empfängt, ist er dem Tode bestimmt, sobald er jedoch das Siegel erhält, wird er vom Tode befreit und dem Leben übergeben. Jenes Siegel ist aber das Wasser [1]).

Neben diesen, von dem Aeußeren der Handlung hergenommenen Bezeichnungen, gehen andere her, die sich auf das Innere, die **Wirkungen der Taufe,** beziehen. Den Complex aller Wirkungen gibt Jesus in dem Worte **Wiedergeburt** an und der Apostel redet bereits von dem „Bade der Wiedergeburt und Erneuerung des heiligen Geistes" Tit. 3. 5, eine Bezeichnung, die in unserer Periode nicht weniger geläufig ist als die der Taufe. Den einzelnen Momenten entsprechend, aus welchen die Wibergeburt besteht, nennt man die Taufe auch **Vergebung der Sünden** (Cyprian), **Heiligung, Erleuchtung.** Der letzte sehr häufig gebrauchte Name verdankt seine Entstehung wohl Hebr. 6. 4. Auf verschiedene Weise, sagt Clemens A., wird diese Handlung benannt, **Bad,** weil durch sie die Sünden abgewaschen werden, **Gnade,** weil sie die Strafen nachläßt, welche den Sünden gebühren, **Erleuchtung,** weil wir durch sie das heilige und heilbringende Licht, Gott sehen, **Vollkommenheit,** weil dem, der Gott erkennt und hat, nichts fehlt [2]).

### §. 26. Wesen und Wirkungen der Wassertaufe.

Die Taufe ist das Bad der Sinnesänderung und Gotteserkenntniß, welches Gott für die Sünden der Völker anordnete [1]). Sie ist nicht blos ein Zeichen der geistigen **Beschneidung,** wie die des Abraham [2]), sondern sie bewirkt die geistige Beschneidung. Darum bedarf der körperlich beschnittene Jude die Taufe, der geistig beschnittene Christ hat aber die körperliche Beschneidung nicht nöthig [3]). Nicht weniger unterscheidet sie sich von der Wassertaufe des Johannes, der die göttliche Kraft und

---

1) Herm. l. 3. Simil. 9. n 16. p. 328.
2) Καλεῖται δὲ πολλαχῶς τὸ ἔργον τοῦτο χάρισμα καὶ φώτισμα καὶ τέλειον καὶ λουτρόν· λουτρὸν μὲν δι' οὗ τὰς ἁμαρτίας ἀπορρυπτόμεθα, χάρισμα δὲ ᾧ τὰ ἐπὶ τοῖς ἁμαρτήμασιν ἐπιτίμια ἀνεῖται, φώτισμα δὲ δι' οὗ τὸ ἅγιον ἐκεῖνο φῶς τὸ σωτήριον ἐποπτεύεται, τουτέστιν· δι' οὗ τὸ θεῖον ὀξυωποῦμεν, τέλειον δὲ τὸ ἀπροσδεὲς φαμέν. Clem. paedag. l. 1. c. 6. p. 113.
1) Just. D. c. T. c. 14. p. 49. 2) l. c. c. 23. p. 80.
3) l. c. c. 19. p. 65.; c. 29. p. 94.; c. 43. p. 138.

Wirkung fehlt. Sie bereitete als Candidatin der Taufe Christi zur Buße vor, konnte aber weder Vergebung der Sünden, noch den Geist verleihen, der in Christus erlangt wird⁴).

Selbst die Häretiker des zweiten Jahrhunderts hielten die Taufe des Johannes für eine Taufe zur Buße, die Taufe Jesu bewirkte nach ihnen Verzeihung der Sünden, die des Geistes aber, der über Jesus herabkam, Vollkommenheit⁵). Man sieht, entsprechend ihrer Lehre von psychischen und pneumatischen Naturen, statuirten sie eine seelische, blos Sündennachlassung bewirkende, und eine geistige, Vollkommenheit gewährende, Taufe. Dagegen tritt Irenäus auf und vindicirt der kirchlichen Taufe das Prädikat der pneumatischen oder geistigen. Seinen Jüngern die Gewalt der Wiedergeburt in Gott verleihend, sprach Jesus: Gehet aus, lehret alle Völker und taufet sie im Namen des Vaters, Sohnes und heiligen Geistes. Das ist der Geist, den er durch die Propheten auszugießen versprochen hatte, der den Willen des Vaters in den Menschen bewirkt und sie von dem alten in das neue Leben Christi erneuert. Derselbe Geist kam am Pfingstfeste über die Jünger, ihn hat der Herr zu senden versprochen, daß er uns mit Gott einige. Wie sich nämlich trockener Waizen ohne Flüssigkeit nicht zu Einer Masse machen läßt, so können auch wir Viele ohne Wasser vom Himmel nicht in Christus Jesus Eins werden; und wie die trockene Erde ohne Feuchtigkeit keine Früchte bringt, so würden auch wir, die wir ursprünglich ein dürres Holz sind, ohne den Segen von Oben niemals das Leben als Frucht bringen. Unsere Leiber haben nämlich durch das die Unvergänglichkeit gewährende Bad die Einigung empfangen, die Seelen aber durch den Geist, deßwegen sind beide nothwendig, weil beide zum Leben führen. ... Diese Gabe hat der Herr vom Vater empfangen und er selbst gibt sie auch Jenen, die an ihm Theil nehmen, den heiligen Geist über die ganze Erde sendend⁶). Irenäus weist damit den pneumatischen Charakter der Taufe nach, der sich selbst in der Begießung des Körpers mit Wasser offenbart, sofern sie demselben Unsterblichkeit verleiht und die Gläubigen durch Aufnahme in die Kirche zur Einheit verbindet. Der durch sie ertheilte Geist durchdringt aber auch die Seele, wie der Regen das Erdreich und verleiht ihr Leben und Fruchtbarkeit. Der Grund, warum Irenäus nichts von der Sündenvergebung sagt, liegt darin, daß die Gnostiker diese Wirkung nicht läugneten, wohl aber

---

4) Tert. de bapt. c. 10. p. 196.   5) Iren. l. 1. c. 21. n. 2. p. 94.
6) Iren. l. 3. c. 17. n. 1. u. 2. p. 208.

bestritten, daß die kirchliche Taufe pneumatische Vollkommenheit verleihe.

2) Die johanneische Taufe war ein leeres Symbol, die pneumatische der Gnostiker eine Anmaßung, während die Taufe Jesu das Bad der Wiedergeburt heißt und ist [7]). Diese Wiedergeburt oder zweite Geburt vernichtet die erste und begründet den Anfang eines neuen Lebens [8]). Die Vernichtung der alten Geburt ist eine vollständige, sofern die Flecken derselben nicht nur zugedeckt, sondern völlig getilgt werden. Sie weichen von dem Sünder und verschwinden zu nichts, weil sie keine Substanz haben; sie werden weggeschnitten und ausgeschnitten, denn in der Taufe wird Verzeihung der Sünden ertheilt [9]). Ihre Kraft übertrifft darum auch die der alttestamentlichen Sühnungsmittel, weil sie die Reinigung der Seele selbst bewirkt [10]), so daß das Fleisch des in der Taufe Wiedergeborenen dem Fleische des vom Aussatze gereinigten Naaman gleicht [11]). Daraus ergibt sich von selbst nicht nur die Nachlassung der Erbsünde, sondern aller vor Empfang dieses Sakramentes begangenen Sünden. Es ist keine Art Sünde so groß, daß Jesus, das Wort und die Weisheit, ihrer nicht mächtig wäre; er überwindet und besiegt Alle. Oder glauben wir nicht, jede Art Sünde werde hinweggenommen, da wir zu dem heilbringenden Bade kommen [12])?

Das neue Leben, das der Täufling empfängt, nennt Origenes ganz allgemein Heiligung [13]), himmlische Gnade die Süßigkeit verleiht [14]), und uns zu Kindern Gottes macht. Wer durch die Taufe von Oben nicht nur aus Wasser, sondern auch aus dem heiligen Geiste geboren ist, hat den Geist der Kindschaft erlangt. Er ist nicht aus Fleisch und dem Willen des Mannes, sondern aus Gott geboren [15]), so daß wir, gewaschen im Bade der Wiedergeburt, Kinder Gottes, des himmlischen Vaters, werden und Brüder Christi [16]).

In der Wiedergeburt liegt Origenes das Wesen der Taufe, denn als solche vernichtet sie nicht nur die erste Geburt, sondern die sterbliche Geburt wird durch sie auch umgeändert [17]), der Geburt die Widergeburt

---

7) Orig. in Joan. tom. 6. n. 17. p. 337. Die Lehre von den Wirkungen der Taufe gehört in ihrer Vollständigkeit in die Dogmatik. Weil sie hier nicht gänzlich übergangen werden kann, beschränken wir uns auf Origenes.
8) Orig. in Luc. hom. 28. p. 382.   9) In Cantic. l. 4. p. 241.
10) Orig. Select. in psl. 50. p. 197. Bd. 8.
11) In Luc. hom. 33. p. 397.
12) Orig. in Jesu Nav. hom. 15. n. 5. p. 699.
13) l. c. hom. 1. n. 6. p. 607.   14) l. c. hom. 4. n. 2. p. 622.
15) In Math. series 12. p. 25.   16) In Joan. t. 20. n. 29. p. 342.
17) Ad Rom. l. 5. n. 2. p. 286.

substituirt ¹⁸). Wir sind darum nicht blos im moralischen Sinne Kinder Gottes, sofern wir ihn etwa als Vater anerkennen und seinen Willen befolgen, vielmehr ist der lebendige Gott selbst durch sie in uns ¹⁹); Worte, die wohl nach dem petrinischen: wir werden der göttlichen Natur theilhaftig, zu erklären sind ²⁰). Brüder Christi werden die Täuflinge aber durch Einverleibung in die Kirche, die sein Leib ist. Ausdrücklich bemerkt Origenes, nicht durch den Glauben werden wir dem Körper der Kirche einverleibt ²¹), sondern durch die Taufe. Durch sie werden wir Tempel Gottes und der, welcher vorher Fleisch und Blut war, ist ein Glied Christi geworden. Wenn wir darum nach der Taufe fleischlich sündigen, beflecken wir den Tempel Gottes und zwar nicht nur unsern Leib, sondern auch die ganze Kirche, die der Leib Christi ist, weil die Befleckung eines Gliedes sich über den ganzen Leib verbreitet ²²).

## §. 27. Bluttaufe.

Diese Wirkungen der Taufe nicht weniger, als das Wort Jesu: wer nicht wiedergeboren ist aus Wasser und dem heiligen Geiste, kann nicht in das Reich Gottes eingehen Joh. 3. 5, haben, einige wenige Häretiker ausgenommen, an der Nothwendigkeit der Taufe nie einen Zweifel aufkommen lassen. Selbst die Clementinen lehren, wer nicht getauft ist, kann das Heil nicht erlangen ¹). Die Befleckung, die den Menschen von seiner Geburt an zu einem Kinde des Zornes Gottes macht Eph. 2. 3. wird weggenommen durch das Bad der Wiedergeburt und der Erneuerung des heiligen Geistes. Tit. 3. 5. Hermas ist so von der Nothwendigkeit der Taufe durchdrungen, daß er glaubt, die alttestamentlichen Gerechten seien von den verstorbenen Aposteln in der Unterwelt getauft worden und dann erst haben sie den Himmel erlangen können ²). Auf welche Weise Irenäus die Nothwendigkeit der Taufe ausspricht, wurde angeführt. Es mag darum hinreichen noch Tertullian zu hören. „Jene Verruchtesten bringen die Einwürfe und sagen: so sehr

---

18) In Joan. t. 20. n. 29. p. 342.   19) In Joan. t. 6. n. 26. p. 263.
20) Hippolyt sagt geradezu, der Mensch werde durch die Taufe unsterblich und Gott. hom. in Theoph. n. 8.
21) Ad Rom. l. 8. n. 4. p. 397.
22) In Jesu Nav. hom. 5. n. 6. p. 631. cf. c. Cels. l. 6. c. 48.
1) Homil. 11. n. 26. Recog. l. 7. n. 9.
2) Herm. l. 3. Simil. 9. n. 16. p. 328.

nothwendig ist die Taufe Jenen nicht, welchen der Glaube genügt, denn auch Abraham hat durch keines Wassers, sondern durch des Glaubens Sakrament Gott gefallen. Allein in Allem entscheidet das Spätere und überwiegt das Nachfolgende das Vorgehende. Vor dem Leiden und der Auferstehung mag das Heil durch den bloßen Glauben vermittelt gewesen sein. Als jedoch der Glaube vermehrt war durch den Glauben an die Geburt, das Leiden und die Auferstehung desselben, wurde dem Sakramente ein Zuwachs zu Theil, die Besieglung der Taufe, gewissermaßen das Gewand des Glaubens; zuvor war er nackt und hatte ohne sein Gesetz keine Kraft. Das Gesetz zu taufen ist nämlich gegeben und die Form vorgeschrieben. Gehet, lehret die Völker sie taufend im Namen ꝛc. Die diesem Gesetze beigefügte Bestimmung: wenn Jemand nicht wiedergeboren ist ꝛc. Joh. 3. 5. verpflichtet den Glauben zur Nothwendigkeit der Taufe. Deßwegen wurden von da an alle Gläubigen getauft. Auch Paulus ist damals, als er glaubte, getauft worden. Das ist es, was der Herr bei jenem Schlage der Beraubung (des Augenlichtes) befohlen hatte, sprechend: „erhebe dich und gehe nach Damascus, dort wird man dir zeigen, was du zu thun hast," nämlich getauft zu werden, was ihm allein fehlte. Sonst hatte er zur Genüge gelernt und geglaubt, der Nazarener sei der Herr, der Sohn Gottes ³).

---

3) Tert. de bapt. c. 13. p. 200. Bingham beruft sich auf einen Brief des Dionysius b. G. an Papst Sixtus, ut ostenderem, quod veteres non generatim juriorem istam de absoluta baptismi necessitate opinionem habuerint. Bingh. l. 10. c. 2. §. 23. p. 55. Allein es handelt sich in diesem Briefe nicht um die Nothwendigkeit der Taufe im Allgemeinen, sondern um die Gültigkeit der Ketzertaufe. Dittrich in seiner Monographie: Dionysius der Große, scheint die Sache richtig gefaßt zu haben. Weil die betreffenden Worte zugleich einen Beitrag zu dem Ketzertaufstreit geben, lassen wir sie folgen. „Dionysius wußte sich, wie es scheint, darüber, ob die Ansicht des Papstes oder die des Cyprian mehr dogmatische Berechtigung habe, nicht Rechenschaft zu geben. Aus diesem Grunde war er auch so unentschieden und schwankend, als er in einem speciellen Falle über die Gültigkeit einer häretischen Taufe entscheiden sollte. Es befand sich nämlich in Alexandrien ein Greis, welcher in der Häresie getauft war, aber schon seit langer Zeit der Kirche angehörte. Als dieser einstens bei der feierlichen Taufe der Katechumenen zugegen war und die dabei üblichen Fragen und Antworten hörte, gieng er weinend und sich selbst anklagend zu dem Bischof, fiel ihm zu Füßen und betheuerte, daß die Taufe, welche er in der Sekte empfangen habe, eine ganz andere gewesen wäre und mit der, welche er jetzt gesehen, nichts gemein hätte. Er sei jetzt ganz unruhig und wage nicht, seine Augen zu Gott zu erheben, wolle daher dieser ächten Reinigung und Aufnahme und Gnade theilhaftig werden. Euseb. h. e. l. 7. c. 9. Hätte sich nun Dionysius bestimmt für Cyprian entschieden, so mußte er hier eine Taufe vornehmen, hätte er dagegen die Praxis der römischen Kirche durchaus gebilligt, so durfte er entweder den beängstigten Alten gar nicht taufen und mußte ihm einfach erklären, daß er wegen des früheren aller Angst und Unruhe sich entschlagen möge, oder er mußte sich darüber zu vergewissern suchen, ob die Häretiker das Sakrament

2) Die unumgängliche Nothwendigkeit der Taufe legte die Frage nahe, wie verhält es sich mit Jenen, die an ihrem Empfange gehindert sind? Die Antwort lautete, die Wirkungen der kirchlichen Taufe werden durch die Blut= und Begierdetaufe ersetzt.

Bereits der Vers der Apokalypse: "diese sind es, die aus großer Trübsal kommen und ihre Kleider weiß gewaschen haben im Blute des Lammes" apoc. 7. 15. involvirt diese Lehre. Ihre Anwendung macht zuerst Irenäus, da er die in Bethlehem ermordeten Kinder für Märtyrer erklärt, die das Himmelreich erlangt haben ⁴). Der Name Bluttaufe findet sich jedoch erst um das Jahr 200. Tertullian redet, mit offenbarer Hinweisung auf sie, von einer zweiten Taufe ⁵), und sodann von dem Bade des Blutes, welches den Märtyrer von aller Schuld befreit ⁶). Nach ihm ist es Cyprian und der Verfasser der Schrift de rebaptismate, die ihre entsündigende und heiligende Kraft preisen und sie in ihren Wirkungen sogar über die Wassertaufe stellen. "Das ist die Taufe an Gnade größer, an Macht erhabener, an Ehre kostbarer, eine Taufe, in der die Engel taufen, eine Taufe, in der Gott und sein Christus frohlocken ⁷), eine Taufe, nach der Niemand mehr sündigt, eine Taufe, welche das Wachsthum unseres Glaubens vollendet, eine Taufe, welche, uns von der Welt abschneidend, sogleich mit Gott vereinigt. In der Wassertaufe wird Nachlassung der Sünden erlangt, in der Bluttaufe die Krone der Tugenden ⁸).

---

in der rechten Weise vollzogen hätten, und dann nach Befund handeln. Allein er zeigte sich im Handeln ebenso schwankend, wie im Urtheil unentschieden. Bei der hohen Achtung, welche er gegen den römischen Stuhl hegte, konnte er unmöglich dessen Entscheidungen zuwider die Taufe der Häretiker ohne weiteres verwerfen, aber er verhehlte sich auch nicht, daß es höchst bedenklich sei, die in Rede stehende unbedingt für gültig zu erklären. Es galt darum für ihn einen Ausweg zu finden. Er verfiel auf den Gedanken, daß sowohl die langjährige Zugehörigkeit zur Kirche, Theilnahme an dem kirchlichen Gottesdienste und der öftere Empfang des h. Abendmahls den Abgang der ächten Reinigung und Aufnahme in der kirchlichen Taufe ersetzen würden und suchte so den Beängstigten zufrieden zu stellen. Aber weder beruhigte sich dieser, noch mochten ihm selbst jene Gründe bei genauerer Erwägung ausreichend erscheinen. Deßhalb hielt er es für gerathener, diesen Fall dem römischen Bischof vorzutragen, dessen Rath einzuholen, um so die Verantwortlichkeit von sich ab auf denjenigen zu schieben, von dem das Verbot, einen von der Häresie Uebertretenden zu taufen, ausgegangen war. Dittrich l. c. S 90.

4) Iren. l. 3. c. 16. u. 4. p. 205.   5) Tert. de patient. c. 13. p. 99.

6) Scorp. c. 6. p. 361. cf. de anima c. 55. p. 326. de resurrect. carn. c. 43. p. 294. Hic est baptismus, qui lavacrum et non acceptum repraesentat, et *perditum reddit.* De bapt c. 16. p. 203.

7) Diese Worte beziehen sich wohl auf die gratulatio salutis (Tert. de bapt. c. 20), die von den Gläubigen den Neophyten erwiesen wurde.

8) Cyp. ad Fortun. p. 514. d.

Während jedoch der Bischof von Karthago von der Bluttaufe der zum Martertode geführten Katechumenen redet, bezieht sie der afrikanische Apologet vorherrschend auf **gefallene Gläubige**, die durch den Martertod, wie durch eine zweite Taufe, von ihren Sünden frei werden. Weil nicht zu den Brüdern oder Christen gehörig, wurden die Katechumenen vor dem Schlusse des zweiten Jahrhunderts nicht verfolgt, weßwegen die Bluttaufe nach dieser Seite nicht zur Sprache kommen konnte; wohl aber hatte sie die Bedeutung, welche ihr Tertullian zuschreibt. Um das Jahr 200 erstreckte sich die Verfolgung auch auf sie, darum die Vorschriften, man habe sie bezüglich des Begräbnisses den Gläubigen gleichzustellen, darum die Ausdehnung der Bluttaufe auf sie [9]). Doch mußte der Katechumene dem kirchlichen Katechumenate angehören, Häretikern diente sie nicht zum Heile. Kann wohl, fragt Cyprian, die Kraft der Taufe größer und mächtiger sein, als das Bekenntniß, das Leiden, wenn Jemand vor den Menschen Christus bekennt und durch sein Blut getauft wird? Aber auch diese Taufe nützt dem Häretiker nicht, obwohl er Christus bekennt und außerhalb der Kirche getödtet wurde. Wenn auch die Patronen und Advokaten der Häretiker Solche Martyrer nennen, sie sind blos im Feuer Verbrannte und Ermordete [10]).

Wie Cyprian [11]) leitet Origenes den Namen Taufe, für die Vergießung des Blutes um Christi willen, von den Worten Jesus ab, es stehe ihm eine Taufe bevor, Luc. 12. 50; Worte, unter welchen er die Vergießung seines Blutes verstehe [12]). Ebenso stellt er sie höher als die Wassertaufe, denn sie läßt nicht nur, wie diese, Sünden nach, sondern schließt auch die künftigen aus [13]).

Der Beweis für die Wirkungen der Bluttaufe wird aus dem Satze geführt: Jeden, der mich vor den Menschen bekennt, werde ich auch vor meinem himmlischen Vater bekennen. Der Erlöser bekennt Jeden, der ihn bekennt, auch wenn er vor diesem Bekenntnisse jeder Sünde schuldig gewesen wäre. Würde er diese nämlich nicht bekennen, so wäre sein Ausspruch: ich bekenne Jeden, der mich bekennt, falsch [14]).

---

9) cf. Probst, Lehre und Gebet in den ersten drei Jahrhunderten §. 28. S. 96.
10) Cyp. epist. 73. p. 285. c. cf. de unit. eccles. p. 401. c. Origenes drückt dieses so aus: Wie nur dem durch die Wassertaufe Sünden nachgelassen werden, welcher des heiligen Geistes empfänglich ist, so verhält es sich auch mit diesem Bekenntniß. Das bloße Wort: Herr, Herr, ist kein Bekenntniß, um dessen willen Jesus auch ihn bekennt. cf. in Math. tom. 16. n. 6. p. 300.
11) Cyp. epist. 73. p. 285. f.
12) Orig. in lib. Judic. hom. 7. n. 2. p. 48.   13) l. c.
14) Orig. in Math. t. 16. n. 6. p. 300.

Zudem verheißt derselbe Herr dem in seinem Leiden glaubenden und bekennenden Schächer das Paradies [15]). Endlich bedeckt die Liebe die Menge der Sünden, die Liebe, welche Gott liebt aus allen Kräften, mit welchen sie im Martyrium streitet, aus ganzer Seele, welche sie für Gott hingibt und den Menschen mit Gewalt zum Märtyrer macht [16]).

Die Taufe kann man aber nur einmal empfangen [17]), denn nach dem evangelischen Gesetze können wir nicht abermal im Wasser und dem heiligen Geiste zur Vergebung der Sünden getauft werden [18]). Da drängte sich denn das Bedenken auf, ob durch die Lehre von der Bluttaufe nicht die von der Einen und blos einmal zu ertheilenden Wassertaufe alterirt werde. Der Verfasser der Schrift de rebaptismate ist unseres Wissens der Einzige, der auf diesen Gegenstand eingeht. Nachdem er von der Bluttaufe gehandelt, bemerkt er: das ist nicht so zu verstehen, als ob es zwei Taufen wären, es sind nur verschiedene Species der Einen doppelgestaltigen Taufe (unum hoc duplex baptisma), so zwar, daß ohne Gefährde die eine oder andere mangeln, die eine aber auch mit der anderen bestehen kann. Katechumenen, die das Martyrium erleiden, können die Wassertaufe entbehren, dennoch ertheilt man sie ihnen, wenn es möglich ist und Gläubige können die Bluttaufe ermangeln, weil sie im Namen Christi getauft sind, der sie durch sein kostbares Blut erlöst hat, dennoch können sie selbe auch empfangen, ohne daß sie zweimal getauft werden, denn die Wellen der christlichen Taufe fluthen aus Einer Quelle hervor, aus der Seite des Herrn, aus der Wasser und Blut floß [19]).

Diese Erörterung spricht den Gedanken aus, die Ursache der Wiedergeburt ist das Leiden Christi, dessen Früchte dem Täuflinge auf doppelte Weise zugewendet werden, einmal durch die Wassertaufe, die darum auf den Tod Christi geschieht und in ihrer Untertauchung ein Symbol desselben ist [20]), das anderemal durch das wirkliche Sterben um Christi

---

15) Cypr. l. c. p. 285. f. u. 286. a.  16) Tert. scorpiac. c. 6. p. 361.
17) Tert. de bapt. c. 15. p. 202. Cyp. epist. 63. p. 228. a.
18) Orig. ad Martyr. c. 30. p. 641. cf. in Math. t. 16. n. 6. p. 301. in Joan. t. 6. n. 25. p. 357. Möhler glaubt, Origenes liege der Grund hievon in dem mit Gott geschlossenen Bunde, der durch menschliche Treulosigkeit zwar verletzt, aber nicht umgestoßen werden könne. Patrologie. S 556. Adamantinus gibt jedoch in der obigen Stelle keine Veranlassung zu dieser Annahme, wohl aber deutet er an, daß die geistige Geburt so wenig eine wiederholbare sein könne als die irdische Geburt. In Joan. t. 6. n. 17. p. 336. ad Rom. l. 5. n. 8. p. 253.
19) De rebaptis. p. 641. a–f. cf. Tert. de baptis. c. 16. p. 203. Der Apologet nennt sie a. a. O. duos baptismos.
20) cf. A. C. l. 7. c. 22.

willen in der Bluttaufe. Deßwegen erinnern auch die apostolischen Constitutionen: obwohl Jemand ein Katechumene ist, mag er trauerlos sterben, denn das Leiden für Christus wird ihm eine noch ächtere Taufe sein, weil ein solcher in der Wirklichkeit dem Herrn stirbt, der andere aber typisch [21]). Die Ursache ist beidemal dieselbe (Leiden Christi) wie die Wirkung (Wiedergeburt) dieselbe ist. Der Modus, durch den die Wirkung dem Täufling vermittelt wird, ist hingegen ein doppelter, ein sakramentaler (Wassertaufe) und ein nicht sakramentaler (Bluttaufe); deßhalb wird die Einheit und Unwiederholbarkeit des Sakramentes durch die Bluttaufe nicht aufgehoben und doch dasselbe bezweckt. In einer anderen Form kehrt derselbe Gegenstand in der Begierdetaufe wieder.

### §. 28. Begierde- und Feuertaufe.

Der Auktor des Buches de rebaptismate unterscheidet nicht nur eine doppelte, sondern eine dreifache Taufe, außer den genannten beiden kennt er nämlich noch eine Geistestaufe. Sie wird dem zu Theil, welcher die Wassertaufe nicht empfangen kann. Zum Beweise dafür, daß gläubigen Menschen der heilige Geist auch ohne Wassertaufe zu Theil werde, beruft er sich auf Apostelgeschichte 10. 44—48. Cornelius und die Seinigen wurden aber doch getauft, damit sie auch die Anrufung des Namens Jesu Christi empfangen, ne quid eis deesse videretur ad integritatem ministerii et fidei [1]). Der Verfasser entwickelt in seiner Schrift den Satz: im Sakramente ist die Gnade vermöge göttlicher Einsetzung an ein äußeres Zeichen geknüpft und wird durch dieses dem Menschen zu Theil. Der heilige Geist, der weht, wo er will, kann aber auch ohne dieses Instrument wirken und im Nothfalle thut er es auch. Das ist der baptismus spiritalis oder die Begierdetaufe.

2) Schon vor der Zeit, als der Verfasser der genannten Schrift lebte, gab es häretische Betrüger, von welchen er Folgendes aussagt. Weil Johannes lehrte, es werde Einer kommen, der mit heiligem Geiste und Feuer taufe, haben es verzweifelte Menschen, Nachfolger des Simon Magus, unternommen, Leichtgläubige und Einfältige zu täuschen, und ihre Taufe für die vollkommene und vollständige auszugeben, der gegenüber die kirchliche verstümmelt und beschnitten sei. Durch eine

---

21) A. C. l. 5. c. 6. p. 838.
1) De rebapt. p. 633. a.—d.

Vorrichtung erschien nämlich in demselben Momente Feuer über dem Wasser, als der Täufling in dasselbe stieg ²). Es genügt, diese Albernheit erwähnt zu haben, die an die Consecration der Eucharistie von Seite einiger Gnostiker erinnert.

Wichtiger, obwohl dunkel, ist das, was Origenes von der **Feuertaufe** sagt. Er versteht unter ihr theils ein Reinigungsfeuer ³), in dem Jesus die, welche aus dem Leben scheiden und einer Läuterung bedürfen, tauft, ehe sie in den Himmel aufgenommen werden. Diese Taufe empfängt jedoch nur der, welcher das Zeichen der früheren Taufe an sich trägt ⁴). Obwohl aber der Leib durch die Wassertaufe zum Behältniß der geheiligten Seele wird und die Wirkungen der Seele sich auch auf ihn erstrecken, so ist das Origenes doch nicht genug. Unser jetziger Leib hat in Folge der Sünde diese grobe, materielle Form erhalten (Thierfelle im Paradies); verklärt und ätherisirt wird er erst durch die **Auferstehung**. Unter ihr versteht er daher nach unserer Auffassung die Feuertaufe im höchsten Sinne, denn durch sie wird der Leib ebenso wiedergeboren und neugeschaffen, wie die Seele durch die Wassertaufe ⁵).

3) Eines eigenthümlichen Gebrauches, nämlich einer **stellvertretenden Taufe für Verstorbene**, gedenkt Paulus. Unter den Gründen für die Auferstehung macht er auch den geltend, daß diejenigen, welche sich für Verstorbene taufen ließen, sonst etwas ganz Thörichtes und Widersinniges thun würden. 1 Cor. 15. 29. Es war dies also ein damals nicht ungewöhnlicher Vorgang. Wahrscheinlich geschah es für solche, welche die Absicht, sich taufen zu lassen, zu erkennen gegeben, aber vor der Erfüllung ihres Vorsatzes gestorben waren ⁶). Es war dann ein überlebender Verwandter, der sich statt des Todten taufen ließ, um damit öffentlich der Gemeinde ein Zeugniß zu geben, daß der Abgeschiedene dem Wunsche und der Gesinnung nach als Glied der Kirche gestorben sei, und um dadurch für ihn die kirchliche Fürbitte zu erlangen, welche

---

2) De rebaptis. p. 619. a.—d.
3) Nach Eusebius gab er jedoch auch der Bluttaufe diesen Namen. Euseb. h. e. l. 6. c. 4. p. 395.    4) Orig. in Luc. hom. 24. p. 372.
5) Der Vollständigkeit wegen wollten wir hierauf aufmerksam machen, ohne den Gegenstand weiter zu verfolgen, da er mit dem Sakrament der Taufe in keiner weiteren Verbindung steht.
6) Daß alle Versuche einer anderen Erklärung der viel besprochenen Stelle gewaltsam und unhaltbar sind, wird jetzt wohl allgemein anerkannt. Vgl. Adalb. Maier's Comm. über den ersten Cor.Brief. S 318. Wer möchte jetzt noch die Erklärung von Estius: ὑπὲρ τῶν νεκρῶν heiße jam jam morituri, sich aneignen?

sonst den ohne Taufe Verschiedenen nicht gewährt wurde. Daß der Ritus noch zu Tertullians Zeiten mitunter stattfand, liegt in dessen Worten: Si autem baptizantur quidam pro mortuis, videamus an ratione. De resurr. carn. 48. [7]).

## §. 29. Klinische Taufe.

Die kirchliche Taufe wurde durch Untertauchen in Wasser vollzogen und war von verschiedenen Ceremonien umgeben. Kranke und Sterbende konnten nicht untergetaucht, und wenn Gefahr auf dem Verzuge lag, mußten die Ceremonien weggelassen werden. Man besprengte die im Bette Liegenden (daher der Name Klinische Taufe) einfach mit Wasser unter Anrufung der Trinität. Novatus, den man dem Tode nahe hielt, wurde in demselben Bette (ἐν αὐτῇ κλίνῃ) in welchem er lag, übergossen und erhielt so die Taufe [1]).

Der liber pontificalis schreibt dem Papste Viktor die Anordnung zu, im Nothfalle könne Jeder, der den Glauben an die christliche Religion ausspreche, da wo er sich gerade befinde, sei es an einem Flusse oder dem Meere, oder einer Quelle, getauft werden. Die Angaben des Buches sind zwar nicht zuverlässig; sieht man aber von Papst Viktor ab, so ist an der Richtigkeit des angeführten Faktums nicht zu zweifeln. In den genannten Worten liegt jedoch nicht nur, im Nothfalle dürfe ein Ungläubiger ohne längere Vorbereitung getauft werden, sondern sie enthalten zugleich den Gedanken, es genüge an dem Untertauchen in das Wasser und dem Aussprechen der Form, mit Uebergehung alles Uebrigen. Das ist auch die Lehre der apostolischen Constitutionen. Wenn weder Oel noch Chrisam vorhanden ist, genügt das Wasser [2]). War dieses bezüglich der Salbung der Fall, so um so mehr gegenüber den übrigen Ceremonien.

Ueber die Weglassung des Exorcismus belehrt uns Cyprian. Einige wandten gegen die klinische Taufe ein, die so Getauften seien dämonischen Einflüssen mehr ausgesetzt. Cyprian bestreitet dieses, indem

---

7) Döllinger, Christenthum und Kirche. S. 841.
1) Euseb. h. c. l. 8. c. 48. p. 469. Ἐν αὐτῇ τῇ κλίνῃ, ᾗ ἔκειτο, περιχυθεὶς (τὸ βάπτισμα) ἔλαβεν, εἴ γε χρὴ λέγειν τὸν τοιοῦτον εἰληφέναι. οὐ μὴν οὐδὲ τῶν λοιπῶν ἔτυχε, διαφυγὼν τὴν νόσον, ὧν χρὴ μεταλαμβάνειν κατὰ τὸν τῆς ἐκκλησίας κανόνα· τοῦ τε σφραγισθῆναι ὑπὸ τοῦ ἐπισκόπου. τούτου δὲ μὴ τυχών, πῶς ἂν τοῦ ἁγίου πνεύματος ἔτυχε.
2) A. C. l. 7. c. 22.

er dagegen die Erfahrungsfätze aufstellt, der Exorcismus allein sei häufig nicht im Stande, böse Geister auszutreiben, bringe man aber den Betreffenden zur Taufe, so verlassen sie ihn. Damit will er zeigen, der beste Exorcismus, der alle anderen ersetze, sei die Taufe, weßwegen es unter Umständen an dieser allein genüge. Sodann bemerkt er, der Einfluß der Dämonen auf die Getauften habe seine Ursache nicht in dem Weglassen des Exorcismus, da klinisch Getaufte ebenso häufig von ihm frei seien, als regelmäßig Getaufte ihm unterliegen, sondern in dem sittlich religiösen Verhalten des Christen. Hüte sich dieser vor Sünden, so vermögen die Dämonen nichts gegen ihn, wenn er auch klinisch getauft sei, widrigenfalls werde er von ihnen angefochten, trotz der regelmäßig empfangenen Taufe [3]). Dadurch wird einerseits die Anwendung des Exorcismus vor der Taufe bestätigt, andererseits gelehrt, daß der Exorcismus nicht nachgeholt wurde. Wenn daher Papst Cornelius schreibt, nachdem Novatian von seiner Krankheit genesen, habe er das Uebrige, was er nach der Regel empfangen sollte, nicht empfangen und sei von keinem Bischofe besiegelt worden [4]), so ist unter dem „Uebrigen" nicht blos der nachträgliche Empfang der Firmung zu verstehen.

Größeren Bedenken unterlag diese Taufe wegen **des Besprengens**, statt des Untertauchens. Selbst dem Papste Cornelius ist sie verdächtig. Er sagt von Novatus, er wurde im Bette besprengt und erhielt so die Taufe, wenn ein solcher Empfang diesen Namen verdient [5]). Ein gewisser Magnus fragte den heil. Cyprian, was er von jenen halte, welche in Krankheit und Schwäche die Gnade Gottes empfangen, ob sie für rechtmäßige Christen zu halten seien, weil sie mit dem heilsamen Wasser nicht gewaschen (loti) sondern besprengt wurden. Der heilige Bischof will nicht apodiktisch entscheiden, spricht sich jedoch für die Gültigkeit derselben aus. Seine Gründe sind: die göttliche Taufgnade werde nicht partiell verliehen, wenn von Seite des Spenders wie des Empfängers der volle und ganze Glauben vorhanden sei; man dürfe also nicht annehmen, Solche seien nicht vollständig wiedergeboren. Sodann sei die Befleckung der Seele eine andere als die des Leibes. Wenn daher dieser zur Reinigung ein förmliches Bad bedürfe, so nicht auch jene [6]). End-

---

3) Cypr. epist 76. p. 322 u. 323. cf. §. 14.  4) Euseb. l. c.
5) Euseb. l. c.
6) Bei den Sakramenten des Heils, wo sie Noth zwingt und Gott seine Gnade schenkt, verleiht die göttliche Sache, obwohl äußerlich abgekürzt den Gläubigen das Ganze. (Totum credentibus conferunt divina compendia.)

lich spreche auch die Schrift (Ezechiel 36. 25. Numeri 19. 28.) von einer bloßen Besprengung mit Wasser. Daraus erhelle, daß die Besprengung mit Wasser, wie das heilsame Bad zu Recht bestehe. Oder haben jene die Gnade des Herrn zwar erlangt, aber in kürzerem und geringerem Maaße des göttlichen Geistes, so daß sie zwar für Christen gehalten, doch nicht den Uebrigen gleich gesetzt werden dürfen? Doch der heilige Geist wird nicht nach Maß verliehen, sondern ganz über den Gläubigen ausgegossen. Denn wenn der Tag Aller auf gleiche Weise anbricht und die Sonne sich über Alle mit gleichem Lichte ergießt, um wie viel mehr theilt Christus, die wahre Sonne und der wahre Tag in seiner Kirche, das Licht des ewigen Lebens mit unverkürzter Gleichheit aus. Zudem wäre es geradezu eine Herabsetzung der kirchlichen Taufe, wenn man sie beanstanden wollte und die der Häretiker für gültig erkläre, ohne sie zu fragen, ob sie besprengt oder abgewaschen seien [7]).

Da die Uebung, im Nothfalle durch Besprengung zu taufen, dadurch außer Zweifel gesetzt ist, sind auch die Worte Tertullians nicht ohne Bedeutung, der unbußfertigen Katechumenen zuruft: wer wird dich auch nur einmal mit irgend einem Wasser besprengen [8]), das heißt, man wird dich nicht nur nicht zur feierlichen Taufe, die durch dreimaliges Untertauchen geschah, zulassen, sondern nicht einmal besprengen. Das Letzte kann hinwieder nur so verstanden werden, daß in Nothfällen, in welchen die Disposition des Täuflings nicht genauer geprüft und die Vorbereitung nicht vollendet werden konnte, auf diese Weise getauft wurde. Dadurch erhalten auch die Worte ihr volles Gewicht. Wenn dir die Buße mangelt, wirst du gar nicht getauft, auch nicht in der Weise, wie man Jene tauft, deren Vorbereitung noch mangelhaft ist. Kurz, im Nothfalle ließ man die Taufe durch Besprengen gewähren, für gewöhnlich wurde sie aber durch Untertauchen, oder wenigstens Uebergießen, gespendet [9]).

### Zweiter Artikel.

### Zeit und Ort, Minister und Empfänger der Taufe.

#### §. 30. Zeit der Taufe.

Eine festgesetzte Zeit für die Spendung der Taufe gab es nicht. Die Lehre von der unumgänglichen Nothwendigkeit derselben befahl, sie in

---

[7]) Cypr. epist. 76. p. 821—824.
[8]) Tert. de poenit. c. 6. p. 58. cf. §. 19. not. 10.      [9]) cf. §. 39.

Nothfällen ohne Rücksicht auf den Tag und die Stunde zu ertheilen. Aber auch abgesehen hiervon, war im Allgemeinen keine Zeit für ihren Empfang vorgeschrieben. Im alten Bunde, bemerkt Tertullian über die Heilung des Lahmen am Teiche Bethesda, wurden Kranke einmal im Jahre geheilt, jetzt empfangen die Völker **täglich** das Heil, indem durch Abwaschung der Sünden der Tod getilgt wird¹). Jeder Tag des Herrn, jede Stunde, jede Zeit ist tauglich zur Taufe. Wenn auch bezüglich der Solennität ein Unterschied obwaltet, bezüglich der Gnade liegt nichts daran²). An sich war demnach die Zeit gleichgültig, mit Rücksicht auf die Solennität hingegen nicht. Für gewöhnlich sollte der Taufe nämlich eine Vorbereitung vorangehen. Sobald sich nun das Katechumenat, in welchem die Zöglinge auf den Empfang des Sakramentes herangebildet wurden, entwickelt hatte, ergab es sich von selbst, daß man gewisse Tage, als eigens für den Empfang der Taufe bestimmt, fixirte. Die gemeinsame Vorbereitung Vieler hatte einen gemeinsamen Unterricht und eine gemeinsame Zulassung zur Taufe zur Folge. In dem gemeinsamen Hinzutreten Vieler lag die Solennität. Wenn sich daher, abgesehen von Tertullian, selbst aus den Schriften Justins schließen läßt, daß **Ostern** schon damals zum Tauftage erkoren war³), so enthält diese Angabe zugleich einen Beweis für eine entwickelte Katechumenatsdisciplin. Hippolyt bemerkt zu Daniel 13. 15: die Aeltesten warteten einen passenden Tag ab, um Susanna zu überfallen. Was für einen Tag, außer Pascha, an welchem den im Garten Verlangenden das Bad

---

1) Tert. de baptis. c. c. p. 191.
2) Die ganze, noch öfter citirte Stelle lautet: Diem baptismo solemniorem Pascha praestat, cum et passio Domini in qua tinguimur, adimpleta est, nec incongruenter ad figuram interpretabitur, quod cum ultimum Pascha Dominus esset acturus, missis discipulis ad praeparandum, Invenietis, inquit, hominem aquam baiulantem. Paschae celebrandae locum de signo aquae ostendit. Exinde Pentecoste ordinandis lavacris latissimum spatium est, quo et Domini resurrectio inter discipulos frequentata est, et gratia spiritus sancti dedicata et spes adventus Domini subostensa quod tunc in coelos recuperato eo, angeli ad Apostolos dixerunt, sic venturum quemadmodum et in coelos conscendit, utique in Pentecoste. Sed enim Hieremias cum dicit: Et congregabo illos ab extremis terrae in die festo, Paschae diem significat et Pentecostes, qui est proprie dies festus. Ceterum omnis dies Domini est, omnis hora, omne tempus habile baptismo; si de solemnitate interest, de gratia nihil refert. Tert. de bapt. c. 19. p. 206.
3) cf. Probst Lehre und Gebet ꝛc. §. 30. S. 91. Dasselbe liegt der mystischen Zahlendeutung des Clemens A. zu Grunde. Wenn er schreibt, die Zahl 50 ist Symbol der Hoffnung und Vergebung, die an Pfingsten ertheilt wird: so weist er damit auf die Taufe hin. Daß er aber blos Pfingsten und nicht Ostern nennt hat seinen Grund in der Zahl 50, die er für Ostern nicht gebrauchen konnte. cf. Probst Lehre und Gebet §. 31. S. 112.

bereitet, und die sich waschende Susanna als reine Braut Gott dargestellt wird⁴)? Es fragt sich noch, warum gerade Ostern als solenner Tauftag auserwählt wurde? Die Antwort lautet, weil die Katechumenen auf den Tod und die Auferstehung des Herrn getauft wurden⁵), war dieser Tag der passendste. Wenn Tertullian das Wort Pascha gebraucht und als Ursache für die Wahl dieses Tages angibt, an ihm sei das Leiden des Herrn, auf das wir getauft werden, erfüllt worden; wenn er ferner diesem beifügt, man habe nicht unpassend die Schriftstelle: „ihr werdet einen Menschen finden, der Wasser trägt", hierauf bezogen: so könnte man glauben, er verstehe unter Pascha nicht Ostern, sondern den Charfreitag. Allein schon der Ausdruck: passio adimpleta est, bezieht sich auf den Tag der Auferstehung. Noch mehr ist dieses mit dem weiteren Grunde, den er für diesen Tag geltend macht, der Fall. „Auch Jeremias c. 31. weist auf Pascha und Pfingsten hin, wenn er sagt: und ich werde sie von den Enden der Erde am Festtage versammeln, denn Pascha und Pfingsten ist der eigentliche Festtag"⁶). Hier ist offenbar Ostern gemeint.

Sodann gewährte Pfingsten den freudigsten Zeitraum⁷) zur Spendung der Taufe, denn während dieser Zeit (der 50 Tage) wiederholte sich die Auferstehung des Herrn nicht nur öfter vor den Jüngern, sondern auch die Gnade des heiligen Geistes wurde verheißen und die Hoffnung auf die Wiederkunft des Herrn (bei der Himmelfahrt) dargethan⁸).

2) Wie wir hören werden, war die Kindertaufe schon früher, nach Origenes, seit den Tagen der Apostel in Uebung. Selbstverständlich konnte für sie eine Vorbereitung und Ostern nicht maßgebend sein. Man taufte das Kind alsbald nach der Geburt. Von diesem Standpunkte aus werden die Aeußerungen Tertullians über die tägliche Taufe erst klar. Kinder taufte man zu jeder Zeit, Erwachsene erhielten das Sakrament auf solenne Weise an Ostern und Pfingsten.

---

4) Ἐν τῷ παρατηρεῖν αὐτοὺς ἡμέραν εὔθετον· ποίαν εὔθετον, ἀλλ' ἢ τὴν τοῦ πάσχα, ἐν ᾗ τὸ λουτρὸν ἐν παραδείσῳ τοῖς καιομένοις ἑτοιμάζεται, καὶ Σωσάννα ἀπολουομένη, καθαρὰ νύμφη θεοῦ παρίσταται; v. 15. Hippol. de Susanna. p. 443. Gall. II. cf. Can. arab. c. 33. p. 95.

5) A. C. l. 5. c. 16. u. 19.   6) Tert. de bapt. c. 19. p. 206.

7) Oehler hat die allein richtige Lesart wieder hergestellt: exinde pentecoste ordinandis lavacris *laetissimum* spatium est. Wendet doch Tertullian unmittelbar hernach Jerem. 31. 8. darauf an mit den Worten: paschae diem significat et pentecostes qui est proprie dies festus. A. Weiß, die altkirchliche Pädagogik. S. 163.

8) Tert. l. c.

Im dritten Jahrhunderte, in welchem die Kindertaufe aus begreiflichen Gründen immer häufiger wurde, suchte sich die Uebung geltend zu machen, sie erst am achten Tage nach der Geburt zu spenden. Im alten Bunde wurden die Kinder am achten Tage beschnitten, eine symbolische Zahl, die im neuen Testamente dadurch ihre Erfüllung erhielt, daß Christus am achten Tage d. h. am Tage nach dem Sabbathe, auferstand, uns belebte und die geistige Beschneidung verlieh [9]). Da zudem die jüdische Beschneidung durchweg als Type der Taufe angesehen wurde, so daß sie selbst den Namen „geistige Beschneidung" erhielt, ist leicht einzusehen, wie man zu diesem Gebrauche kam. Die Sache wurde auf einem karthaginensischen Concil, unter dem Vorsitz des hl. Cyprian, verhandelt und beschlossen, daß diese Sitte nicht zu billigen sei. Von diesem Beschlusse unterrichtete Cyprian den Bischof Fidus brieflich [10]).

## §. 31. Ort der Taufe.

Barnabas legt die Stelle Ezechiel 47. 12.: „ein Fluß zog sich rechts hin und von ihm stiegen schöne Bäume auf, wer von ihnen ißt, wird leben in Ewigkeit", auf folgende Weise aus: Voll von Sünden und Unflath steigen wir in das Wasser, aber Früchte tragend kommen wir wieder heraus und haben in unserem Herzen die Frucht und in unserem Geiste die Hoffnung auf Jesus [1]). Bezüglich des Ritus liegt in diesen Worten, die Taufe sei durch Untertauchen in einem Flusse vollzogen worden, denn vor der Taufe wurden die Katechumenen dahin geführt, „wo Wasser ist" nach der Taufe aber an den Versammlungsort der Gläubigen [2]).

Die Angabe Justins „wo Wasser ist" erläutert Tertullian durch Meer, Fluß ꝛc. Er führt nemlich die heiligende Kraft des Wassers auf den über den Gewässern schwebenden göttlichen Geist zurück. Von ihm, dem Heiligen, geheiligt, empfieng die Natur der Wasser die Kraft, selbst zu heiligen, deßhalb macht es keinen Unterschied, ob Jemand im Meere oder Sumpfe, in einem Flusse oder einer Quelle [3]), ob in einem See oder Graben abgewaschen wird. An solchen Orten zu taufen war auch in der apostolischen Zeit Sitte, denn Petrus taufte in der Tiber [4]).

---

9) Cyp. epist. 59. p. 212. c.  10) Cypr. l. c. p. 211.
1) Barnab. epist. c. 11. p. 24.  2) Just. apol. c. 65. p. 266.
3) In einer Quelle und auch in einem Graben war ein Untertauchen nicht möglich, weßwegen diese Orte ein Uebergießen voraussetzen.
4) Ideoque nulla distinctio est, mari quis an stagno, flumine an fonte,

Ferner begab sich Petrus mit den Katechumenen in der frühesten Morgenstunde an einen versteckten Ort am Meere und taufte sie zwischen Steinen an einem ruhigen und reinen Orte [5]). Selbst noch Ende des dritten Jahrhunderts fand dieses statt. Als sich die Wächter des h. Viktor, durch ein Wunder erschüttert, plötzlich bekehrten, wurden sie mit Zuziehung von Priestern, so weit es die Zeit erlaubte, unterrichtet und in derselben Nacht, nicht im Kerker, sondern am Meere getauft [6]).

Aus diesen Worten folgt, daß bei den Kirchen damals kein Baptisterium war [7]). Da nemlich Geistliche die heilige Handlung vornahmen, ist nicht einzusehen, warum sie sich, statt zu demselben, an das Meer begeben haben sollten. Auf der anderen Seite lag es sehr nahe, daß die Gläubigen bei dem damaligen Tauritus für einen eigenen und abgesonderten Taufplatz Sorge getragen haben werden, nichts von den Verfolgungen und der Arcandisciplin zu sagen, welche die Sakramentsspendung vor den Heiden zu verbergen befahl. In dieser Beziehung scheinen die im vorigen §. angegebenen Worte Hippolyts von Interesse zu sein. Die Geschichte der Susanna legt er allegorisch auf die Taufe aus. Die sich Waschende sinnbildet den Täufling; der Tag, den die Aeltesten zum Ueberfall abwarten, ist „Pascha, an welchem den im Garten ($\varepsilon\nu$ $\pi\alpha\rho\alpha\delta\varepsilon\iota\sigma\omega$) Verlangenden das Bad bereitet wurde". Wie er in Susanna und dem Tage ein Symbol erblickt, so auch in dem Garten (Paradies). Es muß demnach der an dem Meere, oder Flusse befindliche Taufplatz, einem Garten ähnlich, umhegt und blos für den Eigenthümer zugänglich gewesen sein. Vielleicht nannten ihn die Christen geradezu Paradies, wenigstens läßt Hippolyt dieses vermuthen.

Abgesehen von dem Angeführten bemerkt er nämlich bei Erklärung von Dan. 13. 18, „die Mädchen der Susanna schloßen die Thüre des Gartens und giengen durch eine Nebenpforte hinaus, um das Verlangte zu holen", dieses deutet an, der welcher in dem Paradiese an dem Wasser Theil haben wolle, ($\varepsilon\nu$ $\tau\omega$ $\pi\alpha\rho\alpha\delta\varepsilon\iota\sigma\omega$ $\upsilon\delta\alpha\tau\sigma\varsigma$ $\mu\varepsilon\tau\alpha\lambda\alpha\beta\varepsilon\iota\nu$) müsse der weiten Thüre entsagen und durch die schmale und enge eintreten [8]). Mit dem Worte Paradies bezeichnet er hier offenbar den Platz, an welchem

---

lacu an alveo diluatur, nec quidquam refert inter eos quos Joannes in Jordane et quos Petrus in Tiberi tinxit. Tert. de bapt. c. 4. p. 188.
5) Clem. hom. 14. n. 1.   6) Ruinart. II. n. 11. p. 202.
7) Um so weniger war dieses hundert Jahre früher der Fall. Tertullian unterscheidet den am Wasser befindlichen Taufplatz deutlich von der Kirche. De coron. c. 3. p. 840. Aquam adituri, ibidem, sed et aliquanto prius in ecclesia.
8) Hippol. de Susann. p. 444. Gall.

sich das Taufwasser befand. Der Ort, an dem der Mensch geistig neu geschaffen, oder wiedergeboren wurde, trug den Namen von dem Orte, an welchem ihn Gott schuf, auch nicht mit Unrecht. Das Vorhandensein eines solchen Platzes beweisen noch mehr die Worte der arabischen Kanonen Hippolyts: Consistant prope undas *piscinae* aquae purae benedictione paratae [9]). Piscina klingt zwar für jene Zeit fremd, ist aber kein Anachronismus, Angesichts des Satzes: sed nos pisciculi secundum ichtyn nostrum Jesum Christum in aqua nascimur [10]). Ferner wird in dem Cömeterium des Callistus die Wirkung der Taufe durch den Gichtbrüchigen, der sein Bett trägt, abgebildet. Dieser wurde aber in piscina Joh. 5. 4. geheilt, weßwegen sich das Wort aus dem Evangelium leicht auf den Taufplatz übertrug, wie denn auch Tertullian von der piscina bethsaida spricht [11]). Nennt aber Hippolyt denselben in dem Commentar zu Daniel: Paradies und in den Kanonen: Piscina, so folgt daraus blos, daß der Name noch nicht fixirt war. Ein abgesonderter Ort war hingegen vorhanden. Wenn nämlich Haneberg an dem Worte undas Anstoß nimmt und bemerkt, das entsprechende arabische Wort bezeichne, aquam piscinae baptismatis aut vivam, aut recens infusam et adhuc commotam esse debere [12]): so paßt diese Erklärung völlig auf die damaligen Tauforte. An Baptisterien, wie sie im vierten Jahrhundert errichtet wurden, ist nämlich nicht zu denken. Sie befanden sich vielmehr am Meere, oder einem Flusse, kurz an lebendigem Wasser, waren abgeschlossen und blos für die Betheiligten zugänglich.

Die Uebung, in einem Flusse 2c. zu taufen, war übrigens keine ausnahmslose. Petrus taufte den Cornelius in seinem Hause [13]). Kranken und Gefangenen gegenüber verstand es sich ohnehin von selbst. Der Kerkermeister erhielt vom Apostel die Taufe im Gefängnisse [14]). Dasselbe geschah an Rogatianus, wie an Donatianus [15]). Kranke wurden im Bette mit Wasser besprengt [16]).

## §. 32. Spender der Taufe.

Weil dem Bischofe, als dem vorzugsweise geistlichen Vater, die Mitwirkung bei der geistlichen Zeugung und Wiedergeburt vorzugsweise

---

[9] Hippol. Can. arab. p. 75.   [10] Tert. de bapt. c. 1. p. 184.
[11] Tert. de bapt. c. 5. p. 191.   [12] Hippol. l. c. p. 112.
[13] Act. 10. 47.   [14] Act. 16. 32.   [15] Ruinart. II. p. 51. u. 73.
[16] cf. §. 29.

zukommt, war es in den Tagen der apostolischen Väter nicht erlaubt, ohne den Bischof zu taufen [1]). Damit ist nicht gesagt, der Bischof habe immer selbst diese Handlung geübt, denn bekanntlich tauften die Apostel selten. Die Nachfolger konnten sich aber das nicht als **ausschließliches Recht** zuschreiben, was ihre Vorgänger und Vorbilder Anderen anvertrauten. Unter ihrer **Aufsicht und mit ihrer Genehmigung** sollte es jedoch geschehen, und das blieb in unserer ganzen Periode in Kraft.

Die feierliche Taufe an Ostern nahm wohl meistens der Bischof vor. Die große Menge der Täuflinge machte es aber bald nöthig, daß er einen Theil dieses Berufes den Presbytern zuwies. Die apostolischen Kanonen [2]) führen den Bischof **oder Presbyter** als Minister der Taufe an. Die Sibylle des achten Buches (Vers 271) läßt den Täufling durch die Hände der Priester erleuchtet werden; ebenso Hippolyt [3]) und Cyprian [4]). Die Diaconen sollten ihnen bei diesem Geschäfte blos dienen. Als die niederen Cleriker in der Kirche eingeführt wurden, that man ihnen zu wissen: wir wollen auch nicht, daß die übrigen Cleriker die Taufe spenden, nämlich die Lektoren, Sänger, Thürhüter, Diener, sondern nur die Bischöfe und Presbyter unter zu Hilfnahme der Diaconen [5]).

Im Allgemeinen war das Taufen, als eine priesterliche Handlung, den **Laien** untersagt [6]), im Nothfalle aber nicht nur gestattet, sondern befohlen, und es entsprach dem Geiste der Kirche nicht, wenn der Katechumene Rogatianus deßhalb das Sakrament nicht erhielt, weil kein Priester zugegen war [7]). Die Gültigkeit einer durch Laien ertheilten Taufe war nie beanstandet, wie die Ketzertaufe lehrt. Wurde diese von der Kirche anerkannt, so konnte sie nicht lehren, „der Clerus sei vermöge **göttlichen Rechtes** zur **alleinigen** Verleihung jener heiligen Handlung berechtigt". Die Laien waren nie vermöge göttlichen Rechtes von dieser Handlung ausgeschlossen, wohl aber vermöge kirchlichen Rechtes auf die

---

1) Ignat. ad Smyr. c. 8. p. 173 und das nachfolgende Citat aus Cyprian.
2) Canon. Apost. 47. 49. 50.   3) Hippol. in Theoph. n. 5. p. 493.
4) Cypr. epist. 73. p. 280. d. Unde intelligimus non nisi ecclesia praepositis et in evangelica lege ac dominica ordinatione fundatis licere baptizare ... Nec hoc sine scripturae divinae auctoritate proponimus, ut dicamus certa lege ac propria ordinatione divinitus cuncta esse disposita, nec posse quemquam *contra episcopos et sacerdotes* usurpare sibi aliquid, quod non sit sui juris et potestatis.
5) A. C. l. 3. c. 11. Selbstverständlich war es ihnen aber im Nothfalle gestattet. Si a minore clero per necessitatem (baptisma) traditum fuerit. De rebaptis. p. 637. e. Cyp. opera.
6) A. C. l. 3. c. 10.   7) Ruinart II. n. 2. p. 169.

Ausübung im Nothfalle beschränkt. Bei einer Schifffahrt, schreibt die Synode von Elvira vor, oder wenn überhaupt keine Kirche nahe ist, darf auch ein Laie, wenn er sein Taufbad (durch Abfall) nicht befleckt hat und kein bigamus ist, einen auf den Tod erkrankten Katechumenen taufen, aber der Bischof hat nachträglich noch die Händeauflegung (Firmung) zu ertheilen. l. c. can. 38. Den Frauen wurde hingegen die Spendung dieses Sakramentes nicht gestattet. Wenn der Mann das Haupt der Frau ist und nur er zum Priester erwählt wird, widerspricht es der Gerechtigkeit und der durch die Schöpfung gegebenen Ordnung, daß mit Uebergehung des Hauptes das niederste Glied des Leibes diese Funktion übernehme [8]).

Am vollständigsten und klarsten verbreitet sich über diesen Gegenstand Tertullian: „Das Recht, die Taufe zu spenden hat der oberste Priester, der **Bischof**, hierauf die **Presbyter** und **Diaconen**, aber nicht ohne Genehmigung des Bischofes, wegen der Ehre der Kirche [9]), ist diese gewahrt, so ist auch der Friede gewahrt. Außerdem haben auch die **Laien** das Recht dazu . . . Sie sollen sich jedoch der Bescheidenheit und Ehrfurcht, welche den Obern geziemt, befleißen und sich nicht bischöfliche Befugnisse anmaßen, sondern blos dann davon Gebrauch machen, wenn die Verhältnisse des Ortes, der Zeit, oder Person dazu drängen. Dann nämlich wird der Einstand (constantia) des Hilfe Bringenden angenommen, wenn der Umstand (circumstantia) des Hilfe Suchenden drängt. Er würde schuldig an dem Verderben eines Menschen, wenn er zu thun unterließe, was er ungehindert konnte [10]). Im Folgenden verurtheilt er noch die Frechheit, wenn eine Frau taufen wollte.

Was die **Ausübung der einzelnen Funktionen** betrifft, so wurde wohl für gewöhnlich das Taufgelübde in die Hand des Bischofs abgelegt, wie er auch die eigentliche Taufhandlung vollzog. Exorcismus und Salbung, besonders die letzte, wurde hingegen von Presbytern, oder auch Diaconen vorgenommen. Beim Aus- und Anziehen der Täuflinge waren Diaconen und Diaconissen, unter Hilfeleistung der Pathen, thätig. Die apostolischen Constitutionen schreiben bezüglich der Salbung des weiblichen Geschlechtes vor, der Diacon soll Frauen blos auf der Stirne

---

8) A. C. l. 3. c. 9.
9) Propter ecclesiae honorem. Honor (wofür ordo gebraucht ist exhort. cast. 7.) ist wie τιμή so oft bei Clemens A. und Origenes, kirchliches Amt. Weiß l. c. p. 164.
10) Tert. de bapt. c. 17. p. 204.

falben, das Weitere der Diaconissin überlassend ¹¹). Ebenso nahmen die getauften männlichen Personen, beim Heraussteigen aus dem Wasser, Diaconen, die weiblichen, Diaconissen, auf ¹²).

2) Ueber die Frage, ob auch Häretiker gültig taufen können, erhob sich im dritten Jahrhunderte eine bedeutende Controverse ¹³). Zuerst wurde die Gültigkeit der Ketzertaufe auf einer afrikanischen Synode (zwischen 218 und 222), welcher der Bischof Agrippinus von Karthago präsidirte, bestritten. Augustinus und Vincentius (common. c. 9.) sagen, unter ihm sei die apostolische Disciplin verfälscht worden, denn er habe gegen die Ansicht der übrigen Bischöfe die Wiedertaufe eingeführt. Hippolyt bestätigt es, indem er Callist darüber einen Vorwurf macht, daß man unter ihm zuerst angefangen habe, eine zweite Taufe zu ertheilen ¹⁴). Zwischen den Jahren 230—235 verwarfen die orientalischen Synoden von Synaba und Iconium gleichfalls die Ketzertaufe ¹⁵).

In die Fußstapfen des Agrippinus trat Cyprian. „Es ist bei uns, schreibt er, nicht neu und erst kürzlich eingeführt, die von den Ketzern in die Kirche Herübergekommenen zu taufen, indem es schon viele Jahre und eine lange Zeit ist, seit unter Bischof Agrippinus sehr viele Bischöfe auf einer Synode dieses beschlossen haben und seitdem bis auf den heutigen Tag haben viele tausend Häretiker die Taufe ohne Weigern empfangen ¹⁶). Cyprian beruft sich so auf seinen Vorgänger, daß man wohl erkennt, ältere Zeugnisse fehlen ihm, deßhalb antwortet er auch seinen Gegnern: sie halten unseren Vernunftgründen die Gewohnheit entgegen. In geistlichen Dingen muß man aber das beobachten, was der heilige Geist besser geoffenbart hat. Ihre Tradition ist eine menschliche, aber keine gesetzliche ¹⁷).

Blos Einer ist es, auf den sich Cyprian noch berufen konnte, Tertullian. Obwohl er besonders die Taufe jener Häretiker verwirft, die nicht denselben Gott und Christus haben, steht er doch auf einem ähn-

---

11) A. C. l. 3. c. 15.   12) A. c. l. 3. c. 16.
13) Wir gehen auf den Ketzertaufstreit nicht ausführlich ein. Jede Kirchengeschichte gibt über ihn Auskunft. Man vergleiche besonders Hefele, Conciliengeschichte I. S. 91 und Mattes in der Tübinger Quartalschrift 1849.
14) Hipp. philosoph. l. 9. n. 12. p. 402.   15) Euseb. h. c. l. 7. c. 7.
16) Cypr. p. 78. In diesen Worten will Cyprian das hohe Alter seiner Praxis begründen; aber er kann sie nicht weiter als bis Agrippinus hinauf datiren und seine eigenen Worte, besonders das „seitdem" (exinde) geben zu, daß in Afrika erst Agrippinus diese Praxis eingeführt habe. Hefele, Concilgesch. l. p 96. Auch Eusebius nennt die römische Praxis die „der alten Sitte" entsprechende. Euseb. l. c. l. 7. c. 2. p. 488.
17) Cyp. epist. 73. u. 74.

lichen Standpunkt, wie Cyprian. Er war aber ein Zeitgenosse des
Agrippinus und der Beschluß der Synode unter Agrippinus wurde sehr
wahrscheinlich durch ihn influenzirt. Seine Schrift über die Taufe verfaßte er zwar noch als Katholik, zur Zeit der Synode war er aber bereits Montanist. Darum hat er wohl auch ein anderes Buch über diese
Frage griechisch geschrieben, damit es von den damals darüber streitenden
und rathschlagenden Orientalen beherzigt werde [18]).

Im Morgenlande urtheilt zwar Clemens A. ungünstig über die
Taufe der Häretiker [19]), von einer Ungültigkeit, beziehungsweise Wiederholung derselben, redet er jedoch nichts. Die apostolischen Constitutionen
und Kanones der Apostel, die aber wahrscheinlich den genannten Synoden
gefolgt sind, thun dieses. Die ersten verordnen, man soll sich mit einer
einmaligen Taufe zufrieden stellen, nicht mit einer solchen, welche unselige
Häretiker, sondern untadelhafte Priester im Namen des Vaters, Sohnes
und heiligen Geistes ertheilen. Weder die der Gottlosen ist annehmbar,
noch wird die von den Heiligen ertheilte durch eine zweite entkräftet.
Wenn nämlich Ein Gott, Ein Christus und Ein Paraclet ist und auch
Ein Tod Christi, so auch Eine, auf diesen Tod verliehene Taufe. Die
aber von jenen Gottlosen eine Befleckung empfangen, nehmen Theil an
ihrer Unordnung, denn sie sind keine Priester und die von ihnen Getauften
sind nicht getauft, sondern befleckt, sie empfangen keine Nachlassung der
Sünden, sondern werden durch das Band der Gottlosigkeit gebunden.
Doch nicht nur dieses, sondern die, welche Getaufte noch einmal taufen,
kreuzigen den Herrn abermal, tödten ihn zum zweitenmal, verspotten das
Göttliche, verhöhnen das Heilige, verachten den heiligen Geist, verunehren
das heilige Blut als ein gemeines. Sie handeln gottlos gegen den,
welcher (den Sohn) gesendet hat, gegen den, welcher gelitten hat, gegen
den, welcher Zeugniß gab [20]).

Das stand nämlich bei Allen fest, es gibt nur Eine Taufe. Einmal empfangen wir das Bad, einmal werden die Sünden nachgelassen,
weil sie nicht wiederholt werden darf [21]). Wir rebaptiziren darum Häretiker, die zu uns kommen, nicht, sondern taufen sie, weil sie keine
Taufe haben. Könnten sie gültig taufen, so wären sie und nicht wir im

---

18) Döllinger, Hippolyt und Kallist. S. 191.
19) Clem. strom. l. 1. c. 19. p. 875. Εἶτα ἐπιφωνεῖ (σοφία scl.). „οὕτω γὰρ διαβήσῃ ὕδωρ ἀλλότριον", τὸ βάπτισμα τὸ αἱρετικόν, οὐκ οἰκεῖον καὶ γνήσιον ὕδωρ λογιζομένη.
20) A. C. l. 6. c. 15.
21) Tert. de bapt. c. 15. p. 202. cf. Orig. in Levit. hom. 8. n. 10. p. 148.

Besitze der Taufe, denn duo baptismata gibt es nicht, sondern blos unum baptisma und das findet sich in der Einen Kirche ²²).

## §. 33. Empfänger der Taufe; Kindertaufe.

Jeder Ungläubige, der um Aufnahme in die Kirche bat, wurde mit Freuden aufgenommen, jedoch nicht sogleich zur Taufe, sondern vorerst zum Katechumenate zugelassen. In ihm fand die Vorbereitung auf den Empfang der Taufe, sowohl nach der intellectuellen als moralischen Seite statt. Wenn die Katechumenen das, was gelehrt wurde, glaubten und darnach zu leben versprachen, erhielten sie das Sakrament, während man schlecht vorbereitete Katechumenen zurückstellte oder ganz abwies.

Hievon wurde in der Lehre vom Katechumenate gehandelt¹). Es genügt darum hier an Einem Beispiele zu zeigen, wie eindringlich die Katechumenen zu einer würdigen Vorbereitung aufgefordert wurden. „Wer die Taufe unwürdig empfängt, dem gereicht sie zum Verderben. Nicht Alle werden zum Heile abgewaschen, aber ich weiß nicht, wer zum Heile abgewaschen ist. Simon wurde abgewaschen und nach Empfang der Taufe verweilte er in der Gesellschaft des Philippus, weil er aber nicht zum Heile abgewaschen war, wurde er von dem verworfen, welcher im heiligen Geiste zu ihm gesagt hatte: dein Geld sei mit dir zum Verderben. Es ist sehr schwierig, daß der, welcher abgewaschen wird, zum Heile abgewaschen wird. Beachtet es, höret es, ihr Katechumenen und setzet euch in die rechte Verfassung, so lange ihr Katechumenen seid, damit ihr nicht abgewaschen werdet wie Gewisse, welche abgewaschen sind, aber nicht zum Heile, als solche, welche das Wasser, aber nicht den heiligen Geist empfangen ... Jeder sündigen Seele, welche zu glauben vorgibt, gelten die Worte, welche der Prophet an Jerusalem richtet: Mit Wasser bist du gewaschen, jedoch nicht zum Heile" ²).

Ferner mußten die Competenten den Willen, getauft zu werden, aussprechen. Justin erklärt dieses nicht nur ausdrücklich, sondern gibt auch den Grund dafür an. Die Taufe bewirkt eine wahrhafte Geburt. Während aber die leibliche, da nicht die Kinder, sondern die Eltern sie

---

22) Cyp. epist. 71. p. 271. a. u. b. Ebenso sprechen die Bischöfe auf der Synode zu Karthago. Cyp. oper. p. 603. a.
1) cf. Probst, Lehre und Gebet in den ersten drei Jahrhunderten. cap. 3.
2) Orig. in Ezech. hom. 6. n. 5. p. 157. cf. in Num. hom. 3. n. 1. p. 275.

verursachen, ein Akt der Nothwendigkeit ist, hängt die geistige vom freien Willen ab; denn nur die, welche wiedergeboren werden wollen und Buße thun, empfangen die Taufe. Während jene uns zu Kindern der Nothwendigkeit und Unwissenheit macht, macht uns diese zu Kindern der Freiheit und des Wissens ³). Man fragt deßwegen heute noch vor der Ertheilung des Sakramentes: willst du getauft werden? ein Gegenstand, auf den wir §. 35. zurückkommen.

Das gilt von allen Erwachsenen, deren Taufe damals die Regel bildete, doch sind noch einzelne Fälle namhaft zu machen, in welchen die Taufe auf eine bestimmte Zeit, oder bis auf das Todbett verschoben wurde. Das letzte Verfahren wurde zu Anfang des vierten Jahrhunderts mit Besessenen eingehalten ⁴). Um die Mitte des dritten Jahrhunderts war es aber wohl noch nicht üblich. Nach dem Briefe Cyprians an Magnus müssen auch Energumenen getauft worden sein, widrigenfalls er nicht schreiben konnte, der böse Geist verharre bisweilen hartnäckig bis zur Taufe, mit ihr aber weiche er ⁵). Wenn eine Katechumena Einen heirathete, der seine Frau unschuldig verstoßen hatte, wurde ihr die Taufe auf fünf Jahre verschoben und nur wenn sie schwer erkrankt war, durfte sie früher getauft werden ⁶). Eine Katechumena, die durch Ehebruch schwanger wurde und das Kind ermordete, wurde erst am Ende des Lebens getauft ⁷). Ein Gläubiger, der sich zum delator hergab, und durch seinen Verrath Ursache wurde, daß man Jemand proscribirte oder tödtete, sollte auch nicht am Lebensende die Communion empfangen. War die Sache aber nicht so schwer, so konnte er nach fünf Jahren die Communion empfangen und einen Katechumenen ließ man nach fünf Jahren zur Taufe zu⁸).

2) Außer den Erwachsenen wurden aber auch Kinder getauft. Für die Kindertaufe beruft man sich gewöhnlich auf jene Stellen, denen gemäß die Apostel ganze Familien tauften ⁹), obwohl sie keine genügende Beweiskraft besitzen. Denn es ist fraglich, ob sich unter den Familiengliedern kleine Kinder befanden, worum es sich gerade handelt. Sind jedoch die Kinder, wie die Erwachsenen zum Reiche Gottes berufen

---

3) Just. apol. c. 61. p. 258.
4) Eos qui ab immundis spiritibus vexantur, si in fine mortis fuerint constituti, baptizari placet. Conc. Elib. can. 37.
5) cf. §. 14. u. 19.
6) Concil Elib. c. 11. cf. Probst, Lehre und Gebet. §. 37. S. 141.
7) Concil Elib. c. 68.
8) Concil Elib. c. 73. Einige andere Fälle sind in meiner so eben citirten Schrift §. 37 aufgenommen.
9) act. 10. 48.; 16. 15. 33.; 1 Cor. 1. 16.

Math. 19. 14, und kann in dieses keiner eingehen, der nicht getauft ist, Joh. 3. 3, 5, dann wird man sagen müßen, weil Alle berufen und Alle Sünder sind und durch die Taufe die Barmherzigkeit Gottes erlangen, kommt es auch Allen zu, sie zu empfangen [10]). Man wird unter den „Allen" um so mehr auch die Kinder begreifen müßen, als Justin von der fleischlich jüdischen Beschneidung, die den Kindern ertheilt und von jeher als Type der Taufe angesehen wurde, auf die geistig christliche Beschneidung, oder Taufe übergeht. Der heilige Martyrer kennt auch Solche, die von Kindheit an für Christus erzogen die Jungfräulichkeit beobachteten [11]) und Jrenäus rechtfertigt die Kindertaufe durch den Satz: Jesus kam, um Alle durch sich zu retten; Alle, die durch ihn in Gott wiedergeboren werden, Kinder, Kleine, Jünglinge, Männer, Greise [12]). Die Unterscheidung von infantes und parvuli setzt es außer Zweifel, daß er neu geborene Kinder im Auge hat. Das Argument, das er aber dafür geltend macht, lautet: Jesus hat die menschliche Natur überhaupt und darum die aller Lebensalter angenommen und sie damit objektiv und potentiell erlöst, deßwegen können alle der Erlösungsfrüchte durch die Taufe theilhaftig werden.

Den Gegenstand von der subjektiven Seite gefaßt, drängte sich die Frage auf, was fehlt denn dem, der einmal im Mutterleibe von Gott gebildet wurde? Wie Gott nicht auf die Person sieht, so auch nicht auf das Alter. Sollte irgend etwas den Menschen an Erlangung der Taufgnade hindern, so wären es schwere, von Erwachsenen begangene Sünden. Ein neugeborenes Kind hat hingegen nichts gesündigt, außer daß es, fleischlich von Adam abstammend, bei der Geburt sich das Contagium des alten Todes zuzog. Es tritt daher um so leichter zur Vergebung der Sünden, als ihm nicht eigene, sondern fremde Sünden nachgelassen werden [13]). Das war die Antwort, die der Bischof Fidus auf den Antrag erhielt, die Kinder acht Tage nach der Geburt zu taufen. Man muß sie deßhalb sogleich getauft haben, denn Cyprian wirft „den Gefallenen" vor, dadurch, daß sie den Götzen opferten, haben sie nicht

---

10) Just. D. c. T. c. 43. p. 139. Ἡμεῖς δὲ διὰ τοῦ βαπτίσματος αὐτὴν, ἐπειδὴ ἁμαρτωλοὶ ἐγεγόνειμεν, διὰ τὸ ἔλεος τὸ παρὰ τοῦ θεοῦ ἐλάβομεν, καὶ πᾶσιν ἐφετὸν ὁμοίως λαμβάνειν.

11) l. c. apol. 1. c. 15.

12) Omnes enim venit per semetipsum salvare; omnes, inquam, qui per eum renascuntur in Deum, infantes et parvulos et pueros et juvenes et seniores. Ideo per omnem venit aetatem, et infantibus infans factus, sanctificans infantes etc. Iren. l. 2. c. 22. n. 4. p. 147.

13) Cyp. epist. 59. p. 211. u. 212.

nur ihr eigenes Heil geopfert, sondern noch mehr, selbst Kinder haben sie auf den Armen zu den Götzenopfern mitgenommen, die dadurch verloren haben, quod in primo statim nativitatis exordio fuerant consecuti ¹⁴). Wenn ferner kleine Kinder, von der Amme in die Kirche getragen, die Eucharistie empfiengen, wird Niemand an ihrer Taufe zweifeln.

Was im Abendlande Uebung war, war es nicht weniger im Morgenlande. „Taufet eure Kinder, schreiben die apostolischen Constitutionen vor, und erziehet sie in Zucht und den Geboten Gottes, der sagt: lasset die Kleinen zu mir kommen und wehret es ihnen nicht ¹⁵). Der Grund lag den griechischen Schriftstellern besonders in dem Mysterium unserer Geburt, dem zufolge keiner von Befleckung rein ist, wenn er auch nur Einen Tag auf Erden lebte. Weil die Taufe die Flecken der Geburt wegnimmt, weil Niemand in den Himmel eingeht, der nicht aus Wasser und Geist wiedergeboren ist ¹⁶), ist es kirchlicher Gebrauch, die Kinder zu taufen; denn wenn in den Kindern nichts wäre, was der Nachlassung und Verzeihung bedarf, wäre die Gnade der Taufe überflüssig ¹⁷), und dieser Gebrauch stützt sich auf apostolische Ueberlieferung ¹⁸).

Doch gegen die Kindertaufe als einen altchristlichen Gebrauch soll Tertullian zeugen! Nachdem er die kirchlichen Vorsteher im Allgemeinen erinnert hat, die Taufe nicht voreilig zu spenden, sondern die Lage und Disposition eines Jeden zu berücksichtigen, denn die cunctatio baptismi utilior est, fährt er fort: das betrifft vorzüglich die Kinder. Was ist es sodann nothwendig, auch die Pathen (sponsores) der Gefahr auszusetzen, da der Tod ihre Versprechungen vereiteln, die Ausartung des heranwachsenden Kindes sie täuschen kann. Der Herr sagt zwar: wehret ihnen nicht, zu mir zu kommen. Sie mögen also kommen, da sie heranwachsen, kommen wenn sie lernen, indem sie belehrt werden, wohin sie kommen, sie mögen Christen werden, wenn sie Christus zu erkennen vermögen. Was eilt das unschuldige Alter zur Vergebung der

---

14) Cyp. de laps. p. 375. d.   15) A. C. l. 6. c. 15.
16) Orig. in Math. t. 15. n. 23. p. 285. Hom. 14. in Luc. p. 335.
17) In Levit. hom. 8. n. 3. p. 139.
18) Ecclesia ab apostolis traditionem suscepit, etiam parvulis baptismum dare. Orig. ad Rom. l. 2. n. 9. p. 264. Auch diesen Worten fügt er bei: Sciebant enim illi quibus mysteriorum secreta comissa sunt divinorum, quod essent in omnibus genuinae sordes peccati, quae per aquam et spiritum ablui deberent. Ueber die Aussprüche Cyprians vergleiche man ferner §. 30.

Sünden? Vorsichtiger geht man in weltlichen Dingen zu Werke; wie? Dem man Irdisches nicht anvertraut, dem anvertraut man Göttliches? Mögen sie erst um das Heil bitten lernen, damit du es dem Bittenden gegeben zu haben scheinst [19]). Was lehren diese Worte? daß um das Jahr 200 die Kindertaufe allgemein war, daß aber der Apologet aus Gründen der Nützlichkeit das Zuwarten empfiehlt. Die Taufe gesunder, kräftiger Kinder soll man hinaus schieben, bis man sie unterrichtet habe. Gilt das auch von schwächlichen Kindern und in der Todesgefahr? Man verweist auf das u n s c h u l d i g e Alter, das der Vergebung der Sünden nicht bedürfe. Allein Tertullian kennt die Lehre von der Erbsünde sehr genau [20]); die peccata sind persönliche Sünden und die ganze Stelle ist nach den oben angeführten Worten Cyprians zu erklären. Nur die F o l g e r u n g der beiden Afrikaner ist eine verschiedene. Weil die Kinder ohne persönliche Sünden sind, kann man sie ungehindert taufen, schließt der Eine, aus diesem Grunde wartet mit der Taufe zu, sagt der Andere, denn sie könnten später, ehe sie reif und fest geworden sind, in solche fallen. Mit solchen Ansichten trugen sich auch Andere und verschoben die Taufe bis aufs Todbett. Ehe ich sterbe, lasse ich mich taufen, damit ich nicht sündige und die Taufe verunehre, sagten sie. Mit Berufung auf Sprichwörter 27. 1. tadeln dieses nicht nur die apostolischen Constitutionen [21]), sondern Tertullian selbst tritt dagegen auf [22]).

Aus den obigen Worten Tertullians geht endlich hervor, daß bei der Taufe P a t h e n verwendet wurden. Sie legten das Versprechen ab, über dem Täufling zu wachen, um ihn vor Abwegen zu bewahren und im Guten zu fördern. Die Annahme, der Martyrer Viktor sei der Pathe des Alexander, Longinus und Felicianus gewesen, wird nicht unberechtigt sein. Den im Gefängnisse schmachtenden Heiligen bewachend wurden sie durch ein wunderbares Ereigniß plötzlich bekehrt, warfen

---

19) Tert. de bapt. c. 18. p. 206.
20) Möhler, Patrologie. S. 758. Daß er überhaupt nicht den Gedanken hegt, der Mangel an Sünden mache die Taufe überflüssig, geht daraus hervor, daß er auch die Taufen der Wittwen und Jungfrauen verschoben wissen will. Der Grund, warum er die Verschiebung der Taufe empfiehlt, liegt in der Furcht, die Getauften möchten später in Sünden fallen und, weil es keine zweite Buße gebe, für immer verloren sein. Der spätere Rigorismus regt sich in dieser Aengstlichkeit, ohne jedoch vorerst gefährlicher Natur zu sein.
21) A. C. l. 6. c. 15.
22) Tert. de poenit. c. 6. In den Recognitionen heißt es: Weil durch die Taufe Vergebung der Sünden ... Wiedergeburt und Vollkommenheit ertheilt wird, soll man ohne Verzug eilen, Gott wiedergeboren zu werden, denn keiner weiß, wenn seine Todesstunde eintritt. Recog. l. 6. c. 9.

sich Viktor zu Füßen und baten um die Taufe. Sofort heißt es: Unter Zuziehung von Priestern, soweit es die Zeit gestattete, sorgfältig unterrichtet, führte er sie in derselben Nacht zum Meere und hob die daselbst Getauften mit eigenen Händen aus dem Bade ²³).

Die Wache haltenden Soldaten, wegen ihrer Bekehrung zum Tode verurtheilt, ermuthigte der Heilige durch eine in seinen Akten aufbewahrte Rede zum standhaften Ausharren und erfüllte so das Versprechen, das er als Pathe abgelegt. Zugleich sieht man aus dieser Erzählung, daß die Pathen bei der Taufhandlung selbst thätig waren ²⁴) und daß nicht nur Kinder, sondern auch Erwachsene solche hatten. Die Ursache liegt zu Tage. Der Täufling war wieder- und neugeboren, er war in den Augen der Kirche ein Kind, gleichviel wie sein physisches Alter beschaffen war; das kam hier nicht in Betracht. Die zweite Geburt vernichtet die erste und begründet den Anfang eines neuen Lebens. Darum heißt es vom Getauften, er habe angefangen ²⁵). Weil ferner das Kind an der Kirche eine Mutter hatte, mochte ein Pathe oder Vormünder zweckdienlich sein, aber er war nicht nothwendig und noch weniger hieng die Gültigkeit der Taufe von seiner Anwesenheit ab, denn die Wiedergeburt selbst geschieht durch Wasser und den heiligen Geist.

### Dritter Artikel.

### Die Taufhandlung und die sie umgebenden Ceremonien.

#### §. 34. Lesungen, Prophezeihungen.

Bei der Darstellung des Taufritus wird man es in Ordnung finden, wenn so weit möglich der Ritus der feierlichen Spendung an Ostern berücksichtigt wird. Sodann liegt es theilweise in der Aufgabe dieser Schrift, Ursprung und Verständniß des römischen Ritus nachzuweisen und aufzuschließen, weßwegen die Berücksichtigung des römischen Rituale in der Natur der Sache liegt. Zudem glauben wir, der ganze in ihm beschriebene Taufritus stamme, wie die Wasserweihe, aus den ältesten Zeiten.

---

23) Ruinart. II. n. 11. p. 202. Passio Victoris etc.
24) Die Frauen, welche weibliche Personen entkleiden halfen, waren wahrscheinlich Pathen. Hippol. can. arab. 19. n. 7. p. 75. cf. §. 38. not. 19.
25) Orig. in Luc. hom. 28. p. 382.

Die Osternacht brachten die Christen in der Kirche, wachend und betend, zu: Leset, verordnen die apostolischen Constitutionen, Gesetz, Propheten und Psalmen bis zum Hahnenrufe und ertheilet euren Katechumenen die Taufe. Nach ehrfurchtsvoll gelesenem Evangelium und vollendeter Predigt leget die Trauer ab ... und bringet eure Opfer dar, das der Herr in den Worten anordnete: thut dieses zu meinem Andenken [1]). Die Feier begann hienach mit Lesungen, welchen die Taufe und die Darbringung des Meßopfers folgten. Nicht weniger war dieses oder Aehnliches in Karthago der Fall. Cyprian übertrug nämlich dem neu ernannten Lektor Saturus am Ostertage **mehrere Lesungen** [2]). Nach dem römischen Missale giengen der Weihe des Taufwassers und der Taufe gleichfalls Lesungen vorans, die wir unter dem Namen „**Prophezeihungen**" noch besitzen [3]).

Das Wort „Prophezeihung" bezeichnet bekanntlich nicht blos Weissagungen im strengen Sinne, sondern auch symbolische Reden und Typen. In diesem Sinne wurde und wird das ganze **alte Testament** eine **Prophezeihung** auf den neuen Bund genannt. Weil die genannten Lesungen alttestamentliche Typen und Symbole für christliche Wahrheiten enthalten, wurde ihnen dieser Name ertheilt, eine Benennung, die mit dem Sprachgebrauche des Jrenäus übereinstimmt. Der in den Schriften verborgene Schatz ist Christus, weil er durch Typen und Parabeln angedeutet war. Vor der Ankunft Christi konnten sie darum auch nicht verstanden werden, denn jede Prophezeihung hat für den Menschen vor ihrem Eintreffen Räthselhaftes und Zweideutiges [4]). Es liegt aber in der Natur der Sache, daß diese Lesungen, Typen und Symbole für die auf sie folgenden christlichen Geheimnisse, die **Taufe, Firmung** und **Eucharistie**, enthielten. Und umgekehrt, weil sie solche Vorbilder enthalten, wurde ihnen der Name Prophezeihungen gegeben.

Sieht man auf den **Inhalt** dieser Lesungen, so fällt zuerst auf, daß, soweit er sich **bildlich** darstellen läßt, er in den ältesten Denkmälern der christlichen Kunst figurirt. In den Cömeterien sieht man den ersten Menschen im Paradiese, Noe, die Arche und Taube, Abrahams Opfer, das Abendmahl, Jonas (Ninive), die Jünglinge im Feuerofen. Daß diese Bilder christliche Geheimnisse symbolisiren, ist

---

1) A. C. l. 5. c. 19.   2) Cyp. epist. 34. p. 80.
3) Cerei paschalis benedictionem sequuntur lectiones ad *catechumenorum* instructionem olim recitatae, quae tamen antiquitus praecessisse videntur. Martene, de antiquis ecclesiae ritibus. l. 4. c. 24. n. 18. p. 148.
4) Iren. l. 4. c. 26. n. 1. p. 262.

anerkannt. Die Citate, die wir aus Tertullian dem Weihegebet über das Taufwasser und Oel beigefügt haben, zeigen, daß der Mensch durch die Taufe neu geschaffen und darum die Schöpfung desselben im Paradiese zugleich als ein Symbol der Wiedergeburt angesehen wurde. Noe mit der Arche und Taube war nicht nur Type für die Taufe, sondern auch für die Firmung. Das Opfer Abrahams faßte man als Type des eucharistischen Opfers [5]). Der Durchgang durch das rothe Meer symbolisirte von den Tagen des Apostels an die Taufe, wie das Schlachten und Essen des Opferlammes die Eucharistie. Die Niniviten und Jonas sind Symbole der Buße und Verzeihung, die Einführung in das gelobte Land bildete den Eintritt in die Kirche vor und die drei Jünglinge im Feuerofen galten als Typen der in der Verfolgung zu Gott betenden Kirche.

Für gewöhnlich wurden jedoch blos zwei oder drei Lesungen vorgetragen und die zwölf auf einanderfolgenden Lesungen stimmen mit der alten Praxis nicht zusammen [6]). Die Vermuthung spricht darum dafür, in der alten Zeit haben je drei Lesungen zusammen gehört, nach welchen, wie die apostolischen Constitutionen andeuten, Psalmen gesungen wurden; diese Zwischenakte fielen später aus und wurde dafür jeder Lektion eine Oration angehängt. Daß in der Osternacht viermal drei Lektionen gelesen wurden, erklärt sich leicht aus der außerordentlichen und langen Feier dieser Nacht und die Zahlenmystik der ältesten Schriftsteller legte die Zwölfzahl bei Gelegenheit der Taufe (Trinität und vier Weltgegenden) sehr nahe. Besonders Clemens A. [7]) und Origenes finden in den meisten Zahlen eine geheimnißvolle Bedeutung.

Unter der Voraussetzung, je drei Lesungen gehören zusammen, erhält man folgendes Schema.

1. Schöpfung. Neuschöpfung in der Taufe.
2. Noe und Taube. Symbol der (Taufe und) Firmung.
3. Abrahams Opfer; eucharistisches Opfer.
IV. Durchgang durch das rothe Meer; Wirkung der Taufe; der Sünde sterben.
5. Jesaias c. 54. 17.—c. 55. 11. das Erbe der Knechte Gottes.

---

[5]) Es wird dieses in einem anderen Bande nachgewiesen werden.
[6]) Da die Zahl der Lesungen in verschiedenen Zeiten eine verschiedene war, wollen wir nicht behaupten, alle 12 Lesungen seien in den ersten Jahrhunderten üblich gewesen. Ueber ihre Zahl vergleiche man Martene l. c. n. 17.—19. p. 140.
[7]) Clemens bemerkt z. B. Einige sagen die Zahl zwölf bedeute die Predigt, weil es zwölf Apostel waren. strom. l. 6. c. 11. p. 788.

6. Baruch c. 3. 9. 38.

VII. Vision des Ezechiel c. 37. 1—14. Neubelebung durch die Taufe.

8) Jesaias c. 4. 1—6. Heiligung, Firmung.

9) Osterlamm exod. c. 12. Eucharistie.

X. Predigt des Jonas c. 3. Verzeihung der Sünden.

11. Deutron. c. 31. 7. 27. ꝛc. Einführung in die Kirche und Bedrohung der Rückfälligen.

12. Die drei Männer im Feuerofen. Dan. c. 3. Das Leben in der Kirche ⁸).

Weil sich die Spendung der Taufe, Firmung und Eucharistie unmittelbar folgten, bilden die Symbole dieser Mysterien je ein dreigegliedertes Ganze. Die Gedanken der drei ersten Lesungen wiederholen sich in der 7., 8. und 9. Prophezeihung unter anderen Bildern. Wie sich aber diese beiden Ternare entsprechen, so auch Lesung 4. 5. 6. und Prophezeihung 10. 11. 12. Symbolisiren nämlich die beiden ersten dreigestaltigen Lesungen die objektiven Heilsgeheimnisse, so die zwei anderen die Wirkungen derselben am Menschen, das subjektive Moment. Man kann entgegnen, Eine der Lesungen, die aus dem Buche Baruch, passe nicht in diesen Rahmen. Auf den ersten Blick scheint es auch so, denn sie sollte sich auf die Eucharistie beziehen und von ihr findet sich in dieser Prophezie nichts. Bei genauerem Zuschauen verhält es sich jedoch anders. Erinnert man sich der Beschaffenheit des altchristlichen Dankgebetes, so wird Niemand entgehen, daß die Lesung aus Baruch eine Prophezie auf dasselbe ist. Die Größe und Herrlichkeit Gottes in der Schöpfung und die barmherzige Führung seines Volkes bildet den Inhalt der betreffenden Lesung, wie des Dankgebetes. Auf diese Eucharistie wurde der Täufling hingewiesen.

### §. 35. Widersagung und Exorcismus.

Der Katechumene mußte den Willen, getauft zu werden, aussprechen (Justin cf. §. 33.), weßwegen er befragt wurde. Ja die Worte Tertullians,

---

8) Nach der Taufe begannen der Lehre der alten Schriftsteller zufolge die Versuchungen erst recht. Simul enim et de pristinis satisfacimus conflictatione carnis et spiritus et *subsecuturis tentationibus* munimenta praestruimus ... Nam et praecesserat dictum: Neminem intentatum regna coelestia consecuturum. Ipsum Dominum *post lavacrum* statim tentationes circumsteterunt. Tert. de bapt. c. 20. p. 208. Die verfolgten und versuchten Gläubigen symbolisiren die Männer im Feuerofen.

man soll die Kinder nicht zu bald taufen, denn sie sollen um das Heil zu bitten wissen [1]), erinnern sehr stark an das römische Ritual, das den ordo baptismi mit der Frage beginnt: quid petis ab ecclesia Dei.

Ferner bezeichnet nach demselben Ritual der Priester den Täufling mit dem Kreuze und schreitet, nachdem er ihm Salz gereicht, zur Widersagung und dem Exorcismus. Ueber die Kreuzesbezeichnung der Katechumenen bei ihrem Eintritte in die erste Klasse wurde im zweiten Bande gehandelt [2]). Das dort Gesagte macht es schon mehr als wahrscheinlich, daß auch der Taufakt mit dem Kreuzeszeichen begonnen haben werde. Wenn aber die excerpta Theodots das Kreuz das Zeichen nennen, welches die Ungläubigen von den Gläubigen scheidet [3]), so deutet dieses ebenso bestimmt darauf hin, als das Wort Cyprians: die, welche Gott erlangen, werden auf der Stirne bezeichnet [4]), denn das Dominum promerentur paßt offenbar besser auf Täuflinge, als einfache Katechumenen. Anders lassen sich auch die Worte des Origenes kaum verstehen: Sobald der Gläubige zu dem Taufwasser kommt, Signacula fidei prima suscepit [5]). Was die Reichung von Salz betrifft, ist aus unserer Periode ein einziger Ausspruch des Origenes bekannt, der darauf bezogen werden kann, aber nicht muß. Er sagt: der, welcher wiedergeboren wird, muß ... vernünftige und arglose Milch verlangen und ehe er solche Milch verlangt, muß er mit Salz gesalzen und in die Hülle von Tücher gewickelt werden [6]). Die Frage lautet: ist hier von wirklichem Salze oder blos von einem Symbole der Gnade die Rede? Origenes bemerkt nämlich ausdrücklich: wenn wir die göttliche Gnade erlangen und mit ihrer Gabe erfüllt werden, werden wir mit Salz gesalzen. l. c. Die Veranlassung, vom Salze zu reden, bot ihm die Erklärung von Ezechiel 15. 4. und da hier vom Abwaschen eines neugeborenen Kindes gesprochen wird, gab sich die Hin-

---

1) Norint petere salutem, ut petenti dedisse videaris. Tert. de bapt. c. 18. p. 206.
2) Probst, Lehre und Gebet §. 40. S. 153.
3) Theod. excerpt. n. 4. Clem. opera. p. 979.
4) Cypr. unit. eccles. p. 403. e.
5) Orig. in Num. hom. 12. n. 4. p. 375.
6) Orig. in Ezech. hom. 6. n. 6. p. 158. Observa, quod dicimus: anima renascens et in primum in lavacro edita, involvitur pannis. Ipse dominus meus Jesus pannis involutus est. Oportet ergo eum, qui renascitur, utique in Christo renascentem rationabile et sincerum lac desiderare, et priusquam rationabile et sine dolo lac desiderat, debet sale saliri et pannorum involucris colligari, ne dicatur ad eum, sale non es salitus et pannis non es involutus.

weisung auf die Taufe von selbst. Soweit liegt also nirgends ein Grund vor, diese Worte von einer wirklichen Reichung von Salz zu verstehen ⁷). Hingegen wird die buchstäbliche Fassung dieser Worte, durch die Verbindung derselben mit jenen, welche von dem Einwickeln in Tücher reden, empfohlen. Ist das letzte nicht allegorisch, sondern buchstäblich zu verstehen, so wird das auch von dem mit ihm unmittelbar verbundenen sale saliri gelten. Selbstverständlich faßte ja auch die Kirche diese Handlung für einen allegorischen Akt und das Salz als Symbol der Weisheit. Insofern muß die Allegorie mit hinein spielen und es fragt sich blos, ob schon damals das Salzen mit Weisheit durch die Reichung von materiellem Salze veranschaulicht wurde, oder ob die genannten und ähnliche Worte erst Anlaß zum Gebrauche des Salzes boten? Zu entscheiden wagen wir nicht.

2) Um so sicherer ist die **Widersagung** bezeugt. Tertullian nennt sie einen alten Gebrauch in der Kirche ⁸). Sie war so alt und eingebürgert, daß selbst die gnostischen Ebioniten nicht umhin konnten, sie zu adoptiren. In dem den Homilien vorausgeschickten Briefe Petri an Jacobus heißt es, der, welcher das Buch entfalte, soll betheuren, wie wir bei der Taufe betheuren mußten ⁹). Die Taufe wird Tod und Ende des alten Lebens genannt, weil man bei ihr den bösen Mächten widersagte ¹⁰). Nach Clemens suchen die bösen Geister die Christen besonders darum zu überwinden, weil sie ihnen widersagten ¹¹), und Origenes erinnert die Gläubigen, sie mögen daran denken, wie sie bei der Taufe dem Teufel, seinem Pompe und seinen Werken widersagten ¹²).

Sowohl im Morgen= als im Abendlande bildete sie den ersten Vorbereitungsakt auf die Taufe. Deßungeachtet konnte die Frage: was begehrst du und die Bezeichnung mit dem Kreuze vorausgehen. Denn da wir keinen bis aufs Kleinste eingehenden Bericht besitzen, mochten diese

---

7) Auch Lucius von Castra Galbae faßt das Salz allegorisch. Seine Abstimmung auf dem Concil von Karthago mit den Worten beginnend: Ihr seid das Salz der Erde, schließt er so: Schismatiker können nicht condire sapientia spiritali, da sie durch die Trennung von der Kirche taubes Salz seien. Cyp. opera p. 599. e. Und doch ist es auffallend, daß er von Salz redet.
8) Tert. de coron. c. 3. cf. de idol. c. 6. p. 153. de spect. c. 4. 6. 24. de habit. mul. c. 2.
9) Epist. Petri ad Jacob. Contest. n. 1. p. 609. Galland. II.
10) Theod. excerpt. n. 77. Clem. op. p. 987.
11) Clem. strom. l. 2. c. 20. p. 487. paedog. l. 1. c. 6 p. 117.
12) Orig. in Num. hom. 12. n. 4. p. 375. In psal. hom. 2 n. 5. p. 128. Man vergleiche ferner Hippol. in Theoph. n. 10. p. 494. Cypr. epist. 6. p. 38. c. de habit. virg p 355. f. A. C. l. 3. c. 18. Ruinart I. p. 194. und andere Stellen, die wir übergehen.

schweigend übergangen werden. Sie geschah am Tauforte, oder Wasser, im Beisein des Bischofes und war deßhalb ein feierlicher liturgischer Akt [13]). Nach dem römischen Ritual geschah sie in der Form von Frage und Antwort, nach den apostolischen Constitutionen sprach der Täufling: ich widersage dem Satan, seinen Werken, seinem Pomp, seinem Dienst, seinen Engeln, seinen Erfindungen und Allem, was zu ihm gehört [14]). Weil das Glaubensbekenntniß in der lateinischen Kirche nachweisbar in Frage und Antwort abgelegt wurde, während die apostolischen Constitutionen l. c. es vom Täuflinge allein hersagen lassen, faßt entweder der Bericht der letzten Schrift den Gegenstand allgemein referirend, oder im Orient war die Praxis eine andere, als im Abendlande. Jedenfalls hindert dieses Referat die Annahme nicht, im Occident sei die Renuciation in der Form von Frage und Antwort geschehen, und die Art, wie das Symbolum daselbst gebetet wurde, empfiehlt sie.

Die Tauforbnung für Erwachsene stellt das römische Ritual so dar, daß auf die Widersagung die Ablegung des Glaubensbekenntnisses, die Bezeichnung mit dem Kreuze, Handauflegung, Reichung von Salz und Exorcismen folgten. Schließlich wurde die Widersagung wiederholt. Dieser Ritus dient zur Aufklärung des in den ersten Jahrhunderten üblichen Sprachgebrauches. Die Schriftsteller dieser Zeit verstehen nämlich unter den Namen Renunciation, Bündniß, Exorcismus ꝛc. bald den ganzen Vorbereitungsakt auf die Taufe, bald blos einen Theil desselben. Tertullian sagt in sacramenti testatione haben wir allen unerlaubten Ursachen, uns zu bekränzen, abgeschworen, denn das ist der Pomp des Teufels und seiner Engel [15]). Offenbar bezeichnet er mit sacr. test. die Ablegung des Glaubensbekenntnisses, rechnet zu ihm aber auch die Abrenuntiation, während er in derselben Schrift c. 3. mit Uebergehung des Glaubensbekenntnisses blos von der Widersagung redet. Mehrere der auf dem Concil von Karthago versammelten Väter erwähnen hingegen, als Vorbereitung auf die Taufe, blos die Handauflegung und den Exorcismus. Die meisten Schriftsteller geben jedoch dem ganzen Vorbereitungsakte den Namen Widersagung. Das mag daher kommen, daß sie, wie das römische Ritual zeigt, den Eingang und Schluß derselben bildete. Das Erste war die Bereitwilligkeit des Subjektes, dem Teufel zu widersagen, ihr folgte die

---

13) Denique ut a baptismate ingrediar, aquam adituri, ibidem, sed et aliquanto prius in ecclesia sub antistitis manu contestamur, nos renuntiare diabolo et pompae et angelis ejus. Tert. de coron. c. 3. p. 341.
14) A. C. l. 7. c. 41. 15) Tert. de coron. c. 13. p. 360.

Beschwörung des Satans und nun wiederholte der Täufling mitwirkend die Abrenuntiation. Zieht man das Verhältniß der Widersagung zum Exorcismus an sich in Betracht, so hatten die Väter des Concils von Karthago sicher recht, wenn sie dem Vorbereitungsakte den Namen Exorcismus gaben, denn er ist die Handlung, zu der sich die Widersagung vorbereitend und mitwirkend verhält. Sieht man aber auf Anfang und Ende, wie auf den Zweck der Handlung, will man das Subjekt an sein Verhalten bei derselben erinnern (und das ist gewöhnlich die Ursache, warum die Schriftsteller von der Widersagung sprechen), dann muß man allerdings die Renuntiation in Vordergrund stellen.

Jedenfalls leuchtet schon aus dem Gesagten ein, daß Widersagung und Exorcismus bei der Taufe zusammen gehören. Hier handelt es sich um keine förmlich Besessene, die nicht widersagen können. Der Austritt aus dem Reiche des Bösen, dem man seither hörig war, ist auch nicht durch Gebet und Fasten allein, ohne objektive Hilfeleistung, zu vollbringen, sondern diese, wie jenes, Objektives wie Subjektives, Exorcismus, wie Abrenuntiation, mußten zusammen wirken und wirkten auch zusammen.

Es fehlt jedoch auch nicht an historischen Zeugnissen. Theodot sagt, wie Brod und Wein geheiligt werde, so exorcisire man das Wasser und es werde Taufwasser [16]). Wurde aber das Taufwasser exorcisirt, so ist die Beschwörung des Täuflings um so wahrscheinlicher. Die Stelle aus Clemens A., „nicht Dämonen werden von uns ausgetrieben, sondern Sünden nachgelassen" [17]), widerstreitet diesem nicht. Die Häretiker, welchen Theodot angehörte, setzten die Wirkung der Taufe in die Vertreibung der Dämonen und nicht in die Nachlassung der Sünden [18]). Mit Rücksicht darauf schrieb Clemens obige Worte. Wie Theodot, kennt auch Cyprian [19]) eine Reinigung des Taufwassers und der Schluß von ihr auf den Exorcismus des Täuflings ist um so gerechtfertigter, als nicht nur Cyprian in der oben citirten Stelle von ihm spricht, sondern auch die Amtsbrüder des Bischofes von Karthago auf der von ihm präsidirten Synode dieses deutlich bezeugen. Cäcilius von Bilta sagt von der Taufe der Häretiker, in ihr geschehe Alles lügenhaft, ein Dämonischer exorcisire, ein Sakrilegischer frage das Sakrament (Symbolum) ab [20]). Crescenz von Citra

---

16) Theod. excerpt. n. 82. cf. §. 19. not. 7.
17) Clem. strom. l. 1. c. 20. p. 490.   18) Theod. excerpt. n. 80. u. 81. p. 987.
19) cf. §. 19. Die Worte aus den arabischen Kanonen Hippolyts stehen am Ende dieses §.
20) Cyp. opera p. 597. e. Das Votum dieses Bischofes wird noch öfter zur Sprache kommen und dabei gezeigt werden, wie treu er berichtet.

bemerkt, Häretiker und Schismatiker können dann erst in die Kirche eintreten, wenn sie zuvor exorcisirt und getauft seien ²¹). Dasselbe antwortete Lucius von Thebäste ²²). Vincentius von Thibaris sagte: Wir wissen, daß die Häretiker schlimmer sind, als die Heiden. Wenn sie sich also bekehren und zum Herrn kommen wollen, haben wir die Regel der Wahrheit, welche der Herr durch göttliches Gebot den Aposteln auftrug, sprechend: Gehet, in meinem Namen, leget die Hand auf und treibet Dämonen aus. Und an einem anderen Orte: Gehet, lehret die Völker und taufet sie 2c. Also zuerst durch Handauflegung im Exorcismus, sodann durch die Wiedergeburt der Taufe können sie zu der Verheißung Christi kommen ²³). Die Aussprüche anderer Bischöfe übergehend, fragen wir, wie konnte Vincentius so sprechen, wenn der Exorcismus nicht vorgeschrieben und üblich war? Von Interesse ist ferner die Verbindung der Handauflegung mit dem Exorcismus. Ein afrikanischer Bischof spricht so im Jahre 252. Ungefähr dreißig Jahre früher schreibt der Afrikaner Tertullian, die Renuntiation finde sub antistitis manu statt. Dadurch wird bezeugt, daß Widersagung und Exorcismus die zusammengehörenden Theile desselben Aktes waren, welchen man, je nach seinem Theile, bald Exorcismus, bald Abrenuntiation nannte. Eines ist jedoch nicht zu übersehen, der Unterschied zwischen dem Morgen- und Abendlande. Direkte Zeugnisse für einen eigentlichen vom Priester vorgenommenen Exorcismus finden wir blos bei den Occidentalen, aber nicht bei den Orientalen. Hier ist diese Differenz blos zu constatiren, ihre Erklärung und Lösung hängt mit der Ceremonie der Salbung cf. §. 37. zusammen.

3) Während der Widersagung oder Beschwörung hauchte oder spuckte der Täufling aus. Irenäus bemerkt, diese gottlosen Lehren muß man wahrhaftig aushauchen und verfluchen und sich so weit möglich von solchen Menschen ferne halten, denn der ausgehende unreine Geist nimmt sieben andere zu sich 2c.²⁴). Aehnlich lauten die Worte Tertullians: cum aliquid immundum flatu expuis ²⁵). Von Christen, die mit Weihrauch handelten, sagt er: Quo ore Christianus thurarius, si per templa transibit, fumantes oras despuet et exsufflabit, quibus ipse prospexit? Qua constantia exorcizabit alumnos suos, quibus domum suam cellariam praestat? Wenn ein Solcher einen Dämon

---

21) l. c. p. 600. a.   22) l. c. p. 602. d.   23) l. c. p. 603. b.
24) Iren. l. 1. c. 16. n. 3. p. 88. u. 84. cf. l. 1. c. 13. n. 4. p. 62.
25) Tert. ad uxor l. 2. c. 5. p. 96.

ausgetrieben hat, darf er sich auf seinen Glauben nichts einbilden, denn einen Feind hat er nicht ausgetrieben [26]). Das exsufflare und expuere war ein Symbol des Abscheues und des Widersagens und wurde gegen Dämonen, ihren Cult und ihre Lehren angeordnet. Der exsufflatio von Seite des Besessenen, entsprach der afflatus (die betreffende Stelle aus Tertullian steht §. 12 not. 22.) von Seite des Exorcisten. Conform dem Anhauchen der Jünger durch Christus, symbolsirte es Mittheilung eines guten Geistes und durch diese Austreibung des bösen. Obwohl nicht klar ausgesprochen, liegt es doch sehr nahe, daß dieser Gebrauch gerade bei jener Handlung vorkam, durch welche den Dämonen widersagt und sie ausgetrieben wurden. Ohne weitere Zeugnisse bliebe diese Annahme Vermuthung. Hippolyt bemerkt jedoch ausdrücklich: postquam autem finivit adjurationes eorum, in facies eorum sufflet signetque pectora et frontes, aures et ora eorum (signo crucis) [27]). Da auch Schriftsteller des vierten Jahrhunderts diese Sitte bezeugen, steigert sich die Vermuthung zur Gewißheit, daß sie schon im zweiten Jahrhunderte vorhanden war.

Der römische Ritus schreibt hiemit übereinstimmend vor: ter exsufflet leviter in faciem infantis et dicat semel: exi ab eo immunde spiritus.

### §. 36. Reihenfolge der weiteren Handlungen.

Die Aufeinanderfolge der der Untertauchung vorhergehenden Theile war nicht überall dieselbe. Bei den Griechen folgte der Salbung mit Oel unmittelbar das Hinabsteigen in das Taufwasser. Das war durch die Natur der Sache geboten, weil der ganze Leib gesalbt, der Täufling also völlig entkleidet wurde. Zwischen den apostolischen Constitutionen und den arabischen Kanonen Hippolyts macht sich jedoch eine Verschiedenheit geltend. Nach der ersten Schrift ging die Ablegung des Glaubensbekenntnisses der Salbung voran, den Kanonen gemäß folgte der Widersagung unmittelbar die Salbung und dann erst das Glaubensbekenntniß. Selbstverständlich mußte in dem letzten Falle das Symbolum von dem im Wasser stehenden Täuflinge gesprochen werden, denn entkleidet, wie er war, konnte dieses nicht außerhalb desselben geschehen. Auf diese Weise beschreibt auch Hippolyt den Taufritus. Es erhält dadurch die Zusammengehörigkeit der

---

26) Tert. de idol. c. 11. p. 162.    27) Hippol. Can. 19. n. 6. p. 75.

Widersagung und Salbung, des subjektiven und objektiven Momentes der Vorbereitungshandlungen, den treffendsten Ausdruck.

Die apostolischen Constitutionen bringen hingegen Widersagung und Glaubensbekenntniß, die beiden subjektiven Seiten, in die nächste Verbindung, und ebenso die beiden objektiven, Salbung und Untertauchung. Der subjektiven Widersagung entspricht nämlich ebenso die objektive Salbung, als dem subjektiven Glaubensbekenntniß die objektive Taufe. Die Aufeinaderfolge ist darum Widersagung und Ablegung des Glaubensbekenntnisses, Salbung und Abwaschung. Zieht man blos die letzten Handlungen des römischen Rituale in Betracht, so entspricht der römische Tauritus Hippolyts Darstellung. Auf die Renuntiation folgt die Salbung, ihr die Ablegung des Glaubensbekenntnisses und der Taufakt selbst.

An sich ist es ohne Belang, ob diese oder jene Ordnung eingehalten wurde, doch mußte die Verschiedenheit vom geschichtlichen Standpunkte aus berührt werden. Weil der römische Ritus mit dem von Hippolyt beschriebenen übereinstimmt, scheint dieses ein Beweis dafür zu sein, daß die von ihm vertretene Praxis die üblichere war, weßwegen wir ihr in unserer Darstellung folgen.

Nach dem Bekenntnisse (Ablegung des Glaubensbekenntnisses), schreiben die apostolischen Constitutionen, kommt die Reihe an die Salbung mit Oel, der die Weihe desselben unmittelbar vorherging [1]). Diese Weihe und die Salbung standen ebenso in Verbindung mit einander, wie die Weihe des Taufwassers und die Untertauchung. Das genannte Buch gibt den Ritus der Salbung nicht an, sondern, nachdem es kurz über den Inhalt der Oelweihe referirt hat, verfährt es ebenso mit der Wasserweihe und schließt: "Nach diesem, wenn der Betreffende getauft ist, salbt man ihn mit Chrisam", dessen Weihe sofort beschrieben wird [2]).

Deutlich erkennt man daraus, die Weihe der Materie fand kurz vor der Application derselben statt. Das römische Missale verordnet dieses in der Charsamstagsliturgie noch bis zur Stunde. Wenn aber die arabischen Kanonen Hippolyts vorschreiben: circa gallicinium autem consistant prope undas piscinae aquae purae benedictione paratae [3]), so scheint daraus hervorzugehen, die Benediction des Taufwassers sei bereits (vielleicht am Abende vorher) vollzogen gewesen. Von der Weihe des Chrisams wird man dieses, wenigstens in Afrika, annehmen müssen. In den ersten Jahrhunderten wurde da getauft, wo Wasser war und

---

1) A. C. l. 7. c. 41. u. 42.  2) A. C. l. 7. c. 43. u. 44.
3) Hippol. Can. 19. n. 7. p. 75.

sogleich darauf die Salbung vorgenommen. Die letzte fand sonach an demselben Orte statt, wo die erste, worauf die Täuflinge in die Kirche, oder Versammlung der Gläubigen, geführt wurden. Weil aber Cyprian ausdrücklich bezeugt, der Chrisam sei auf dem Altare geweiht worden, kann die Benediction nicht unmittelbar vor der Salbung des Neophyten geschehen sein. Vielmehr darf man schließen, der Chrisam sei in der Liturgie geweiht worden, da er die Consecration der Eucharistie so enge mit dieser Benediction verknüpft. Abgesehen von dem 3. (4.) apostolischen Kanon, der Oel auf den Altar zu bringen gestattet, sagt Hippolyt geradezu: Wenn Oel vorhanden ist, bete er (der Bischof) über daßelbe, wenn aber nicht, verrichte er blos jene Gebetstheile⁴). Hippolyt redet von der Messe und versteht unter den Gebetstheilen die Gebete des Kanon. Nach den arabischen Kanonen deßelben wurde also Oel während der Liturgie geweiht. Daßelbe folgt aus den apostolischen Kanonen. Daß die Gläubigen außer der Feier der Eucharistie Oel auf den Altar brachten, dafür läßt sich gar kein vernünftiger Grund angeben. Wohl aber läßt sich nach dem heutigen römischen Missale der Ort und die Zeit bezeichnen, in welcher Oel ꝛc. geweiht wurde. Wurde aber Oel überhaupt während der Messe auf den Altar gebracht, so wird man nicht zweifeln dürfen, daß dieses auch mit dem Chrisam, oder der Materie der Firmung, geschah.

Die Liturgie wurde am frühen Morgen gehalten und die feierliche Taufe in der Osternacht vor der Feier der Eucharistie gespendet, demnach mußte (wenigstens in Afrika) der Chrisam Tags zuvor, also am **Charsamstag Morgen**, geweiht werden. Ohne **hier** die Frage zu erörtern, ob am Charsamstage (im Abendlande) die Eucharistie gefeiert wurde, ist blos zu bemerken, daß die Annahme, es sei dieses weder am Charfreitage, noch am Charsamstage, geschehen, viele Gründe für sich hat. Unterblieb aber an diesem Tage das Meßopfer, so war der letzte Tag, an welchem diese Feier **vor Ostern** stattfand, der **grüne Donnerstag**. Die Weihe des Chrisam muß daher auf diesen Tag zurückgeführt werden, wie dieses der römische Ritus heute noch vorschreibt und beobachtet⁵). In manchen Gegenden des Orients verhielt sich hingegen die Sache anders, sofern der Chrisam unmittelbar vor der Salbung, oder der Spendung der Firmung, geweiht wurde.

---

4) Hippol. Can. 3. p. 65.
5) Eine völlige Identität zwischen der damaligen und heutigen Uebung wollen wir nicht behaupten. Damals wurde blos der Chrisam, der am Ostertage ge=

## §. 37. Salbung.

Das siebente Buch der apostolischen Constitutionen erwähnt die der Ablegung des Glaubensbekenntnisses folgende Salbung mit geweihtem, oder exorcisirtem Oele, unzweideutig [1]). Da dieses Buch jedoch dem Anfange des vierten Jahrhunderts angehören kann, sind weitere Zeugnisse beizubringen, um die Existenz dieses Gebrauches in den drei ersten Jahrhunderten zu constatiren.

Bei den Schriftstellern der abendländischen Kirche findet man keine Spur von einer Salbung vor der Taufe. Die Worte Tertullians De bapt. c. 7. gehen auf die Firmung und ebenso die im 70. Briefe des h. Cyprian. An sich ist auf das Schweigen der damaligen Schriftsteller kein solches Gewicht zu legen, daß man deßhalb berechtigt wäre, die Existenz eines liturgischen Aktes in Abrede zu stellen. Doch wird man aus diesem Schweigen immerhin schließen dürfen und müssen, daß diese Salbung im Abendlande keine bedeutende Stellung einnahm, sondern durch einen anderen Gebrauch ersetzt, oder in Hintergrund gedrängt wurde.

Von den griechischen Vätern spricht zwar der Bischof Theophilus von einer Salbung, er meint jedoch die nach der Taufe mit der Firmung verbundene [2]). Die um die Zeit des Theophilus abgefaßten Recognitionen lassen hingegen an einer Salbung vor der Taufe nicht zweifeln, denn sie schreiben vor: „Jeder von euch werde getauft... nachdem er zuvor mit Oel, das man durch Gebet heiligte, gesalbt wurde [3]). Völlig unbegründet ist das Bedenken, Rufinus, der Uebersetzer dieser Schrift, werde sich eine Aenderung erlaubt haben. Würde Rufin dieses gethan haben, so hätte er trinae *beatitudinis* nicht stehen lassen [4]). Die wörtliche Uebersetzung des Vordersatzes verbürgt die treue Uebertragung des Nachsatzes. Zudem ist durch die Verdächtigung dieser Stelle die Behauptung, es lasse sich sonst kein Zeugniß für die Salbung vor dem vierten Jahr-

---

braucht wurde, am Donnerstage vorher geweiht. Heute wird er nicht nur für die Taufe und Firmung auf Ostern, sondern für die, welche jeden Tag des Jahres gespendet wird, am grünen Donnerstage consecrirt.

1) A. C. l. 7. c. 41. u. 42.    2) Theoph. ad Autol. l. 1. c. 12. cf. 42.
3) Recog. l. 3. n. 67.
4) Die Stelle lautet: baptizabitur autem unusquisque vestrum in aquis perennibus nomine trinae beatitudinis invocato super se, peruncto primo oleo per orationem sanctificato, ut ita demum per haec consecratus possit percipere de sanctis.

hunderte beibringen, nicht gerechtfertigt, denn nach allgemeiner Annahme, gehören die sechs ersten Bücher der apostolischen Constitutionen dem dritten Jahrhunderte an. In dem dritten Buche wird aber die Dienstleistung der Diaconissen bei der Salbung beschrieben. „Wenn Frauen getauft werden, salbe der Diacon blos die Stirne derselben mit heiligem Oele und hernach salbe sie die Diaconissin, denn es ist nicht nöthig, daß Frauen von Männern angesehen werden"[5]. Daß die Salbung vor der Taufe stattfand, lehrt der Zusammenhang, da erst das folgende Kapitel den Ritus der Taufe beschreibt und zwar mit den Worten: Hernach (ἔπειτα) wirfst du sie taufen. c. 16.; schließlich folgte die Salbung mit Chrisam. Ebenso verordnet das siebente Buch: zuerst salbe mit Oel, hierauf taufe mit Wasser und vollendend besiegle mit Chrisam[6].

Beachtung verdienen noch die arabischen Kanonen Hippolyts. Sie kennen nicht nur eine Salbung vor der Taufe, sondern bringen sie auch in die nächste Verbindung mit dem Exorcismus und der Widersagung, wie das im römischen Ritual geschieht. „Der Täufling, mit dem Angesicht gegen Abend gewendet, sagt: ich widersage dir, Satan, mit allem deinem Pompe. Wenn er dieses gesagt hat, salbt ihn der Priester mit dem Oele des Exorcismus, über welches er früher gebetet hatte, damit der böse Geist von ihm weiche. Hierauf übergibt er es dem Priester, der über dem Wasser steht, und der Priester (das Amt des Diacons verwaltend) ergreift seine rechte Hand und wendet sein Angesicht gegen Osten. Bevor er in das Wasser steigt und nachdem er das Oel des Exorcismus erhalten hat, spricht er, mit dem Angesicht nach Osten gewendet und über dem Wasser stehend: ego credo, meque inclino [7] coram te at coram tota militia tua o Pater et fili et spiritus sancte"[8]. Die Uebereinstimmung mit dem Ritus des römischen Rituale liegt zu Tage. Wenn nach den apostolischen Constitutionen eine Diaconissin die

---

5) A. C. l. 3. c. 15.
6) A. C. l. 7. c. 22. Man vergleiche die Aufeinanderfolge der Weihe vom Oel c. 42., des Taufwassers und der Taufe c. 43. und des Chrisams c. 44.
7) Wir haben die lateinische Version Hanebergs wiedergegeben, weil uns die Uebersetzung: inclino coram eo bedenklich scheint. Ist das entsprechende arabische Wort nicht die Uebersetzung des griechischen συντάσσομαι? ich reihe mich ein in deine Miliz Das würde nicht nur mit A. C. l. 7. c. 41., sondern auch mit Tertullian: vocati sumus ad militiam dei vivi, jam tunc, cum in sacramenti verba respondemus. ad Marty. c. 3. p. 69. übereinstimmen. Unter dieser Voraussetzung wäre die Uebersetzung mit meque adscribor besser und die Erklärung des militia durch: coelesti i. e. coram angelis et sanctis, überflüssig.
8) Hippol. can. 19. n. 9. u. 10. p. 76.

Frauen salbt, nach den Kanones aber der **Priester**, so war das Letzte wohl mehr in Uebung als das Erste [9]). Dennoch kennen die Kanones auch Frauen, welche den Täuflingen weiblichen Geschlechtes beistanden und sie entkleiden halfen. Die Entkleidung war eine vollständige. Auch goldenen Schmuck (Ringe) sollten sie ablegen und die Haare auflösen, damit nicht etwas Fremdartiges, von fremden Geistern Herrührendes mit ihnen in das Wasser der Wiedergeburt hinabsteige [10]).

Es findet aber auch keine Verschiedenheit zwischen Hippolyt und dem siebenten Buche der apostolischen Constitutionen statt. Von einem Exorcismus ist allerdings in dem letzten keine Rede. Die Worte, mit welchen der Inhalt dieses Weihegebetes angegeben wird [11]), passen jedoch für ein Oel, mit dem der Täufling unmittelbar vor der Taufe, nachdem er die Widersagung gesprochen, gesalbt wurde.

2) Das ist der Thatbestand, wenn man die Sache objektiv, blos die historische Wahrheit im Auge, darstellt. Das Abendland erwähnt keine Salbung [12]) mit Oel, wohl aber der Orient. Weil die Zeugnisse aus dem Occident fehlen, die aus dem Morgenlande läugnen oder ignoriren, ist kein wissenschaftliches, sondern willkürliches Verfahren. Man hat sich vielmehr die Frage zu stellen, woher stammt diese Differenz und wie ist sie zu erklären. Der früheren Ausführung zufolge [13]) gehört zu der Widersagung die **Beschwörung**. Im Orient ist dieselbe aber beinahe so wenig bezeugt, als im Occident die **Salbung**. Das scheint kein Zufall zu sein, sondern wie der Mangel der einen, dem Mangel der anderen korrespondirt, so muß die Beschwörung im Abendlande mit der Salbung im Morgenlande in einem Zusammenhange stehen. Der Orient läßt der Widersagung die Salbung folgen und übergeht den eigentlichen Exorcismus, der Occident läßt der Renuntiation die Beschwörung folgen und übergeht die Salbung. Beidemal ist der Exorcismus, wie die Salbung, ihrer äußeren Stellung zufolge, die Ergänzung der Wiedersagung. Der Exorcismus wurde demnach im Morgenlande

---

9) Binterim, Denkwürdigkeiten I. 1. p. 97.
10) Can. 19. n. 7. p. 75. Das Alter dieses Kanon wird dadurch constatirt, daß Aehnliches die excerpta Theodoti berichten. „Ad baptisma gaudentes accedere conveniebat. Sed quoniam saepenumero descendentibus nonnullis spiritus etiam impuri una descendunt, cumque homine sigilli fiunt participes, insanabiles in posterum facti sunt, hancque ob causam gaudio timor admiscetur, ut quis purus solus ipse descenderit. n. 83. Oper. Clem. A. p. 988.
11) A. C. l. 7. c. 42. cf. §. 23. not. 1.
12) Wenn man von dem jetzigen römischen Ritual absieht.
13) cf. §. 36. u. §. 10.

durch die Salbung und die Salbung im Abendlande durch den Exorcismus ersetzt. Oder, was sicherer zu sein scheint, im Orient verlegte man das Wesen des Exorcismus in die Salbung, und die sie etwa begleitenden exorcisirenden Worte werden nicht erwähnt. Im Occident hingegen lag das Wesen des Exorcismus in der mit Handauflegung verbundenen Beschwörung, weßwegen die Schriftsteller die mit ihr in Verbindung stehende Salbung schweigend übergehen. Daß dem so sei, beweisen die arabischen Kanonen Hippolyts schlagend. Qui autem intingitur, facie ad occidentem versa dicat ita: Abrenuntio tibi o satana cum omni pompa tua. Ubi autem haec dixit, sacerdos ungat eum oleo exorcismi super quo prius oraverat, *ut recedat ab eo spiritus malignus* [14]).

Wenn man darum die Existenz des Exorcismus bei der Taufe läugnet, weil die apostolischen Constitutionen denselben nicht erwähnen, so ist darauf zu erwidern, sie sprechen allerdings von keinem Exorcismus, aber von der Salbung, die im Morgenlande die Stelle desselben vertrat. Und wenn man behauptet, es fand keine Salbung vor der Taufe statt, denn Tertullian kennt sie nicht, so ist zu antworten, im Abendlande wurde der Täufling, statt der Salbung mit Oel, exorcisirt. Im Allgemeinen ist festzuhalten, zu der von dem S u b j e k t geleisteten Widersagung gehört ein objektiv kirchlicher Akt der Austreibung und Abhaltung dämonischer Einflüsse. Ihn kennt die Kirche des Morgen- wie des Abendlandes, nur je in einer anderen Form.

Man könnte ferner einwerfen, allerdings gehört zu der subjektiven Widersagung ein objektiv kirchlicher Akt; der war jedoch die T a u f e. Durch die Taufe wurde der Mensch aus einem Kinde des Zornes ein Kind Gottes und trat aus dem Reiche der Finsterniß aus und in das Reich der Gnade oder die Kirche ein. Deßhalb sagt auch Cyprian, durch die Taufe werde der Teufel unterdrückt und der Mensch befreit [15]). Allerdings, im Nothfalle genügte das Sakrament der Wiedergeburt; das i m p l i c i t e in dem Taufakte Beschlossene konnte jedoch auch in seine Momente auseinandergelegt und successive in einzelnen Handlungen ertheilt werden. Ja, es konnte das nicht nur geschehen, sondern wo es eine Entwicklung gibt, muß es geschehen. Die feierliche Spendung der Taufe ist aber diese entwickelte Handlung. Das negative Moment, Ausscheidung aus dem Reiche der Finsterniß, kam darum hauptsächlich in den vor-

---

14) Hippol. Can. 19. p. 75.  15) Cyp. epist. 76. p. 328. a. cf. §. 10.

ausgehenden Handlungen zur Geltung. Das positive aber, Eintritt in das Reich Gottes, wurde der Abwaschung selbst zugeschrieben. Das ist nicht unsere Auffassung, sondern die des siebten Buches der apostolischen Constitutionen. Sobald, heißt es in demselben, der Katechisirte zu taufen ist, lerne er das, was dazu gehört, um dem Teufel zu widersagen und sich Christus zu weihen. Zuerst muß er sich nämlich von Allem Widersachlichen enthalten und dann in die Mysterien eintreten ... wie ein guter Ackermann das Feld zuerst von Dornen reinigt und dann den Waizen säet [16]).

### §. 38. Glaubensbekenntniß und Taufbündniß.

Die subjektive, vorbereitende, Seite zu dem objektiven Akte der Abwaschung bildete die Ablegung des Glaubensbekenntnisses. Mit dem Glauben nimmt der Täufling die ihm durch das Sakrament zu verleihende Gnade an. Den Glauben, oder die Disposition, um die Taufgnade anzunehmen, sprach er darum jetzt aus. Der Katechumene muß sich zuerst von dem (dem Christenthume) Widerstrebenden enthalten, dann kann er der Mysterien theilhaftig werden. Zu den Mysterien gehörte damals bereits das Symbolum [1]), das jetzt abgelegt wurde [2]).

Abgesehen von den folgenden Citaten, welche dieses erhärten, bemerkt Origenes: Wenn wir zur Gnade der Taufe kommen, widersagen wir allen anderen Göttern und Herrn und bekennen allein Gott den Vater und Sohn und heiligen Geist [3]). Das Symbolum wurde aber vom Täufling nicht etwa auf gemachte Aufforderung vollständig hergesagt, sondern das Bekenntniß desselben geschah in der Form von Frage und Antwort. Es war apostolische Einrichtung, der zufolge der Täufling bei dem Empfange des Sakramentes den Glauben bekannte. Auf die Worte des äthiopischen Eunuchen, hier ist Wasser, was hindert, daß ich getauft werde, erwiederte der Diacon Philippus, wenn du aus ganzem Herzen glaubst, ist es gestattet. Und er antwortete: ich glaube, Jesus Christus sei der Sohn Gottes act. 8. 36. 37. Ebenso entgegnete der Apostel Paulus auf die Frage des Kerkermeisters, was sollen wir thun? Glaube an den Herrn Jesum Christum. Die Stelle aus dem

---

16) A. C. l. 7. c. 40.
1) cf. Probst, Lehre und Gebet. §. 21. S. 66.  2) A. C. l. 7. c. 40.
3) Orig. in Exod. hom. 8. n. 4. p. 426. cf. Hippol. in Theoph. n. 10. p. 494.

Briefe Petri, „die Taufe ist keine Abwaschung körperlicher Unreinigkeit, sondern bonae conscientiae interrogatio in Deum I Petr. 3. 21. drückt desgleichen aus, daß das Glaubenstenntniß abgefragt wurde.

Das in der heiligen Schrift Vorgebildete findet sich in späterer Zeit verwirklicht. Justin bemerkt von den Katechumenen, wenn wir den, welcher der Lehre Glauben und Beistimmung geschenkt hat, abgewaschen haben, führen wir ihn zu den Brüdern ⁴). Offenbar handelt es sich hier um ein Glaubensbekenntniß, das in unmittelbarer Verbindung mit der Taufe stand, wie denn auch Irenäus sagt, die Gläubigen haben bei der Taufe die Regel der Wahrheit empfangen ⁵). Und zwar antwortete der Betreffende auf die ihm vorgelegten Fragen. „Als nämlich der Katechumene zur Miliz des lebendigen Gottes gerufen wurde, antwortete er auf die Worte des Sakramentes" ⁶). Sakrament ist so viel als Symbolum oder Glaubenskenntniß. Dieses wurde nicht nur früher gezeigt, sondern Tertullian erklärt das Wort „Sakrament" selbst in dem Satze: quo fidei pactionem *interrogatus* obsignat ⁷). Zudem besitzen wir an Cyprian einen unzweideutigen Zeugen dafür, daß das Symbolum vor der Taufe in der Form von Frage und Antwort abgelegt wurde. Er bestreitet nämlich die Gültigkeit der Ketzertaufe auch darum, weil die Katholiken nicht dasselbe Gesetz des Symbolum und dieselben Fragen, wie die Schismatiker haben. Denn da sie sagen: Glaubst du an einen Ablaß der Sünden und ein ewiges Leben durch die heilige Kirche, lügen sie in dieser Frage, weil sie keine Kirche haben ⁸).

Begreiflich fragte man nicht blos diesen, sondern auch die übrigen Artikel ab, so daß der Ritus derselbe war, wie heute.

Man könnte höchstens zweifeln, ob das auch in der griechischen Kirche stattgefunden habe. Dionysius von Alexandrien schrieb jedoch an Papst Xistus, Einer der Gläubigen habe einmal der Taufhandlung beigewohnt, als er aber die Fragen und Antworten derselben hörte, habe er sich ihm zu Füßen geworfen und erklärt, die Taufe, die er von den Häretikern erhalten, weiche von der katholischen völlig ab ⁹). Man sieht, Fragen und Antworten kamen auch hier vor und sie können sich

---

4) Just. apol. 1. c. 65. p. 267.    5) Iren. l. 1. c. 9. n. 4.
6) Tert. ad Martyr. c. 3. p. 69.
7) Tert. de pudic. c. 9. p. 389. Anima enim non lavatione, sed *responsione* sancitur. De resurr. car. c. 48. p. 309.
8) Cypr. epist. 76. p. 319. c. epist. 70. p. 269. d.
9) Euseb. h. c. l. 7. c. 9. p. 491. Sed et eucharistiae sive percipiendae, sive eo ritu quo geritur explicandae, vel eorum quae geruntur in baptismo

nach dem, was über den Taufritus überliefert ist, blos auf die Wiedersagung und das Glaubensbekenntniß beziehen. Die Form, in der das Symbolum in den apostolischen Constitutionen angegeben ist ¹⁰), widerstreitet dem nicht, denn das Buch gibt gerade den Anfang desselben summarisch. Der Eingang: ich übergebe mich Christus und glaube und werde getauft, ist offenbar eine Zusammenfassung der Fragen und Antworten: glaubst du? ich glaube, willst du getauft werden? ich will es, so daß diese Formel viel mehr für, als gegen die abendländische Praxis zeugt.

3) Die Ablegung des Glaubensbekenntnisses, d. h. das Aussprechen der Worte und Sylben genügte jedoch nicht ¹¹). Denn wenn wir bekennend den Herrn unsern Gott nicht aus ganzem Herzen lieben, ihm nicht aus ganzer Seele und allen Kräften anhängen, sind wir kein Erbtheil desselben geworden ¹²). Christus wohnt erst in dem Hause, wenn das Leben so rein und unbefleckt ist, daß es ein Tempel Gottes zu sein verdient ¹³). Der welcher den Entschluß gefaßt hat, so fährt Origenes weiter fort, den christlichen Glauben zu befolgen, hat damit den Herrn und Götzen den Krieg angekündigt, aber ohne Bündniß (sine foedere). Mit dem Hintritt zur Taufe aber erlangt er einen Bundesgenossen, der ihn schützt, der ihm hilft, der eifersüchtig über ihm wacht. Der Täufling muß daher mit Gott einen Bund schließen, eine **geistliche Ehe** ¹⁴), wie dieses der Apostel in den Worten ausdrückt: ich habe euch verlobt einem Manne, euch als keusche Jungfrau Christo darzustellen. II. Kor. 11. 2. und wie die Evangelien uns berichten, wenn sie sagen, ein König habe seinem Sohne ein Hochzeitmahl bereitet; einen Ehebund, der in vollem Gegensatze steht zu dem Bündnisse und der Ehe, welche der Sünder zuvor mit den Götzen eingegangen. Die Propheten haben nämlich das Verhältniß des Sünders zu den Göttern mit Recht als eine Ehe aufgefaßt, derzufolge die Götzen als Liebhaber

---

verborum, gestorum et ordinum atque *interrogationum et responsionum* quis facile explicet rationem. Orig. in Num. hom. 5. n. 1. p. 289.

10) A. C. l. 7. c. 40.     11) Orig. ad Rom. l. 5. n. 8. p. 257.
12) Orig. in Exod. hom. 8. n. 4. p. 426.
13) l. c. p. 428. Das römische Ritual enthält die Worte: Si igitur vis ad vitam ingredi, serva mandata. Diliges Dominum Deum tuum ex toto corde tuo et ex tota anima tua et ex tota mente tua et proximum tuum sicut teipsum ... et talis esto moribus ut templum Dei jam esse possis.
14) Wie alt diese Anschauung ist, geht daraus hervor, daß die Gnostiker ihre Initiationsgebräuche bei der Taufe spirituales nuptias nannten. Iren l. 1. c. 21. n. 3. p. 95. Auch die arabischen Kanonen Hippolyts sagen: ea hora, qua foedere quodam coram deo se obstringit homo. can. 30. p. 86.

nach der Seele des Menschen gelüsten und die Seele mit ihnen im geistlichen Ehebruch lebt. Nun da der Sünder zur Taufe tritt, ist die Zeit gekommen, von der es heißt: ich will zu meinem früheren Manne zurückkehren, weil es mir damals besser ergieng als jetzt. Dieser Mann ist Gott und er ist ein eifersüchtiger Gott. Er duldet keinen ehebrecherischen Umgang mehr an dir, er ereifert sich über dich, er schützt die Keuschheit der Ehe. Nachdem du ihn erkannt, nachdem er dich mit göttlichem Worte erleuchtet, nach der Gnade der Taufe, nach Ablegung des Glaubensbekenntnisses und so vielen Sakramenten, durch welche die Ehe besiegelt wurde, duldet er keine Ehe mehr, die mit unreinen Geistern hurt, sich in Sünde und Schmutz wälzt [15]).

Widersagung und Glaubensbekenntniß trugen demnach den Charakter eines förmlichen Vertrages und Gelübbes an sich, durch das sich der Täufling Gott übergab und vom Teufel lossagte. Wer es brach, fiel als fraudator et pacti transgressor dem Gerichte Gottes anheim [16]). Denn was wir abgeschworen haben, an dem dürfen wir weder durch That, noch Wort, noch Blick je wieder Theil nehmen [17]). Umgekehrt, da sich Gott durch so viele und große Sakramente mit der Seele geistig vermählt hat, steht er seiner Braut helfend und schützend zur Seite [18]).

Da Kinder weder die Renuntiation noch das Glaubensbekenntniß sprechen konnten, antworteten für sie die Pathen bei der Taufquelle [19]). Sie nahmen damit zugleich die Pflicht auf sich, dafür Sorge zu tragen, daß die Neophyten diesem Versprechen gemäß lebten. Tertullian ist diese schwere Pflicht ein Hauptmotiv, warum er die Kindertaufe nicht gerne sieht [20]).

## §. 39. Sakramentsspendung.

Der Salbung, oder dem Glaubensbekenntnisse, folgte die Taufe selbst. Sie bestand, wie bereits angedeutet, im Untertauchen des Täuflings unter das Wasser. Auf den Tod Christi ertheilt, starb der Täufling beim Untertauchen symbolisch und geistig, beim Auftauchen

---

15) Orig. hom. 8. in Exod. p. 426 seq.
16) Tert. de anim. c. 35. p. 290.   17) Tert. de spect. c. 24. p. 137.
18) Orig. in Exod. hom. 8. n. 4. u. 5.
19) (Patrini) qui pro parvis in fontibus respondent, exuant eos vestimentis suis. Hippol. Can. arab. c. 19. n. 7. p. 75.
20) cf. §. 33.

erstand er zu neuem Leben ¹). Justin unterscheidet das Untertauchen, Abwaschen (λούεσθαι) deutlich vom Besprengen (ῥαντίζειν). Die Dämonen, bemerkt er, haben die Taufe nachgeäfft und bewirkt, daß nicht nur die, welche die heidnischen Tempel betreten, sich selbst mit Wasser besprengen, sondern sich auch gänzlich waschen, ehe sie dahin gehen, wo die Heiligthümer aufgestellt sind ²). Weil er in Beidem eine Nachäffung findet, kam bereits damals eine Besprengung mit Wasser vor dem Gottesdienste vor. Die Hinweisung auf die Taufe ist aber um so unverkennbarer, als das Hinzutreten zu den Heiligthümern der Theilnahme an den christlichen Mysterien gegenübersteht. Ehe man den Katechumenen zu dem Gottesdienste der Gläubigen zuließ, wurde er abgewaschen und auch dieses äfften die Dämonen nach; das ist der Sinn der Worte.

Dieses, oder das Abwaschen durch Untertauchen, war die gewöhnliche Form der Taufe. Justin sagt nicht nur, diese Art zu taufen haben wir von den Voreltern erhalten, wodurch dieser Ritus auf die Apostel zurückgeführt wird, sondern von der Taufe des äthiopischen Eunuchen heißt es auch, er und Philippus seien in das Wasser hinabgestiegen und so taufte er ihn ³). Neben der Taufe durch Untertauchen gieng schon sehr frühe die durch Begießen her. Unter Begießen muß aber ein Abwaschen oder Abfließen des Wassers über den ganzen Leib verstanden werden, denn die Taufe war ein Bad. Ephes. 5. 26. Wenn nämlich Tertullian bemerkt, es werde an Flüssen und Quellen, in Seen und Gräben getauft ⁴): so war das Untertauchen in einer Quelle und wohl auch in einem Graben nicht möglich. In dem Cömeterium des Kallistus trifft man ferner zwei Bilder, welche die Taufhandlung darstellen. Der Täufling steht entkleidet bis an die Knöchel im Wasser und der Täufer gießt das einemal Wasser über sein Haupt, das anderemal über Haupt und Leib desselben ⁵). Unter der Voraussetzung, dieses Verfahren sei in Uebung gewesen, erklärt sich auch die Ansicht Einiger, die Apostel seien damals getauft worden, als sie im Schiffe von den

---

1) A. C. l. 3. c. 17. cf. §. 2. not. 5.   2) Just. apol. c. 62. p. 260.
3) act. 8. 38. Die Stelle act. 2. 41. bildet keine Instanz dagegen, denn es heißt daselbst nur: es wurden 3000 an jenem Tage hinzugethan, d. h. sie meldeten sich zum Eintritt in die Kirche. Die Aufnahme in dieselbe durch die Taufe erfolgte in den folgenden Tagen.   4) cf. §. 31. not. 4.
5) Rossi, Roma sotter. II. p. 334. Wenn Rossi a. b. a. O. infusio und aspersio als gleichbedeutend faßt, so wird es wohl besser sein, den Unterschied zwischen Begießen und Besprengen zu urgiren.

Probst, Sakramente. 10

Fluthen begoffen und **bedeckt** wurden⁶). Man beachte das „bedeckt werden." Dadurch unterschied sich das Begießen von dem **Besprengen**. Dieses war nur im Nothfalle gestattet. Bei ihm fand kein Abfließen des Wassers über den ganzen Körper statt; diese Taufweise war kein eigentliches Bad, daher die Bedenken, die sich gegen die Gültigkeit derselben bei Manchen erhoben⁷). In den obigen Bildern gibt sich der Maler auch geradezu Mühe, den Wasserstrahl recht reichlich darzustellen, so daß der Täufling stark **übergossen** erscheint.

Das Untertauchen fand nicht einmal, sondern **dreimal**⁸) statt, je beim Aussprechen der einzelnen Namen der drei göttlichen Personen⁹). Das war im Abendlande, wie im Morgenlande Uebung¹⁰). Auf den Tod Jesu, oder des Sohnes, wird nämlich getauft. Der Vater wird erwähnt als Urheber, der den Sohn gesendet hat, der heilige Geist als Zeuge, der Christus verkündiget¹¹), denn so hat es Christus vorgeschrieben¹²). Tertullian unterscheidet jedoch zwischen dem Taufen auf die drei Personen und dem dreimaligen Untertauchen. Vom ersten sagt er, Christus habe den Aposteln **befohlen**¹³), auf den Vater, Sohn und heiligen Geist zu taufen und nicht auf Einen. Im Nachsatze aber bemerkt er blos, nicht einmal, sondern dreimal werden wir untergetaucht¹⁴).

2) Ueber die **Taufformel** lautet das älteste Zeugniß: Ehe Jemand **den Namen des Sohnes Gottes** empfängt, ist er dem Tode bestimmt¹⁵). Statt des Namens des Sohnes Gottes gebraucht Hermas auch die Formel: durch das Wort des allmächtigen und ehr-

---

6) Alii plane satis coacte injiciunt tunc apostolos baptismi vicem implesse, quum in navicula fluctibus adspersi operti sunt. Tert. de bapt. c. 12. p. 199. Nach den Hypotyposen des Clemens A. hat Jesus blos den Petrus getauft, dieser den Andreas, Andreas den Jakobus und Johannes ꝛc. Clem. opera p. 1016. 7) cf. §. 29.
8) Nach Sozomenus h. e. l. 6. c. 26., war es Eunomius, der zuerst zu behaupten wagte, die heilige Taufe sei durch Eine Untertauchung zu vollziehen und der die jetzt noch überall geltende apostolische Tradition fälschte. Drey glaubt darum, auch der 50. apostolische Kanon, der die dreimalige Untertauchung gebietet, sei gegen ihn gerichtet. Neue Untersuchungen ꝛc. S. 3611. Derselbe lautet: Si quis episcopus aut presbyter non trinam mersionem unius mysterii celebret, sed semel mergat in baptismate, quod dari videtur in Domini morte, deponatur.
9) Tert. adv. Prax. c. 26. p. 256.   10) A. C. l. 3. c. 16.
11) A. C. l. 3. c. 17.   12) A. C. l. 7. c. 22.
13) cf. Orig. in Num. hom. 12. n. 2. p. 369.
14) (Christus) et novissime mandans, ut tinguerent in patrem et filium et spiritum sanctum, non in unum; nam nec semel, sed ter, ad singula nomina in personas singulas tinguimur. Tert. adv. Prax. c. 26. p. 256.
15) Past. Herm. l. 3. Simil. 9. c. 16. p. 328.

würdigen Namens [16]). Dem Wortsinne nach muß man sich zu der Erklärung verstehen, Hermas setze die Form der Taufe in den Namen Jesu. Dieses schließt aber, wie Cyprian auseinandersetzt, die Trinität nicht aus, sondern ein [17]). Sodann lehrt Justin nicht nur die Taufe auf die Trinität, sondern er macht noch den Zusatz: sie werden auf dieselbe Weise wiedergeboren, wie wir wiedergeboren wurden [18]). Da der Martyrer zur Zeit der apostolischen Väter getauft wurde, sieht man zugleich, in welcher Weise sie tauften. Ueberhaupt fand in dieser Beziehung keine Willkür statt; denn das Gesetz, zu taufen ist auferlegt und die Form vorgeschrieben: Gehet, lehret die Völker, sie taufend im Namen des Vaters und Sohnes und heiligen Geistes [19]). Das Gesetz zu taufen war nicht weniger allgemein gültig, als streng verpflichtend; wird es daher auf gleiche Linie mit der Forma der Taufe gesetzt, so war die letzte ebenso streng geboten [20]), als allgemein in Uebung. Der Apostel erwähnt zwar in den Worten: „so Viele ihr auf Christus getauft seid," blos den Namen Christi, da doch der Herr selbst zu den Jüngern sagte, sie sollen alle Völker im Namen des Vaters und Sohnes und heiligen Geistes taufen und die Taufe wahrlich nicht für gesetzlich gehalten wird, die nicht auf den Namen der Trinität geschieht. Aber betrachte die Weisheit Pauli, weil er an diesem Orte nicht so fast von der Taufe als vom Tode Christi sprechen wollte, in dessen Aehnlichkeit auch wir der Sünde sterben und wie Christus begraben werden sollen, und weil es nicht angieng, da, wo er vom Tode sprach, den Vater und Geist zu erwähnen, so war es nicht angemessen von der Taufe auf den Namen des Vaters oder Geistes zu sprechen [21]).

---

16) l. c. vis. 3. c. 3. p. 252.   17) Cyp. epist. 73. p. 284. a.
18) Just. apol. c. 61. p. 258.
19) Tert. de bapt. c. 13. p. 201. Dominus enim post resurrectionem discipulos suos mittens quemadmodum baptizare deberent instruxit et docuit, dicens: Data est mihi omnis potestas in coelo et in terra. Ite ergo et docete gentes omnes baptizantes eos in nomine patris et filii et spiritus sancti. Insinuant trinitatem, cujus sacramento gentes baptizarentur. Cyp. epist. 73. p. 279. c.
20) Si quis episcopus aut presbyter juxta praeceptum Domini non baptizaverit in nomine Patris et Filii et Spiritus sancti, sed in tribus sine initio principiis, aut in tribus filiis, aut in tribus paracletis, abjiciatur. Can. apost. 49.
21) Orig. ad Rom. l. 5. n. 8. p. 254. Jesu Christi mentionem facit Petrus (act. 2.), non quasi omitteretur, sed ut patri quoque filius adjungeretur. ... Denique ubi post resurrectionem a Domino apostoli ad gentes mittuntur, in nomine patris et filii et spiritus sancti baptizare gentiles jubentur. Quomodo ergo quidam dicunt foris extra ecclesiam immo et contra ecclesiam, modo in Nomine Jesu Christi, ubicumque et quomodocumque

Uebrigens differirte die damalige Taufformel dennoch von der heutigen. Bei dem Abwaschen, das in einem dreimaligen Untertauchen bestand, wurde nämlich **etwas mehr gesprochen**, als der Herr im Evangelium festgesetzt hat [22]). Das Evangelium kann nichts Anderes als die Taufformel sein; ihr wurde also Einiges beigesetzt. Origenes bestätigt dieses in den Worten: wenn Jemand das Oel der heiligen Lehre, d. h. die heilige Schrift, empfangen hat, die unterweist, wie im Namen des Vaters und Sohnes und heiligen Geistes getauft werden muß und weniges verändernd (pauca commutans) der Betreffende gesalbt wurde [23]). Nach dem Berichte des Irenäus machten es die Gnostiker in ihrer Weise gleichfalls so. Worin diese Zusätze bestanden, zeigt Justin, wenn er schreibt, es wird über den Täufling ausgesprochen der Namen Gottes und Vaters und Herrn Aller, der Name Jesu, des **unter Pontius Pilatus Gekreuzigten** und der Name des h. **Geistes, der durch die Propheten alles Jesum Betreffende vorherverkündigt hat** [24]). Das siebente Buch der apostolischen Constitutionen gibt hingegen die Zusätze an: im Namen des Vaters, der gesendet hat, Christi, der kam, des heiligen Geistes, der Zeugniß gibt[25]); Zusätze, die mit den Worten des Origenes übereinstimmen. Im Lichte dieser Stellen werden auch die dunklen Worte Tertullians klar. Nachdem er von der Taufe auf den Vater, Sohn und heiligen Geist gesprochen, fährt er fort: Quum autem sub tribus et testatio fidei et sponsio salutis pignerentur, *necessario adjicitur ecclesiae mentio*, quoniam ubi tres, id est pater et filius et spiritus sanctus, ibi ecclesia quae trium corpus est [26]). Damit sind die Fragen zu verbinden, warum Christus nicht selbst taufte. „Auf was sollte er taufen? Zur Nachlassung der Sünden, welche Er durch das Wort verlieh? Auf sich selbst, da er sich in Demuth verbarg? Auf den heiligen Geist, der noch nicht vom Vater herabgekommen war? Auf die Kirche, welche die Apostel noch nicht gestiftet hatten? [27]). Das wird sich nicht

---

gentilem baptizatum remissionem peccatorum consequi posse, quando ipse Christus gentes baptizari jubeat in plena et adunata trinitate. Cyp. epist. 73. p. 284. a. u. b.

22) Tert. de coron. c. 3. p. 341.

23) Orig. in Ezech. hom. 7. n. 4. p.170. Man hat hier zugleich ein Beispiel, daß den allegorischen Erklärungen des Origenes gewöhnlich ein christliches Faktum zu Grunde liegt. Wie wäre er dazu gekommen, bei Erklärung der Stelle Ezech. 16. 18. (mein Oel und Räucherwerk legtest du ihnen vor) von der Taufe zu sprechen, wenn bei ihr keine Salbung mit Oel vorgekommen wäre?

24) Just. apol c. 61. p. 260.   25) A. C. l. 7. c. 22.

26) Tert. de bapt. c. 6. p. 192.   27) Tert. l. c. c. 11. 197.

läugnen lassen, bei der Taufe auf die Trinität wurde auch die Kirche erwähnt. Nimmt man nun an, bei der Untertauchung seien nicht nur die heutigen Worte, sondern zugleich die des **apostolischen Glaubensbekenntnisses** gesprochen worden, dann klärt sich die Aeußerung des Tertullian auf. Nach den Worten: ich taufe dich auf den heiligen Geist folgten (unter dieser Voraussetzung) unmittelbar die: und eine heilige katholische Kirche 2c.

Mit dem Gesagten übereinstimmend stellen unseres Wissens blos die arabischen Kanonen Hippolyts den Taufritus dar, obwohl sie gerade die Worte: eine heilige katholische Kirche, weglassen. Der betreffende Kanon lautet: „Alsdann steigt er in das Wasser [28]), der Priester aber legt seine Hand auf das Haupt desselben und fragt ihn mit den Worten: Glaubst du an Gott den allmächtigen Vater? Der Täufling antwortend: ich glaube, wird das erstemal unter das Wasser getaucht, indem der Priester die ihm auf das Haupt gelegte Hand zurückzieht. Zum zweitenmal fragt er ihn mit den Worten: Glaubst du an Jesum Christum den Sohn Gottes, welchen geboren hat Maria die Jungfrau aus dem heiligen Geiste, der kam, das menschliche Geschlecht zu retten, der für uns zur Zeit des Pontius Pilatus gekreuzigt wurde, der gestorben, am britten Tage von den Todten auferstanden und in den Himmel aufgefahren ist, zur Rechten des Vaters sitzt und kommen wird zu richten die Lebendigen und Todten? Antwortend: ich glaube, wird er zum zweitenmal unter das Wasser getaucht. Zum drittenmal wird er gefragt: Glaubst du an den heiligen Geist, den Tröster, der vom **Vater und Sohne** ausgeht? Antwortend: ich glaube, wird er zum drittenmale untergetaucht. Jedesmal sagt er aber (der Minister): Ich taufe dich im Namen des Vaters und Sohnes und heiligen Geistes, der gleich ist (dem Vater und Sohne) [29]).

## §. 40. Ceremonien nach der Taufe.

Das Erste, sobald der Täufling aus dem Wasser herausstieg, war die Salbung mit Chrisam von Seiten des Bischofes. Da der Neophyte

---

28) Cum *aquam ingressi* Christianam fidem in legis suae *verba* profitemur. Tert. de spectat. c. 4. p. 112. Dadurch erklären sich auch die Worte: Anima enim non lavatione, sed responsione sancitur. De resurr. car. c. 48. p. 309.

29) Hippol. can. 19. n. 11. p. 76. Diese Art zu taufen blickt auch noch in dem römischen Ritual durch. Ego te baptizo in nomine Patris (fundat primo) et Filii (fundat secundo) et Spiritus sancti (fundat tertio).

nicht nur auf dem Haupte, sondern am ganzen Leibe gesalbt wurde, eignete sich die Zeit, da er entkleidet aus dem Wasser kam, am besten dafür. Die Salbung mit Chrisam auf dem Haupte ist heute noch durch das römische Ritual vorgeschrieben, obwohl zwischen beiden Handlungen ein bedeutender Unterschied obwaltet. In der alten Zeit gehörte diese Salbung zur Firmung, jetzt ist sie ein Sakramentale, das seine Entstehung Papst Silvester verdankt. Weil sie in unserer Periode zur Firmung gehört, wird über sie erst im Folgenden gehandelt.

Nach der Salbung bekleidete man den Neophyten mit einem **weißen Gewande**, das er acht Tage, bis zum s. g. **weißen Sonntage**, trug. Die Notiz, von dem Tage an, an welchem wir getauft wurden, enthalten wir uns während einer ganzen Woche des täglichen Bades[1]), zeigt nämlich, daß die Feier der Taufe auf acht Tage ausgedehnt wurde. Da nun nach den Angaben der Schriftsteller des vierten Jahrhunderts die Neophyten während acht Tage ein weißes Kleid trugen, darf unbedenklich angenommen werden, diese Zeitdauer war mit Rücksicht auf die obigen Worte Tertullians schon um das Jahr zweihundert in Uebung, wenn die Täuflinge ein solches Gewand damals erhielten; das Letzte ist die Frage.

Das einzige unzweideutige Zeugniß hierüber enthalten unseres Wissens die Akten des h. Genesius, der circa 286 starb. Als er nämlich die Geheimnisse der Sakramente empfangen hatte und mit **den weißen Gewändern** bekleidet war, wurde er vor den Kaiser geführt[2]). Im dritten Jahrhundert war also diese Sitte in Uebung. Dieses vorausgesetzt, fallen der Zeit nach frühere, wenn auch nicht so bestimmte Aussprüche hierüber, um so mehr ins Gewicht. Wenn nämlich die, welche weiß (rein), innerlich nicht ehebrecherisch ($\nu \acute{o} \vartheta o \upsilon \varsigma$) sind, am passendsten weiße und einfache Kleider tragen[3]) und dasselbe von friedlichen und erleuchteten ($\varphi\omega\tau\varepsilon\iota\nu o \tilde{\iota} \varsigma$) Menschen gilt[4]): so liegt darin zwar kein Beweis, aber die Wahrscheinlichkeit, daß auch die Neophyten mit solchen Gewändern bekleidet wurden; um so mehr, als $\nu\acute{o}\vartheta o\iota$ außerehelich erzeugte Kinder, $\varphi\omega\tau\varepsilon\iota\nu o\iota$ aber durch die Taufe Erleuchtete bezeichnet. Ferner vergleicht Hippolyt die Kirche mit einem Schiffe und deutet das **Segeltuch** auf das Bad der Wiedergeburt, das die Gläubigen verjüngt, weßwegen jene

---

1) Exque ea die lavacro quotidiano per totam hebdmadam abstinemus. Tert. de coron. c. 3. p. 341.
2) Ruinart II. n. 2. p. 146.    3) Clem. paedag. l. 2. c. 10. p. 235.
4) l. c. l. 3. c. 11. p. 286.

($ταῦτα$ = Segeltücher) weiß sind⁵). Zwischen einem weißen Segeltuch und der Taufe, oder dem Neophyten, läßt sich blos dann eine Aehnlichkeit herausfinden, wenn die neu Getauften weiße Kleider trugen. Ohne diese Sitte zu statuiren, wäre es unbegreiflich, wie Hippolyt zu einer solchen Vergleichung kam. Deutlicher spricht sich Origenes aus. Die Seele, welche wiedergeboren und im Bade gezeugt wird, wickelt man in Tücher ein: Selbst der Herr, mein Jesus, ist in Tücher eingehüllt worden, wie das Evangelium des Lucas berichtet. Darum muß der, welcher wiedergeboren wird, als wahrhaft in Christus wiedergeboren, vernünftige und arglose Milch verlangen und ehe er vernünftige und arglose Milch verlangt, muß er mit Salz gesalzen und in die Hülle von Tücher gewickelt werden⁶). Weil Adamantius von der Hülle der Tücher mit Rücksicht auf die Einhüllung des Leichnames Christi redet, sind sie nicht blos ein Symbol, sondern wie Christus bei der Grablegung in Tücher gewickelt wurde, so geziemt es sich auch für den auf den Tod Christi Getauften.

2) Auch der allegorischen Auslegung der Milch lag ein Faktum zu Grunde. Nach dem Bade aufgenommen, kosteten die Getauften eine Mischung von Honig und Milch⁷). Diese Ceremonie ist so bestimmt bezeugt, daß an ihrer Existenz nicht gezweifelt werden kann. Nicht gerade von dieser Handlung sprechend, aber in einer ähnlichen symbolischen Bedeutung schreibt der Verfasser des Barnabasbriefes: Wie das Kind (der Täufling) durch Honig und Milch belebt wird, so der Gläubige durch das Wort⁸). Nach Clemens A. diente die mit Honig gemischte süße Nahrung, oder Milch, zur Reinigung⁹). Diese an sich unbestimmten Citate erhalten erst durch Tertullians Angaben eine feste Gestalt, dergemäß der Genuß von Milch und Honig schon sehr frühe in der Kirche heimisch war. Wenn nämlich, nach dem Zeugnisse des Apologeten, die Marcioniten den Täuflingen Milch und Honig reichten

---

5) Hippol. de Christo et Antich. c. 59. p. 438.
6) Orig. in Ezech. hom. 6. n. 6. p. 158. Eine Parallelstelle enthält der Commentar zum Römerbriefe. Der h. Geist hat dafür gesorgt, daß der Umstand in der Schrift überliefert wurde, das Grab, in das man Jesus legte, sei neu gewesen und er in reine Leinwand gewickelt worden, damit Jeder, der durch die Taufe mit Christus begraben werden will, wisse, es dürfe nichts Altes zu dem neuen Grabe, nichts Unreines zu der reinen Leinwand gebracht werden. l. 5. n. 8. Das heißt doch, der muß rein sein, welcher das weiße Kleid bei der Taufe anziehen will.
7) Tert. de coron. c. 3. p. 341.
8) Barnab. epist. c. 6. p. 12. Wir kommen in einem anderen Bande hierauf zurück.
9) Clem. paedag. l. 1. c. 6. p. 128.

und dieser Gebrauch ihrer Lehre widersprach [10]), so nahmen sie ihn bei ihrem Austritte aus der Kirche mit sich, in der er also damals bereits eingebürgert war.

Vielleicht gaben die Worte des Apostel: Als neugeborene Kinder verlanget nach der vernünftigen, unverfälschten Milch, damit ihr dadurch zum Heile wachset. 1. Petr. 2. 2. zu seiner Entstehung Veranlassung. Tertullian leitet jedoch diesen Gebrauch nicht aus der Schrift ab, da er vielmehr sagt [11]), man könne sich für ihn nicht auf die Schrift berufen. Näher liegt, daß Milch und Honig als Symbole des Landes der Verheißung, das von Milch und Honig fließt, angesehen wurden. Dieses Land konnte ebenso die Kirche sein, in die der Neophyte eintrat, als das ewige Leben, auf das er durch die Taufe Anwartschaft erhielt. Die letzte Bedeutung kommt in dem Ausspruche zur Geltung: "sie nehmen Milch und Honig zum Gedächtniß der künftigen Welt und der Süßigkeit der Güter, welche durch diese Zeichen angedeutet werden, so daß sie nicht zur Bitterkeit zurückkehren und zertheilt werden" [12]). Zugleich geben sie eine Erklärung zu den bekannten Worten der h. Perpetua. Sie und ihr Bruder erkannten den bevorstehenden Tod, weil die Milch (Käse) Symbol künftiger Güter war. Damit wollen wir jedoch die später folgende Erklärung nicht entkräften.

Eine weitere Frage ist, wann wurde dem Neophyten Honig und Milch gereicht? Tertullian sagt: Dehinc ter mergitamur ... inde suscepti, lactis et mellis concordiam praegustamus. Auf den ersten Blick könnte man glauben, suscipere stehe in der Bedeutung von: in die Höhe nehmen, also: aus dem Taufbade herausgetreten, kosten wir ec. Allein nach dem obigen Citate führt er die Reichung von Milch und Honig erst nach der Salbung (Firmung) an. Diese geschah auch so unmittelbar nach dem Heraustreten aus dem Wasser, daß das inde, das hier einen Zeitverlauf ausdrückt, durch die Annahme: "nach der Taufe und Salbung" noch nicht hinlänglich erklärt wird, oder wenigstens einen längeren Zeitverlauf zuläßt und andeutet. Da ferner suscipere auch anerkennen, annehmen, z. B. Kinder, bezeichnet: so ist man zu der Uebersetzung berechtigt: hierauf werden wir dreimal untergetaucht, sodann

---

10) Sed ille quidem usque nunc, nec aquam reprobavit creatoris, qua suos abluit, nec oleum, quo suos ungit, nec mellis et lactis societatem, qua suos infantat, nec panem etc. Tert. adv. Marc. l. 1. c. 14. p. 25.
11) De corona c. 3.
12) Hippol. Can. arab. c. 19. n. 15. u. 16. p. 77.

als Kinder anerkannt und aufgenommen [13]), kosten wir ꝛc. Die volle Aufnahme fand aber nicht in der Taufe, sondern durch die Anwohnung bei dem eucharistischen Opfer und die Communion statt [14]). Auf sie beziehen wir deßwegen inde suscepti. Hätten nämlich die Neophyten alsbald nach der Firmung diese Mischung gekostet, so wären sie bei dem Empfange der Communion nicht mehr nüchtern gewesen. Zur Zeit des Tertullian wurde aber die Eucharistie vor jeder anderen Speise genossen und es ist mir keine Stelle bekannt, in der er das Gegentheil lehren würde, also konnte auch aus diesem Grunde die Mischung den Neophyten nicht vor dem Schlusse der Liturgie gereicht werden.

Diese Folgerung wird durch die arabischen Kanonen Hippolyts bestätigt. Sie beschreiben die in der Liturgie vor sich gehende Communion der Täuflinge auf folgende Weise: „die Presbyter tragen Kelche des Blutes Christi und andere Kelche mit Milch und Honig, um die, welche ihrer theilhaftig werden, zu belehren, daß sie wiedergeboren seien und als Kinder, wie Kinder, Milch und Honig genießen. In Abwesenheit der Presbyter werden sie von den Diaconen gereicht... Der Bischof reiche von dem Leibe Christi... und den Kelch... Hierauf empfangen sie Milch und Honig... Jam vero fiunt Christiani perfecti, qui fruuntur corpore Christi [15])". Der letzte Satz erklärt das suscepti Tertullians auf treffende Weise.

### §. 41. Die Allerheiligenlitanei im römischen Missale.

Schließlich sind noch die dem heutigen römischen Taufritus folgenden Gebete und Ceremonien zu berücksichtigen. Eine Aufforderung dazu liegt schon darin, daß wir den Prophezeiungen und der Taufwasserweihe ein sehr hohes Alter vindiciren. Da aber mit ihnen das Gebet der Allerheiligenlitanei und die Procession zum Altare zu einem Ganzen verbunden sind, könnte man entgegnen: offenbar gehört die Allerheiligenlitanei dem Mittelalter an, darum auch die mit ihr verknüpften übrigen Theile.

Den apostolischen Constitutionen zufolge wurde nach der Taufe der Katechumenen eine Predigt gehalten und das eucharistische Opfer dargebracht [1]). Die Rubriken des Missale schreiben dagegen sogleich nach

---

13) Das ist nach unserer Ansicht die Bedeutung von der obigen Stelle: nec mellis et lactis societatem, qua suos *infantat*.
14) cf. §. 48.   15) Hippol. Can. 19. n. 15. p. 77.
1) A. C. l. 5. c. 19. cf. §. 34.

der Taufe die Procession zum Altare vor. Für eine Predigt findet sich kein Platz. Ob sich nicht auf diesen Tag die Notiz des Sozomenus bezieht: „In derselben Stadt (Rom) lehrt weder der Bischof noch irgend ein Anderer das Volk in der Kirche"²). Jedermann hat diese Worte, in ihrer vollen Allgemeinheit gefaßt, für unrichtig gehalten. Schränkt man sie aber auf den Ostermorgen ein, dann würden sie zu der obigen Rubrik stimmen.

Eine Procession zum Altare findet dem römischen Ritus gemäß statt, worauf die Allerheiligenlitanei gebetet wird. Das ist eine uralt christliche Sitte. Justin erklärt sie in den Worten: Nachdem wir sie abgewaschen haben, führen wir sie dahin, wo die Brüder versammelt sind und verrichten gemeinschaftliche Gebete für uns, für die Getauften und für Alle, wo sie immer sind, daß wir nach Erkenntniß der Wahrheit gewürdigt werden, als solche erfunden zu werden, die fromm ein werkthätiges Leben führen, die Gebote beobachten und das ewige Heil erlangen ³).

Dem Hinführen zu der Versammlung der Brüder entspricht im römischen Ritual genau die Procession zum Altare. Die Brüder sind nämlich nach Justin zur Feier der Eucharistie versammelt und dem römischen Ritus zufolge beginnt am Altare die Darbringung des Meßopfers. Das gemeinschaftliche Gebet Justins ist, wie an einem anderen Orte nachgewiesen wurde, die oratio pro fidelibus ⁴). Sie wurde, wie die apostolische Liturgie bezeugt, über die knieenden oder liegenden Gläubigen gebetet ⁵), und deßwegen am Schlusse derselben: Surgamus, gesprochen. Nicht anders verhält es sich nach dem römischen Missale. „Der Celebrans wirft sich mit den Ministern vor dem Altare nieder und während alle übrigen knien, werden die Litaneien gesungen". Die oratio pro fidelibus bildete den Anfang der Gläubigenmesse. Mit Uebergehung der ihr vorausgehenden Gebete der Katechumenenmesse ⁶) folgte ihr sogleich der Friedenskuß und die Opferung. Mit der Allerheiligenlitanei fängt gleichfalls die Messe an; Staffelgebet und Introitus fällt am Charsamstage aus. Die von Justin erwähnte oratio pro fidelibus stimmt ferner mit der in der apostolischen Liturgie A. C. l. 8. c. 10 überein ⁷). Es fragt sich also, um die Uebereinstimmung des römischen Missale mit den Angaben Justins evident zu machen und zu vollenden, nur darum,

---

2) Sozom. h. e. l. 7. c. 19.  3) Just. apol. c. 65. p. 267.
4) Probst, Liturgie der drei ersten christlichen Jahrhunderte. §. 81. S. 97.
5) A. c. l. 8. c. 9.  6) Probst l. c. S. 94.  7) Probst, Liturgie. §. 81. S. 97. u. S. 290.

in welchem Verhältnisse steht die Allerheiligenlitanei zu der oratio pro fidelibus. Ist die erste aus der letzten herausgewachsen, dann leuchtet ein, daß die Allerheiligenlitanei der Charsamstagliturgie die im Laufe der Jahrhunderte umgestaltete oratio pro fidelibus ist und dieser Theil des Taufritus, wie die Prophezeiungen und die Taufwasserweihe, den ersten Jahrhunderten angehört.

Um recht objektiv zu verfahren, lassen wir den Anglikaner Bingham reden. Nachdem er die oratio pro fidelibus aus der apostolischen Liturgie wörtlich angeführt, fährt er fort: „Wer entweder unsere Litanei oder die Gebete für alle Stände der christlichen Kirche beim Beginne unseres eucharistischen Officiums hiemit vergleichen will, wird die große Verwandtschaft zwischen beiden leicht erkennen. Wir besitzen weder in den ächten Werken des Chrysostomus, noch bei irgend einem alten Schriftsteller, ein vollständiges Formular, mit welchem wir dieses Gebet vergleichen könnten. Doch sind heute noch zwei alte Formeln dieses Gebetes vorhanden, ohne beigefügte Anrufung der Heiligen, altera quidem in liturgia Ambrosiana et altera in vetusto officio, a Wicelio ex bibliotheca Fuldensi descripta, quae quum ad hanc antiquam formulam in *Constitutionibus* prope accedant in usum candidi lectoris ex Pamelii liturgicorum tom. 3. p. 307. et Bonae cardinalis rer. liturg. l. 3. c. 5. n. 3. heic ad calcem adponemus [8]).

Die in die Note aufgenommenen Formulare lauten: In codice Fuldensi litania missalis.

Diaconus, omnes ex toto corde totaque mente: Domine miserere.

Qui respicis terram et facis eam tremere. Oramus te Domine, exaudi et miserere.

Pro altissima pace et tranquillitate temporum nostrorum. Oramus te Domine etc.

Pro sancta ecclesia catholica, quae est a finibus usque ad terminos orbis terrarum. Oramus te etc.

Pro patre nostro episcopo, pro omnibus episcopis ac presbyteris et diaconis, omnique clero. Oramus etc.

Pro hoc loco et habitantibus in eo. Oramus etc.

Pro piissimo imperatore et toto romano exercitu. Oramus etc.

Pro omnibus, qui in sublimitate constituae sunt, pro virginibus, viduis et orphanis. Oramus etc.

---

[8] Bingham, orig. l. 15. c. 1. §. 2. p. 289.

Pro poenitentibus et catechumenis. Oramus etc.

Pro his, qui in sancta ecclesia fructus misericordiae largiuntur. Domine Deus virtutum exaudi preces nostras. Oramus etc.

Sanctorum apostolorum et martyrum memores sumus, ut orantibus eis pro nobis veniam mereamur. Oramus etc.

Christianum et pacificum nobis finem concedi a Domino comprecemur. Praesta, Domine, praesta.

Et divinum in nobis permanere vinculum caritatis, Dominum comprecemur. Praesta etc.

Conservare sanctitatem et puritatem catholicae fidei, sanctum Deum comprecemur. Praesta etc.

Diaconus, Omnes, Domine exaudi et miserere.

Altera formula ex missa Ambrosiana in dominica prima quadragesimae, incipiente diacono et choro respondente.

Divinae pacis et indulgentiae munere supplicantes ex toto corde et ex tota mente precamur te. Domine miserere.

Pro ecclesia sancta catholica, quae heic et per universum orbem diffusa est, precamur te. Domine miserere.

Pro papa nostro N. et pontifice nostro N. et omni clero eorum, omnibusque sacerdotibus et ministris, precamur te. Domine miserere.

Pro famulis tuis N. imperatore et N. rege, duce nostro, et omni exercitu eorum precamur te. D. m.

Pro pace ecclesiarum, vocatione gentium et quiete populorum, precamur te. Domine miserere.

Pro civitate hac et conservatione ejus, omnibusque habitantibus in eo precamur te. D. m.

Pro aeris temperie ac fructu et foecunditate terrarum, precamur te. D. m.

Pro virginibus, viduis, orphanis, captivis ac poenitentibus, precamur te. D. m.

Pro navigantibus, iter agentibus, in carceribus, in vinculis, in metallis, exsiliis constitutis, precamur te. D. m.

Pro iis, qui diversis infirmitatibus detinentur, quique spiritibus vexantur immundis, precamur te. D. m.

Pro iis, qui in sancta ecclesia fructus misericordiae largiuntur, precamur te. D. m.

Exaudi nos in omni oratione atque deprecatione nostra, precamur te. D. m.

Diaconus, Omnes, Domine miserere.

In dieser Weise hat sich die oratio pro fidelibus der apostolischen Liturgie gestaltet. Was die Form betrifft, so liegt die Aehnlichkeit mit der Allerheiligenliturgie auf der Hand. Ebenso verhält es sich aber auch mit dem Inhalte. Man höre: Ut ecclesiam tuam sanctam regere et conservare digneris; te rogamus audi nos. Ut dominum apostolicum et omnes ecclesiasticos ordines in sancta religione conservare digneris; te rog. audi nos.

Ut inimicos sanctae ecclesiae humiliare digneris; t. r. a. n.

Ut regibus et principibus christianis pacem et veram concordiam donare digneris; t. r. a. n.

Ut nosmet ipsos in tuo sancto servitio confortare et conservare digneris; t. r. a. n.

Ut omnibus benefactoribus nostris sempiterna bona retribuas; t. r. a. n.

Ut fructus terrae dare et conservare digneris; t. r. a. n.

Ut omnibus fidelibus defunctis requiem aeternam donare digneris; t. r. a. n.

Ut nos exaudire digneris; t. r. a. n.

Der Unterschied zwischen diesen Formularen liegt blos darin, daß dieser Theil der Allerheiligenlitanei die verschiedenen Stände: Jungfrauen, Wittwen c. nicht aufzählt. Der Grund ist klar, es geschah dieses im Eingange der Litanei, in welcher Repräsentanten aller Stände namentlich aufgeführt werden.

Auch darüber läßt sich Aufschluß geben, wie diese Namen der Heiligen zu den obigen Bitten kamen und dadurch die heutige Allerheiligenlitanei entstand: Bona führt aus Golbast tom. 2. p. 2. antiquitatum alemannicarum, laudes et litaniae an, welche zur Zeit Papst Nicolaus I. (867) in Deutschland vor der Epistel gebetet wurden. Der Kürze halber geben wir blos den Anfang dieser laudes nach Bona [9]).

Finita oratione, berichtet der Cardinal, post „Gloria in excelsis Deo" dicit sacerdos tribus vicibus semper respondente Clero: Christus vincit, Christus regnat, Christus imperat. Tum ait sacerdos: exaudi Christe.

---

9) Bona, rerum liturg. l. 2. c. 5. §. 8. p. 116. cf. Martene, de antiquis ecclesiae ritibus l. 1. c. 4. a. 3. p. 133. n. 13. Bassani 1788.

Nicolao summo pontifici et *universali* [10]) papae vita.

Salvator mundi.  
S. Petre,  
S. Paule,  
S. Andrea,   〉 Tu illum adjuva.  
S. Clemens,  
S. Xixte,  
S. Cyriace,  
Exaudi Christe,  

Ludovico a Deo coronato, magno et pacifico regi vita et victoria.

Redemptor mundi.  
S. Michael,  
S. Gabriel,  
S. Raphael,   〉 Tu illum adjuva.  
S. Joanes,  
S. Stephane,  
S. Theodulo  

Hemmae reginae nostrae vita.

S. Felicitas,  
S. Perpetua,  
S. Petronilla,   〉 Tu illam adjuva.  
S. Lucia,  
S. Agnes,  
S. Caecilia etc.  

Diese laudes wurden nach dem Gloria in excelsis gebetet, ihnen folgte die Collekte oder oratio pro fidelibus. Beide verbanden sich im Laufe der Zeit und so entstand die Allerheiligenlitanei. Das sollte durch diese Erörterung erwiesen sein, daß das Gebet dieser Litanei nach der Taufe nichts anderes ist, als die umgestaltete alte oratio pro fidelibus und daß demnach der heutige römische Ritus, wie ihn die Charsamstags=liturgie vorschreibt, mit der Art und Weise, wie ihn Justin darstellt, in voller Harmonie steht. Die Litanei widerspricht also dem über das Alter der Prophezeiungen und Taufwasserweihe Bemerkten nicht, sondern bestätigt es.

---

10) Im 9. Jahrhundert wurde demnach der episcopus universalis sogar in Kirchengebeten erwähnt.

## Zweites Kapitel.

## Firmung.

### §. 42. Von der Firmung im Allgemeinen.

Jesus hatte die Sendung des h. Geistes versprochen. Am Pfingstfeste kam er über die Jünger und es erfüllte sich damit an ihnen die Weissagung Joels. Was an den Jüngern geschah, sollte sich an allen Gläubigen vollziehen. Deßhalb bemerkt Petrus in seiner Pfingstpredigt: Thuet Buße und es lasse sich ein Jeder von euch taufen auf den Namen Jesu Christi zur Vergebung der Sünden und ihr werdet die Gabe des heiligen Geistes empfangen. act. 2. 38. Als darum der Diacon Philippus die Samariter getauft hatte, ging Petrus und Johannes dahin, um ihnen den heiligen Geist mitzutheilen. Denn er war noch auf keinen derselben gekommen, sondern sie waren nur auf den Namen des Herrn Jesu getauft. Alsdann legten sie ihnen die Hände auf und sie empfingen den heiligen Geist." act. 8. 16. 17. Dasselbe geschah durch den Apostel Paulus act. 19. 6. und war so allgemein, daß im Hebräerbriefe zu den Anfangsgründen des Christenthums, neben dem Glaubensbekenntniß, die Taufe und Handauflegung gerechnet wird [1]). Aehnlich geschieht dieses im Briefe an die Epheser, in welchem der Apostel Gott lobt, daß er ihn von Ewigkeit zum Preise seiner Herrlichkeit vorherbestimmt habe. Das, fährt er fort, sei aber auch bei ihnen der Fall, denn nachdem sie das Evangelium des Heiles gehört und geglaubt haben und mit dem verheißenen [2]) heiligen Geiste, dem Pfande unseres Erbes, besiegelt worden, seien auch sie zum Preise seiner Herrlichkeit berufen. Ephes. 1. 13. 14. Die im Hebräerbriefe aufgezählten Anfangsgründe entsprechen den Mitteln und Handlungen, durch welche die Berufung der Epheser anfing. Die Taufe ist jedoch mit dem Glauben verbunden und statt Handauflegung steht „Besieglung mit dem heiligen Geiste". Eine Parallelstelle zu Ephes. 1. 13. bildet II. Korinth. 1. 21. 22; ent-

---

[1] Hebr. 6. 2.
[2] So wird der h. Geist genannt, weil er im A. B. allen Gläubigen verheißen war. Joel 3. 1. 2. Hierauf beruft sich auch Petrus am Pfingstfeste act. 2. 16. mit der Schlußbemerkung, auf die Anwesenden, ihre Kinder und alle, die in der Ferne seien, beziehe sich diese Verheißung act. 2. 39. Das heißt doch nichts anderes, als den Gläubigen aller Zeiten und an allen Orten werde der h. Geist zu Theil. Von „wunderbaren Geistesgaben" wird man aber dieses nicht behaupten wollen. cf. Tert. adv. Marc. l. 5. c. 8. p. 406.; l. 5. c. 17. p. 449.

hält darum Ephes. 1. 13. eine Erklärung zu Hebr. 6. 2., so auch II. Korinth. 1. 21. 22. Die letzte Stelle lautet: „der uns aber mit euch in (im Glauben an) Christus stärkt und uns gesalbt hat und das Pfand des h. Geistes in unsere Herzen legte". Durch Salbung und Besieglung oder Handauflegung wird der h. Geist ertheilt und das geschieht Anfangs der Bekehrung, das ist der Kern der obigen Stellen [3]).

2) In der Geschichte jenes Jünglings, der abgefallen, durch den Apostel Johannes gerettet wurde, heißt es, der Presbyter habe ihn in sein Haus aufgenommen, sorgfältig erzogen und ihm endlich die Taufe ertheilt. Hierauf ließ er von der Ueberwachung desselben allmälig ab, da er ihm ein vollkommenes Schutzmittel, durch welches er durchaus gesichert sein sollte, das Siegel (σφραγίδα) des Herrn, verlieh [4]). Es ist nicht zu läugnen, Hermas nennt auch die Taufe ein Siegel. Clemens A. aber, der diese Thatsache erzählt, nennt sie da, wo er die Namen der Taufe aufzählt, nicht so (cf. §. 25.), sondern unterscheidet „das heilbringende Siegel" von ihr, bringt es aber in solche Verbindung mit ihr, daß es, wie sie, als Heilmittel erscheint [5]). Außer der Taufe war demnach eine mit ihr verbundene, gegen den Abfall Schutz verleihende, Handlung nicht blos zur Zeit des Clemens, sondern des Apostels Johannes, vorhanden.

Hiemit stimmen die eclogae überein. Nach der Taufe, nachdem der Mensch von den sieben bösen Geistern frei ist, „folgt sofort das Siegel, um das, was Gott heilig ist, zu bewahren [6]). Noch älter, den apostolischen Vätern gleichzeitig, war der Gebrauch einiger Gnostiker, die den Neophyten mit Balsam salbten. Bei der Bedeutung, die den Ceremonien der Häretiker zukommt [7]), müssen wir hierbei etwas verweilen. Irenäus berichtet über die redemptio haereticorum und sagt: Einige führen die Einzuweihenden zum Wasser und taufen sie mit den Worten: im Namen des unbekannten Vaters des All ec. Andere drücken die redemptio in den Worten aus: Nomen quod absconditum est ab omni deitate et dominatione et veritate, quod induit Jesus Nazarenus in vitis luminis Christi Domini, viventis per spiritum

---

3) Wenn man die Salbung, von der der Apostel spricht, als eine materielle mit Oel faßt, so ist man dazu um so mehr berechtigt, als im Neuen Testamente, mit Ausnahme jener Stellen, in welchen von Christus gesprochen wird, durchweg von einer Salbung mit Oel die Rede ist.
4) Clem. A. Quis dives. c. 42. p. 959.
5) Clem. strom. l. 2. c. 3. p. 434. Ὥστε οὐδὲ βάπτισμα ἔτι εὔλογον, οὐδὲ μακαρία σφραγὶς, οὐδὲ ὁ υἱὸς, οὐδὲ ὁ πατήρ.
6) Clem. oper. n. 13. p. 992. 7) cf. §. 4.

sanctum, in redemptionem angelicam. Nomen apocatastasis: Non divido etc. ... Hierauf sprechen alle Anwesenden: Pax omnibus super quos hoc nomen requiescit. Tum autem eum qui initiatus est, opobalsamo inungunt. Hoc enim unguentum fragrantiae illius, quae omnia exsuperat, typum esse aiunt. Iren. l. 1. c. 21. n. 4. p. 96. Diese Stelle erklärend und bestätigend heißt es in den excerpta Theodoti: für uns, die wir todt sind, wurden die Engel getauft, damit auch wir den Namen habend nicht gehindert werden in das Pleroma einzutreten durch die Grenze und das Kreuz. Deßwegen sagen sie auch bei der Handauflegung am Schlusse: in redemptionem angelicam, d. h. welche auch die Engel haben, damit der Getaufte, welcher die Erlösung auf seinen Namen erhalten hat, da sei, wo auch sein Engel, der zuvor getauft wurde. Die Engel aber wurden im Anfange in redemptione nominis illius getauft, welcher in Gestalt einer Taube auf Jesus herabkam [8]).

Zuerst fällt auf, daß nach Theodot, wie nach Irenäus die in Rede stehende Formel mit: in redemptionem angelicam schloß. Ferner berichten beide Auktoren über die gnostische Taufe, denn in beiden Schriften ist von derselben Sache die Rede. Und auch darin stimmen beide Auktoren überein, daß die Handlung auf den Namen des heiligen Geistes geschah, der über Jesus herabkam. Aus dem Letzten erkennt man bereits, der Akt bezog sich mehr auf das, was die Katholiken Firmung, als Taufe nennen. Der gnostische Spiritualismus gab der Feuertaufe den Vorzug vor der Wassertaufe. cf. 26. Theodot bemerkt dieses ausdrücklich durch die Worte, die Formel sei bei der Handauflegung gesprochen worden. Aber auch Irenäus kennt außer der Taufe eine zweite Handlung, welcher er den Namen Apokatastasis gibt, ein Name (restitutio in integrum), welcher sie als Vollendung der redemptio erscheinen läßt. Das wird man darum unbedenklich annehmen dürfen, außer der eigentlichen Taufe, dem Untertauchen in's Wasser, kannten die Gnostiker noch eine zweite Handlung, welche Theodot Handauflegung nennt, die der katholischen Firmung entspricht. Mehr zu erwähnen hatte der Letzte keine Veranlassung. Irenäus aber berichtet weiter, was die Anwesenden sprachen, und daß schließlich die Neophyten mit Balsam gesalbt wurden. Weil, wie wir hören werden, der pax auch in der Kirche bei der Taufe und Firmung ertheilt wurde, läßt sich um so

---

[8] l. c. n. 22. Clem. opera p. 974.

mehr schließen, die Häretiker haben bei dieser ganzen Handlung die äußeren kirchlichen Gebräuche beibehalten und darum auch die Salbung mit Balsam von ihr entlehnt. Jedenfalls salbten die Marcioniten die Ihrigen⁹) und die Bemerkung, die wir §. 40 über ihre Sitte, den Neophyten Milch und Honig zu reichen, machten, gilt auch hier. Sie bedienten sich der Salbung, obwohl sie ihrem Systeme fremd war, weßwegen sie sie bei ihrem Austritte aus der Kirche mitgenommen haben mußten, oder was dasselbe ist, die Salbung war schon in der ersten Hälfte des zweiten Jahrhunderts in der Kirche so eingebürgert, daß sie die damaligen Protestanten selbst wider Willen acceptirten.

Ueber das Zeugniß des Theophilus ¹⁰) bemerkt Binterim: „Seine Worte mögen vielleicht Einigen nicht so entscheidend über unseren Gegenstand vorkommen; allein vergleicht man sie mit den Worten und Ausdrücken des beinahe gleichzeitigen Tertullians, so sind sie außer allem Zweifel überzeugend. (Tert. de bapt. c. 7.) Tertullian beruft sich hier auf die alte Disciplin; diese Salbung steigt also bis zu den Zeiten der Apostel und er leitet den Namen Christianer von dieser Salbung nach der Taufe her. Was Dalläus und nach ihm Basnage gegen dies Zeugniß des Tertullian vorgebracht haben, wird sehr gründlich widerlegt von Natalis Alexander (Diss. ad saeculum 2) und dem Cardinal Orsi (Diss. de oleo confirmat.") ¹¹).

3) Um das Jahr zweihundert sagt Tertullian, aus dem Bade herausgetreten, werden wir mit geweihtem Oele gesalbt ¹²). Das Fleisch wird nämlich abgewaschen, damit die Seele entmakelt werde; das Fleisch

---

9) Tert. adv. Marc. l. 1. c. 14. p. 25. Ganz im Allgemeinen, ohne Beschränkung auf die Marcioniten, spricht Cyprian den Satz aus: Scire autem et meminisse debemus scriptum esse: *Oleum peccatoris non ungat caput meum*, quod ante in psalmis praemonuit spiritus sanctus, ne quis exorbitans et a via veritatis exerrans apud *haereticos* et Christi adversarios ungeretur. Cyp. epist. 70. p. 269. e. Diesem ist nur beizufügen, daß sich diese Salbung, dem Zusammenhange zufolge, auf die Firmung bezieht.

10) Der Heide Autolycus verspottete die Christen wegen ihres Namens. Theophilus entgegnet ihm, du weißt nicht, was du sagst. Alles Gesalbte ist nützlich und angenehm.... Wer, der in dieses Leben eintritt, oder welcher Athlet wird nicht mit Oel gesalbt? Du aber willst nicht mit dem Oele Gottes gesalbt werden? Deßwegen werden wir nämlich Christen genannt, **weil wir mit dem Oele Gottes gesalbt werden**. Theoph. ad Autol. l. 1. c. 12. p. 85.

11) Binterim, Denkwürdig. I. 1. S. 211.

12) Exinde egressi de lavacro perungimur benedicta unctione de pristina disciplina, qua ungi oleo de cornu in sacerdotium solebant. Ex quo Aaron a Moyse unctus est, unde Christus dicitur a chrismate quod est unctio. ... Sic et in nobis carnaliter currit unctio, sed spiritaliter proficit, *quomodo et ipsius baptismi* carnalis actus, quod in aqua mergimur, spiritalis effectus, quod delictis liberamur. Tert. de bapt. c. 7. p. 192.

wird gefalbt, damit die Seele geheiligt werde; das Fleisch wird (mit dem Kreuze) bezeichnet, damit die Seele geschirmt werde; das Fleisch wird durch die Handauflegung überschattet, damit auch die Seele durch den Geist erleuchtet werde; das Fleisch genießt den Leib und das Blut Christi, damit auch die Seele von Gott genährt werde [13]). Zwischen Taufe und Eucharistie stellt der Apologet ein Heilmittel, das ähnliche Wirkung [14]) und Dignität wie diese beiden Sakramente hat und deßwegen gleichfalls zu ihnen gehören muß.

Wohl gleichzeitig mit dieser Aeußerung erklärt Hippolyt die Worte: „bringet mir Oel," welche die badende Susanne zu ihren Mädchen sprach. Was für ein Oel, fragt er, wenn nicht die Kraft des h. Geistes, durch welche die Gläubigen nach der Taufe, wie mit Chrisam ($\mu\acute{v}\varrho o\nu$) gesalbt wurden? [15]). All das wurde von Susanna um unseretwillen vorgebildet, damit wir, die wir jetzt an Gott glauben, das nicht als etwas Fremdes und Neues in der Kirche ansehen, sondern erkennen, all das sei ehemals durch die Patriarchen vorgebildet worden, wie auch der Apostel I. Cor. 10. 11. sagt [16]).

Origenes knüpft natürlich seine Gedanken über die Firmung an allegorische Deutungen alttestamentlicher Gebräuche an. Nachdem der Priester den Unreinen durch Besprengung mit Blut gereinigt hat, thut er dasselbe durch Oel. Durch Oel wird aber die Gnadengabe des h. Geistes angezeigt, damit der, welcher sich von der Sünde bekehrt, nicht nur Reinigung empfange, sondern auch vom h. Geist erfüllt werde [17]). An einem anderen Orte erklärt er die Stelle, der Priester habe das Opfer stückweise zertheilt, durch die Worte: Dividit membratim vitulum, qui explanare per ordinem potest, et competenti distinctione disserere, qui sit profectus, Christi fimbriam contigisse, qui vero pedes ejus *lavisse* lacrymis et capillis capitis extersisse, quanto autem iis potius sit caput ejus *unxisse* myro, sed

---

13) Tert. de resurr. carn. c. 8. p. 226.
14) Quomodo et ipsius baptismi etc. sagt er in der obigen Stelle.
15) In der Schrift de Christo et Anti. nennt er es: $\sigma\varphi\varrho\alpha\gamma\acute{\iota}\zeta\varepsilon\sigma\vartheta\alpha\iota$. n. 59. p. 438. c.
16) $T\acute{\iota}\ \delta\grave{\varepsilon}\ \tau\grave{o}\ \acute{\varepsilon}\lambda\alpha\iota o\nu,\ \grave{\alpha}\lambda\lambda'\ \mathring{\eta}\ \tau o\tilde{v}\ \acute{\alpha}\gamma\acute{\iota}ov\ \pi\nu\varepsilon\acute{v}\mu\alpha\tau o\varsigma\ \delta\acute{v}\nu\alpha\mu\iota\varsigma;\ o\tilde{\iota}\varsigma\ \mu\varepsilon\tau\grave{\alpha}\ \tau\grave{o}\ \lambda ov\tau\varrho\grave{o}\nu\ \grave{\omega}\varsigma\ \mu\acute{v}\varrho o\nu\ \chi\varrho\acute{\iota}o\nu\tau\alpha\iota\ o\acute{\iota}\ \pi\iota\sigma\tau\varepsilon\acute{v}o\nu\tau\varepsilon\varsigma$ etc. Hippol. de Susanna v. 17. p. 444. Galland. II.
17) Orig. in Levit. hom. 8. n. 11. p. 153. Potes enim et tu si studiis et vigiliis tuis hujuscemodi tibi praeparaveris indumenta, si te abluerit, et mundum fecerit sermo legis, *et unctio chrismatis* et gratia in te baptismi incontaminata duraverit ... apud Deum agere pontificatum intra animae tuae templum. l. c. hom. 6. n. 5. p. 106.

in pectore ejus *recubuisse*, quid habeat eminentiae [18]). Wenn Adamantinus in der achten Homilie, durch den Text veranlaßt, die Firmung nach der Eucharistie placirt, so korrigirt er in der ersten diese Umstellung, sofern das Liegen an der Brust des Herrn die höchste Stelle einnimmt.

In diesen Citaten ist durchweg von der Salbung die Rede, da aber Firmilian als Bischof von Cäsarea in Kappadocien zu den Griechen gehört, ist zu bemerken, daß er in einem an Cyprian gerichteten Briefe blos von der Handauflegung spricht, ohne die Salbung zu berühren und zwar faßt er sie als eine von der Taufe verschiedene, den heiligen Geist ertheilende Handlung [19]).

Durch den Bischof, sagen die apostolischen Constitutionen, gab euch Gott den heiligen Geist in der Handauflegung [20]). Durch ihn seid ihr bezeichnet worden mit dem Oele der Freude und dem Chrisame der Erkenntniß, durch ihn seid ihr Kinder des Lichtes geworden, durch ihn gibt Gott in eurer Taufe bei Auflegung der bischöflichen Hände Zeugniß, indem er zu Jedem von euch sagt: du bist mein Sohn, heute habe ich dich gezeuget [21]).

4) Wenden wir uns wieder dem Abendlande zu. Die Stelle aus Tertullian, auf die wir flüchtig hingewiesen haben, lautet wörtlich also: Sind wir alsdann aus dem Taufbade herausgegangen, so werden wir mit geweihtem Oele gesalbt, nach der alten Sitte, zufolge der man mit Oel aus einem Horne zur Priesterwürde zu salben pflegte. So Moses den Aaron, so der Vater Christum mit dem h. Geiste, daher sein Name Christus. So fließt zwar auch an uns leiblich die Salbung, aber ihre Wirkung ist geistig, gerade so, wie auch von dem leiblichen Taufakte, indem wir in's Wasser untergetaucht werden, die Wirkung eine geistige ist, indem wir von den Sünden befreit werden. Dann erfolgt die Handauflegung, die segnend den h. Geist herabruft und einladet [22]). . . . Auch das geschieht nach einem alten Geheimniß, dem-

---

18) Orig. l. c. hom. 1. n. 4. p. 21.
19) Die Hauptstellen lauten: die Bischöfe allein besitzen die Gewalt baptizandi et manum imponendi et ordinandi. p. 304. c. Si in nomine Christi valuit foris baptisma ad hominem purgandum, in ejusdem Christi nomine valere illic potuit et manus impositio ad accipiendum spiritum sanctum. Cyp. opera epist. 75. p. 308. d.
20) cf. A. C. l. 2. c. 32. u. 41.    21) A. C. l. 2. c. 32.
22) Die Fortsetzung der Stelle §. 42. not. 12. lautet: Dehinc manus imponitur, per benedictionem advocans et invitans spiritum sanctum. Sane humano ingenio licebit spiritum in aquam arcessere et concorporationem eorum accommodatis desuper manibus alio spiritu tantae claritatis animare,

gemäß Jakob seinen Enkeln die Hände gekreuzt auflegte und sie segnete und zwar so kreuzweis übereinandergelegt, daß sie Christus abbildend, bereits damals die künftige Segnung in Christus anzeigten. Jener heilige Geist steigt sofort willfährig vom Vater über die gereinigten und geheiligten Leiber herab, ruhet über den Taufwassern, indem er darin seinen uralten Sitz wieder erkennt, und, in der Gestalt der Taube auf den Herrn herabgekommen, die Natur des heiligen Geistes durch die Einfalt und Unschuld des Thieres offenbart. ... Wie nämlich nach der Wasserfluth, durch welche die alte Sündhaftigkeit gereiniget wurde, so zu sagen nach der Welttaufe, die aus der Arche entlassene und mit dem Oelzweige zurückgekehrte Taube der Herold war, welcher den Frieden nach dem himmlischen Zorne der Welt ankündigte: so fliegt unserem aus dem Bade auftauchenden Fleische, nach Vergebung der alten Sünden, die Taube des h. Geistes zu, den Frieden Gottes bringend [23]).

Das Verhältniß von Salbung und Handauflegung dem Folgenden zuweisend, wenden wir uns hier blos gegen einen Satz von Johann Mayer. „Aus Tertullians Erklärung der Signation und der Firmung überhaupt kann jeder unschwer sich überzeugen, daß Tertullians Zeit keine Signation mit Chrisam kannte. Tertullians Typus der Signation bei der Firmung ist die Segnung, welche Jakob seinen Enkeln spendete. Bei ihr aber hatte doch gewiß die Salbung keine Stelle, wohl aber gibt sich Tertullian alle Mühe, eine Kreuzeszeichnung mit bloßer Hand herauszubringen" [24]). Mit demselben Rechte kann man sagen, bei dem Segen Jakobs wurde doch gewiß die Stirne nicht mit dem Kreuze

---

Deo autem in suo organo non licebit per manus sanctas sublimitatem modulari spiritalem? Sed est hoc quoque de veteri sacramento, quo nepotes suos ex Joseph Ephraim et Manassem Jacob capitibus impositis et intermutatis manibus benedixerit, et quidem ita transversim obliquatis in se, ut Christum deformantes jam tunc portenderent benedictionem in Christo futuram. Tunc ille sanctissimus spiritus super emundata et benedicta corpora libens a patre descendit, super baptismi aquas tanquam pristinam sedem recognoscens conquiescit, columbae figura delapsus in Dominum, ut natura spiritus sancti declararetur per animal simplicitatis et innocentiae; quod etiam corporaliter ipso felle careat columba. Ideoque, *Estote*, inquit, *simplices sicut columbae*, ne hoc quidem sine argumento praecedentis figurae. Quemadmodum enim post aquas diluvii, quibus iniquitas antiqua purgata est, post baptismum (ut ita dixerim) mundi pacem coelestis irae praeco columba terris adnuntiavit dimissa ex arca *et cum olea reversa*; quod signum etiam apud nationes paci praetenditur. Eadem dispositione spiritalis effectus terrae, id est nostrae carni emergenti de lavacro post vetera delicta columba sancti spiritus advolat, pacem Dei adferens, emissa de coelis, ubi ecclesiae est arca figurata. Tert. de bapt. c. 8.

23) Tert. de bapt. c 7. u. 8. p. 192.
24) Mayer, Geschichte des Katechumenates 2c. S. 183.

bezeichnet und doch kennt der Apologet diesen Akt, oder die Signation. Aus der angeführten Stelle würde darum, nach Mayers Argumentation, nicht nur folgen, daß Tertullian keine Signation mit Chrisam kannte, sondern, daß er gar keine kannte, was Mayer selbst bestreitet.

Was noch wichtiger, fährt er fort, und gegen erneuete (sic) Chrismation entscheidend beweist, ist jedoch die Art und Weise, wie Tertullian die Taube in seine Erklärung zieht. Ihr Oelzweig wird nicht, was doch so nahe lag, für die Chrismation ausgebeutet, nicht als Sinnbild jener Feuerflamme bei der Geistesmittheilung dargestellt, sondern einzig als Symbol des himmlischen Friedens erklärt. Will man also nicht, und das hat noch Niemand gethan, doppelte Chrismation annehmen, dann findet der Chrisam in Tertullians Firmungsritus überhaupt keine Stelle." l. c. Die erste Frage ist, gehört die Salbung, unmittelbar nach der Taufe, zum Firmungsritus oder nicht? Gehört sie nicht zu ihm, so darf man von einer erneuten Chrismation beim Firmungsritus gar nicht sprechen. Gehört sie aber zu ihm und wurde bei ihr der Neophyte auf der Stirne mit Chrisam gesalbt (wie das die arabischen Kanonen Hippolyts lehren): so war mit ihr die Signation mit Chrisam verbunden und dann ist auch erklärlich, warum Tertullian dieselbe nicht bei der Handauflegung erwähnt. Um den Satz mit Recht aufzustellen, „daß Tertullians Zeit keine Signation mit Chrisam kannte," mußte also Mayer beweisen, daß weder bei der Salbung nach der Taufe, noch bei der Handauflegung eine Signation mit Chrisam vorkam. Das Eine ist so wenig geschehen als das Andere, darum entbehrt seine Behauptung jegliche Sicherheit. Nicht einmal sein Beweis bezüglich der Taube Noes ist concludent [25]), was er aber aus Cyprian beibringt, um die Chrismation beim Firmungsritus zu eliminiren, das, offen gestanden, verstehe ich nicht [26]).

---

[25]) Tertullian erwähnt die Taube zweimal an dieser Stelle, das einemal bei der Taufe Christi, das anderemal bei der Wasserfluth. Warum faßt er sie das erstemal als Sinnbild des h. Geistes und das zweitemal als Trägerin des Oelzweiges? Bei der Taufe des Noe ist ihm der Oelzweig die Hauptsache. Gerade darin aber kann man eine Anspielung auf die Salbung mit Oel finden. Ich will dieses nicht behaupten, aber das leuchtet doch ein, daß die Argumentation Mayers, diese Stelle schließe die Salbung geradezu aus, nicht stichhaltig ist.

[26]) Wie mir scheint, verwechselt Mayer die Taufe mit der Salbung. Zu den Worten Cyprians: Neque enim potest pars illic inanis esse et pars praevalere. Si baptizare potuit, potuit et sp. s. dare, bemerkt er: „Offenbar haben wir es hier mit zwei verschiedenen Dingen zu thun" Sicher; aber nicht mit der Salbung und Handauflegung, sondern mit der Taufe und Firmung. Das ist der Irrthum Mayers.

Nach Cyprian muß nämlich der, welcher getauft ist, auch gesalbt werden, damit er kraft des empfangenen Chrisams, d. i. der Salbung, Gottes Gesalbter sein und Christi Gnade in sich haben könne. Nun wird aber die Eucharistie und das Oel, womit die Getauften gesalbt werden, auf dem Altare geheiligt; der kann jedoch die Creatur des Oeles nicht heiligen, der weder einen Altar noch eine Kirche hat. Mithin kann auch bei den Häretikern keine geistige Salbung sein, da anerkannt bei ihnen schlechterdings weder das Oel geheiligt noch die Eucharistie werden (fieri) kann [27]).

Die klinische Taufe des Novatian erwähnt Papst Cornelius mit dem Beisatze, gesund geworden, habe er das Uebrige nicht empfangen, was nach der kirchlichen Regel empfangen werden soll, noch sei er vom Bischofe besiegelt worden. Wenn er aber dieses nicht erhalten hat, wie kann er den h. Geist empfangen? [28]). Denn nur die können voll (plene) geheiligt werden und Kinder Gottes sein, welche durch beide Sakramente (sacramento utroque) [29]) geboren werden, da geschrieben steht: wenn Jemand nicht wiedergeboren ist aus Wasser und Geist, kann er nicht in das Reich Gottes eingehen [30]). Darum wurden auch die in der Kirche Getauften den Vorstehern der Kirche vorgestellt, um durch ihr Gebet und ihre Handauflegung des h. Geistes theilhaftig und mit dem Zeichen des Herrn vollendet zu werden [31]). Selbst zum Tode verurtheilte Katechumenen baten nicht nur um die Bluttaufe, sondern auch, wenn der Ausdruck erlaubt ist, um die Blutfirmung. Rogatianus betete nämlich vor seinem Tode, es möge ihm der reine Glauben die Gabe der Taufe ersetzen und die Vergießung des Blutes das Sakrament des Chrisames [32]).

---

27) Cyp. epist. 70. p. 269. d.   28) Euseb. h. e. l. 6. c. 43. p. 469.
29) Den Plural: lavacri sacramenta gebraucht Tertullian. De virg. veland. c. 2. p. 4.
30) Cyp. epist. 72. p. 275. b. Denselben Ausdruck gebraucht auf dem Concil von Karthago der Bischof Nemesianus: Male ergo sibi quidem interpretantur, ut dicant quod per manus impositionem spiritum sanctum accipiant et sic recipiantur, cum manifestum sit *utroque sacramento* debere eos renasci in ecclesia catholica. Cyp. op. p. 599. b.
31) Cyp. epist. 73. p. 281. b. Quod nunc quoque apud nos geritur, ut qui in ecclesia baptizantur, praepositis ecclesiae offerantur, et per nostram orationem ac manus impositionem spiritum sanctum consequantur et signaculo dominico consumentur.
32) Ruinart. II. n. 5. p. 171.

## §. 43. Firmung und Taufe.

Taufe und Firmung bilden zusammen die sacramenta lavacri, denn durch sacramento utroque wird die Wiedergeburt durch Wasser und Geist bewirkt, oder wie Origenes sagt, nach dem der Kirche überlieferten Typus werden Alle in dem sichtbaren Wasser und sichtbaren Chrisam getauft [1]). Der Chrisam wirkt zur Wiedergeburt mit wie das Wasser. So wenig nun die Taufe ein leeres Accessorium der Firmung ist, so wenig ist die Firmung eine bloße Ausschmückung der Taufe [2]). Im Gegentheile, erhält Jemand, wie dieses bei dem Hauptmann Cornelius der Fall war, auf außerordentliche Weise den h. Geist, so muß die Taufe beigefügt werden, um durchweg das göttliche Gebot und das evangelische Gesetz zu beobachten [3]), und fehlte die Firmung, so holte man das Mangelnde, die Mittheilung des h. Geistes, nach, wie dieses die Apostel Petrus und Johannes schon in Samaria thaten; denn sie tauften die nicht noch einmal, welche die gesetzliche und kirchliche Taufe empfangen hatten [4]). Kurz die Neuschöpfung wurde durch Taufe und Firmung vollzogen.

Der h. Cyprian veranschaulicht dieses, indem er die Schöpfung im Paradiese mit der Neuschöpfung im Christenthume parallelisirt. „Nicht durch die Handauflegung wird Einer geboren, da er den h. Geist empfängt, sondern in der kirchlichen Taufe, damit er bereits geboren den h. Geist empfange, wie das mit Adam dem ersten Menschen geschehen ist. Zuerst bildete ihn nämlich Gott und dann hauchte er in sein Angesicht den Geist des Lebens [5]). Da die Wiedergeburt aus zwei Momenten bestand, der Nachlassung der Sünden und der Mittheilung des h. Geistes, trat das eine oder andere Sakrament mehr oder weniger

---

1) Orig. ad Rom. l. 5. c. 8. p. 254.
2) Offenbar wird die Firmung in demselben Sinne Sakrament genannt, wie die Taufe. Nun ist die Taufe im wahren und eigentlichen Sinne des Wortes ein solches, also auch die Firmung. Daß Tertullian die Firmung, wie die Taufe und Eucharistie, ein Sakrament nennt, zeigt §. 8 und 42. Wenn sodann Origenes bemerkt: si vero ad mysticum baptismi veneris fontem, et consistente sacerdotali et levitico ordine initiatus fueris venerandis illis magnificisque sacramentis; quae norunt illi, quos nosse fas est. In lib. Jesu Nav. hom. 4. n. 1. p. 621, so wird wohl Niemand daran zweifeln, unter dieser Mehrzahl von Sakramenten sei die Firmung und Eucharistie verstanden. cf. in Exod. hom. 8. n. 5. p. 430.
3) Cypr. epist. 72. p. 275. d.   4) Cyp. epist. 73. p. 281. a.
5) Cyp. epist. 74. p. 295. e.

hervor, je nachdem das eine oder andere Moment geltend gemacht wurde⁶). In schulgerechter Weise geschah dies nicht immer. Man höre, wie sich die apostolischen Constitutionen, nachdem sie das Weihegebet über den Chrisam angegeben, ausdrücken. „Das ist die Kraft der einem Jeden ertheilten Handauflegung. Wenn nämlich nicht über Jeden eine derartige Anrufung von einem frommen Priester gemacht wird, steigt der Getaufte wie die Juden blos in das Wasser und legt blos den Schmutz des Körpers, nicht aber den der Seele ab⁷). Scheinbar wird dadurch die Taufe, der Firmung gegenüber, aller Wirkung entleert und auf ein Sakramentale herabgedrückt. Wie wenig dieses aber in der That die Ansicht des Verfassers ist, lehrt die Vorschrift desselben Buches: wenn weder Oel noch Chrisam vorhanden ist, genügt das Wasser allein⁸); Worte, in welchen die Entbehrlichkeit der Firmung ausgesprochen ist. Die apostolischen Constitutionen stehen in dieser Beziehung nicht allein. Tertullian setzt die Taufe in dasselbe Verhältniß zur Firmung, in welchem der Täufer Johannes zu Christus steht. Im Wasser, sagt er, empfangen wir den h. Geist nicht, sondern im Wasser gereinigt, werden wir für den h. Geist zubereitet⁹). Auch dafür gieng eine Type voran. Wie nämlich Johannes, als Vorläufer des Herrn, vorangieng, die Wasser desselben zubereitend, so bereitet der Engel der Taufe dem kommenden h. Geiste die Wege durch Abwaschung der Sünden¹⁰). Er stellt allerdings die christliche Taufe nicht auf gleiche Linie mit der johanneischen, denn sie läßt Sünden nach. Die negative, sündentilgende Wirkung premirt er jedoch allzustark und einseitig, um der Firmung die positive, vollendende, zu wahren.

---

6) Die vollkommene Wiedergeburt wird nach der Lehre der alten Väter durch drei Sakramente verursacht, Taufe, Firmung und Eucharistie. Die Wirkung mit der Ursache verwechselnd sagen protestantische Theologen, wie Sündennachlassung und Heiligung die zwei Momente der Einen Wiedergeburt sind, so sind Abwaschung und Salbung die beiden Seiten des Einen Sakraments der Wiedergeburt, d. h. die Firmung ist blos eine Ceremonie der Taufe. Consequenter Weise müßten sie von der Eucharistie gerade so urtheilen, wie von der Firmung. Was würde man sodann zu dem Schlusse sagen: weil das Leben der Pflanzen durch das Wasser verursacht ist, ist das Licht blos ein Accessorium des Wassers?

7) A. C. l. 7. c. c. 41.    8) A. C. l. 7. c. 22.

9) Ebenso faßt Origenes die Taufe als wegbahnend für die Firmung. Wie leibliche Krankenheilungen des Erlösers eine geistige Wirkung übten, so ist die körperliche Abwaschung mit Wasser Princip und Quelle göttlicher Charismen. Den Beweis für meine Worte liefert der Bericht der Apostelgeschichte. Nachdem das Wasser ihm den Weg gebahnt hatte, kam der heilige Geist so augenfällig auf die Täuflinge herab, daß Simon Magus diese Gnade von Petrus erkaufen wollte. Orig. in Joan. t. 7. n. 17. p. 335.

10) Tert. de bapt. c. 6. p. 192.

Nachdem Möhler die weiteren Worte Tertullians: Sind wir alsdann aus dem Taufbade herausgegangen 2c. angeführt hat, bemerkt er: Wer sich nicht selbst täuschen will, sieht hier zwei äußerlich wie innerlich unterschiedene sakramentale Handlungen. Die Materie und Form: unctio olei und manuum impositio cum benedictione; die Wirkung: communicatio spiritus s. an den Getauften, der diesem, kraft dieses Sakramentes, von da inne wohnt. Wie wenig er aber beide als eine einzige Handlung dachte, erhellt aus seinen eigenen Worten, womit er, bei der Verschiedenheit der Akte und der Wirkungen, auf die Gleichheit der Wirkungsweise aufmerksam macht: Sic et in nobis *carnaliter* currit unctio, sed *spiritaliter* proficit: *quo modo et ipsius baptismi carnalis actus*, quod in aqua mergimur, *spiritalis effectus*, quod delictis liberamur. Damit ist nicht in Abrede gestellt, daß die Taufe und Firmung nicht für und zu einander gehören: die Kirche betrachtete diese stets als die consummatio baptismi, ohne darum den specifischen Unterschied beider zu verkennen, oder aufzuheben[11]). Die Verschiedenheit beider Sakramente tritt besonders im Streite über die Ketzertaufe zu Tage. Bei Papst Stephanus wie bei Cyprian war es eine anerkannte Sache, daß die Firmung der Häretiker ungültig sei. Dieses benützt Cyprian, indem er dem Papste erwidert, weil die Häretiker nicht gültig firmen können, können sie auch nicht gültig taufen und umgekehrt, ist, wie Stephanus lehrt, ihre Taufe gültig, so ist es auch ihre Firmung[12]). Der Papst lehrte, die Gültigkeit der Taufe ist vom Gebrauche der richtigen Form abhängig, weßwegen unter dieser Voraussetzung die häretische Taufe gültig ist. Also, entgegnet Cyprian, dürfen die Häretiker nur im Namen des Vaters, Sohnes und heiligen Geistes die Hände auflegen, um auch ihre Firmung gültig zu machen[13]). Cyprian wußte wohl, daß dieses Argument von Stephanus nicht acceptirt

---

[11]) Möhler, Patrologie. S. 778. Auf die Erörterungen protestantischer Theologen einzugehen, lohnt sich die Mühe nicht. „Es versteht sich von selbst, sagt Höfling, und braucht von uns nicht bemerkt zu werden, daß hier nicht von zwei verschiedenen Sakramenten im späteren Sinne des Wortes die Rede ist. Es sind nur die zwei Sakramente, d. h. die zwei heiligen Vollzugsritus des Einen Sakramentes der Wiedergeburt als einer Wiedergeburt aus dem Wasser und aus dem Geiste gemeint." Das Sakrament der Taufe I. S. 499. Es versteht sich von selbst, das vertritt die Stelle des Beweises. „Zwei Vollzugsritus." Was heißt das? Entweder kann man durch Handauflegung gerade so taufen als durch Abwaschung, oder ohne die Handauflegung ist die Taufe verstümmelt. Mit solchen Phrasen fährt die protestantische „Dogmatik" nicht gut. Oder ist die Eucharistie, die auch zur Vollendung der Wiedergeburt gehörte, ein Vollzugsritus der Taufe, oder des Sakramentes der Wiedergeburt?
[12]) Cyp. epist. 70. p. 269 u. 270.   [13]) Cyp. epist. 74. p. 294. f.

wurde, deßwegen gebrauchte er es. Die Ungültigkeit der häretischen Firmung stand Stephanus ebenso fest, als er die Gültigkeit der Ketzertaufe vertheidigte. Unter diesen Umständen konnte aber die Firmung weder eine Ceremonie der Taufe bilden, noch mit ihr zusammenfallen, sondern sie mußte für eine selbstständige sakramentale Handlung angesehen werden.

Endlich kann man sich zum Beweise dafür, daß der Unterschied beider Sakramente in der alten Kirche auch praktisch anerkannt worden sei, auf die klinische Taufe und jene Fälle berufen, in welchen die Taufe in Abwesenheit des Bischofes gespendet wurde. Die Nachholung der bischöflichen Händeauflegung, als ein für sich bestehender Akt, verbürgt die Selbstständigkeit der Taufe, wie der Firmung [14]).

Wenn jedoch Manche zugeben, die Firmung sei eine selbstständige Handlung, so behaupten sie dagegen, sie sei blos eine Ceremonie und kein eigentliches Sakrament, denn mit diesem Namen habe man auch Ceremonien ꝛc. belegt. Das letzte ist völlig wahr, wenn jedoch Taufe und Firmung lavacri sacramenta genannt werden, wenn von utroque sacramento gesprochen wird, so muß doch die Firmung in demselben Sinne Sakrament sein, wie die Taufe. Nur einem Sakramente im strengen Sinne konnte man eine Bedeutung und Würde beilegen, die theilweise der Taufe nicht nur gleichkam, sondern sie sogar überragte. Zieht man nämlich die Eucharistie herbei, so findet in diesen drei Sakramenten ein Klimax statt. Die Taufe ist das Grundlegende, die Firmung bildete die Mittelstufe und in der Eucharistie vollzieht sich die Vollendung [15]). Und die Firmung sollte als bloße Ceremonie zwischen diesen beiden Sakramenten in der Mitte stehen?

Man fasse nur die Wirkungen näher ins Auge, welche die Schriftsteller der Firmung, d. h. Salbung und Handauflegung, zuschreiben und die Sache wird noch klarer. Durch die Taufe wurden dem Katechumenen die Sünden vergeben und er zum Kinde Gottes und Tempel des heiligen Geistes gemacht. Wie aber der von Salomo erbaute Tempel eingeweiht wurde, so auch der Christ und das geschah durch die Salbung [16]). Die Sache bleibt sich gleich und nur das Bild wechselt, wenn es anderwärts heißt, der durch die Taufe Wiedergeborene werde durch das Oel

---

[14]) Nach den arabischen Kanonen Hippolyts nahm der Bischof selbst bei der regelmäßigen Spendung dieser beiden Sakramente die Handauflegung in der Kirche vor.    [15]) cf. §. 48.

[16]) Nam si potest quis extra ecclesiam natus templum Dei fieri, cur non possit super templum et spiritus sanctus infundi? Cyp. epist. 74. p. 294. f.

zum Priester und König gesalbt. Wie sich der Tempel in der Weihe vollendet, so das Kind Gottes in dem Priester Gottes. Nicht so wie vor Alters Priester und Könige gesalbt wurden, werden die Täuflinge zu Priestern ordinirt, sondern, von Christus (dem Gesalbten) Christen genannt, werden sie ein königliches Priesterthum, ein heiliges Volk, Kirche Gottes, Säule und Grundfeste des jetzigen Lichtes (Brautgemaches)[17]. Origenes drückt sich auf dieselbe Weise aus: Alle mit dem Oele des heiligen Chrisam Gesalbte sind Priester geworden, wie auch Petrus an die Gesammtkirche (omnem ecclesiam) schreibt: Ihr seid ein erwähltes Geschlecht, und königliches Priesterthum, ein heiliges Volk[18].

Ist der Tempel geweiht, das Kind zum Priester gesalbt, dann zieht der heilige Geist durch die bischöfliche Handauflegung ein[19], dann ergießt sich der heiligste Geist über die Geheiligten[20]. Dieselbe Wirkung schreibt hingegen Origenes nicht der Handauflegung, sondern der Salbung mit Oel zu. Das Oel ist Bild der Gnadengaben des heiligen Geistes, damit der, welcher sich von der Sünde abwendet, nicht nur Reinigung empfangen könne, sondern auch mit dem heiligen Geiste erfüllt werde, durch den er das frühere Gewand und den Ring erhält und, dem Vater durchweg versöhnt, wieder an Sohnesstelle angenommen wird[21].

Als zwei weitere Wirkungen werden Erleuchtung und Stärkung angegeben. Durch den Chrisam der Erkenntniß wurden die Getauften Kinder des Lichtes[22], eine Säule und Grundfeste des Lichtes[23]. In dem letzten Citate sind beide Wirkungen enthalten, während l. c. c. 17. der Chrisam die Bekräftigung des Bekenntnisses heißt. Um die Befestigung im Guten bittet auch die Oration bei der Handauflegung in den arabischen Kanonen Hippolyts (ut jam uncti sint corpori ecclesiae numquam separandi operibus alienis), wie das Gebet bei der Weihe des Chrisam: Gib, daß dieser Chrisam an dem Getauften wirksam werde, damit in ihm der Wohlgeruch deines Chrisam stark und fest bleibe[24].

---

17) A. C. l. 3. c. 15.     18) Orig. in Levit. hom. 9. n. 9. p. 173.
19) A. C. l. 2. c. 32. u. 41.
20) Tert. de bapt. c. 8. p. 198. Qui enim peccatis in baptismo expositis sanctificatus est et in novum hominem spiritaliter reformatus, ad accipiendum spiritum sanctum *idoneus* factus est. Cyp. epist. 74. p. 295. a. Quibus spiritum tuum sanctum effundendo communicares. Hippol. can. 19. n. 13. p. 77.
21) Orig. in Levit. hom. 8. n. 11. p. 153. cf. Selecta in Ezech. c. 16. p. 299.
22) A. C. l. 2. c. 32.     23) A. C. l. 3. c. 15.
24) A. C. l. 7. c. 44. Ungi quoque *necesse* est eum qui baptizatus sit, ut accepto chrismate, id est, unctione, esse unctus Dei et habere in se gratiam Christi possit. Cyp. epist. 70. p. 269. d. Das kann ebenso heißen, die Gnade

## §. 44. Minister und Empfänger.

Da der Diacon Philippus in Samaria taufte, die beiden Apostel aber dahin gesendet wurden, um durch Händauflegung den h. Geist mitzutheilen, wurde die Spendung der Firmung von den ältesten Zeiten an den Bischöfen vindicirt. Weil zudem die Bischöfe meistens tauften und die Firmung der Untertauchung unmittelbar folgte, spricht die Vermuthung dafür, daß für gewöhnlich der Bischof firmte. Wurde die Taufe aber von einem Priester gespendet, so liegt doch die Annahme näher, die Firmung sei vom Bischofe ertheilt worden, weil sie das die Taufe vollendende Sakrament war und darum einem über dem Priester stehenden Minister gebührte. Die Stelle Apostelgesch. 19. 6. läßt deutlich erkennen, Paulus habe nicht getauft, wie das seinem eigenen Geständnisse zufolge selten geschah, wohl aber legte er den Getauften die Hände auf.

Ob der Presbyter, welcher den Jüngling besiegelte, ein Presbyter im strengen Sinne des Wortes war, oder ob ihm Clemens A. diesen Namen als Auszeichnung beilegte, wie es Irenäus thut, ist nicht zu entscheiden. Sicher hält hingegen Papst Cornelius in dem erwähnten Briefe und Cyprian die Bischöfe für die Minister der Firmung. Wie Petrus und Johannes, schreibt er, den von Philippus Getauften die Hände auflegten, so wird es bis jetzt in der Kirche gehalten. Die Getauften werden den Vorstehern (praepositis) der Kirche vorgestellt, daß sie durch unser Gebet und unsere Handauflegung den heiligen Geist empfangen [1]). Aus dem Uebergange von den Aposteln auf die Vorsteher und von diesen auf ihn selbst und seine Amtsgenossen (unser), sieht man, der Vorgang der Apostelgeschichte war für die Folgezeit maßgebend und die Vorsteher sind nicht etwa auch Presbyter, sondern blos Bischöfe. Wenn ferner der Verfasser der Schrift de rebaptismate jene für vollkommene Christen erklärt, die, was bisweilen geschehe, zwar getauft, aber ohne die bischöfliche Handauflegung sterben [2]): so erkennt man daraus deutlich, die, welche nicht vom Bischofe getauft wurden, erhielten die Firmung nicht. Nicht einmal im Nothfalle ertheilte sie ihnen ein Priester, sondern, war kein Bischof vorhanden, so ließ man sie ohne Firmung sterben, hielt sie aber für vollkommene Gläubige, obwohl ihnen dieses Sakrament mangelte [3]).

---
erhalten, als bewahren. Die Wirkung der Befestigung heben auch die zwei obigen Citate §. 42. not. 4. u. 6. hervor.
1) Cyp. epist. 78. p. 281. a. u. b.   2) De rebapt. p. 632. a.—c.
3) cf. p. 637—638. Hiermit stimmt der 77. Kanon der Synode von Elvira überein: Si quis diaconus regens plebem sine episcopo vel presbytero aliquos

Ob sich der Unterschied zwischen Morgen- und Abendland, bezüglich des Ministers der Firmung, schon in dieser Zeit geltend machte, scheint zweifelhaft. Nach den apostolischen Constitutionen salbt der Bischof das Haupt bei der Handauflegung, und es verdient Beachtung, daß es bezüglich der Taufe in dem darauf folgenden Satze heißt: „du, o Bischof, oder ein dir untergebener Presbyter" [4]). Bei der Firmung aber wird des Presbyters nicht gedacht, sondern vorgeschrieben: Nach diesem salbe der Bischof den Getauften mit Chrisam. Ueber den Priester, welcher nach dem siebenten Buche Chrisam weiht und firmt, wurde §. 21. n. 2. gehandelt. Den arabischen Kanonen Hippolyts gemäß salbte der Presbyter, welcher die Taufe gespendet hatte, die Neophyten auf Stirne, Mund und Brust und schließlich am ganzen Leibe. Der Bischof legte ihnen hingegen in der Kirche unter Gebet die Hände auf und bezeichnete sie mit dem Kreuze [5]).

2) Die Katechumenatsdisciplin, die eine Vorbereitung auf die Taufe war, setzt voraus, das Subjekt der Firmung sei ein Getaufter gewesen. Durch sie wurde den Proselyten der Zugang zu den Mysterien aufgeschlossen. Denn zuerst mußte man nämlich geboren sein, ehe man den heiligen Geist empfangen konnte. Non enim potest accipi spiritus, nisi prius fuerit qui accipiat [6]).

Da man neugeborene Kinder taufte, da die Firmung zur Taufe gehörte, und wenn kein Nothfall eintrat, unmittelbar nach ihr gespendet wurde, so folgt ferner, daß sie auch Kinder empfingen. Dieses ist um so sicherer, als man kleine Kinder selbst zur Communion zuließ. Dadurch erklärt sich die spätere und heutige Uebung, Kinder nach der Taufe mit Chrisam zu salben. Anfangs des vierten Jahrhunderts wurden die Landbewohner häufig von Presbytern pastorirt. Weil sie zwar Kinder taufen, das Sakrament der Firmung aber nicht spenden durften, trennten sich Taufe und Firmung von einander; denn es ergab sich von selbst, daß man das Kind nachträglich, wie es Zeit und Umstände erlaubten, dem Bischofe zum Firmen brachte. Die Erinnerung an die früher unmittelbar auf die Taufe folgende Firmung wurde aber durch die Salbung mit Chrisam festgehalten, die als Sakramentale von dem taufenden Priester vollzogen werden konnte. Daher rührt ferner die Sitte eines

baptizaverit, episcopus eos per benedictionem perficere debebit; quod si ante de saeculo decesserint, sub fide qua quis credidit poterit esse justus. (in Kraft des Glaubens, den er bei der Taufe bekannte.) cf. can. 38.
4) A. C. l. 3. c. 16.  5) Hippol. Can. 19. n. 12. u. 13. p. 76.
6) Cyp. epist. 74. p. 295. e.

Firmpathen und Firmnamens. Die Aufstellung eines Pathen und die Ertheilung eines Namens fiel in der ersten Zeit mit der Spendung der Taufe und Firmung zusammen. Bei der Trennung der beiden Sakramente wurden zwei Pathen aufgestellt und zwei Namen gegeben.

Die zur Taufe erforderliche geistige und leibliche Disposition war auch die des Firmlings. Daß man lange Zeit von dem letzten Nüchternsein verlangte und es jetzt noch empfiehlt, hat seinen Grund gleichfalls in der ältesten Zeit, in welcher der Firmung die Communion folgte, die nüchtern empfangen wurde. Nachdem und obwohl diese Sitte aufgehört hatte, blieb die alte Vorschrift, nüchtern die Handauflegung zu empfangen, noch lange in Uebung. Damit will nicht behauptet werden, dieser fromme Gebrauch eigne sich nicht an sich als Disposition zum Empfange dieses Sakramentes. Das Gebot fiel jedoch mit dem Aufhören des Empfanges der Eucharistie weg.

## §. 45. Salbung, Signation und Handauflegung.

Die ersten Jahrhunderte kennen eine von der Taufe verschiedene und doch mit ihr verbundene sakramentale Handlung, die vom Bischofe an dem Neophyten verrichtet, in Salbung und Handauflegung bestand. Den historischen Zeugnissen conform, wurde im Orient die Salbung, im Occident die Handauflegung in Vordergrund gestellt, aber beide Kirchen, die morgenländische, wie die abendländische, bedienten sich beider Akte.

Die apostolischen Constitutionen verordnen zuerst eine Salbung vor der Taufe, mit der Bemerkung, der Diacon soll blos die Stirne einer Frau und die Diaconissin den Leib derselben salben. Der Bischof aber salbe blos bei der Handauflegung ihr Haupt, wie dieß vor Alters an Priestern und Königen geschah.

Nach einigen erläuternden Worten, denen zufolge diese Salbung den Betreffenden nicht das specifische, sondern blos das allgemeine Priesterthum verleiht, heißt es in cap. 16. weiter: du also, Bischof, wirst in dieser Weise das Haupt der Täuflinge, der Männer wie der Frauen, mit heiligem Oele salben, als Type der geistigen Taufe. Hierauf wirst du, oder ein dir untergebener Priester, sie taufen. Den Mann nehme der Diacon, die Frau aber die Diaconissin auf, damit die Ertheilung des unverletzlichen Siegels anständig geschehe. Nach diesem aber salbe der Bischof den Getauften mit Chrisam [1]).

---

[1]) A. C. l. 3. c. 16. Die ganze hieher gehörende Stelle, wie sie in cap. 15. u. 16. enthalten ist, lautet in der lateinischen Uebersetzung, die wir gebrauchen, da es

Diese Worte involviren anscheinend einen Widerspruch. Zuerst heißt es, ein Diacon soll die Frauen vor der Taufe auf der Stirne salben, der Bischof aber blos (μόνον) bei der Handauflegung. Nach cap. 16. könnte man aber glauben, der Bischof ertheile auch die Salbung vor der Taufe. Allein die betreffenden Worte sind als Parenthese zu fassen, welche die Salbung des Bischofes erklären. Der Zusammenhang wird dann folgender: Vor der Taufe salbe ein Diacon (Diaconissin) die Stirne. Nach der Salbung des Diacon (Diaconissin) taufe man sie. Die Getauften nimmt der Diacon (Diaconissin) auf, worauf sie der Bischof mit Chrisam salbt. Dadurch werden auch die Worte verständlich, diese Salbung sei eine Type der geistigen Taufe (Firmung), die sich auf die Salbung vor der Taufe nicht beziehen können. Das Oel symbolisirt nämlich den h. Geist.

In cap. 17. desselben Buches heißt es im unmittelbaren Anschlusse an das Obige weiter: „Das Wasser vertritt die Stelle des Begräbnisses, das Oel die des heiligen Geistes, das Siegel die des Kreuzes, Chrisam ist die Bestätigung des Bekenntnisses." Von einer Bezeichnung mit dem Kreuze ist im Vorausgehenden keine Rede. Hier aber erscheint sie zwischen Oel und Chrisam. Das Wasser kann bei der Taufe nicht in Kreuzesform aufgegossen worden sein, weil untergetaucht wurde und von einem Kreuzeszeichen bei der Taufhandlung selbst findet sich nirgends eine Spur. Ebenso wenig fand die Kreuzesform bei der Salbung des ganzen Leibes Anwendung, sie muß sich also auf die Salbung des Bischofes mit Chrisam

---

sich nicht um den Wortlaut handelt, also: Diaconissa ad multos usus indigemus. Ac imprimis quidem cum baptizantur mulieres, diaconus tantum earum frontem unget oleo sancto, et post diaconissa eas illiniet: non enim opus est ut feminae aspiciantur a viris. (Verum, dumtaxat in manus impositione, caput mulieris unget episcopus, quemadmodum sacerdotes et reges antiquitus ungebantur. Non quod qui nunc baptizantur, ordinentur sacerdotes, sed quia fiunt a Christo Christiani, hoc est unctionis cognomines, regale sacerdotium et gens sancta, ecclesia Dei, columna et firmamentum praesentis luminis; qui aliquando non populus, nunc autem dilecti et electi, super quos invocatum est novum nomen ejus, ut testatur Isaias propheta dicens: Et vocabunt populum nomine ejus novo, quo Dominus nominabit illum. c. 16. Tu igitur, episcope, ad illam formam caput eorum qui baptizantur, sive viri sint, sive mulieres, unges *oleo sancto:* in figuram spiritualis baptismi.) Deinde aut tu episcope, aut tibi subjectus presbyter, sacram super eos proferens nominatim invocationem Patris et Filii et Spiritus sancti baptizabis eos in aqua. Ac virum quidem suscipiat diaconus, mulierem vero diaconissa, ut cum decenti gravitate collatio sigilli infragilis peragatur. Et postea episcopus baptizatos ungat *chrismate*. Die einzige Schwierigkeit bei dieser Auffassung liegt darin, daß in der Parenthese von heiligem Oele, am Schlusse aber von Chrisam die Rede ist. Gar zu stark wird man aber diese Differenz nicht urgiren dürfen, da cap. 17. das Oel schlechtweg für ein Symbol des h. Geistes erklärt wird.

beziehen. Nachdem in den apostolischen Constitutionen die Wirkungen des Chrisam aufgezählt sind, heißt es deßwegen auch: das ist die Kraft der einem Jeden ertheilten **Handauflegung** ²). Ferner liegt in den Worten: die Männer nehme der Diacon, die Frauen aber die Diaconissin auf, damit die Ertheilung des unverletzlichen Siegels **anständig** geschehe, daß **nach** der Taufe eine zweite Salbung durch den Diacon und die Diaconissin am Leibe des Neophyten vorgenommen wurde. Weil sie die anständige Ertheilung des **Siegels** ermöglichte, gehörte sie zwar zu der Bezeichnung mit dem Kreuze, denn „das Siegel vertritt die Stelle des Kreuzes". Die Besieglung selbst war sie aber nicht; diese bestand in der Salbung des Bischofes, welche laut den citirten Worten in Kreuzesform geschah. Weil es endlich heißt: der Bischof salbe das Haupt der Frau nur bei der Handauflegung, mußte mit der Besieglung eine **Handauflegung** verknüpft sein. Die nach der Taufe vorgenommene Salbung des Neophyten durch den Diacon, oder die Diaconissin, bildete offenbar den eigentlich sakramentalen Akt nicht, denn ihn hätte auf keinen Fall eine Frau ausüben dürfen. Auf der anderen Seite war er aber auch nicht bedeutungslos, sonst hätte man ihn um so lieber weggelassen, als seine Vornahme manche Inconvenienzen mit sich brachte. Wir müssen ihn deshalb als einen vorbereitenden Akt fassen, der durch die Salbung des Bischofes seine Vollendung erhielt und zum sakramentalen erhoben wurde, weßwegen die apostolischen Constitutionen den Chrisam die **Bestätigung des Bekenntnisses** nennen l. 3. c. 17. Das Wort Bekenntniß (ὁμιλία) wird sich aber nicht nur auf das Bekenntniß des Täuflings, sondern auch auf das beziehen, was der Bischof bei der Handauflegung gesprochen hat.

Demnach gestaltet sich der Ritus der **griechischen Kirche** auf folgende Weise. **Nach** der Taufe wurde der Neophyt gesalbt und zwar der weibliche von einer Diaconissin, hierauf legte ihm der Bischof unter Gebet die Hände auf und salbte ihn in Kreuzesform mit Chrisam. Ob der Bischof vor oder nach dem Gebete salbte, ist nicht deutlich zu erkennen. Wenn unsere Erklärung der Worte: Chrisam ist die Bestätigung des Bekenntnisses, richtig ist, schloß die Salbung die ganze Handlung.

Das war jedoch nicht die ursprüngliche Form des Ritus, sondern die, welche sich in der zweiten Hälfte des 3. Jahrhunderts gestaltet hatte. Das Verbot, Bischöfe sollen weibliche Personen nicht am ganzen Leibe

---

2) A. C. l. 7. c. 44.

Probst, Sakramente. 12

salben, setzt voraus, daß sie es zuvor thaten. Wirklich salbte auch nach den arabischen Kanonen Hippolyts ein Priester (sacerdos) den ganzen Leib des Firmlings, nachdem er zuvor mit Oel auf Stirne, Mund und Brust desselben ein Kreuzeszeichen gemacht hat. „Der Bischof aber verrichtete unter Handauflegung ein Gebet, nach dessen Vollendung er die Stirne des Firmlings mit dem Zeichen der Liebe bezeichnete" ³). Dieses Zeichen war zweifellos das Zeichen des Kreuzes und laut dem Zeugnisse der A. C. wurde es vom Bischofe bei der Handauflegung auf die Stirne gesalbt, da ihm die Salbung der aus dem Taufwasser tretenden Neophyten untersagt war. Diesem zufolge wird sich der Ritus so gestaltet haben. So lange der Bischof, oder sein Stellvertreter, ein Presbyter, unmittelbar nach der Taufe die Firmlinge selbst salbte und bezeichnete, durfte diese Handlung bei und nach der Handauflegung nicht wiederholt werden, als jedoch die erste Salbung aufhörte, trat die zweite an ihre Stelle.

3) Im Abendlande wurden desgleichen die aus dem Taufbade Herausgetretenen mit heiligem Oele gesalbt ⁴). Die Worte: so fließt (currit) zwar auch an uns leiblich (carnaliter) die Salbung, aber ihre Wirkung ist geistig, deuten an, es sei auch im Occident der ganze Leib gesalbt worden. Ein Umfließen des ganzen Leibes mit Oel deuten ferner die Worte an: die Kirche bekleidet (vestit) mit heiligem Geiste ⁵). Ob die Salbung am ganzen Leibe der Bischof vornahm, oder ob das morgenländische Verfahren eingehalten wurde, ist weder aus Tertullian, noch aus Cyprian zu erkennen. Wollte man auch einräumen, die Rücksicht auf die Schamhaftigkeit sei nicht maßgebend gewesen: so ist doch zu erwägen, daß bei einer großen Menge Neophyten der Bischof dieses Geschäft kaum allein verrichten konnte. Da aber nach abendländischer Lehre der Bischof allein Minister dieses Sakramentes war, konnte in dieser Salbung nicht der eigentliche Sakramentsvollzug bestehen. Andererseits erklärt Cyprian die Salbung für nothwendig, um die Gnade Christi zu erhalten, Tertullian schreibt ihr eine geistige Wirkung zu, wie der Abwaschung mit Wasser. Daraus folgt, daß sie dennoch zu der Sakramentsspendung gehörte und deßhalb der Bischof bei ihr betheiligt war. Dadurch wird man zu der Annahme gedrängt, es habe auch im Abendlande eine vorbereitende Salbung am ganzen Leibe stattgefunden, die

---

3) Can. 19. n. 12. p. 76.     4) Tert. de bapt. c. 7. cf. §. 42.
5) Tert. de praesc. c. 36. p. 47. Inde portat fidem, aqua signat, sancto spiritu vestit, eucharistia pascit.

durch die bischöfliche Salbung auf dem Haupte des Neophyten vollendet und bestätigt wurde. Oder, was auf dasselbe hinausläuft, es gab auch im Occidente eine mit der Handauflegung verbundene Salbung auf der Stirne des Neophyten, die der Bischof in Kreuzesform vollzog.

Unzweifelhaft wurden die Neophyten **auf der Stirne mit einem Kreuze bezeichnet**. Wenn Heiden die göttlichen Sakramente in ihren götzendienerischen Mysterien dadurch **nachahmten**, daß sie tauften, ihre Angehörigen auf der Stirne bezeichneten und die Darbringung des Brodes feierten [6]), so fand dasselbe in der Kirche statt. Uebrigens bedarf es keines Schlusses, Tertullian sagt ausdrücklich, das griechische Tau sei ein Vorbild des Kreuzes, mit welchem die Brüder Christi, die Kinder Gottes (also Getaufte), auf der Stirne bezeichnet werden [7]); und dieses Zeichen nennt er signaculum frontium l. c. p. 174. Kurz, dieselben drei Theile, welche die apostolischen Constitutionen aufzählen, kennt auch Tertullian: caro ungitur, caro signatur, caro manus impositione adumbratur [8]).

Nicht anders verhält es sich mit Cyprian. Nachdem er angeführt, der „Getaufte" müsse **gesalbt** werden und das können die Häretiker auf keine gültige Weise thun, fährt er fort: Ferner aber welches **Gebet** kann der sakrilegische Priester für den „Getauften" verrichten. Wie kann er geben, was er selbst nicht besitzt, er, der den heiligen Geist verloren hat [9])? Deutlich sieht man, wie Tertullian, geht Cyprian von der Salbung auf die mit Gebet verbundene Handauflegung über, denn er redet von einem Gebete, das über den Neophyten verrichtet wurde und das den h. Geist verlieh. Der Bischof von Karthago bringt aber Salbung und Handauflegung in diesen Zusammenhang mit einander, weil sie bei der Spendung des Sakramentes in einem solchen standen. Noch mehr, er macht die Ungültigkeit der häretischen Firmung nicht weniger von ihrer ungültigen **Salbung**, als **Handauflegung**, abhängig. Salbung wie Handauflegung bildeten darum die nothwendigen Requisite dieses Sakramentes. Da aber die Hand-

---

6) Tert. de praesc. c. 40. p. 52.     7) Tert. adv. Marc. l. c. 22. p. 173.
8) De resurrect. c. 8.
9) ... ne quis apud haereticos ungeretur. Sed et pro baptizato quam precem facere potest Sacerdos sacrilegus et peccator? cum scriptum sit: Deus peccatorem non audit. Joan. 9. Quis autem potest dare quod ipse non habeat, aut quomodo potest spiritualia agere, qui ipse amiserit spiritum sanctum? Et idcirco baptizandus est et innovandus qui ad ecclesiam rudis venit. Cyp. epist. 70. p. 270. a.

auflegung vom Bischofe vorgenommen wurde (selbst bei den Häretikern legten Priester die Hände auf l. c.), und da die Salbung so zu der Handauflegung gehörte, daß beide mit einander das Wesen der Firmung ausmachten: so wird der Schluß berechtigt sein, auch die Salbung sei eine Funktion des Bischofes gewesen.

Weil die von dem Diacon Philippus Getauften, berichtet Cyprian ferner, die gesetzliche kirchliche Taufe erhalten hatten, war es weiter nicht nöthig, sie zu taufen, sondern nur was ihnen **mangelte** (deerat), das (wurde nachgeholt) geschah von Petrus und Johannes, damit nämlich unter Gebet, das man für sie verrichtete, und Handauflegung der h. Geist über sie angerufen und ausgegossen werde. **Dasselbe geschieht auch jetzt noch bei uns**; die in der Kirche Getauften werden den Vorstehern der Kirche gebracht und durch unser Gebet und durch unsere Handauflegung erlangen sie den heiligen Geist und werden sie durch **das Zeichen des Herrn** vollendet [10]). In den Schlußworten begegnet uns der dritte Bestandtheil der Firmung, die Bezeichnung mit dem Kreuze, oder die Signation. Das Zeichen des Herrn wurde dem Neophyten auf die **Stirne** gemacht (Frons cum signo Dei pura diaboli coronam ferre non potuit) [11]) und war das **Kreuzeszeichen** [12]). Beide Merkmale enthält der Satz: quod in hoc signo crucis salus sit omnibus, qui in frontibus notantur [13]). Gemäß diesem Citate ist eine Wirkung der Signation das Heil [14]), das laut der Schrift an Demetrius darin bestand, daß die renati et signo Christi signati am Gerichtstage gerettet wurden [15]), oder das ewige Leben erhielten.

Erwägen wir das Angeführte, so spricht Alles dafür, der Ritus der **lateinischen** Kirche habe mit dem der **griechischen** übereingestimmt. Zudem finden sich in den ersten Jahrhunderten nur sehr geringe Differenzen zwischen beiden Kirchen und Cyprian erklärt den Modus dieser Sakramentsspendung zu seiner Zeit und in seiner Gegend mit der in den apostolischen Zeiten für identisch [16]). Wer möchte aber glauben, in Karthago habe man um das Jahr 250 den apostolischen

---

10) Cypr. epist. 73. p. 281. a. Die in demselben Briefe stehende Parallelstelle lautet: Si secundum pravam fidem baptizari aliquis potuit, secundum eandem fidem consequi et spiritum s. potuit, et non est necesse ei, venienti manum imponi, ut spiritum sanctum consequatur et *signetur*. l. c. p. 280. c.
11) Cyp. de laps. p. 372. b. cf. de unit. p. 403. e.
12) Cyp. ad Demetr. p. 440 F.   13) Cypr. testim. l. 2. c. 22. p. 557. a.
14) cf. Cyp. ad Fortun. p. 519. c.   15) Cyp. ad Demetr. p. 440 F.
16) Cyp. epist. 78. p. 281. a. Id a Petro et Joanne factum est... quod nunc quoque apud nos geritur.

Ritus dieser Sakramentsspendung beobachtet, in Syrien, dem Vaterlande der apostolischen Constitutionen, sei er hingegen ein anderer gewesen? Ferner liefern die Zeugnisse aus dem Orient, wie aus dem Occident, den Beweis, die Firmung habe in Salbung, Handauflegung und Signation bestanden. War aber der Ritus der beiden ersten Akte derselbe, warum sollte der der Signation ein verschiedener gewesen sein? Eine unbefangene historische Darstellung wird deßhalb der Annahme beistimmen, auch im Abendlande habe der Bischof die Salbung unmittelbar nach der Taufe, wenn auch nicht immer am ganzen Leibe, so doch auf der Stirne, selbst vollzogen. Natürlich fiel damit eine zweite Salbung bei der Handauflegung weg.

Welches war aber das Verfahren, wenn Jemand unmittelbar nach der Abwaschung vom Bischofe nicht gesalbt wurde? Solche Fälle kamen, besonders in der zweiten Hälfte des dritten Jahrhunderts, oft vor. Der Verfasser der Schrift de rebaptismate sagt: quod hodierna quoque die non potest dubitare esse usitatum et evenire solitum ut plerique post baptisma sine impositione manus episcopi de saeculo exeant [17]). Bei solchen, die von Häretikern getauft wurden, fand es gleichfalls statt und nicht weniger bei den meisten klinisch Getauften. Gesetzt nun, ein Laie (selbst eine Frau), oder niederer Cleriker, habe den Neophyten nach der Taufe auch gesalbt, so war diese Handlung nichts weiter als eine Ceremonie, vorgenommen, daß der Leib ebenso gänzlich gesalbt werde, wie er bei der Taufe völlig abgewaschen wurde. Einen sakramentalen Charakter hatte sie nicht, denn priesterliche Handlungen konnten Laien nicht gültig ausüben, die Firmung aber auch nicht einmal Presbyter. Wurde also die Salbung von Frauen oder niederen Clerikern vorgenommen, so mußte der Bischof diese vorbereitende und anfangende Handlung vollenden und bestätigen.

Unterblieb aber auch diese anfangende Salbung, oder war sie ungültig, wie die der Häretiker, so fragt es sich, mußten die so Getauften, um die Firmung zu empfangen, sich völlig auskleiden, um, wie das gewöhnlicher Weise bei der Taufe geschah, am ganzen Leibe gesalbt zu werden? Nein, diese Salbung fiel weg und blos die Handauflegung wurde ertheilt. Wenn aber der Bischof bei der regelmäßig gespendeten Taufe, trotz der Salbung am Leibe durch einen Laien oder Cleriker, den angefangenen Akt durch seine Salbung bestätigte und zu einem sakramentalen

---

17) Cypr. opera p. 632. c.

Akte erhob, wenn die Salbung nothwendig war: so wird Niemand behaupten wollen, in den Fällen, in welchen die Salbung des ganzen Leibes unterblieb, oder ungültig war, sei die Chrismation des Bischofs weggefallen. Den Namen Salbung erhielt allerdings diese Handlung nicht, denn sie bestand auch nicht in der gewöhnlichen Salbung des ganzen Leibes, der dieser Name zukam, sondern **Handauflegung** wurde sie genannt, in der der Bischof über den Firmling den heiligen Geist herabrief, die Signation aber mit Oel vollzog. Dadurch erklärt sich auch die Aeußerung, man habe **Häretikern** bei der Rückkehr zur Kirche **blos die Hände aufgelegt**. Dieses dehnen wir unbedenklich auch auf die Handauflegung des Petrus und Johannes in Samarien aus, denn Cyprian sagt ausdrücklich, was die Apostel thaten, das thun auch wir.

Man wird erwidern, das sind blos Folgerungen, ein direktes Zeugniß aus dem Abenblande ist für die mit der Signation verbundene Salbung nicht beigebracht. Das ist richtig; man verlange jedoch nicht, daß ein **Ausnahmsfall**, da wo die **ordentliche** Verrichtung einer Handlung beschrieben wird, dieselbe Berücksichtigung finde, wie diese. Es will kein Gewicht darauf gelegt werden, daß die Schriftstellen, die Cyprian für die Signation herbeizieht, nicht nur zeigen, der Betreffende sei mit dem Kreuze bezeichnet worden, sondern dasselbe sei auch durch **Salbung** vollzogen worden; das verdient hingegen die vollste Beachtung, daß da, wo Tertullian und Cyprian von der **ordentlichen** Spendung der Firmung reden, sie die Signation nicht erwähnen, wohl aber bei der **außerordentlichen.** Der Grund leuchtet ein, bei der ordentlichen Spendung, unmittelbar nach der Taufe durch den Bischof, wurde das signare mit dem Salben verbunden. Bei der außerordentlichen Spendung, die getrennt von der Taufe von dem Bischofe nachträglich geschah, wurde das Salben mit dem signare verknüpft. Deßwegen erscheint auch die Signation in **diesen** Fällen als das letzte, vollendende Moment. Nach den Worten: per manus impositionem spiritum s. consequantur et dominico signaculo *consumentur* [18]) bildete die Signation die Vollendung der Handauflegung und diese ging jener so voran, daß sie die Bedingung für sie war; non est necesse ei venienti manum imponi, ut spiritum s. consequatur *et* signetur [19]). Die Salbung durch den Bischof war nothwendig (necesse est) und bei der regelmäßigen Spendung des Sakramentes war sie vor der Handauflegung geschehen;

---

18) Cyp. epist. 73. p. 281. b.   19) l. c. p. 280. c.

caro ungitur, caro signatur, caro manus impositione adumbratur (Tert.). Bei der nachträglichen Spendung heißt es: Venienti manus imponitur et signatur (Cyp.). Das letzte geschah, laut den apostolischen Constitutionen, auch dann, als dem Bischofe das Salben weiblicher Personen untersagt wurde. Die Trennung der Firmung von der Taufe wurde seit der zweiten Hälfte des dritten Jahrhunderts immer häufiger und von dieser Zeit an macht sich die mit Salbung verbundene Signation immer mehr geltend.

## §. 46. Ritus der Firmung.

Die Salbung nach der Taufe beschreiben die arabischen Kanonen Hippolyts auf folgende Weise: Wenn der Täufling aus dem Wasser heraustritt, bezeichnet der Priester (der auch getauft hat) mit dem Oele der Danksagung, das er hält, Stirne, Mund und Brust desselben mit dem Zeichen des Kreuzes und salbt den ganzen Leib desselben, auch das Haupt und Angesicht mit den Worten: ich salbe dich im Namen des Vaters und Sohnes und heiligen Geistes. Hierauf trocknet er ihn mit einem Tuche sorgfältig ab und führt die Angekleideten in die Kirche.

Daselbst legt der Bischof allen Getauften die Hände auf und betet: Wir lobpreisen (benedicimus) dich, allmächtiger Gott, weil du diese der Wiedergeburt gewürdigt hast und ihnen deinen heiligen Geist durch Ausgießen mittheiltest, damit sie mit dem Leibe der Kirche vereinigt, sich niemals durch sündhafte Werke trennen. Verleihe ihnen vielmehr, welchen du Nachlassung gegeben hast, auch das Unterpfand deines Reiches, durch unsern Herrn Jesum Christum, durch welchen dir mit ihm und dem heiligen Geiste Ruhm sei von Ewigkeit zu Ewigkeit. Amen.

Sofort bezeichnet er ihre Stirnen mit dem Zeichen der Liebe und küßt sie unter den Worten: der Herr sei mit euch, worauf die Getauften antworten: Und mit deinem Geiste. So verfährt er mit jedem einzelnen der Getauften. Alsbald beten sie mit dem gesammten Volke (Gläubigen), welche, erfreut über sie, sie mit Jubel küssen. Hierauf beginnt der Diacon die Ceremonien der Messe [1]).

Man sieht, als diese Worte geschrieben wurden, bestand das Verbot der apostolischen Constitutionen, bezüglich der Salbung des Bischofes, noch nicht. Der Bischof, oder an seiner Stelle ein Priester, salbt nicht

---

1) Hippol. Can. 19. p. 77.

nur die Stirne in Kreuzesform, sondern auch den ganzen Leib des Neophyten und die Handauflegung kommt erst in der Kirche vor.

Das mit benedicimus tibi omnipotens Deus beginnende Gebet zeigt an, warum auch andere Schriftsteller die Firmung, oder einen Theil derselben, Benediction nennen. Nach Tertullian legten die Altväter bei ihren Segnungen die Hände auf dieselbe Weise auf, wie der firmende Bischof und bildeten so die künftige Benediction in Christus vor; eine Benediction, durch die, verbunden mit Handauflegung, der heilige Geist angerufen wurde ²). Sie bestand demnach nicht blos darin, daß der Minister die Hände segnend ausstreckte, sondern das dabei verrichtete Gebet muß eine Art Segnung enthalten haben. Die Synode von Elvira, die gleichfalls von einer bischöflichen Benediction spricht, welche die nachträglich empfangen sollten, welche ein Diacon oder Presbyter in Abwesenheit des Bischofes taufte ³), läßt dieses im Zweifel. In den Worten des gegen die häretische Taufe eifernden Cäcilius von Bilta tritt es hingegen wieder hervor. Bei den Häretikern, sagt er, exorcisirt der Dämonische, der Sakrilegische fragt das Sakrament ab, der Ungläubige verleiht den Glauben, der Sünder Verzeihung der Sünden, der Antichrist tauft im Namen Christi, der von Gott Verfluchte benedicirt, der Todte verspricht Leben, der Unfriedfertige gibt den Frieden ⁴). Der Pax wurde am Schlusse der ganzen Handlung ertheilt; zwischen Taufe und Pax erwähnt Cäcilius eine Benediction ⁵), die demnach mit der von Tertullian erwähnten zusammenfällt. Das im Gelasianum erhaltene Formular für die Firmung der Häretiker beginnt mit den Worten: benedictio super eos ⁶) und die Griechen beginnen jetzt noch das Gebet vor der Salbung mit: εὐλογητὸς εἶ κύριε ὁ θεὸς ὁ παντοκράτωρ ⁷).

2) Jedenfalls geschah die Handauflegung unter Gebet. „Durch unser Gebet und unsere Handauflegung werden sie des heiligen Geistes theilhaftig und mit dem Zeichen des Herrn vollendet ⁸). Ja nicht so fast durch die Handauflegung als durch das Gebet wurde der heilige

---

2) Tert. de bapt. c. 8.
3) Si quis diaconus regens plebem sine episcopo vel presbytero aliquos baptizaverit, episcopus eos per *benedictionem* perficere debebit: quod si ante de saeculo recesserint, sub fide qua quis crediderit poterit esse justus. Conc. Illib. can. 77.
4) Cyp. oper. p. 597. e.
5) Der Satz: „der Todte verspricht Leben" erhält seine Erklärung im Folgenden.
6) Mayer, Geschichte des Katechumenates. S. 186.
7) Goar, Euchologion. p. 290.     8) Cyp. epist. 73. p. 281. b.

Geist verliehen⁹). Ob die Formel gebraucht wurde: ich firme dich im Namen des Vaters, des Sohnes und heiligen Geistes, scheint sehr zweifelhaft. Der Bischof von Karthago bemerkt nämlich: Wenn die Majestät des göttlichen Namens die Wirkung der Taufe hervorruft, warum werden nicht in dem Namen desselben Christus dem Getauften die Hände aufgelegt, um den h. Geist zu ertheilen ¹⁰). Unter dem Namen Christi versteht er die Worte: im Namen des Vaters 2c. Sie wurden demnach bei der Firmung nicht gebraucht. Die zweite Frage widerspricht, nach unserem Ermessen, diesem nicht, sondern Cyprian sagt, wenn es blos auf die Worte: im Namen des Vaters 2c. ankommt, warum sollten sie, bei der Firmung angewendet, nicht dasselbe bewirken, wie bei der Taufe.

Abgesehen hiervon wurde in diesem Gebete der heilige Geist **angerufen und eingeladen**¹¹), und zwar von Einem, dem Bischofe, denn die Einzahl in den Worten advocans et invitans schließt ein von **Mehreren** verrichtetes Gebet aus. Ferner verrichtete man nach Cyprian das Gebet für sie (die Firmlinge), d. h. der h. Geist wurde angerufen, daß er über sie herabkomme. Näher präcisirt es Origenes: Nachdem Alles zur Reinigung (des Aussätzigen) geschehen war, verlangte die Ordnung, daß er (der Priester) auch die **siebenfache Kraft** des heiligen Geistes über ihn einlade (invitaret). Da der Herr im Evangelium bezeugt, die Herzen der Sünder seien von sieben Dämonen besessen, besprengt er (der jüdische Priester) füglich bei der Reinigung siebenmal vor dem Herrn mit Oel. . . . Durch das Symbol des Oeles wird aber die Gnadengabe bezeichnet, damit der, welcher sich von der Sünde bekehrt, nicht nur Reinigung erlangen, sondern auch mit dem h. Geiste erfüllt werden könne, durch den er das frühere Gewand und den Ring erhält und, dem Vater durchweg versöhnt, in die Stelle des Sohnes wieder eintritt ¹²). Adamantius hat in dieser Stelle die Firmung im

---

9) A. C. l. 6. c. 7. Ἐπιτιθέντες τὰς χεῖρας εὐχαῖς τὴν τοῦ πνεύματος μετουσίαν ἐδωρούμεθα. cf. l. 7. c. 44.
10) Aut si effectum baptismi majestati nominis tribuunt (d. h. wenn Stephanus die Gültigkeit der Taufe von dem Gebrauche der richtigen Taufformel abhängig macht), ut qui in nomine Jesu Christi ubicumque et quomodocumque baptizantur, innovati et sanctificati judicentur, cur non in ejusdem Christi nomine illic et manus baptizato imponitur ad accipiendum spiritum sanctum, cur eadem ejusdem majestas nominis non praevalet in manus impositione quam valuisse contendunt in baptismi sanctificatione? Cyp. epist. 74. p. 294 f.
11) Tert. de bapt. c. 8.
12) Orig. in Levit. hom. 8. n. 11. p. 153. Aehnliches enthält A. C. l. 2. c. 41. l. 7. c. 44. Wichtiger ist die Uebereinstimmung mit der Schrift: Ex scripturis prophetarum eclogae, in der es heißt: Oportet itaque non solum animam evacuare, verum etiam Deo implere . . . Revertitur enim in domum

Auge und combinirt man seine Worte mit den Tertullianischen, so rief bei ihr der Bischof die siebenfachen Geistesgaben über den Firmling herab; dieses Herabrufen muß dem Obigen zufolge zugleich den Charakter einer Benediction, eines Segens, gehabt haben. Das ist dann der Fall, wenn der Bischof den Firmlingen die Geistesgaben anwünschte und mittheilte.

Weil der Bischof Cäcilius von Bilta den Worten: der von Gott Verfluchte benedicirt, die anderen folgen läßt: „der Todte verspricht Leben": so muß mit der Anwünschung der Geistesgaben die Verheißung des ewigen Lebens verbunden gewesen sein, denn es ist kein Wort in seinem Votum, das nicht eine Beziehung auf den Ritus der Taufe oder Firmung hätte. Wirklich enthalten auch die arabischen Kanonen Hippolyts den Satz in dem Gebete der Handauflegung: Da potius, quibus jam dedisti remissionem peccatorum, etiam arrhabonem regni tui [13]). In diesem Sinne sind ferner die Worte zu fassen, welche in dem Weihegebete über den Chrisam vorkamen: „daß er fest und standhaft verharre in dem Wohlgeruche deines Christus und mit ihm gestorben, mit ihm auferstehen und ihm leben möge" [14]). Der heutige griechische Ritus commentirt nämlich dieses Citat durch den Satz: damit er in Wort und That ein dir wohlgefälliger Sohn und Erbe des himmlischen Reiches werde [15]).

Ueber die Uebereinstimmung mit dem Gebete des römischen Pontificale bei der Handauflegung lassen wir den Leser urtheilen. Dasselbe lautet: Oremus. Omnipotens sempiterne Deus, qui regenerare dignatus es hos famulos tuos ex aqua et spiritu sancto, quique dedisti eis remissionem omnium peccatorum, emitte in eos septiformem Spiritum tuum sanctum paraclitum de coelis. Amen. Spiritum sapientiae et intellectus. Amen. Spiritum consilii et fortitudinis. Amen. Spiritum scientiae et pietatis. Amen. Adimple eos Spiritu timoris tui et consigna eos signo

---

purgatam ac vacuam, in quam eorum nulla quae ad salutem sunt injecta fuerunt, ubi prius spiritus impurus habitaverat, qui secum alios septem spiritus impuros assumit. Quare malis evacuatis, ut Deo bono animum impleamus necesse est quod est domcilium electum. Impletis enim quae prius fuerunt vacua, tunc *sigillum* consequitur, ut custodiatur id quod Deo sanctum est. Clem. A. opera p. 992.

13) Hippol. Can. 19., n. 13. p. 77.

14) A. C. l. 7. c. 44. So legt schon Balsamon die Stelle aus, indem er sie auf Can. 49 des Concils von Laodicäa bezog.

15) Goar, Euchology. p. 291. Wie S. 45. not. 14 u. 15 angedeutet ist, sagt Cyprian dasselbe.

crucis † Christi, in *vitam* propitiatus *aeternam*. Per eundem Dominum nostrum etc. ¹⁶).

Im Folgenden heißt es daselbst: „Der Bischof taucht den Daumen der rechten Hand in Chrisam und macht unter den Worten: signo te signo crucis et confirmo te chrismate salutis in nomine p. f. et sp. s. ein Kreuz auf die Stirne des Firmlings." Kaum wird man bezweifeln, die Worte signo te etc. seien aus dem obigen Gebet herausgenommen und mit den weiteren: confirmo te nebst der Salbung zu einer eigenen Handlung vereinigt worden. Es ist dieses um so wahrscheinlicher, als Hippolyt die Signation bereits getrennt von der Oration bei der Handauflegung darstellt und bemerkt, das Gebet sei über Alle gemeinschaftlich gesprochen, die Signation aber jedem Einzelnen zu Theil geworden. In dieser Handlung, das sollte das frühere hinlänglich gezeigt haben, concentriren sich alle Differenzen und Schwierigkeiten bezüglich des Confirmationsritus, in ihr finden sie auch ihre Lösung. Als die Salbung des ganzen Leibes nach der Taufe aufhörte, die der Bischof entweder selbst vornahm, oder durch seine Salbung vollendete, als er bei der Menge der Täuflinge der Taufe nicht überall assistiren konnte und deßhalb die Firmung nachträglich ertheilt werden mußte, hörte die bischöfliche Chrismation bei der Taufe auf und verband sich mit der Handauflegung. Die alten Benennungen blieben jedoch in Kraft. Die mit der Chrismation verbundene Handauflegung wurde im Abendlande einfach Handauflegung genannt. In der griechischen Kirche hingegen verdrängte der Name Salbung den der Handauflegung. An sich ist dieses bedeutungslos, denn Salbung und Handauflegung bildeten von jeher die beiden Bestandtheile der Firmung, weßwegen sie auch von dem einen oder anderen den Namen tragen konnte.

Die der Taufe unmittelbar folgende ehemalige Salbung lebt in der katholischen Kirche in der Salbung des Getauften mit Chrisam auf dem Scheitel (der die Stelle des ganzen Leibes vertritt) noch fort. Von der Firmung völlig getrennt, hat sie jetzt blos die Bedeutung einer Ceremonie. „Papst Silvester soll diese Salbung als einen kleinen Ersatz,

---

16) Ich habe nicht gewußt, daß man auch behauptet, die römisch katholische Kirche besitze die Handauflegung nicht. Nun lese ich aber in der Schrift Höflings „das Sakrament der Taufe ꝛc." Band 1. S 509: „In dem Formulare für die Confirmation, welches das Pontificale Rom. (Clem. VIII. P. M. jussu restitutum atque editum Romae 1611) barbietet, findet sich nichts von einer Handauflegung vor." Hätte Höfling das Pontificale näher angesehen, so würde er die Worte gefunden haben: Tunc extensis versus confirmandos manibus, dicit, worauf die obige Oration folgt. Unter Handauflegung wird also dieses Gebet gesprochen.

wenn dem Neugetauften wegen Mangel eines Bischofes die heilige Firmung nicht ertheilt werden könnte, angeordnet haben. Man darf hier in den Bericht des Pontificals, das sonst wohl manche Unrichtigkeiten mit einlaufen läßt, um so weniger ein Mißtrauen setzen, als einige Jahre später Papst Innocenz I. in dem Briefe an den Bischof Decentius von dieser Salbung als einem schon lange eingeführten und bekannten Gebrauche spricht [17]).

3) Nach der Bezeichnung mit dem Kreuzzeichen küßte der Bischof die Firmlinge mit den Worten: der Herr sei mit euch. Die Getauften antworteten: Und mit deinem Geiste [18]). Die Uebereinstimmung zwischen diesen Worten aus den arabischen Kanonen Hippolyts und denen des Cäcilius von Bilta liegt zu Tage. Dieser Bischof fährt nämlich in der Oben angeführten Stelle also fort: Pacem dat impacificus, Deum invocat blasphemus, sacerdotium administrat prophanus, ponit altare sacrilegus [19]). Das pacem dare bestand in der alten Kirche in dem Friedenskusse, den sich die Gläubigen ertheilten. Durch Taufe und Firmung in die Kirche aufgenommen, war dieser Kuß der erste Erweis der Gemeinschaft der Brüder. Darum erhielt ihn auch jeder Neophyte, selbst neugeborene Kinder nicht ausgenommen [20]). Da die Gnostiker den Pax bereits bei der Taufe und Salbung in den Worten ertheilten: „Friede Allen, über welchen dieser Name ruht" [21]), mag dieser Gebrauch von der ältesten Zeit her in der Kirche heimisch gewesen sein. Von der necessitas gaudii et gratulatio salutis, die nach der Taufe stattfand, berichtet Tertullian [22]), die Gläubigen küßten den Neophyten deßwegen nicht alsbald, sondern blos der Bischof, weil dieses bei dem Pax der Liturgie geschah, welche der Spendung der Taufe und Firmung unmittelbar folgte.

Wenn Martene [23]) glaubt, die Ertheilung des Kusses sei eine Eigenthümlichkeit der afrikanischen Kirche gewesen, so ist diese Annahme bereits durch das Gesagte widerlegt. Zudem glauben wir, diese Sitte sei auch in den römischen Ritus aufgenommen gewesen. Nach der Salbung schreibt das Pontificale nämlich vor: Deinde leviter eum (scil. confirmatum) in maxilla caedit, dicens: Pax tecum. Wer erkennt in diesen Worten den alten Pax nicht? Statt daß der

---

17) Binterim, Denkw. I. 1. S. 152.   18) Hippol. Can. 19.
19) Cyp. opera p. 597. e.   20) Cyp. epist. 59. p. 213. b.
21) Iren. l. 1. c. 21. n. 3. p. 96.   22) Tert. de bapt. c. 20. p. 208.
23) Martene, de antiquis ecclesiae ritibus l. 1. c. 1. art. 15. n. 1. p. 53.

Bischof den Firmling küßte, berührte er im Verlaufe der Zeit seine Wange blos mit der Hand. Daraus wurde dann der Backenstreich mit einer ganz anderen Bedeutung, als die der Pax hatte.

Hierauf verrichtet der Bischof, nach dem Pontificale, ein **Gebet** und schließt mit der Ertheilung des Segens. Cäcilius von Bilta bemerkt: Deum invocat blasphemus. In der griechischen Kirche betete hingegen der Firmling das **Vater unser**. Denn durch die empfangenen Sakramente zum Kinde und Erben Gottes erhoben, durfte er jetzt erstmals als Kind zum Vater beten [24]). Die apostolischen Constitutionen heben eigens hervor, daß er es **stehend** beten soll, weil der, welcher auferstand, nothwendig auch stehend beten müsse. Die eigentliche Ursache dieser Vorschrift liegt darin, daß die Katechumenen bei ihren Bitten **knieten**. Der Firmling, in die Reihen der Gläubigen eingetreten, betete wahrscheinlich bei diesem Anlasse das erstemal stehend. Ferner sollte er sich gegen **Osten** wenden, denn nach dem Bau und bei der Weihe des salomonischen Tempels beteten Priester und Leviten nach Osten gewandt. Durch die Taufe und Firmung wurde aber der Katechumene zum geistigen Tempel Gottes geweiht [25]).

An das Vater unser [26]) schloß sich ein zweites Gebet, das also lautete: Allmächtiger Gott, Vater deines Christus, deines eingeborenen Sohnes, gib mir einen unbefleckten Leib, ein reines Herz, einen wachsamen Sinn, eine nicht irrende Erkenntniß, die Ankunft des heiligen Geistes zum Besitze und Vollbesitze deiner Wahrheit, durch deinen Christus, durch welchen dir Ruhm im heiligen Geiste in Ewigkeit. Amen[27]). Man möchte einwenden, dieses im **siebenten** Buche der apostolischen Constitutionen enthaltene Gebet gehöre dem 4. Jahrhunderte an, allein das dritte Buch c. 18 enthält dieselben Gedanken, wenn auch nicht in der Gestalt eines Gebetes, so doch in der Form der Ermahnung. Zudem verknüpft es diese Ermahnung gerade so mit dem Gebete des Herrn, wie das siebente Buch. Hierauf folgte die Feier der **Eucharistie**.

---

24) A. C. l. 3. c. 18.   25) A. C. l. 7. c. 44.

26) Bei Abfassung der Liturgie der drei ersten Jahrhunderte beschäftigte mich der Gedanke nachhaltig, ob das Gebet des Vater unser an dieser Stelle nicht Ursache sei, daß es die Liturgie des achten Buches der apostolischen Constitutionen im Kanon nicht besitzt. Die Worte: „gleichsam im Namen der gemeinschaftlichen Versammlung der Gläubigen spricht er: Vater unser." A. C. l. 3. c. 18 enthalten zudem ein starkes Indicium hiefür. Abgesehen von Anderem, hielt mich früher besonders das von dieser Annahme ab, daß ich glaubte, das Vater unser sei am Taufsorte gebetet worden. Da die Handauflegung nach den arabischen Kanonen Hippolyts aber in der Kirche geschah, fällt dieses Hinderniß weg.

27) A. C. l. 7. c. 45.

Sacerdotium administrat prophanus, ponit altare sacrilegus ²⁸), bemerkt Cäcilius von Bilta. Der Satz in den arabischen Kanonen Hippolyts: „hernach beginnt der Diacon die Ceremonien der Messe," lehrt dasselbe. Doch hiervon später.

4) Ein Gebrauch, von dem wir übrigens weder behaupten wollen, daß er immer, noch daß er am Schlusse der Taufe und Firmung stattfand, betrifft das **Verleihen eines Namens**. Clemens A. bringt es insofern in Verbindung mit der Taufe, als er den Apostaten Heuchelei vorwirft, weil sie zwar den Namen unterschrieben, in der That aber aufgehört haben, Gläubige zu sein ²⁹). Es wird in diesen Worten zwar die Eintragung des Namens in die kirchliche Matrikel ³⁰) hervorgehoben, die aber die Namensverleihung nicht ausschließt. Laut einer Schrift des Dionysius A., von der Eusebius Fragmente aufbewahrt hat³¹), erhielten **Kinder** die Namen der Apostel Johannes, Petrus und Paulus. Auf die Frage, wann dieses geschah, geben die Martyrakten des h. Balsamus († 285 oder 311) Antwort. Er sagte nämlich zu dem Präses Severus: Mit meinem Geschlechtsnamen heiße ich Balsamus, mit meinem geistigen Namen, den ich in der Taufe erhielt, Petrus ³²). Da und dort schöpfte der Minister dem Täufling den Namen. So wurden die beiden Kinder, welche Hippolyt zur Taufe gebracht hatte, von dem taufenden Papste Neo und Maria genannt ³³). Einige erhielten den Namen von dem Tauftage, wie Epiphanius und Paschasius. Weil die Tochter des Nemesius bei der Taufe das Augenlicht erhalten hatte, wurde sie Lucilla genannt. Martyrer, die unter Decius die Palme empfiengen, führen die Namen Petrus, Andreas ꝛc. Ueberhaupt enthalten die Martyrakten viele christliche Namen. Eine Frau wurde Agape genannt, weil sie die Vollkommenheit des Gesetzes besaß, eine andere, rein und weiß wie Schnee, heißt Chiona, eine dritte, welche den Frieden in sich trug und gegen Andere übte, Irene ³⁴). Interessant ist, daß schon die Söhne des römischen Senator Pudens die christlichen Namen Novatus und Timotheus trugen.

Uebrigens war das Ertheilen von Namen bei der Taufe nicht durchaus üblich, sondern nur jene Namen wurden gewechselt, deren Klang

---

28) Cyp. oper. p. 597. e.
29) Τὸ μὲν ὄνομα ὑπογεγραμμένους, τὸ δ' εἶναι πιστοὺς ἀρνουμένους. Clem. strom. l. 4. c. 7. p. 582.
30) Hievon an einem anderen Orte. 31) Euseb. h. e. l. 7. c. 25. p. 531.
32) Ruinart III. p. 174. 33) Baron. annal. eccles. ad annum 259. n. 11.
34) Ruiart II. n. 2. p. 401.

ein chriſtliches Ohr verletzte. Weil viele von den paläſtinenſiſchen Mar=
tyrern, wahrſcheinlich Namen von Idolen hatten, nahmen ſie ſtatt der=
ſelben die Namen Elias, Jeſaias ꝛc. an [35]).

## §. 47. Nachfeier in der Oſteroktav.

Während einer ganzen Woche enthielten ſich die Neophyten des täg=
lichen Bades [1]). So was konnte und durfte der Apologet vor Allen
ſagen; ſelbſtverſtändlich wurde aber die Oſterwoche nicht blos mit Ent=
haltung vom Baden gefeiert. Nur ſo viel ſteht feſt, die Nachfeier der
vorausgegangenen Handlungen dehnte ſich bis auf den ſ. g. weißen Sonn=
tag aus, der ein in Ehren gehaltener Feſttag war [2]). In welcher Weiſe
die zwiſchen inne liegende Woche gefeiert wurde, wiſſen wir nicht. Weil
Tertullian blos das Baden namhaft macht, ſo läßt ſich daraus ſchließen,
die übrigen Handlungen ſeien ſolche geweſen, die vor der profanen Welt
**geheim gehalten** wurden. Das geſchah aber den Geheimlehren und
der Spendung der Sakramente gegenüber. Wahrſcheinlich wurden deß=
wegen den Neophyten ſolche **Lehren** vorgetragen und täglich die **Li=
turgie**, oder das euchariſtiſche Opfer gefeiert.

In dem Katechumenate hatten die Neophyten durch Erklärung der
altteſtamentlichen Typen und Gebräuche einige Kenntniß der Myſterien
erlangt [3]). Der eigentlich myſtagogiſche Unterricht folgte wohl jetzt. Es
entſpricht ganz dem Charakter der erſten Jahrhunderte, daß von den
Katechumenen kurz vor der Taufe einfach **gefordert** wurde, ſie ſollen
**glauben**, daß in der Euchariſtie Jeſus gegenwärtig ſei, ein Glaubens=
ſatz, der in dem Unterricht der Oſteroktav beſonders durch die heiligen
Schriften näher erklärt wurde.

A. Weiß bringt mit dem Citate Tert. de corona c. 3 die Worte in
Verbindung: Quapropter (Naaman) septies, quasi per singulos
titulos, in Jordane lavit, simul et ut totius hebdomadis caneret
expiationem, und glaubt, daß man mit Recht gleich den Alexandrinern
von „expiatio" einer ganzen Woche ſprechen könne [4]). Allein der un=
mittelbar folgende Satz [5]) ſcheint dieſe Anſicht nicht zu beſtätigen, da

---

35) Euseb. de martyr. palaest. c. 11. p. 651.
1) Tert. de coron. c. 3. p. 341.   2) A. C. l. 5. c. 19.
3) cf. Probſt, Lehre und Gebet. S. 174.
4) Weiß, altkirchliche Pädagogik S. 166.
5) Et quia unius lavacri vis et plenitudo Christo soli dicabatur, facturo
in terris, sicut sermonem *compendiatum*, ita et lavacrum. Tert. adv. Marc.
l. 4. c. 9. p. 208.

er ausspricht, der Syrer Naaman mußte sich siebenmal waschen, im Christenthume aber genügt die Kraft und Fülle des Einen Bades. Das Sühnopfer bei Clemens A., das Weiß gleichfalls herbeizieht, ist die Eucharistie, mit deren Feier der mystagogische Unterricht geschlossen wurde. Die gewöhnliche Celebration der Liturgie, die an jedem Sonntage stattfand, hätte jedoch Clemens schwerlich so hervorgehoben. Man wird darum annehmen dürfen, daß die Neophyten bei der Messe am weißen Sonntage eine hervorstechende Stellung einnahmen. Die Frage: welche? weiß ich nicht zu beantworten. An eigentliche Sühnungen oder Bußwerke, welche etwa die Neophyten zu verrichten hatten, darf man auf keinen Fall denken, denn diese Tage waren der Freude geweiht [6]).

2) Weiß sucht durch die Aussprüche der beiden Alexandriner einiges Licht in dieses Dunkel zu bringen. Die Stelle aus Origenes haben wir theils nicht gekannt, theils anders verstanden, die aus Clemens übersehen, deßwegen lassen wir seine Worte abdrucken. „Während bisher die Katechumenen in der Gemeindeversammlung ihre Stellung ganz zu hinterst nach den letzten Gliedern der Kirche gehabt hatten, wurde ihnen nunmehr ein eigener Platz zugewiesen. Nach [7]) der „dritten Reinigung," der „Taufe" nämlich, sagt Origenes, wird der Gereinigte (Getaufte) würdig der $\pi\alpha\rho\epsilon\mu\beta o\lambda\dot{\eta}$, doch geht er „noch nicht in sein eigenes Haus". Nun sagt [8]) Origenes anderswo, bei Schilderung der Buß-Stationen, daß die beiden ersten Büßerklassen ihre Zeit zubringen außerhalb der castra domini ($\pi\alpha\rho\epsilon\mu\beta o\lambda\dot{\eta}$); erst mit der dritten Klasse trete der Büßer in das „Lager," doch gehe er noch nicht sofort in sein Haus; d. h. betrete er die Gemeindeversammlung, aber er erhalte dort einen abgesonderten Platz, verschieden von dem, welchen er vor seinem Falle eingenommen. In der vierten Klasse sei er zwar auch im „Lager", aber noch immer nicht „in seinem Hause". Wir wissen, daß die Art der Anwesenheit in der Kirche eine bei den Büßern der dritten und der vierten Klasse ganz verschiedene war. Die Anwesenheit der Katechumenen im „Lager" entspricht nun ganz und gar jener der dritten Bußklasse; die Art der Gegenwart der Neophyten in gewissem Sinne der Weise, in welcher die vierte Buß-Station „im Lager" ist.

---

6) Ergo et nos, dicet aliquis, a lavacro potius jejunare oportet; (nach der Taufe, wie Christus) et quis enim prohibet, nisi necessitas *gaudii* et gratulatio salutis. Tert. de bapt. c. 20. p. 208.

7) Orig. in Luc. frag. (7. 22). Dieses Fragment enthält die Würzburger Ausgabe der Werke des Origenes nicht, darum blieb es mir unbekannt.

8) Orig. in Levit. hom. 8. 11.

Sonach haben jetzt die Neophyten, so will die Stelle sagen, Antheil am gesammten Gottesdienste; nur gehen sie, obschon auch sie nunmehr „πιστοί, τέλειοι" sind, nicht an den Platz der „Gläubigen," der jetzt auch „der ihre" ist, sondern sie nehmen innerhalb der Kirche vorerst noch einen abgesonderten Raum ein. Später war das ein Platz in der Nähe des Altares; sehr wohl möglich, daß Origenes ebenfalls mit der παρεμβολή die Altarschranken meint.

Hier „bleiben sie durch sieben Tage lang, bis abermal ihr Kopf geschoren ist." Das „Scheeren des Kopfes" bedeutet Ablegen jener Fehler, wie sie auch ein „Mann" ($\dot{a}v\acute{\eta}\varrho$ = τέλειος) noch hat, z. B. die Ablegung aller Selbstüberschätzung ic.

Das Mittel, wodurch dies bewerkstelligt wird, sind „die wundersameren Dogmen" [9]) und die jetzt ihm mitgetheilte „Erkenntniß." Wenn überhaupt das „Wort" bei Origenes eine heilende und reinigende Kraft besitzt, so muß diese den „wundersameren Dogmen," nämlich der Einführung in die vollständige Erkenntniß aller noch unbekannten christlichen Lehren, das heißt dem mystagogischen Unterrichte, zustehen.

Aehnliches erfahren wir aus Clemens [10]) trotz seiner absichtlichen Dunkelheit. „Die gut vorbereiteten Katechumenen, welche glauben und rein leben wollen (die „Priester") müssen sich von den Sünden, die sie noch an sich haben, sei es durch ihre Geburt, sei es durch eigene Schuld, reinigen durch die zweite Geburt aus dem Mutterschoße des Wassers. Sind sie gereinigt von solcher Befleckung, so müßen sie sich noch weitere sieben Tage reinigen." Somit erfolgt der ganze Komplex aller zur Wiedergeburt gehörigen Handlungen während sieben Tagen. „In diesen werden die Opferthiere geopfert für die Sünden [11]) und am achten Tage wird ein Schuld- und Sühnopfer gebracht (ἱλασμός)."

Es läßt sich nicht genau entscheiden, ob das eine sieben Tage fortdauernde Opferfeier oder Unterrichtung sein solle. Beide Ansichten lassen sich begründen und sind wohl auch beide richtig. So spricht auch Origenes unverkennbar von Opferfeier bei der Aufnahme eines zurückkehrenden Häretikers, und Clemens selbst kommt in weiterer

---

9) Offenbar muß der Text verbessert werden: καὶ (scl. ἕως) τοῦ πάλιν ξυρανθῆναι τὴν κεφαλήν, (τοῦ) διὰ τῶν δογμάτων τερατωδέστερα καὶ τὴν γνῶσιν ἀποθέσθαι τὰ τοῦ ἀνδρὸς ἁμαρτήματα ... d. h. bis er durch abermaliges Scheeren des Kopfes — nämlich durch die wunderbaren Dogmen und durch die „Gnosis" abgelegt hat die Fehler. Orig. fragm. in Luc. 7. 22. Gall. t. 14. p. 92.
10) Clem. strom. l. 4. c. 25. (p. 635 seq.)
11) Τὰ ἱερεῖα ὑπὲρ ἁμαρτιῶν θύεται — (ἔτι γὰρ τροπῆς εὐλαβείᾳ) —.

Durchführung des hier begonnenen Gedankens zu sprechen auf das Opfer des Melchisedek. Daß aber auch Unterricht damit verstanden ist, kann man wohl annehmen, weil Clemens als Grund dieses fortgesetzten Opfers angibt, es bestehe noch immer Furcht vor einer „τροπή," Furcht, der Wiedergeborene könnte noch einmal umschlagen. Dem also sollte der letzte tiefst gehende Unterricht vorbeugen.

In der That wissen wir, daß dem Unterrichte der Neophyten besondere Sorge zugewendet wurde. So hat Clemens [12] hierfür selbst eine besondere Schrift abgefaßt, die uns verloren gegangen ist [13]." Dieses ergänzend möchte ich an die Geschichte mit dem Jünglinge und dem Apostel Johannes erinnern, die Clemens in seiner Schrift: Quis dives erzählt. Wie leicht ist es möglich, daß gerade dieser Vorfall die Veranlassung wurde, nach der Taufe einen Unterricht, der zugleich εἰς ὑπομονήν diente, einzuführen. Dann wüßten wir zugleich die ungefähre Zeit, in welcher diese Einrichtung getroffen wurde.

## Drittes Kapitel.
## Eucharistie.
### Erster Artikel.
### Stellung, Materie und Form der Eucharistie.

#### §. 48. Stellung der Eucharistie zur Taufe, Firmung und Wiedergeburt.

Die genannten drei Sakramente gehören nach der Anschauung und Praxis der ersten Jahrhunderte sowohl zeitlich als sachlich zusammen.

Einem uralten Gebrauche gemäß wurde der Täufling in die Versammlung der Gläubigen zur Feier der Eucharistie geführt [1]), denn die Eucharistie war jene Speise, welche die Kinder sogleich nach der Wiedergeburt empfingen [2]). Deßhalb führt sie Tertullian, wenn er mehrere Sakramente erwähnt, nicht nur nach der Taufe und Firmung an [3]), sondern er erläutert diese Reihenfolge noch durch die Bemerkung, der

---

12) „Προτρεπτικὸς εἰς ὑπομονήν" ἢ πρὸς τοὺς νεωστὶ βεβαπτισμένους. Euseb. h. e. 6. 13. (Lämmer p. 449.)
13) Weiß, die altkirchliche Pädagogik S. 142.
1) Just. apol. 1. c. 65.  2) Clem. A. paedag. l. 1. c. 6. p. 124.
3) Tert. de resurr. c. 8. cf. §. 38. de praesc. c. 40. cf. §. 40. u. c. 86. cf. §. 41.

Neophyte bete zum erstenmale mit den Brüdern mit ausgestreckten Armen⁴), was bekanntlich in der Liturgie geschah. Wenn Origenes einmal von dieser Ordnung abweicht, so hat dieses seinen Grund in dem alttestamentlichen Texte, den er interpretirt ⁵). Weil Cyprian die Firmung, im Unterschiede von der Wassertaufe, Geistestaufe nennt, besagen die nachfolgenden Worte dasselbe: „durch die Taufe wird der heilige Geist ertheilt und so gelangen die Getauften und mit dem heiligen Geiste Ausgerüsteten zum Trinken des Kelches des Herrn ⁶). Selbst die Häretiker des zweiten Jahrhunderts accommodirten sich dieser kirchlichen Praxis. Nachdem die Katechumenen durch die Taufe das hochzeitliche Gewand erhalten hatten, traten sie zum Mahle Gottes ⁷).

2) Diese Reihenfolge war nicht blos durch äußere Umstände veranlaßt, sondern hieng mit dem Begriff der Wiedergeburt zusammen. Sie lag ebenso in der Neuschaffung, durch welche der Täufling ein Kind Gottes des Vaters wurde, als in der Mittheilung des heiligen Geistes durch die Firmung, wie in der Vereinigung mit dem Sohne in der Eucharistie. Was in der auf die Trinität gespendeten Taufe potentiell enthalten ist, tritt dadurch detaillirt in den getrennten Akten der Hingabe an den Vater, Geist und Sohn hervor. Obwohl Origenes durch die alttestamentliche Stelle, welche er auslegt, gebunden ist, läßt sich doch nicht verkennen, daß er dieser Auffassung huldigt. Durch sie veranlaßt, legt er nämlich statt der Wiedergeburt den Begriff der Reinigung zu Grunde, und statt der gewöhnlichen Reihenfolge setzt er die Eucharistie vor die Firmung ⁸). In tria ergo purificationis hujus, id est, conversionis a peccato ratio dividitur. Prima est hostia, qua peccata solventur. Secunda est, qua anima convertitur ad Deum.

---

4) Tert. de bapt. c. 20. p. 207. Quia qui in sanguinem ejus crederent, aqua lavarentur, qui aqua lavissent, etiam sanguinem potarent. l. c. c. 16. p. 203. cf. de pudic. c. 9. p. 389.
5) cf. §. 3. not. 7. u. §. 42. not. 18.  6) Cyp. epist. 63. p. 227. f.
7) Clem. homil. 8. n. 22. hom. 14. n. 1. Aehnlich die Recognitionen l. 4. c. 35. l. 3. n. 67. l. 7. n. 38.
8) Die vorausgehenden Worte lauten: Igitur primus agnus, qui pro delicto est, videtur mihi virtutis ipsius formam tenere quam assumsit is, qui erat in peccatis, per quam potuit a se propellere affectum peccandi, et malorum veterum poenitudinem gerere; secundus vero agnus figuram tenere illius jam recuperatae virtutis, per quam abjectis et procul fugatis omnibus vitiis, integrum se et in integro obtulit Deo, et dignus exstitit divinis altaribus. Ovis autem quae post agnos assumitur, foecunditatem puto quod significet ejus, qui conversus est a peccato et totum se obtulit Deo, qua post omnia in bonorum operum foetibus utitur et innocentiae fructibus pollet. In tria ergo etc.

Tertia est foecunditatis et fructuum, quos in operibus pietatis is, qui dicitur conversus, ostendit. Et quia tres istae sunt hostiae, idcirco subjungit et tres mensuras decimae similaginis assumendas, ut ubique intelligamus purificationem fieri non posse sine mysterio trinitatis [10]).

Origenes kennt eine Entwicklung in der „Wiedergeburt". Das erste, negative Moment, ist das **Frei sein von Sünden**, das zweite, positive [11]) (wir erlauben uns diese Umstellung), das **Reichsein an guten Werken**, das dritte vollendende, die ungetheilte **Hingabe an Gott** [12]), das sich Opfern. Diesen drei subjektiven Stadien entsprechen drei objektive Heilmittel, die Nachlassung der Sünde durch die **Taufe**, das Fettwerden an guten Werken durch die **Salbung** und das Opfer der **Eucharistie**. Wenn man daher die Firmung als Vollendung der Taufe faßt, so ist dieses mit Rücksicht auf diese beiden Sakramente richtig, nimmt man aber die Eucharistie hinzu, wie sie hinzugehört, so wird die Bezeichnung des Clemens A., die Firmung sei die **Vermehrung** [13]), den Vorzug verdienen und der Eucharistie die Vollendung zufallen, denn der Logos ist die Speise für den **Frieden** und die **Liebe** [14]). Durch ihn wird die Schöpfung des Menschen, die nach dem **Bilde und Gleichnisse Gottes** vollendet. Cyprian vergleicht nämlich die Wiedergeburt in der Taufe mit der Erschaffung des Menschen, die Vermehrung derselben durch die Firmung mit dem Einhauchen des Geistes. Die Eucharistie bewirkt aber die Vollendung, sofern der Gläubige in ihr mit Christus vereinigt wird. Nach seinem Bilde und Gleichnisse wurde er geschaffen, durch die Sünde hatte er es theils verunstaltet, theils verloren, in der Communion erhält er es wieder.

Clemens A. kennt gleichfalls **drei Stufen der Wiedergeburt**,

---

10) Orig. in Levit. hom. 8. n. 11. p. 152.
11) Diese Umstellung ist, abgesehen von dem Früheren, durch Folgendes gerechtfertigt. Nachdem Origenes von der Taufe gesprochen hat, sagt er: Quando vere possum *suavitatis et boni odoris* sacramenta suscipere, tunc mihi ornat Deus. (Nach dem Abwaschen, Schmücken) ... Non solum autem perungimur hoc oleo, sed *vestimur*. «Et facta es pulchra valde nimis.» Laudat pulchritudinem ejus, laudat speciem, praedicat formam. «Et directa es in regnum.» Quantus *profectus*, ut etiam ad regnum dirigatur! Orig. in Ezech. hom. 6. n. 9. u. 10.
12) Tert. de orat. c. 14. p. 17. Ergo devotum Deo obsequium eucharistia resolvit, an magis Deo obligat?
13) Clem. A. paedag. l. 1. c. 12. p. 156.
14) l. c. p. 157. Diese Worte werden klar, wenn man aus dem Folgenden erkannt hat, in welches Verhältniß Clemens den Frieden zu dem Opfer des Melchisedek setzt.

ober Rechtfertigung, und bezieht die Vollendung auf die Eucharistie. Er thut dieses auf eine doppelte Weise, indem er das einemal von den griechischen Mysterien ausgeht und so zu dem die Vollendung bewirkenden eucharistischen Opfer gelangt. Das anderemal beschreibt er den Entwicklungsgang unverhüllt und schließt mit dem Opfer des Melchisedek, als Type der Eucharistie.

In der Parallele, welche Clemens zwischen den christlichen und heidnischen Mysterien zieht, nehmen die erste Stufe die **Lustrationen** ein, wie bei den Barbaren (Christen) das **Bad** (Taufe). Ihnen folgen die kleinen Mysterien, welche die **Lehre** begründen und auf das Künftige vorbereiten. Hierfür gibt er keine christliche Parallele an. In den großen Mysterien aber wird nicht mehr belehrt, sondern die Natur [15]) und die Dinge geschaut (ἐποπτεύειν) und überdacht [16]). Dieser epoptischen Theorie entspricht im Christenthum Fleisch und Blut des Logos, d. h. die Erfassung der göttlichen Kraft und Wesenheit. Kostet und sehet, was Christus ist, heißt es. So nämlich gibt er sich selbst jenen hin, welche diese Speise geistiger Weise empfangen [17]). Christus gibt sich also auf der höchsten Stufe den Gnostikern in der **Eucharistie** selbst hin. Um aber auf diese dritte Stufe zu gelangen, war ein Opfer nöthig. Nicht, wie Plato sagt, das Opfer eines Schweines, sondern ein großes, unbezwingliches (ἄπορον, schwer darzubringendes). Im Christenthum ist dieses Opfer Christus, denn er ist das Pascha, das für uns geopfert wurde (ἐθύθη), das ist nämlich das in Wahrheit unbezwingliche Opfer, der Sohn Gottes, der sich für uns opfert (ἁγιαζόμενος, man beachte den Wechsel der Tempora).

Von unserer Seite aber ist das Opfer, das gottgefällige, die unwiderrufliche Trennung des Leibes und seiner Leidenschaften [18]). Auf wunderbare Weise hiermit übereinstimmend, sagt Euripides dunkel, ich weiß nicht wie auf den Vater und Sohn zugleich hindeutend: Dir, dem Beherrscher des All, bringe ich ein Trank-, ein Speiseopfer dar, Zeus oder Aides, wenn dir dieser Name lieber ist; du nimm von mir mich an, ein Opfer, ein unwiderstehliches, voll von allen Früchten, ein vollkommenes, ausgegossenes; voller Früchte nämlich, ein für uns unbezwingliches Opfer, ist Christus. Daß er unbewußt den Erlöser selbst nennt, macht er offenbar, indem er beifügt: du im Himmel den Scepter

---

[15]) Ueber das Wort Natur vergleiche man Strom. l. 1. c. 28. p. 424.
[16]) Strom. l. 5. c. 11. p. 689.   [17]) l. c. c. 10. p. 685.
[18]) l. c. p. 686.

des Zeus führend, nimmst auch an der Herrschaft des Irdischen Theil [19]).

Christus ist demnach Opfer und Priester, sofern er sich selbst dem Vater darbringt. Daß Clemens zugleich die Worte anführt: ich bringe dir ein Trank- und Speiseopfer dar, ist kein Zufall, sondern so, wie er die Stelle des Euripides erklärt, ist das Trank- und Speiseopfer, Christus selbst, denn das Speis- und Trankopfer, ist das Opfer, voll von allen Früchten, und das Opfer voller Früchte ist Christus. Er ist, wenn wir es mit dem Obigen verbinden, das Pascha-Opfer, das für uns dargebracht wurde, er ist aber auch das Speise- und Trankopfer, das er jetzt noch für uns darbringt ($\dot{\alpha}\gamma\iota\alpha\zeta\acute{o}\mu\varepsilon\nu o\varsigma$), oder, er bringt sich selbst dar und bringt ein Speis- und Trankopfer dar. Da nämlich Clemens unmittelbar vorher erwähnt hat, auf der dritten Stufe empfangen die Gnostiker Leib und Blut Cristi, ihn selbst, der sich ihnen hingibt, so ist der Zusammenhang, in welchem Clemens das Citat aus Euripides mit der Eucharistie bringt, klar. Die Beweiskraft dieser Stelle steigert sich jedoch bedeutend, wenn man beachtet, der Vorsteher der Katechetenschule führt dieses Opfer in derselben Verbindung auf, wie das des Melchisedek, von dem er sagt: Melchisedek, König von Salem, der Priester des höchsten Gottes, gab Brod und Wein, als geheiligte Speise, zum Vorbild der Eucharistie [20]).

Beidemal spricht er nämlich von dem Fortschritte im Guten. Das einemal vergleicht er ihn mit den drei Stadien der griechischen Mysterien, das zweitemal geht er von der Wiedergeburt aus, durch die der Mensch von Fehlern und Sünden frei nach Leib und Seele gereinigt wird [21]). Der Fortschritt besteht in der Keuschheit des Leibes und der Seele. Die Keuschheit der Seele, die sich böser Werke enthält, und jedem das Seinige gibt, ist mit einem anderen Worte die Gerechtigkeit, so daß der Fortschritt, genauer ausgedrückt, in Keuschheit (Leib) und Gerechtigkeit (Seele) besteht. Die Vollendung der Keuschheit ist aber die Unvergänglichkeit ($\dot{\alpha}\varphi\vartheta\alpha\rho\sigma\iota\alpha$); die Vollendung der Gerechtigkeit der Friede, darum sagt auch der Herr: gehe im Frieden. Frieden heißt aber Salem, weßwegen Moses auch den Erlöser König des Friedens und Melchisedek nennt, denn Melchisedek heißt gerechter König. Der Erlöser wird nämlich

---

19) Σοὶ τῷ πάντων μεδέοντι χοὴν πελάνῳ τε φέρω, Ζεὺς εἴτ' Ἀΐδης ὀνομαζόμενος στέργεις. σὺ δέ μοι θυσίαν ἄπυρον παγκαρπείας δέξαι πλήρη προχυθεῖσαν. ὁλοκάρπωμα γὰρ ὑπὲρ ἡμῶν ἄπυρον θῦμα ὁ χριστός. καὶ ὅτι τὸν σωτῆρα αὐτὸν οὐκ εἰδὼς λέγει σαφὲς ποιήσει ἐπαγων. κ. τ. λ. 1. c. p. 686—688.

20) Strom. l. 4. c. 25. p. 637.    21) cf. Paedag. l. 1. c. 6. p. 117.

von Moses in den Worten beschrieben: Melchisedek, König von Salem, der Priester des höchsten Gottes, welcher den Wein und das Brod als geheiligte Nahrung gab, zum Vorbilde der Eucharistie ²²).

Der Gedankengang ist in beiden Stellen derselbe, beidemal geht er von der **Wiedergeburt** und **Taufe** aus und schließt ab in der **Vollkommenheit** und einem **Opfer**, und wie die Wiedergeburt durch die Taufe bedingt ist, so die Vollkommenheit durch dieses Opfer. Man kann darum nicht zweifeln, in beiden Stellen drückt Clemens denselben Gedanken aus und charakteristisch für ihn, drückt er ihn nicht mit dürren Worten aus, sondern durch Vorbilder, die er dem Heidenthum und Judenthum entlehnt.

Gegen diese Exposition läßt sich einwenden, wir haben Clemens einseitig aufgefaßt, denn er lehre ausdrücklich, „das Opfer aber, das gottgefällige, ist die unwiderrufliche Trennung des Leibes und seiner Leidenschaften" l. c. p. 686. und zweitens führe er dieses nach der kurz hingeworfenen Bemerkung, „das wahre Opfer ist der Sohn Gottes, der sich für uns opfert", umfassend aus und komme dann erst auf das Citat aus Euripides.

Allein dem letzten Citate schickt er die Bemerkung voraus. „Sehr wunderbar stimmt Euripides mit dem vorher Gesagten ($\pi\rho o\varepsilon \iota\rho\eta\mu\acute{\varepsilon}\nu o\iota\varsigma$) überein" und da im Citate von dem Opfer der Abtödtung nirgends eine Rede ist, wohl aber von dem Opfer Christi, nach Clemens Deutung, so ist das Citat zur Bestätigung des Opfers Christi angeführt. Daß er aber kurz über das letzte Opfer weggeht und zur Erläuterung desselben sich auf Euripides und Moses beruft, läßt sich von Clemens nicht anders erwarten.

Der andere Einwurf ist hingegen völlig begründet. Der alexandrinische Lehrer kennt nicht nur das objektive Opfer Christi, sondern auch das subjektive der Abtödtung, wie er den Entwicklungsprozeß nicht nur mit der Taufe, sondern auch mit dem Glauben, und die Vollendung desselben nicht nur mit der Eucharistie, sondern auch mit der Gnosis, schließen läßt. Beide Standpunkte, den objektiven und subjektiven, verbindet er durchweg mit einander, ja man darf sagen, er vermengt sie absichtlich, denn nach seinen eigenen Worten hat er den Inhalt seines Buches in ein so buntfarbiges Gewebe gebracht, in welchem die Gedanken

---

22) Strom. l. 4. c. 25. p. 637. $M\varepsilon\lambda\chi\iota\sigma\varepsilon\delta\grave{\varepsilon}\kappa\ \beta\alpha\sigma\iota\lambda\varepsilon\grave{\upsilon}\varsigma\ \Sigma\alpha\lambda\dot{\eta}\mu\ \dot{o}\ \iota\varepsilon\rho\varepsilon\grave{\upsilon}\varsigma\ \tau o\tilde{\upsilon}\ \vartheta\varepsilon o\tilde{\upsilon}\ \tau o\tilde{\upsilon}\ \dot{\upsilon}\psi\acute{\iota}\sigma\tau o\upsilon,\ \dot{o}\ \tau\grave{o}\nu\ o\tilde{\iota}\nu o\nu\ \kappa\alpha\grave{\iota}\ \tau\grave{o}\nu\ \check{\alpha}\rho\tau o\nu\ \tau\grave{\eta}\nu\ \dot{\eta}\gamma\iota\alpha\sigma\mu\acute{\varepsilon}\nu\eta\nu\ \delta\iota\delta o\grave{\upsilon}\varsigma\ \tau\rho o\varphi\dot{\eta}\nu\ \varepsilon\dot{\iota}\varsigma\ \tau\acute{\upsilon}\pi o\nu\ \varepsilon\dot{\upsilon}\chi\alpha\rho\iota\sigma\tau\acute{\iota}\alpha\varsigma.$

in losem Zusammenhange wechseln, Worte und Context etwas Anderes andeuten, etwas Anderes bezeichnen ²³), damit die nicht Eingeweihten die eingestreuten Dogmen nicht herausfinden. Diese Regel wendet er aber auf den in Rede stehenden Gegenstand ganz besonders an, indem er ausdrücklich auf die Arcandisciplin hinweist. „Der Erlöser selbst weiht uns ähnlich in die Mysterien ein, wie sie die Tragödie erwähnt. ‚Sehend die Sehenden, gibt er auch Orgien'. Auf die Frage: Was sind das für Orgien ²⁵), hörst du: ‚Unaussprechbare, welche die nicht Feiernden nicht wissen dürfen" ²⁶). Das subjektive Opfer der Abtödtung, das leuchtet ein, ist dieses Mysterium, in das der Erlöser selbst einweiht, nicht. Es ist vielmehr ein der Arcandisciplin angehörender Opfer- und Gottesdienst.

## §. 49. Waizenbrod.

Das Brod der Juden überhaupt, die ärmsten Klassen abgerechnet, und das Osterbrod insbesondere, war aus Waizenmehl bereitet. Jesus hat sich darum bei Einsetzung der Eucharistie gleichfalls eines solchen bedient und die Kirche von jeher, mit Ausschluß des Gerstenbrodes, Waizenbrod als gültige eucharistische Materie verlangt ¹). Die zwei Fische und fünf Gerstenbrode, die Jesus austheilte (Joh. 6. 11.), deutet Clemens A. auf den vorbereitenden Unterricht der Hellenen (Fische) und Juden (Gerstenbrode). Wie aber nach der Gerste der Waizen reift, so folgte der Nahrung des alten Bundes die des neuen ²) Testamentes, der göttliche Waizen ($\vartheta\varepsilon\tilde{\iota}ov$ $\pi v\varrho o\tilde{v}$). Der göttliche Waizen ist allerdings nicht ausschließlich, aber hauptsächlich auf die Eucharistie, zu beziehen und gab dem Katecheten den Anlaß zur Wahl dieses Wortes ³). Jedenfalls hätte er sich dieser Interpretation nicht bedienen können, wenn zur Bereitung des eucharistischen Brodes Gerste verwendet worden wäre. Noch entschiedener vindicirt Origenes der Gerste und dem Waizen diese Bedeutung. Jene ist die Speise der Thiere, Sklaven, Ungebildeten, die im alten Bunde ertheilt wurde; Waizen ist die Speise des Evangeliums, der Vollkommenen und Geistigen ⁴).

---

23) Strom. l. 4. c. 2. p. 565.  24) l. c. l. 7. c. 18. p. 901.
25) Ueber diese Orgien vergleiche man Cohortatio c. 12. p. 92.
26) Strom. l. c. 4. c. 25. p. 688.
1) Jrenäus spricht ausdrücklich von granum tritici. Iren. l. 5. c. 2. p. 294.
2) Clem. strom. l. 6. c. 11. p. 787.
3) Clemens nennt Christus ja auch Weinstock, und die Eucharistie Blut des Weinstocks. l. c.
4) Orig. in Genes. hom. 12. n. 5. p. 247.

Die aus solcher Substanz bereiteten Brode der Juden, etwa einen Finger dick und von runder Gestalt, hatten die Größe eines Tellers. Aehnlich verhielt es sich bei den übrigen Völkern. Um sie leichter brechen zu können, waren sie mit Einschnitten versehen, die, bei den Römern, das ganze Brod in Kreuzesform durchzogen und dasselbe leicht in vier Theile zerlegen ließen. Nach jüdischer Sitte fanden sich beliebig viele solcher Einschnitte, so daß ebenso viele kleinere Theile von dem Ganzen weggebrochen werden konnten [5]).

Brode von ähnlicher Gestalt gebrauchten die Christen auch bei der Feier der Eucharistie. Nach dem Pontificalbuche hat Papst Zepherin angeordnet, die Presbyter sollen die vom Bischofe consecrirte corona dem Volke austheilen. Der Name corona rührt von der runden Gestalt des Brodes her. Uebrigens leuchtet ein, als die Partikeln für die Gläubigen von dem großen Brode weggebrochen wurden, konnten diese selbst keine runde Form haben. Ohne der Notiz des Pontificalbuches eine Bedeutung beizulegen, läßt sich die Gestalt der eucharistischen Brode aus den Wand= gemälden der Cömeterien erkennen. Außer der bereits angegebenen Form haben die meisten die kreuzweisen Einschnitte, andere entbehren diesel= ben ganz.

2) Die Frage, ob sich die älteste Kirche des ungesäuerten oder gesäuerten Brodes bediente, wurde verschieden beantwortet. Bona nimmt als gewiß an, daß Christus bei der Einsetzung des h. Abend= mahles ungesäuertes Brod gebrauchte; daß gesäuertes, wie ungesäuertes Brod gesetzliche Sakramentsmaterie sei; und daß ohne allen Zweifel das ungesäuerte Brod entsprechender sei, als das gesäuerte. Obwohl aber, fährt er fort, Christus die Eucharistie mit ungesäuertem Brode einsetzte, darf man doch aus dieser Thatsache nicht schließen, es sei der Kirche das Gesetz gegeben, sich blos des ungesäuerten Brodes zu bedienen [6]).

Allein, wenn das Verfahren Christi für seine Jünger und ihre Nach= folger auch kein förmliches Gebot involvirte, so doch ein bedeutendes Motiv, sich desselben Brodes wie er zu bedienen [7]). Der Gebrauch der Azyma ist daher als im Besitzstande anzusehen und wenn er nicht durch Gegenbeweise erschüttert oder umgestoßen wird, hat man sich für die Verwendung des ungesäuerten Brodes zu entscheiden. Was weitere Be=

---

5) Aringhi Rom. sub terr. p. 2. l. 5. c. 9. p. 278.
6) Bona rerum liturg. l. 1. c. 23. p. 178. edid. Robert Sola.
7) Den Beweis dafür liefern die Aussprüche des h. Cyprian im folgenden §., die wir deßhalb ausführlicher aufnehmen werden.

weise betrifft, berichtet Balsamon, Papst Alexander, der unter Hadrian als Martyrer starb, hostiam de azymo ecclesia romana statuit. Wir legen auf diese Notiz kein Gewicht, halten aber auch die Bemerkung von Bona für bedeutungslos, „sie widerspreche der Behauptung, die römische Kirche habe von Anfang an ungesäuertes Brod gebraucht". Das, was Alexander gesetzlich feststellte, konnte längst in Uebung sein und durch dasselbe blos Mißbräuchen vorgebeugt werden. Von größerer Wichtigkeit ist, was Epiphanius von den Ebioniten berichtet, denn offenbar hat Martene [8]) recht, wenn er in diesen Worten ein Zeugniß für den Gebrauch des ungesäuerten Brodes findet. Weitere Zeugnisse sind uns für die Verwendung des Ungesäuerten nicht bekannt, ebenso wenig aber für den Gebrauch des Gesäuerten. Da wir, wie bemerkt, von der Annahme ausgehen, der Gebrauch des ungesäuerten Brodes sei im Besitzstande, handelt es sich darum, zu untersuchen, ob der Gegenbeweis geliefert sei.

Der Jesuit Sirmond ging bei seiner Beweisführung von dem Satze aus, weil die ersten Christen (wir beschränken uns auf die ersten drei Jahrhunderte) in der Liturgie Brod und Wein darbrachten, liege es zu Tage, daß das dargebrachte Brod gewöhnliches Hausbrod, also ein gesäuertes, war. Mabillon entgegnete ihm, da die Katholiken in späteren Jahrhunderten unbestritten ungesäuertes Brod darbrachten, sei gar nicht einzusehen, warum sie dieses nicht schon in den ersten Jahrhunderten gethan haben sollten. Die Beispiele, die Mabillon hiefür anführt, gehören nicht unserer Periode an. Dafür ist auf die Akten des h. Theodot zu verweisen. „Der Diener des Teufels Theotecnus hatte befohlen, jede Art menschlicher Nahrung mit Götzenopferspeise zu beflecken, Wein und Brod nämlich, daß nicht einmal Gott, dem Herrn des All, ein reines Opfer dargebracht werden konnte. Der Martyrer half diesem dadurch ab, daß er das, was er früher von Christen gekauft hatte, zur nothwendigen Bereitung des Opfers (ad necessitatem faciendae oblationis) wieder verkaufte [9]). Daraus sieht man, welche Sorgfalt damals

---

[8]) «Mysteria vero, inquit (scl. Epiphanius) perficiunt ex imitatione sanctorum qui sunt in ecclesia quotannis in azymis, alteram autem mysterii partem in aqua sola.» Verum hic locus mirum in modum favet azymis, nam hoc in textu duo dicit Epiphanius: unum, in quo laudat Ebionaeos, quod mysteria ad imitationem sanctorum, qui sunt in ecclesia, perficerent in azymis, alterum, in quo eos reprehendit, nempe quod aliam mysterii partem in aqua sola celebrarent, opponens hoc secundum propositionis membrum his quae praemiserat, ut denotat particula *autem*. Et certe Epiphanius, qui errores haereticorum, quos recenset, impugnare solet, ne quidem unum verbum profert adversus azymum Ebionaeorum. Martene l. c. l. 1. c. 3. a. 7. n. 9. p. 114.

[9]) Ruinart II. n. 7. p. 290.

der eucharistischen Sakramentsmaterie geschenkt wurde. Man hat darum kein Recht, blos daraus, daß die ersten Christen Brod opferten, zu schließen, sie haben gewöhnliches Hausbrod dargebracht.

Dieses Brod wurde jedoch nicht nur in der Liturgie verwendet, sondern auch Armen ꝛc. ausgetheilt, sollte es nun durchweg ungesäuertes gewesen sein? Mabillon macht auf eine doppelte Oblation aufmerksam, deren eine vor Beginn der Liturgie, die andere nach dem Pax stattfand. Während bei der ersten, außer Brod und Wein, auch Oel, Wachs ꝛc. geopfert wurde, brachte man bei der letzten blos die eucharistische Sakramentsmaterie dar. Diese Unterscheidung hat auch für die ersten Jahrhunderte insofern Geltung, als nach dem ausdrücklichen Zeugnisse von Justin und Tertullian die Opfer für die Armen ꝛc. von der liturgischen Oblation getrennt dargebracht wurden [10]). Ferner ist zu beachten, nicht die Gläubigen händigten ihre Gaben dem Celebrans unmittelbar ein, sondern die Diaconen. Wenn nämlich Cyprian seine Geistlichkeit lobt, daß sie der Disciplin gemäß die Gemeinschaft mit dem Presbyter Gajus und seinem Diacon abgebrochen habe, weil sie die Oblationen der Gefallenen darbrachten [11]): so ersieht man daraus, der Diacon war bei der Oblation betheiligt. Da er aber das Meßopfer nicht feiern konnte und durfte, mußte sich seine Mitwirkung bei der Darbringung darauf beziehen, daß er dem celebrirenden Presbyter die Opfergaben einhändigte. Mit dürren Worten sagen die arabischen Kanonen Hippolyts: Diaconus autem afferat oblationem [12]). War es aber der Diacon, der dem Priester die Oblate reichte, so ist damit zugleich gesagt, er habe die zur Consecration gehörende Materie von den übrigen Gegenständen ausgesondert, und darum auch das gesäuerte Brod von dem ungesäuerten.

Damit ist der Einwurf von Sirmond beseitigt; ist das aber der Fall, so bleibt die Annahme, die ersten Christen haben sich des ungesäuerten Brodes bedient, bestehen.

## §. 50. Wein.

Der aus der Traube des Weinstockes gepreßte Wein galt in der Kirche beständig für eucharistische Materie und die gegentheilige Lehre und

---

10) Probst, Liturgie. S. 375.   11) Cyp. epist. 28. p. 91. a.
12) Hippol. arab. Can. 3. p. 65.

Praxis wurde von jeher verworfen. Abgesehen von den Ebioniten, von welchen im vorigen §. die Rede war, bedienten sich die Encratiten (wenn sie nicht mit den Ebioniten identisch sind), des Wassers statt des Weines. Clemens A. beruft sich gegen sie auf den kirchlichen Kanon, wie darauf, daß Jesus bei Einsetzung des h. Abendmahles Wein gesegnet habe. Dieses erhelle aus den Worten an seine Schüler: ich werde von dem Gewächse des Weinstockes nicht mehr trinken, bis ich es mit euch im Reiche meines Vaters trinken werde [1]).

Noch um die Mitte des dritten Jahrhunderts fanden in dieser Beziehung Mißbräuche statt [2]). Cyprian schreibt deßhalb an Cäcilius, wenn Gott durch Inspiration und Befehl etwas vorschreibt, so muß der treue Knecht dem Herrn gehorchen. Du weißt aber, daß bei der Opferung des Kelches die Ueberlieferung des Herrn zu beobachten ist und von uns nichts anderes geschehen soll, als was der Herr zuvor für uns gethan hat, daß nämlich der Kelch, welcher zu seinem Gedächtniß geopfert wird, mit Wein gemischt geopfert werde. Da nämlich Christus sagt: ich bin der wahre Weinstock, so ist wahrlich nicht Wasser, sondern Wein das Blut Christi. Und es kann sein Blut, durch das wir erlöst und belebt sind, nicht in dem Kelche zu sein scheinen, wenn dem Kelche der Wein fehlt, durch den das Blut Christi gezeigt wird [3]). Ist es überhaupt nicht erlaubt, fährt er fort, an den Geboten des Herrn das Geringste zu ändern, um wie viel weniger darf man so große, so wichtige Vorschriften, die mit dem Geheimniß des Leidens des Herrn und unserer Erlösung selbst in so engem Zusammenhange stehen, umstoßen, oder in etwas Anderes, als was von Gott eingesetzt worden ist, durch menschliche Satzung umgestalten. Denn wenn Jesus Christus, unser Herr und Gott, selbst der Hohepriester Gottes des Vaters ist, und dem Vater sich selbst zuerst als Opfer dargebracht, und befohlen hat, dieses zu seinem Andenken zu thun: so verwaltet offenbar jener Priester sein Amt wahrhaft an Christi statt, der das, was Christus gethan hat, nachthut; und bringt das wahre und volle Opfer dann in der Kirche Gott, dem Vater, dar, wenn er die Darbringung gerade so angeht, wie er sieht, daß es Christus

---

1) Clem. paedag. l. 2. c. 2. p. 186.
2) Aus welcher Ursache suchte das Wasser immer wieder den Wein zu verdrängen? Ich vermuthe, der Grund liegt in dem Zusammenhange, in dem die Eucharistie mit der Taufe stand. Wie die Wiedergeburt im Wasser begann, sollte sie sich in ihm vollenden. Die Exposition Cyprians Brief 63. p. 227. d.—p. 228. 6. steht hiermit mehr im Einklang als im Widerspruch.
3) Cyp. epist. 63. p. 225. c. u. d.

selbst dargebracht habe⁴)... Denn unmittelbar vor seinem Leidenstage nahm Jesus den Kelch, mit Wein und Wasser gemischt, segnete ihn, gab ihn seinen Jüngern und sprach: Trinket Alle daraus ꝛc. Hieraus sehen wir, daß der Kelch gemischt gewesen, welchen der Herr geopfert hat, und Wein gewesen sei, von dem er sagte, daß es sein Blut sei. Daraus erhellt, daß Christi Blut nicht geopfert werde, wenn der Wein im Kelche fehlt und das Opfer des Herrn nicht in gehöriger Weise (legitima sanctificatione) gefeiert werde, wenn nicht unsere Opferung und unser Opfer (oblatio et sacrificium) dem Leiden des Herrn entspricht⁵).

2) In diesen Worten ist zugleich ausgesprochen, daß der Wein mit Wasser vermischt verwendet wurde. Von Justin an bezeugen dieses die meisten Schriftsteller, keiner aber gibt an, ob die Mischung bei der Oblation oder Consecration geschah. Ein Indicium, daß sie unmittelbar vor der Consecration des Kelches geschah, liegt in den Worten Cyprians: si sic incipiat offerre⁶). Das offerre bezieht sich auf die Consecration, das incipiat, nach dem Zusammenhange, auf die Mischung. Die Consecration begann also mit der Mischung. Uebereinstimmend hiermit heißt es in der Consecrationsformel der alten Liturgien: Auf gleiche Weise, nachdem er den Kelch mit Wein und Wasser gemischt und geheiligt hatte, gab er ihn ihnen, sprechend: Trinket ꝛc. Da der Priester das Beispiel Christi bei der Consecration genau nachahmte, wurde wohl bei diesen Worten die Mischung vollzogen. Sie gründete sich nach Cyprians Angabe auf eine Ueberlieferung, die ihre Basis in dem Verfahren Christi hatte, denn „unser Opfer" oder das liturgische Opfer sollte der Passion des Herrn entsprechen, d. h., wie aus der Seite des Gekreuzigten Wasser und Blut floß, so sollte auch das eucharistische Blut mit Wasser gemengt sein.

Irenäus bezog die Mischung auf die Vereinigung der göttlichen und menschlichen Natur in Christus. Der Wein symbolisirt seine Gottheit, das Wasser seine Menschheit. Folgerichtig feierten deßwegen die Ebioniten, welche seine Gottheit läugneten, die Eucharistie blos mit Wasser⁷). Dunkler sind die Worte des Clemens A. „Die große Traube, der für uns gekelterte Logos, wollte das Blut der Traube, des

---

4) l. c. p. 230. e. u. f.  5) l. c. p. 228. c.—e.  6) l. c. p. 230.
7) Reprobant itaque hi commistionem vini coelestis et solam aquam saecularem volunt esse, non recipientes Deum ad commistionem suam. Iren. l. 5. c. 1. n. 3. p. 298.

Logos, mit Waſſer miſchen, damit auch ſein Blut mit dem Heile gemiſcht würde" 8). Der Sinn ſcheint zu ſein, wie der Wein dem Waſſer bei= gemiſcht wird: ſo ſollen die Menſchen mit dem Logos vereinigt werden; denn Waſſer und Heil entſprechen ſich. Heil ſteht aber für Geheiligte oder Gläubige. Unzweifelhaft legt Cyprian dieſe Bedeutung der Miſchung bei. „Weil Chriſtus uns Alle trug, der auch unſere Sünden trug, ſo ſehen wir, daß unter dem Waſſer das Volk verſtanden, unter dem Weine aber Chriſti Blut gezeigt werde. Wenn aber im Kelche Wein mit Waſſer gemiſcht wird, wird mit Chriſtus das Volk ge= einigt, und das Volk der Gläubigen mit dem, an den es geglaubt hat, vereinigt und verbunden. Dieſe Vereinigung und Verbindung des Waſſers und Weines wird im Kelche des Herrn ſo gemiſcht, daß jene Vermiſchung nimmer von einander geſondert werden kann... Bei der Conſecration des Kelches des Herrn darf aber eben ſo wenig bloßes Waſſer dargebracht werden, wie auch nicht blos Wein. Denn wenn Einer blos Wein darbringt, ſo fängt Chriſti Blut ohne uns zu ſein an; und wenn hinwiederum blos Waſſer vorhanden iſt, ſo fängt das Volk an da zu ſein ohne Chriſtus. Wenn aber Beides gemiſcht und durch eine Ineinsmengung (confusa adunatione) mit einander verbunden wird, dann wird das geiſtige und himmliſche Sakrament vollbracht" 9).

Bezüglich der Farbe des Weines, um auch dieſen Punkt zu berühren, iſt zu bemerken, daß jedenfalls auch weißer Wein gebraucht wurde. Der Gnoſtiker Markus hätte nicht nöthig gehabt, denſelben roth zu färben, wenn man blos rothen conſecrirt hätte 10).

### §. 51. Conſecrationsformel.

Den erſten Bericht über den Conſecrationsakt beſitzen wir vom Apoſtel Paulus. 1. Cor. 11. 23. Zwiſchen ſeinen Worten und denen der Synop= tiker waltet der Unterſchied ob, daß die Letzten einfach darſtellen, wie Jeſus die Euchariſtie einſetzte. Der Apoſtel hingegen zeigt, daß und wie dieſer Akt im Gottesdienſte der apoſtoliſchen Kirchen vorge= nommen wurde. Was er ihnen mitgetheilt, wiederholt er. Dieſe Mittheilung bezieht ſich auf den früheren mündlichen Unterricht, in dem die Korinther belehrt wurden, in welcher Weiſe ſie die Euchariſtie feiern ſollen. Da ſich aber in Korinth bei dieſer Feier Mißbräuche eingeſchlichen

---

8) Clem. paedag. l. 2. c. 2. p. 177.    9) Cyp. epist. 63. p. 229. f.
10) cf. Iren. l. 1. c. 18. n. 2.

hatten, ruft ihnen der Apostel den **Mittelpunkt** des ganzen Gottesdienstes durch Wiederholung seiner Worte ins Gedächtniß. Diese Worte
gebraucht ihr in der Liturgie, ich habe sie euch mitgetheilt und dennoch
finden solche Mißbräuche statt, — das ist der Sinn der Stelle, aus der
hervorgeht, daß in dem Gottesdienste zu Korinth der Einsetzungsakt Jesu
in der vom Apostel angegebenen Weise wiederholt wurde.

Der erste Kirchenvater, der auf diesen Gegenstand zu sprechen kommt,
ist Justin. Er sagt, die Eucharistie sei kein gemeines Brod, sondern,
wie durch das Wort Gottes Jesus Christus Fleisch geworden ist, so sind
wir auch belehrt, **daß die Kraft des mit seinem Worte ge-
sprochenen Gebetes gesegnete Nahrung Fleisch und Blut geworden
sei** [1]). Diese Wirkung wurde demnach durch Gebet hervorgebracht und
dieses Gebet enthielt das von Jesus gesprochene Wort. Was das für
ein Wort war, erklärt der folgende Satz Justins: „Denn die Apostel
haben in den Evangelien überliefert, Jesus habe ihnen dieses befohlen,
indem er Brod nahm, dankte und sprach: dieses thut zu meinem Andenken; das ist mein Leib und ebenso den Kelch nahm und sprach: das
ist mein Blut." Leicht erkennt man, bei der Consecration wurden die
angeführten Worte gesprochen und dadurch gemeines Brod zum Leibe und
Blute Christi gemacht. Ferner wurden sie gerade so gesprochen, wie sie
in den Evangelien stehen, d. h., die betreffende Stelle in den Evangelien
wurde wiederholt.

Beides bestätigt der Zeitgenosse Justins, Irenäus. Mixtus calix
et factus panis percipit verbum Dei et fit eucharistia sanguinis
et corporis Christi [2]). Das verbum Dei, welches Brod und Wein
zur Eucharistie macht, ist aber das von Jesus bei Einsetzung des Abendmahles gesprochene Wort. „Er gab, sagt der Bischof von Lyon, seinen
Jüngern den Auftrag, die Erstlinge Gott darzubringen... indem er
das Brod nahm, dankte und sprach: das ist mein Leib. Und gleicher-
weise (nahm er) den Kelch, bekannte ihn als sein Blut und **lehrte so
das Opfer des neuen Bundes**, welches die Kirche von den Aposteln empfing und in der ganzen Welt Gott darbringt [3])." Wenn Jesus
auf diese Weise nicht nur das Opfer des neuen Bundes einsetzte, sondern
durch diesen Akt zugleich **lehrte** (docuit), wie es künftig gefeiert werden
soll; wenn die Apostel dasselbe thaten und diesen Modus der Opferung

---

1) Just. apol. c. 66. Die nähere Erklärung dieser Stelle, mit Berücksichtigung
der Einwürfe, findet sich in „der Liturg. der ersten Jahrhunderte" §. 34.
2) Iren. l. 5. c. 3. n. 3. 3) l. c. l. 4. c. 17. n. 5.

der Kirche überlieferten: so kann man nicht zweifeln, daß in der Kirche von jeher durch Aussprechen der Einsetzungsworte Brod und Wein consecrirt wurden. Jesus hat durch die Worte: das ist mein Leib, das Brod zu seinem Leibe gemacht[4]), in der Kirche geschieht dasselbe durch das Wort Gottes, da kann doch dieses Wort Gottes kein anderes, als das von Jesus gesprochene sein.

Es läßt sich dieses noch durch die Aussprüche Cyprians begründen. Wenn ihm zufolge die Gültigkeit des in der Liturgie gefeierten eucharistischen Opfers davon abhängt, daß es dem Einsetzungsakte Christi völlig conform ist[5]): so wird jeder Unbefangene zugeben, dieser Grundsatz beziehe sich nicht nur auf den Gebrauch des Weines, auf den ihn Cyprian zunächst anwendet, sondern auch auf die übrigen Theile des Einsetzungsaktes. Oder, sollte das, was vom Weine gilt, nicht auch vom Brobe gelten und das, was von Brod und Wein gilt, nicht auch auf die Einsetzungsworte Christi Anwendung haben? Quod si nec minima de mandatis dominicis licet solvere, quanto magis tam magna, tam grandia, tam ad ipsum dominicae passionis et nostrae redemptionis sacramentum pertinentia fas non est infringere aut in aliud quam quod divinitus institutum sit humana traditione mutare?[6]).

Nachdem der h. Bischof nämlich I. Cor. 11. 23—26. wörtlich und vollständig angeführt, bemerkt er: Wenn das vom Herrn vorgeschrieben wird und sein Apostel dasselbe bestätigt und überliefert, daß, so oft wir trinken, wir das zum Gedächtnisse des Herrn thun, was auch der Herr gethan hat: so beobachten wir das nicht, was geboten wurde, außer wenn dasselbe, was der Herr gethan hat, auch wir thun[7]). Man ziehe nur noch das aus dem vorigen §. Angegebene herbei, daß jener Priester sein Amt wahrhaft an Christi statt verwaltet, qui id, quod Christus fecit, *imitatur* .... si sic incipiat offerre secundum quod ipsum Christum videat *obtulisse*[8]): so ist bewiesen, daß der vollständige Einsetzungsakt, wie er in den Evangelien und im Korintherbriefe steht, wiederholt wurde. Die letzten Worte können sich schlechterdings nicht blos auf die Mischung von Wein und Wasser beziehen, denn in dieser Mischung bestand das Opfer Christi nicht. Es vollzog sich

---

[4]) Acceptum panem et distributum discipulis, corpus suum illum fecit, hoc est corpus meum dicendo. Tert. adv. Marc. l. 4. c. 40. p. 358.
[5]) Cyp. epist. 63. p. 228. c.   [6]) Cyp. l. c. p. 230. e.
[7]) l. c. p. 228. e.   [8]) l. c. p. 230.

vielmehr in der Wiederholung des ganzen Aktes, vor Allem aber in der Wiederholung der Worte Christi; mit der Mischung von Wasser und Wein fing der Opferakt blos an. Jesus wurde also bezüglich seiner Worte vom Priester gerade so pünktlich nachgeahmt, als bezüglich seiner Handlungen. Eadem quae magister *docuit* et *fecit* discipulos quoque observare et facere debere apostolus docet [9]).

2) Vergleicht man die Consecrationsformeln der ältesten Liturgien mit dem Einsetzungsakte, wie er in den Evangelien und dem ersten Korintherbriefe aufbewahrt ist: so erkennt man leicht, daß die ersten Formeln nicht aus den letzten Schriften geflossen sind. Sie wurden in den Kirchen gebraucht, ehe es kanonische Schriften gab. Wären sie nach diesen entstanden, die Aengstlichkeit und Sorgfalt, mit der die Gläubigen über diesem wichtigen Akte wachten, hätte weder das Hinzufügen, noch das Weglassen eines Wortes geduldet. Dennoch finden sich Abweichungen unter ihnen, wie dieses in den evangelischen Berichten gleichfalls vorkommt, d. h. solche, wie sie die älteste mündliche Tradition, aus der die Liturgien und Evangelien schöpften, mit sich brachte.

Die Uebereinstimmung der alten Consecrationsformeln mit einander liegt darin, daß die Handlungen sowohl als die Worte, die Jesus bei der Einsetzung gesprochen, in der Form des Referates aufgenommen wurden, wie sie in dieser Weise auch die heiligen Schriften enthalten. Jesus hatte gesagt: Thut dieses zu meinem Andenken und gerade so, wie er es gethan, thut es die Kirche ihm nach, indem sie den ganzen Akt wiederholt. „Durch solche treue Nachbildung und Vergegenwärtigung Christi tritt offenbar der Priester innerhalb der Erzählung aus der Erzählung in die Handlung ein: er identificirt sich mit Christus und spricht so nicht referirend, sondern stellvertretend aus der Person Christi und zwar mit ausdrücklichem Bezuge auf die gegenwärtigen Elemente, die die Gegenwart des Leibes und Blutes beziehenden Worte der Einsetzung d. i. als Worte der Consecration" [10]).

Die Verschiedenheiten ergeben sich am besten durch Nebeneinanderstellung der ältesten Formeln. Die der Liturgie im achten Buche der apostolischen Constitutionen lautet: „In der Nacht, in welcher er überliefert wurde, nachdem er Brod in seine heiligen und schuldlosen Hände genommen, zu dir, seinem Gott und Vater, aufgeschaut und es gebrochen hatte, gab er es seinen Schülern, sprechend: Dieses ist das

---

9) l. c. p. 228. F.   10) Hoppe, die Epiklesis. S. 243.

Geheimniß des neuen Bundes [11]), nehmet von ihm, esset, das ist mein Leib, der für Viele gebrochene zur Vergebung der Sünden. Auf gleiche Weise, nachdem er den Kelch mit Wein und Wasser gemischt und geheiligt hatte, gab er ihn ihnen, sprechend: Trinket aus ihm Alle, dieses ist mein Blut, das für Viele ausgegossene zur Vergebung der Sünden. Thuet dieses zu meinem Andenken. Denn so oft als ihr esset dieses Brod und trinket diesen Kelch, verkündet meinen Tod, bis ich komme."

In der Liturgie des Jacobus heißt es: In der Nacht, da er verrathen wurde, oder vielmehr sich selbst hingab für das Leben und Heil der Welt, nahm er das Brod in seine heiligen, unbefleckten, unschuldigen und unsterblichen Hände, zum Himmel aufblickend, und es dir, dem Gott und Vater zeigend, danksagend, heiligend, brechend, gab er es uns, seinen Jüngern und Aposteln [12]), sprechend: Nehmet, esset, das ist mein Leib, der für euch gebrochen und hingegeben wird zur Verzeihung der Sünden. Deßgleichen nahm er nach dem Essen den Kelch, mischte ihn mit Wein und Wasser, blickte zum Himmel auf, zeigte ihn dir, dem Gott und Vater, sagte Dank, heiligte, segnete, erfüllte (ihn) mit heiligem Geiste, gab ihn uns, seinen Jüngern, und sprach: Trinket Alle aus ihm, das ist mein Blut, das des neuen Bundes, das für euch und viele vergossene, und zur Vergebung der Sünden hingegebene. Dieses thut zu meinem Andenken; denn so oft ihr dieses Brod esset und diesen Kelch trinket, verkündigt ihr den Tod des Menschensohnes und bekennet seine Auferstehung, bis er wieder kommt.

Die Liturgie des Marcus enthält folgende Formel: Da unser Herr und Gott und höchster König, Jesus Christus, in der Nacht, in der er sich für unsere Sünden hingab und den schrecklichsten Tod im Fleische für Alle erlitt, sich mit seinen Heiligen niedersetzte: (nahm er das Brod) [13]) mit seinen heiligen und unbefleckten Händen, blickte zum Himmel auf zu seinem Vater, unserem Gott und dem Gott des All, dankte, segnete, heiligte, brach es und gab es seinen heiligen und seligen Jüngern und Aposteln, sprechend: Nehmet, esset, denn dieses ist mein Leib, der für euch gebrochen und hingegeben wird zur Verzeihung der Sünden. Deßgleichen nahm er auch den Kelch nach dem Mahle, mischte ihn mit Wein und Wasser, blickte zum Himmel auf zu seinem Vater,

---

11) Der Beisatz mysterium fidei findet sich bei der Consecration des Kelches auch in der römischen Liturgie.
12) Diese Worte weisen direkt auf apostolischen Ursprung zurück.
13) Der Text ist lückenhaft.

unserem Gott und dem Gott des All, dankte, segnete, erfüllte mit heiligem Geiste und gab ihn seinen heiligen und seligen Schülern und Aposteln, sprechend: Trinket Alle aus ihm, denn dieses ist mein Blut, das des neuen Bundes, das für euch und für viele vergossen und hingegeben wird zur Verzeihung der Sünden. Thut dieses zu meinem Andenken; denn so oft ihr dieses Brod esset und diesen Kelch trinket, sollet ihr meinen Tod verkündigen, meine Auferstehung und Himmelfahrt bekennen, bis ich wieder komme.

Die römische Consecrationsformel lautet: Welcher am Tage vor seinem Leiden das Brod in seine heiligen und ehrwürdigen Hände nahm und die Augen zum Himmel erhoben, zu dir, Gott, seinem Vater, dem Allmächtigen, dir danksagend es segnete, brach und seinen Jüngern gab, sprechend: Nehmet und esset von ihm Alle, denn dieses ist mein Leib. Deßgleichen nahm er nach dem Mahle diesen preiswürdigen Kelch in seine heiligen und ehrwürdigen Hände, dir gleichfalls danksagend, segnete er und gab ihn seinen Jüngern, sprechend: Nehmet und trinket Alle aus ihm, denn dieses ist der Kelch meines Blutes, des neuen und ewigen Bundes, das Geheimniß des Glaubens, welches für euch und für viele wird vergossen werden zur Vergebung der Sünden. So oft [14]) ihr dieses thut, thut es zu meinem Andenken.'

3) Die verschiedene Bestimmung, welche die Evangelien und die Liturgie haben, gibt den Schlüssel zu dem Verständniß der Differenzen. Die Evangelien wollen die Leser kurz mit dem Mahle des Herrn bekannt machen, die Liturgie will aber den Einsetzungsakt so wiedergeben, daß der die Eucharistie feiernde Priester dasselbe spricht und thut, was Jesus gesprochen und gethan hat, wie die obigen Worte Cyprians deutlich lehren. Wie Jesus hatte er das Brod in die Hände zu nehmen, deßwegen der in den Evangelien fehlende Beisatz; wie Christus sollte er zum Himmel aufschauen, darum steht dieser Beisatz in der liturgischen Formel; wie Christus hatte er den Wein mit Wasser zu mischen, deßhalb erwähnt die Consecrationsformel auch dieses [15]). Um der Vollständigkeit zu genügen, nahm die Liturgie all die begleitenden Umstände „er segnete, sagte Dank, brach" auf, während in dem

---

[14]) Quotiescunque ist die Uebersetzung des im Korintherbriefe und den griechischen Liturgien stehenden ὁσάκις. Die römische Formel enthält darum dasselbe, wie die übrigen, jedoch kürzer gefaßt.

[15]) Die Formel des römischen Missale enthält diese Worte nicht, was ich nicht zu erklären weiß.

einen oder anderen evangelischen Berichte das eine oder andere Wort fehlt. Der Beisatz bei der Consecration des Brodes: **der für euch hingegeben wird,** fehlt in der römischen Liturgie. Das mag auf der Tradition des Petrus beruhen, wie denn auch sein Schüler Marcus ihn nicht hat. Ebenso verhält es sich mit den Worten: **Nehmet und esset, nehmet und trinket.** Mathäus hat zwar diesen Beisatz, Lucas aber nicht und nach Marcus sprach Jesus blos bei der Reichung des Brodes so. In den Liturgien stehen hingegen diese Worte durchgängig, denn durch sie war die nachfolgende Communion motivirt.

Diese Verschiedenheit tritt besonders in dem Schlußsatze zu Tage. Von den Evangelien hat keines die Worte: **So oft ihr dieses thut ꝛc.** blos Lucas schreibt nach der Consecration des Brodes: das thuet zu meinem Andenken. Der Apostel Paulus gibt ihn hingegen I. Cor. 11. 26. vollständig. Daraus darf man jedoch nicht schließen, daß die Liturgien den Korintherbrief nachahmten, sondern blos das folgt, daß die in diesem Briefe stehende Formel die in der Liturgie gebräuchliche war. Die Evangelisten hatten keinen Anlaß, auf diesen Punkt aufmerksam zu machen, verschwiegen ihn vielleicht absichtlich. In der Liturgie war er hingegen von großer Bedeutung, denn ihre ganze Existenz beruhte auf diesem Auftrage.

Das Endurtheil wird lauten, die Liturgien geben den Einsetzungsakt genauer wieder, als die Evangelien. Bei der Brodvermehrung [16]), wie bei der Auferweckung des Lazarus, erhob z. B. Jesus seine Augen zum Himmel und dankte, so daß die Erwähnung dessen in den Liturgien auf einem sicheren Fundamente ruht.

### Zweiter Artikel.

### Minister und Empfänger.

#### §. 52. Lehre der Schrift und der ältesten Väter.

Der Hohepriester Jesus, der sich selbst zum Opfer für die Sünden der Welt hingab, **sandte seine Jünger, wie er vom Vater gesendet war.** Das höchste Amt des Herrn, das sein prophetisches und königliches nicht nur überragte, sondern den Mittelpunkt seiner erlösenden Thätigkeit bildete, mußte und konnte auch auf sie übergehen, weil er

---

16) Math. 14. 19. Marc. 6. 41. Luc. 9. 16.

ihnen seinen Leib und sein Blut hinterließ und den Auftrag gab, dieses zu seinem Andenken zu thun. Seit der Einsetzung des neutestamentlichen Opfers sind die Jünger Priester. Zudem überwies er ihnen sogleich nach der Einsetzung desselben das Reich, wie es ihm der Vater überwiesen hat, daß sie an seinem Tische in seinem Reiche essen und trinken und als Regenten der zwölf Stämme Israels auf Thronen sitzen sollten. Luc. 22. 30. „Also die priesterliche Feier des eucharistischen Opfermahles und die richterliche Gewalt über die Kirche, dieß sind die zwei vornehmsten Befugnisse und Vorrichtungen, welche in der „Ueberweisung des Reiches" enthalten sind."

Darum schließt Paulus auf das Recht der christlichen Amtsträger, von den Gläubigen unterhalten zu werden, aus dem Rechte und Brauch, wornach die Verrichter des Tempeldienstes vom Tempel leben, des Altares Diener vom Altare ihren Theil bekommen I. Cor. 9. 13. 14. Mit der Einsetzung des heiligen Abendmahles war in der Kirche nämlich ein „Altar" aufgerichtet, von welchem die Diener des Zelttempels nicht essen durften Hebr. 13. 10.; von dort an hatte die Erfüllung der alten Weissagung begonnen, daß Gott auch von den fremden Völkern zu Priestern und Leviten nehmen werde Isai 66. 21., daß es in dem Zeitalter des Davidischen Sprossen nie an Priestern fehlen werde zur täglichen Darbringung von Opfern. Jerem. 33. 17. 18. So nannte Paulus sich einen evangelischen Priester Jesu Christi unter den Heiden, berufen, die Heiden als ein vom heiligen Geiste geheiligtes, Gott gefälliges Opfer darzubringen [1]. Paulus bedient sich hier nicht des sonst ihm geläufigen Wortes „Diener", sondern des Wortes, das im Hebräerbriefe von dem Priesterthum Christi gebraucht wird, und redet von einer priesterlichen Verwaltung des Evangeliums mit einem anderen [2], gleichfalls nur in sacerdotaler Bedeutung vorkommenden Worte [3].

2) Die Eucharistie fordert sowohl hinsichtlich der Austheilung als der Consecration einen Minister. Wer sie verwalte, das blieb nicht dem Gutdünken der Einzelnen überlassen, sondern wie Alles in gesetzlicher Ordnung geschehen sollte, so auch die Vollziehung der Opfer und heiligen Dienstleistungen. Unordnungen, die in Korinth entstanden waren, rügend, bemerkt Clemens R., Alles müsse ordnungsgemäß geschehen. Die Opfer und Liturgien sollen zur bestimmten Zeit, von den

---

[1] λειτουργός, cf. Hebr. 8. 1. 2. 4.
[2] ἱερουργοῦντα cf. Suiceri Thes. u. Schleusneri Lex. c. v.
[3] Döllinger, Christenthum und Kirche. S. 231.

hiezu verordneten Personen und am bestimmten Orte dargebracht
werden. So hat es Gott im alten Bunde befohlen und die Uebertreter
mit dem Tode bestraft. Um so größere Gefahr droht aber den Christen,
weil sie höherer Einsicht gewürdigt sind[4]). Clemens geht allerdings von
jüdischen Institutionen aus, wendet sie aber, was Zeit, Ort und Minister
betrifft, in dem letzten Satze auf die christliche Ordnung an. Er spricht
offenbar den Gedanken aus, was im alten Bunde in dieser Beziehung Vorschrift war, ist es auch im neuen Bunde, nur sind die Uebertreter straf-
würdiger. Wenn er zudem Unordnungen im Gottesdienste rügt, wenn
er sagt, Jeder sage Gott in seiner Ordnung Dank[5]), wenn er die Kirche
mit einem Leibe, der verschiedene Glieder mit verschiedenen Dienstleistungen
hat, wenn er sie mit einem Heere, in welchem verschiedene Führer
verschiedene Stellungen einnehmen[6]), vergleicht: so kann er doch nicht
zugleich lehren, im Christenthum kann Jeder, wer und wie er will, den
Gottesdienst halten. Nachdem er angeführt, wie Moses verfahren, als
Eifersucht bezüglich des Priesterthums entstand, fährt er mit Rücksicht
auf die Minister des Gottesdienstes fort, diese seien von den Aposteln
anfänglich selbst eingesetzt worden, vor ihrem Tode haben sie aber noch
Vorschriften über die Wahl neuer Vorsteher erlassen. Darum könne er
Episcopen, die heilig und ohne Tadel die Opfer darbringen, des Episcopates nicht entsetzen[7]). Man beachte, von der Zeit, dem Orte, dem
Minister der Opfer geht er aus, mit dem Episcopus, der Opfer darbringt, schließt er. Bei diesem Sachverhalte muß man annehmen, daß
er das Opfer als eine der hauptsächlichsten Funktionen der Episcopen
ansieht. Da aber nachweisbar dieses Opfer das eucharistische ist[8]), sind
sie die Minister desselben.

Außer den Episcopen stellten die Apostel Diaconen auf. Da
Clemens die Darbringung des Opfers nicht den Diaconen, sondern den
Episcopen zuschreibt, hatten die ersten gar keinen, oder einen unter-
geordneten Dienst zu verwalten. Das letzte ist das Richtige, denn
Clemens schärft ein, Keiner soll die ihm eigenthümliche Ordnung
überschreiten. Der Dienst bei der Feier der Eucharistie bestand aber
entweder im Danksagen und Opfern und das kam den Episcopen zu,
oder in der Austheilung der Communion, und das mag die Funktion

---

[4]) Clem. R. ad Cor. c. 41. p. 87.
[5]) l. c. c. 41. Ἕκαστος ... ἐν τῷ ἰδίῳ τάγματι εὐχαριστείτω. θεῷ.
[6]) l. c. c. 37.   [7]) l. c. c. 44. p. 90.
[8]) Probst, Liturgie der ersten Jahrhunderte. §. 18.

der Diaconen gewesen sein; eine Annahme, die Ignatius und Justin bestätigen.

Der Apostelschüler verbindet allerdings mit dem Worte Episcopus nicht immer den heutigen Begriff, sondern es kann auch einen Presbyter bezeichnen. Hier ist dieses ohne Belang, weil außer und unter dem Bischofe auch die **Presbyter Minister** dieses Sakramentes waren. Niemand soll ohne den Bischof etwas, was die Kirche betrifft, thun, denn die Eucharistie ist gültig, die unter ihm verwaltet wird, oder von dem, welchem er selbst es gestattet [9]. Der letzte ist entweder ein fremder Bischof, der die Gemeinde besuchte, oder ein Presbyter, der die Eucharistie mit Erlaubniß des Bischofes feierte, wenn er selbst durch Krankheit, oder sonst wie, an der Ausübung seines Amtes gehindert war. Die Kirche von Antiochien hatte nach der Wegführung des heiligen Martyrer keinen Bischof, darum hörte aber der Gottesdienst nicht auf. Nach dem heiligen Ignatius ist es auch nicht nöthig, daß die Eucharistie vom Bischofe selbst gefeiert werde, wenn es nur unter seiner Aufsicht und mit seiner Autorisation geschieht.

Die **Diaconen** nennt er nicht Diener von Speis und Trank, sondern Diener der Kirche Gottes [10], welchen der Dienst Jesu Christi anvertraut ist [11]. Daß durch diese Worte auf die Eucharistie angespielt wird, welche, nach Justin, die Diaconen austheilten, leidet keinen Zweifel. Denn er erklärt sie nicht für Diener gemeiner Speise, sondern auf der einen Seite für Diener der Kirche Gottes, auf der anderen für Diener der Geheimnisse Christi.

2) **Justin** unterscheidet beim Gottesdienste Gläubige, Vorleser, Diaconen und den Vorsteher ($\pi\varrho o\varepsilon\sigma\tau\omega's$). Von dem Vorleser abgesehen, „reichen die bei uns so genannten **Diaconen** Brod und Wein und Wasser, die eucharistirt wurden, einem Jeden der Anwesenden zum Genusse und bringen sie den Abwesenden [12].“ Ihr Amt ist untergeordneter Natur, das liegt schon in ihrem Namen. Der Vorsteher sendet hingegen Gebete, wie auch Danksagungen, (zu Gott) empor und das Volk sagt beistimmend Amen [13]. Seine hervorragende Stellung tritt dadurch hervor, daß er allein und als Sachwalter des Volkes betet. Die Danksagung ist jedoch nicht blos ein an Gott gerichtetes Dankgebet,

---

9) Ignat. ad Smyr. c. 8. Man vergleiche ferner die Worte: Es ist nicht erlaubt, ohne den Bischof zu taufen und Agape zu halten. l. c. cf. Probst, Liturgie ꝛc. S. 64.
10) Ignat. ad Trall. c. 2. p. 144.   11) Ad Magn. c. 6. p. 136.
12) Just. apol. c. 65.   13) l. c. c. 67.

sondern eine Handlung, durch die Brod und Wein eucharistirt wurden. Nach Justin heißt das, durch die Danksagung sind gemeines Brod und gemeiner Trank sowohl das Fleisch, als auch das Blut Jesu geworden [14]), das die Christen Gott darbringen als Opfer [15]). Der Vorsteher consecrirt und opfert demnach und zwar er allein. Das kann nichts Anderes heißen, als der Vorsteher ist Opferpriester in der Gemeinde. Außerdem hielt er auch die Ermahnungsrede an das Volk, oder die Homilie [16]). Da Ignatius selbst predigte [17]) und, nach seinen Worten, der Bischof die Eucharistie feierte, so wird man um so mehr genöthigt sein, den predigenden Vorsteher für einen Bischof zu halten, als Ignatius den Diaconen dieselben Funktionen zuschreibt, wie Justin.

Weil Justin ferner in der Apologie nicht seine eigenen Ansichten gibt, sondern den christlichen Gottesdienst beschreibt, darf man seine Worte durch die Angaben seiner Zeitgenossen erklären. Die Verwaltung der Eucharistie und die Darbringung des Opfers schreibt Clemens von Rom den Episkopen zu. Irenäus nennt die Päpste Sixtus, Telesphorus ꝛc. Presbyter, die der Kirche vorstehen (οἱ προστάντες) [18]) und an demselben Orte gibt Eusebius dem Papste Viktor den Namen Ῥωμαίων προεστώς [19]). Hatte der römische Bischof diesen Titel vielleicht als besondere Auszeichnung? In diesem Falle dürfte es uns nicht wundern, wenn Justin, der längere Zeit in Rom lebte und seine Apologie an die römischen Kaiser richtete, sich dieser Benennung bediente. Endlich erzählt Irenäus, Polycarp habe Papst Anicet in Rom besucht. Als Beweis des Friedens und der Hochachtung ließ Anicet den Bischof von Smyrna die Eucharistie feiern [20]). Da sich dieses zur Zeit Justins und in der Stadt, in welcher auch er lebte, ereignete, kann man daraus ersehen, wen er unter dem eucharistirenden Vorsteher versteht. Die Darbringung der Eucharistie war offenbar eine Prärogative des Bischofes, nach Justin bringt sie der Vorsteher dar, also ist der Vorsteher Justins der Bischof.

4) An einem anderen Orte haben wir nachgewiesen, daß die Liturgie im achten Buche der apostolischen Constitutionen völlig mit der von Justin

---

[14]) l. c. apol. c. 66.  [15]) D. c. Tr. c. 41. p. 132.
[16]) Apol. c. 67.  [17]) Ignat. martyr. c. 1. p. 184.
[18]) Euseb. h. e. l. 5. c. 24. cf. Iren. l. 1. c. 10. n. 2.
[19]) Auch nach Tertullian sind die qui *praesident* seniores apolog. c. 19. Priester, denn zweimal Verheirathete konnten keine praesides oder Vorsteher sein. cf. ad uxor. l. 1. c. 7. p. 84. Praescriptio, sagt er an dieser Stelle, Apostoli declarat, cum bigamos non sinit praesidere. Nun spricht aber der Apostel vom Bischofe, der Eines Weibes Mann sein soll, also sieht man klar, wen Tertullian unter den „Vorstehern" versteht.  [20]) Euseb. h. e. l 5. c. 24.

beschriebenen übereinstimmt [21]). Der, welcher nach ihr das Dankgebet verrichtet, auf welches das Volk mit Amen antwortet, ist aber der Bischof, wie ihm im Ordinationsgebete desselben Buches die Vollmacht ertheilt wird, „Gott die Gaben seiner heiligen Kirche darzubringen" [22]). Der Mitte des dritten Jahrhunderts gehören die Worte an, die der Diacon Laurentius an den zum Tode geführten Papst Sixtus II. richtete. „Vater, wohin gehst du ohne deinen Sohn? Wohin willst du, Priester, ohne den Diacon? Niemals hast du sonst das Opfer ohne den Diacon dargebracht." Kurze Zeit vorher warf sich Novatian zum Bischofe auf und auch er feierte die Eucharistie.

Uebrigens waren die Bischöfe nicht ausschließlich die Verwalter der Liturgie. Bereits in den citirten Worten des h. Ignatius liegt, daß sie auch die Presbyter celebrirten, denn, die „unter ihm" die Eucharistie feierten, waren doch Presbyter. Dasselbe folgt aus der Vorschrift des Tertullian, man dürfe während des Gebetes weder auf der Kathedra, noch auf den Bänken sitzen [23]). Die Kathedra hatte allein der Bischof inne, der selbstverständlich nicht auf ihr sitzen konnte, wenn er am Altare stehend das Opfer verrichtete. Es muß also vorgekommen sein, daß ein Presbyter opferte und in diesem Falle sollte der Bischof während des Gebetes (wohl das Dankgebet) nicht sitzen. Unverkennbar hielt auch der Presbyter Saturninus die Liturgie. Auf die erste Frage des Richters antwortete er: Etiam, ego praesens in collecta fui und auf die zweite, warum er gegen das Gebot gehandelt habe: Intermitti Dominicum non potest.. [24]). Im Folgenden werden noch weitere Beispiele angegeben.

### §. 53. Tertullian und Cyprian.

Tertullian rechnet das Opfern (offerre), unter dem er die Darbringung des eucharistischen Opfers versteht, zu den priesterlichen Handlungen [1]). Wenn Melchisedek, sagt er an einem anderen Orte, Priester des höchsten Gottes genannt wurde, so muß es vor dem levitischen Priesterthum Leviten gegeben haben, welche Gott Opfer darbrachten [2]).

---

21) Probst, Liturgie §. 87.   22) A. C. l. 8. c. 5.
23) Tert. de orat. c. 4. p. 14.   24) Ruinart II. n. 10. p. 387.
1) Non permittitur mulieri in ecclesia loqui, sed nec docere, nec tingere, nec offerre, nec ullius virilis muneris, nedum sacerdotalis officii sortem sibi vindicare. De virg. vel. c. 9. p. 19.
2) Adv. Jud. c. 2. p. 274.

Man sieht, Priester und Opfer gehörten nach seiner Anschauung so wesentlich zusammen, daß er von dem Vorhandensein des Priesters auf die Existenz von Opfern schließt. Er gibt dem darum auch den Namen sacerdos, durch den die Verstorbenen beim Opfer Gott empfohlen wurden [3]), wie die Gläubigen beim Opfer [4]) die Eucharistie aus der Hand der Vorsteher empfingen [5]). In bitterem Spott wirft er den Katholiken vor, ihr Priester sei der Koch [6]). So konnte er aber nur sprechen, wenn der Priester nach allgemeiner Uebung den Gläubigen das eucharistische Brod bereitete.

Daran läßt sich demnach nicht zweifeln, in den Tagen des Tertullian waren die Priester, unter welchen Bischöfe wie Presbyter verstanden werden können, die Minister der Eucharistie. Es fragt sich jedoch, gesteht der Apologet die Ausübung dieser Funktionen dem Wesen nach allen Christen zu und führt er die damalige Praxis auf eine kirchliche Einrichtung zurück, oder waren nach seinem Glauben die Laien vermöge göttlicher Anordnung von Ausübung priesterlicher Handlungen ausgeschlossen? Die Antwort lautet verschieden, je nachdem sie Tertullian vor und nach seinem Abfalle zum Montanismus ertheilt.

In der Schrift de praescriptionibus haereticorum, die er als Katholik verfaßte, ist er von dem Verfahren der Häretiker indignirt, bei welchen heute der, morgen ein anderer Bischof ist, heute der Diacon, welcher morgen Lektor, heute Presbyter, welcher morgen Laie; denn auch Laien verrichten priesterliche Geschäfte [7]). Das war in der katholischen Kirche unerhört; der Unterschied zwischen Priestern und Laien, den die Häretiker aufhoben, war in ihr unverrückbar. Die Schrift de exhortatione castitatis hat er hingegen als Montanist geschrieben. Seiner Lehre, auch den Laien sei die zweite Ehe verboten, hielt man entgegen, der Apostel schränke dieses Verbot auf die Priester ein. Darauf erwidert er: Sind nicht auch wir Laien Priester? Den Unterschied zwischen dem Priesterstande und dem Volke bildet die Auktorität der Kirche und der durch den Platz im Presbyterium geheiligte Rang. Wo also ein solches kirchliches Presbyterium nicht besteht, da opferst du und taufest du und bist Priester für dich allein. Wo drei sind, wenn auch Laien, da ist eine Kirche, denn Jeder lebt aus seinem Glauben, und vor Gott ist

---

3) Offeres pro duabus (scl. uxoribus) et commendabis illas duas per sacerdotem de monogamia ordinatum. De exhort. castit. c. 11. p. 127.
4) De orat. c. 14. p. 17.   5) De coron. c. 3. p. 341.
6) Adv. psychic. c. 16. p. 428.   7) Tert. de praescr. c. 41. p. 54.

kein Ansehen der Person; denn nicht die Hörer des Gesetzes werden von Gott gerechtfertigt, sondern die Thäter (Röm. 2. 11—13.). Hast du also das Recht des Priesters in dir, wo es nöthig ist, so mußt du auch den priesterlichen Wandel haben. Oder willst du als zweimal Vermählter taufen, opfern [8])?

Wir haben diese Stelle nicht übergangen, damit man uns, um mit Justin zu reden, nicht der Unredlichkeit zeihen kann. Weil nämlich Tertullian in den citirten Worten das von Gott eingesetzte Priesterthum überhaupt bestreitet, gehören sie nicht hierher. Wir verweisen darum auf das Kapitel, das von der Priesterweihe handelt, aus dem man erkennen wird, daß die Kirche nicht schon in jedem Laien einen Priester mit von Gott ausgestatteter Vollmacht erkennt, dem sie durch die Ordination blos einen bestimmten Wirkungskreis zuweist, indem sie ihn in einen der von den Aposteln herrührendenden hierarchischen Grade einreiht. Das ist aber die Ansicht Tertullians. Auf die Tradition kann er sich für sie nicht berufen und beruft sich auch nicht für sie, denn dessen ist er sich bewußt, daß er mit solchen Anschauungen sowohl seinen eigenen früher klar ausgesprochenen Grundsätzen, als dem numerus episcoporum widerspreche. Eine solche Anomalie zu begreifen, sollte aber heut zu Tage Niemand schwer fallen. Als Katholik, sagt Möhler, kennt und weiß Tertullian nichts außer dieser Anschauung der Kirche. Anders denkt er als Montanist, und gerade hierin zeigte es sich, wie der auf den ersten Anblick so unschuldige Montanismus in der Auffassung der Kirche, der Hierarchie und selbst der kirchlichen Sakramente, äußerst einflußreich sich geltend machte. Die engst geschlossenen Dogmen weichen vor dessen auflösender Kraft aus den Fugen [9]).

2) In unseren Tagen stellt es Niemand in Abrede, daß nach der Lehre des h. Cyprian, der Priester, d. h. Bischof und Presbyter, Minister der Eucharistie sei. Der Priester, der sein Amt an Christi Statt verwaltet, thut das, was Christus gethan hat und opfert so, wie er sieht, daß Christus geopfert hat [10]), indem er pünktlich das nachahmt, was Jesus bei Einsetzung des Abendmahles gethan hat [11]).

In erster Linie ist der Bischof Verwalter der Eucharistie. Nicht nur sagt Cyprian öfter von sich selbst, daß er das Opfer darbringe [12]), nicht nur preist er den Papst Lucius, der um so würdiger am Altare

---

8) l. c. c. 7. p. 119.    9) Möhler, Patrologie. S. 785. cf. §. 114.
10) Cyp. epist. 63. p. 230. e.    11) l. c. p. 228.
12) Epist. 34. p. 109. d. epist. 58. p. 210. c.

stehe, nachdem er für den Glauben Zeugniß gegeben [13]), wie er den Bischof Fortunatianus strenge tadelt, der tief gefallen das Priesterthum ausübte und von den Altären des Teufels zu dem Altare Gottes trat [14]), sondern er überwacht die gesetzmäßige Verwaltung der Eucharistie auch den Presbytern gegenüber.

Ganz im Sinne der ignatianischen Vorschrift, die Eucharistie soll unter der Aufsicht und mit Autorisation des Bischofes verwaltet werden, gibt er den Presbytern hierüber Ermahnungen, indem er die einen mit der Feier derselben beauftragt, den anderen sie untersagt. Von Diaconen begleitet, sollen sie die um des Glaubens willen Gefangenen besuchen und im Gefängnisse das Opfer feiern [15]). Sei das nicht möglich, dann sollen die Confessoren Gott das Opfer eines zerknirschten Herzens darbringen. Auf diese Weise verliere die Religion nichts, wenn der Priester daselbst das göttliche Opfer nicht darbringen könne [16]). Presbyter, welche das Opfer für Gefallene darbrachten, und ihnen die Communion reichten, tadelt er hingegen und verbietet, für Jene zu opfern, welche hartnäckig in ihrem ungesetzlichen Verfahren beharren [17]). Deßgleichen soll das Opfer für Solche nicht gefeiert werden, welche einen Presbyter testamentarisch zum Vormund machen. Denn der verdient nicht am Altare genannt zu werden, welcher den Priester vom Altare abziehen will [18]).

Cyprian möchte gerne alle Liebeswerke an den gefangenen Bekennern solemni ministerio vollbringen, aber, schreibt er an den Klerus von Karthago, ihr vertretet meine Stelle [19]). Der Beisatz solemni ministerio weist über die Werke der leiblichen Barmherzigkeit hinaus und auf die Feier des Opfers hin. Dieses nennt der h. Bischof Solemnia (solemnibus adimpletis). Die Presbyter brachten also das Opfer bei den Martyrern dar. Sie sollten aber vorsichtig sein, nicht zu viele auf einmal, sondern nur je Einer mit einem Diacon hingehen und abwechseln, um keinen Verdacht zu erregen. Die Sorge für ihre leiblichen Bedürfnisse war damit nicht aus-, sondern eingeschlossen. Ueber das letzte ertheilt er dem Presbyter Rogatianus noch eigens Anweisung [20]).

Am Schlusse der Liturgie reichte ein Diacon den Gläubigen den Kelch [21]). Zur Bedienung des Priesters am Altare überhaupt und zu

---

13) Cyp. epist. 58. p. 209. a.   14) Epist. 64. p. 239.
15) Epist. 4. p. 32. b.   16) Epist. 77. p. 329.   17) Epist. 9. p. 49. d.
18) Epist. 66. p. 246. c.   19) Epist. 37. p. 113.
20) Epist. 6. p. 38. d.   21) Cyp. de laps. p. 381.

diesem Behufe insbesondere begleiteten Diaconen die Presbyter, welche in den Gefängnissen opferten [22]).

### §. 54. Origenes, die apostolischen Constitutionen und Hippolyt über diesen Gegenstand.

Die Verwaltung der Geheimnisse war den Priestern anvertraut. Sie sind bei der Taufe thätig und nach derselben spenden sie jene verehrungswürdigen und erhabenen Sakramente, die blos die Eingeweihten kennen [1]). Denn die Priester sind es, welche die Mysterien verhüllt auf den Schultern tragen. In derartigen Wendungen deutet Origenes öfter auf die Verrichtungen der Priester hin.

Besonders lag ihnen der Altardienst ob. Altar und Priester gehören wesentlich zusammen. Wer am Altare steht, zeigt, daß er das Amt eines Priesters verwaltet [2]). Neben dem Altare hatten die Priester während des Gottesdienstes ihren Platz [3]), den sie, nach einer näheren Angabe, im Halbkreise umgaben [4]), ein Ort, der darum Presbyterium hieß [5]). Weil sie dem Altare dienten, lebten sie von ihm [6]). Zum Altare gehört, wie das Priesterthum, so auch das Opfer; als daher bei den Juden das eine aufhörte, fand auch das andere nimmer statt [7]). Näheren Aufschluß über die Beschaffenheit dieses Opfers [8]) gibt Origenes da, wo er von Anna, die ihren Sohn Samuel aufopferte, spricht. Die Schrift bemerkt, es sei dieses geschehen, nachdem sie ihn entwöhnt hatte; ein Umstand, der buchstäblich gefaßt, ohne Bedeutung ist. Man muß ihn daher als ein Vorbild, das im Christenthum erfüllt wurde, nehmen. In der Kirche empfangen nämlich die, welche sich zum Glauben wenden, zuerst Milch und als solche, die der Milch noch nicht entwöhnt, oder Kinder sind, können sie nicht hinaufsteigen zum Tempel Gottes, dem Dienste der Priester, und dem Opfer nicht beiwohnen. Wenn sie aber, von der Milch ablassend, feste und starke Speise gebrauchen, dann können sie unter den Priestern erscheinen, von den Opfern des Al-

---

22) Cyp. epist. 4. p. 32.
1) Orig. in Jesu Nav. hom. 4. n. 1. p. 621.
2) Orig. in Num. hom. 10. n. 2. p. 338.   3) Ad Martyr. c. 30. p. 641.
4) In Judic. hom. 3. n. 2. p. 22.   5) In Jerem. hom. 11. n. 3. p. 408.
6) In Num. hom. 11. n. 2. p. 345.   7) In Num. hom. 10. n. 2. p. 338.
8) Andere und beweisendere Stellen, in welchen aber von den Priestern keine Rede ist, haben wir in unserer Abhandlung: „Origenes über die Eucharistie" in der Tübinger Quartalschrift zusammengestellt. Jahr 1864.

tares essen, von dem heiligen Fleische, wie geschrieben steht, sanctificamini, ut manducetis carnes⁹)/

Die mit Milch Genährten sind die Katechumenen, sie durften den Geheimnissen, der Feier der Eucharistie, nicht beiwohnen; das ist ebenso Thatsache, als Origenes diese Feier Opfer nennt. Nach Zurücklegung des Katechumenates unter die Gläubigen aufgenommen, wurden sie hingegen zur Eucharistie zugelassen; sie durften von dem Opfer des Altares, dem heiligen Fleische, essen. Dieses Opfer brachten aber die Priester dar, denn dem Dienste der Priester anwohnen, hängt unmittelbar zusammen mit dem Anwohnen bei dem Opfer und dem Essen von dem Opfer des Altares. Der Hohepriester unserer Gebete und Opfer ist zwar Jesus Christus ¹⁰), aber er ist nicht nur Priester, sondern Priester der Priester, nicht blos Bischof, sondern Bischof der Bischöfe, nicht blos Fürst der Priester, sondern Fürst der Priesterfürsten ¹¹). Das heißt, unter dem Einen Hohenpriester stehen andere Priester, die wie er opfern. Ja, Origenes war das Opfer der Eucharistie mit der Dienstleistung der Priester so unzertrennlich verbunden, daß er glaubt, Christus opfere sich auch im Himmel ministrantibus sacerdotibus, wenn es dort solche gebe ¹²).

2) Ausdrücklich verbieten die apostolischen Constitutionen den Laien, sich priesterliche Funktionen, wie Opfern, Taufen, Handauflegen, Segnen, anzumaßen. Keiner nehme sich die Ehre, sondern der von Gott berufen wird Hebr. 5. 4., denn durch die bischöfliche Handauflegung wird diese Würde verliehen, wer sie aber an sich reißt, wird die Strafe des Ozias erleiden ¹³). Blos der Bischof und Presbyter durften opfern und die Diaconen sollten ihnen dienen ¹⁴). Der Opferpriester im strengsten Sinne war der Bischof. Wenn ein fremder Bischof in die Kirche kam, sollte ihm der Ortsbischof die Ehre, die Eucharistie darzubringen, überlassen ¹⁵). Das siebente Buch ermahnt jedoch die Bischöfe, auch die Presbyter die Eucharistie feiern zu lassen ¹⁶). Sie treten nämlich an die Stelle der alttestamentlichen Priester. Statt aus Einem Stamme werden sie jedoch aus den Besten jedes Volkes genommen ¹⁷); statt dem Tabernakel dienen sie der heiligen Kirche; statt der blutigen Opfer bringen sie, an dem Altare Gottes stehend, vernünftige und unblutige Opfer

---

9) In lib. Regn. hom. 1. n. 8. p. 84.
10) Orig. c. Cels. l. 8. c. 13. p. 417.   11) In Levit. hom. 6. n. 2. p. 100.
12) In Levit. hom. 1. n. 3. p. 10.   13) A. C. l. 3. c. 10.
14) A. C. l. 3. c. 20.   15) A. C. l. 2. c. 58.   16) l. 7. c. 76.
17) l. 6. c. 28.

durch den Hohenpriester Jesus dar [18]). Dieses unblutige Opfer ist die wohlgefällige, antitypische Eucharistie des königlichen Leibes Christi [19]). Das Gebet bei der Ordination der Bischöfe enthält die Worte: verleihe ihm, dir darzubringen die Gaben (προσφέρειν σοι τὰ δῶρα) deiner heiligen Kirche [20]) und damit man sieht, wie dieses zu verstehen ist, bringt in der darauf beschriebenen Liturgie der Bischof das eucharistische Opfer dar.

Während der Liturgie standen die Diaconen nach den apostolischen Constitutionen theils mit Fächern in der Hand um den Altar [21]), theils bei den Männern, theils bei den Kindern und jungen Leuten, um Ordnung zu halten, theils an den Thüren, damit zur Zeit des Opfers Niemand herein- oder hinausgehe, theils gehen sie in der Kirche umher und beaufsichtigen die Gläubigen, daß kein Geräusch entsteht, Niemand schläft, spricht, oder einem Anderen zuwinkt [22]). Ein Diacon spricht das Gebet für die Katechumenen, Büßer ꝛc., er fordert vor Beginn der Messe der Gläubigen alle auf, sich zu entfernen, welche dieser Feier nicht anwohnen dürfen. Hierauf beschäftigen sie sich mit der Darbringung der Eucharistie, dem Leib des Herrn mit Furcht dienend [23]). Die Darbringung (προσφορά) bestand in der Herbeischaffung von Brod und Wein, die dem Vorsteher eingehändigt wurden. Dem Leib des Herrn dienten sie vorzüglich bei Austheilung der Communion, sofern ein Diacon den Gläubigen den Kelch reichte [24]) und bei der Danksagung nach der Communion vorbetete [25]).

3) Die arabischen Kanonen Hippolyts enthalten nichts, was den angeführten Zeugnissen widerspräche, sondern bestätigen sie vielmehr durch klare und unzweideutige Worte. Der Bischof beginnt das Dankgebet mit den bekannten Responsorien: sursum corda etc., worauf er das Gebet und Opfer der Messe vollendet [26]). In seiner Abwesenheit tritt ein Presbyter für ihn ein, der als Stellvertreter desselben größere Ehre genießt [27]). Die Diaconen bringen dem Celebrans die Oblation [28]) und reichen dem Volke mit Bewilligung des Bischofes oder Presbyters die Communion [29]). Dieses wird näher dahin erklärt, daß sie in Abwesenheit von Presbytern die Kelche des Blutes Christi und andere Kelche, welche eine Mischung von Milch und Honig enthalten, tragen [30]).

---

18) l. 2. c. 25.  19) l. 6. c. 30.  20) l. 8. c. 5.  21) l. 8. c. 12.
22) l. c. c. 11.  23) l. 2. c. 57. p. 735.  24) l. 8. c. 13.
25) l. c. c. 14. u. 15.
26) Hippol. can. arab. can. 3. p. 65.
27) l. c. can. 34. p. 99.  28) l. c. can. 3. p. 65.
29) Can. 31. p. 90.
30) Can. 19. n. 15. p. 77.

## §. 55. Geistige Disposition des Empfängers.

Vom Empfänger der Eucharistie wurde eine entsprechende geistige, wie körperliche Disposition gefordert. Vor Allem mußte er unter die Gläubigen gehören und in Gemeinschaft mit der Kirche stehen. Die Nahrung, die man bei uns Eucharistie nennt, wird Niemand Anderem zu Theil, außer dem, der glaubt, das sei wahr, was wir lehren und der zur Nachlassung der Sünden und Wiedergeburt durch das Bad abgewaschen ist und so lebt, wie es Christus überliefert hat [1], d. h. Ungläubige, Katechumenen und Sünder wurden derselben nicht theilhaftig.

Den eigentlich Ungläubigen stellte man in dieser Beziehung die Häretiker gleich. Sie hatten sich von dem Leibe Christi und damit von ihm selbst getrennt, darum konnten sie ihn auch nicht auf sakramentale Weise empfangen. Es sind Gottes Führungen, oder modern ausgedrückt, es ist die Logik der Thatsachen, daß die, welche sich von der Kirche trennten, auch die katholische Lehre von der Eucharistie verwarfen. Sie enthalten sich des Gebetes und der Eucharistie, sagt Ignatius von den Häretikern seiner Zeit. Wenn aber Einige wenigstens das Aeußere des Sakramentes beibehielten, so machten sie die Kirchenväter (Irenäus) auf den Widerspruch hinlänglich aufmerksam. Daß Katechumenen mit dem Beginne der Messe der Gläubigen den Gottesdienst verlassen mußten, wird als allgemein bekannt vorausgesetzt. Der Diacon rief vor dem Friedenskusse: daß keiner von den Hörenden, den Katechumenen, Ungläubigen, Irrgläubigen [2]. Hierauf wurden die Thüren geschlossen und die Diaconen (später die Ostiarier) wachten darüber, daß kein Ungläubiger eintreten konnte [3].

Ereignete sich aber doch der Fall, daß ein Ungetaufter aus Unwissenheit communicirte, so sollte dieser schnell unterrichtet und dann getauft werden, damit er nicht als Verächter weggehe. Wer sich hingegen absichtlich einschlich und communicirte, aß sich das ewige Gericht hinein, weil er nicht zu den Gläubigen gehörig, das empfing, wozu er kein Recht hatte [4].

In nächster Verbindung mit den Un- und Irrgläubigen standen die „Gefallenen", d. h. Jene, welche aus was immer für Motiven den Glauben verläugneten. Cyprian sagt von Solchen, welche die Eucharistie

---

[1] Just. apol. c. 66. p. 267.   [2] A. C. l. 8. c. 12.
[3] A. C. l. 2. c 57.   [4] A. C. l. 7. c. 25.

vor ihrer Aussöhnung mit der Kirche empfangen, sie thun dem Leibe und Blute des Herrn Gewalt an und versündigen sich durch Hände und Mund mehr gegen ihn, als da sie ihn verläugneten ⁵). Aber auch gegen Priester, welche sie allzu schnell und ohne die gebührende Buße in die Gemeinschaft der Kirche aufnahmen und sie communicirten, erklärt er sich mit aller Entschiedenheit; denn er fürchtet, es möchte dadurch der göttliche Unwille provocirt werden. Wenn nämlich schon wegen geringerer Vergehen, die nicht gegen Gott begangen wurden, eine gebührende Zeit Buße gethan werden muß: so ist um so mehr bei diesen so schweren und großen Sünden vorsichtig und bedächtig nach der Disciplin des Herrn zu verfahren ⁶).

Gewisse Beschäftigungen und Verrichtungen, die mit dem Götzendienste in Verbindung standen, schloßen gleichfalls von der Communion aus. Handwerker, die noch als Christen ihr Gewerbe fortsetzten und Götzenbilder verfertigten und dennoch zur Communion gingen, stellte man auf gleiche Linie mit den Juden, die sich an Jesus vergriffen ⁷). Herb tadelt Tertullian auch die, welche nach der Liturgie den Gladiatorenspielen beiwohnten ⁸). In dieser Beziehung verweisen wir jedoch auf die Katechetik ⁹). Was den Eintritt in die Kirche hinderte, stand auch der Zulassung zur Communion entgegen.

Die Eucharistie soll mit **Furcht und Ehrfurcht** empfangen werden. Im dritten Buche Moses heißt es: Eine Seele, welche vom heilsamen Opferfleische ißt, das dem Herrn gehört, während Unreinigkeit an ihm ist, diese Seele werde vom Volke ausgerottet. Levit. 7. 20. Und der Apostel sagt: wer das Brod ißt, oder den Kelch des Herrn unwürdig trinkt, wird schuldig des Leibes und Blutes des Herrn ¹⁰). Wir beten deßwegen auch im Vaterunser, daß wir nicht durch ein dazwischentretendes bedeutenderes Vergehen ... vom Himmelsbrode zurückgewiesen und vom Leibe Christi getrennt werden ¹¹).

Von Origenes besonders ist bekannt, wie sehr er die Disposition urgirte, so daß Manche glaubten, er schreibe der Eucharistie selbst keine Kraft zu, sondern leite die ganze Wirkung derselben blos von der Vorbereitung des Empfängers ab ¹²). Jeder, sagt er, welcher das Wort

---

5) Cyp. de laps. p. 378. b.  6) Cyp. epist. 11. p. 53.
7) Tert. de idol. c. 7. p. 154.  8) cf. Probst, Liturgie. S. 206.
9) Probst, Lehre und Gebet in den ersten Jahrhunderten. §. 88.
10) Cyp. testim. l. 3. n. 94. p. 593. b.  11) Cyp. de orat. dom. p. 421.
12) Man vergleiche unsere Abhandlung in der Tübinger Quartalschrift. 1864. S. 484 ff.

Gottes anhört, soll geheiligt sein. Denn alsbald nach Verkündigung desselben soll er zum hochzeitlichen Mahle hintreten, essen vom Fleische des Lammes, trinken den Becher des Heils. Niemand gehe in beschmutzten Kleidern zu diesem Mahle [13]). Vorzüglich gilt dieses den Priestern, die beim Opfer in Gottes Anblicke vor den Altären stehen. Sie, deren Theil der Herr ist, sollen mäßig, nüchtern, allezeit wachsam sein [14]). Es ist ihm eine furchtbare Sache, wenn Jemand Reinigkeit heuchelnd zur Eucharistie hinzu tritt und den Leib Christi communicirt [15]). Diese Speise ist nicht ohne Unterschied für Alle, auch für die Unwürdigen, sondern für die Heiligen. Sancta sanctorum [16]) hieß es schon im alten Bunde; ein Wort, das zunächst den Schaubroden gegenüber gebraucht und den Juden gesagt wurde. Um so mehr sollen aber die Christen beim Empfange des geheimnißvollen Brodes, von dem die Schaubrode blos ein Vorbild waren, desselben eingedenk sein und die Sakramente des Leibes Christi nicht in einer befleckten, von Sünden beschmutzten Seele empfangen [17]). Ferner verlangt er Erhebung über das Irdische und Sinnliche, denn der Speisesaal, in dem Jesus das Pascha halten will, ist hoch gelegen. Vom Niedrigen müssen wir daher zu diesem höheren Orte aufsteigen, dann mag die Gottheit des Eingeborenen kommen, um daselbst mit seinen Jüngern zu speisen [18]).

Endlich geht aus dem bereits angeführten Verhältnisse, in welchem die Taufe zur Eucharistie steht, klar hervor, welche Vorbereitung und Reinigkeit zum würdigen Empfange der letztern erfordert wurde.

## §. 56. Körperliche Disposition.

Die Gläubigen hatten die Eucharistie nüchtern zu empfangen.

Da die Communion unmittelbar auf die Taufe und Firmung folgte, erstrecken sich die Vorschriften über das Fasten vor der Taufe auch auf den Empfang der Eucharistie. Es ist sogar sehr wahrscheinlich, daß dieses Gebot mehr mit Rücksicht auf die Communion, als Taufe, erlassen wurde. Unter Fasten verstand man aber in jener Zeit nicht blos einen

---

13) Orig. in Exod. hom. 11. n. 7. p. 463.
14) In Levit. hom. 7. n. 1. p. 110.
15) In Psal. 37. hom. 2. n. 6. p. 101.
16) In der alten Liturgie wurden die Gläubigen durch den Ruf: „das Heilige den Heiligen" zur Communion eingeladen.
17) In Levit. hom. 13. n. 5. u. 6. p. 214.
18) In Math. series 88. p. 192.

Abbruch, sondern zum Theil ein völliges Nüchternsein. Glaubten doch einige Christen, sie dürfen an den Stationstagen nicht communiciren, weil dadurch das Fasten gebrochen werde [1]). Einer von den arabischen Kanones des Hippolyt ist auch so gefaßt, daß man sieht, wenn Jemand aus Uebersehen nur etwas Weniges genoß, so galt das für kein jejunium mehr und ohne Sünde konnte ein Solcher nicht communiciren [2]).

Wir besitzen jedoch auch direkte Zeugnisse. Die Mißhelligkeiten beschreibend, die aus der Verehelichung einer christlichen Frau mit einem heidnischen Manne entstehen, sagt Tertullian: Der Mann wird nicht wissen, was du verborgen vor jeder Speise issest, und wenn er das Brod kennen würde, er hielte es nicht für das, was man es heißt [3]). Zweifellos ist dieses Brod das eucharistische, das demnach nüchtern genossen wurde. Keiner der Gläubigen, bemerken die genannten Kanones Hippolyts, genieße etwas, ehe er die Sakramente empfangen hat, besonders an Fasttagen [4]).

2) Bezüglich der körperlichen Reinigkeit citirt der Lehrer der alexandrinischen Katechetenschule die Worte: ne accesseris ad mulierem hodie et crastina, und fügt dem Ausspruche des Apostels bonum est homini mulierem non tangere, bei: salvo tamen remedio his pro infirmitate sua remedio indigent nuptiali. Verumtamen consilium audiamus apostoli dicentis: quia tempus breve est, superest ut et, qui habent uxores, tanquam non habentes sint [5]).

Was hier mehr als Rath erscheint, tritt in dem Folgenden als Gebot auf. Puta, temere in sancta ecclesiae ingredi dicendus est, si quis post copulam ejusque immunditiam, temere ad percipiendum panem eucharisticum accesserit. Polluit enim, qui ejusmodi est, sancta et facit inquinationem [6]). Von diesem Standpunkte aus gab sich die Ehelosigkeit der Priester von selbst. Uebrigens spricht sich in ihm nicht die Lehre der Kirche, sondern blos die private Ansicht des Origenes aus.

Einen weiteren hierher gehörigen Gegenstand behandelt Dionysius von Alexandrien in seinem canonischen Briefe. De mulieribus autem

---

1) Tert. de orat. c. 14. p. 17.
2) Si vero, qui baptizantur, cum ceteris, qui illorum jejunio sunt adstricti, nihil gustabunt, antequam sumserint de corpore Christi; quod si negligerent, non aestimaretur jejunium, sed peccatum. Hippol. can. 19. n. 16. p. 78.
3) Tert. ad uxor. l. 2. c. 5. p. 96.   4) Hippol. can. 28. p. 83.
5) Orig. in Exod. hom. 11. n. 7. p. 463.
6) Orig. Select. in Ezech. ad c. 7. p. 271.

quae sunt in abscessu ⁷), an eas sic affectas oporteat domum Dei ingredi, supervacaneum vel interrogare existimo. Neque enim eas existimo, si sint piae et fideles, sic affectas ausuras vel ad sanctam mensam accedere, vel corpus et sanguinem Domini attingere. Neque enim, quae duodecim annorum fluxum habebat, ipsam ad medicinam tetigit, sed solam ejus fimbriam. Orare enim quomodocumque se habeat aliquis et utcumque sit affectus Domini meminisse et auxilium implorare, non est reprehendendum. Ad sancta autem sanctorum, qui non omnino anima pariter et corpore purus est, accedere prohibebitur. Can. 2.

Porro qui satis ad id instructi sunt ⁸) et consenuerunt, debent esse sui judices. Quod enim a se invicem ex consensu abstinere conveniat, ut ad tempus vacent orationi et rursus conveniant, Paulum dicentem I. Cor. 7. 5. audiverunt. can. 3.

Qui autem in non voluntario nocturno fluxu fuerint, ii quoque propriam conscientiam sequantur et se ipsos an de eo dubitent an non, considerent. Quemadmodum in cibis, qui discernit, inquit, si comederit, condemnatus est; in his quoque bona sit conscientia et libere loquatur secundum propriam cogitationem, omnis qui ad Deum accedit. can. 4 ⁹).

Die alte Sitte, vor dem Gebete die Hände zu waschen ¹⁰), mag theilweise auch dadurch verursacht worden sein, daß den Gläubigen die Eucharistie nicht in den Mund, sondern in die Hand gegeben wurde. Die Frauen sollten verschleiert sein ¹¹).

---

7) Hebraicae mulieres, quando fuerit eis profluvium menstruum, in loco solitario sedentes quiescunt, donec septem dies praeterierint, et menstruorum fluxus expurgatus exstiterit. Unde acceptum est illud, «in abscessu», pro eo quod est, separatas esse ipsas a reliquorum sede ut immundas. Balsam.

8) Ut est verisimile, fuerat sanctus interrogatus, an admittat, conjuges qui consenuerunt (est autem etiam intelligendus de omnibus conjugibus) quo tempore debent orare, a conjunctione abstinere. Balsam.

9) Galland. tom. III. p. 505. Die apostolischen Constitutionen sagen hierüber: Neque enim legitimus concubitus, neque puerperium, neque sanguinis menstruus cursus, neque in somniis pollutio, naturam hominis inquinare possunt, aut spiritum sanctum dirimere, sed sola impietas et actio iniqua... Siquidem hujusmodi observationes, sunt hominum stultorum inventa inania et ratione carentia... Nam Dei voluntati, viri et mulieris fit illa copula, quae justa est. A. c. l. 6. c. 27. In dieser Stelle ist zwar nicht von der Communion die Rede, aber es läßt sich auf sie schließen.

10) Tert. de orat. c. 11. p. 13.

11) Mulier libera, quae non tegit caput suum in ecclesia, quia sic forsitan maritus praecipit, crines tamen dimittat solutos, habeat potius capillos contortos complexosque in domo Dei, neque ostendat corymbia vel tutulos crinium, quando vult participare sacramentis divinis. Hippol. can. ar. c. 17. p. 72.

## §. 57. Wirkungen der würdigen Communion.

Wie die Vorbereitung auf den Empfang der Communion eine leibliche und geistige ist, so ist auch die Wirkung der Eucharistie eine doppelte; **sie heiligt Leib und Seele**[1]). Der Geist erhält durch die Vereinigung mit dem Geiste Christi das ewige Leben, der Leib wird durch den Empfang des unsterblichen Leibes Christi unsterblich. Jesus hat unsere sterbliche Natur angenommen, sie in seiner Auferstehung unsterblich gemacht und gibt sie uns in der Eucharistie als Heilmittel der Unsterblichkeit, als Gegengift wider den Tod, damit wir immer in Christus leben [2]). Am deutlichsten wird dieses von Irenäus erörtert [3]), dessen Worte wir nach der erklärenden Uebersetzung Möhlers wiedergeben. Insoweit unsere Leiber, sagt Irenäus, der Substanz nach, dieser materiellen Schöpfung angehören, nähren und ergänzen sie sich naturgemäß aus den Erzeugnissen der Erde. Insofern aber eben diese Leiber nach dem Ausspruche des Apostels Glieder Christi, d. i. Glieder seines Leibes sind, die Glieder aber mit dem Leibe nicht blos in Gemeinschaft der Substanz, sondern auch der Beschaffenheit desselben stehen, mithin Christus unseren Leibern — den Gliedern seines Leibes — auch dessen Beschaffenheit — die Unverweslichkeit — gemeinschaftlich machen wollte: so machte er die Gaben, womit er sonst uns natürlich nährt — Brod und Wein — **zu seinem Leibe und zu seinem Blute** und nährt und mehrt so unsere Leiber, seines Leibes Glieder, mit seinem ($\mathit{ἴδιον}$) Leibe, und mischt ($\mathit{δεύει}$) unser Blut mit seinem Blute, und nährt so, indem er unsere irdischen Leiber seiner unverweslichen Leibessubstanz theilhaftig macht, diese dadurch von der Verweslichkeit zur Unverweslichkeit. Die nähere Begründung ist diese: Quando ergo et mixtus calix et factus panis percipit verbum Dei, et fit Eucharistia sanguinis et corporis Christi, ex quibus augetur et consistit carnis nostrae substantia; quomodo carnem negant capacem esse donationis Dei, quae est vita aeterna,

---

1) Clemens A. paedag. l. 2. c. 2. p. 178.
2) Ignat. ad Ephes. c. 20. p. 132.
3) Der hier erhaltene griechische Text lautet: Ἐπειδὴ μέλη αὐτοῦ ἐσμεν, καὶ διὰ τῆς κτίσεως τρεφόμεθα, τὴν δὲ κτίσιν ἡμῖν αὐτὸς παρέχει, τὸν ἥλιον αὐτοῦ ἀνατέλλων, καὶ βρέχων, καθὼς βούλεται, τὸ ἀπὸ τῆς κτίσεως ποτήριον, αἷμα ἴδιον ὡμολόγησε, ἐξ οὗ τὸ ἡμέτερον δεύει αἷμα, καὶ τὸν ἀπὸ τῆς κτίσεως ἄρτον, ἴδιον σῶμα διεβεβαιώσατο, ἀφ' οὗ τὰ ἡμέτερα αὔξει σώματα. Iren. l. 5. c. 2. n. 2. Man achte auf die Gegensätze τὸ ἀπὸ τῆς κτίσεως ποτήριον und ἴδιον αἷμα; bann ἴδιον αἷμα u. τὸ ἡμέτερον αἷμα, und die Ausdrücke δεύει u. διαβεβαιῶσθαι.

quae sanguine et corpore Christi nutritur et membrum ejus est? Quemadmodum et beatus apostolus ait in ea, quae est ad Ephesios epistola: Quoniam membra sumus corporis ejus, de carne ejus et ossibus ejus; — non de spirituali et de invisibili homine dicens haec (spiritus enim neque ossa, neque carnes habet); sed de ea dispositione, quae est secundum verum hominem, quae ex carnibus et nervis et ossibus consistit, quae de calice, qui est sanguis ejus, nutritur, et de pane, quod est corpus ejus. Et quemadmodum lignum vitis depositum in terram suo fructificat tempore; et granum tritici decidens in terram et dissolutum multiplex surgit per spiritum Dei, qui continet omnia: quae deinde per sapientiam Dei in usum hominis veniunt, et percipientia verbum Dei Eucharistia fiunt, quod est corpus et sanguis Christi; sic et nostra corpora ex ea nutrita et reposita in terram, et resoluta in ea, resurgent suo tempore Verbo Dei eis resurrectionem donante in gloriam Dei patris [4]).

Wir machen hier auf die Argumentation des Irenäus aufmerksam. Zwei Umwandlungen setzt er einander parallel: die des gemischten Kelches und von den Menschen gemachten Brodes in den Leib und das Blut Christi, und die Umwandlung unserer Leiber von der Verweslichkeit zur Unverweslichkeit. Die erste geschieht durch das Hinzutreten des umschaffenden Wortes Gottes (percipientia verbum Dei) zu den creatürlichen Substanzen; die letztere durch die Einigung der Substanz unseres Fleisches mit Christi Fleisch und Blut (ex quibus augetur et consistit carnis nostrae substantia), wodurch dieses von nun an unseren Leib mitconstituirt. Die erstere nimmt er als concessum, und beweist mit unwidersprechlicher Folgerichtigkeit daraus die letztere. Wer einmal zugibt, daß kraft der Consecration, oder des Machtwortes Gottes, das Brod Christi Leib wird, der unverweslich ist, und unzertrennlich vom Logos, der ihn angenommen, der muß auch zugeben, daß unser materieller Leib in Einheit verschmolzen mit Christi Leib als dessen Glied, unsterblich wird, indem jener das Verwesliche unseres Leibes absorbirt. Beides hängt aufs Engste zusammen. Und es liegt sicherlich in letzterem nicht mehr, ja noch weniger Widersprechendes oder Unwahrscheinliches, als beim Waizenkorn, das, bis es durch die Consecration Christi Leib wird, einen ganz ähnlichen Proceß der Verwandlung durchmacht, wie der menschliche Leib von dem Genusse der Eucharistie bis zur Auferstehung [5]).

---

[4] Iren. l. 5. c. 2. n. 3. p. 294.   [5] Möhler, Patrologie S. 379—381.

2) Die **Heiligung des Geistes** schließt die Reinigung, Erleuchtung und Vereinigung desselben mit Gott in sich, und wie die Väter im Allgemeinen sagen, die Eucharistie heiligt die Seele, so schreiben sie ihr auch diese drei Wirkungen zu.

Durch den Genuß des Blutes des Herrn wird das Andenken des alten Menschen ausgelöscht, die Erinnerung des alten weltlichen Wandels vergessen, das bekümmerte und traurige Herz, das früher durch beängstigende Sünden gedrückt wurde, erhebt sich in Freude über die göttliche Barmherzigkeit [6]. Denn zur Nachlassung der Sünden gab uns Christus sein göttliches Fleisch und kostbares Blut zu essen und zu trinken [7].

Diese Freude steigert sich bis zur geistigen Trunkenheit. Der Kelch des Herrn macht die Trinkenden trunken, jedoch so, daß er die Seele zur geistigen Weisheit führt, und sie sich von dem weltlichen Wissen zur Erkenntniß Gottes wendet [8]. Der Glaube wird mit der Taufe gegeben, die Gnosis mit der Eucharistie. Sie macht den Geist heller sehen [9]; sie ist die starke Speise, welche die Vollkommenen genießen und die vollkommen macht; sie ist der Baum des Lebens, die Weisheit Gottes, das Brod der Engel; in ihr kommt Christus und theilt seine Güter und die Kindschaft Gottes mit [10].

Alles ist in ihr der Logos dem Kindlein, Vater, Mutter, Lehrer und Nährer. Esset, sprach er, mein Fleisch und trinket mein Blut... nehmet Theil an dem Nahrungsstoffe Christi, um ihn in sich selbst aufzunehmen, zu hinterlegen, den Heiland in die Brust einzusenken und dadurch die Gebrechen des Fleisches zurecht zu bringen [11]. Denn in ihr schützt er die Gläubigen vor dem Bösen [12], stärkt er sie, den Kelch des Martyriums zu trinken, daß sie im Bekenntnisse des Glaubens ihr Blut verspritzen [13], denn Christus ist es, der in seinen Dienern kämpft und siegt, er, der Beschützer des Glaubens; er, der einmal den Tod für uns besiegt hat, besiegt ihn fortwährend in uns; er trauert in uns, er tritt in Kampf, er krönt und wird gekrönt in diesem Streite [14]. Kurz, in der Eucharistie bewahrheiten sich an Jedem die Worte des Apostels:

---

6) Cypr. epist. 63. p. 229. c.
7) Hippol. in proverb. 9. 1. Gall. II. p. 488.
8) Cypr. epist. 63. p. 229. b.    9) Orig. in Math. t. 11. n. 14. p. 463.
10) Orig. de orat. c. 27. p. 535.
11) Clem. A. paedag. l. 1. c. 6. p. 123.
12) Ad hoc fiat eucharistia ut possit accipientibus esse tutola, quos tutos esse contra adversarium volumus. Cyp. epist. 54. p. 172 a.
13) Cyp. l. c.    14) Cyp. epist. 8. p. 46. d.

nicht mehr ich lebe, sondern Jesus in mir, von dessen Liebe mich nichts scheiden kann, nicht Feuer, nicht Schwert und keine Drangsal.

## §. 58. Wirkungen der unwürdigen Communion.

Je nach Beschaffenheit des Empfängers wirkt die Eucharistie Gutes oder Verdammniß. Den Aposteln gereichte sie zum Heile, dem Judas aber zum Gerichte, so daß nach dem Bissen Satan in ihn fuhr. Denn wer unwürdig das Brod des Herrn ißt, oder dessen Kelch trinkt, ißt und trinkt sich das Gericht [1]), macht sich nach den Worten des Apostel des Leibes und Blutes Christi schuldig [2]). Daher kommt es, daß viele schwach und krank sind und schlafen. Sie richten sich nicht, sie prüfen sich nicht und sehen nicht ein, was es heißt, mit der Kirche in Gemeinschaft zu treten, zu so großen und ausgezeichneten Sakramenten hinzutreten [3]). Es gibt solche, welche ihren Brüdern nachstellen, mit welchen sie so oft an demselben Tische des Leibes Christi und an demselben Tranke seines Blutes waren. Sie gleichen Judas, der seinen Meister mit der Speise des göttlichen Tisches und Kelches verrathen hat [4]). Cyprian erklärt darum die Sünde der unwürdigen Communion für schwerer, als den Abfall vom Glauben [5]). Durch sie werde der göttliche Unwillen in hohem Grade hervorgerufen [6]) und der Sakrilegische vom Leibe Christi getrennt [7]).

Außerdem führt der Bischof von Karthago einige Beispiele an, an welchen sich die Folgen einer unwürdigen Communion plötzlich und auf sichtbare Weise offenbarten. Ein kleines Kind, das durch Schuld seiner Amme heidnische Opferspeise genossen und darauf in der Liturgie communicirte, konnte die Eucharistie nicht bei sich behalten, sondern mußte sie sogleich erbrechen. In einer Erwachsenen, die sakrilegisch communicirte, wirkte die Eucharisti wie ein Schwert und tödtliches Gift und sie stürzte zappelnd und zitternd zusammen. Ein Anderer empfing die Partikel vom Priester und schloß sie in das hiefür bestimmte Gefäß ein. Als er es öffnete, schlug ihm Feuer entgegen, so daß er sie nicht zu berühren wagte. Ein Dritter erhielt sie in die Hand und wie er sie öffnete, hatte er Asche in ihr. Dadurch ist documentirt, daß, wenn die

---

1) Orig. in Joan. t. 32. n. 16. p. 542.   2) In Levit. hom. 18. n. 5. p. 214.
3) Orig. in Psal. 37. hom. 2. n. 6. p. 101.
4) Orig. in Math. series. 82. p. 196.   5) Cypr. de laps. p. 378. b.
6) Cyp. epist. 11. p. 53.   7) Cyp. de orat. dom. p. 421.

heilsame Gnade (gratia salutaris) Unwürdigen gegenüber in Asche verwandelt wird, ihnen das nicht zum Heile gereicht, was sie empfangen. Wie viele werden heute, die keine Buße thun und ihre Vergehen nicht bekennen, von bösen Geistern besessen und wahnsinnig! Jeder beachte doch, nicht was Anderen widerfahren ist, sondern was er selbst zu leiden verdient hat [8]).

#### Dritter Artikel.
### Die Sakramentsspendung.
#### §. 59. Oftmaliger Empfang der Communion.

Abgesehen von jener Sehnsucht, welche nichts verlangte, als das Brod des Lebens, welches das Fleisch Christi ist [1]), waren die Worte Jesu: wer mein Fleisch ißt ꝛc., Motiv genug für den Gläubigen, nach dem Empfange der Eucharistie zu begehren. Wehmüthig sagt Ignatius von den Häretikern, möchten sie lieben (ἀγαπᾶν), denn sie verachteten Gebet und Eucharistie. Und Origenes, der die Entbehrlichkeit des Abendmahles lehren soll, schreibt: Wenn wir das Brod des Lebens nicht genießen, wenn wir das Fleisch Christi nicht essen und das Blut nicht trinken, wenn wir das Mahl unseres Erlösers verachten, sollen wir wissen, daß Gott nicht nur gütig, sondern auch streng ist [2]).

Für gewöhnlich empfingen die Gläubigen die Communion in der Liturgie. Die, welche den Gottesdienst vorher verließen, wurden getadelt, denn das war ein Abgehen von der Ordnung [3]), der zu Folge ein Diacon am Schlusse der Katechumenenmesse rief: Keiner von Jenen, welchen es nicht erlaubt ist, entferne sich [4]), und zu deren Aufrechthaltung Diaconen die Thüren bewachten, damit Niemand die Versammlung verlasse [5]). Die Frage, wie oft man den Gläubigen dieses Sakrament spendete, hängt darum mit der zusammen, wie oft die Liturgie gefeiert wurde. Unmittelbar gilt jedoch der Schluß von dieser Feier auf den Sakramentsempfang nicht, denn nicht immer wohnten alle Gläubigen dem Gottesdienste bei. Im Gegentheile wurden von Seiten der Prediger Klagen laut, daß manche ihn nur an Festtagen besuchen [6]).

---

8) Cyp. de laps. p. 381 u. 382.
1) Ignat. ad Rom. c. 7. p. 157.  2) Orig. in Luc. hom. 38. p. 415.
3) Tert. de orat. c. 14. p. 16.  4) A. C. l. 8. c. 9.  5) l. c. c. 10.
6) Orig in Genes. hom. 10. n. 3. p. 233.

Zählt man zu den Festtagen auch die Sonntage, wozu man berechtigt ist [7]), so ist doch so viel klar, unter der Woche nahmen nicht alle Gläubigen am Opfer Theil. Von der Großzahl derselben, und besonders den Eifrigeren und Frommen, darf man jedoch annehmen, daß sie dem Gottesdienste so oft anwohnten, als es ihnen möglich war, weßwegen man ihnen gegenüber von der oftmaligen Feier desselben auf den oftmaligen Empfang der Communion schließen darf.

In der ältesten Zeit, ehe die Apostel in alle Welt ausgingen, wurde das Brod täglich gebrochen act. 2. 46., wenn auch der Sonntag schon damals vorzüglich hierfür bestimmt war. Unter dem festgesetzten Tage, an dem sich nach dem Briefe des Plinius die Christen versammelten, ist um so sicherer der Sonntag zu verstehen, als Justin in seiner Apologie schreibt, an ihm kommen alle aus Stadt und Land zum gemeinschaftlichen Gottesdienste zusammen [8]). Wenn sodann Ignatius den Polycarp ermahnt, die Eucharistie öfter zu feiern [9]), so wird einerseits dadurch das Gesagte bestätigt, andererseits aber zur Abhaltung des Gottesdienstes unter der Woche aufgemuntert. Diese Wochentage waren wahrscheinlich die s. g. Stationstage. Pastor Hermä kennt sie und Tertullian bezeugt ausdrücklich, an ihnen sei das Opfer dargebracht worden [10]). Zudem wurde einer alten Uebung zufolge am Mittwoch und Freitag (den gewöhnlichen Stationstagen) gepredigt.

Zu Ende des zweiten Jahrhunderts heißt es jedoch bereits: Jesus, der Ernährer, der sich selbst als Brod hingibt, reicht täglich den Trank der Unsterblichkeit [11]). Täglich wird das hochwürdige und unbefleckte Fleisch und Blut Christi auf dem geheimnißvollen und göttlichen Tische vollbracht und geopfert [12]); täglich streckten die Gläubigen die Hände aus, um den Leib des Herrn zu empfangen [13]). Die Perlen, welche Frauen tragen sollen, das sind täglich vorkommende und anzuwendende Insignien. Zu ihnen gehören die Bezeichnung mit dem Kreuze, das nächtliche Gebet und der Genuß (der Eucharistie) vor jeder Speise [14]). Da Tertullian von Uebungen redet, die sich täglich wiederholten, muß dieses auch auf den Genuß der Eucharistie bezogen werden. Verstärkt

---

[7]) cf. A. C. l. 5. c. 19.   [8]) Just. apol. c. 67. p. 269.
[9]) Ignat. ad Polyc. c. 4. p. 179.
[10]) Similiter de stationum diebus non putant plerique sacrificiorum orationibus interveniendum, quod statio solvenda sit, accepto corpore domini. Tert. de orat. c. 14. p. 17.
[11]) Clem. Quis dives. c. 23. p. 948.
[12]) Hippol. in Prov. 9. 1. Gall. p. 488.
[13]) Tert. de idol. c. 7. p. 154   [14]) Tert ad uxor. l. 2. c. 5. p. 96.

wird diese Annahme durch die bald darauf folgenden Worte: sacrificia sine scrupulo, cottidiana diligentia sine impedimento ¹⁵). Der Apologet hat zuvor bemerkt, in einer gemischten Ehe könne die christliche Frau nur mit Furcht den Gottesdienst besuchen und der heidnische Mann wisse nicht, was das für ein Brod sei, das sie nüchtern genieße. Wie ganz anders in der christlichen Ehe, in der sie dem Opfer ohne Aengstlichkeit beiwohnen und ohne Hinderniß den Eifer, täglich zu communiciren, befriedigen kann.

Die vierte Bitte des Vaterunser wird deßhalb auch auf den täglichen Empfang der Communion bezogen. Wer, fragt Tertullian, gibt mir das tägliche Brod? Der marcion'sche Gott, welcher mir nicht einmal ein Hirsenkorn gibt, oder der, welcher sogar das Brod vom Himmel, das Brod der Engel, seinem Volke als das **tägliche** verleiht ¹⁶)? Wenn wir Gott unseren Vater nennen, weil er der Vater der Wissenden und Gläubigen ist, so nennen wir ihn auch „unser Brod", weil Christus das Brod derer ist, die seinen Leib berühren. Wir bitten aber, es möchte uns täglich dieses Brod gegeben werden, damit wir, die wir in Christus sind, und **täglich** die Eucharistie als Speise des Heiles empfangen, nicht vom Leibe Christi getrennt werden ¹⁷).

Um zu dem bevorstehenden Kampfe für Christus das Blut vergießen zu können, sollen die Gläubigen **täglich** den Kelch des Blutes Christi trinken ¹⁸). Zu diesem Zwecke feiern auch die Priester **täglich** die Opfer ¹⁹) und wenn der Lektor **täglich** das Wort Gottes in der Versammlung las, so geschah dieses gleichfalls in der Liturgie ²⁰). Wenn man nämlich im alten Bunde jeden Sonntag das Gesetz betrachtete, so werden im neuen Bunde täglich die Gesetze der Schöpfung und Erlösung (Dankgebet) Gott danksagend erwogen ²¹) und **täglich** die Versammlungen besucht ²²).

Von einem förmlichen Gebot, das h. Abendmahl zu empfangen, oder es gar täglich zu empfangen, ist nirgends eine Rede, obwohl besonders das Osterfest durch die Communion gefeiert wurde. Derjenige, welcher bedenkt, daß Christus, unser Pascha, für uns geopfert wurde, und daß man das Fest durch den Genuß des Logos begehen müsse, feiert

---

15) l. c. c. 9. p. 102.
16) Tert. adv. Marc. l. 4. c. 26. p. 296. cf. de orat. c. 6.
17) Cyp. de orat. dom. p. 241. a.    18) Cyp. epist. 56. p. 196. a.
19) Cyp. epist. 54. p. 172. c.    20) Cyp. epist. 34. p. 110 a.
21) A. C. l. 6. c. 23.    22) A. C. l. 2. c. 39.

immer das Pascha ²³). Ἑορτάζειν, festen, mag sich auch auf andere Feste, vorzüglich die Sonntage, beziehen, jedenfalls nimmt aber Ostern den ersten Platz unter ihnen ein. Der Empfang der Communion wurde an ihm deßhalb eingeschärft (χρή), weil sie das Fleisch des Lammes ist, das an Ostern geopfert wurde. Bekanntlich wurden auch die Katechumenen an Ostern in die Kirche aufgenommen, womit der erstmalige Zutritt zur Eucharistie verbunden war. Wie aber die Gläubigen mit ihnen fasteten und beteten, so communicirten sie auch mit ihnen, so daß Ostern jedenfalls schon im zweiten Jahrhunderte allgemeiner Communiontag war, an dem Jeder die Gemeinschaft mit Christus und der Kirche erneuerte und befestigte.

Nicht nur fromme Sitte, sondern förmliches Gebot scheint es aber gewesen zu sein, die Eucharistie in Todesgefahr als Viaticum zu empfangen.

### §. 60. Die Communion als Wegzehrung.

Der Empfang der Eucharistie am Ende des Lebens liegt in der Natur der Sache; denn in der Todesstunde soll sich die Vereinigung mit Gott, soweit möglich, vollenden und in ihr soll der Christ für die Reise in die Ewigkeit gestärkt werden.

Die Reichung des Abendmahles als Wegzehrung ist auch außer Zweifel. Der 13. nicänische Kanon verordnet: in Betreff der Sterbenden soll die alte Kirchenregel auch jetzt beobachtet werden, daß, wenn Jemand dem Tode nahe ist, er der letzten und nothwendigsten Wegzehrung nicht beraubt werde ¹). Die Synode schreibt dieses für die Büßer vor, um so mehr fand es darum den in der Kirchengemeinschaft stehenden Gläubigen gegenüber statt. Ferner beruft sie sich auf die alte Regel, die deßhalb sicher im dritten Jahrhundert vorhanden war.

Das Wort Ephodion, viaticum, bezeichnet die Hilfsmittel für den Weg oder die Reise und wird durch „Wegzehrung" richtig übersetzt. In der Bedeutung von Hilfsmittel überhaupt gebraucht es Irenäus in dem Vorwort zu seiner berühmten Schrift ²). Die Beziehung auf die Reise hebt besonders Minucius Felix hervor: magno viatico breve vitae iter non instruitur, sed oneratur ³). Neben dieser profanen Bedeu-

---

23) Orig. c. Cels. l. 8. c. 22. p. 433.
1) Hefele, Conc. Gesch. I. S. 401.   2) Iren. ad. haeres. p. 4.
3) Minuc. Felix. Octav. c. 87. Gall. II. p. 403.

tung kannten jedoch die Christen noch eine andere. Ein heidnischer Lehrer sagte zu Gregor dem Wunderthäter: „die Kenntniß der Gesetze werde ihm die höchste Wegzehrung sein; dieses Wort gebrauchte er. Er meinte damit Menschliches, ich aber glaube, daß er damit eine Prophezeiung aussprach⁴).“ Gregor fiel es auf, daß der Heide ein Wort gebrauchte, das damals unter den Christen eine höhere Bedeutung besaß und auf einen Gegenstand hinwies, den dieser Lehrer nicht kannte.

Bei Clemens von Rom tritt die christliche Bedeutung des Wortes hervor, wenn er schreibt: zufrieden mit dem Viaticum Gottes und sorgfältig auf seine Worte achtend, bewahrtet ihr es (sie) in dem Herzen und hattet sein Leiden vor eueren Augen“ ⁵). Unter „Leiden“ verstehen die alten Schriftsteller zum Theil die Eucharistie⁶) und wie wir hören werden, bezeichnen sie dieselbe auch durch „Wegzehrung“. Wir wollen nicht behaupten, es sei dieses in der citirten Stelle der Fall, aber für ein eigenthümlich christliches Hilfsmittel auf dem Wege zum Himmel erklärt der Papst das Viaticum. Einerseits steht Clemens von Alexandrien auf demselben Standpunkte, andererseits geht er aber weiter. Der Vorsteher der Katechetenschule versteht unter Ephodion Nahrungsmittel, die man bei sich trägt, um sich derselben auf der Reise zu bedienen⁷). Insoferne hat die Liebe, welche dem Nächsten leibliche Gaben spendet, ein reiches Viaticum bei sich⁸). Geistig gefaßt bezeichnet Ephodion das, was zur Reise in den Himmel dient, wie Nüchternheit und Ehrbarkeit⁹). Die Contemplation, die der Gnostiker empfangend in den Himmel geht, nennt er gleichfalls so ¹⁰); ja Gott selbst ist die Wegzehrung des ewigen Lebens ¹¹). Er gebraucht das Wort aber auch von der Eucharistie. „Die in der Wahrheit recht Unterrichteten werden, nach Empfang der Wegzehrung für das ewige Leben, in den Himmel erhoben ¹²). Wenn es von ihr heißt, sie erhob (beflügelte, πτεροῦνται) bis zum Himmel, so ist

---

4) Ἐπεφθέγξατο δέ τι, ὅ μοι ἀληθέστατα πάντων ἀποβέβηκε, μέγιστον ἔσεσθαί μοι ἐφόδιον (τοῦτο γὰρ τοὔνομα ἐκεῖνος ὠνόμασεν)... τὴν μάθησιν τῶν νόμων. Ὁ μὲν οὕτως ἀπεφθέγξατο, τείνων εἰς τὰ ἀνθρώπινα τὸν λόγον, ἐμοὶ δ᾽ ἀτεχνῶς ὑπό τινι θειοτέρᾳ ἐπινοίᾳ ἀποφοιβάσαι δοκεῖ, τῆς αὑτοῦ ὑπολήψεως. Gregorii Thau. orat. paneg. in Orig. n. 5. p. 419. c. Gall. III.
5) Clem. R. I. Cor. c. 2. p. 45.   6) cf. Probst, Liturgie ꝛc. S. 6. Note 40.
7) Clem. paedag. l. 2. c. 1. p. 171.   8) l. c. p. 167.
9) l. c. l. 3. c. 7. p. 277. In den Recognitionen hat das Wort die Bedeutung: Stärkungsmittel für die Reise, doch wird es auch im geistigen Sinne als Ausrüstung mit guten Werken auf dem Wege zum Himmel gebraucht. Recog. l. 2. c. 21. p. 1259.
10) Strom. l. 7. c. 13. p. 883.   11) Strom. l. 4. c. 5. p. 578.
12) Strom. l. 1. c. 1. p. 318.

dabei allerdings nicht an den Tod zu denken, sondern an eine Erhebung bis zum Höchsten, bis zu dem, was kein Auge gesehen, kein Ohr gehört hat, wie Clemens an einer anderen Stelle sagt [13]). Für diese Annahme spricht auch der weitere Zusammenhang. Clemens redet von der Pflanzung und Förderung der Gnosis und der Aufgabe, die der Katechet hat. Der katechetische Unterricht schloß aber mit dem Empfange der Eucharistie [14]). Sie versteht er unter dem Worte Wegzehrung. Darum fährt er auch fort, Beide sollen sich prüfen, der Eine, ob er würdig sei zu sprechen, der Andere, ob er vorbereitet sei zu hören, wie Einige die Eucharistie in gewohnter Weise vertheilend, einem Jeden aus dem Volke gestatten, seinen Theil zu nehmen und Jeder sich prüfen soll, ehe er sie empfängt, damit er des Leibes und Blutes Christi nicht schuldig werde [15]). Daß er in diesem Gedankenkreise auf die Eucharistie zu sprechen kommt, motivirt sich am besten durch die Annahme, er verstehe unter Wegzehrung die Eucharistie. Die Erwähnung derselben im Vordersatze führte ihn dahin, sie im Nachsatze als Beispiel zu gebrauchen.

Origenes exegesirt Joh. 13. 2—5. und glaubt, daß die, welche mit Jesus Abendmahl halten, Speise mit ihm am letzten Tage dieses Lebens essend, einer Reinigung bedürfen, wie er den Jüngern nach gehaltenem Abendmahle die Füße wusch [16]). Adamantinus huldigt der Ansicht, Jeder, der von dieser Welt scheide, werde in der anderen Welt einer Läuterung unterworfen. Dieses gilt auch von frommen Gläubigen, die vor ihrem Tode mit Jesus noch Abendmahl hielten, oder die Eucharistie empfingen, wie das Verfahren des Herrn mit den Jüngern zeigt. Er redet demnach von dem Genusse der Eucharistie in der Todesstunde, welche die griechisch=alexandrinische Liturgie des Basilius [17]) wie die des Marcus Ephodion nennt. „Verleihe uns die Gemeinschaft des heiligen Leibes zur Wegzehrung des ewigen Lebens", heißt es in der letzten [18]).

2) Leichter läßt sich der Beweis dafür führen, daß die ersten Christen vor ihrem Tode die Eucharistie erhielten. Ignatius schreibt den Römern: ich verlange zu sterben, und alsbald darauf, das Brod will ich, das himmlische Brod [19]). Die Verbindung vom Sterben und

---

13) Strom. l. 6. c. 8. p. 774. cf. Probst, Liturgie. S. 45. u. 134.
14) Man vergleiche die Erklärung der Worte παιζει etc. strom. l. 5. c. 8. Der Milchspeise folgt die feste Nahrung und dieser das Blut des Weinstockes = Logos.
15) Strom. l. 1. c. 1. p. 318.  16) Orig. in Joan. t. 32. n. 2. p. 451.
17) Renaudot. p. 72.  18) Renaudot. p. 146.
19) Ignat. ad Rom. c. 7. p. 157.

dem Empfangen des himmlischen Brodes zeigt, daß der Genuß der Communion schon damals vor dem Tode stattfand. Sie war ja ein Gegengift gegen den Tod und ein Unterpfand der Auferstehung. Deßwegen die Sorgfalt und Bemühung der Gläubigen, den Gefangenen Priester zu schicken, die in dem Kerker die Eucharistie feiern und austheilen konnten, so daß Dionysius sagt, das Gefängniß sei zur Kirche geworden [20]). Deßwegen die Aufforderung in den Zeiten der Verfolgung, in welcher Niemand seines Lebens sicher war, die Communion zu empfangen [21]), denn sie machte zum Martyrium fähig [22]). Sterben und communiciren war so eng mit einander verknüpft, daß, als Perpetua ihre Vision erzählte, in der ihr der Empfang der Eucharistie angezeigt war, Alle sagten, wir werden sterben [23]). Ebenso erzählt Hermes (circa 304): In einem Gesichte sah ich eine weiße Taube zu mir kommen, die mir einen Bissen der angenehmsten Speise reichte und alsbald erkannte ich, daß mich Gott zu sich rufe [24]). Wahrscheinlich war es dem h. Leo nicht möglich, vor seinem Tode zu communiciren, darum betet er: als angemessenes Viaticum für meine früheren Sünden empfange ich das Martyrium [25]). Nicht nur zum Behufe der oftmaligen und täglichen Communion, sondern auch, um in der Todesstunde der Wegzehrung nicht verlustig zu gehen, wurde den Gläubigen die Eucharistie, besonders beim Ausbrechen einer Verfolgung, mit nach Hause gegeben. Wenn den Büßern Todesgefahr drohte, kürzte man ihre Strafzeit ab und reichte ihnen die Communion [26]). Ein Greis, mit Namen Serapion, war in der Verfolgung abgefallen und deßwegen aus der Kirche ausgeschlossen. Da seine Todesstunde nahte, schickte er einen Knaben zu einem Presbyter, damit er ihn absolvire. Der Knabe kam in der Nacht an und traf den Presbyter krank, der ihm unter diesen Umständen einen kleinen Theil der Eucharistie gab, mit dem Auftrage, sie in Wasser eingetaucht dem Greise in den Mund zu legen [27]). Ueberhaupt findet man viel mehr Andeutungen und Aufforderungen, sterbenden Büßern die Wegzehrung zu reichen, als den in der Kirchengemeinschaft stehenden Gläubigen. Der Grund liegt darin, daß über das Verhalten gegen die Büßer Differenzen entstanden, die Besprechungen, Anfragen ꝛc. nöthig machten, während sich die Communion der Gläubigen von selbst verstand. Ohne dringende Ursache

---

20) Euseb. h. c. l. 7. c. 2. u. c. 22.   21) Cyp. epist 56. p. 196. a.
22) Cyp. epist. 54. p. 172. e.   23) Ruinart. I. n. 4. p. 207.
24) Ruinart. II. n. 13. p. 454.   25) Ruinart. III. n. 4. p. 269.
26) Cyp. epist. 54. p. 171. b. u. c.   27) Euseb. h. e. l. 6. c. 44.

sprechen aber die alten Schriftsteller nicht von den Geheimnissen, zu welchen die Reichung des Viaticums gehörte.

### §. 61. Aufbewahrung der Eucharistie.

Die durchgängige Uebung, die Communion als Wegzehrung zu empfangen, forderte, daß ein Theil der in der Liturgie consecrirten Partikeln aufbewahrt wurde. Der erwähnte Vorgang mit Serapion setzt dieses außer Zweifel. Ebenso mußte die christliche Frau, welche die Eucharistie zu Hause vor aller Speise zu sich nahm, dieselbe in ihrer Wohnung verborgen haben. Durften aber die Gläubigen die Eucharistie mit sich nehmen und sie zu Hause aufbewahren, so liegt es in der Natur der Sache, daß dieses auch in der Kirche stattfinden durfte. Es war dieses sogar nothwendig, wenn man nicht annehmen will, es habe ein hierauf bezügliches Verbot bestanden, demgemäß die Priester sie, mit Ausschluß der Kirchen, in ihren Privatwohnungen hinterlegen mußten. Den Gläubigen konnte man nämlich die Communion mit nach Hause geben, den Büßern gegenüber war dieses durchaus nicht statthaft, und doch bedurften sie dieselbe, wie das Beispiel Serapions zeigt, also mußte sie entweder in der Wohnung des Priesters, oder in der Kirche oder in beiden vorhanden sein. Ein Verbot bezüglich der Hinterlegung in den Kirchen wird Niemand beibringen, oder auch nur präsumiren wollen. Der Schluß, in den Gotteshäusern seien consecrirte Partikeln aufbewahrt worden, um Sterbenden die Wegzehrung reichen zu können, ist daher wohlbegründet. Außerdem besitzen wir aber auch direkte Zeugnisse. „Die Diaconen nehmen die Ueberbleibsel (der Eucharistie) und tragen sie in die Pastophorien"[1]. Dieser Ort wird in dem Satze näher bezeichnet: das Gebäude (der Kirche) sei länglich, gegen Osten gerichtet, auf beiden Seiten gegen Osten mit Pastophorien versehen[2]. So viel ist sicher, und das genügt hier, die Pastophorien gehörten zur Kirche, hatten ihren Platz auf der Ostseite derselben und in ihnen bewahrte man die Ueberbleibsel der Eucharistie auf. Dieses vorausgesetzt, wird man es nicht für rein zufällig halten, daß sich der Martyrer Theodot zu der Kirche der Patriarchen begab, und als er sie von den Heiden verrammelt fand, sich außerhalb neben der Concha (Apsis) zum Gebete niederließ[3]. Die

---
1) A. c. l. 8. c. 13.  2) A. C. l. 2. c. 57.
3) Ruinart. II. n. 16. p. 298.

Concha rundet die Ostseite der Kirche ab, der Martyrer kniet also neben dem Orte, an welchem die Eucharistie aufbewahrt war.

Die Pastophorien können unmöglich der Tabernakel, d. h. die Taube, gewesen sein, denn es fanden sich wenigstens zwei in der Kirche und sie gehörten zum Kirchengebäude als solchem. Nach unserer Ansicht übersetzt Drey das Wort am besten mit „Zellen" ⁴). Wir halten sie für Schränke, die rechts und links vom Altare in der Umfassungsmauer des Gebäudes angebracht waren.

2) Die in der Kirche Anwesenden empfingen das consecrirte Brod in die Hand. Für gewöhnlich genoßen sie es alsbald, doch nahmen es Einige auch mit sich nach Hause. Tertullian gibt solchen, welche nicht communiciren wollten, den Rath, statt vor der Communion wegzugehen, sollen sie den Leib des Herrn nehmen und ihn aufbewahren ⁵). Den Abwesenden, d. h. Kranken, Gefangenen ꝛc. wurde die Eucharistie durch die Diaconen zugeschickt ⁶), wie sie sich auch die Bischöfe zum Zeichen der Gemeinschaft zusandten ⁷).

Zu dem Behufe des Uebersendens und nach Hause Nehmens war ein **Behältniß** erforderlich, das Cyprian arca nennt. Er erzählt nämlich, eine Gewisse habe ihre arca, in welcher das Heilige des Herrn war, mit unwürdigen Händen zu öffnen versucht, worauf Feuer herausflammte ⁸). Ueber die Beschaffenheit dieses Kästchens erfahren wir von den Schriftstellern der ersten Jahrhunderte nichts. Als aber im Jahre 1571 der vaticanische Kirchhof in Rom ausgegraben wurde, fand man in Särgen kleine goldene Gefäße in Form einer viereckigen Büchse, an deren oberem Theile ein kleiner Ring hing. Bottarius glaubt, diese Büchsen seien zum Tragen des h. Abendmahles gebraucht worden. Deßgleichen wurden beim Abbrechen des sehr alten Bethauses des h. Ambrosius (das auf dem vaticanischen Kirchhofe stand) christliche Leichname gefunden, welche auf der Brust goldene Büchsen trugen, von derselben Gestalt, wie die, welche Bottarius bekannt gemacht hat. Binterim, dem wir diese Notizen verdanken, beschäftigt sich ausführlich mit dem Nachweis über das Alter und die Bestimmung dieser Kästchen und gelangt zu dem Resultate, die Christen der drei ersten Jahrhunderte haben in ihnen die Eucharistie getragen und aufbewahrt ⁹).

---

4) Drey l. c. S. 61.   5) Tert. de orat. c. 14. p. 17.
6) Just. apol. c. 65. p. 267.   7) Euseb. h. e. l. 5. c. 24. p. 370.
8) Cyp. de laps. p. 381. f.
9) Binterim, Denkwürdigkeiten. II. 2. S. 97—134.

Von dem orarium, einem linnenen Tuche, in welches die Eucharistie gleichfalls eingehüllt wurde, enthalten die Quellen unseres Zeitraumes, so viel wir wissen, nichts. Dagegen ist noch auf die Weidenkörbe aufmerksam zu machen. Hieronymus berichtet von dem Bischofe Exuperius von Toulouse, er habe zu Gunsten der Armen die goldenen Gefäße verkauft und sehr einfache gebraucht. Aber, fügt er bei, „nichts ist dem Reichthum dessen zu vergleichen, der den Leib des Herrn in einem Weidenkorbe trägt". Er bediente sich demnach statt jener Gefäße eines Weidenkorbes. Sicher hätte er aber diesen Tausch nicht gemacht, wenn ihm die Sitte der früheren Zeit nicht Vorbild gewesen wäre. In der Schrift: Roma subterranea des Aringhi ist ein Sarcophag, aus dem Cömeterium der h. Agnes, abgebildet, auf dem Christus Fische und in Weidenkörben liegendes Brod segnet [10]). Das war das einzige Monument, auf das man sich, und zwar nicht mit zweifellosem Rechte, für den Gebrauch der Weidenkörbe berufen konnte. Seitdem jedoch Rossi in dem Cömeterium der Lucina ein Gemälde entdeckte, auf dem der Fisch einen solchen Korb mit Broden und Wein trägt, unterliegt es keinem Zweifel mehr, daß bereits zu Anfang des zweiten Jahrhunderts die Eucharistie in einem Weidenkorbe aufbewahrt wurde. In Weidenkörben brachten die Juden die Erstlingsfrüchte in den Tempel, wie sich auch die Griechen derselben bei den Festen des Bachus bedienten. Von ihnen scheinen die Christen dieses Gefäß entlehnt zu haben, denn die Eucharistie galt ihnen als Erstlingsfrucht im eminenten Sinne [11]).

Ob dieser Korb so beschaffen war, daß ihn die Gläubigen, wie die Pyxis, bei sich tragen konnten, oder ob er sich blos in der Kirche, und in der Wohnung der Priester, befand, um die Ueberbleibsel von der Communion aufzunehmen, wissen wir nicht anzugeben. Jedenfalls trugen die Christen die Eucharistie häufig bei sich, denn Cyprian bemerkt: aus der Liturgie entlassen und die Eucharistie noch bei sich tragend, wie das gewöhnlich ist (ut assolet), eilte er in das Theater [12]). Weil übrigens der Betreffende unmittelbar von der Kirche in das Theater ging, verstand es sich von selbst, daß er die Eucharistie bei sich hatte und die Frage, ob die Christen zu Hause das Gefäß mit dem Sakramente ablegten und verwahrten, oder ob sie es bei sich behielten, läßt sich nicht beantworten.

---

10) Aringh. tom. 2. l. 4. c. 25. p. 72. Binterim II. 2. p. 104. beruft sich auf Aringhi ohne genaues Citat. Der Verfasser der Roma sub. redet jedoch von keinem Weidenkorbe, sondern sagt blos cista cernitur.

11) Probst, Liturgie. S. 377.   12) Cyp. de spect. p. 612. d.

## §. 62. Ritus dieser Sakramentsspendung.

Wenn es sich um mehr als das Hintragen der Eucharistie zu den Gefangenen und Kranken handelte, wenn damit die Aufnahme in die Kirche durch Absolution, wie bei Serapion, oder die Feier des Opfers, oder die Ertheilung der Oelung verbunden wurde, war ein **Presbyter** Minister. Die **Diaconen** brachten und reichten blos das consecrirte Brod den Genannten. Im Nothfalle konnte auch ein **Laie** diesen Dienst versehen, wie gleichfalls die Provision des Serapion zeigt. Gab man nämlich den gläubigen Laien die Eucharistie, um sich selbst zu Hause zu communiciren, so konnte die Spendung durch einen Laien im Nothfalle nichts Auffälliges haben.

Im Abendlande bediente man sich hierzu auch der **Acoluthen**, denn Tharsicius, der die Eucharistie trug und bei diesem Anlasse den Martertod erlitt, war ein solcher. Seine von Papst Damasus verfaßte Grabschrift lautet: Tharsicium (Tarcisium) sanctum Christi sacramenta gerentem cum malesana manus peteret vulgare prophanis, ipse animam potius voluit dimittere caesus, prodere quam canibus rabidis coelestia membra.

2) In allen Fällen, in welchen den Gläubigen die Eucharistie mit nach Hause gegeben wurde, oder in welchen man sie den Gefangenen und Kranken an ihren Wohnort schickte, ist immer blos von **Einer Gestalt**, der des Brodes, die Rede. Außer der Liturgie, das ist ein unbestreitbares Faktum, communicirten darum die Gläubigen der ersten Jahrhunderte blos unter der Einen Gestalt des Brodes. Die Beweisstellen hierfür enthält das Vorausgehende, weßwegen wir sie nicht wiederholen.

3) In dem Falle, daß ein Kirchendiener die Eucharistie den Abwesenden brachte, reichte er sie auch zum Genusse. Der Knabe, der sie Serapion spendete, tauchte das Brod, nach der Anweisung des Presbyter, in Wasser und legte es ihm in den Mund. Wahrscheinlich war dieses Sterbenden gegenüber allgemeine Sitte. In der Liturgie erhielten nämlich die Gläubigen das Sakrament in die Hand. Auf diese Weise wurde es wohl auch nicht-schwer Kranken gespendet. Weil Tertullian, Hippolyt und Origenes die Gläubigen zur Vorsicht mahnen, daß sie nichts von der Gabe zu Boden fallen lassen, so wird sich dieses nicht nur auf den Empfang der Eucharistie in der Liturgie, sondern noch mehr auf den

außerhalb derselben beziehen. Ob mit dieser Communion eine Aufopferung verbunden war, scheint fraglich zu sein. Der Ritus derselben ist überhaupt so gut wie gar nicht bekannt. In den meisten Fällen wird er jedoch dem in der Liturgie üblichen ähnlich gewesen sein.

## Viertes Kapitel.
## Buße.
### Erster Artikel.
### Von der Buße im Allgemeinen.

#### §. 63. Namen derselben.

Das deutsche Wort „Buße" bezeichnet ebenso eine Tugend als ein Sakrament, ebenso die Genugthuungswerke, als die Bußdisciplin. Aehnlich verhält es sich mit dem lateinischen Worte poenitentia. Nach Tertullian verstanden unter demselben die Heiden einen gewissen Affekt der Seele, welcher aus Verabscheuung der früheren Gesinnung entsteht. Er tadelt diese Definition, weil sie auch auf gute Werke ausgedehnt wurde, sofern die Genannten Glauben, Liebe, Einfalt, Geduld, Barmherzigkeit bereuten. Ja diese Reue prägten sie ihren Herzen mehr ein, als die über das Böse, weßwegen sie ihnen eher schadete, als daß sie sie förderte [1]). Mit Beibehaltung des Wahren und Ausmerzung des Irrigen an dieser Erklärung definirt er die Buße als die aus der Erinnerung an eine begangene Sünde oder Unlust an dem Guten hervorgegangene Reue oder **Sinnesänderung**, wie sie das griechische Wort $\mu\varepsilon\tau\acute{\alpha}\nu\omicron\iota\alpha$ nennt [2]).

Demzufolge legt Tertullian das Wesen der Buße hauptsächlich in die **Reue**. Lactantius ergänzt ihn, sofern er den allerdings im Wesen der Reue eingeschlossenen **Vorsatz** [3]) stärker betont. Wer sein Thun bereut, sagt er, erkennt den früheren Irrthum. Bezeichnend nennen die Griechen $\mu\varepsilon\tau\acute{\alpha}\nu\omicron\iota\alpha$, was wir mit resipiscentia wiedergeben können. Der kommt nämlich zu sich und erhält gleichsam den Verstand wieder, welcher den Irrthum betrauert, den Unverstand straft, sich fest vornimmt, besser zu werden und vorzüglich darauf bedacht ist, nicht wieder in die

---

1) Tert. de poenit. c. p. 41.
2) Tert. adv. Marc. l. 2. c. 24. p. 108.
3) Die Reue bezieht sich auf das Vergangene, der Vorsatz auf das Zukünftige. Die Verabscheuung des Vergangenen schließt aber den Willen, es in Zukunft anders zu machen, nothwendig ein.

alten Schlingen zu gerathen⁴). Der Name resipiscentia vermochte jedoch das Wort poenitentia nicht zu verdrängen.

Die Buße wird häufig eine erste und zweite genannt. Unter der ersten versteht man die Bekehrung zum Christenthum und die Vorbereitung auf die Taufe. Die zweite Buße bezieht sich auf die Bekehrung eines Gläubigen, der nach der Taufe in eine schwere Sünde gefallen war. Ein solcher mußte nämlich seine Schuld durch die Exomologese, d. h. durch das öffentliche Bekenntniß, und die Verrichtung von Bußwerken sühnen; in ihr bestand die zweite Pönitenz.

Das Wort Exomologese hat bei den alten Schriftstellern eine dreifache Bedeutung. Einmal bezeichnet es, wie angegeben, das öffentliche Sündenbekenntniß, wie das Leben in der Klasse der Büßer überhaupt⁵), sodann das Bekenntniß der Schuld im Allgemeinen, das in einem Gebete der Liturgie Ausdruck erhielt⁶). Endlich wurde das Wort Bekennen auch in der Bedeutung von Anerkennen, Loben und Preisen, gefaßt⁷). Hier handelt es sich um die erste Bedeutung des Wortes. Weil jedoch dieses Bekenntniß durchweg als ein reumüthiges vorausgesetzt wird, schließt der Begriff der Exomologese auch die Reue und Sinnesänderung in sich. Ein weiteres Eingehen auf diese Namen und Begriffe würde dem Folgenden vorgreifen.

## §. 64. Zulässigkeit der Buße.

Ehe von der Buße, durch welche Sünden nachgelassen werden, gehandelt werden kann, ist die Frage zu erledigen, gibt es überhaupt eine solche Buße? Bekanntlich finden sich Stellen der Schrift und der Väter, welche dieses zu läugnen scheinen. Hier wird jedoch blos im Allgemeinen dargestellt, wie die Väter über die Sünden der Gläubige und ihre Vergebung urtheilten, denn das genügt für den vorgelegten Zweck. Die nähere Angabe über das Verhalten gegen Sünder und Büßer enthält der Artikel von der Bußdisciplin.

Die Taufe machte den Sünder zu einem neuen Menschen, dem Gott in der Firmung seinen Geist einhauchte und durch die Eucharistie zur

---

4) Lact. instit. l. 6. c. 24. p. 343. Gall.
5) Iren. l. 1. c. c. 13. n. 5. Cyp. de laps. p. 378. a. Epist. 10. p. 51. c. epist. 55. p. 182. e. u. f.
6) cf. Probst, Liturgie. §. 107.
7) cf. Herm. past. mand. 10. n. 3. p. 253. Orig. select. in psl. 135. (Bd. 8.) p. 481. Cyp. de laps. p. 383. e.

Aehnlichkeit mit dem erhob, dessen Bild er im Pararadies erhalten hatte. Durch den zweiten Odem wurde der erste wieder hergestellt. Er war um einen so theuren Preis erkauft, hatte eine solche Würde erlangt, konnte so wenig sein früheres Elend und seine jetzige Erhebung verkennen, daß ein Rückfall in den Augen des Gläubigen, wenn nicht unmöglich, doch als ein solches Verbrechen erschien, das nie vorkommen sollte. Eine Sündenvergebung gab es darum, nämlich die anfänglich durch die Taufe ertheilte, nach ihr sollte aber keine Verzeihung mehr nöthig sein. Es geziemt sich, daß der Christ, für welchen Christus gestorben ist, strenger gehalten werde. „Für die Juden wurden Stiere und Ochsen geschlachtet, für dich aber der Sohn Gottes, und abermal gelüstet dich nach der Sünde [1])?"

Ferner konnte sich der Rückfällige nicht durch Unwissenheit entschuldigen, weil er Gott erkannt und seine Gebote angenommen hatte. Je mehr aber die Unwissenheit zurücktritt, desto mehr drängt sich die Vorsätzlichkeit hervor. Die Furcht des Herrn war die Ursache der ersten Buße, diese Furcht hört also auf, wenn man wieder sündigt. Gott wird verachtet und seine Gnade beschimpft, der Geber selbst durch Zurückweisung der Gabe verworfen und die Wohlthat verläugnet, weil man sie nicht ehrt. So erscheint der Rückfällige gegen Gott trotzig und undankbar [2]).

Endlich wie schwer war die Sünde, durch die man dem Teufel wieder die Herrschaft gab und ihn Gott vorzog? Der begeht keine leichte Sünde gegen den Herrn, welcher, in der (ersten) Buße seinem Widersacher, dem Teufel, entsagend und ihn dem Herrn unterwerfend, durch seinen Rückfall denselben wieder erhebt und sich selbst zum Gegenstande seines Frohlockens macht, so daß der Böse, mit seiner Beute beladen, abermal wider den Herrn triumphirt [3]). Zieht er nicht den Teufel dem Herrn vor? Da er nämlich beide kannte, scheint er eine Vergleichung angestellt und den für den Besseren erachtet zu haben, dessen Diener zu sein er vorzog. So thut der, welcher durch die Reue (poenitentia) über die Sünden Gott genug gethan hat, dadurch, daß er seine Reue bereut, dem Teufel genug und wird Gott um so verhaßter, je mehr er seinem Widersacher gefällt [4]).

---

1) Orig. in Levit. hom. 2. n. 4. p. 31. Es sei hier bemerkt, daß die in der Zeitschrift „Katholik", Jahrgang 1865, enthaltene Abhandlung: die Lehre des Origenes über die Buße, von mir geschrieben und hier nach Bedürfniß verwendet ist.
2) Tert. de poenit. c. 5. p. 30.
3) Aehnlich Origenes und Hippolyt in den arabischen Kanonen.
4) Tert. l. c. t. 5.

2) Das sind die hauptsächlichsten Gründe, welche die ersten Christen gegen die zweite Buße geltend machten. Dem ächten Sohn der Kirche erschien der Rückfall so unmöglich, daß er in demselben Sinne die Unmöglichkeit der zweiten Buße behauptete. Es war keine absolute Unmöglichkeit, aber eine Abnormität, an deren Verwirklichung er nicht denken mochte und die den Gerechten gegenüber als undenkbar dargestellt wurde. Das tägliche Leben zeigte jedoch auch Rückfällige und ihnen gegenüber sprachen sie von der zweiten Buße. Wenn Jemand, schreibt Clemens A., aus Unwissenheit oder durch Umstände gezwungen, nach der Besiegelung und Befreiung von Sünden, in Sünden gefallen und völlig versunken ist, der ist (nicht) durchaus von Gott verworfen, denn ($\gamma \acute{\alpha} \varrho$) wer sich wahrhaft aus ganzem Herzen zu Gott wendet, dem stehen die Thüren offen und sehr willig nimmt der Vater den wahrhaft reuigen Sohn auf. Die wahre Buße besteht jedoch darin, in dieselbe nicht mehr verstrickt zu werden, sondern sie mit der Wurzel aus der Seele zu reißen, durch welche er sich des Todes schuldig weiß. Nachdem sie weggenommen sind, wird Gott wieder in dir wohnen. Eine große Freude ist nämlich im Himmel bei Gott und den Engeln über Einen Sünder, der Buße thut. Deßwegen sagt er auch, Barmherzigkeit will ich, nicht Opfer. Ich will nicht den Tod des Sünders, sondern daß er sich bekehre, wenn auch euere Sünden roth wären wie Purpur [5]). So lautet die Stelle nach Potter. Klotz fügt hingegen den Worten: der ist von Gott durchaus verworfen, ein „nicht" bei. $O\tilde{\upsilon} \tau o \varsigma\ o \dot{\upsilon}\ \kappa \alpha \tau \epsilon \psi \acute{\eta} \varphi \iota \sigma \tau \alpha \iota$. Ob sich diese Aenderung auf eine Handschrift stützt, oder von Klotz auf eigene Faust [6]) unternommen wurde, gibt er nicht an. Dem Zusammenhange entspricht sie. Da im Vordersatze von unwissentlichen und unfreiwilligen Sünden, in dem durch $\gamma \acute{\alpha} \varrho$ eingeleiteten Nachsatze von der Verzeihung Gottes die Rede ist, paßt hierzu eine völlige Verwerfung des Sünders nicht. Die Worte „völlig versunken" müssen dann in der Bedeutung: „in eine Todsünde gefallen" verstanden werden, wie Clemens dieses auch im folgenden Satze bemerkt.

Hält man hingegen an der Potter'schen Leseart fest, dann muß „völlig versunken sein" im strengsten Sinne gefaßt werden. Wer nach der Taufe durch die Sünde völlig verstockt wurde, der ist von Gott verworfen. Wer sich jedoch aus ganzem Herzen ꝛc. Die Verzeihung

---

[5]) Clem. A. Quis dives. c. 39. p. 957.
[6]) Ein Recensent in den Göttingischen gelehrten Anzeigen urtheilt in dieser Beziehung sehr strenge über Klotz.

von Todsünden nach der Taufe, lehrt nämlich Clemens ohne Zweifel, wie, außer dem Angeführten, die folgenden Kapitel lehren, die mit der Erzählung schließen, Johannes habe jenem Jünglinge, der sich an die Spitze einer Räuberbande stellte, vergeben.

Die Gläubigen reden jedoch ungerne und mit schwerem Herzen von dieser zweiten Buße. Es ist schmerzlich, sagt Tertullian, von dieser zweiten und letzten Hoffnung zu reden, um nicht den Anschein zu geben, als ob wir eine Buße zum fortgesetzten Sündigen lehren, wenn das einzige noch rückständige Hilfsmittel zur Sprache gebracht wird. Möge dieser Ausweg Niemand zum Schlimmen fördern, Niemand darum schlechter sein, weil Gott besser ist, und so oft sündigen, als verziehen wird [7]. Dieselbe Barmherzigkeit Gottes, die so viel für den Menschen gethan, will den, welchen sie um einen so hohen Preis erkauft hat, nicht verloren gehen lassen, sondern lehrt, die, welche sich nach der Taufgnade befleckt haben, können wiederholt gereinigt werden [8]. Der neue Bund steht nämlich nicht hinter dem alten zurück, sondern gibt mehrere Mittel zur Sündenvergebung an die Hand. Das erste ist die Taufe, das zweite das Martyrium, das dritte Almosengeben. Viertens wird uns Nachlassung der Sünden zu Theil, wenn wir unseren Brüdern vergeben. Die fünfte Art der Sündennachlassung besteht darin, daß Jemand einen Sünder von seinen irrigen Wegen bekehrt; die sechste wird dem Uebermaß der Liebe zu Theil. Die siebente, übrigens harte und mühselige, ist die durch die Buße, wenn der Sünder sein Lager mit Thränen wäscht, Thränen sein Brod sind Tag und Nacht, wenn er sich nicht schämt, dem Priester des Herrn seine Sünden aufzudecken und das Heilmittel sucht, wenn er in der Bitterkeit des Weinens in Trauer und Wehklagen niedergebeugt, sein Fleisch kasteit und durch Fasten und vielfältige Enthaltsamkeit entkräftet [9].

Ein weiterer Grund, durch den die zweite Buße motivirt wurde, war die Arglist und Rührigkeit des Teufels, um den Gläubigen zu verderben. Gott kennt seine Bemühungen und aus Mitleid gab er in der zweiten Buße den Gefallenen ein Mittel, sich wieder zu erheben. Dieser so hartnäckige Feind gönnt seiner Bosheit nie Ruhe. Ja, dann wüthet er am meisten, wenn er den Menschen völlig frei sieht, dann wird er am meisten entflammt, wenn die Flamme (des Bösen) ausgelöscht wird. Nothwendig trauert und seufzt er über die erlangte Sünden-

---

[7] Tert. l. c. c. 7. p. 55.   [8] Cyp. de opere et eleem p. 477. c.
[9] Orig. in Levit. hom. 2. n. 4. p. 82.

vergebung, so viel Todeswürdiges einem Menschen weggenommen ist, so viel sind ihm Ansprüche auf die frühere Verdammung entrissen. Es schmerzt ihn, daß dieser ehemalige Sünder, nun Diener Christi, ihn und seine Engel richten soll. Deßwegen beobachtet, bekämpft, belagert er [10]), ob er etwa die Augen durch Fleischeslust ärgern, oder den Geist durch weltliche Lockungen verstricken, oder den Glauben durch Furcht vor weltlicher Gewalt zum Falle bringen, oder vom sicheren Weg durch falsche Ueberlieferungen ablenken könne; es mangeln weder Aergernisse noch Versuchungen.

Diese seine giftigen Einflüsse voraussehend, hat Gott, wenn auch die Thüre der Nachsicht verschlossen und der Riegel der Taufe vorgeschoben ist, noch etwas offen gelassen. Er setzte an den Eingang die zweite Buße, welche den Anklopfenden öffnet; aber blos einmal, weil schon das zweitemal; aber nicht weiter mehr, weil schon das nächstemal fruchtlos. Ist dieses Einmal nicht genug? Du hast, was du nicht verdienest; denn du hast verloren, was du empfangen hattest ... Indeß soll der Muth nicht sogleich gebrochen werden, wenn auch Einer der zweiten Buße benöthigt worden ist. Schwer falle es, zu sündigen, nicht aber Buße zu thun, schwer falle es, sich neuerdings zu gefährden, nicht aber, sich wieder los zu machen. Niemand schäme sich, die erneuerte Krankheit braucht erneuerte Medicin, dankbar wirst du dich dem Herrn erweisen, wenn du das nicht verschmähst, was er dir anbietet; du hast beleidigt, du kannst dich wieder aussöhnen lassen. Du hast den, dem du genug thun kannst, und der dir bereitwillig entgegenkommt [11]).

3) Bei manchen stand aber die Ansicht, nach einem schweren Rückfall gebe es keine Verzeihung mehr, so fest, daß es Tertullian für nöthig hält, den betreffenden Lehrsatz ausführlicher zu begründen. Solltest du das bezweifeln, so erwäge, was der Geist den Kirchen sagt. Die verlassene Liebe mißt er den Ephesiern als Schuld bei, den Thyatirensern wirft er Hurerei und Götzenopfer vor, die Sardier klagt er der unvollkommenen Werke an, die Pergameser tadelt er wegen Irrlehren, die Laodicäer, weil sie Reichthümern vertrauen. Und doch ermahnt er Alle und zwar unter Drohungen zur Buße. Der Unbußfertige würde aber nicht bedroht, wenn dem Bußfertigen nicht vergeben würde. Den letzten Zweifel benimmt das, daß er auch anderwärts seine überfließende Milde

---

10) Dieser Satz enthält zugleich die Angabe der damaligen Todsünden, auf die wir in §. 66 zurückkommen.
11) Tert. de poenit. c. 7.

zeigt. Sagt er nicht, wer gefallen, der wird aufstehen, und wer sich abgekehrt hat, wird sich bekehren? Er ist nämlich der, welcher lieber Barmherzigkeit, als Opfer will. Die Himmel freuen sich und die Engel daselbst über die Buße des Menschen. Wohlan, du Sünder, sei guten Muthes, du siehst, wo man sich über deine Rückkehr freut. Zu was dienen uns die Beweggründe in den Gleichnissen des Herrn? Daß das Weib die verlorene Drachme sucht, findet, und die Freundinnen zur Freude auffordert, ist das nicht ein Bild des wiederhergestellten Sünders? Es irrt das Eine Schaf des Hirten, aber die Heerde ist ihm nicht theurer, als das Eine; dieses Eine wird gesucht, das Eine vor Allen ersehnt und endlich gefunden und auf die Schultern des Hirten selbst gelegt, denn viel hatte es sich irrend abgemüht. Auch jenen mildesten Vater will ich nicht schweigend übergehen, welcher den verschwenderischen Sohn zurückruft und nach der Noth den Bußfertigen freudig aufnimmt, ein fettes Kalb schlachtet und seine Freude durch ein Gastmahl schmückt. Warum nicht? Er hatte den Sohn gefunden, welchen er verloren hatte, er hielt den für theuer, welchen er wieder erhalten hatte. Wen haben wir unter dem Vater zu verstehen? Gott, denn so ist Niemand Vater, so liebevoll Niemand. Er wird dich also, seinen Sohn, wenn du auch das von ihm Empfangene verschwendet hast, wenn du nackt zurückkehrst, aufnehmen, weil du zurückgekehrt bist [12]).

Man darf wohl sagen, so sprach und lehrte die Kirche durch den Mund Tertullians zu Ende des zweiten Jahrhunderts, durch den Mund desselben Mannes, der wenige Jahre später seine eigene und ihre Lehre durch Rabulisterei umzustoßen suchte.

### §. 65. Die Buße ein Heilmittel für schwere Sünden.

Die Worte der Schrift: wer sagt, er sei ohne Sünde, ist ein Lügner cf. I. Joh. 1. 8., und das Kind Gottes sündigt nicht cf. I. Joh. 5. 18., weßwegen nichts Verdammenswerthes in denen ist, die in Christus sind Rom. 8. 1., enthalten auf den ersten Anblick einen Widerspruch, der dadurch gehoben wird, daß man zwischen Sünde und Sünder unterscheidet. Von leichteren, aus Uebereilung ec. hervorgehenden Fehlern ist auch der fromme Gläubige nicht frei, Sünden zum Tode hingegen, wie sie Johannes nennt I. Joh. 5. 16. 17., begeht das Kind

---

12) Tert. de poenit. c. 8. Aehnlich spricht er sich in der Schrift de patientia c. 12. aus.

Gottes nicht. Diese Unterscheidung zwischen den s. g. läßlichen und Todsünden findet sich auch bei den Schriftstellern unserer Periode. Es sollte
allerdings bei der Buße vor der Taufe sein Bewenden haben, denn die
wahre Buße besteht darin, jene Sünden, welche uns des Todes schuldig
machen, mit der Wurzel aus der Seele zu reißen, so daß man nicht
mehr in sie verstrickt ist, der wahre Büßer begeht darum auch keine
Sünden (Todsünden) mehr [1]. Weil aber Gott die Schwäche und Wandel-
barkeit des Menschen kennt, weil er weiß, daß er vielfältig vom Teufel
versucht wird, hat ihm seine Barmherzigkeit eine zweite Buße gestattet [2].
Man sieht hieraus zugleich, die zweite Buße war für die Todsünden da.
Selbstverständlich übte nämlich die Art der Sünde einen Einfluß auf die
Beschaffenheit der Buße oder Sühne; ein Unterschied, der sich schon bei
Aufzählung der verschiedenen Mittel der Sündenvergebung bemerkbar macht.
Origenes führt sieben solcher Mittel an und abgesehen von der sakramentalen und Bluttaufe, die sich auf die erste Buße beziehen, hat das
7. ~~sechste~~ Mittel, oder die Buße, einen anderen Charakter, als die übrigen.
Sie ist ein schweres und mühevolles Mittel und darum ohne Zweifel
die Sühne für Todsünden, während die übrigen die Vergebung der läßlichen Sünden bewirkten. Zudem macht Origenes ausdrücklich auf verschiedene, den Sünden entsprechende Heil- und Sühnmittel, aufmerksam.
Die einen werden, wie eine kleinere Wunde durch Salbe und Oel geheilt
wird, auf eine für den Büßer schonendere Weise behandelt, während
schwerere Sünden den Geist des Gerichtes und Brandes bedürfen [3].
Der Bischof von Karthago bestätigt dieses in den Worten: Weil Niemand so reinen und unbefleckten Herzens ist, daß er, auf seine Unschuld
gestützt, die Heilmittel für seine Wunden vernachlässigen darf, da, nach
dem Apostel, Niemand ohne Sünden ist und wenn er sich für sündenlos
hält, entweder stolz oder thöricht ist, so sollen wir die Heilmittel nicht
verachten. Solche Mittel, die Gott nach der Taufe verleiht, sind Almosen
und Liebeswerke gegen den Nächsten überhaupt [4]. Jeder weiß, daß der
Bischof von Karthago von schweren Sündern mehr verlangt, als Almosengeben, daß er eine harte und mühevolle Buße fordert, wie sie Origenes
beschreibt, so daß der Satz als bewiesen angesehen werden kann, die Buße
ist das Sühnungsmittel für Todsünden; durch Almosen und die übrigen
von Origenes angegebenen Mittel werden hingegen läßliche Sünden vergeben.

---

1) Clem. Quis dives. c. 39. p. 957.    2) Clem. strom. l. 2. c. 13. p. 459.
3) Orig. in Jerem. hom. 2. n. 2. p. 377.
4) Cyp. de opere et eleem. p. 477.

2) **Welches waren diese Todsünden?** [5]) Da die Schrift Tertullians „über die Buße" eine seiner ersten ist, da er in ihr die katholische Lehre wiedergibt, kann man aus ihr die kirchliche Anschauung zu Ende des zweiten Jahrhunderts am sichersten entnehmen. In der oben citirten Stelle gibt er an, zu welchen Sünden der Teufel die Christen zu verführen suche, um sie dahin zu bringen, daß ihnen blos noch durch das zweite rettende Brett im Schiffbruche der Seele geholfen werden könne. Er redet also hier offenbar von Sünden, die durch die zweite Buße gesühnt werden müssen, oder von Todsünden und zählt als solche Fleischessünden, Abfall vom Glauben und Häresie auf. Unter den Worten: animum illecebris saecularibus irretire lassen sich ebenso zeitliche Güter, als weltliche Lustbarkeiten verstehen. Die betreffenden Sünden gehören darum entweder in die Kategorie des Geizes und Betruges, oder er meint darunter den Besuch von Schau- und Gladiatorenspielen. Das Erste scheint uns das Wahrscheinlichere, da auch Cyprian Ehebruch, Betrug und Mord ein mortale crimen nennt [6]). Denn Abfall vom Glauben erklärt derselbe Bischof unbestreitbar für Todsünde. An die Stelle des Geizes wird aber Betrug und Diebstahl gesetzt, weil die letzten meistens Folgen des ersten sind. Origenes erwähnt gleichfalls crimina graviora, für welche bloß eine einmalige Buße gestattet war [7]).

Die Todsünden, welche durch die zweite Buße Vergebung erlangen mußten, waren daher Abfall vom Glauben, Mord, Unkeuschheit und Geiz, sofern er sich in Betrug, Diebstahl und Erpressung offenbarte. Waren die Todsünden notorisch, so mußten sie **öffentlich** gebüßt werden. Im anderen Falle genügte ein geheimes Bekenntniß. Damit ist jedoch nicht ausgeschlossen, daß auch andere **schwerere** Sünden, obwohl sie nicht zu den Todsünden im damaligen Sinne des Wortes gehörten, durch die Buße gesühnt werden mußten. Diese Sünden lassen sich jedoch nicht näher angeben.

### §. 66. Die Buße ein göttliches Gnadenmittel.

Die Buße war den Gefallenen durch die göttliche Barmherzigkeit zur Sündenvergebung verliehen. Dieser Satz steht durch das Voraus-

---

5) Dieser Gegenstand wird im Folgenden eine nähere Besprechung finden. Hier handelt es sich blos darum, die allgemeinen, katholischen Grundsätze darzustellen.
6) Cyp. de bono patient. p. 496. f.
7) Orig. in Levit. hom. 15. n. 2. p. 227. Man vergleiche hierüber §. 82.

gehende fest, ist aber einer verschiedenartigen Deutung fähig. Ist es das reumüthige Herz, dem Gott verzeiht? Aus dem Folgenden erhellt evident, daß dieser innere Akt nicht genügte, sondern ein äußerer, das Sünden=bekenntniß und die Verrichtung von Bußwerken, hinzukommen mußte. Aber auch die Exomologese läßt die Sünden nicht nach, sondern verhält sich als Disposition zu einem der Taufe ähnlichen sakramentalen Akte.

In dieser Beziehung tritt zwischen der Darstellung der göttlichen und menschlichen Schrift ein auffallender Unterschied hervor. Die heilige Schrift stellt den sakramentalen Charakter, das opus operatum der Buße, als die Hauptsache hin und läßt von ihm auf das opus operantis, die menschliche Thätigkeit, schließen. Die späteren Schriftsteller gehen hingegen von der Disposition aus und kommen von ihr auf den sakramentalen Akt.

2) Christus gab die Vorschrift, den Sünder, nachdem man ihn vergebens allein, dann vor Zeugen zurechtgewiesen, vor die Kirche zu führen, und wenn er sich ihrer Entscheidung nicht unterwerfe, ihn wie einen Zöllner und Heiden zu betrachten. Daß Jesus unter der Kirche die Vorsteher versteht, erhellt daraus, daß er im unmittelbaren Anschlusse den Aposteln ankündigt: was ihr auf Erden binden werdet, das wird auch im Himmel gebunden sein und was ihr auf Erden lösen werdet, wird auch im Himmel gelöst sein. Math. 18. 15—18. Keine Uebertragung der Binde= und Lösegewalt war dieses, sondern eine Ankündigung der=selben, die er nach der Auferstehung [1]) übertrug. Mitten unter die Jünger tretend, sprach er: der Friede sei mit euch. Wie mich der Vater

---

1) Christus war eben von den Todten erstanden, ein bedeutungsvoller Augen=blick, dessen höhere Weihe und Feier sich ganz besonders zu etwas Großem und Wichtigem schickte. Auch trägt der ganze Vorgang den Charakter der Außerordent=lichkeit, durch das Anhauchen und die Kraft und Feierlichkeit, womit er sich ausdrückt, gibt er deutlich zu erkennen, daß er ihnen hier eine ganz besondere göttliche Macht ertheilt, nämlich die der Sündenvergebung, wenn wir die Worte so verstehen, wie sie nach dem ersten Grundsatze der Hermeneutik verstanden werden müssen, nach welchem man den litteralen Sinn ohne wichtige Gründe nicht aufgeben darf, deren aber im gegenwärtigen Falle keine vorliegen, indem es gar nichts unmögliches ist, daß Gott als unumschränkter Herr seiner Gnade und der Weise ihrer Mittheilung durch Menschen Sünden erlasse und Heiligung gebe. Auch konnten die Apostel aus den Worten Christi nichts anderes schließen, als daß ihnen die Gewalt, Sünden zu erlassen, gegeben sei. Sie wußten, daß ihm alles Gericht und alle Macht im Him=mel übergeben ist. Sie hatten ihn öfters die Sünden erlassen sehen, und nun sagt er ihnen, indem er sie anhaucht, als wolle er ihnen zu sagen seine Göttlichkeit mit=theilen, sie empfangen seinen (den heiligen) Geist, und sollen von nun an die Sünden nachlassen; was können sie anders denken, als sie sollen, wie sie ihn ehemals thun sahen, Sünden nachlassen. Klee, die Beichte. S. 40.

gesendet hat, so sende ich euch. Nachdem er dieses gesprochen, hauchte er sie an und sagte ihnen: Empfanget den heiligen Geist, welchen ihr die Sünden nachlasset (ἀφῆτε), denen sind sie nachgelassen, und denen ihr sie behaltet, denen sind sie behalten. Joh. 20. 21—23.

Das Nachlassen ist ein förmliches Vergeben der Sünden, Jesus selbst bedient sich dieses Wortes, wenn er Sünden vergibt ²) und von eigentlicher Sündenvergebung redet ³); er sendet die Jünger zur Ausübung dieser Thätigkeit, wie er vom Vater gesendet ist, d. h. wie er Sünden nachläßt, sollen auch sie, durch die Mittheilung des h. Geistes befähigt, im Namen Gottes wahrhaft Sünden vergeben. Nebst dem Predigen und Taufen, soll das Binden und Lösen eine ihrer hauptsächlichsten Funktionen sein, denn das Tilgen der Sünden war einer der ersten Zwecke des Reiches Gottes. Ferner wird die Sündenvergebung durch einen richterlichen Akt vollzogen, denn den Aposteln steht die Entscheidung zu, ob sie erlassen, oder behalten wollen; Gott aber bestätigt ihr Urtheil im Himmel. Da sie ohne Kenntniß des Thatbestandes nicht richten können, der ihnen nur durch das Selbstbekenntniß des Schuldigen offenbar wird, involvirt die Uebertragung des Richteramtes zugleich die Pflicht des Pönitenten, seine Sünden zu bekennen. Doch hier genügt der Nachweis, daß Jesus eine Handlung eingesetzt, oder die Apostel mit ihr beauftragt hat, durch welche Sünden vergeben werden. Eine von Jesus eingesetzte Handlung, die solches bewirkt, nennt aber die katholische Kirche ein Sakrament.

3) Die Buße, sagen die späteren Schriftsteller, ist dem Gefallenen von Gott als ein zweites Mittel der Vergebung verliehen, wie die Taufe das erste ist. Die Buße wird dadurch auf gleiche Linie mit der Taufe gestellt, daher auch der Name erste und zweite Buße. Wollte man darum erwidern, das reumüthige Herz und das Bekenntniß läßt Sünden nach, d. h. um dieser Akte willen verzeiht Gott dem Menschen unmittelbar und innerlich, so widerspräche diesem die Sündenvergebung durch die Taufe. Auch vor ihr wurde Buße gefordert, die Katechumenen bekannten selbst die Sünden, aber weder dieses Bekenntniß, noch jene Buße tilgte das Vergehen, sondern das Sakrament. Nun sind aber die nach der Taufe begangenen Sünden an sich schwerer, als die vor ihr vollbrachten,

---

2) Deine Sünden sind dir vergeben, sagt Jesus zu dem Gichtbrüchigen Math. 9. 2—9. Vater, vergib ihnen, spricht er am Kreuze. Luc. 23. 34.
3) Im Vater unser Math. 6. 12. und wenn ihr nicht vergebet, wird euch euer himmlischer Vater nicht vergeben. Math. 6. 14.

deßwegen ist ebenso ein Akt nothwendig, durch den den Büßern, wie durch die Taufe, das Verdienst des Leidens und Sterbens Christi, zum Behufe ihrer Vergebung, applicirt wird. Man höre Origenes. Eine altteftamentliche Stelle erklärend, bemerkt er: das ist aber nicht so gemeint, als ob die Gnade der Taufe dadurch wiederholt würde, sondern jede Reinigung von Sünden, auch die durch die Buße gesuchte, bedarf der Hilfe Jenes, aus dessen Seite Blut und Wasser floß [4]). Origenes findet die Identität der Buße und Taufe nach dieser Seite so vollständig, daß er sich zu der Bemerkung veranlaßt sieht, er lehre keine Wiedertaufe, sondern wie die von Ungläubigen begangenen Sünden durch Zuwendung der Verdienste Christi in der Taufe gereinigt werden, so die von den Gläubigen vollbrachten durch ihre Zuwendung in der Buße.

Zum Bekenntniß der Schuld aufmunternd, fragt Tertullian: wenn wir etwas der menschlichen Kenntniß entzogen haben, werden wir es sofort auch vor Gott verheimlichen können? Wird dadurch nicht das Wissen der Menschen und das Wissen Gottes auf gleiche Linie gestellt? An melius est damnatum latere, quam palam absolvi [5])? Das Verheimlichen der Sünde stellt der Apologet dem öffentlichen Absolvirtwerden entgegen. Es fand also eine Lossprechung nach dem Bekenntnisse statt. Nicht das Bekenntniß als solches erläßt die Sünden, in ihm allein besteht nicht die zweite Buße, sondern es empfiehlt sie blos [6]), oder es disponirt zur Absolution. Das Wort absolvere gebraucht Tertullian ebenso von der ersten Buße und Taufe. Von der Buße der Katechumenen redend, sagt er: Gesetzt den Fall, die Katechumenen bedürfen keine Buße, dann müßten sie wohl schon gereinigt sein, wenn sie absolvirt werden. Keineswegs... Vor der Verzeihung muß der Sünder bereuen [7]). Der ersten, wie der zweiten Buße folgt demnach eine Absolution, welche die Sündenvergebung bewirkt und die deßwegen nicht blos als ein Akt der Zulassung zur Kirchengemeinschaft gefaßt werden darf. Zudem könnte sich unter dieser Voraussetzung die Absolution nicht auf geheime Sünden von Gläubigen beziehen, die in der Gemeinschaft der Kirche standen.

---

4) Orig. in Levit. hom. 8. n. 10. p. 148.
5) Tert. de poenit. c. 10. p. 61.
6) Haec omnia exomologesis, *ut poenitentiam comendet*, ut de periculi timore dominum honoret, ut in peccatorem ipsa pronuncians pro Dei indignatione fungatur, et temporali afflictatione *aeterna supplicia* non dicam frustretur, sed expugnet. Cum igitur provolvit hominem, magis relevat, squalidum facit, magis mundatum reddit, cum accusat, excusat, cum condemnat, absolvit. l. c. c. 9. p. 60.   7) l. c. c. 6. p. 52.

Und doch kennt Tertullian, Origenes und Cyprian solche, welche zwar nicht offenkundig vom Glauben abfielen, sondern diese Sünde nur in Gedanken begingen (quoniam tamen de hoc vel cogitaverunt). Deßungeachtet sollten sie aber ihre Schuld vor den Priestern bekennen[8]. Möge Jeder, ich bitte euch, Brüder, sein Vergehen bekennen, so lange er noch in dieser Welt ist, so lange noch sein Bekenntniß angenommen werden kann, so lange die Genugthuung und die **durch die Priester gegebene Verzeihung bei Gott angenehm ist**[9]. Die Zeugnisse aus Origenes und Tertullian werden die folgenden §§. enthalten, denn wenn die Priester, als von Gott bevollmächtigte Organe, in seinem Namen Sünden vergeben, so liegt in diesen Sätzen ebenso die Lehre, die Absolution sei ein sakramentaler Akt, die Buße also ein Sakrament, als wenn die Gläubigen ihre geheimen Sünden den Priestern zum Behufe der Lossprechung bekennen. Nur die Worte Cyprians, durch welche er die Reconciliation des gefallenen Gläubigen, der seine Schuld bekennt, von den Verdiensten Christi abhängig macht, mögen noch hier stehen. Venia confitenti datur et credenti indulgentia salutaris de divina pietati conceditur et ad immortalitatem sub ipsa morte transitur. Hanc gratiam Christus impertit, hoc munus misericordiae suae tribuit subigendo mortem tropaeo crucis, redimendo credentem pretio sanguinis sui, reconciliando hominem Deo patri, vivificando mortalem regeneratione coelesti [10].

### §. 67. Minister des Bußsakramentes.

Blos Gott kann Sünden vergeben, deßwegen mußten Menschen, welchen solches aufgetragen wurde, als Organe Gottes in seinem Namen handeln. In den Worten: wie mich der Vater gesendet hat, sende ich euch, ist dieser Forderung Genüge gethan. Noch mehr aber durch das Anhauchen mit den begleitenden Worten.

Den heiligen Geist mit seinen Gnadengaben erhielten die Apostel am Pfingstfeste. Von dieser Mittheilung redet Jesus öfter zu ihnen in der künftigen Zeit; ihr werdet den h. Geist empfangen, ich werde ihn euch senden. Bei Einsetzung des Bußsakramentes wird er ihnen

---

8) Cyp. de laps. p. 382. d. u. e.
9) l. c p. 383. a. Dum satisfactio et remissio facta per sacerdotes apud Dominum grata est.
10) Cyp. ad Demet. p. 442. e.

unmittelbar mitgetheilt. Nehmet hin den heiligen Geist, und zwar um Sünden zu vergeben und zu behalten. Das vermag nämlich nur Gott, darum war die Mittheilung des Geistes Gottes nothwendig, um im Geiste und Namen Gottes dieses zu bewirken. Würde jeder Gläubige diese Vollmacht besitzen, so wäre sie ihm durch die Herabkunft des h. Geistes am Pfingstfeste verliehen und wäre sie ihm an diesem Tage gegeben, so sänke die vorhergehende Mittheilung desselben an die Jünger zur Bedeutungslosigkeit herab. Nun lese man aber die Stelle Joh. 20. 21. und die Feierlichkeit des von Jesus vorgenommenen Aktes läßt sich nicht einmal anzweifeln.

Das Amt des Richters verwaltet Petrus an Ananias und Saphira. Sie hatten sich eine Unterschlagung zu Schulden kommen lassen und läugneten ihr Vergehen ab. Auf die Einsetzung des Bußsakramentes durch Jesus anspielend, sagt Petrus: du hast den **heiligen Geist**, nicht Menschen, sondern Gott belogen. Den Nicht-Bekennenden bindet er und was er auf Erden bindet, ist im Himmel gebunden; Ananias stürzt todt nieder. Apostl. 5. 1—11 ¹). Wie die drei Todtenerweckungen Jesu die Lösung des Sünders in den drei Stadien (einfache Todsünde, Jairi Töchterlein, Laster, Jüngling von Naim, Unbußfertigkeit, Lazarus) offenbaren; so hier die Tödtung des Ananias und der Saphira die Bindung desselben. Deßgleichen ist es der Apostel Paulus; der sich im Geiste in Mitte der Gemeinde von Korinth versetzt und seines Amtes waltend den Blutschänder ausschließt und aufnimmt. Dasselbe wissen wir von dem Apostel Johannes; Gegenstände, in Betreff derer, um Wiederholungen zu vermeiden, auf die Bußdisciplin verwiesen wird.

2) Wenn die apostolischen Väter den Priester auch nicht direkt als Minister dieses Sakramentes erklären, so bringen sie ihn doch in eine sehr nahe Verbindung mit demselben ²). Die auf außerkirchlichem Boden entstandenen **clementinischen Homilien** lehren hingegen geradezu die priesterliche Binde- und Lösegewalt. Aus ihrem Lehrsystem ist diese Doktrin nicht herausgewachsen, da ihrer Ansicht zufolge sich Jeder seine Sünden selbst vergibt, sie adoptirten darum die kirchliche Lehre, denn in dieser Beziehung stimmen die Clementinen mit dem Ordinationsgebete der apostolischen Constitutionen völlig überein ³).

In einem ähnlichen Verhältnisse stehen die Worte des Montanisten

---

1) Auch Tertullian führt dieses auf die Bindegewalt des Petrus zurück. De pudic. c. 21. p. 482.
2) cf. §. 76. n. 3.   3) cf. §. 102.

Tertullian zur kirchlichen Lehre. Wer nicht bekennt, wird nicht absolvirt, sagt er laut der im vorigen §. citirten Stelle, wer aber absolvirt, der richtet. Der allgemeine Satz: qui enim judicat et absolvit [4]), hat auch in der Form Geltung: qui enim absolvit et judicat. Die Absolution des Pönitenten war ein Akt der richterlichen Gewalt, die Gott der Kirche übertragen hat. Da nämlich Gnostiker von einem Bekenntnisse träumten, das die Verstorbenen im Jenseits ablegen müssen, um durch dasselbe freien Eintritt in den Himmel zu erlangen, entgegnet ihnen Tertullian, die Schrift wisse nichts von einem Bekenntnisse im Jenseits, wohl aber auf Erden. Fortfahrend sagt er: wenn du glaubst, der Himmel sei verschlossen, so erinnere dich, daß der Herr dem Petrus und durch ihn der Kirche die Schlüssel desselben hinterlassen hat, welche hier ein Jeder, gefragt und bekennend, mit sich trägt. Aber der Teufel treibt an, dort zu bekennen und hier zu schweigen [5]). Der klar vorliegende Sinn dieser Worte ist: Jeder, der seine Sünden reumüthig bekennt, kann vermöge der der Kirche übertragenen Schlüsselgewalt auf dieser Erde Verzeihung derselben erlangen.

Das Wort „Kirche" ist zweideutig und den Gnostikern gegenüber hatte er nicht nöthig, sich über dasselbe näher zu erklären. Wenn er aber gegen die Katholiken polemisirt, kommt seine Gesinnung, und, was wichtiger ist, die Lehre der Kirche, zum Vorschein, der Montanist läugnet nämlich, daß „Todsünden" von dem Priester im Namen Gottes vergeben werden können. Die Katholiken entgegneten ihm: Petrus hat die Vollmacht hiezu vom Herrn empfangen und durch ihn die Kirche [6]). Nein, ruft Tertullian, das war ein dem Petrus persönlich verliehenes Recht, das nur Jenen zukommt, die wie er Geistliche sind. Quid nunc et ad ecclesiam, et quidem tuam Psychice? Die Sünden vergibt die ecclesia spiritus per spiritalem hominem, non ecclesia numerus episcoporum. Domini enim, non famuli est jus et arbitrium, Dei ipsius, non *sacerdotis* [7]). Mag man Tertullian Recht oder Unrecht geben, das liegt auf der Hand, nach der Lehre der katholischen Kirche hatten die Priester die Vollmacht, als Diener Gottes Sünden zu vergeben; denn diesen Satz hielten ihm die Katholiken entgegen und diese

---

4) Tert. adv. Marc. l. 3. c. 10. p. 217.
5) Tert. c. Gnostic. c. 10. p. 373.
6) Die Worte, mit denen er die orthoboren Kirchen bezeichnet, verdienen Beachtung: ad omnem ecclesiam Petri propinquam. de pudic. c. 21. p. 432. Man erinnere sich an Irenäus: ad hanc ecclesiam — omnem convenire ecclesiam.
7) Tert. de pudic. c. 21. p. 433.

Thatsache bestreitet er nicht. Ein schlagenderes Zeugniß über den Minister der Buße kann es darum nicht geben, wenn man nicht etwa dem den Vorzug einräumen will, daß er selbst eingesteht, der Bischof der Bischöfe (Papst Zephyrinus) habe ein Edikt erlassen, in welchem er erkläre, ego et moechiae et fornicationis delicta poenitentia functis dimitto⁸), daß er eingesteht, der Bischof könne leichtere, nach der Taufe begangene Sünden vergeben⁹). Die Bedeutung dieser Worte liegt darin, daß ihnen gemäß in der katholischen Kirche die Bischöfe Sünden nachließen und zwar auch kleinere, mit welchen keine Excommunication verbunden war. Man kann darum nicht behaupten, die Nachlassung der Sünden durch den Bischof habe sich blos auf die Aufnahme in die Kirchengemeinschaft bezogen. Die citirte Stelle ist nämlich gleichfalls gegen die Katholiken gerichtet. Eure Lehre, sagt er, von der Verzeihung aller nach der Taufe begangenen Sünden durch den Priester, ist irrig. Das läugne ich nicht, kleinere Sünden können euere Bischöfe vergeben, die schweren jedoch nicht. In der damaligen Zeit vergaben demnach die Bischöfe große und kleine Sünden.

Cyprian schreibt die Gewalt, Sünden nachzulassen, den Aposteln zu, die sie von Christus empfingen, wie den Bischöfen, welche ihnen kraft der stellvertretenden Ordination nachfolgten¹⁰). Denn nur darum darf man die Gefallenen aufnehmen, oder, was dasselbe ist, ihnen die Sünden vergeben, weil der es selbst erlaubt hat, der das Gesetz gab, daß das auf Erden Gebundene auch im Himmel gebunden sei und daß dort gelöst werde, was hier zuvor in der Kirche gelöst wurde¹¹). Deßwegen erklärt er sich, wie als Minister der Taufe und Firmung, so auch als den, welcher Gefallenen und Büßern den Frieden gibt¹²).

Die Buße ist dem Bischof von Karthago mehr als eine Tugend, sie ist ihm zugleich ein priesterlicher Akt, durch welchen den Reumüthigen Verzeihung zu Theil wird. Das Wort priesterlich rechtfertigt sich dadurch, daß auch ein Presbyter nicht nur die Exomologese entgegennehmen und den Frieden ertheilen, sondern die Sünden förmlich vergeben konnte, denn nicht die Vornahme dieser Funktion tadelt Cyprian an ihnen, sondern das den Vorschriften der Kirche zuwider laufende Verhalten der-

---

8) De pudic. c. 1. p. 365.   9) l. c. c. 18. p. 421.
10) Cyp. epist. 75. p. 307. f. Potestas ergo peccatorum remittendorum apostolis data est et ecclesiis quas illi a Christo missi constituerunt et episcopis qui eis ordinatione vicaria successerunt.
11) Cyp. epist. 54. p. 171. c.   12) Cyp. epist. 69. p. 264. c.

selben ¹³). Von Bedeutung sind ferner die Worte, daß, wenn ein Gefallener im Sterben lag und kein Priester zu finden war, er bei dem Diacon die Exomologese machen konnte ¹⁴). Es ist allerdings blos von dem Sündenbekenntnisse und nichts weiterem die Rede, und man kann den Nachsatz: damit sie nach Auflegung der Hände im Frieden zum Herrn kommen, mit Binterim V. 2. p. 198. so auslegen: derartige Büßer sollen dem Diacon das Bekenntniß ablegen und ein herbeigerufener Priester habe ihm alsdann die Hände aufzulegen. Liest man jedoch die Stelle im Zusammenhange, so geht, nach unserem Ermessen, aus ihr hervor, dieselbe Befugniß, die der Presbyter hatte, wurde im Nothfalle auch dem Diacon eingeräumt ¹⁵). Das heißt, der Pönitent konnte bei ihm die Exomologese ablegen und von ihm in die Kirche aufgenommen werden.

Der Einwurf, dem heiligen Cyprian sei der Minister der Buße der Priester, welcher öffentliche und excommunicirte Sünder in die Kirchengemeinschaft aufnahm, von einem Stellvertreter Gottes, der auch geheime Sünden der Gläubigen nachlasse, wisse er nichts, ist zwar bereits durch die Stelle des vorigen §. de laps. p. 382 u. 383, wie durch die Worte des 75. Briefes p. 307 f. entkräftet, es mag jedoch nicht überflüssig sein, den Zusammenhang der ersten Stelle noch näher anzugeben. Der Ausflucht, man könne noch im Jenseits beichten, hält der Bischof entgegen: so lange Jemand in diesem Leben ist, soll er die Exomologese machen, denn abgesehen von anderen Nachtheilen, werden solche, welche weder täglich Buße thun, noch die ihnen bekannten Sünden beichten, von unreinen Geistern erfüllt ¹⁶). Schon in diesem Satze wird das Bekenntniß geheimer Sünden verlangt. Noch klarer tritt das in der Bemerkung hervor, fromme Seelen, die zwar den Glauben nicht verläugnet, sich aber durch hierauf bezügliche Gedanken versündigt haben, sollen, dem Priester Gottes reuig und aufrichtig beichtend, ihr Gewissen erleichtern ¹⁷). Denn wer eine Sünde vor dem Priester verheimlicht, spottet Gottes und schämt sich Christi. Den Priester als Menschen hat der, welcher seine Sünden verheimlicht, getäuscht, er

---

13) Cyp. epist. 10. p. 51. c.   14) Cyp. epist. 12. p. 55.
15) Man vergleiche hierüber §. 91.   16) Cyp. de laps. p. 382. a.
17) Um wie viel größer im Glauben und besser in der Furcht sind jene, welche, obwohl sie in keines Opfers oder Libells (bezieht sich auf die libellatici) Vergehen verstrickt sind, dennoch, weil sie daran auch nur gedacht haben, dieses bei den Priestern des Herrn schmerzvoll und einfältig bekennend, ihr Gewissen offenbaren, die Last ihrer Seele auswerfen und für ihre Wunden, wie klein und mäßig sie sind, ein heilsames Mittel suchen, eingedenk der Worte: Gott läßt seiner nicht spotten. l. c. p. 382. e.

sucht aber auch Gott zu täuschen, obwohl das nicht möglich ist. So konnte Cyprian nur reden, wenn das Bekenntniß vor dem Priester dem vor Gott gleich geachtet wurde, oder wenn der Priester das Bekenntniß an Gottes Statt entgegen nahm. Sofort schließt er mit der Ermahnung: Jeder möge, so lange er noch in dieser Welt ... und die durch die Priester gegebene Verzeihung bei Gott angenehm ist, seine Sünden bekennen [18]). Wenn er den Pönitenten sogleich wieder an die Barmherzigkeit Gottes verweist, so widerspricht dieses dem Gesagten nicht, sondern gerade weil er vom Priester auf Gott und von Gott auf den Priester übergeht, folgt, daß er den Priester als Stellvertreter Gottes ansah.

## §. 68. Clemens A. und Origenes über den Minister der Buße.

Seiner Art und Weise treu bleibend, bezeichnet Clemens die Priester als Spender dieses Sakramentes, ohne sie förmlich zu nennen. Der Pönitent soll sich einem Manne Gottes zur Leitung übergeben, der freimüthig, mit Strenge und Milde gegen ihn verfährt, wie es zu seinem Heile gereicht. Auf ihn soll er hören, ihn fürchten. Er wacht Nächte hindurch für ihn, verrichtet für ihn die gewöhnten Gebete [1]). Vergleicht man hiemit die Aeußerung des Origenes über den Bußpriester, so erkennt man leicht, der Führer, den Schüler und Lehrer beschreiben, ist derselbe. Nach Origenes ist er aber ein Priester, deßwegen wird der Schluß, auch sein Lehrer verstehe ihn unter dem Manne Gottes, nicht zu gewagt sein.

Nachdem Clemens an einem anderen Orte von dem Gnostiker als Lehrer gesprochen, fährt er fort, wenn der Logos ihn zum Richter beruft, gehe er unbeugsam auf der Bahn fort, die er den Gerechten betreten heißt, überzeugt, daß Seelen, welche die Tugend erkoren haben, im Guten fortschreiten bis zum Guten selbst [2]). Außer dem Lehramte kommt dem Gnostiker das Richteramt zu, das in der Leitung der Seelen auf dem Wege des Heiles besteht. Auch Moses übte die richterliche

---

18) l. c. p. 383. a.
1) Quis dives c. 41. p. 958. Zu dem Worte „Pönitent", statt Stolzem und Reichen, berechtigt der Schluß des Kapitels: das ist die ungeheuchelte Buße; leeren Worten leiht Gott das Ohr nicht, wohl aber hört er die im Bauche des Seeungeheuers Flehenden; nahe ist er den Gläubigen, ferne den Ungläubigen. Damit Du aber Vertrauen hast, so du wahrhaft Buße thust, höre die Erzählung, die vom Apostel Johannes überliefert wird.
2) Clem. strom. l. 7. c. 7. p. 858.

Gewalt, welche in der Kenntniß besteht, die Sünder zu lehren, daß sie Gerechtigkeit lernen. Verwandt mit ihr ist die Wissenschaft von der Strafgewalt, welche das rechte Maß im Strafen einhält, um die Seelen zu bessern. Das ist die Pastoralkunst, welche das Verlorene sucht, das Gute in ihm weckt und heilsame Gesetze gibt³). Wenn das Gesetz aber auch straft, so ist es beßwegen nicht böse. Wie der Arzt, welcher durch Schneiden und Brennen Krankheiten hebt, eine Wohlthat erweist, so der, welcher die Seele von der Sünde befreit. Das Gesetz schreibt für alle, selbst geringere Sünden, Strafen vor. Wenn jedoch Jemand unheilbar erscheint, dann wird er vom Körper getrennt, damit nicht die anderen Glieder durch ihn angesteckt werden⁴). Das Richteramt schließt diesen Worten zufolge ein Doppeltes in sich, die Sünder in den Stand der Gnade zu führen und sie für ihre Vergehen zu strafen. Es ist das die mit Milde und Strenge gepaarte Führung des Pönitenten, von welchem in der ersten Stelle die Rede war. Clemens schreibt allerdings dieses Richteramt nicht ausdrücklich dem Priester zu und von ihm, der nicht einmal den Minister der Taufe namhaft macht, ist solches auch nicht zu erwarten. Wer soll aber nach der Praxis aller Jahrhunderte der Seelsorger sein, der den Sünder leitet und den Unbußfertigen aus der Gemeinschaft der Kirche ausschließt?

Eine Andeutung liegt zudem in den Worten: die Sorgfalt um die Menschen offenbart sich in einem Doppelten, einmal in dem Bestreben, sie besser zu machen, das anderemal in Dienstleistungen. Dasselbe findet auch in der Kirche statt, den Presbytern liegt die Besserung, den Diaconen die Dienstleistung ob⁵). Man wird entgegnen, das bezieht sich auf das Lehramt und das wollen wir auch nicht bestreiten. In welch' enge Verbindung aber der Alexandriner Lehramt, Richteramt und Seelsorge bringt, geht aus dem Angeführten zur Genüge hervor. Die Funktion des Presbyters als Lehrer schließt die des Richters und Seelsorgers nicht aus, sondern ein. Durch Ezechiel ermahnt darum Gott auch die Hirten, die Sünder zu heilen, die anklagend, welche das Schwache nicht stärken, die Verirrten nicht suchen, denn eine große Freude ist bei dem Vater über Einen geretteten Sünder⁶).

---

3) Strom. l. c. 26. p. 421.   4) l. c. c. 27. p. 422.
5) Strom. l. 7. c. 1. p. 880.
6) Strom. l. 2. c. 15. p. 465. Sein Schüler Origenes stellt das Verfahren der Priester des Herrn, welche die Kirche vorstehen, mit den Sündern in den Worten dar: Si assumseris peccatorem et monendo, hortando, docendo, instruendo, adduxeris eum ad poenitentiam, ab errore correxeris, a vitiis emendaveris

Diese Erörterung bietet deßwegen so viel Interesse, weil sie einen Blick in das innere religiöse Leben der ersten Christen gewährt. Der Priester stand nicht als Diener des Altares, um ihr Heil unbekümmert, blos über den Gliedern der Gemeinde, oder als Gemeindebeamter, ihrem religiösen Leben fremd, neben ihnen, sondern er war zugleich Seelsorger. Sein Geschäft beschränkte sich nicht auf die äußere Ordnung, auf einen richterlichen Akt, durch den Strafen für Vergehen ertheilt und Unverbesserliche aus der Gemeinde ausgeschlossen wurden. Alle, auch die Gerechten, hatten an ihm einen Führer und Rathgeber. Die Einen wegen ihrer Fehler zurechtweisend und strafend, die Anderen belehrend und auf dem Wege zum Himmel ermunternd, war er Hirt der Heerde. Selbstverständlich setzt dieses allein schon die geheime Beichte voraus.

2) Wer war der Arzt, welchem nach dem Geheiß des Origenes der Pönitent seinen Seelenzustand offenbaren sollte? Kein anderer, als der Priester [7]). Die klassische Stelle über den Arzt, dem der Büßer seine Sünden bekennen soll, steht in der zweiten Homilie über 37. Psalm. Nun höre man, mit welchen Worten er die erste Homilie einleitet. Die, welche in Sünden gefallen, requirant aptam et convenientem sibi rationabilem disciplinam quae eis ex praeceptis Dei possit mederi; nam tradidit et medicinae artis industriam, cujus *archiatros* est Salvator... qui posset curare omnem languorem et omnem infirmitatem. Discipuli vero ejus Petrus et Paulus, sed et Prophetae *medici* sunt, et hi omnes, qui *post Apostolos in ecclesia positi sunt*, quibusque curandorum vulnerum disciplina comissa est, quos voluit Deus in ecclesia sua esse medicos animarum [8]). Von der siebenten Art der Sündennachlassung sagt er, die Buße bestehe in einem reumüthigen Herzen und darin, daß der Sünder nicht erröthe, dem Priester des Herrn seine Vergehen kund zu machen und das Heilmittel zu suchen [9]). Nicht nur durch seine Apostel, lautet eine andere Stelle, übergibt Gott die Sünder in die Hände der Feinde, sondern auch durch die Vorsteher der Kirche, welche die Macht haben, zu lösen, wie zu binden [10]), denn die Höheren nehmen den Niedrigeren die Sünden ab. Der Laie kann sich selbst seine Sünden nicht vergeben, sondern er

---

et effeceris eum talem, ut ei converso propitius fiat Deus pro delicto, repropitiasse diceris. Orig. in Levit. hom. 5. n. 4. p. 80.

7) Arzt wird der Priester auch in dem Briefe des Clemens an Jacobus n. 2 und in den apostol. Constitutionen l. 2. c. 20. genannt.

8) Orig. hom. 1. in psl. 37. n. 1. p. 79.    9) cf. S. 64. not. 9.

10) In lib. Jud. hom. 3. n. 5. p. 19.

sucht den Leviten, den Priester bedarf er, oder gar den Bischof ¹¹). Wenn es daher im alten Bunde heißt, Aaron und seine Söhne sollen die Sünden der Heiligen wegnehmen, so gilt das auch im neuen Bunde. Unter den Heiligen sind nämlich die reumüthigen Sünder zu verstehen, die Buße thun, ihren Fall erkennen, zu dem Priester Zuflucht nehmen und beim Bischof Reinigung suchen ¹²).

Man könnte entgegnen, die erste Stelle wenigstens spreche nicht vom priesterlichen Amte des Beichtvaters, sondern beziehe sich auf einen rein juridischen Akt, den des Ausschließens und Aufnehmens in die Kirche. Gesetzt, dem sei also, so läßt sich daraus nicht etwa folgern, in diesem Akte bestand die ganze Wirksamkeit des Bußpriesters; denn Origenes unterscheidet zwischen Kirchenordnung und Heilsordnung sehr sorgfältig. Es gibt, so lauten seine Worte, in den Kirchen, die sich auf dieser Welt befinden, sehr viele Vorsteher oder Richter, welchen nicht nur das Gericht über vollbrachte Handlungen, sondern auch über die Seelen anvertraut ist ¹³). In einer Predigt ermahnt er die Gläubigen, sie sollen den Priestern ihre Herzen opfern, daß sie alles Sündhafte (crassum) aus ihnen wegnehmen und sie zu einem priesterlichen Antheil machen ¹⁴).

In erster Linie war der Bischof Minister dieses Sakramentes, und Origenes unterläßt nicht, darauf hinzuweisen, daß die Bischöfe sich die Gewalt zuschreiben, wie Petrus zu binden und zu lösen. Dabei ist jedoch nicht zu verkennen, den Bischöfen legt er vorherrschend die Funktion bei, aus der Kirche auszuschließen und in sie aufzunehmen, während der Priester in der Eigenschaft als Beichtvater erscheint. Ob es damals eigene Bußpriester gab, ist nicht ersichtlich. Wird die Frage bejaht, so besaß jede Kirche deren mehrere, sonst könnte Origenes dem Büßer nicht den Rath geben, „einen unterrichteten und barmherzigen Arzt" aufzusuchen.

Die Aufschließung des Innern vor dem Priester hatte aber auch nicht blos den Zweck, von ihm Trost, Belehrung ꝛc. zu erhalten, sondern Vergebung der Sünden zu erlangen. Jeder kann zwar Sünden vergeben, denn im Gebete des Herrn heißt es nicht nur, vergib uns,

---

11) In Num. hom. 10. n. 1. p. 334.
12) In Num. hom. 10. n. 1. p. 337.
13) Sunt ergo omnium hodie ecclesiarum, quae sunt sub coelo, quamplurimi judices, quibus judicium non solum rerum gestarum datum est, sed et animarum. In lib. Judic. hom. 3. n. 3. p. 24.
14) In Levit. hom. 5. n. 12. p. 95.

sondern auch, wenn wir vergeben. Aber nicht Jeder kann alle Sünden nachlassen, denn es findet eine doppelte Vergebung statt, eine, die Gott, eine andere, die uns zukommt. Die Vergebung, welche Gott zukommt, kann blos der, welcher sein stellvertretender Diener ist, in seinem Namen ertheilen. Der Diener vollbringt da den Willen Gottes, wie die Propheten, die auch nicht ihren Willen, sondern den göttlichen Willen aussprechen. Die Sünden, die gegen uns begangen werden, können hingegen wir selbst vergeben. Das ist der Sinn der nachfolgenden Stelle: Wir haben die Macht, Sünden, die gegen uns begangen worden sind, nachzulassen, laut der Worte: wie auch wir vergeben unseren Schuldigern. Allein Derjenige, welcher von Christus angehaucht ist, wie die Apostel, und aus seinen Werken erkannt werden kann als Einer, der den heiligen Geist in sich hat und geistig ist, dadurch, daß er vom Geiste nach der Weise Jesu zu dem, was nach höherer Einsicht zu thun ist, geleitet wird, der erläßt, was und wenn Gott erläßt, und behält von den unheilbaren Sünden, indem er — gleichwie die Propheten nicht Ihre eigene Willensmeinungen, sondern Gottes Willen aussprachen — Gottes Amt waltet, der allein Macht hat, Sünden zu vergeben. Es lauten aber in dem Evangelium des Johannes die Worte über die von den Aposteln zu ertheilende Vergebung also: Empfanget den heiligen Geist. Joh. 25. 23. [15])

Man beachte, die Mittheilung des heiligen Geistes an die Apostel, Bischöfe und Priester involvirt eine doppelte Wirkung. Der, welcher von Christus angehaucht ist, der erläßt was und wenn Gott erläßt, oder die Macht, Sünden zu vergeben, ist durch die Mittheilung des heiligen Geistes bedingt, und der heilige Geist leitet den Angehauchten, daß er nach höherer Einsicht handelt, oder der richtige Gebrauch der ihm ertheilten Gewalt ist gleichfalls von der Mittheilung des heiligen Geistes abhängig. Man hat dazu noch ein drittes Moment gerechnet,

---

15) De oration. n. 28. p. 550. Πάντες μεντοιγε ἐξουσίαν ἔχομεν ἀφιέναι τὰ εἰς ἡμᾶς ἡμαρτημένα ὅπερ δῆλόν ἐστι ἔκ τε τοῦ· ὡς καὶ ἡμεῖς ἀφίεμεν τοῖς ὀφειλέταις ἡμῶν, καὶ ἐκ τοῦ, καὶ γὰρ αὐτοὶ ἀφίεμεν παντὶ ὀφείλοντι ἡμῖν· ὁ δὲ ἐμπνευσθεὶς ὑπὸ τοῦ Ἰησοῦ ὡς οἱ ἀπόστολοι, καὶ ἀπὸ τῶν καρπῶν γινώσκεσθαι δυνάμενος, ὡς χωρήσας τὸ πνεῦμα τὸ ἅγιον, καὶ γενόμενος πνευματικὸς τῷ ὑπὸ τοῦ πνεύματος ἄγεσθαι τρόπον υἱοῦ θεοῦ ἐφ᾽ ἕκαστον τῶν κατὰ λόγον πρακτέων ἀφίησιν ἃ ἐὰν ἀφῇ ὁ θεός, καὶ κρατεῖ τὰ ἀνίατα τῶν ἁμαρτημάτων, ὑπηρετῶν, ὥσπερ οἱ προφῆται ἐν τῷ λέγειν οὐ τὰ ἴδια, δὲ ἐν τῷ κατὰ Ἰωάννην εὐαγγελίῳ αἱ περὶ τῆς τῶν ἀποστόλων γινομένης ἀφέσεως φωναὶ οὕτως· λάβετε πνεῦμα ἅγιον· ἄν τινων ἀφῆτε τὰς ἁμαρτίας, ἀφίενται αὐτοῖς, ἄν τινων κρατῆτε, κεκράτηνται. Auf die Lösung durch das Wort Gottes, das der Bischof (Priester) ausspricht, deutet auch hin: In Joann. t. 28. n. 6. p. 398.

die subjektive Würdigkeit des Spenders, und gesagt, Origenes mache die Gewalt, Sünden zu vergeben, von der moralischen Beschaffenheit des Priesters abhängig. Untersuchen wir die drei Punkte des Näheren.

Origenes schreibt den Bischöfen und Priestern die Macht zu, Sünden nachzulassen und zu behalten. Weil Gott aber allein diese Macht hat, kann sie ihnen auch allein von ihm ertheilt worden sein. Sie wurde ihnen ertheilt, da sie Christus, wie die Apostel, anhauchte und die Worte sprach: Empfanget den heiligen Geist; welchen ihr die Sünden nachlasset, sind sie nachgelassen, und welchen ihr sie behaltet, sind sie behalten. Die Priester sind nämlich in dieser Beziehung den Aposteln gleich [16]. Christus hat jedoch die letzten Worte auch zu Petrus gesprochen und damit ihm die Macht, Sünden zu vergeben, übertragen. Die Bischöfe aber lehren, auch sie haben diese Gewalt wie Petrus empfangen, so zwar, daß, was sie auf Erden lösen und binden, auch im Himmel gelöst und gebunden ist. Und man muß sagen, diese Lehre ist richtig. Darum ist auch ihr Urtheil so entscheidend für Zeit und Ewigkeit, denn es ist gleichsam Gott selbst, der in ihnen richtet [17]. Damit ist denn doch deutlich gesagt, die Bischöfe und Priester besitzen die Macht, Sünden förmlich nachzulassen und zu behalten, darum nennt er sie auch Richter, Richter, welchen nicht nur das Gericht über vollbrachte Handlungen, sondern auch über die Seelen gegeben ist [18]. Zugleich lehrt Origenes, nicht das Bekenntniß als solches, sei es nun das geheime oder das öffentliche, habe die Kraft, Sünden nachzulassen, obwohl er ihm, ganz der Wahrheit gemäß, eine sühnende Kraft zuschreibt, sondern die Absolution des Priesters läßt Sünden nach, oder, wie Origenes sagt: durch ihr Gebet werden sie gelöst [19]. Von welcher Art dieses Gebet war, ist nicht angegeben; aber das sieht man, die Bischöfe und Priester bedienten sich einer Absolutionsformel, von deren Aussprechen die Sündenvergebung abhängig war.

---

16) *Καὶ οἱ τοῖς ἀποστόλοις ὡμοιωμένοι ἱερεῖς ὄντες κατὰ τὸν μέγαν ἀρχιερέα.* De orat. n. 28. p. 552.
17) *Ὥστε τὰς κρίσεις μένειν βεβαιασάντου, ὡς κρίνοντος ἐν αὐτῷ τοῦ θεοῦ.* In Matth. t. 12. n. 14. p. 528.
18) In lib. Judic. hom. 4. n. 2. p. 29. u. hom. 3. n. 3. p. 24.
19) De orat. n. 28. p. 552. *Οὐκ οἶδ' ὅπως ἑαυτοῖς τινες ἐπιτρέψαντες τὰ ὑπὲρ τὴν ἱερατικὴν ἀξίαν, τάχα μηδὲ ἀκριβοῦντες τὴν ἱερατικὴν ἐπιστήμην, αὐχοῦσιν ὡς δυνάμενοι καὶ εἰδωλολατρείας συγχωρεῖν, μοιχείας τε καὶ πορνείας ἀφιέναι, ὡς διὰ τῆς εὐχῆς αὐτῶν περὶ τῶν ταῦτα τετολμηκότων λυομένης καὶ τῆς πρὸς θάνατον ἁμαρτίας.*

Die Wirkung der priesterlichen Lossprechung ist jedoch auch von der Art und Weise, wie sie ausgeübt wird, abhängig. Das ist der Satz, den man, sei es aus Mißverständniß, sei es aus einem anderen Grunde, mit dem von ihm verschiedenen verwechselt hat, dem gemäß Origenes lehren soll, die Wirkung der Lossprechung sei von der moralischen Beschaffenheit des Priesters abhängig. Zu der citirten Stelle (de orat. n. 28.) bemerkt Möhler: es war sicher ein Mißgriff, wenn man daraus folgerte, Origenes wolle die Macht, Sünden zu erlassen, von der besonderen moralischen Würdigkeit und geistigen Befähigung des Priesters abhängig machen; — das nicht, wohl aber den zweckmäßigen und heilsamen Gebrauch derselben im concreten Falle, was offenbar den Besitz der Vollmacht selbst supponirt. Wer die Stelle aufmerksam liest, wird diesem beistimmen. Origenes geht jedoch weiter; er macht nicht nur den heilsamen Gebrauch von der moralischen Würdigkeit abhängig, sondern die Wirkung der Schlüsselgewalt selbst. Stolz und Ungerechtigkeit sind moralische Eigenschaften, durch sie wird aber nach ihm die Schlüsselgewalt annullirt. Ein Priester, der sich stolz über göttliche und kirchliche Vorschriften weggehend, nach eigenem Ermessen, oder der ungerecht, etwa mit Rücksicht auf die Person, bindet oder löst, dessen Urtheil ist nichtig, es bindet und löst nicht im Himmel. Soweit und von dieser Seite gefaßt, muß man zugeben, Origenes macht die Wirkung der Lossprechung von der moralischen Beschaffenheit des Priesters abhängig. Das lehrt er auch in dem Commentar über das Matthäusevangelium.

Er geht davon aus, die Tugend ist der Schlüssel, durch welchen Jeder sich selbst das Himmelreich öffnet; denn Jesus sagt zuerst, die Pforten der Hölle werden dich nicht überwältigen (Tugend) und dann fügt er bei: ich übergebe dir die Schlüssel des Himmelreiches. Wie es aber mehrere Tugenden gibt, so auch mehrere Schlüssel. Der Keusche tritt durch die Pforte der Keuschheit, der Gerechte durch die der Gerechtigkeit in den Himmel ein. Vielleicht ist die Stelle auch so zu verstehen, daß jede einzelne Tugend ein regnum coeli, der Complex aller Tugenden aber das regnum coelorum aufschließt [20]).

Soweit ist unbestreitbar vom moralischen Verhalten, durch das sich Jeder den Himmel selbst öffnet, die Rede. Nun geht er aber auf die Gewalt über, die Petrus und Jeder, der bekennt: du bist Christus,

---

20) In Matth. t. 12. n. 14. p. 256.

der Sohn des lebendigen Gottes, hat, die darin besteht, daß das gesprochene Urtheil **nachhaltig, für die Ewigkeit gültig ist**. Gott selbst fällt gleichsam in ihm das Urtheil, damit ihn im Rechtsprechen die Pforten der Hölle nicht überwältigen [21]). Offenbar ist der Standpunkt ein völlig veränderter; Origenes geht von der Tugend, durch die sich Jeder den Himmel selbst erschließt, auf die Macht über, auch Anderen den Himmel zu öffnen (oder zu schließen). Damit aber diese Gewalt das bewirkt, damit das, was sie auf Erden löst (bindet), auch im Himmel gelöst (gebunden) ist, muß sie **dem göttlichen Willen gemäß, muß sie auf gerechte Weise gebraucht werden**. Nur jene sind im Himmel gebunden, welche durch ein **gerechtes Urtheil** auf Erden gebunden sind (καὶ κλείων τοῖς κρίσει δικαίᾳ αὐτοῦ δεδεμένοις ἐπὶ γῆς). Das Urtheil muß so gerecht, so dem göttlichen conform sein, daß es Gott gleichsam selbst ist, der in ihnen urtheilt (ὡς κρίνοντος ἐν αὐτῷ τοῦ θεοῦ). Wer hingegen ungerecht urtheilt, **nicht nach dem Worte Gottes**, dessen Urtheil bindet nicht für die Ewigkeit. Von einem solchen Richter gilt das Wort: die Pforten der Hölle überwältigen ihn; wohingegen sie den nicht überwältigen, welcher gerecht urtheilt. Von den Pforten der Hölle überwältiget werden und ungerecht urtheilen, sind Origenes Wechselbegriffe; denn einmal begeht der, welcher so urtheilt, eine Sünde und verfällt dadurch der Hölle, sodann behält die Hölle ihre Macht über den, welcher ungerecht gelöst wird.

Ohne sichtlichen Uebergang behandelt Origenes die dritte Frage, **wer ist der Träger dieser Gewalt** [22]). Weil aber die, fährt Origenes fort, welche den bischöflichen Stuhl inne haben, sich dieses Wortes wie Petrus bedienen und lehren, gemäß der ihnen vom Heilande übertragenen Schlüsselgewalt sei das, was sie binden, auch im Himmel gebunden, und was sie lösen, auch im Himmel gelöst, muß man sagen, sie tragen eine gesunde Lehre vor, wenn sie das besitzen, um dessenwillen zu Petrus gesagt wurde: du bist Petrus, und wenn sie so beschaffen

---

21) Ὅρα δὲ ὅσην ἔχει ἐξουσίαν ἡ πέτρα, ἣν ὑπὸ χριστοῦ οἰκοδομεῖται ἡ ἐκκλησία, καὶ πᾶς ὁ λέγων· σὺ εἶ ὁ χριστὸς ὁ υἱὸς θεοῦ ζῶντος, ὥστε τὰς κρίσεις μένειν βεβαίας τούτου, ὡς κρίνοντος ἐν αὐτῷ τοῦ θεοῦ, ἵνα ἐν αὐτῷ τῷ κρίνειν μὴ κατισχύσωσιν αὐτοῦ πύλαι ᾅδου. τοῦ μὲν οὖν ἀδίκως κρίνοντος, καὶ μὴ κατὰ λόγον θεοῦ δεσμεύοντος ἐπὶ γῆς, μηδὲ κατὰ βούλησιν αὐτοῦ λύοντος ἐπὶ γῆς, πύλαι ᾅδου κατισχύουσιν· οὐδὲ πύλαι ᾅδου οὐ κατισχύουσιν, οὗτος δικαίως κρίνει. διὸ ἔχει τὰς κλεῖδας τῆς βασιλείας τῶν οὐρανῶν, λύων τοῖς λελυμένοις ἐπὶ γῆς ἵνα καὶ ἐν οὐρανοῖς ὦσι λελυμένοι, καὶ ἐλεύθεροι· καὶ κλείων τοῖς κρίσει δικαίᾳ αὐτοῦ δεδεμένοις ἐπὶ γῆς, ἵνα καὶ ἐν οὐρανοῖς ὦσι δεδεμένοι, καὶ κεκριμένοι. l. c. p. 528.

22) l. c. p. 528.

sind, daß auf sie die Kirche von Christus gegründet wird und das mit Recht auf sie bezogen werden kann. Die Pforten der Hölle dürfen nämlich den nicht überwältigen, welcher binden und lösen will.

Im Vordersatze spricht Origenes klar und einfach die Lehre aus, es komme den Bischöfen zu, vermöge der ihnen von Christus übertragenen Schlüsselgewalt, zu binden und zu lösen, und er nennt sie eine gesunde Lehre, läßt sie jedoch nicht ohne Einschränkung. Soll das, was sie auf Erden binden und lösen, auch im Himmel gebunden und gelöst sein, so müssen sie wie Petrus sein. Die hierher gehörende Aehnlichkeit mit Petrus besteht darin, daß sie nicht von den Pforten der Hölle überwältiget werden. Origenes fügt das nicht nur erklärend unmittelbar bei, sondern die ganze Stelle ist nichts als eine Interpretation der Worte: die Pforten der Hölle werden ihn nicht überwältigen, und Ich übergebe dir die Schlüssel des Himmelreichs, die er direkt auf einander bezieht. Zudem hat er bereits in einer der vorhergehenden Nummern bemerkt: welchen die Pforten der Hölle überwältigen, der ist nicht wie Petrus [23]). Steht dieses fest, so lautet die gemachte Einschränkung, um für die Ewigkeit zu binden und zu lösen, genügt es nicht an der von Christus übertragenen Gewalt, sondern der Bischof muß auch so beschaffen sein, daß ihn die Pforten der Hölle nicht überwältigen. Die Pforten der Hölle dürfen den nicht überwältigen, der für die Ewigkeit binden und lösen will, heißt aber, wie oben nachgewiesen, sein Gericht muß ein gerechtes sein.

Origenes fährt unmittelbar fort: "Wenn er durch die Bande seiner Sünden gebunden wird, bindet und löst er vergeblich [24])." Man kann dieses gar wohl auch auf die moralische Unwürdigkeit beziehen; denn ein ungerechter Richter ist auch ein moralisch unwürdiger Mensch. Auf eine moralische Unwürdigkeit, die ihren Grund in der ungerechten Verwaltung des Bußsakramentes hat, muß man es jedoch beziehen und auf keine andere, das zeigt der Zusammenhang. Bis zur Evidenz bestätigt dieses auch der folgende Satz: Wie aber den, welcher von den Banden der Sünde nicht gefesselt ist, Gott nicht fesselt, so wird das auch der nicht thun, welcher wie Petrus ist. Klar sagt er hier, der Bischof müsse dem Petrus in der gerechten Verwaltung der Schlüsselgewalt gleichen.

Das oftmalige Zurückkommen auf den gerechten Gebrauch der

---

23) In Matth. t. 12. n. 11. p. 518.  24) l. c. p. 528.

Schlüsselgewalt, der Grund, warum Origenes so nachdrücklich hervorhebt, ein ungerechtes Binden von Seiten des Bischofs habe keine Folgen für die Ewigkeit: klärt sich völlig auf, wenn man an die Geschicke dieses Mannes denkt. Vom Bischofe in Alexandrien excommunicirt, verjagt und vertrieben, tröstete er sich damit, daß dieses Urtheil nicht für die Ewigkeit gelte. Weil sodann der Commentar über das Evangelium des Matthäus zu seinen späteren Schriften gehört, bei deren Abfassung ihn all dieses Ungemach bereits getroffen, ist um so einleuchtender, warum er die Giltigkeit des ungerechten Urtheils für die andere Welt so entschieden verneint.

Er schließt die Exposition über die Schlüsselgewalt auf folgende Weise [25]): „Wenn aber Jemand, der kein Petrus ist, noch das besitzt, was hier besprochen wurde, glaubt, er könne binden und lösen wie Petrus, so daß, was er auf Erden bindet und löst, auch im Himmel gebunden und gelöst ist, der ist stolz, und den Sinn der Schriften nicht kennend, fällt er, hoffärtig geworden, in die Fallstricke des Teufels". Es ist schwer zu erklären, wie Origenes dem Betreffenden die Sünde des Stolzes zuschreiben kann, wenn man nicht von der Annahme ausgeht, er nenne ihn so, weil er das Bußsakrament nach eigenem Gutdünken und nicht nach der göttlichen Vorschrift verwaltete. Es ist an der Richtigkeit dieser Auffassung auch nicht zu zweifeln, wenn man die Parallelstelle de orat. herbeizieht. Es gibt Einige, heißt es in ihr, ich weiß nicht, wie sie sich das anmaßen, was über die priesterliche Amtsgewalt hinausgeht; vielleicht kennen sie die priesterliche Wissenschaft nicht, die sich brüsten, als ob sie auch Götzendienst, Ehebruch und Hurerei vergeben können [26]). Der Stolz ($\tau \nu \varphi \omega \vartheta \varepsilon \widehat{\iota} \varsigma$) der ersten Stelle entspricht der Phrahlerei ($\alpha \mathring{v} \chi o \mathring{v} \sigma \iota \nu$) der zweiten. Weil aber an dem letzten Orte unzweideutig von der eigenmächtigen Verwaltung des Amtes die Rede, zeigt sie uns, wie die erste zu verstehen ist.

Aus dem Gesagten läßt sich erkennen, in wie weit der Satz wahr ist, Origenes mache die Gewalt, Sünden nachzulassen und zu behalten, von der moralischen Würdigkeit des Ministers abhängig. Wenn man ihn so versteht, der, welcher sich nicht im Stande der Gnade befinde, könne diese Gewalt nicht wirksam ausüben, so ist er falsch, denn einmal spricht sich Origenes auf diese Weise nicht aus, sodann stünde diese Lehre im Widerspruch mit der anderen von ihm aufgestellten, der Priester habe

---

25) l. c. p. 528.   26) De orat. n. 28.

die Macht, Sünden zu vergeben, durch göttliche Einhauchung. Beruht nämlich diese Macht auf objektiver Mittheilung, so kann sie ihren Grund nicht allein in der subjektiven Würdigkeit haben. Ganz im Einklange mit den übrigen Lehren des Origenes und dem Sinn und Buchstaben seiner eigenen Worte entsprechend, ist hingegen, wenn man ihn so versteht: die Macht, zu lösen und zu binden, hängt insofern von dem persönlichen Verhalten des Priesters ab, als er nicht willkürlich verfahren darf, sondern die göttlichen und kirchlichen Vorschriften beobachten muß, so zwar, daß, wenn er sich stolz über diese wegsetzt und ihnen entgegenhandelt, seine Absolution eine nichtige ist.

### Zweiter Artikel.
### Die einzelnen Theile der Buße.

#### §. 69. Reue.

Im Allgemeinen setzte man das Wesen der Buße in Schmerz und Thränen, in das Bekenntniß der Sünden vor dem Priester und die Uebernahme von Bußwerken. Nach der jetzigen Terminologie ist das der durch die contritio, confessio und satisfactio sich vollziehende Bußprozeß, den Origenes beinahe mit denselben Worten beschreibt [1].

Die Reue war eine so wesentliche Eigenschaft der Buße, daß Tertullian die poenitentia geradezu als Reue definirt [2]. Weil man sie als mit dem Begriffe der Buße von selbst gegeben voraussetzte, wurden blos jene Eigenschaften derselben in Vordergrund gestellt, durch welche sich die zweite Buße von der ersten unterscheidet. Um des gläubigen und reumüthigen Herzens willen vergibt Gott dem ungläubigen Sünder durch die Taufe. Der gefallene Gläubige hat **mehr** zu leisten und dieses Mehr stellen ihm die alten Schriftsteller allein vor Augen. Dadurch kommt es, daß man die Forderung der Reue nicht da zu suchen hat, wo von der zweiten Buße gehandelt wird, sondern wo sie die Vorbereitung zur Taufe einschärfen.

Der Sünder mag sich nach begangener That vor Gott verbergen, denn die dem Gewissen geschlagene Wunde, die das Dunkel und die Verborgenheit sucht, gestattet ihm nicht, die Augen zum Himmel zu

---

[1] Poenitendo, flendo, satisfaciendo deleat, quod admissum est. Orig. in Exod. hom. 6. n. 9. p. 403.
[2] cf. §. 63.

erheben. Er fliehe jedoch nicht vor ihm, denn nur der aus Verzweiflung hervorgehende Trotz vernachlässigt Gott ³). Vielmehr nahe er sich dem barmherzigen Herrn, der nicht den Tod des Geschöpfes will ⁴). Die Meisten wenden sich zwar aus Furcht vor der verschuldeten Strafe zur Buße und Wenige bereuen aus innerem Abscheu vor dem Bösen; doch werden Beide Barmherzigkeit erlangen ⁵). Selbst die schwersten Sünder verstößt Gott nicht, sondern Alle nimmt er auf, welche ihm das Opfer eines zerknirschten Herzens bringen, die sich mit dem Zeichen des Bekenntnisses und der Buße zu ihm wenden ⁶). Das reumüthige Herz offenbart sich in der strengen Verurtheilung seiner Sünden ⁷), so daß die, welche sie begangen, sich selbst gleichsam als Verlorene betrauern und beklagen. An diesem genügt es jedoch nicht, sie müssen auch Beweise ablegen, daß sie ihr sündhaftes Leben geändert und ihre Sitten wahrhaft gebessert haben ⁸). Das ist nämlich die wahre Buße, nicht wieder in dasselbe zurückzufallen, sondern das gänzlich aus der Seele ausreuten, was sie der Todsünde schuldig machte ⁹).

2) Viel stärker wird die Forderung betont, an der Buße des Herzens genüge es nicht, sondern sie müsse sich im Bekenntnisse und Bußwerken offenbaren. Jene, welche wähnten, Gott rechne ihnen die Sünden nicht an, so sie nur an ihn glauben, wurden an David erinnert, von dem sein Vergehen weggenommen wurde, als er so weinte und trauerte, wie geschrieben steht. Wenn aber ein solcher Mann keine Nachlassung von der Buße erhielt, sondern erst als er so weinte und handelte, wie können Unreine und gänzlich Verkommene, wenn sie nicht trauern, an die Brust schlagen und büßen, hoffen, der Herr werde ihnen die Sünde nicht anrechnen ¹⁰)? Nicht blos im Gewissen offenbart sich die zweite Buße, sondern im Werke wird sie vollbracht ¹¹), denn die, welche Gott beleidigt haben, müssen auch genug thun, und um so mehr weinen, je mehr sie gefehlt haben, um so mehr bekennen, je mehr sie verläugneten ¹²).

Ein weiterer Grund für die sich äußerlich manifestirende Buße lag in dem Verhältnisse des Einzelnen zur Kirche. Die Gesammtheit der

---

3) Orig. in Jerem. hom. 16. n. 4. p. 60.
4) Orig. in Exod. hom. 6. n. 9. p. 403.
5) Clem. strom. l. 4. c. 6. p. 580.   6) Orig. in Cant. l. 2. p. 135.
7) Oportet eum, qui agit poenitentiam, affligere animam suam et humilem animo se praestare in omni negotio, sagt Hermas simili. 7. p. 305.
8) C. Cels. l. 3. c. 71. p. 427.   9) Clem. Quis dives. c. 39. p. 957.
10) Just. D. c. T. c. 141. p. 460.   11) Tert. de poenit. c. 9. p. 59.
12) Cyp. de laps. p. 383.

Gläubigen und besonders der Priester [13]), nimmt ebenso an der Aussöhnung des Einzelnen Theil, als der Einzelne seine Schuld der Kirche gegenüber durch äußere Buße zu sühnen und zu bekennen hatte. Denn die Kirche ist der Leib Christi, der vom Sohne Gottes beseelt ist. Die Glieder dieses Leibes, als eines Ganzen, sind die Gläubigen. Denn wie die Seele den Leib belebt und bewegt, der seiner Natur nach nicht mächtig ist, sich aus sich selbst lebendig zu bewegen: so bewegt auch der Logos, indem er zu dem, was geschehen soll, den ganzen Leib, die Kirche, in Bewegung und Thätigkeit versetzt, auch die einzelnen Glieder an der Kirche, die ohne Einwirkung des Logos nichts thun [14]). Dieß, sagt Möhler, hellt uns das Verhältniß auf, in welchem Origenes Christum zur Kirche, und den einzelnen Gläubigen zu beiden stehend gedacht habe. Christus und seine Kirche stehen hiernach in unzertrennlicher Einheit; das Band und das Gesetz organischer Lebensgemeinschaft knüpft sie so enge an und unter einander, wie die Seele den Leib durchdringt, der Leib die Seele umfaßt und beide ein gemeinsames Leben bilden; das einzelne Glied des Leibes ist in seiner Theilnahme an diesem Leben bedingt durch seine gesunde naturgemäße Einigung mit dem Ganzen. Es erscheint sonach jeder einzelne Gläubige mit Christo vermittelt durch die Kirche [15]). Ohne ihre Predigt hat er keinen Glauben, ohne ihre Taufe keinen Sündenerlaß, ohne lebendige Einfügung in sie kein Leben aus Christus. Es fordert also von selbst diese Stellung zu einander, daß alle geistigen Vorgänge und Bewegungen des Einzelnen zu Christus — dem Unsichtbaren, hin, gar nicht ohne den entsprechenden concreten Ausdruck nach Außen, in der sichtbaren Kirche bleiben können, durch die seine Beziehung zum Erlöser bedingt und vermittelt wird. So wird der innere Herzensglaube vor Gott, — soll er gekrönt werden, nothwendig zum äußeren Bekenntniß vor der Kirche; so das innere Schuldbekenntniß vor Gott, zum mündlichen Bekenntniß derselben vor der Kirche. Ohne letzteres ist der erste Akt nur halb, unvollkommen, wirkungslos [16]).

---

13) Rogamus nos, ut pro nobis Deum rogare possimus, preces ipsas ad nos prius vertimus, quibus Deum pro nobis, ut misereatur. oramus. Agite poenitentiam plenam, dolentis ac lamentantis animi probate moestitiam. Cyp. de laps. p. 384. b.
14) Orig. c. cels. l. 6. c. 48.
15) Wie treu Möhler die Anschauungsweise des Origenes wieder gibt, zeigt besonders der Commentar in Mathäus tom. 11. n. 18. p. 479. etc.
16) Möhler, Patrologie. S. 559.

## §. 70. Von dem Bekenntniſſe im Allgemeinen.

Durch die Einſetzungsworte dieſes Sakramentes werden die Pöni=
tenten zugleich zum Bekenntniſſe ihrer Sünden verpflichtet, denn Jeſus
hat die Prieſter zu Richtern gemacht, die löſen und binden; binden,
nicht nur ſofern ſie die Sünden behalten, ſondern auch ſofern ſie Jenen
Strafen auflegen, welchen ſie die Sünden nachlaſſen. Das richterliche
Urtheil ſetzt aber eine Cognition voraus, die in dieſem Falle nur durch
das Selbſtbekenntniß des Büßers erlangt werden kann.

Die Worte: bekennet einander euere Sünden, beziehen ſich gleichfalls
auf ein dem Prieſter abgelegtes Sündenbekenntniß, wie der Zuſammen=
hang lehrt. Der Apoſtel Jacobus ſchreibt, der Kranke ſoll die Prieſter
der Kirche rufen, daß ſie über ihn beten ... und wenn er in Sünden
iſt, werden ſie ihm nachgelaſſen. Jacob. 5. 15. Vers 16. verknüpft
die Vulgata durch ergo mit Vers 15. Confitemini ergo alterutrum
peccata nostra et orate pro invicem, ut salvemini. Der Zuſam=
menhang iſt jedoch auch ohne daſſelbe durch: „damit ihr geneſet" ($\iota\alpha\vartheta\tilde{\eta}\tau\varepsilon$)
feſtgehalten. Der Kranke ſoll den herbeigerufenen Presbytern beichten,
dieſe ſollen über ihn beten und er werde leiblich und geiſtig geneſen.
Das Nachlaſſen der Sünden führt Jacobus auf die Beichte, durch welche
Sünden vergeben werden, und das Gebet über die Kranken veranlaßt
ihn, Vers 17. über die Kraft des Gebetes zu ſprechen. Das iſt der
Zuſammenhang dieſer Verſe.

Wenn die Stellen: Viele von denen, welche gläubig geworden,
kamen und bekannten und offenbarten ihre Thaten Apoſtgeſch. 20. 18.
und: Wenn wir unſere Sünden bekennen, ſo iſt er (Gott) getreu und
gerecht, daß er uns unſere Sünden verzeiht I. Joh. 1. 9., auch nicht
von dem Bußſakramente ſprechen, ſo erkennt man doch aus ihnen, daß
Büßer, welche Verzeihung wollten, ihre Sünden zu bekennen hatten.
Das Sünden=bekennen iſt aber weder eine jüdiſche, noch heidniſche, noch
überhaupt der menſchlichen Natur zuſagende Uebung, deßwegen muß es
auf eine ſpecifiſch chriſtliche Sitte zurückgeführt werden, die ſich auf ein
Gebot gründete. Inſofern ſind auch dieſe Citate nicht bedeutungslos.

Aehnlich verhält es ſich mit den Worten aus dem Briefe des
Barnabas: Bekenne deine Sünden. c. 8. Hefele glaubt, weil dieſe
Worte aus Sirach 4. 26. entlehnt ſeien, dürfen ſie nicht im prägnant
kirchlichen Sinne vom Beichten verſtanden werden. Das Wort „dürfen"

ist jedoch zu exklusiv. Da man in der apostolischen Zeit beichtete, konnte sich der Verfasser so ausdrücken, ohne blos ein alttestamentliches Citat wiederzugeben. Und wozu dieses Citat, wenn die betreffende Sitte bei den Christen nicht bestand? Sodann ist der nachfolgende Satz: non accedes ad orationem tuam in conscientia mala, im prägnant kirchlichen Sinne zu verstehen. In gutem Gewissen hinzutreten war der geläufige Ausdruck für die Disposition, mit der man der Feier der Eucharistie beiwohnen sollte¹), wie Proseuchä die Liturgie bezeichnete.

Darum verlangt Clemens R. das Bekenntniß der Sünden, „denn es ist dem Menschen besser, seine Sünden zu bekennen, als sein Herz zu verstocken"²). Keiner Sache bedürftig, verlangt Gott nichts, außer daß man ihm (seine Schuld) bekenne³). Auch diese Stellen handeln nicht blos von dem Bekenntniß vor Gott, denn die Schuldigen sollen sich den Priestern unterwerfen und sich zur Buße züchtigen⁴). Wenn er ferner schreibt: werfet euch Gott zu Füßen und bittet unter Thränen, daß er uns dem früheren ehrbaren und keuschen Verkehre der Bruderliebe zurückgebe⁵), so sagen die letzten Worte, auf wen die ersten zu beziehen sind. Die Aufnahme geschah durch die Priester, vor ihren Füßen hatten sie sich als den Stellvertretern Gottes niederzuwerfen.

Entschiedener und deutlicher tritt das Bekenntniß in dem zweiten Briefe des Clemens an die Korinther hervor. Obwohl er nicht ächt ist, gehört er doch der Literatur der ersten Jahrhunderte an. Die betreffende Stelle lautet: Lasset uns Buße thun, so lange wir auf Erden sind. Wie nämlich der Töpfer, wenn er ein Gefäß gemacht und dasselbe in seinen Händen zerbricht, es wieder bildet, nachdem er es aber in den Feuerofen gelegt, ihm nicht mehr helfen kann: so auch wir, so lange wir in dieser Welt sind, in dem Fleische, in dem wir Böses gethan, sollen wir aus ganzem Herzen Buße wirken, damit wir vom Herrn gerettet werden, solange wir Zeit zur Buße haben. Nachdem wir nämlich von dieser Welt geschieden sind, können wir im Jenseits nicht mehr Sünden bekennen oder Buße thun⁶). Die Vergleichung mit dem gebrannten und nicht gebrannten Töpfergeschirr gebraucht auch Origenes, vor ihm aber, unseres Wissens, Niemand, und es liegt ihr die Wahrheit zu Grunde, das menschliche Mitwirken im Heilsprozesse sei wesentlich auf das göttliche Wirken basirt. Wenn Gott, durch Verhängung des

---

1) cf. Probst, Liturgie. S. 42. 2) Clem. ad Corinth. c. 51. p. 97.
3) l. c. c. 52. p. 98. 4) l. c. c. 57. 5) l. c. c. 48. p. 94.
6) Clem. epist. II. ad Cor. c. 8. p. 113.

Todes sein Wirken sistirt, hat das menschliche Mitwirken ein Ende.

Umgekehrt dachten viele der alten Häretiker, die ein Bekenntniß zur Sündenvergebung in der anderen Welt lehrten. Ihnen gegenüber machen katholische Schriftsteller darauf aufmerksam, daß es in der anderen Welt ein solches nicht gebe [7]). Andererseits geht aber aus diesem Irrthume hervor, für wie nothwendig man das Bekenntniß der Sünden zu ihrer Vergebuug hielt.

Irenäus kennt eine Buße, durch die Sünden vergeben werden, denn die Gerechten, welchen das ewige Leben zu Theil wird, sind solche, die in der Liebe verharrten, sei es von Anfang, sei es durch Buße [8]). Einen wesentlichen Akt derselben bildete das Bekenntniß. Mehrere katholische Frauen wurden von Gnostikern nicht nur durch irrige Lehren, sondern auch durch einen **heimlichen** sündhaften Umgang verführt. Viele derselben kehrten zur Kirche zurück und bekannten dieses nebst den übrigen Irrthümern [9]). Einige legten ein öffentliches Bekenntniß ab, Andere verharrten aus Scham im Schweigen und verzweifelten an einem Leben in Gott, indem sie theils gänzlich abfielen, theils zwischen Thür und Angel, wie das Sprüchwort sagt, hängen blieben [10]). Nicht nur wird ein Bekenntniß gefordert, sondern von der Ablegung desselben hängt auch der Eintritt in die Kirche und das Leben in Gott ab, und das war nicht etwa die Doktrin dieses oder jenes Rigoristen, sondern der den Extremen ferne Bischof von Lyon erzählt das als etwas sich von selbst Verstehendes. Uebrigens liegt in der Stelle noch mehr, worauf wir in der Lehre von dem Bekenntnisse der geheimen Sünden zurückkommen.

Wenden wir uns zu Clemens A. Die zweite Buße ist nach ihm keine solche, die durch Reue und Abwaschung Verzeihung erhält, sondern eine reinigende und beschämende. Einem solchen Sünder wird zwar vergeben, aber er muß sich **schämen**, weil er nicht mehr blos abgewaschen wird [11]). Mit Rücksicht auf die Angaben der übrigen Schriftsteller ist diese Beschämung in das öffentliche Bekenntniß der Schuld zu setzen. Wir sind jedoch nicht blos auf eine Folgerung angewiesen, sondern Clemens sagt ausdrücklich, die, welche büßend bekennen, säen in Thränen und ernten in Freuden [12]).

Jedem aufmerksamen Leser fällt es auf, wie häufig Origenes

---

7) A. c. l. 2. c. 13. Cyp. epist. 52. p. 153. f.
8) Iren. l. 1. c. 10. n. 1. p. 49.     9) l. c. c. 6. p. 30.
10) l. c. c. 13. n. 7. p. 65.     11) Clem. strom. l. 2. c. 13. p. 460.
12) Clem. l. c.

die Worte **Beicht und Buße** mit einander verbindet, so daß man schon daraus ersehen kann, sie waren auch in der Praxis vereinigt. Wer seine Sünden bekennend Buße thut[13]). Wer alsbald Buße thut und sagt: ich habe gesündigt[14]). Thun wir Buße und bekennen wir unsere Sünden[15]). Nach dem sollen wir trachten, was zur Buße ruft, was zum Bekenntniß des Vergehens führt[16]). Wenn Jemand seine Sünden büßt und sich selbst anklagt, wird er gerecht[17]). Er bedient sich dabei allerdings auch der Worte: bekenne deine Sünden Gott oder dem Herrn; z. B. wenn du dich einiger Sünden schuldig weißt, verheimliche sie nicht, sondern durch die Exomologesis offenbare sie dem Herrn[18]). Dieses schließt jedoch das Bekenntniß vor dem **Priester** nicht aus, denn dann werden unsere Sünden vergeben, wenn wir sie nicht nur Gott offenbaren, sondern auch jenen, welche unsere Wunden und Sünden heilen können[19]). Sodann versteht er unter der Anklage vor Gott gerade die vor seinen Dienern. Wer seine Sünden Gott beichtet, von Herzen bereut und Buße thut, soll sich nicht darum kümmern, wenn er wegen der Exomologesis seiner Sünden Trauer erntet und von seinen Freunden verlassen wird[20]). Diesem Satze liegt zugleich der Gedanke zu Grunde, das Sündenbekenntniß sei kein allgemeines, etwa dahin lautendes gewesen: ich habe gesündigt, ich bin ein Sünder; denn um einer solchen Anklage willen verläßt Niemand seinen Freund. Sie hätte nicht die Beschämung mit sich gebracht, der Clemens erwähnt; ihrer hätten sich die von Häretikern verführten Frauen nicht geweigert. Origenes sagt jedoch noch deutlicher, der Büßer soll seine Sünden, und zwar die schwereren, **genau und im Einzelnen** aufzählen. Nur böse Menschen verheimlichen ihre Sünden ganz, oder geben nur die leichten und wenige an[21]). Auch Jene nennt er nicht Büßer, sondern Sünder, die sich wegen ihrer Fehler **entschuldigen** und sagen: Der Teufel hat mich betrogen, das Weib verführt, Jener hat mir Gelegenheit zur Sünde gegeben. Entschuldigungen machen nichts besser[22]).

2) In derselben Weise lauten die Zeugnisse aus dem Abendlande.

---

13) Orig. in Genes. hom. 17. n. 9. p. 295.
14) In Exod. hom. 11. n. 5. p. 460.
15) In Jerem. hom. 10. n. 8. p. 494.
16) In Ezech. hom. 5. n. 5. p. 152.
17) In lib. regn. hom. 1. n. 15. p. 93.
18) In psl. 36. hom. 1. n. 5. p. 14.
19) In Luc. hom. 17. p. 348. cf. §. 68.
20) In psl. 36. hom. 1. n. 5. p. 14. 21) In Math. series. 73. p. 175.
22) In lib. regn. hom. 1. n. 15. p. 93.

Die Beicht ist Tertullian so mit der Buße verbunden, daß, wenn er von der Bitte um Verzeihung spricht, er darunter das Bekenntniß der Sünden versteht [23]). Einem gnostischen Lehrsystem zufolge hat ein Engel die Welt gebildet und nachdem es geschehen, Buße gethan (es bereut). Hat er Buße gethan, bemerkt Tertullian hierzu, so hat er eine Sünde begangen, denn die Buße ist durchweg Bekenntniß der Sünde und findet darum blos wegen einer Sünde statt [24]). Man sieht, Buße und Bekenntniß sind ihm unzertrennlich, darum schließt er: hat er Buße gethan, so hat er Sünden bekannt, hat er Sünden bekannt, so hat er auch solche begangen. Abgesehen von dem göttlichen Gebote, schreibt er nämlich dem Bekenntnisse eine sühnende Kraft zu. Wenn daher Gott den Adam fragt: wo bist du, so thut er dieses, um Adam anheim zu stellen, ob er seine Schuld läugnen, oder bekennen wolle, und um ihm Gelegenheit zu geben, seine Sünde frei zu bekennen. Ebenso fragt er auch Kain und gab uns dadurch Beispiele, daß wir die Sünde vielmehr bekennen, als verläugnen sollen, denn schon damals wurde die evangelische Lehre eingeführt: aus deinem eigenen Munde wirst du gerechtfertigt und aus deinem eigenen Munde verdammt. Math. 12. 37. Darum verfluchte er auch weder Adam noch Eva, weil sie durch das Bekenntniß von der Schuld befreit wurden. Kain aber verfluchte er, weil er seine Schuld durch Läugnen noch erschwerte [25]).

Weil die Lehre des h. Cyprian über diesen Gegenstand in dem Paragraph, der vom Minister handelt, enthalten ist, wird blos auf eine Stelle aufmerksam gemacht, in welcher von dem Bekenntnisse kleinerer Sünden die Rede ist. Wenn Jemand wegen **geringerer** Sünden die angemessene Zeit Buße thun und die Exomologese ablegen muß, ehe ihm die Hände aufgelegt werden, um wie viel mehr soll dieses bei den schwersten und größten Verbrechen stattfinden [26]).

Die Reihe dieser Zeugnisse mag ein Ausspruch des Lactantius schließen, der so klar ist, daß wir ihm nichts beizufügen haben. Da Gott gemäß seiner ewigen Vaterliebe für unser Leben und Heil sorgen wollte, hat er uns in der Beschneidung die Buße vorgebildet, damit wir, das Herz aufschließend, d. h. durch das Sündenbekenntniß Gott genugthuend, Verzeihung erhalten, welche den Verstockten und den ihre Sünden Ver-

---

23) Exomologesis est petitio veniae, quia qui petit veniam, delictum confitetur. Tert. de orat. c. 7. p. 9.
24) Tert. de carne Christi. c. 8. p. 364.
25) Adv. Marc. l. 2. c. 25. p. 110—112.
26) Cyp. epist. 11. p. 53. d. cf. epist. 9. p. 49. cf. §. 72. not. 7.

heimlichenden von dem verweigert wird, welcher nicht wie der Mensch das Angesicht, sondern das Innere und Verborgene des Herzens schaut [27]).

## §. 71. Exomologese.

Dieses Wort bezeichnet sowohl die sich in äußeren Werken offenbarende reumüthige Gesinnung, zu welchen das Bekenntniß überhaupt gehört, als auch, und zwar hauptsächlich, das öffentliche Sündenbekenntniß. Erklärungen und Hinweisungen auf die Exomologese finden sich bei den meisten Schriftstellern, sie stimmen aber alle so mit einander überein, daß wir uns auf Tertullian beschränken, dessen Beschreibung zudem die genaueste und ausführlichste ist. Durch die Exomologese, sagt er, bekennen wir dem Herrn unsere Vergehen, nicht als ob er sie nicht wüßte, sondern sofern die Genugthuung durch das Bekenntniß vorbereitet wird, aus dem Bekenntnisse die Buße hervorgeht und durch die Buße Gott versöhnt wird. Darum ist die Exomologese die Disciplin des sich niederwerfenden und demüthigenden Menschen, mit der eine Lebensweise verbunden ist, die die Barmherzigkeit anlockt [1]). Bezüglich der Kleidung und Nahrung verlangt sie, in Sack und Asche zu liegen, den Leib durch Schmutz zu entstellen und sie, die gesündigt, durch harte Behandlung umzuwandeln [2]); überhaupt Speis und Trank einfach zu genießen, nicht des Bauches, sondern des Lebens wegen; vorzüglich aber das Gebet durch Fasten zu nähren, seufzen, weinen und stöhnen Tag und Nacht zu dem Herrn, deinem Gott, vor den Priestern sich niederwerfen, vor den Geliebten (caris oder aris) niederknien, an alle Brüder das Ansuchen um ihre Fürbitte stellen; das Alles macht die Exomologese aus, welche die Buße empfiehlt, die Gefahr fürchtend, Gott ehrt, die vor einem sündigen Menschen die Schuld bekennt als Entgelt

---

[27]) Lactant. instit. l. 4. c. 17.
[1]) Aehnlich, wie im Nachfolgenden Tertullian, spricht sich Cyprian über die Exomologese aus. De laps. p. 383. d. e.
[2]) Idcirco commoneo vulneratos caute ire.
Barbam comamque foedare in pulvere terrae,
Volutarique saccis et petere summo de Rege;
Subveniet tibi, ne pereas forte de plebe.
Commodianus, instruct. 49. p. 639. Gall. Auf das Bußkleid spielt bereits Irenäus an, sofern er von Adam, der sich mit rauhen Feigenblättern bedeckte, sagt: obwohl andere Blätter denselben Dienst geleistet hätten, machte er sich ein seiner Sünde entsprechendes Kleid, um dadurch das übermüthige Fleisch zu züchtigen und zu zügeln. Iren. l. 3. c. 23. p. 221. Methodius schreibt hingegen diese Bedeckung dem Einflusse des Teufels zu, der durch den Kitzel dieser Blätter zur Lust reizen wollte. Conviv. orat. 10. n. 5. p. 739. Gall.

für die Beleidigung Gottes, die durch zeitliche Trauer den ewigen Strafen nicht so fast entgeht, als sie abbüßt. Indem sie also den Menschen niederwirft, erhebt sie ihn vielmehr, indem sie ihn beschmutzt, macht sie ihn vielmehr rein, indem sie beschuldigt, entschuldigt sie, indem sie verdammt, spricht sie los ³).

Solche Forderungen widerstreben der sinnlichen Natur des Menschen zu allen Zeiten und die Beichte erfuhr auch damals Widerspruch und zwar um so mehr, als das Bekenntniß der Sünden häufig ein öffentliches und die Bußwerke sehr strenge waren. Wie Interesse, so gewährt es auch Nutzen, die **Motive** kennen zu lernen, durch welche die alten Lehrer den Sünder zur Exomologese anzuspornen suchten. Besonders von Origenes und Tertullian sind derartige Ermahnungen auf uns gekommen, die sich zudem ergänzen, sofern der erste die Nothwendigkeit des Bekenntnisses überhaupt aus dem Wesen der bußfertigen Gesinnung ableitet, der zweite aber auf die gewöhnlichen Einwürfe gegen das öffentliche Bekenntniß und die mit ihm verbundenen Bußübungen Rücksicht nimmt.

2) **Die Buße verlangt Ertödtung des alten Menschen.** So lange aber die **bösen Gedanken verborgen sind, ist es unmöglich, sie völlig zu ertödten**, daher auch wir, wenn wir gesündigt haben, sagen müssen: ich habe meine Sünde dir bekannt und meine Missethat nicht verheimlicht. Denn haben wir dieses gethan und unsere Sünden **entdeckt, nicht blos vor Gott, sondern auch vor Jenen, welche unsere Wunden und Sünden heilen können**, so werden sie auch von dem getilgt werden, der spricht: Siehe ich will deine Missethat tilgen wie eine Wolke und wie Dunkelheit deine Sünden. Isai 44. 22. ⁴).

Ebenso verlangt **die Reue die Anklage seiner selbst.** Das ist nämlich gewiß, so lange Jemand sündigt und in der Sünde verharrt, klagt er sich selbst nicht an; denn das klagt er nicht an, was er thut. Wenn er sich hingegen mit Reue von seinen Sünden abwendet, dann wird er ein Ankläger seiner selbst ⁵) und macht sich durch die Anklage eigentlich erst recht von der Sünde los. Jene, welche eine unverdaute Speise im Magen liegen haben, werden von ihr belästigt, bis sie durch Erbrechen ausgestoßen ist: so stößt der, welcher sich selbst anklagt und bekennt, die Sünde von sich aus und befreit sich dadurch von der Ursache

---

3) Tert. de poenit. c. 9. p. 59. u. 60. cf. §. 66. not. 6.
4) Orig. in Luc. hom. 17. p. 348.
5) In lib. regn. hom. 1. n. 15. p. 93.

der Krankheit⁶). Das Bekenntniß nöthigt aber auch den Pönitenten, seiner Schuld recht lebhaft zu gedenken, wodurch sein Herz gedemüthigt und zerknirscht wird und dieses hat zur Folge, daß er sich Solches nicht mehr zu Schulden kommen läßt⁷). Die Anklage ist sonach Vollendung der Reue. Die Reue löst die Sünde von der Seele ab, die Anklage stößt sie aus und hindert ihre Rückkehr.

Das Bekenntniß ist aber auch durch Schrift und Kirche geboten. Höret, redet Origenes die versammelte Gemeinde an, was die Anordnung des Gesetzes vorschreibt. Hat Jemand in einem dieser Stücke sich versündigt, so sage er die Sünde heraus, die er begangen. Das ist ein wunderbares Geheimniß, daß es befiehlt, die Sünde auszusprechen. Denn welcher Art es sei, es muß herausgesagt, und Alles, was wir gethan haben mögen, es muß offen eingestanden werden. Sei es nun, daß wir etwas im Geheimen getrieben, sei es, daß wir etwas auch nur im Worte, oder innerhalb unseres Gedankenverschlusses begangen haben; Alles muß bekannt gemacht, Alles vorgebracht werden. Es wird aber von dem vorgebracht, der sowohl Ankläger, als auch Anstifter der Sünde ist; denn jetzt treibt er uns, daß wir sündigen, haben wir gesündigt, dann klagt er uns an. Kommen wir ihm also im Leben zuvor und sind wir unsere eigenen Ankläger, so entfliehen wir der Tücke des Teufels, unseres Feindes und Anklägers; denn so sagt irgendwo der Prophet (Jes. 43. 26.): „Sage du zuvor deine Ungerechtigkeiten, damit du gerechtfertigt werdest." Zeigt er da nicht klar das Geheimniß, von dem wir so eben reden, wenn er spricht: „Sage du zuvor", damit er dich anweise, dem zuvorzukommen, der bereit steht, dich anzuklagen? „Du also", sagt er, „sage zuvor", damit er dir nicht zuvorkomme, weil, wenn du zuvor bekannt und das Bußopfer entrichtet hast ... auch zu dir gesagt werden wird: du hast Schlimmes in deinem Leben eingenommen, jetzt aber ruhe aus ... Siehe also, wie das Bekenntniß der Sünde, Nachlassung der Sünde verdient. Denn ist man dem Teufel in der Anklage zuvorgekommen, so wird er uns nicht weiter anklagen können, und die Selbstanklage ist uns förderlich zum Heile; warten wir aber bis zur Anklage des Teufels, dann fördert uns dieses zur Strafe⁸).

Dem Angeführten zufolge kann es kein Streitpunkt mehr sein, ob Origenes das Bekenntniß der Sünden und zwar selbst der geheimen,

---

6) In psl. 37. hom. 2. n. 6. p. 100.   7) l. c. hom. 1. n. 1. p. 79.
8) In Levit. hom. 8. n. 4. p. 46.

zu ihrer Vergebung für nothwendig hielt, und ob zu seiner Zeit eine solche Selbstanklage stattfand. Die Frage ist vielmehr nur die, wie und vor wem fand diese Anklage statt. Dalläus glaubt, Origenes habe von einer Beichte, wie sie jetzt in der katholischen Kirche üblich ist, nicht einmal eine Ahnung gehabt, geschweige denn von ihr geschrieben. Unter Selbstanklage verstehe er nichts anderes, als das vor der Gemeinde abgelegte Schuldbekenntniß über notorische Sünden.

Wie es sich mit der Behauptung verhält, blos **notorische Sünden** seien gebeichtet worden, zeigt Obiges, weßwegen wir ein weiteres Wort hierüber nicht verlieren wollen. Was aber das **öffentliche Bekenntniß** betrifft, so ist ohne Widerrede zuzugeben, Origenes kennt die öffentliche Selbstanklage und gibt seinen Zuhörern die Gründe an, warum sie sich des öffentlichen Bekenntnisses ihrer Sünden nicht schämen sollen. Es ist besser, der Büßer ziehe sich durch Selbstanklage jetzt vor den Menschen Beschämung zu, um dadurch der Beschämung am Gerichtstage zu entgehen. Er soll sich geben, wie er ist, damit er nicht einem übertünchten Grabe gleich, dem äußeren Anscheine nach, vor den Menschen gerecht erscheine, innerlich aber voll Unreinigkeit sei. Die mit dem Bekenntnisse verbundene Beschämung sei heilsam, weil sie zum Heile derer diene, die sich ihr unterziehen. Niemand erröthe, das zu offenbaren vor den Menschen, was offenkundig vor den Augen Gottes liege [9]). Das sind die Motive, mit welchen Origenes seine Zuhörer zum öffentlichen Bekenntniß selbst ihrer geheimen Sünden zu bewegen sucht. Ebenso interessant ist die Art und Weise, wie Tertullian die Bedenken und Einwürfe gegen das Sündenbekenntniß erledigt.

3) Die meisten, sagt er, scheuen dieses Werk (die Exomologese) als eine Bloßstellung ihrer selbst, oder verschieben es von Tag zu Tag, wie ich vermuthe, mehr der Beschämung, als des Heiles eingedenk, jenen gleich, die sich an geheimen Körpertheilen eine Verletzung zugezogen haben, die Zuziehung der Aerzte meiden und so mit ihrer Scham zu Grunde gehen. Der Scham ist es nämlich unerträglich, dem beleidigten Herrn genug zu thun, das verlorene Heil wieder zu erlangen. Fürwahr eine schöne Scham, welche beim Sündigen das Haupt erhebt, beim Abbitten aber es verbirgt! Ich gebe dem Erröthen keinen Raum, da ich eher Nachtheil von ihm erhalte, da es selbst gewissermaßen den Menschen ermahnt in den Worten: Berücksichtige mich nicht, für dich ist es besser, ich gehe zu Grunde. Gewiß ist dann die Lage von Jemand gefährlich

---

9) Orig. in psl. 37. hom. 2. n. 1. p. 93.

und hart, wenn er neben solchen steht, die ihn lachend verhöhnen, wenn Einer durch den Fall des Anderen sich erhebt, wo man über dem Gefallenen emporsteigt. Unter Brüdern und Mitknechten aber, wo gemeinschaftliche Hoffnung, Furcht, Freude, Schmerz, Mitleiden (weil ein gemeinschaftlicher Geist von dem gemeinschaftlichen Herrn und Vater) — wie magst du da die Deinigen für etwas anderes halten, als dich? Was fliehst du die, welche an deinem Geschicke theilnehmen, gleich wie Spötter? Nicht kann sich der Leib über das Leid Eines Gliedes freuen, nothwendig trauert er mit und ist zur Heilung thätig. In dem Einen, wie in dem Andern, ist die Kirche, die Kirche ist aber Christus. Wenn du dich also vor den Füßen der Brüder niederwirfst, umfassest du Christus, bittest du Christus. Ebenso wenn jene über dich Thränen vergießen, leidet Christus, bittet Christus den Vater. Leicht wird immer erlangt, was der Sohn begehrt.

Das ist ein schöner Gewinn, den die **Verheimlichung des Vergehens der Schamhaftigkeit** verspricht! Als ob wir auch vor Gott verbergen könnten, was wir der menschlichen Kenntniß entzogen haben! Läßt sich das Dafürhalten der Menschen und das Wissen Gottes auf gleiche Linie stellen? Ist heimlich verdammt sein besser, als öffentlich losgesprochen werden! Allerdings ist es traurig, so büßen zu müssen; die Liebe zum Bösen hat dich dahin gebracht. Wo aber Buße ist, hört die Trauer auf, weil das Heil geworden ist [10]).

In dem folgenden Kapitel geht der Apologet auf die übrigen mit der Exomologese verbundenen Bußwerke ein, bemerkend, wie viel Mühe und Demüthigungen man um göttlicher Vortheile und Ehren willen auf sich nehme. Sollten wir dasselbe nicht gerne ertragen, um der Gefahr der ewigen Verdammung zu entgehen? Hierauf fährt er fort: wenn du dich der Exomologese weigerst, so erwäge in deinem Herzen, was es um die Hölle ist, welche die Exomologese auslöscht, und stelle dir die Größe der Strafe vor, damit du nicht zauderst, das Heilmittel zu ergreifen. Was sollen wir von jenem Behältniß des ewigen Feuers halten, da bereits einige Rauchfänge desselben solche Feuergarben aussprühen, daß die nächsten Städte entweder schon nicht mehr existiren, oder dasselbe Schicksal täglich erwarten. Die so stolzen Berge bersten bei dem Hervorbrechen des innerlichen Feuers, und, ein Beweis für die nie aufhörenden Strafen, da sie bersten, da sie verschlungen werden, nehmen sie

---

10) Tert. de poenit. c. 10.

doch nie ein Ende. Wer hält diese Strafgerichte der Berge nicht für Abbilder des drohenden Gerichtes? . . . .

Da du also weißt, nach der ersten Schutzwehr gegen die Hölle, der Taufe, sei in der Exomologese noch ein zweites Hilfsmittel, warum verschmähst du dein Heil? Warum ergreifst du das nicht, von dem du weißt, daß es dich heilt? Selbst stumme und vernunftlose Thiere erkennen zur rechten Zeit die ihnen von Gott verliehenen Heilmittel. Der vom Pfeil durchbohrte Hirsch weiß, daß der Diktam hilft, um das Eisen und dessen unwiderrufliches Verweilen aus der Wunde zu ziehen. Die Schwalbe weiß dem erblindeten Jungen durch ihr Chalidonium das Augenlicht wieder zu geben. Und der Sünder, der weiß, daß der Herr die Exomologese zu seiner Wiederherstellung eingesetzt hat, will an ihr vorübergehen [11])?

Der Herr hat die Exomologese eingesetzt als das zweite, dem gefallenen Gläubigen allein übrige Mittel, um Vergebung zu erhalten und den ewigen Strafen der Hölle zu entgehen. Zu diesem Behufe müssen nicht nur die offenkundigen, sondern auch die geheimen Sünden bekannt und gebüßt werden; das ist der Kern der Tertullian'schen Lehre. Führt er ferner in einer Schrift, die vor dem Jahre 200 abgefaßt wurde, das Bekenntniß auch der geheimen Sünden seinem Ursprunge nach auf Christus zurück, so wird man nicht bestreiten können, daß es wenigstens vor dem Jahre 150 in der Kirche allgemein üblich war.

## §. 72. Geheimes Sündenbekenntniß.

Weitere Stellen zum Beweise dafür anzugeben, daß außer den notorischen, auch geheime Sünde gebeichtet werden mußten, wird überflüssig sein [1]). Die Frage, um die es sich hier handelt, ist die, wie

---

[11]) Tert. l. c. c. 12. p. 64.

[1]) Nur auf Tertullian wollen wir noch aufmerksam machen. Per quod ostenditur non facti solum, verum et *voluntatis* delicta poenitentia purganda esse. De poenit. c. 3. p. 46. cf. l. c. c. 4. p. 47. Der Zusammenhang der Stelle ist folgender: „Geist und Leib sind des Herrn Sache, der eine durch seine Hand geformt, der andere durch seinen Hauch vollendet. Da sie also beide gleichmäßig dem Herrn gehören, so wird jeder von beiden, der fehlt, den Herrn gleichmäßig beleidigen." Deswegen werden auch beide gleichmäßig gerichtet werden. Gemeinschaftlich ist ihre Schuld, gemeinschaftlich der Richter, gemeinschaftlich deswegen auch das Heilmittel der Buße. Sie werden aber geistig oder leiblich genannt, weil jedes Vergehen entweder gethan oder gedacht wird. Körperlich ist die Handlung (quod in facto est), weil die Handlung wie ein Körper gesehen und belastet werden kann. Geistig aber ist, was in der Seele ist, woraus erhellt, daß nicht nur die sündhafte Handlung, sondern auch die Sünde des Willens vermieden und durch Buße gereinigt

und vor wem fand das Sündenbekenntniß statt? Im Allgemeinen lautet die Antwort: der Pönitent bekannte seine Schuld vor dem Priester und der versammelten Gemeinde. Damit ist aber nicht gesagt, das Bekenntniß **aller** Sünden sei **immer** öffentlich, in Gegenwart der Gemeinde, abgelegt worden.

Zur Aufhellung dieses Gegenstandes dient Irenäus. Das einemal berichtet er, Frauen, welche zur Kirche zurückkehrten, haben ihren sündhaften Umgang mit Häretikern bekannt (τοῦτο ἐξωμολογήσαντο) ²); das anderemal sagt er: die einen haben dieses **auch** öffentlich bekannt (αἱ μὲν καὶ εἰς φανερὸν ἐξομολογοῦνται), die anderen aber es aus Scham unterlassen ³). Hier wird ein Unterschied zwischen Bekennen und Bekennen gemacht. Man wird erwidern, in der ersten Stelle spricht der Bischof ganz allgemein vom Bekenntniß, er meint aber das öffentliche. In der zweiten Stelle hebt er dieses besonders hervor, weil Einige dasselbe verweigerten. Im Allgemeinen genommen, halten wir das nicht für unrichtig. Damit ist aber das „auch" (καὶ) noch nicht erklärt. Nach unserem Ermessen drückt diese Partikel aus, daß dem öffentlichen Bekenntnisse ein anderes, geheimes, vorausging, das **alle** Frauen ablegten. Als es sich aber darum handelte, dasselbe **auch** öffentlich auszusprechen, verstanden sich blos einige dazu, die anderen aber weigerten sich. Unter dieser Voraussetzung verdient der Unterschied der beiden citirten Stellen mehr Aufmerksamkeit. Jedenfalls wird man nicht behaupten dürfen, die Exomologese sei unter allen Umständen ein öffentliches Bekenntniß gewesen, denn in diesem Falle wäre der Beisatz εἰς φανερὸν mehr als überflüssig ⁴).

Man hat sich darum den Hergang so vorzustellen; die Frauen meldeten ihre Rückkehr zur Kirche und bekannten vor dem Priester ihre Schuld, wodurch sie ihm erst bekannt wurde, denn ihr sündhaftes Verhältniß zu den Häretikern war ein **geheimes** l. c. c. 6. n. 3. Dieser legte ihnen als Sühne für ihre Sünden und als Bedingung der Aufnahme in die Kirche das **öffentliche** Bekenntniß auf. Einige der Frauen unterzogen sich diesem Befehle, andere lehnten ihn ab. Die Entgegnung

---

werden muß ... Für alle Vergehen also, sie mögen im Fleische, oder im Geiste, im Werke oder im Willen begangen worden sein, hat derselbe, welcher ihnen Strafe durch das Gericht bestimmt hat, auch Verzeihung durch die Buße verheißen. l. c. c. 3. u. 4.

2) Iren. l. 1. c. 6. n. 3. 3) l. c. c. 13. n. 7.
4) Dieser Gegenstand kommt abermal zur Sprache §. 79. not. 13. u. §. 91. not. 6.

wird nicht ausbleiben, eine solche vorausgehende, geheime Exomologese, wenn sie diesen Namen verdient, kann man statuiren, aber das ist keine Beichte. Allein die Frauen wollten Aufnahme in die Kirche, und da die Zulassung zu den Sakramenten von der Vergebung ihrer Schuld abhängig war, wollten sie auch Nachlassung der Sünden. Zu diesem Behufe sagten sie dem Priester ihre geheimen Vergehen. Was fehlt denn da zu einer Beichte? Ueberhaupt war jedes Bekenntniß, das blos vor den Priestern abgelegt wurde, ein geheimes. Wenn daher Cyprian, und zwar gerade da, wo er von geheimen und geringeren Sünden spricht, bemerkt, der Gläubige soll sie vor den Priestern (apud sacerdotes) bekennen [5]: so so hat man um so mehr Recht, an eine geheime Beichte zu denken, als die Anwesenheit der Gemeinde mit keiner Sylbe erwähnt wird und nicht der mindeste Grund vorliegt, sie dennoch zu präsumiren.

2) Den meisten Aufschluß gibt Origenes hierüber. Er erklärt die Worte des Propheten: „Wir haben gesündigt dem Herrn, unserem Gott, und unsere Väter." Jerem. 3. 25. Die vergangene Zeit urgirend, fügt er bei: „auch wir bekennen nicht die Sünden, welche wir gestern und vorgestern begangen haben, sondern Sünden, die vor fünfzehn Jahren verübt wurden, während welcher Zeit wir keine mehr begingen. Wenn wir aber gestern gesündigt haben und unsere Vergehen bekennen, sind wir nicht glaubwürdig und die Vergebung dieser Sünden findet keinen Platz." Sofort geht er auf den zweiten Halbvers des Propheten über: „die wir begangen haben von unserer Jugend an bis auf diesen Tag" und bemerkt: Jenes soll sonst gesagt werden zur Belehrung, wie man die bestmögliche Exomologesis ablegen könne, dies aber ist die Anklage (κατηγορία) der oftmaligen Sünden [6].

Hier haben wir ein doppeltes, selbst dem Namen nach verschiedenes Sündenbekenntniß. Das eine nennt er ἐξομολόγησις, das andere κατηγορία. Das erste ist für schwere Vergehen, denn es wird erst nach langer Zeit gestattet, wenn der Pönitent Vertrauen erweckende Beweise der Besserung gegeben hat. Das zweite ist für öfter vorkommende, darum kleinere Sünden [7] bestimmt, die nicht lange gebüßt werden müssen. Obwohl es mehr als wahrscheinlich ist, daß das Bekenntniß schwerer

---

[5] Cyp. de laps. p. 382. e.
[6] Orig. in Jerem. hom. 5. n. 10. p. 416. cf. §. 85. not. 19.
[7] Von der Exomologese kleinerer Sünden spricht auch Cyprian. Nam cum in *minoribus* peccatis agent peccatores poenitentiam justo tempore et secundum disciplinae ordinem ad exomologesin veniant, et per manus impositionem episcopi et cleri jus communicationis accipiant. Cyp. epist. 9. p. 49. c.

Sünden, die eine lange Buße bedurften, nach der damaligen Praxis, ein öffentliches und deßwegen „die Anklage" geringerer Sünden eine geheime war: so läßt sich doch aus dieser Stelle kein Beweis hiefür liefern.

Wenn aber Origenes die Propheten rühmt, die ihre geheimen, kleineren Fehler vor der Mit- und Nachwelt bekannten, während Christen sie verbergen und diesem beifügt: ich wenigstens wage es nicht, meine Sünden hier (in der Kirche) vor Wenigen zu bekennen, weil sie mich verurtheilen würden [8]): so ist damit gesagt, es gab zu jener Zeit eine Beichte, in welcher man die Sünden nicht öffentlich bekannte. Verbergen kann nämlich nicht so viel als verschwiegen sein, „denn Alles muß herausgesagt werden, wenn wir Verzeihung wollen", es muß sich deßhalb auf das geheime Bekenntniß beziehen. Diese Beichte ist die von ihm mit dem Namen $\varkappa\alpha\tau\eta\gamma o\varrho\iota\alpha$ belegte, auf die er auch dadurch hinweist, daß er von der Sünde, die der Prophet offen bekannte, sagt: es ist ihm etwas Menschliches begegnet, was auch bei uns gewöhnlich vorzukommen pflegt l. c. Er meint damit die kleineren Fehler, die nach dem Obigen in der „Anklage" gebeichtet und gebüßt wurden.

Noch klarer liegt dieses in den Worten, der Pönitent soll seine Sünden dem Priester (nicht vor versammelter Gemeinde, sondern dieser einzelnen Person)[9]) bekennen. Es ist ihm sogar die Erlaubniß gegeben, sich einen Arzt oder Priester auszusuchen, zu dem er Vertrauen hat, der unterrichtet und barmherzig sich seiner annahm, dem er sich ganz überlassen konnte, um seinem Rathe und Worte gemäß zu handeln. **Seinem Ermessen war es überlassen, zu bestimmen, ob sich der Büßer dieser oder jener Sünde öffentlich anklagen sollte, oder nicht.** Die Grundsätze, von welchen er bei Beurtheilung des einzelnen Falles ausging, waren die Erbauung der Gemeinde und die leichtere Heilung des Sünders [10]). Wären alle Sünden ver-

---

8) In Jerem. hom. 19. n. 8. p. 706.
9) Das causam exponere coram medico unterscheidet er aufs deutlichste von dem in conventu totius ecclesiae exponere.
10) Tantummodo circumspice diligentius, cui debeas confiteri peccatum tuum. Proba prius *medicum*, cui debeas causam languoris exponere, qui sciat infirmari cum infirmante, flere cum flente, qui condolendi et compatiendi noverit disciplinam, ut ita demum, si quid ille dixerit, qui se prius et eruditum medicum ostenderit et misericordem, si quid consilii dederit, facias et sequaris, si intellexerit, et praeviderit talem esse languorem tuum, qui *in conventu totius ecclesiae* exponi debeat, et curari, ex quo fortassis et caeteri aedificiari poterunt, et tu ipse facile sanari multa hoc deliberatione

öffentlicht worden, so hätte es keiner so sorgfältigen Auswahl des Beicht=
vaters bedurft. „Die lange Ueberlegung und der weise Rath des Beicht=
vaters" haben nur dann einen Zweck und Sinn, wenn blos einige
öffentlich gebeichtet wurden.

Auf der anderen Seite drang man aber darauf, daß beim Zutreffen
obiger Bedingungen, Erbauung der Gemeinde und Besserung des Büßers,
dem Arzte Folge geleistet und die von ihm bezeichneten geheimen Sünden
veröffentlicht wurden. Bezüglich einiger Sünden verlangte der Beicht=
vater geradezu die Veröffentlichung. „Wenn sich Jemand gegen den
Glauben versündigt hat, werde dieses nicht verheimlicht, sondern Allen
bekannt gemacht, daß er durch die Dazwischenkunft und Zurechtweisung
Aller gebessert werde und Verzeihung verdiene [11]. Wahrscheinlich war
dieses überhaupt den „Todsünden" gegenüber der Fall. Doch hat man
die Beschränkung beizufügen, wie der thatsächliche Abfall vom Glauben
kaum eine völlig geheime Sünde sein konnte, so wurden auch blos solche
Todsünden, die sich der Publicität nicht ganz entzogen hatten, öffentlich
bekannt.

Ferner konnte der Priester einem Pönitenten, der sich aus freiem
Antrieb anbot, eine geheime Sünde öffentlich zu bekennen, dieses ge=
statten, wenn aus diesem Bekenntnisse nach menschlichem Ermessen Nie=
mand ein Nachtheil erwuchs. Dadurch klären sich die Eingangsworte
der genannten Homilie, in der von der geheimen Beichte die Rede ist,
auf. Origenes spricht daselbst von einer Veröffentlichung geheimer Sün=
den, die dem Pönitenten nicht geboten war. Er legt demselben die Worte
in den Mund: Dum crimina mea nullo me arguente confiteor [12].
So konnte kein Büßer reden, dessen Sünden vor das öffentliche Buß=
gericht gehörten, denn er war zur Exomologese gezwungen, wenn er in
die Gemeinschaft der Kirche aufgenommen werden wollte. Origenes stellt
auch d i e s e Veröffentlichung geheimer Sünden als etwas Außerordentliches
dar. Stelle dir, sagt er, einen zwar Gläubigen vor, der aber so schwach
war, daß er von der Sünde besiegt wurde und der auf jede Weise
Heilung sucht (omni modo curam vulneris sui requirentem) und
darum seine Sünden öffentlich bekennt l. c. Wenn Einer so gläubig
ist (si ergo sit aliquis ita fidelis), daß er in die Mitte tritt und sich

---

et satis perito medici illius consilio procurandum est. Orig. in psl. 37. hom.
2. n. 6. p. 100.
   11) Orig. in Levit. hom. 8. n. 10. p. 146.
   12) In psl. 37. hom. 2. n. 1. p. 94.

selbst anklagt, ohne daß ihn Jemand beschuldigt ꝛc. l. c. Nach unserem Dafürhalten erklärt Origenes in diesen Worten das öffentliche Bekenntniß geheimer Sünden für einen Akt besonders bußfertiger Gesinnung; er stellt einen solchen Pönitenten als Muster auf, der auch vor dem schwierigsten Heilmittel nicht zurückschreckt. Darin liegt aber ein weiterer Beweis, daß es außer dem öffentlichen Bekenntnisse noch ein geheimes gab; denn gebeichtet mußten die Sünden werden, wenn man Verzeihung wollte [13]).

## §. 73. Genugthuung.

Durch die Reue schickt sich der Büßer an, Gott genug zu thun [1]). Das Bekenntniß ist der Entschluß und der Anfang der Genugthuung [2]), die sich nicht allein im Gewissen, sondern in einem äußeren Akte voll= zieht [3]). Einige sagen zwar, es geschehe Gott genug, wenn die Buße im Geiste und Herzen sei und sich weniger in der That äußere, aber das sind Einfälle von Heuchlern [4]).

Die Reue vollendete sich in dem Bekenntniß, das, sofern es ein öffentliches war, als äußere beschämende Handlung den Charakter der Satisfaktion an sich trug. Doch war es nicht das einzige Genugthuungs= werk, sondern als solches galten besonders flehentliches Gebet und kör= perliche Abtödtung, vorzüglich Fasten. Unter Umständen, bei geringeren Sünden, kam es jedoch vor, daß es die übrigen Bußwerke ersetzte. Cyprian erwähnt Fälle, in welchen der Büßer sogleich nach der Exomolo= gese ohne weitere Buße in die Kirche aufgenommen wurde. Von Jenen, welche sich dessen weigerten, sagt Tertullian: Außer der Scham, welche sie für das Aergste halten, scheuen sie auch körperliches Ungemach, daß sie ohne Bad, schmutzig, fern dem Vergnügen, im rauhen Bußgewande, mit Asche bestreut und in Fasten zubringen müssen. Aber, fügt er bei, geziemt es sich, im Purpurkleide für die Sünder zu suppliciren? . . . Besuchet doch die heitern Badeorte, die am Meere gelegenen Landhäuser... erfreuet euch an Aufwand, läutert alten Wein und wenn Jemand fragt, wem zu Gefallen thust du das, so sage: ich habe gegen Gott gesündigt

---

13) Ueber die betreffenden Worte des Clemens A. vergleiche man §. 68, über die des Cyprian §. 66. not. 8. u. §. 67. not. 25.
1) Instituerat Domino satisfacere. Tert. de poenit. c. 5. p. 50.
2) Confessio enim satisfactionis consilium est, dissimulatio contumaciae. Tert. l. c. c. 8. p. 59.
3) Tert. l. c. c. 9. p. 59.   4) Tert. l. c. c. 5. p. 51.

und schwebe in Gefahr, ewig verloren zu gehen . . . Um Ehrenstellen zu erhalten, ertragen wir so viele Beschwerden und in Gefahr des ewigen Heiles besinnen wir uns, etwas zu dulden? Dem beleidigten Herrn Abtödtung an Speise und Kleidung zu leisten, weigern wir uns, welche die Heiden sich auflegen, ohne Jemand beleidigt zu haben [5])!

Der vom Tode erweckte Lazarus gab Origenes Anlaß, darauf aufmerksam zu machen, daß sein Angesicht verhüllt war, wie er aus der Grabhöhle heraustrat. Er sah nichts, konnte nicht gehen und nichts wirken, weil ihn die Bande der Abtödtung hemmten. Ebenso verhält es sich mit den Büßern [6]). Nicht als ob die Büßer von jeder Thätigkeit ausgeschlossen worden wären. Im Gegentheile, sie sollten Werke vollbringen, welche dem Nächsten zum Wohle dienten, wie Almosen geben, Kranke besuchen, Fremde beherbergen. Jene Handlungen und Tugenden hingegen, welche nicht zum Nutzen der Menschen, sondern zur Ehre Gottes geschehen, wie Keuschheit, das Verharren in Fasten und Gebet, Geduld, das Bekenntniß des Glaubens in Gefahr und Versuchung, eignen sich nicht für die Büßer, sondern für die Vollkommenen [7]). Wie dieses gemeint sei, zeigt wohl am besten folgende Stelle: „eine kirchliche Würde konnten wieder aufgenommene Büßer nicht mehr erhalten und zu einem kirchlichen Amte wurden sie nimmer zugelassen [8]). Zu den kirchlichen Würden gehörte der Stand der Gott geweihten Jungfrauen und Wittwen und damit ist wohl das Wort „Keuschheit" erklärt. Da die Büßer vorzüglich zu Gebet und Fasten verpflichtet waren, muß in dem Satze: qui in jejuniis et orationibus permanet das letzte Wort premirt werden, das auf den Stand der Asceten hinweist. Zu ihnen konnten sie sich gleichfalls nicht gesellen. Daß man sie, wenn es sich um Ertragung von Leiden und um das Bekenntniß des Glaubens handelte, nicht voran stellte, leuchtet ebenso ein, als sie sich diesen nicht entziehen durften, wenn die Aufforderung dazu an sie herantrat.

Es genügte jedoch nicht, den Sünden abzusterben, sondern allein und vereinsamt, besonders von dem Bösen geschieden, sollten sie auch die Uebung des Guten lernen [9]) und so durch Buße sich täglich ein reineres hochzeitliches Gewand bereiten, mit dem bekleidet sie den Hof der Weisheit und das Gemach des Königsohnes zu betreten verdienten [10]). Denn

---

5) Tert. de poenit. c. 11. p. 62.
6) Orig. in Joan. tom. 28. n. 6. p. 388.
7) In Math. series 77. p. 187.   8) C. Cels. l. 3. c. 51. p. 396.
9) Orig. in Jerem. hom. 12. n. 4. p. 516.
10) Ad Rom. l. 8. n. 7. p. 417.

Gott bessert den Menschen nicht dadurch, daß er das Verderben plötzlich wegnimmt und die Tugend ebenso einpflanzt. Dieses wäre weder naturgemäß, noch mit dem freien Willen verträglich [11]). Aber auch wenn Jemand den Willen hat, sich zum Guten zu wenden, folgt die Ausübung guter Werke nicht plötzlich. Der Wille ist nämlich schnell und bekehrt sich ohne Hinderniß, das Werk ist hingegen langsam, weil es Uebung, Kunst, und die Mühe des Wirkens verlangt [12]). Allerdings ist die Sünde schnell begangen, aber nicht so schnell ist der Sünder im vorigen Zustande. In einem Augenblicke kann Jemand Hand oder Fuß brechen, die Heilung des Bruches bedarf aber drei Monate. Aehnlich ist es bei jeder körperlichen Wunde. Sie kann schnell geschlagen sein, die Mittel jedoch, die zu ihrer Heilung nothwendig sind, werden nicht mit Rücksicht auf die Zeit, in welcher die Wunde verursacht wurde, sondern mit Rücksicht auf die Heilung derselben gewählt [13]). Auf dieselbe Weise verhält es sich mit dem Büßer. Um die Wunden zu heilen, welche ihm die Sünde geschlagen, bedarf es der Zeit, und zwar einer längeren oder kürzeren, wie es die Heilung verlangt. — Völlig unantastbar ist übrigens diese Auffassung des Alexandriners nicht, denn da die Bekehrung, als Werk der Gnade, an keinen bestimmten Zeitverlauf geknüpft ist, (Paulus) kann ein bestimmter Zeitverlauf mit Rücksicht auf die Besserung allein nicht gefordert werden.

Nothwendig muß darum auch der vindicative Charakter der Bußzeit in Betracht kommen. Das geschieht von Origenes, wie von allen Vätern. Der reuige Sünder sieht ein, daß seiner die Ruthe wartet und er wünscht die Züchtigung in diesem Leben, um ihr im jenseitigen zu entgehen [14]). Weil aber die Strafe mit der Schuld zu- oder abnimmt, wird die Buße nach der Art und Größe der Sünde zugemessen [15]). Wenn ich also einmal, zwei- oder dreimal, wenn ich öfter sündige, so richtet sich darnach die Buße [16]). Je größer die Zeit ist, in der du geirrt zu haben weißt, je länger du gefehlt hast, desto längere Zeit demüthige dich vor Gott und leiste ihm Genugthuung in dem Bekenntnisse der Buße [17]).

11) C. Cels. l. 4. c. 3. p. 450.
12) Ad Rom. l. 6. n. 9. p. 307 seq.
13) In Ezech. hom. 10. n. 4. p. 199.
14) Orig. in psl. 37. hom 2. n. 5. p. 99.
15) Unusquisque pro qualitate et quantitate peccati, diversam mulctae esntentiam expendit. In Luc. hom. 35. p. 406.
16) In Num. hom. 8. n. 1. p. 317.
17) In lib. Judic. hom. 8. n. 5. p. 26. Itaque nunc pendeo et maceror

Die Größe der Schuld hängt ferner von der Stellung des Thäters ab und dieses gibt einen weiteren Maßstab für die Bestrafung. Größere Strafe verdient der Bischof, wenn er fehlt, als der Katechumene, weniger strafbar ist der Laie gegenüber dem Diacon und der Diacon gegenüber dem Presbyter [18]). Alle aber, die aufrichtige Buße thun, können dem barmherzigen Gott durch Gebete und ihre Werke genugthun [19]). Denn er hat es selbst ausgesprochen, daß man ihm durch gute Werke genugthun und durch Barmherzigkeit Sünden sühnen könne [20]). Leisten wir hingegen Gott für die Sünde keine Genugthuung, so wird uns die Ruthe treffen [21]). Es bezieht sich das auf das Diesseits, wie auf das Jenseits, sofern dort Alles bis zum letzten Heller abgetragen werden muß, was hier versäumt wurde [22]).

Ein Unterschied zwischen zeitlichen und ewigen Strafen wird überhaupt nicht gemacht. Im Gegentheil ersieht man aus manchen Stellen, daß die Bußwerke auch als Satisfaktionen für die ewigen Strafen [23]) gefaßt wurden. Wie, wird man fragen, kann der Mensch ewige Strafen in dieser Zeit abtragen? Wozu ist Christus gestorben, wenn wir selbst büßen müssen? Beides ist mit einander zu beantworten. Christus hat die ewigen Strafen gebüßt und durch die Zuwendung seines Verdienstes werden wir von ihnen frei. Sie können jedoch nur dem Disponirten zugewendet werden. Die Disposition liegt aber darin, daß auch wir büßen, um büßend der Verdienste Christi theilhaftig zu werden. Gegenüber dem Einwurf bei der Taufe verhält es sich aber doch anders, ist zu unterscheiden. Das Kind, das keine persönlichen Sünden begangen hat, leistet auch keine persönlichen Bußwerke. Der erwachsene Katechumene war hingegen von Bußwerken nicht frei, selbst das Sündenbekenntniß wurde ihm nicht erlassen [24]). Kurz, seine Bußwerke unterscheiden sich blos graduell von denen der gefallenen Gläubigen. Daß aber die, welche nach der Erleuchtung fielen, länger und schwerer zu büßen hatten, als die, welche in der Zeit der Unwissenheit sündigten, ist sachgemäß.

### §. 74. Ablaß.

In Verbindung mit der Genugthuung steht der Ablaß. Je voll-

---

et excrucior, ut Deum reconciliem mihi, quem delinquendo laesi. Tert. de poenit. c. 11. p. 62.

18) In Ezech. hom. 5. n. 4. p. 149.   19) Cyp. epist. 9. p. 49. c.
20) Cyp. De opere et eleem. p. 478. b.   21) Cyp. epist. 7. p. 41. c.
22) Cyp. epist. 52. p. 154.   23) cf. §. 71. not. 11.
24) cf. Probst, Lehre und Gebet. S. 180.

ständiger der Sünder seine Strafe abtrug, desto weniger beburfte er eines Ablasses, je milder und schonender er aber behandelt wurde, desto mehr hatte er ihn nöthig. Dieses Verhältniß von Genugthuung und Ablaß bestätigt die Geschichte. Immer gehen beide neben einander her, in Zeiten strenger kirchlicher Zucht, wie es im Allgemeinen die ersten Jahrhunderte waren, tritt er mehr zurück, in Zeiten des Verfalles der Disciplin tritt er ungebührlich vor. Dieselbe Erscheinung begegnet uns aber auch in den ersten Jahrhunderten. Zu Anfang des dritten Jahrhunderts übten die Decrete des Papstes Zephyrin und Kallistus mildernd auf die Bußdisciplin ein und alsbald wurde diese Milderung bis zum Lazismus ausgebeutet. Zu gleicher Zeit machte sich aber auch der Ablaß in der Form der Fürbitte der Martyrer in einer früher nicht dagewesenen Weise geltend.

2) Die erste Spur der Fürbitte der Gläubigen für die Sünder findet sich in I. Joh. 5. 16. Die einzelnen Glieder der Kirche verhalten sich wie die Glieder des Leibes zu einander. Der Eine soll an Leid und Freud' des Anderen nicht nur Theil nehmen, sondern sie sollen sich auch gegenseitig unterstützen und für einander einstehen. Bekannt sind die Worte des Apostels: Ich freue mich der Leiden zu euerem Besten, und mache voll, was noch fehlet an den Drangsalen Christi in meinem Fleische zum Besten seines Leibes, welches die Kirche ist ¹). Diese Worte, in welchen das Leiden des einen zu Gunsten des andern gelehrt wird, sind Allen klar, welche die Kirche als den mystischen Leib Christi erfaßt haben. Ebenso ist es eine selbstverständliche Sache, wenn Tertullian die auf dieser Grundlage beruhende Intercession der Martyrer für die Büßer eine Gewohnheit in der Kirche nennt ²). In der Verfolgung, die unter Marc Aurel zu Lyon (im Jahre 177) ausbrach, waren mehrere Christen abgefallen. Diese schon todten Glieder der Kirche wurden durch die Hilfe und den Beistand der Lebenden zum Leben gerufen. Die Martyrer theilten von ihrer Gnade denen mit, die den Glauben verläugnet hatten. Grenzenlos war die Freude der jungfräulichen Mutter, als sie die, welche sie soeben als Erstorbene ausgeworfen, nun als Lebende wieder umarmte. Denn durch die Martyrer wurde der größere Theil derer, die geläugnet hatten, wieder in ihrem Schoße empfangen, getragen und zum neuen Leben erwärmt.

Welch erhabene Gesinnung, sagt Möhler, ist hier ausgedrückt! Es

---

1) Coloss. 1. 24. 2) Tert. ad Martyr. c. 1. p. 66.

ist der Geist vollkommener Gemeinschaft, der alle Glieder der Kirche durchdringt. Es besteht unter ihnen das Lebensgesetz der Reciprocität im Geben und Nehmen. Die Gemeinschaft hebt und trägt den Einzelnen; was der Einzelne auswirkt in Christo, sein persönliches Verdienst wird Gesammtverdienst, dessen rückwirkende Kraft die kranken, die verstorbenen Glieder selbst berührt, heilt, belebt. In der Gemeinschaft der Heiligen ist auch Gemeinschaft der Verdienste, deren stärkende und belebende Kraft Allen zugewendet wird, die sich wieder beleben lassen. Dieses ist der Geist, aus dem der katholische Cult und die katholische Disciplin gezeugt ist. Wie zart ist diese sich selbst aufopfernde Liebe in folgenden Worten des Schreibens ausgedrückt: „Die Martyrer übernahmen sich den Gefallenen gegenüber nicht; hatten sie irgend ein reicheres Maß der Gnade, so deckten sie damit hinwiederum den größeren Mangel der Anderen; mit mütterlicher Sorge bekümmert, vergossen sie vor Gott häufige Thränen um sie; um Leben flehten sie, Gott gewährte es ihnen [3].“

Nicht blos um Milderung der kirchlichen Strafen handelt es sich, sondern um Erlassung der zeitlichen Strafen durch Gott. Nicht nur bei den kirchlichen Vorstehern vermögen die Martyrer etwas, sondern nach Cyprians Ausdruck „können sie durch ihre Prärogative auch bei Gott helfen" [4]. Der Ablaß erscheint darum schon in dieser Zeit als Nachlassung zeitlicher Strafen, bewirkt durch die stellvertretende Genugthuung der Martyrer. Auch Zephyrin scheint darauf hingewiesen zu haben, denn Tertullian hält in seiner Bekämpfung des päpstlichen Bußediktes der Intercession der Martyrer die Sätze entgegen: der Sohn Gottes allein habe durch seinen Tod Andere vom Tode befreit und ein Sünder könne nicht sich und einem Andern genugthun [5]. Jedenfalls zeigt die Tertullian'sche Polemik, daß Zephyrin ähnlich lehrte, wie Cyprian, dessen Worte lauten: Poenitenti, operanti, roganti potest Deus agnoscere et *in acceptum referre*, quidquid pro talibus et petierint martyres et fecerint sacerdotes [6].

Auf einem anderen Gebiete bringt auch Origenes das stellvertretende Wirken zur Geltung. Er schreibt nämlich von jenen christlichen Heroen, die frei von irdischen Geschäften, sich ganz Gott widmeten und gegen die Feinde der Kirche durch Gebet, Fasten rc. kämpften. An ihrem Sieg und seinen Früchten nehmen aber auch die Schwachen Theil, die

---

3) Möhler, Patrologie. S. 413.  4) Cyp. epist. 12. p. 55.
5) Tert. de pudic. c 22. p. 454. u. 435.
6) Cyp. de laps. p. 886. b.

zum Kampfe nicht berufen, oder nicht geeignet sind⁷). Origenes bezieht das Folgende allerdings mehr auf den wissenschaftlichen Kampf der Priester gegen die Un- und Irrgläubigen, aber der Gedanke des stellvertretenden Wirkens und Leidens der Christen unter einander liegt klar da, ein Gedanke, der in der Lehre vom Kirchenschatze seine Ausbildung erhielt, auf die sich hinwieder die Lehre vom Ablasse gründet.

3) In der Verfolgung des Decius reichten die Bekenner, oder Märtyrer, ihre Intercession gewöhnlich auf eigenen **Märtyrerscheinen** (libelli martyrum, pacis, indulgentiae) ein. Auf denselben befand sich der Name des Bischofs, an den sie gerichtet waren, und die Unterschrift des Confessor. Die gewöhnliche Formel war: communicat N. N. cum suis. Cyprian erklärte sich jedoch gegen die zu allgemein gehaltenen Worte „cum suis", da unter ihnen 20—30 verstanden werden können⁸). Wenn aber der Bischof wegen der vagen Fassung des Scheines die Aufnahme versage, entstehe Unzufriedenheit. Sie sollen daher für jeden einzelnen Pönitenten einen eigenen Schein ausstellen, auf ihm seinen Namen bemerken⁹) und nicht gar zu freigebig mit Ertheilung derselben verfahren¹⁰). Selbstverständlich konnten die Märtyrer dem Bischofe den Pönitenten zur Aufnahme blos empfehlen und sie nicht ertheilen¹¹).

Ein solcher Märtyrerschein wurde erst realisirt, wenn der Confessor, der ihn ausgestellt, die Palme erlangt hatte. Die Ursache dessen liegt darin, daß der Abfall von Confessoren, die zuvor muthig gekämpft hatten, nichts Unerhörtes war. Celerinus schrieb deßhalb an Lucian, er oder jener seiner Genossen, der zuerst gekrönt werde, möge seinen Schwestern die Sünde nachlassen¹²), und der Märtyrer Paulus sagte zu Lucian, wenn Jemand nach meinem Tode um den Frieden bei dir bittet, so gewähre ihn in meinem Namen¹³). Vor dem Tode der Märtyrer mit den Gefallenen Gemeinschaft pflegen, widersprach darum der Sitte¹⁴).

---

7) Orig. in Num. hom. 25. n. 4. p. 520.    8) Cyp. epist. 10. p. 52. d.
9) Cyp. epist. 22. p. 77. b. epist. 37. p. 90. c.
10) Epist. 14. p. 59.
11) Euseb. l. c. c. 42. p. 464. Deßwegen schreibt auch der römische Clerus an Cyprian: Nam si dandam illis pacem martyres putaverunt, cur ipsi non dederunt? Cur illos ad episcopum, ut ipsi dicunt, remittendos censuerunt? Cyp. epist. 30.
12) Cyp. epist. 20. p. 71. b.    13) Cyp. epist. 21. p. 74. a.
14) Domini lege et observatione quam iidem martyres et confessores tenendam mandant, ante exstinctum persecutionis metum, ante reditum

In demselben Briefe macht der Bischof von Karthago auf einen zweiten Umstand aufmerksam, der die Realisirung der Fürsprache aufschob, die **andauernde Verfolgung**. Die meisten Bischöfe und Priester hatten sich während derselben geflüchtet, weßwegen eine ordnungsmäßige Untersuchung der Würdigkeit des Pönitenten kaum vorgenommen werden konnte. Wenn aber Jemand nicht warten will und kann, schreibt Cyprian, dann hat er es ja in seiner Macht, durch standhaftes Bekenntniß und die Bluttaufe mehr zu erlangen, als ihm ein Martyrerschein geben kann. Noch wird die Schlacht geschlagen und täglich der Kampf gefeiert. Wer sein Vergehen wahrhaft und fest bereut und von Glauben glüht, kann gekrönt werden ¹⁵). Ferner sollte der Pönitent bereits einen Theil seiner Buße **abgetragen haben** ¹⁶), ehe ihm ein Schein von den Martyrern eingehändigt oder ehe der in ihm enthaltenen Fürbitte entsprochen wurde.

Blos kranke Pönitenten wurden berücksichtigt, indem man die ihnen ertheilten Scheine sogleich in Vollzug setzte, während die der gesunden die Presbyter und Diaconen in Empfang nahmen, um sie dem Bischofe zur geeigneten Zeit zur Prüfung vorzulegen ¹⁷).

Dritter Artikel.

## Bußdisciplin.

### §. 75. Die heilige Schrift.

Feierlich erklärte Jesus, wer ein Wort sagt gegen den Menschensohn, dem wird es vergeben werden, dem aber, der den heiligen Geist lästert, wird es nicht vergeben werden. Luc. 12. 10. Die Sünde gegen den **heiligen Geist**, im Unterschiede von der gegen den Menschensohn, ist von der Sünde des Gläubigen, im Unterschiede von der des Ungläubigen, zu verstehen. Juden und Heiden, die gegen das Christenthum feindlich auftraten, versündigten sich gegen Christus. „Ich bin

---

nostrum, *ante ipsum paene martyrum excessum*, communicent cum lapsis et offerant et eucharistiam tradant. Cyp. epist. 9. p. 50. b.

15) Cyp. epist. 18. p. 58. b.

16) Peto, ut eos, quos ipsi videtis, quos nostris, quorum poenitentiam satisfactioni proximam conspicitis, designetis nominatim libello. Cyp. epist. 10. p. 53. a.

17) Petitiones et desideria vestra episcopo servent, et ad pacem vobis petentibus dandam naturum et pacatum tempus exspectent. Cyp. epist. 10. p. 52. a.

Jesus, den du verfolgst." Apostelgesch. 9. 5. Der Gläubige hatte die erleuchtenden und kräftigenden Gaben des heiligen Geistes empfangen, die ihn von der Sünde, dem Irrthume und sittlichen Schwäche heilten; kehrte er beßungeachtet wieder zum alten Leben zurück, so widersagte er dem heiligen Geiste.

Da aber in denen, die in Christus sind, nichts Verdammenswerthes ist, Röm. 8. 1. und dennoch der, welcher sagt, er sei ohne Sünde, ein Lügner genannt wird I. Joh. 7. 8.: so kann nicht jede Sünde des Gläubigen eine Sünde gegen den heiligen Geist sein. Man mußte zwischen Sünde und Sünde unterscheiden und bereits der Apostel Johannes stellt einen solchen Unterschied auf. „Wenn Jemand seinen Bruder sündigen sieht eine Sünde nicht zum Tode, wird er bitten und wird ihm Leben geben, denen (nämlich) die nicht zum Tode sündigen. Es gibt eine Sünde zum Tode, nicht für solche sage ich, daß er bitte. Alles Unrecht ist Sünde, aber es ist nicht Sünde zum Tode [1]). Unrecht (*ἀδικία*) ist Ungerechtigkeit, Beleidigung, ein Vergehen gegen die Sittlichkeit überhaupt und das ist nicht Sünde zum Tode. Hiemit übereinstimmend schließt der Apostel Paulus den Blutschänder zwar aus der Kirche aus, nimmt ihn jedoch wieder auf. Deßgleichen führt der Apostel Johannes einen Mörder und Räuber zur Gemeinschaft der Heiligen zurück. Selbst diese so schweren sittlichen Vergehen hatten also die Sünde gegen den heiligen Geist nicht zur Folge. Welches ist nun diese Sünde?

Der Verfasser des Hebräerbriefes erklärt Eingangs des sechsten Kapitels, er wolle sich nicht weiter mit der Grundlage, auf welcher die Ungläubigen von den todten Werken zum Glauben an Gott gerufen worden seien, der Taufe, Handauflegung, der Auferstehung der Todten und dem Gerichte (Missionspredigt) befassen, sondern wenn es Gott gefalle, von der Vollkommenheit reden. Denn es ist unmöglich, diejenigen, welche einmal erleuchtet sind (Taufe), die himmlische Gabe gekostet (Eucharistie), des heiligen Geistes theilhaftig geworden sind (Firmung) und gekostet haben das herrliche Wort Gottes, wie auch die Kräfte der zukünftigen Welt und doch abgefallen sind, wiederum zur Buße zu erneuern, da sie für sich selbst den Sohn Gottes von Neuem kreuzigen und der Schmach Preis geben [2]). Der Abfall, von dem der Apostel redet, ist nicht der Fall in ein sittliches Vergehen, sondern der

---

1) I. Joh. 5. 16. 17. Die Vulgata liest den letzten Vers: Omnis iniquitas peccatum est; et est peccatum ad mortem.
2) Hebr. 6. 4—6.

Abfall von der Grundlage, vom Christenthum, von der Kirche. Das ist die Sünde gegen den heiligen Geist³). Darum übergab auch Paulus den Hymenäus und Alexander dem Satan, damit sie unterwiesen werden, nicht zu lästern⁴). Sie hatten den h. Geist gelästert, denn Hymenäus läugnete wenigstens Eine von den oben angegebenen Grundlagen, die Auferstehung⁵). Weil jedoch der Apostel beifügt, damit sie unterwiesen werden, so liegt darin immer noch die Hoffnung auf Rückkehr und Vergebung. Diese ist aber in dem Eingangs angeführten Worte Christi geradezu ausgeschlossen. Demnach ist auch der Abfall von der Grundlage, oder der Kirche, noch nicht die Sünde gegen den heiligen Geist im strengsten Sinne des Wortes.

Sollte nun kein Merkmal vorhanden sein, aus dem sie erkennbar ist? Ja, Jesus selbst gibt Math. 18. 15—17. ein solches an. Er spricht an dieser Stelle zwar von der Sünde gegen den Nächsten, wenn aber blos der für einen Heiden und Zöllner zu halten ist, welcher die Kirche nicht hört: so will er die Sünde des Gläubigen blos dann für eine nicht vergebbare angesehen wissen, wenn er in der Auflehnung gegen die Kirche, oder in dem Abfallen von der Kirche beharrt. Die Unterwerfung unter sie und die Priester war auch zu allen Zeiten die conditio sine qua non der Vergebung. Wird aber das, was von der Kirche auf Erden gebunden wird, im Himmel gebunden: so wird der permanente Abfall von der Kirche weder in diesem, noch in jenem Leben vergeben, oder dieser Abfall ist die Sünde gegen den heiligen Geist im eigentlichen Sinne. Solche Sünder stellten sich nie in die Reihe der Büßer, darum fand auch für sie die kirchliche Fürbitte nicht statt, wie der Apostel Johannes bezeugt.

### §. 76. Die Bußdisciplin nach den apostolischen Vätern.

Die schwersten sittlichen Verbrechen, wie Mord, Raub und Blutschande, bildeten die Sünde gegen den heiligen Geist nicht, sondern das die Kirche Nicht-hören, oder die permanente Auflehnung gegen sie. Von diesem Grundsatze gehen auch die apostolischen Väter aus, die deßwegen jede andere Sünde für vergebbar erklären. Doch gab es in jener Zeit

---

3) Weil ein Solcher die Grundlage, auf welcher er vom Tode (den todten Werken) zum Leben gerufen wurde, verläugnete und verließ, war er wieder dem Tode verfallen, seine Sünde eine Sünde zum Tode, wie sie Johannes nennt.
4) I. Timoth. 1. 20. 5) II. Timoth. 2. 16—18.

Einige, welche, vielleicht die Worte des Hebräerbriefes mißdeutend, den Sünden der Gläubigen überhaupt keine Vergebung schenken wollten. Es sind das jedoch, wie das Folgende zeigt, vereinzelte Aeußerungen, während die allgemeine Lehre und die kirchliche Praxis an den angegebenen Grundsätzen festhielt.

Um des Blutes Christi willen, sagt Clemens R., können Alle der Buße theilhaftig werden[1]). Dieses hat Gott mit einem Eide versprochen in den Worten: ich lebe und will nicht den Tod des Sünders. Seine Absicht, alle seine Geliebten der Buße theilhaftig zu machen, hat er also durch seinen allmächtigen Willen erhärtet[2]). Unter den Geliebten versteht Clemens besonders die Gläubigen, denn er ermahnt gefallene Christen zur Buße.

Von Solchen, die Spaltungen verursacht und sich von der Kirche getrennt haben, schreibt Ignatius: Wo Trennung, da ist Zorn und Gott wohnt nicht daselbst. Allen Büßern verzeiht Gott, wenn sie sich zur Einheit mit Gott und zur Gemeinschaft mit dem Bischofe wenden[3]). Auch Häretiker können Buße thun, obwohl es schwer halten wird, deßhalb sollen die Gläubigen für sie beten[4]). Die Buße bezieht sich also nicht nur auf die mit der Taufe verbundene Sinnesänderung, sondern auch auf das Verhalten der Gläubigen, die nach der Taufe gefallen waren und welchen durch dieselbe Vergebung und Wiederaufnahme in die brüderliche Gemeinschaft zu Theil wurde[5]).

Ferner erinnert Polycarp die Presbyter, in ihrem Gerichte nicht allzustrenge zu sein, wohl erwägend, daß wir alle Sünder sind[6]). Besonders ermahnt er den Priester Valens, der sich durch Geiz (avaritia) versündigte, als ein irrendes Glied, nicht als Feind zu behandeln, um ihn zur Buße zu bewegen[7]). Seine Worte sind um so wichtiger, als er schreibt: Wer dem Geize (der Unkeuschheit) nicht entsage, werde von Idololatrie befleckt und gehöre gleichsam unter die Heiden. So viel ist nämlich sicher, daß auch schwere Sünden vergeben und der Büßer zur Gemeinschaft zugelassen wurde, wenn er sich bekehrte.

2) Die strenge Richtung vertritt ein Greis, der dem h. Irenäus Folgendes erzählte, was er von Einem gehört hatte, der die Apostel

---

1) Clem. I. Cor. c. 7. p. 51. 2) l. c. c. 8. p. 53.
3) Ignat. ad Philad. c. 8. p. 165. 4) l. c. ad Smyr. c. 4. p. 170.
5) Clem. R. l. c c. 48. p. 94. 6) Polyc. epist. ad Philip. c. 6. p. 197.
7) l. c. c. 11. p. 200. Dieses Kapitel ist blos in der lateinischen Uebersetzung vorhanden. Einige fassen nun avaritia = Geiz, Andere = $\pi\lambda\varepsilon o\nu\varepsilon\xi i\alpha$ = adulterium; qui sua uxore non est contentus. cf. Hefele l. c. p. 201.

noch sah⁸): David wurde wegen Ehebruch bestraft, da er sich aber zu Gott wandte, erhielt er Verzeihung. Gegen Salomo, dessen Herz nicht wie das seines Vaters war, entbrannte der Zorn Gottes, damit sich kein Fleisch vor Gott rühme. Wenn nun Gott gegen die Fleischessünden solcher Männer, für die der Sohn Gottes noch nicht gelitten hatte, so verfährt, was werden die jetzt Lebenden zu leiden haben, welche die Ankunft des Herrn verachten und ihren Lüsten dienen? Jenen war der Tod Christi zur Heilung und Vergebung der Sünden, für die aber, welche jetzt sündigen, stirbt Christus nicht mehr, sondern in der Herrlichkeit des Vaters wird der Sohn kommen und von seinen Verwaltern Rechenschaft fordern. Wir dürfen also, sagte jener Presbyter, uns weder erheben, noch die Alten tadeln, sondern sollen uns fürchten, daß wir nicht etwa nach der Erkenntniß Christi etwas thun, was Gott nicht gefällt und fernerhin keine Verzeihung der Sünden erhalten, sondern vom Reiche ausgeschlossen werden⁹).

Man beachte, zuerst wird der Ehebruch Davids, das Haremsleben Salomos, nebst dem mit ihm verbundenen Götzendienste, aufgeführt und dann gesagt: sed ipsi timere, ne forte post agnitionem Christi agentes aliquid, quod non placeat Deo, remissionem ultra non habemus delictorum. Der Zusammenhang legt es nahe, unter dem quod non placeat Deo seien concupiscentiae carnis und Idolatrie zu verstehen. Im nächsten Kapitel wirft aber Irenäus und nicht der Presbyter die Frage auf: Qui sunt autem qui et tunc semetipsos *morti* tradiderunt? Hi scilicet qui non credunt, neque *subjiciuntur Deo*¹⁰). Sodann sagt der Presbyter nicht direkt, es gebe keine Verzeihung solcher Sünden, sondern er drückt die Befürchtung aus, sie möchten ihnen nicht vergeben werden. Wenn der Eine (David) erst nach strenger Buße, der Andere aber gar keine Verzeihung erhalten habe, so sollen die Gläubigen um so mehr auf der Hut sein.

Aehnliches vernahm Hermas. „Auch jetzt, Herr, hörte ich von einigen Lehrern, daß es eine andere Buße nicht gibt, außer jener, da wir in das Wasser steigen und Nachlassung unserer Sünden empfangen, daß wir ferner nicht sündigen, sondern in Keuschheit verharren sollen. Und er sagte mir: du hast recht gehört¹¹).

---

8) Iren. l. 4. c. 27. n. 1. p. 264.
9) l. c. n. 2. Aehnlich lautet das oben angegebene Citat aus Justin.
10) Iren. l. c. c. 28. n. 3. p. 266. Daß sich die Unterwerfung unter Gott, in der Unterwerfung unter die Kirche manifestirt, ist bekanntlich altchristliche Anschauung.
11) Pastor Herm. l. 2. Mandat. 4. n. 3. p. 268.

Die Lehre von der Nichtvergebung der Sünde gegen den heiligen Geist tritt in diesen Worten unverkennbar hervor. Jedoch nicht jede Sünde des Gläubigen ist als solche Todsünde, für die es keine Buße gibt, sondern Unkeuschheit und Idololatrie. Ferner wird in beiden Stellen Berufung auf einzelne Männer eingelegt. Hat Hermas blos von Einigen gehört, es gebe nach der Taufe keine Verzeihung, so war dieses nicht allgemeine Lehre, und hat er davon gehört, so war die Praxis eine andere. Kurz, es gab zu Ende des ersten und Anfang des zweiten Jahrhunderts einige Lehrer, welche die Sünde wider den heiligen Geist auf Fleischessünden und Idololatrie anwendeten, und ihre Nichtvergebung entweder geradezu behaupteten, oder sie wenigstens für sehr schwierig ansahen, während die „apostolischen Väter", denen die Praxis der Kirche zur Seite stand, die Verzeihung aller Sünden lehrten, welche wahrhaft gebüßt wurden, d. h. deren Vollbringer sich den Normen der Kirche unterwarfen. Warum sich aber Irenäus und Hermas auf diese Rigoristen berufen, hat folgenden Grund. Irenäus bestreitet an dem angeführten Orte die Widersprüche, welche die Gnostiker zwischen dem alten und neuen Bunde fanden, als ob Gott im alten Bunde nur strafe, im neuen nur vergebe und führt die genannte Aeußerung dafür an, daß die sündhaften Christen ebenso und noch strenger bestraft werden. Hermas bezweckt durch seine Schrift Verschärfung der Bußdisciplin und um diesem mehr Eingang zu verschaffen, beruft er sich auf ältere Lehrer.

3) Das äußere Verhalten des Büßers bestand nach Clemens R. in Trauer, Gebet, Weinen, sich Niederwerfen und dem Sündenbekenntniß [12]). Das innere Bekenntniß und die Unterwerfung vor Gott allein genügte nicht, sondern mußte zum äußeren Bekenntniß und zur Unterwerfung unter die Episcopen werden. Ihr, die ihr den Grund zur Auflehnung gelegt, unterwerfet euch den Priestern und der Disciplin zur Buße, beugend die Knie eueres Herzens [13]).

Die Unterwerfung offenbart sich aber darin, daß die Büßer dem Urtheilsspruche derselben Folge leisteten. Polycarp erinnert die Presbyter, sie sollen nicht ungerecht und ohne Ansehen der Person richten, wohl erwägend, daß wir Alle Sünder seien. Wenn wir nämlich Gott bitten, er möge uns vergeben, so müssen auch wir vergeben [14]). Nicht blos um Schlichtung bürgerlicher Streitigkeiten handelt es sich, sondern um das Gericht über Sünden, denn der Bischof von Smyrna bemerkt, sie

---

12) cf. §. 70. not. 2—5.  13) Clem. R. ad Cor. c. 57.
14) Polyc. epist. ad Phil. c. 6. p. 197.

sollen die Irrenden zurückführen, nicht vergessen, daß sie auch Sünder seien, und vergeben, wie Gott ihnen vergebe. Dadurch erhält die Ermahnung: die Gläubigen sollen sich den Priestern und Diaconen, wie Gott und Christus unterwerfen [15]), erst ihre volle Bedeutung; eine Ermahnung, die Ignatius so oft und eindringlich wiederholte.

Der letzte gibt zugleich einen Wink über diesen Theil der priesterlichen Thätigkeit in seinem Briefe an Polycarp. „Wenn du nur die guten Jünger lieb hast, verdienst du keinen Dank, vielmehr unterwerfe in Sanftmuth die Schwierigeren. Nicht jede Wunde wird mit demselben Pflaster geheilt. Den Paroxismus stille mit feuchten Umschlägen [16])". Daß Ignatius dieses an einen Bischof schreibt, weist auf eine priesterliche Wissenschaft hin. Ihre volle Bedeutung erhalten diese Worte jedoch erst durch Origenes, der ausdrücklich von einer priesterlichen Wissenschaft, betreffend die Behandlung der Sünder, spricht [17]), und sich bei der Anweisung, wie mit ihnen zu verfahren sei, ähnlich wie Ignatius äußert [18]), so daß man sieht, es bestand hierüber in der Kirche eine von den Aposteln herrührende Norm.

Der Einwurf wird nicht ausbleiben, zwischen der Lebenszeit des Ignatius und der des Origenes liege ein volles Jahrhundert, und es sei unstatthaft, Institutionen aus dem Anfang des dritten Jahrhunderts in den Beginn des zweiten zu verlegen. Allein das Bindeglied fehlt nicht, denn der Brief des Clemens an Jacobus, der zu den clementinischen Homilien gehört, kennt gleichfalls einen solchen Kanon. Ihm zufolge bestand die Buße in dem Schuldbekenntnisse des Sünders, worauf ihm vom Vorsteher Genüge gethan wurde [19]). Er wurde wegen seiner Vergehen gestraft; Leiden dienen nämlich zur Reinigung von Sünden [20]). Zu diesem Behufe erhielt der Bischof bei der Ordination die Vollmacht, zu binden und zu lösen [21]). Er durfte dabei aber nicht willkürlich verfahren, sondern sollte als Einer, der den Kanon der Kirche kennt, den binden oder lösen, welcher es verdiente [22]). Der Büßer kniete vor dem Bischofe, der über ihn betete [23]). Je nach Befund der Umstände wurde er auch aus der Gemeinschaft ausgeschlossen, denn der

---

15) l. c. c. 5. p. 197.   16) Ignat. ad Polyc. c. 2. p. 178.
17) Orig. de orat. c. 28. p. 552.
18) In Jerem. hom. 2. n. 2. p. 377. Ebenso Clemens A. cf. §. 79. not. 8.
19) Epist. Clem. ad Jacob. c. 11.   20) Recog. l. 7. c. 11. p. 1360.
21) Clem. hom. 3. c. 72.
22) Epist. Clem. ad Jacob. n. 2.
23) Recog. l. 3. c. 50. p. 1334.

Getaufte soll sich hüten, ne peccato aliqua ex parte maculetur, et ob hoc tanquam indignus et reprobus abjiciatur [24]).

Das ist das Bild, das die pseudoclementinischen Schriften von der Bußdisciplin entwerfen. Zug für Zug stimmt es mit dem Verfahren zu Anfang des zweiten und dritten Jahrhunderts. Gehört ferner der Brief des Clemens an Jacobus, wie die neuere Kritik behauptet, dem sechsten Decennium des zweiten Jahrhunderts an, so war das Bußwesen der Kirche schon vor dieser Zeit so fest organisirt und überall anerkannt, daß ihm selbst außerkirchliche Kreise Rechnung tragen mußten [25]).

### §. 77. Die Bußdisciplin um die Mitte des zweiten Jahrhunderts.

Bald nach dem Beginn des zweiten Jahrhunderts trat der vielgestaltige Gnosticismus auf. War bis dahin der Abfall von der Kirche mit dem Rückfall in das Heidenthum und Judenthum so ziemlich identisch, so warf sich jetzt die Frage auf, wie ist mit jenen zu verfahren, die zur Häresie abgefallen sind. Da und soweit auch sie die Kirche nicht hörten, war ihre Sünde Sünde gegen den heiligen Geist.

Gegen diese Anwendung der Sünde gegen den h. Geist mußten sich die Häretiker erklären, während sie zustimmen konnten, so lange es sich um den Abfall zum Heidenthum und Judenthum handelte. Für sie war es darum eine Lebensfrage, diese Sünde in anderer Weise zu fassen. Das geschah dadurch, daß sie an die Stelle des Abfalls von der Kirche und des die Kirche Nichthörens die objektiv schwersten sittlichen Vergehen setzten, und ihnen nicht den Namen Sünden gegen den heiligen Geist, sondern Sünden zum Tode beilegten. Die letzte Benennung erinnerte weniger an den Abfall von der Kirche und war zudem durch den Apostel Johannes sanktionirt.

Die Idololatrie als Todsünde zu läugnen, hatte die Häresie um so weniger ein Interesse, als sie ihre Lehre für die wahrhaft christliche erklärte. Durch welche Motive bestimmt, sie den **Mord** unter die Todsünden aufnahmen, ist unseres Wissens nirgends angedeutet, erklärt sich aber einfach dadurch, daß er unter die schwersten sittlichen Vergehen, nach allgemein menschlichem Urtheile, gehört. Endlich wurden auch die **Unkeuschheitssünden** den Todsünden beigezählt.

Auf sie fiel ein um so tieferer Schatten, in je hellerem Lichte Keusch-

---

24) Recog. l. 4. c. 35. p. 1330.   25) cf. §. 4. S. 13.

heit und Jungfräulichkeit glänzte. Die acta Pauli et Theclae stellten die Keuschheit als die erste Tugend allen übrigen voran ¹) und das Protevangelium des Jacobus ist seinem Zwecke nach eine Verherrlichung der Jungfräulichkeit Mariens. Die Abfassung dieser Schriften fällt in den Anfang des zweiten Jahrhunderts. Wie man aber damals über die Sünde der Unkeuschheit und Sündenvergebung urtheilte, zeigt am besten das testamentum XII. Pratiarcharum, das gleichfalls dem Anfange des zweiten oder Ende des ersten Jahrhunderts angehört. Anerkannt ist die Schrift von einem Christen geschrieben und obwohl der Verfasser seine Worte den zwölf Söhnen Jacobs in den Mund legt, blickt doch die christliche Lehre von der Buße überall durch. In dieser Schrift ist nun kein Kapitel, in dem nicht vor der Unkeuschheit gewarnt würde ²). Wenn der Verfasser auch nicht ausdrücklich sagen würde: Wer hurt, zieht, des Reiches beraubt, als ein Knecht der Hurerei aus ³): so würde man doch aus der ganzen Haltung der Schrift erkennen, daß solche Sünder in der Kirchengemeinschaft nicht geduldet wurden. Der Nachsatz: „Und für dieses büßend genoß ich bis in mein Alter weder Wein, noch Fleisch und kannte keinerlei Freude", offenbart die Strenge der Buße. Es darf darum nicht Wunder nehmen, wenn nach den Clementinen Abgötterei die erste, Unkeuschheit die zweite Hauptsünde ist, der Mord und Geiz nachfolgt ⁴). Dem entsprechend stuft sich auch die Strafe für diese Sünden ab. Zum Theil mag jedoch auch der Decalog diese Rangordnung der Sünden verursacht haben. Die meisten alten Schriftsteller führen das Verbot der Unkeuschheit als fünftes, das des Mordes als sechstes an. Da sie aber die Uebertretung der drei ersten Gebote auf die Idololatrie bezogen, war die Möchte Nachfolgerin derselben und Vorläuferin des Mordes ⁵).

---

1) Tischendorf, Acta apost. apoc. p. 42.
2) Hurerei ist das Verderben der Seele, sie trennt von Gott und führt zu den Götzen c. 1. n. 8. Wer sich vor ihr hütet, wider den vermag Belial nichts l. c. Sie macht blind und gottlos n. 6. und ist die Mutter aller Uebel c. 2. n. 5. und befleckt das Heilige c. 3. n. 9. In Verbindung mit dem Geize wird ihr alles Böse zugeschrieben c. 4. u. 18. Gott will nicht, daß wir ihn in Unreinigkeit verehren c 11. n. 4. wer aber in Keuschheit lebt, dem gibt Gott Alles l. c. n. 9.
3) Testam. XII. patr. c. 4. n. 15.
4) Der Brief des Clemens an Jacobus verabscheut die Unkeuschheit als das größte Verbrechen nach dem Abfalle vom Glauben, weßwegen sie die zweite schwerste Strafe erhält. l. c. n. 7. p. 615. Sie übertrifft selbst den Mord, tödtet den Sünder hom. 3. n. 68., befleckt den Hauch Gottes und überantwortet den Menschen dem ewigen Feuer hom. 13. n. 19. Deßhalb sollen die Vorsteher der Kirche Jüngere und Aeltere zur Ehe antreiben, damit die Kirche durch diese Pest nicht verwüstet werde. hom. 3. n. 68. cf. epist. ad Jacob. n. 7.
5) Tert. de pudic. c. 5. p. 876.

Auf diese Weise bildete sich die apostolische Lehre von der Sünde gegen den h. Geist um und diese Veränderung hatte auf den ersten Blick so wenig Bedenkliches, daß sich die Katholiken erst dann gegen sie erklärten, als ihre gefährlichen Folgen zu Tage traten. In diesem Zeitraume geschah es noch nicht, oder nur sehr vereinzelt. Jeder, der die Kirche hörte, d. h. sich dem Bußgerichte derselben unterwarf, erhielt Vergebung.

2) Dem Grundsatze der Vergebbarkeit aller Sünden huldigte in dieser Zeit auch die Häresie. Die Clementinen lehren, wenn Jemand Gott verläugnet, oder sonst auf eine andere Weise gegen ihn sündigt, hernach aber Buße thut, so wird er zwar gestraft wegen seiner Vergehen, dann aber gerettet, weil er, sich bekehrend, geliebt hat. Vielleicht macht ihn auch das Uebermaß der Frömmigkeit und des Gebetes von der Strafe frei. Wer aber keine Buße wirkt, verfällt der Strafe des Feuers [6]). Die Häresie nahm es bezüglich der Disciplin, besonders was den Abfall vom Glauben betrifft, nicht immer genau und insoweit sind die genannten Worte mit Vorsicht aufzunehmen. Andererseits schließen sich die Clementinen in Sachen der Buße, im vollen Widerspruche mit ihrem Lehrsysteme, so an die Kirche an, daß sie eine große Gewähr besitzen und für die Lehre und Praxis der Kirche vor ihrer Abfassung zeugen. Zudem stehen sie nicht vereinzelt da. Die Basilidianer ließen Ehebrecher, nachdem dieselben eine Zeitlang zu den „Bitten" begradirt waren, wieder zu der Eucharistie zu [7]). Der Gnostiker Marcus ertheilte Jenen, die nach der Taufe abermal gesündigt hatten, durch die s. g. Redemtion eine wiederholte Absolution, die mit einer Handauflegung des Bischofes verbunden war [8]). Es ist das eine Verzerrung der Buße, aber Beachtung verdient es ohne Zweifel, daß bei den Häretikern Solches vorkam; die Carricatur setzt die Wahrheit voraus.

Außer den Ermahnungen des Papstes Clemens an solche, welche Streitigkeiten in der Kirche von Korinth verursacht hatten, außer der Bemerkung des h. Ignatius, die Bekehrung von Häretikern halte schwer ist das Verfahren mit dem Gnostiker Kerdo maßgebend, der um das Jahr 135 nach Rom kam, die Exomologese ablegte, bald geheim lehrend, bald wieder Buße übend, aus der Gemeinschaft der Brüder austrat [9]).

---

6) Clem. hom. 3. n. 6.    7) Clem. A. strom. l. 3. c. 1. p. 510.
8) Hippol. philosoph. l. 6. c. 41. p. 301. Nach den Sethianern war für jede Sünde eine Strafe festgesetzt. l. c. l. 5. c. 20. p. 209.
9) Κέρδων... εἰς τὴν ἐκκλησίαν ἐλθών, καὶ ἐξομολογούμενος, οὕτως διετέλεσε,

Nicht nur die Ablegung der Exomologese ist hier gelehrt, sondern auch die nach geschehenem Rückfall in irrige Lehren wiederholte Exomologese. Zuletzt trennte er sich völlig von der Kirche, indem er sie „nicht hörte". Selbstverständlich hörte damit auch die Vergebung auf. Für eine milde Bußdisciplin zeugt ferner der Brief des Bischofes Dionysius von Korinth, um das Jahr 169 an die Kirche von Amastris gerichtet. Er verordnete in ihm Vieles über Ehe und Keuschheit und befahl, alle, welche irgendwie gefallen, sei es durch ein Vergehen, oder häretischen Irrthum, und sich bekehren, aufzunehmen [10]). Die Verbindung von Keuschheit und Aufnahme der Gefallenen weist auf einen inneren Zusammenhang beider hin. Auch Fleischessünder sollten aufgenommen werden, wenn sie Buße übten. Um die Zeit, als der Brief abgefaßt wurde, machte sich also bereits die Ansicht geltend, derartigen Sündern sei die Aufnahme in die Kirche zu verweigern. Das waren jedoch vereinzelte Aeußerungen. Wurde Kerdo wiederholt zur Exomologese zugelassen, obwohl der Abfall vom Glauben für eine schwerere Sünde galt, als Unkeuschheit, so mußten auch Fleischessünder absolvirt worden sein. Dasselbe folgt aus dem Verfahren mit Marcion. Sein Vater, der Bischof war, schloß ihn aus der Kirchengemeinschaft aus, weil er eine gottgeweihte Jungfrau verführt hatte, und versagte ihm, trotz seiner Bitten, die Wiederaufnahme. Er begab sich sofort, um das Jahr 142, nach Rom und suchte daselbst Aufnahme, die ihm aber ohne Zustimmung seines Bischofes (Vaters) nicht zu Theil werden konnte. Wäre der Ausschluß von Fleischessündern bis auf das Todbett kirchliche Regel gewesen, Marcion würde weder bei seinem Vater, noch in Rom um Aufnahme nachgesucht haben. Seine Bitte setzt die Möglichkeit der Wiederaufnahme voraus und diese Möglichkeit schließt das Verbot der Zulassung zur Gemeinschaft aus. Wenn sodann Eusebius von Pionius, einem hoch geachteten Mann, der zur Zeit, da Polycarp starb, blühte, berichtet, er habe den in der Verfolgung Gefallenen die Hand gereicht [11]): so beweist auch dieses die Aufnahme selbst der schwersten Sünder.

Hiemit stehen folgende Worte des h. Justin in keinem Widerspruche. „Die, welche bekannt und erkannt haben, dieser sei Christus, nachher aber es läugneten und vor ihrem Tode keine Buße übten, von

---

ποτὲ μὲν λαθροδιδασκαλῶν, ποτὲ δὲ πάλιν ἐξομολογούμενος, ποτὲ δὲ ἐλεγχόμενος ἐφ' οἷς ἐδίδασκε κακῶς καὶ ἀφιστάμενος τῆς τῶν ἀδελφῶν συνοδίας. Iren. l. 3. c. 4. n. 3. p. 179.

10) Euseb. h. e. l. 4. c. 23. n. 3. p. 275.
11) Euseb. h. e. l. 4. c. 15. p. 256.

diesen glaube ich, daß sie das Heil nicht erlangen" [12]). Vor dem Tode gab es eine Buße, und zwar sagt der Martyrer nicht, die Betreffenden können blos in der Todesstunde aufgenommen werden. Vielmehr folgt daraus, daß er den äußersten Termin angibt, es sei ihnen das vorher möglich gewesen. Wer hingegen auf der Erde von der Kirche nicht gelöst wird, wird auch im Himmel nicht gelöst [13]).

3) Was das Verfahren mit den Büßern betrifft, mag zuerst das Testament der 12 Patriarchen gehört werden. „Die wahre, gottgefällige Buße ($\mu\varepsilon\tau\alpha\nu o\iota\alpha$) tödtet den Ungehorsam, verscheucht die Finsternisse, erleuchtet die Augen, verleiht der Seele Erkenntniß, führt die Erwägung ($\delta\iota\alpha\beta o\acute{u}\lambda\iota o\nu$) zum Heile [14]). Weil Zabulon blos in Gedanken und aus Unwissenheit gesündigt hat [15]), weil Isachar keine Sünde zum Tode vollbrachte, keine andere Frau als die seinige erkannte, nicht mit frechen Augen hurte [16]), haben sie nicht zu büßen, wie Juda, der ohne die Buße seines Fleisches, die Verdemüthigung seiner Seele und die Gebete seines Vaters Jacob kinderlos geblieben wäre. Weil jedoch Gott wußte, daß er aus Unwissenheit gesündigt, vom Teufel verblendet, wurde ihm Verzeihung [17])."

Diese Beschreibung der Buße paßt ebenso wenig für die Juden, als sie den Christen entspricht. Die unmittelbare Aneinanderreihung der drei Momente, körperliche Abtödtung, geistige Verdemüthigung und Fürbitte Dritter ist ein specifisch christliches Gewächs. Sodann wird zwischen der Sünde zum Tode und den übrigen Sünden unterschieden und die Buße für die Todsünde in die genannten drei Thätigkeiten verlegt. – Die Verdemüthigung der Seele ist ohne Zweifel das beschämende öffentliche Bekenntniß, denn der Sünder soll nach dem Briefe des Clemens an Jacobus [18]) nicht erröthen, zu bekennen, worauf ihm der Vorsteher genug thut, d. h. Strafe auflegt. Wahrscheinlich bestand sie theilweise in Gebeten, die der Büßer zu sprechen hatte. Diese Gebete verrichtete er mit Flehen und Weinen, mit gebeugtem Leibe und gebogenen Knien, denn das war die Art, wie man zu Gott betete, um ihn zu versöhnen [19]). Die körperliche Abtödtung bestand in Fasten,

---

12) Just. D. c. T. c. 47. p. 158.
13) Jedenfalls ist von einer Nichtvergebung bei Justin keine Rede, wie auch die in der Verfolgung zu Lyon unter Marc Aurel Abgefallenen wieder in die Kirche aufgenommen wurden.
14) Testament. c. 9. n. 5. p. 227.    15) l. c. c. G. n. 1.
16) l. c. c. 5. n. 7.    17) l. c. c. 4. n. 19.
18) Epist. Clem. ad Jacob. n. 11. p. 617.
19) Just. D. c. T. c. 90. p. 313. cf. c. 141. p. 460.

20 *

hauptsächlich in der Enthaltung von Fleisch und Wein und dem Meiden jedes Vergnügens und das konnte bis in das Alter währen [20]). Die Gebete des Vaters Jacob beziehen sich auf die Fürbitte der Gläubigen. Wenn nämlich schon Johannes von einer Fürbitte der Gläubigen für die Büßer redet, wenn nach Justin die Gläubigen mit den Katechumenen beteten: so wird man zu der Annahme berechtigt, es sei dieses auch mit den Büßern in der Liturgie geschehen. Der Messe der Gläubigen wohnten sie aber nicht bei; das sagt Justin ebenso bestimmt, als nach dem Gnostiker Isidor, Ehebrecher von der Eucharistie ausgeschlossen, zu den Bitten aber zugelassen waren [21]). Dieses vorausgesetzt, verdient selbst die Bemerkung in dem Testament der 12 Patriarchen Beachtung: „Gott will nicht, daß wir ihn in Unreinigkeit verehren" ($\sigma\varepsilon\beta o\mu\acute{\varepsilon}\nu o\upsilon\varsigma$) [22]). Der Verfasser des Briefes an Diognet, ein Zeitgenosse unseres Verfassers, gebraucht das Wort $\vartheta\varepsilon o\sigma\varepsilon\beta\varepsilon\tilde{\iota}\nu$ vom christlichen Gottesdienste und zwar von jenem Theile desselben, der Niemand bekannt gemacht wurde, der Messe der Gläubigen.

## §. 78. Hermas.

Die seitherige, von den Aposteln ererbte Praxis, hielt die beharrliche Auflehnung gegen die Kirche für die Sünde, die nicht vergeben wurde, alle übrigen erhielten Verzeihung. Kerdo und Marcion hatten aber gezeigt, daß die äußere Rückkehr zur Kirche nicht immer die Bürgschaft der Sinnesänderung in sich trug und sicher waren sie nicht die Einzigen, die wiederholt tief fielen [1]). Für die Nichtvergebung war der Satz: Wer die Kirche nicht hört ꝛc. zureichend, nicht aber für die Vergebung der Satz: wer sie hört, werde zur Gemeinschaft zugelassen. Für die Zulassung zur Kirchengemeinschaft mußte ein weiterer Kanon aufgestellt werden, das hatte die Erfahrung der letzten Zeit gelehrt und dieser Kanon lautete: **Es gibt nur eine einmalige öffentliche Buße.** Dieser Satz hatte aber nicht die Bedeutung, die Sünde eines solchen Rückfalles sei unvergebbar, sondern man griff zu dieser Maßregel, um die Kirche bei denen, die draußen sind, nicht verächtlich zu machen, um Aergerniß zu vermeiden und durch oftmalige Vergebung das Sündigen nicht zu erleichtern.

---

20) Testam. XII. Patr. c. 14. n. 15.
21) Clem. strom. l. 3. c. 1. 4. p. 510.   22) Testam. c. 11. n. 4.
1) Man lese nur die zweite Vision des Hermas. Semen tuum, Herma, deliquit in Dominum et prodiderunt parentes suos in nequitia magna. Sed *etiam nunc* adjecerunt peccatis suis libidines. Herm. vis. 2. n. 2. p. 247.

Da das Aergerniß mit Kerbo und Marcion unter Papst Hyginus in Rom vorkam, war er es, oder sein Nachfolger Pius, der diesen Satz sanctionirte. Der Bruder des letzten, Hermas, nimmt bereits in seiner Schrift Pastor auf diese Verschärfung der Bußdisciplin Rücksicht. Der Hirte belehrt ihn, der Gatte müsse seine ehebrecherische Frau wieder aufnehmen, wenn sie Buße thue, aber nicht öfter. Die Diener Gottes haben nämlich nur Eine Buße. Hermas antwortet ihm: ich habe von einigen Lehrern gehört, es gebe eine andere Buße nicht, außer jener, da wir in das Wasser steigen und Vergebung unserer Sünden empfangen, denn wir sollen sofort nicht sündigen, sondern in Keuschheit verharren. Und er (der Hirte) sagte mir: Du hast recht gehört. Nun aber, da du nach Allem sorgfältig fragst, zeige ich dir auch das (Folgende), nicht um dadurch Gelegenheit (zur Sünde) zu geben, weder Jenen, welche glauben werden, noch Jenen, die bereits geglaubt haben. Die nämlich, welche jetzt zum Glauben hinzutreten, oder glauben werden, haben keine Buße, sondern Vergebung. Jenen aber, die vor diesen Tagen gläubig wurden (und gefallen sind), hat der Herr Buße gewährt, weil Gott die Herzensgedanken und die Schwachheit der Menschen kennt, wie die vielfältige Arglist des Teufels. Gnädig hat sich deßwegen Gott seines Geschöpfes erbarmt und ihnen Buße gegeben und mir die Gewalt der Buße [2]).

Der Engel concedirt, daß nach der Taufe eine Buße nicht nothwendig sein sollte, corrigirt aber auch die Behauptung der Lehrer, indem er zwischen Sündenvergebung und Buße unterscheidet. Jene wird durch die Taufe verliehen, diese ist mit Verdemüthigung und Schmerz der Seele verknüpft und dem Vorsatze, nimmer zu sündigen [3]). Ob diese Buße eine einmalige oder wiederholte war, ist in den obigen Worten nicht ausgedrückt, und weil keine Beschränkung gemacht ist, darf man sie auch nicht von einer blos einmaligen verstehen, sondern „vor diesen Tagen" fand Buße überhaupt, einmalige, wie wiederholte, statt.

So verhielt es sich bis auf die Tage des Hermas. Von da an trat eine Aenderung ein. Zu seiner Zeit wurde ein Tag festgesetzt und die Gläubigen, welche nach diesem festgesetzten Termine abermal sündigten, erhielten das Heilmittel einer wiederholten Buße nicht mehr, denn die Buße der Gerechten (Getauften) ist begrenzt [4]). Darum, fährt er

---

2) Mandat. 4. n. 3. p. 269.
3) l. c. n. 2. p. 268. cf. Simil. 6. n. 7. p. 305.
4) Vis. 2. n. 2. p. 247.

in der obigen Stelle fort, sage ich dir, wenn Jemand nach jener großen und heiligen Berufung (Taufe) vom Teufel versucht wird und gesündigt hat, hat er Eine Buße. Wenn er aber sofort (wieder) [5]) sündigt und Buße thut, wird es einen Solchen nicht nützen, denn schwerlich wird er Gott leben [6]). Kurz, vor der Offenbarung des Hirten war die Buße eine **mehrmalige**, von ihr an ist sie eine **einmalige**.

In Verbindung hiermit steht der von ihm so oft gemachte Unterschied zwischen „**den früher begangenen Sünden und den jetzt begangenen**". Den Worten: der Gatte soll die reumüthige Ehebrecherin aufnehmen, aber nicht öfter, denn der Getaufte habe nur Eine Buße, fügt Hermas die weiteren bei: Ich sage das nicht, um Gelegenheit zu dieser Sünde zu geben, sondern damit der, welcher gesündigt hat, nicht **wieder** sündige. Für die **früheren** Sünden gibt Gott ein Heilmittel, denn er hat die Macht über Alles [7]). Das heißt: Von jetzt an verzeiht Gott diese Sünde blos einmal und nicht wiederholt. Hat hingegen eine Frau **vor** der Jetztzeit wiederholt gesündigt, so erhält sie für die früheren, wiederholten Sünden, Verzeihung, denn Gott kann Alles. Dasselbe lehrt er von der **Idololatrie**. Der Herr hat bei seinem Sohne geschworen, daß die, welche den Herrn **verläugnen**, von dem Leben getrennt werden, denen aber, die **früher** verläugnet haben, wird er barmherzig sein [8]). Die frühere, selbst wiederholte Verläugnung, wird vergeben; hat aber Jemand jetzt verläugnet und thut er es auch in den kommenden Tagen, oder wiederholt, so erhält er keine Verzeihung mehr.

Diese Stellen des Pastor bezweckten, die von Papst Pius verschärfte Bußdisciplin zu unterstützen. Dieselbe war eine Neuerung, welche die sinnliche Natur des Menschen unangenehm berührte und darum Widerspruch erfahren mochte. Eine nüchterne Rechtfertigung derselben von Seite eines Laien oder Geistlichen hatte aber zu wenig Gewicht, darum gibt er den Inhalt der neuen Bußordnung für eine **Offenbarung** des Engel oder Hirten aus, die, in den Tagen des römischen Clemens ertheilt, erst später realisirt werden sollte. Dieses „später" ist nach der Offenbarung der absichtlich vag gehaltene Termin, „der heutige Tag", in der That aber die Zeit Pius I. Die Schrift suchte glaubhaft zu machen, in den Tagen des Papstes Clemens sei die Offenbarung ergangen, es werde eine Zeit kommen, in welcher nur eine einmalige Buße gestattet sei.

---

5) Ὑπὸ χεῖρα ἁμαρτάνῃ d. h. unter dem Einflusse der ersten Sünde fällt. Damit wird auf die **wiederholte** Sünde nach der Taufe hingewiesen.
6) Mand. 4. n. 8. p. 269.  7) Mand. 4. c. 1.  8) Vis. 2. n. 2.

Ferner erklärt sich damit, warum er das Wort wiederholte Buße immer und absichtlich meidet. In den Tagen des Clemens, auf welche die Offenbarung zurückdatirt wird, leistete man einfach für die Sünde nach der Taufe Buße. Der Unterschied zwischen wiederholter und einmaliger Buße war damals noch nicht erörtert. Zur Zeit des Papstes Pius mag er in Rom zu den Tagesfragen gehört haben. Wollte nun Hermas den Schein über die Zeit, in der die Offenbarung erlassen war, nicht zerstören, so mußte er das Wort „wiederholte" Buße meiden.

War endlich die Offenbarung im ersten Jahrhundert ergangen, so konnten ängstliche Gemüther zu der Ansicht kommen, ihre vor Pius I. erstandene wiederholte Buße sei wirkungslos. Darin liegt der Grund, warum Hermas so oft versichert, die vor „dem heutigen Tage" abgelegte Buße werde durch die Offenbarung nicht entkräftet, denn die früheren Sünden seien vergeben.

2) Die Schrift des Hermas gibt über das Bußwesen seiner Zeit noch weitere Aufschlüsse. In der Vision über den Thurmbau unterscheidet er, von den Katechumenen abgesehen, die Gläubigen, welche dem Thurme (der Kirche) eingefügt werden, und die Büßer, die sich um den Thurm herum befinden. Sie liegen nahe bei demselben, weil sie ihm eingefügt werden, wenn sie Buße thun [9]), denn sie haben Buße [10]). Die Unbußfertigen hingegen, vom Thurm ferne weggeworfen, sind von der Kirche völlig getrennt [11]). Doch ist auch zwischen ihnen ein Unterschied. Die Steine (Bild dieser Sünder), die auf den Weg, und von da in die Wüste gewälzt werden, das sind die, welche zwar glaubten, durch Zweifel aber den rechten Weg verließen; es sind die Irrlehrer. Die hingegen, welche in das Feuer fielen und verbrannten, haben sich auf immer von dem lebendigen Gott getrennt [12]).

Wenn man den dem Bilde zu Grunde liegenden Gedanken herausnimmt, so gab es in den Tagen des Hermas eine eigene Klasse von Büßer, die zur Kirche im strengen Sinne nicht gehörten, aber auch nicht außer aller Verbindung mit ihr standen. Durch die erziehende und strafende Einwirkung derselben sollten sie vielmehr zur Aufnahme in dieselbe vorbereitet und befähigt werden. In diesem Stande wurden sie strenge und hart gehalten. „Der, welcher Buße thut, muß seine Seele demüthigen und sich in all seinem Thun und Lassen zerknirschten Herzens zeigen und viele und mannigfache Leiden (vexationes) ertragen. Wenn

---

9) Vis. 3. c. 5. p. 254.   10) l. c. c. 7.
11) l. c. c. 2. p. 252.   12) Simil. 3. c. 7.

er Alles ertragen hat, was ihm auferlegt wurde, dann wird wohl der, welcher Alles erschaffen und gebildet hat, durch seine Milde gegen ihn bewegt und wird ihm ein Heilmittel geben, wenn er sieht, daß das Herz des Büßers von jedem schlechten Werke rein ist [13]). Die Strafe entsprach der Größe und Zahl ihrer Sünden, weßwegen sie so viele Jahre gepeinigt wurden, als sie Tage in der Sünde zubrachten [14]). Diese Sünden sind Ehebruch, Trunkenheit, Verläumdung, Lüge, Habsucht, Betrug und ähnliche [15]).

Die Sünden gegen den Glauben werden hier nicht erwähnt. Hermas unterscheidet nämlich zwischen θάνατος und καταφθορά. Unter θάνατος versteht er Sünden zum Tode und sie begreifen die Sünden gegen den Glauben in sich, Idololatrie und Häresie, während καταφθορά (defectio nach der lateinischen Uebersetzung) Sünden gegen die Sittlichkeit bezeichnet. Die Todsünder sind dem Tode bestimmt. Die defectio hingegen gewährt Hoffnung zur Wiederherstellung [17]). Aber selbst unter den Sünden zum Tode unterscheidet er zwischen förmlichem Abfalle zum Götzendienste, mit Lästerung Gottes und Verrath an den Gläubigen [18]), und zwischen Irrlehrern, die zwar des Glaubens baar sind, aber weder Gott gelästert noch die Gläubigen verrathen haben [19]). Den letzten steht durch Buße der Weg zum Leben noch offen, nicht aber den ersten, doch sollen sie sich beeilen, damit es ihnen nicht ergehe, wie den ersten [20]). Wenn er ferner bemerkt, diesen ist der Tod und keine Buße gegeben und das damit motivirt: weil Gott von ihnen voraussah, daß sie sich nie mehr aufrichtig bekehren, hat er ihnen die Rückkehr zur Buße verweigert [21]): so sieht man, die Ursache der Verweigerung liegt nicht etwa darin, daß diese Sünden an sich und wegen ihrer Größe nicht vergeben werden können, sondern in der Unbußfertigkeit solcher Sünder [22]). „Du wirst, lautet die Fortsetzung der obigen Stelle, Keinen derselben gesehen haben, der Buße gethan hätte, wenn du ihnen auch meine Mandata vorgetragen hast; in solchen Menschen ist also kein Leben [23])". Wollten hingegen

---

13) Simil. 7. p. 306.
14) Simil. 6. c. 4. p. 303. Es darf dieses nicht wörtlich gefaßt werden.
15) Simil. 6. c. 5. p. 304.   16) l. c. c. 2. p. 300.   17) l. c. p. 301.
18) Simil. 8. c. 6. p. 311. Simil 9. c. 19. p. 330.
19) l. c. p. 331.
20) l. c. p. 331. Man sieht aus all dem, wie ferne Hermas davon ist, die Buße nach der Taufe zu läugnen.
21) Simil. 8. c. 6. p. 311.
22) Non erunt salvi propter duritiam cordis sui. Vis. 3. c. 7. p. 256.
23) Simil. 8. c. 6. p. 311.

solche Sünder Buße thun, so konnten sie sich in die Reihen der Büßer stellen.

3) Niemand wird in Abrede stellen, daß hier von einem kirchlichen Bußinstitut die Rede ist. Daraus läßt sich aber mit Recht schließen, auch der Akt der Vergebung und die von ihm abhängige Aufnahme in die Gemeinschaft sei ein **kirchlicher Akt** gewesen. Man sagt jedoch: die Ankündigung der zweiten Buße wird als eine solche bezeichnet, welche ihren Ursprung lediglich von unmittelbarer göttlicher Offenbarung hat [24]). „Den Menschen (**also auch dem geistlichen Amte**) steht kein Recht zu, aus eigener Machtvollkommenheit die Sünden zu vergeben [25])." Daß der Mensch nicht aus eigener Machtvollkommenheit, sondern im Namen Gottes, Sünden vergibt, leuchtet ein und daß Hermas die Ankündigung der blos einmaligen Buße nach der Taufe auf göttliche Offenbarung zurückführt, wird Niemand bestreiten. Die Frage ist vielmehr die, ob der Sünder von Gott durch die **kirchlichen Organe**, oder mit Uebergehung, oder gar Verwerfung derselben, von Gott **unmittelbar und auf geheimnißvolle Weise** Vergebung erhalte? Das nächste wird sein, wie Gott durch die kirchlichen Organe und einen äußeren Akt (die Taufe) die Sünden der Ungläubigen nachläßt, so vergibt er auch die der Gläubigen. Hermas deutet dieses aber auch an, denn er sagt nicht, Gott vergibt den Büßern unmittelbar, sondern „**er gibt ihnen ein *remedium***" zur Vergebung [26]). Die Beschaffenheit dieses Heilmittels bezeichnet er allerdings nicht genauer, aber schon die so oft erwähnte Existenz desselben stößt den Satz um, „dem geistlichen Amte stehe kein Recht zu"; denn vergibt Gott nicht unmittelbar, so ist die Mitwirkung der kirchlichen Organe zu postuliren. Jedenfalls läugnet er Macht und Recht der kirchlichen Vorsteher, welchen zudem die Visionen [27]) mitgetheilt werden sollen [28]), nicht, und es ist eine willkürliche Behauptung, Hermas stehe in dieser Sache auf dem Standpunkte des Montanisten

---

24) Simil. 5. 7. Mand. 4. 1.
25) Lipsius, in der Zeitschrift für wissenschaftl. Theologie. 1866. S. 85.
26) Mand. 4. c. 1. p. 268. Simil. 5. c. 7. p. 298.; 7. p. 306.; 8. c. 11. Dieses Wort kommt auch sonst vor; die in Rom gegen Novatian versammelte Synode beschloß, es sei den Gefallenen τοῖς τῆς μετανοίας φαρμάκοις zu helfen. Euseb. l. 6. c. 43. p. 465. Origenes spricht von einem refugium und auxilium poenitentiae. In Levit. hom. 11. n. 2. p. 189. Cyprian ruft den Novatianern zu, wie verkehrt! hortari ad satisfactionis poenitentiam et subtrahere de satisfactione medicinam. Epist. 52. p. 158. b.
27) Die Hermas nicht wie die mandata und similitudines vom Hirten, sondern von der **Kirche** empfängt. Vis. 4. c. 1. p. 260.
28) Vis. 2. c. 4. p. 249.

Tertullian. Dieser bestreitet das Recht und die Macht der Kirche ausdrücklich, jener deutet Macht und Recht der Kirche hierzu an.

### §. 79. Bußdisciplin zu Ende des zweiten Jahrhunderts.

Weil der Pastor Hermä im Morgenlande große Verbreitung und hohes Ansehen erlangte, trug sich dieses auch auf seine Lehre von der Buße über. Durch das früher Angeführte steht fest, Clemens kennt für die nach der Taufe begangenen Sünden eine mühevolle, reinigende Buße, in welcher der Betreffende seine Sünden öffentlich bekannte und durch Gebet, Fasten und körperliche Züchtigungen gereinigt wurde. Diese Buße war aber nur einmal gestattet. Nachdem nämlich der Alexandriner die betreffende Stelle aus dem Pastor citirt hat [1]), begründet er sie durch die Worte näher: fortwährende und wegen Rückfall sich immer wiederholende Bekehrungen unterscheiden sich von jenen, welche gar nicht glauben, nur insofern, als sie wissen, was es um die Sünde ist, und ich weiß nicht, ob es schlimmer ist, mit Wissen und Willen sündigen, oder nachdem man für seine Sünden Buße gethan hat, abermal sündigen. Das ist keine Buße, oft um Verzeihung für Sünden bitten, die wir wiederholt begehen. Sich oft bekehren, mit Leichtfertigkeit, Mangels aller sittlichen Anstrengung sich vom Einen zum Andern wenden, heißt er vielmehr die Sünden pflegen [2]). In Verbindung mit der einmaligen Buße und an derselben Stelle, unmittelbar nach dem Citat aus dem Pastor, führt er Hebräer 10. 26. 27. an, woraus man sieht, daß er die Worte des apostolischen Briefes nicht auf die Buße überhaupt, sondern auch auf die wiederholte Buße bezog. Dieselbe Lehre trägt Tertullian vor [3]); sie war zu Ende des zweiten Jahrhunderts überall recipirt.

Wie die übrigen Lehrer unterscheidet Clemens, sich an I. Joh. 5. 16. und Hermas anlehnend, zwischen Sünden im Allgemeinen und Todsünden im Besonderen. Die letzten Sünden begeht der Getaufte, der seiner Pflicht eingedenk ist, nicht. Er verläßt nicht nur die Götzen, die er für Götter hielt, sondern auch die Werke des früheren Lebens; denn er ist nicht aus Blut und dem Willen des Fleisches, sondern aus dem Geiste wiedergeboren, und das ist er nur dann, wenn er nicht wieder in die

---

1) Weil er sich für die einmalige Buße blos auf Hermas beruft, sieht man, daß er diese Lehre von ihm hat.
2) Clem. strom. l. 2. c. 13. p. 459. u. 460.
3) cf. §. 64. not. 11.

alten Sünden zurückfällt⁴). Außer der Idololatrie gehören darum noch andere Vergehen zu den Todsünden und zwar Hurerei, denn der Hurer ist Gott gänzlich gestorben und vom Logos und Geiste wie ein Leichnam verlassen⁵). Nicht anders urtheilt er vom Ehebruch⁶). In der Schrift Quis dives führt er außer diesen beiden Fleischessünden noch Diebstahl, Raub, falsches Zeugniß und Meineid an⁷).

Diese Sünden sind an sich nicht alle gleich schwer und zu dem einzelnen Vergehen konnten Umstände hinzukommen, durch welche die Schuld gemildert oder verstärkt wurde. Eine auf Gerechtigkeit basirte und auf Heilung bedachte Bußdisciplin durfte darum nicht alle Todsünder auf gleiche Weise behandeln. Dem Arzte gleich, der Salben, Eisen, Feuer und Abschneiden der Glieder anwendet, um die Kranken zu heilen, bedient sich auch Gott verschiedener Mittel⁸). Das Gesetz legt für jede Sünde, auch für die geringeren, Strafe auf. Wenn Einer aber unheilbar scheint, so daß er bis zur äußersten Ungerechtigkeit gekommen ist, dann scheidet es einen solchen aus der Gemeinschaft aus, damit er die Uebrigen nicht ansteckt⁹). Die höchste Strafe war hiernach Excommunication. Aber auch sie schloß verschiedene Grade, je nach ihrer Zeitdauer, in sich. Die einmalige Buße als solche setzte nämlich nicht fest, ob der Betreffende später oder früher aufgenommen werden könne. Erwägt man, daß Clemens da, wo er von der Buße handelt, das Verfahren des Apostel Johannes als Muster anführt, der den verirrten Jüngling vor seinem Lebensende aufnahm¹⁰): so ist anzunehmen, in Alexandrien habe eine ähnliche Praxis gewaltet. Ferner sagt er, die Ehebrecherin ist todt, denn sie ist den Geboten gestorben, wenn sie aber Buße thut, empfängt sie die Wiedergeburt, und der früheren Hurerei todt, tritt sie wieder in das Leben ein¹¹). Diese Worte setzen gleichfalls Verzeihung und Zulassung zur Gemeinschaft vor dem Lebensende voraus.

2) So gleichförmig war aber die Disciplin in den ersten Jahrhunderten nicht, daß das, was in Alexandrien galt, überall in Uebung gestanden hätte. Zudem läßt sich die Tendenz des Clemens, vor zu

---

4) Strom. l. 2. c. 13. p. 460.  5) Paedag. l. 2. c. 10. p. 230.
6) Strom. l. 2. c. 23. p. 507. In der Erklärung des Decaloges identificirt er den Ehebruch geradezu mit dem Götzendienst. Strom. l. 6. c. 16. p. 816.
7) Quis dives. c. 41. p. 953.  8) Cohort. c. 1. p. 8.
9) Strom. l. 1. c. 27. p. 422.
10) Damit du mehr Vertrauen hast, die Hoffnung der Rettung bleibe dir sicher, wenn du wahrhaft Buße thust: so höre eine vom Apostel Johannes überlieferte Erzählung. Quis dives. c. 42. p. 958.
11) Strom. l. 2. c. 23. p. 507.

großer Strenge gegen die Büßer zu warnen, nicht verkennen. Er nimmt offenbar auf die montanistische Bewegung Rücksicht und gegen sie Partei. Dasselbe ist bei **Dionysius von Korinth** [12]) der Fall, sowohl was die Tendenz seines Briefes, als die Praxis in Griechenland betrifft.

Von einem anderen Verfahren berichtet **Irenäus**. Ein Diacon in Asien nahm den Häretiker Marcus in sein Haus auf. „Da seine Frau schön war, wurde sie von ihm, sowohl an der Gesinnung, als am Leibe verdorben und sie folgte ihm lange Zeit nach. Als sie hernach die Brüder mit vieler Mühe bekehrt hatten, brachte sie die **ganze Zeit in der Exomologese zu** [13])." Die Frau wurde nicht nur zum Ehebruch, sondern auch zur Häresie verleitet, und gab durch Herumziehen mit Marcus öffentliches Aergerniß. Sie gehörte, um ein Bild des Hermas zu gebrauchen, zu den Zweigen, die verdorrt und faul waren, und doch wurde ihr die Buße nicht versagt. Sie mußte jedoch bis ans Lebensende in ihr verharren, d. h. erst auf dem Todbett erhielt sie den Frieden. In die Kirche konnte sie unter diesen Umständen durch einen feierlichen und öffentlichen Akt nicht aufgenommen werden. Irenäus deutet dieses auch an. Er sagt nämlich: nachdem sie die Brüder zur Umkehr bewegt hatten ($\mathit{\dot{\alpha}\delta \epsilon \lambda \varphi \tilde{\omega} \nu}$ $\mathit{\dot{\epsilon} \pi \iota \sigma \tau \rho \epsilon \psi \dot{\alpha} \nu \tau \omega \nu}$). Von anderen Frauen, die sich Aehnliches zu Schulden kommen ließen, bei welchen aber das öffentliche Aergerniß nicht so groß war (denn erst durch die Exomologese erfuhr man ihre Vergehen), bemerkt er hiegegen: „nachdem sich diese Frauen **zur Kirche Gottes** bekehrt hatten, bekannten sie mit dem übrigen Irrthume auch dieses [14]) und, fügen wir hinzu, wurden alsdann zur Gemeinschaft zugelassen. Etwas später sagt nämlich der Bischof: einige dieser Frauen haben dieses auch öffentlich bekannt, andere aber sich dessen aus Scham geweigert. Von den letzten seien einige ganz abgefallen, andere aber weder innen noch außen genesen [15]).

Am strengsten war die Bußdisciplin wohl in Afrika. Unter den Vorgängern Cyprians waren Bischöfe, welche den Ehebrechern den Frieden nicht ertheilten [16]). Den Worten zufolge: et in totum poenitentiae locum contra adulteria clauserunt, wurden sie zur Buße gar nicht

---

12) cf. §. 77. not. 10. 13) Iren. l. 1. c. 13. n. 5. p. 63.
14) Iren. l. 1. c. 6. n. 3. p. 30.
15) l. c. l. 1. c. 13. n. 7. Man vergleiche hiemit §. 72. not. 2. und §. 91. not. 8.
16) Weil wir glauben, das Verfahren dieser Bischöfe, wie der spanischen, datire aus dem Ende des zweiten Jahrhunderts, nehmen wir es hier auf. Die Synode von Elvira setzte nichts Neues fest, sondern schärfte blos die alte Praxis ein.

zugelassen. Dieses Verfahren war jedoch weder das gewöhnliche, noch überall in den afrikanischen Diöcesen eingeführte; denn Cyprian bemerkt ausdrücklich, ungeachtet dessen seien diese Bischöfe in der Gemeinschaft mit ihren Mitbischöfen beharrt und haben durch Hartnäckigkeit die Einheit der katholischen Kirche nicht zerrissen [17]). Die Ursache hiervon liegt darin, daß sie im Dogma einig waren. Sie behaupteten nicht, solche Sünden können nicht vergeben werden, sondern sie verfuhren zum abschreckenden Beispiele für Andere, überhaupt aus disciplinären Gründen, so strenge [18]).

Aus den Kanonen des Concils von Elvira ergibt sich endlich, daß die spanische Kirche bis in den Anfang des vierten Jahrhunderts erwachsene Gläubige, die den Götzen geopfert can. 1., die nach der Taufe wiederholt in Fleischessünden gefallen can. 7., oder außer Idololatrie Mord und Unkeuschheit übten can. 2., selbst am Ende des Lebens nicht zur Communion zuließ. Da nicht anzunehmen ist, der immerwährende Ausschluß sei nach dem Bußedikt Zephyrins aufgekommen, entstand diese Praxis wahrscheinlich zu Ende des zweiten Jahrhunderts. Es stimmt mit ihr sowohl das Verfahren einiger afrikanischer Bischöfe überein, als sich die Principien dieser Disciplin bei Hermas finden. Idololatren und solche, die nebst dem Abfalle vom Glauben sich noch schwer gegen die Sittlichkeit versündigten, trennt er von den Reihen der eigentlichen Büßer; sie sind dem Thurme ferner, während ihnen die Synode von Elvira die Aufnahme in die Kirche verweigert. Wenn Hermas die zur Häresie Abgefallenen milder behandelt wissen will, so versagt ihnen auch die genannte Synode Buße und Wiederaufnahme nicht [19]). Eine Ehebrecherin, die Buße thut, soll der Mann, nach Hermas, wieder aufnehmen, aber nicht öfter [20]), d. h. das erstemal wurde Ehebruch vergeben, aber nicht das zweitemal. Die Synode verordnet: Si quis forte fidelis post lapsum moechiae [21]), post tempora constituta, acta poenitentia, denuo fuerit fornicatus, placuit nec in finem habere eum communionem. can. 7. Gegen Bischöfe, Presbyter und Diaconen verfuhr die Synode strenger. Si in ministerio positi de-

---

17) Cyp. epist. 52. p. 155. a.
18) Manente concordiae vinculo et perseverante catholicae ecclesiae individuo sacramento, actum suum disponit et dirigit unusquisque episcopus rationem propositi sui Domino redditurus. l. c.
19) Concl. illib. can. 22.  20) Herm. mand. 4. 1.
21) Moechia bezeichnet nicht blos Ehebruch im engeren Sinne, sondern Unzuchtsvergehen überhaupt, wie «fornicatus» beweist.

tecti fuerint quod sint moechati, placuit propter scandalum et propter profanum crimen nec in finem eos communionem accipere debere. can. 18. Auf solche einzelne Fälle geht Hermas nicht ein, das aber läßt sich nicht verkennen, daß seine Grundsätze über die Bußdisciplin mit den Beschlüssen der genannten Synode übereinstimmen ²²).

### §. 80. Der Montanismus und Papst Zephyrin.

Nach der Mitte des zweiten Jahrhunderts wurden die Zügel der Bußdisciplin straffer angezogen. Für Todsünden fand blos eine einmalige Buße statt und für solche wurden, außer dem Abfalle vom Glauben, besonders die Fleischessünden erklärt. Sie waren Sünden gegen den heiligen Geist, weil der Tempel desselben, der Leib, durch sie befleckt wurde. Noch mehr aber war die Kirche Tempel und Gefäß des h. Geistes. Von diesem Gesichtspunkte faßte Montanus diese Sünden auf. Sie, die unbefleckte Braut des Herrn, durfte keine Todsünder in ihrer Mitte dulden und am wenigsten konnten die Glieder derselben bleiben, die sich durch leiblichen (Hurerei überhaupt) oder geistigen (Abfall vom Glauben) Ehebruch befleckt hatten. Mit den übrigen Sünden scheinen es die ersten Montanisten nicht so strenge genommen zu haben. Apollonius wirft dem Sektirer Alexander, der sich einen Martyrer nannte, Raub, und der Prophetin Priscilla Habsucht vor und fügt diesem bei: Wer von ihnen wird nun dem anderen die Sünden nachlassen, die Prophetin dem Martyrer den Raub, oder der Martyrer der Prophetin die Habsucht ¹)? Die Stelle ist offenbar höhnisch, Apollonius hätte aber diesen Spott nicht anwenden können, wenn die Montanisten Raub und Habsucht für nicht vergebbare Sünden erklärt hätten ²). Es liegt diesem aber auch das Faktum zu Grunde, daß nach der Lehre dieser Sekte Prophetinnen und Martyrer Sünden vergeben. Ferner erkennt man, Montanus habe die Lehre von der Nichtvergebbarkeit gewisser Sünden nicht alsbald (zu der Zeit, als Priscilla noch lebte) aufgestellt.

Auf der anderen Seite muß er aber die Vergebung der Todsünden,

---

22) Hiemit ist die strenge Seite der abendländischen Bußdisciplin dargestellt. Bezüglich der milderen Seite verweisen wir auf §. 64, wo gezeigt ist, wie sich Tertullian vor seinem Abfalle äußerte.
1) Euseb. h. e. l. 5. c. 18. n. 4.
2) Anders urtheilt später Tertullian. Die siebenmalige Waschung Naamans bezieht er auf die sieben Hauptsünden, idolatria, blasphemia, homicidium, adulterium, stupram, falsum testimonium, fraus. Adv. Marc. l. 4. c. 9. p. 208.

wenn auch nicht geläugnet, so doch sehr erschwert haben; denn ein Rigorismus in dieser Beziehung wird ihm von Anfang und von allen Seiten zugeschrieben. Worin bestand er? Da direkte Nachrichten fehlen, stellen wir eine Hypothese auf, welche die Gewähr ihrer Richtigkeit dadurch erhält, daß sie andere Thatsachen erklärt, die mit dieser Frage im Zusammenhange stehen. Wir setzen voraus, Montanus habe den Satz des Hermas von der einmaligen Buße dahin interpretirt, ein Todsünder könne erst auf dem Todbette Vergebung erhalten. Wenn Hermas statuirte, es gibt von nun an nach der Taufe nur Eine Buße, so war damit über die Zeit, in welcher der Sünder nach vollbrachter Buße in die Kirche aufgenommen wurde, nichts festgesetzt. Er konnte alsbald, oder nach einigen Jahren Aufnahme erlangen und fiel er dann abermal, der Vergebung für immer verlustig gehen. Oder er konnte nach begangener Sünde bis auf das Todbett in die Reihe der Büßer verwiesen und erst in der Todesstunde aufgenommen werden. Unter dieser Voraussetzung war eine zweite Buße an sich unmöglich, denn die erst in der Todesstunde erfolgte Aufnahme schloß einen zweiten Rückfall innerhalb der Kirchengemeinschaft und darum eine zweite Ausschließung aus derselben faktisch aus. Wie bemerkt, der Satz des Hermas konnte auf die eine oder andere Weise erklärt werden, wenn es auch näher lag, ihn in der ersten Weise zu fassen. Die Drohung mit einer blos einmaligen Buße verlangt nämlich die Annahme, der Betreffende sei nach längerer oder kürzerer Zeit in eine Lage versetzt worden, die einen zweiten Ausschluß ermöglichte.

Das war die Ansicht, die man im Orient von der Behandlung der Gefallenen hatte und für welche auch die alte Praxis zeugte, der gemäß Todsünder Aufnahme fanden, wenn sie selbst wiederholt gefallen waren. Die Schrift des Hermas mochte vor dem siebenten Decennium des zweiten Jahrhunderts daselbst noch wenig oder gar nicht bekannt geworden sein. Sei es nun, daß Montanus von ihr hörte und sie kannte, sei es, daß er von selbst auf ähnliche Ansichten kam, er bekannte sich zu der Lehre von der einmaligen Buße, verschärfte sie aber in der genannten rigorosen Weise. Den Orientalen waren das Neuerungen bedenklicher Art und die um das Jahr 160 oder 170 berufenen Synoden erklärten sich gegen sie.

Ganz anders stand die Sache in Rom. Hier hatte der Pastor Hermä seine Heimath. Man glaubte, der Montanismus eifere blos gegen sittliche Verkommenheit und unterstütze die von Hermas aufgestellten

Sätze in einer der Disciplin günstigen Weise. Deßhalb fand er anfänglich beifälliges Entgegenkommen und erst als er sich in seiner wahren Gestalt entpuppte, nahm ein nicht näher bekannter Papst (Eleutherius, Viktor?) die Friedensbriefe zurück.

Das ihm anfänglich geschenkte Vertrauen blieb jedoch nicht ohne Einfluß auf die römische Bußdisciplin. Seit Hermas gab es blos Eine Buße für Todsünden. Der vor Hermas gepflogenen Uebung zufolge war diese Buße keine lebenslängliche und seine Worte lassen, wie bemerkt, auch nicht erkennen, daß er die einmalige Buße bis auf das Todbett ausgedehnt wissen wollte. Zephyrin befahl aber, Fleischessündern, die das erstemal gefallen, zu vergeben und sie in die Kirche aufzunehmen. Vor seinem Edikte waren sie also, wie die Idololatren und Mörder, lebenslänglich ausgeschlossen. Tertullian hält nämlich dem Papste die Inconsequenz vor, daß er blos diese Sünder und nicht auch die Idololatren und Mörder zur Gemeinschaft zulasse [3]). Daraus folgt, zur Zeit Zephyrins waren die Todsünder bis zu ihrem Lebensende von der Kirche ausgeschlossen. Zwischen Hermas und Zephyrin muß demnach eine abermalige Verschärfung der Bußdisciplin in Rom [4]) stattgefunden haben, der zufolge Todsünder mit lebenslänglichem Ausschlusse gestraft wurden, oder der zufolge der Satz des Hermas von der einmaligen Buße dahin ausgelegt wurde, daß dieselbe eine lebenslängliche sei. Diese Verschärfung der Disciplin kommt wohl montanistischem Einflusse zu.

2) Das Wesen des Montanismus offenbarte sich mehr und mehr; die Friedensbriefe wurden zurückgenommen, die Aenderungen in der Bußdisciplin blieben jedoch im Bestande. Als Montanus aber von dem Gebiete der Disciplin auf das der Dogmatik übergriff, vollendete sich der Bruch mit Rom und die Verwerfung der dogmatischen Irrthümer übte auch auf die Disciplin Einfluß.

Die Verabscheuung der Unkeuschheit und die Hochschätzung der Jungfräulichkeit hatte sich im zweiten Jahrhundert immer mehr gesteigert. Von dieser Zeitströmung wurde der Montanismus bezüglich seiner Auffassung der Bußdisciplin und der Verwerfung der zweiten Ehe getragen. Mit Adoption einer Zeitmeinung, durch welche sie zugleich gefördert und begünstigt wird, beginnt jede Häresie und vollendet sich dadurch, daß sie Tagesansichten den Stempel übernatürlicher Wahrheiten aufzudrücken sucht.

---

3) Tert. de pudic. c. 3. p. 376.
4) Dasselbe Verfahren, zum Theil noch rigoroser, adoptirten einige Bischöfe Afrikas und Spaniens, wie bereits erwähnt. cf. §. 79. not. 16.

Die disciplinären, deßhalb wandelbaren Normen über längere oder kürzere Bußzeit, die Fragen, welche Sünden zu den Todsünden gehören und wie es sich mit der Aufnahme solcher Sünder in die Kirche verhalte, diese Fragen spielten die Montanisten auf das dogmatische Gebiet hinüber. Sie rückten mit der Behauptung hervor, Todsünden können von der Kirche, oder ihren Organen, nicht vergeben werden. Da aber die Sünde der Unkeuschheit ihrer Lehre von der Heiligkeit der Gläubigen und der Kirche am meisten zu widersprechen schien, machten sie anfänglich diesen Satz blos den Unzuchtsvergehen gegenüber geltend. Sünden der Unkeuschheit können von den kirchlichen Organen nicht nachgelassen werden; so lautete die montanistische Lehre in ihrem zweiten Stadium.

Das war nicht mehr ein Rigorismus in der Disciplin, sondern ein Attentat gegen den Glaubensartikel: credo in remissionem peccatorum. Das Oberhaupt der Kirche durfte beßwegen nicht länger schweigen und Papst Zephyrin trat auch in einem Edikte gegen diese Irrlehre auf, dessen wesentlichen Inhalt die Gegenschrift Tertullians De pudicitia aufbewahrt hat [5]). Aus derselben erkennt man leicht, das Edikt war kein

---

[5]) Wir geben denselben im Folgenden so, wie ihn Hagemann aus der genannten Schrift ausgehoben und zusammengestellt hat. Der Papst, sagt Hagemann, fügte seinem Edikte eine dogmatische Begründung hinzu, die meistens aus Stellen der h. Schrift genommen ist, in welchen die Barmherzigkeit Gottes gegen die Sünder, auch der schwersten Art, gelehrt wird. Gott wolle nicht so sehr den Tod des Sünders, als seine Buße. Wie Christus uns, so müssen auch wir einander die Sünden verzeihen; wir haben kein Recht zu richten, wobei er unter Anderm auch Röm. 14. 4. anführt, dieselbe Stelle, auf welche sich nachher auch Kallistus für seine Bußdisciplin gegen Hippolytus berief (Philos. X. p. 290. 1. 45. sq.), wie denn auch die Gegengründe des Tertullian eine mehr als oberflächliche Verwandtschaft mit der Polemik des Hippolytus verrathen. Wenn dann sofort das Edikt die Bestimmung enthält: aliqua poenitentia caret venia (c. 3.), nämlich Jdololatrie und Mord, so behauptet der Papst doch andererseits, daß es an sich in seiner Macht stehe, auch diese Sünden zu vergeben, wovon er aber (jedenfalls gilt dieß von der Jdololatrie) wegen der Verfolgung keinen Gebrauch machen wolle. Auch Beispiele von Vergebung der Fleischessünden aus dem alten Testamente, vielleicht mit direkter Beziehung auf Loth, David, Hoseas, hatte der Papst angeführt (c. 8.). Vorzüglich aber wird er sich auf die neutestamentlichen Parabeln vom verlorenen Schaf (schon die Kelche mit dem Bildnisse Christi, als des guten Hirten, zeigen, wie Christus als der treue Hirt das verlorene Schaf zurückbringt, sagt Zephyrinus, c. 10.), von der verlorenen Drachme und vom verlorenen Sohne berufen haben. Er unterschied dann sehr scharf und treffend die Sündenvergebung durch die Taufe und durch das Sakrament der Buße, die beide einen ganz verschiedenen sittlichen Zustand, jene den Stand der Unwissenheit, diese den Stand der Erkenntniß des Guten und Bösen voraussetzen. Auf die Heiden und ihre Bekehrung beziehe sich die Buße nicht. Ferner stützt sich der Papst auch auf die im Hirten des Hermas vorgetragene Lehre von der Buße. Als weiterer Beweis mußten ihm Magdalena und die Samariterin dienen. Auch habe der Apostel Paulus einen fornicator wieder aufgenommen (2. Cor. 2.5—11.) und nach 1. Tim. 1. 20. seien Hymenäus und Alexander dem Satan übergeben zur Besserung, nicht

disciplinäres, dem eine dogmatische Begründung beigefügt wurde, sondern es war ein durch und durch dogmatisches. Die Montanisten behaupteten, die Kirche hat weder Macht noch Recht, Fleischessünden zu vergeben. Wie sie dazu kamen, dieses gerade von den Unzuchtssünden zu lehren, suchten wir im Vorausgehenden zu erklären. Weil aber Zephyrin sein Edikt direkt gegen sie richtete, beschäftigt er sich in demselben auch **blos mit der Vergebbarkeit der Fleischessünden,** ohne sich über die Aufnahme der Todsünder, sie mochten Idololatren, oder Mörder sein, auszusprechen. Die Beantwortung der Frage, welchen man die Aufnahme in die Kirche gewähren oder aufschieben soll, fiel der Disciplin anheim. Die Disciplin änderte aber Zephyrin durch sein Dekret nur insoweit, als sie unmittelbar mit dem Dogma zusammenhing. Die Lehre, die Kirche kann Unkeuschheitssünden vergeben, forderte allerdings die praktische Uebung, daß man solche Sünder in die Kirche aufnahm. Wann dieses zu geschehen habe, ob auf dem Todbett, oder früher, das hatte mit dem Dogma nichts zu schaffen. Tertullian wirft auch dem Papste nicht vor, er habe die **Nichtvergebung der Idololatrie und des Mordes** gelehrt, sondern bemerkt ganz richtig: Neque idololatriae neque sanguini *pax* ab ecclesiis *redditur* [6]). Zwischen dem Nicht-Ertheilen des Pax bis auf dem Todbette und der Lehre, Todsünden **können nicht vergeben werden,** ist jedoch ein großer Unterschied. Tertullian ignorirt oder verdreht aber den Fragepunkt absichtlich. Statt den Montanisten die Inconsequenz vorzuwerfen, daß sie blos Unkeuschheitssünden und nicht auch Idololatrie und Mord für nicht vergebbar erklärten, stellt er die Sache so dar, als habe Zephyrin die Aufnahme der Fleischessünder in die Kirche befohlen, Idololatren und Mörder aber in ihrer traurigen Lage belassen. Der Standpunkt des Papstes war jedoch ein dogmatischer, von dem aus er blos die damalige montanistische Irrlehre verwarf. Das liegt auch klar in den Worten Zephyrins zu

---

zur Vernichtung (perditio), was durch 2. Cor. 12. 7. bestätigt werde. Ferner gründete er seine Lehre auf Apok. 2. 20., wo Jezabel und ihr Anhang trotz ihrer Hurerei und des Genusses von Götzenopfern noch Zeit zur Buße erhalten, und auf 1. Joh. 1. 7. 8. und 2. 1. ff. — Stellen, welche nach der Ueberzeugung des Papstes beweisen, daß wir sündigen, aber auch Verzeihung erhalten können, — und auf Hebr. 6. 1. 4—8. Findet somit Sündenvergebung im Allgemeinen statt, so sprach nun der Papst der Kirche das Recht zu, sie zu gewähren. Habet, sagt er, potestatem ecclesia delicta donandi. Zur Begründung berief er sich auf Math. 16. 18. f.; von Petrus aber sei dieses Recht auf die ganze von ihm stammende (d. h. die römische) Kirche übergegangen. Zuletzt hatte der Papst auch von den libelli pacis der Martyrer gesprochen. Hagemann, die römische Kirche. S. 55.

6) Tert. de pudic. c. 12.

Tage: ego et moechiae et fornicationis delicta poenitentia functis dimitto⁷).

## §. 81. Tertullian und Kallistus.

Das peremptorische Edikt des Pontifex Maximus, des Bischofes der Bischöfe, greift Tertullian in der Schrift de pudicitia nicht nur aufs heftigste an, sondern brachte auch durch seine Energie und Consequenz die schismatisch häretische Seite des Montanismus zur Reife. Den abrupten Satz von der Nichtvergebung der Unkeuschheitssünden spitzte er zu der These zu: Wir theilen die Sünden in <u>zwei Klassen</u>, in <u>nachlaßbare und nicht nachlaßbare</u>; demnach, fährt er fort, wird Niemand zweifeln, daß die einen Züchtigung, die anderen Verdammung verdienen. Jede Sünde wird entweder durch Verzeihung, oder Strafe getilgt; die Verzeihung kommt aus der Züchtigung, die Strafe aus der Verdammung... Nach dieser Verschiedenheit der Sünden unterscheidet sich auch die Art der Buße. Anders wird die sein, welche Verzeihung erlangen kann für eine nachlaßbare nämlich. Anders die, welche sie auf keine Weise erlangen kann, nämlich für eine nicht nachlaßbare Sünde. Es erübrigt nun noch, speziell den Zustand des Ehebruches und der Hurerei zu untersuchen, welcher Klasse von Sünden man sie zuweisen muß.¹). Nachdem er dieses gethan und von seinem Standpunkt aus gezeigt hat, daß Unkeuschheitssünden zu den Todsünden gehören, kommt er wieder auf die zwei Klassen Sünden zurück und schließt mit dem Satze: also können diese Sünden nicht vergeben werden.

Von den Aposteln bis auf Hermas galt die finale Trennung von der Kirche als Sünde gegen den heiligen Geist, die nicht vergeben wurde. Diese Eine nicht vergebbare Sünde hielt man in der Kirche fest, erklärte aber neben ihr die **schwersten sittlichen Vergehen für Todsünden**, für die es nur eine einmalige öffentliche Buße gebe. Der letzte Satz wurde für Tertullian bedeutungslos, weil er an die Stelle des ersten, apostolischen, seine Lehre setzte. Ihr zufolge waren die schwersten sittlichen Vergehen (eine genaue und allgemeine anerkannte Aufzählung derselben gab es nicht) Sünden gegen den heiligen Geist, die nicht vergeben werden konnten. Der Abfall von der Kirche geht zwar in einem Moment vorbei, erneuert sich aber in jedem Zeitmoment, in dem

---

7) Tert. de pudic. c. 1. p. 865.
1) Tert. de pudic. c. 2. p. 370.

der Betreffende außerhalb der Kirche bleibt. So lange er daher außerhalb der Kirche weilte, konnte er keine Verzeihung erhalten, oder die Sünde gegen den h. Geist ist nicht vergebbar. Ganz anders verhält sich das bei der Sünde des Mordes, der Unkeuschheit 2c. Diese Sünden setzen sich äußerlich erkennbar nicht fort, erklärt man sie dennoch für nicht vergebbar, so muß man entweder annehmen, der Thäter müsse fortwährend der Gesinnung nach ein Mörder bleiben, oder, seine Sünde sei so groß, daß sie an sich nicht vergeben werden könne. Das letzte war Tertullians Lehre. Zu diesem Behufe macht er seine Klasseneintheilung und bringt so System und Consequenz in die Stümperei der alten Montanisten.

Weil Tertullian den Montanismus nach dieser Seite zur Vollendung trieb, mußte auch das Bußedikt Zephyrins vollendet, von dem Satze: **Fleischessünden können vergeben**, zu dem anderen fortgeschritten werden, **alle Sünden können vergeben werden**. Dieses geschah durch Kallistus. Sein erbitterter Feind, Hippolyt, berichtet von ihm, „er sei der Erste gewesen, der es gewagt habe, das, was den Menschen zum Vergnügen gereicht, zu gestatten, behauptend, **von ihm werden Allen die Sünden nachgelassen**. Denn wenn Jemand, der bei irgend einem Anderen sich versammelt und Christ genannt wird, sündigt, sagen sie, die Sünde wird ihm nicht angerechnet, so er der Schule des Kallistus beitritt. Dieser Bestimmung beipflichtend, haben Viele, die im Gewissen gefoltert und zugleich von vielen Sekten verworfen waren, Einige auch, die von uns durch Verurtheilung aus der Kirche ausgeschlossen wurden, zu ihnen hinüberlaufend, seine Schule angefüllt. Dieser setzte fest, daß, wenn ein Bischof zum Tode sündige, er nicht abgesetzt werden müsse. Auch die Parabel vom Unkraute und die Arche Noas, in der sich auch unreine Thiere befanden, zog er herbei zum Beweise dafür, daß sich in der Kirche Sünder befinden ²).

Die letzten Worte bezeugen deutlich den dogmatischen Charakter dieses Decretes, dem jedoch disciplinäre Anordnungen beigefügt wurden. Hippolyt legt dem Papste die Worte in den Mund: $\pi\tilde{\alpha}\sigma\iota\nu\ \dot{\upsilon}\pi'\ \alpha\dot{\upsilon}\tau o\tilde{\upsilon}\ \dot{\alpha}\varphi\acute{\iota}\varepsilon\sigma\vartheta\alpha\iota\ \dot{\alpha}\mu\alpha\rho\tau\acute{\iota}\alpha\varsigma$. Alle Sünden können von der Kirche vergeben werden; diese Lehre bildete den Kern des Decretes. Mit Anerkennung derselben stand es jedoch den Bischöfen immer noch frei, wegen gewisser Vergehen die Ausschließung aus der Kirche bis auf das Todbett auszu-

---

2) Philosoph. l. 9. c. 12. p. 459. u. 460.

dehnen. Einige afrikanische und spanische Bischöfe beobachteten auch dieses Verfahren. Im Princip war aber allerdings durch das Decret die Verleihung der Gemeinschaft vor der Todesstunde gegeben und die Anwendung des dogmatischen Ausspruches auf die Disciplin konnte auf die Länge nicht ausbleiben.

In einem von Novatian geschriebenen Briefe des römischen Clerus an Cyprian ist auch von absoluter Ausschließung nirgends die Rede, sondern er erklärt sich blos gegen eine voreilige Zulassung zur Gemeinschaft. Auf der anderen Seite geht aber aus ihm hervor, weder durch Kallistus, noch durch seine Nachfolger bis auf Fabian, war der dogmatische Satz von der Vergebbarkeit aller Sünden in den disciplinären, von der allgemeinen Aufnahme bußfertiger Sünder in die Kirche, umgesetzt. Novatian schreibt nämlich, unter Zuziehung mehrerer Bischöfe und langer Berathung haben sie sich dahin entschieden, vor der Wiederbesetzung des päpstlichen Stuhles keine Neuerung einzuführen, aber doch das Loos der Gefallenen etwas zu mildern. Demgemäß soll die Sache der Gefallenen, die einen Aufschub erleiden kann, in der Schwebe gelassen werden, bis ein neuer Bischof da sei. Jene Gefallenen aber, deren Sache nicht verschoben werden könne, weil ihr Lebensende bevorstehe, sollen nach geleisteter Buße zur Gemeinschaft der Kirche zugelassen werden [3]). In dem letzten bestand die Milderung, die, nach der Angabe des Briefes, zur Zeit der Sedisvacanz in Rom eingeführt wurde. Vorher war also über die Aufnahme schwerer Sünder vor ihrem Lebensende nichts festgesetzt und die meisten derselben blieben wohl bis zur Todesstunde ausgeschlossen [4]). Nachdem das Dogma fixirt war, überließ man es der Zeit, die Praxis demselben conform zu gestalten; unsere moderne Gesetzmacherei darf man auf jene Jahrhunderte nicht übertragen [5]).

Man könnte entgegnen, Hippolyt schließe seinen Bericht mit den

---

3) Cyp. epist. 31. p. 100. e. u. f.
4) Wir kommen hierauf §. 83. zurück, wo sich herausstellen wird, daß Novatian dieses Schreiben stark influenzirte.
5) Ein Beweis für die allmälige und spätere Ueberführung des callirtinischen Decretes in die Praxis findet sich bei Cyprian. Auf den Einwurf, durch Aufnahme der Gefallenen werde der Abfall vom Glauben befördert, entgegnet er: Glaube nicht, daß die Tugend der Gläubigen und das Martyrium in Abnahme kommt, wenn den Gefallenen die Buße erleichtert und den Büßern die Hoffnung der Aufnahme dargeboten wird. Auch dem Unzüchtigen wird Zeit zur Buße und der Friede ertheilt, ohne daß darum die Jungfräulichkeit weniger blühte. Epist. 52. p. 154. e. Das letzte war ein Erfahrungssatz. Das Decret Zephyrins war bereits in das Leben übergegangen, das des Kallistus aber noch nicht. Da von seiner Erlassung bis auf Decius keine große Verfolgung ausbrach, gab es auch weniger Gelegenheit dazu, als dieses bei dem des Zephyrin der Fall war.

Worten: nicht unterscheidend, mit welchen man communiciren dürfe, trage er allen unterschiedslos die Gemeinschaft an [6]). Allein das bezieht sich vorzüglich auf die Häretiker, von welchen im Vorausgehenden gehandelt wird, und wenn die nachfolgende Erklärung Döllingers nicht richtig wäre, würde ich schließen, Hippolyt hätte es sicher bemerkt, wenn Kallist Jdololatren in die Kirche aufgenommen hätte, da er dieses hinsichtlich der Häretiker thut; also nahm Kallist solche Sünder nicht auf. Hippolyt sagt jedoch: Ihnen rechnet er die Sünde nicht an ($οὐ λογίζεται αὐτῷ ἡ ἁμαρτία$), wenn sie zur Kirche übertreten. Er erklärt: Alle, welche bisher einer christlichen Sekte oder getrennten Gemeinde angehörig, sich zur katholischen Kirche wendeten, sollten sofort aufgenommen werden, ohne daß sie wegen der etwa in der früheren Gemeinschaft begangenen Sünden zur öffentlichen Buße angehalten würden. Das meint Hippolyt, wenn er Kallistus erklären läßt: „die Sünde soll ihm nicht angerechnet werden [7])."

Wie Döllinger des Weiteren zeigt, meinte Hippolyt besonders die Anhänger seiner Sekte, von welchen viele zur Kirche reuig zurückkehrten. Kallistus nahm sie auf, ohne sie erst einer Buße zu unterwerfen. Das war weise und hat wahrscheinlich wesentlich dazu beigetragen, daß die ganze Trennung einige Jahre später spurlos verschwand [8]). Hippolyt spricht jedoch nicht nur von seiner „Kirche", sondern auch von anderen Sekten, darum ergänzt Hagemann Döllingers Darstellung, wenn er das Gesagte auf die gnostischen Sekten überhaupt ausdehnt. Schon Hermas urtheilt über die Aufnahme der Häretiker milder, als über die der Jdololatren und wenn Kallistus auch einen Schritt weiter ging, so war ihm doch die Bahn für sein Verfahren durch die alte Disciplin vorgezeichnet.

Ein weiterer die Bußdisciplin betreffender Punkt betraf das Verfahren gegen sündhafte Priester, wovon in der Lehre über die Censuren gehandelt wird.

## §. 82. Origenes.

Ehe der Entwicklungsgang der Bußdisciplin weiter verfolgt wird, ist es nothwendig, einen Blick auf das Morgenland zu werfen. Origenes, dessen Wirksamkeit in die Zeit zwischen Papst Zephyrin und Cornelius fällt, dient hiefür am besten.

---

[6]) Philosoph. l. c. c. 12. p. 468.
[7]) Döllinger, Hippolytus und Kallistus. S. 132.   [8]) Döllinger l. c. S. 134.

Er unterscheidet drei Arten von Sünden, läßliche (peccata levia), welche den Stoppeln gleich alsbald vom Feuer verzehrt werden, weßhalb dasselbe an ihnen keine längere Nahrung hat. In die zweite Klasse gehören schwerere Sünden, die dem Heu (foeno) ähnlich, vom Feuer zwar leicht verzehrt werden, doch braucht es bereits mehr und darum gewähren sie dem Feuer längere Nahrung. Endlich sind es die crimina, die dem Holze vergleichbar, je nach ihrer Beschaffenheit, dem Feuer eine langdauernde, große Nahrung gewähren ¹).

Die läßlichen Sünden beschäftigen uns hier nicht weiter. Die Sünden der zweiten Klasse bezeichnet er im Allgemeinen (wie Hermas) als Vergehungen in Worten und Sitten, deren Buße nie untersagt wird, obwohl sie eine culpa mortalis zur Folge haben ²). Genauer beschreibt er sie, die öfter vergeben werden, durch die Namen: Beschimpfung, üble Nachrede, Trunkenheit, Zorn, lügenhafte und unnütze Reden ³). Die λοιδοροῦντες dieser Stelle p. 82. sind keine anderen als die maledici der vierzehnten Homilie über den Leviticus ⁴). Die, welche sich täglich durch solche Fehler beflecken, ermahnt er aber zu bedenken, welche Gefahr ihnen drohe, wenn sie I. Cor. 6. 10. erwägen. Sie glauben zwar, es seien das leichte Sünden, der Apostel schließe aber den Lästerer vom Reiche Gottes aus und Gott befehle durch Moses, ihn schwer zu strafen. Um jedoch solche Gewohnheitssünder nicht zur Verzweiflung zu bringen, will ich bemerken, es gibt nach dem Ausspruche des Herrn verschiedene Wohnungen in dem Hause des Vaters. Wenn sie also auch vom Reiche der Himmel ausgeschlossen werden, so darum noch nicht von den übrigen Wohnungen, und wenn sie auch aus der (inneren) Gemeinschaft der Kirche austreten, so werden sie doch durch die Sentenz des Bischofes nicht ausgeschlossen ⁵). Ihnen mag aber die Drohung gelten, daß, wenn trotz aller Mahnung und Warnung keine Besserung folgt, zuletzt kein anderes Mittel als das des Abschneidens übrig bleibt ⁶).

Die dritte Klasse bilden die crimina graviora. Es sind jene Sünden, welche der Erleuchtung und Gnade des heiligen Geistes direkt widersprechen ⁷) und dahin gehört der Abfall vom Glauben. Im Commentar zum Mathäusevangelium erklärt er die Verläugnung Christi für eine Entheiligung des kostbaren Testamentsblutes, für eine Verun-

---

1) Orig. in Levit. hom. 14. n. 3. p. 220.
2) In Levit. hom. 15. n. 2. p. 227.   3) In Math. tom. 13. n. 30. p. 83.
4) In Levit. hom. 14. n. 2. p. 218.   5) In Levit. hom. 14. n. 3. p. 220.
6) In Jesu Nave. hom. 7. n. 6. p. 645.
7) In Joan. tom. 2. n. 6. p. 160. cf. tom. 28. n. 13. p. 412.

ehrung der Gnade des heiligen Geistes. Diese Sünde sei die schwerste von allen, weßhalb die, welche den Sohn Gottes verläugnen, weder in dieser, noch in jener Welt Verzeihung erlangen. Er redet hier von der Verläugnung Petri und glaubt, es sei ihm Verzeihung geworden, weil er vor dem Hahnenschrei, vor Anbruch des Tages, ehe Jesus das Blut des neuen Testamentes vergoß, ehe er den heiligen Geist gesendet habe, verläugnete. Wer aber nach dem Hahnenruf auch nur einmal, sei es in was immer für einer Gefahr, verläugnet hat, der kann **unmöglich durch Buße wieder hergestellt werden**, um den Sohn Gottes abermal zu kreuzigen [8]).

Mit dem Götzendienst verwandt ist **Geiz und Unkeuschheit**, denn der Geizige dient ebenso [9]) dem Mammon, wie der Unkeusche dem Bauche. Ihnen gesellt er **Mord und Giftmischerei** bei. In dem Commentar zum Mathäusevangelium zählt er nämlich als die schwersten Sünder auf die Hurer, Ehebrecher, Pädrasten, Weichlinge, Idololatren, Mörder [10]). In demselben Buche von der oftmaligen Vergebung handelnd, glaubt er, daß nachfolgende Sünden mit solchen, welche auch Christen öfter begehen, nicht in gleiche Linie gestellt, und darum keine Vergebung finden, nämlich: Mord, Giftmischerei, Pädrastie und andere ähnliche [11]). Die letzte Stelle ist polemisch gegen jene gehalten, die zum Vergeben solcher Sünden bereit sind. Deßgleichen tadelt er in der Schrift über das Gebet jene Bischöfe, die glauben, sie können Idololatrie, Ehebruch und Hurerei nachlassen, als ob ihr Gebet die Sünden zum Tode löse. Das sei entweder Anmaßung, welche die priesterliche Amtsgewalt überschreite, oder Unwissenheit, welche die priesterliche Wissenschaft nicht kenne [12]). Man hat diese Worte dahin verstanden, Origenes lehre in denselben das Nämliche, was Tertullian und Hippolyt. Allein den Satz: sie rühmen sich, als könnten sie Götzendienst ꝛc. nachlassen, beschränkt er durch den Beisatz: als könnten sie durch bloße Absolution solche Sünden lösen. Damit kann auf leichtfertige Beichtväter überhaupt hingewiesen sein. In diesem Sinne faßt Möhler die Stelle, der beifügt: hiermit hat er der katholischen Kirche aus dem Herzen gesprochen. Die

---

8) In Math. series. 114. p. 241. Dennoch fügt er diesem den Satz bei: Ipse autem scit Deus, qualia mala adducet super denegantes et non poenitentes et qualia super denegantes et *poenitentes*. Er nimmt also eine Buße der Gefallenen an und wird mit dem obigen Satze blos die Aufnahme solcher in die Kirche bestreiten.

9) In Jerem. hom. 17. n. 8. p. 447.

10) In Math. tom. 14. n. 10. p. 118.

11) l. c. tom. 13. n. 30. p. 82.   12) De orat. c. 28. p. 550.

angeführten Citate sprechen allerdings dafür, daß er die Vergebung der Todsünden geläugnet habe, es lassen sich aber auch ganz anders lautende Aussprüche beibringen.

2) Siehe, sagt er, die Barmherzigkeit Gottes, siehe die einzige Milde. Obwohl Jerusalem (der Gläubige) gefallen ist, verachtet er ihn nicht so, daß er immer verworfen wäre, nicht so überläßt er ihn seiner Sündhaftigkeit, daß er ihn ganz vergäße, daß er den Gefallenen nicht wieder erheben würde. Wieder kommt er zu ihm und seine Besuchung fehlt ihm nach dem Falle nicht [13]). Hier handelt er ganz allgemein von den Sünden der Gläubigen. Es fehlt aber auch nicht an Zeugnissen über einzelne Sünden. Wenn Jemand wider den Glauben gesündigt hat, halte man dieses nicht verborgen, sondern veröffentliche es vor Allen, damit er durch die Dazwischenkunft und Zurechtweisung Aller gebessert werde und Verzeihung erlange [14]). Selbst Judas hätte Verzeihung erlangen können, wenn er mit dem Schächer gesprochen hätte: Herr, gedenke meiner [15]). Ferner ermahnt er die Fleischessünder, nicht zu verzweifeln, denn die von der Unkeuschheit Verschlungenen können, wie Jonas, wieder ausgeworfen werden [16]). In einer Homilie spricht er von dem mosaischen Gesetze, das den Ehebrecher mit dem leiblichen Tode bestraft. Diese Gewalt, fährt er fort, ist dem Bischofe der Kirche nicht verliehen, denn jetzt wird die Sünde nicht durch solche Strafen gesühnt, sondern durch Buße. Doch hat man darauf zu achten, ob Jemand sie so würdig leiste, daß er um derselben willen Verzeihung erlangen könne [17]) Noch wichtiger ist die Stelle, in welcher er Eingangs deutlich auf Hebr. 6. 4. anspielt, mit der Bemerkung: der Herr, der durch die Taufe und die übrigen Sakramente der Bräutigam der Seele geworden ist, gestattet nicht, daß sie mit unreinen Geistern hure, sich in Lastern und Unreinigkeit wälze. Wenn sich dieses aber einmal unglücklicher Weise ereignet, wartet er barmherzig, daß sie sich bekehre, zurückkehre und bereue. Neu ist nämlich diese Art der Güte, daß er auch die nach dem Ehebruch zurückkehrende, aber aus ganzem Herzen Buße wirkende Seele aufnimmt [18]). Ja, in der Schrift gegen Celsus erklärt Origenes die Aufnahme der Todsünder nach vollbrachter Buße für eine allgemein

---

13) In Ezech. hom. 6. n. 7. p. 160.
14) In Levit. hom. 8. n. 10. p. 146.
15) In Joan. tom. 32. n. 12. p. 524.
16) In Exod. hom. 6. n. 6. p. 399.
17) In Levit. hom. 11. n. 2. p. 189.
18) In Exod. hom. 8. n. 5. p. 430.

christliche Uebung. Die Christen beklagen die als Verlorene und Gott Gestorbene, welche durch Lust oder ein anderes Verbrechen gefallen sind. Nach bewiesener würdiger Sinnesänderung nehmen sie sie, wie von den Todten Erweckte, auf. Doch werden sie langsamer zugelassen, als da sie das erstemal aufgenommen wurden, und zu keiner kirchlichen Würde und Vorsteherschaft mehr verwendet [19]).

Hienach wird man zugeben müssen, auch Origenes lehrt die Vergebung aller Sünden. Spielt er vielleicht durch die Worte: „Neu ist diese Art der Güte", auf das Edikt von Zephyrinus an? Andererseits läßt sich aber auch nicht bestreiten, die früheren Citate enthalten das Gegentheil. Ein Widerspruch ist vorhanden und es fragt sich nur, wie er zu erklären ist. Origenes kam um das Jahr 212 nach Rom und wurde hier wohl mit Hippolyt bekannt. Wenn er den Satz in den Philosophumena las: „Kallistus habe es gewagt, das, was den Menschen zum Vergnügen gereiche, zu gestatten und behauptet, von ihm werden alle Sünden nachgelassen", so darf man sich über seine Auslassung, „das sei Anmaßung oder Unwissenheit", nicht mehr wundern. Ebenso ist es wahrscheinlich, daß er, durch Hippolyt influenzirt, die Nichtvergebung der crimina behauptete, obwohl er sich damit in Widerspruch mit der alexandrinischen und morgenländischen Kirche stellte. Das mag ihn auch bewogen haben, daß er nach einiger Zeit von diesem Irrthume abließ, der ohnehin seiner Anschauung von der Freiheit des Menschen und der Barmherzigkeit Gottes widerstrebte. In seinen Homilien, die er erst, nachdem er sechzig Jahre alt war, nachschreiben ließ, und in der in seinem späteren Lebensalter abgefaßten Schrift gegen Celsus, findet sich von jenem Rigorismus nichts mehr. Alle Sünden können vergeben werden, lehrt er, für die schwereren Verbrechen gibt es aber nur eine einmalige Buße. In gravioribus enim criminibus semel tantum poenitentiae locus conceditur, ista vero communia, quae frequenter incurrimus, semper poenitentiam recipiunt et sine intermissione redimuntur [20]). Damit hat er sich wieder auf den Standpunkt seines Lehrers Clemens gestellt. Ja, es fragt sich, ob er nicht selbst eine mehrfache Vergebung der Todsünden lehrt. Nachdem er nämlich von den Todsünden im Allgemeinen und dem Ehebruch insbesondere gesprochen, schließt er mit dem Satze: Quod et si aliquis est, qui forte praeventus est in *hujuscemodi* peccatis, admonitus nunc verbo Dei, ad au-

---

[19]) C. Cels. l. 3. c. 51. p. 379.  [20]) In Levit. hom. 15. n. 2. p. 227.

xilium confugiat poenitentiae, ut si semel admisit, secundo non faciat, aut si et *secundo*, aut etiam *tertio* praeventus est, ultra non addet. Est enim apud judicem justum poenae moderatio, non solum *pro qualitate, verum etiam quantitate* [21]).

## §. 83. Das novatianische Schisma und die Bußdisciplin.

Zephyrin und Kallistus hatten gelehrt, nach vollbrachter Buße kann jeder reumüthige Sünder Vergebung erhalten. Damit hing die Aufnahme in die Kirche zusammen, obwohl sie nicht identisch mit ihr war. Der Satz: die Kirche kann alle Sünden vergeben, schloß den anderen, alle Büßer sind in die Kirche aufzunehmen, noch nicht ein. Viele faßten es jedoch so, darum der große und ungestüme Andrang der in der decischen Verfolgung Gefallenen. Cyprian beklagt sich bitter darüber, daß man die Gefallenen alsbald, ohne Prüfung ihrer Buße, zur Kirchengemeinschaft zulasse. In dem Kampfe gegen diesen Mißbrauch stand ihm der römische Clerus (Papst Fabian wurde gleich Anfangs ein Opfer der Verfolgung und der päpstliche Stuhl blieb wegen der Noth der Zeit über ein Jahr unbesetzt) treu zur Seite. In einem an Cyprian gerichteten Briefe schreibt er: Ecclesia stat in fide, licet quidam terrore ipso compulsi, sive quod essent insignes personae, sive apprehensi timore hominum, vererentur, quos quidem separatos a nobis non derelinquimus, sed ipsos cohortati sumus et hortamur agere poenitentiam, si quo modo indulgentiam poterunt recipere ab eo qui potest praestare, ne, si relicti fuerint a nobis, pejores efficiantur. Videtis ergo, fratres, quoniam et vos hoc facere debetis, ut etiam illi qui reciderunt hortatu vestro corrigentes animos eorum, si apprehensi fuerint iterato, confiteantur, ut possint priorem errorem corrigere, et alia subdidimus, ut si qui in hanc tentationem inciderunt coeperint apprehendi infirmitate et agant poenitentiam facti sui, et desiderent communionem, utique subveniri eis debet [1]).

Da das Recht und die Macht der allgemeinen Sündenvergebung declarirt war, fragte es sich, welchen Gebrauch man von diesem Satze machen sollte. Der Laxismus wurde von allen ernsten, kirchlichen Männern so entschieden bekämpft und stand so sehr in Widerspruch mit

---

21) In Levit. hom. 11. n. 2. p. 189.
1) Cyp. epist. 2. p. 26. u. 27.

der alten Uebung, daß seine Vertreter es nicht einmal wagten, dahin bezügliche Lehrsätze aufzustellen.

Anders verhielt es sich mit der Strenge. Keine Aufnahme ohne erprobte Buße, lautete die Regel, in der sich die Vertheidiger der strengen Disciplin einigten. Wie lange sollte aber die Gesinnung des Büßers erprobt werden, wie lange sollte die Strafe währen? Sollte man mit Rücksicht auf die Wohlfahrt der Kirche und das Heil der Gläubigen die Aufnahme alsbald ertheilen oder bis zur Todesstunde hinausschieben, oder sie selbst da noch verweigern? In diesen Sätzen concentrirten sich die Fragen, welche die Zeit bewegten.

2) Novatian, ein römischer Presbyter, stellte sich an die Spitze der Rigoristen und verlangte nicht nur den Ausschluß der Gefallenen bis auf das Todbett, sondern hielt selbst ihre Aufnahme in der Todesstunde mit dem Wohle der Kirche für unverträglich. Es sei unerlaubt, so berichtet Sokrates über ihn und seine Lehre, Jemand, der Christus verläugnet habe[2]), wieder in die Gemeinschaft aufzunehmen. Man soll ihn zwar zur Buße ermahnen, die Vergebung aber Gott überlassen, der allein das Recht dazu habe[3]). Anfänglich ging Novatian bezüglich der Nicht-Vergebung von dem Gesichtspunkte aus, das Wohl der Kirche erheische sie. Der montanistische Irrthum von der Heiligkeit der Kirche drängte sich jedoch unvermeidlich ein und riß ihn bis zum Austritte aus der Kirche fort.

Der Einfluß, den dieser Mann übte, offenbart sich bereits in einem Briefe, den er (Novatian) im Namen des römischen Clerus an Cyprian schrieb. Vergleicht man diesen Brief (es ist der 31. unter den cyprianischen) mit dem oben angeführten (es ist der zweite der Briefsammlung): so läßt sich eine Verschärfung der Bußdisciplin nicht verkennen. Im früheren heißt es, wenn Gefallene anfangen, von einer Krankheit befallen zu werden und Buße thun, soll man sie zur Communion zulassen[4]). In dem von Novatian abgefaßten Briefe stehen die Worte: Eorum autem quorum vitae suae finem *urgens exitus* dilationem non potest ferre ... caute et solicite subvenire[5]). In dem frü-

---

2) Zur Zeit des nicänischen Concils schloßen die Novatianer alle Todsünder von der Vergebung aus.
3) Socr. h. e. l. 4. c. 28.
4) Ut si qui in hanc tentationem inciderunt *coeperint apprehendi infirmitate* et agant poenitentiam facti sui et desiderent communionem, utique subveniri eis debet. Cyp. epist. 2. p. 27. a.
5) Cyp. epist. 31. p. 100. f.

heren Briefe schrieb der römische Clerus, wir verlassen die Gefallenen nicht gänzlich, sondern ermahnen sie zur Buße und auch euch Brüder ermahnen wir zu diesem Verfahren. In dem von Novatian redigirten Briefe heißt es: Quid enim magis aut in pace tam aptum aut in bello persecutionis tam necessariam quam debitam severitatem divini vigoris tenere ... ut appareat non aliter saluti ecclesiasticae consuli posse nisi si qui et contra ipsam faciunt, *quasi quidam adversi fluctus repellantur* et disciplinae ipsius semper custodita ratio quasi salutare aliquod gubernaculum in tempestate servetur⁶). An den letzten Satz schließt das Schreiben eine Berufung auf die antiqua severitas der römischen Bußdisciplin an. Der Brief ist im Jahr 250 abgefaßt, in dem zweiten Decennium desselben Jahrhunderts hat wohl Kallistus sein Edikt erlassen. Für eine Zeitdauer von 25 Jahren paßt nach unserem Ermessen das Wort „alte" wenig oder nicht. Die antiqua disciplina bezieht sich darum auf die vor Kallist übliche. Sie wieder herzustellen, strebte schon damals Novatian⁷). Der als Nachfolger des Martyrer Fabian erwählte Papst Cornelius gehörte jedoch der milderen Richtung an. Gegen ihn trat Novatian auf, und von der Kirche ausscheidend, ließ er sich zum schismatischen Bischofe machen.

Das novatianische Schisma wurde in seiner Entstehung von den bedeutendsten Männern bekämpft. Im Orient traten der Verfasser der apostolischen Constitutionen und Dionysius der Große, im Occident Papst Cornelius und Cyprian gegen dasselbe in die Schranken. Unter Cornelius wurde in Rom eine Synode gehalten, auf der Novatian und seine Anhänger aus der Kirche ausgeschlossen und der Satz aufgestellt wurde, man soll die gefallenen Brüder heilen und ihnen durch das Mittel der Buße behilflich sein⁸). Ein africanisches Concil unter dem Vorsitze von Cyprian erklärte dasselbe⁹).

## §. 84. Bekämpfung des Novatianismus im Morgenlande.

Im Orient fand die rigorose Bußdisciplin im Allgemeinen keine günstige Aufnahme. Abgesehen von dem früher Angegebenen, hätte

---

6) l. c. p. 97. c.
7) Er setzte seine Ansicht jedoch nicht durch, sondern man beschloß, die Sache dem neu zu erwählenden Papste zu überlassen.
8) Euseb. h. e. l. 6. c. 48. n. 1. p. 465.   9) l. c. n. 2.

Dionysius von Alexandrien nicht schreiben können, Novatian habe sehr gottlose Lehren über Gott eingeführt und in Umlauf gebracht (ἐπεισκεκυκληκότι) und unseren mildesten Herrn Jesus Christus als unbarmherzig gelästert [1]), wenn ein dem montanistischen und novatianischen auch nur ähnlicher Rigorismus daselbst festen Fuß gefaßt hätte. Doch gab es Eiferer, die durch den Schein großer Sittenstrenge bestochen, sich gegen die mildere Praxis aussprachen und die Bischöfe gegen sie einzunehmen suchten. Ein solcher begegnet uns in den apostolischen Constitutionen. Es war ein Laie, ein unruhiger Kopf, der den Bischof mit seinen Einflüsterungen drängte [2]). Alle Bischöfe verschloßen ihr Ohr solchen Zumuthungen nicht. Der von Antiochien, Fabius, war Novatian günstig gestimmt [3]). An ihn schrieb Dionysius d. G. einen warnenden und belehrenden Brief über die Buße. Denselben Zweck hatten wohl seine Briefe über die Buße an Konon, Bischof von Hermopolis, an die Laodicenser, Alexandriner und Armenier [4]). Wahrscheinlich hatten an all diesen Orten die Novatianer Anklang gefunden. Dionysius trat ihnen überall mit solchem Erfolge entgegen, daß er aus Anlaß des Ketzertaufritus an Papst Stephanus schreiben konnte: Wisse, daß sich im Oriente und noch weiter hin alle früher entzweiten Kirchen vereinigt haben. Alle Vorsteher haben einerlei Gesinnung ... und preisen Gott ob der Einigkeit und Bruderliebe [5]).

Dionysius versagte den Gefallenen die Aufnahme in die Kirche nicht schlechthin und ertheilte dieselbe besonders solchen, die schwer erkrankt waren, wenn sie darum baten. Wenn er an Bischof Fabius die Frage richtete, sollen wir bezüglich solcher Sünder uns auf die Seite der Martyrer stellen, welche nun bei Christus sind und mit ihm die Welt richten werden, der Martyrer, welche die Gefallenen milde behandelten und mit ihnen die Gemeinschaft des Gebetes und Mahles pflegten, oder sollen wir ihr Urtheil annulliren, uns selbst als Richter über ihre Sentenz aufstellen und ihre Bestimmungen umstoßen [6]): so sieht man klar, daß er auf Seite der Martyrer stand. Eusebius fügt, allerdings nicht absichtslos, bei, es sei nur von Solchen die Rede, die aus menschlicher Schwäche und Furcht vor den Martern geopfert haben. Allein wenn er in demselben Briefe die Worte: er wird schwer ins Himmelreich eingehen

---

[1]) Dionys. epist. 9. p. 100. ed. Magistris. Romae 1796.
[2]) A. C. l. 2. c. 14. p. 622.   [3]) Euseb. h. e. l. 6. c. 44.
[4]) Euseb. l. c. c. 46. .   [5]) Euseb. h. e. l. 7. c. 5.
[6]) Euseb. h. e. l. 6. c. 42. p. 468.

Matth. 19. 23. auf die anwendet, welche ungezwungen und frech den Glauben verläugneten, so wollte er diesen Idololatren die Zulassung zur kirchlichen Gemeinschaft ebenso wenig absolut versagen, als an der citirten Stelle die Möglichkeit, daß ein Reicher in den Himmel eingehe, absolut geläugnet ist [7]). Darum ermahnt er die Priester, sie sollen von der Bekehrung der Sünder nicht ablassen. Es gebe zwar Seelen, die sich jedem Laster übergeben und deren gleichsam todte Ohren aus den heilsamen Ermahnungen keinen Nutzen ziehen, aber nicht, weil sie nicht können, sondern weil sie nicht **wollen** [8]). Der große Bischof gab zudem seinen Priestern den Auftrag, Sterbenden, wenn sie darum bitten und früher darum gebetet haben, Verzeihung zu gewähren, damit sie guter Hoffnung abscheiden können. Dieser Anordnung gemäß wurde auch gehandelt, wie aus der Aufnahme des in der Verfolgung gefallenen Serapion hervorgeht [9]).

2) Auf demselben Standpunkte steht der Verfasser der sechs ersten Bücher der apostolischen Constitutionen. Er stellt drei Sätze auf, die er weiter begründet und ausführt. Erstens, der Bischof soll und müsse das Böse strafen und zwar nach Umständen mit Ausschluß aus der Kirche. Bischöfen, welche die Sünder ungestraft gewähren lassen, wird mit der Strafe Helis gedroht [10]). Sie sollen die Zucht aufrecht halten und selbst mit gutem Beispiele vorangehen, dann bleibe die Heerde unbefleckt. Wenn aber Jemand gefallen sei, trete er beschämt und reuig aus der Gemeinschaft der Kirche, thue Buße und erhalte so einerseits Hoffnung auf Verzeihung, andererseits erkenne daraus die Gemeinde, daß der Sünder durch Buße gerettet werde [11]). Dieser Ausschluß soll aber zweitens kein so strenger sein, der alle Gemeinschaft mit den Büßern aufhebt, denn in dieser Welt sind Gerechte und Ungerechte unter einander, weßwegen die Freunde Gottes nicht sündigen, sondern blos dem nachahmen, der seine Sonne über Gerechte und Ungerechte aufgehen läßt, wenn sie mit Sündern verkehren [12]). Endlich soll der Ausschluß nicht bis zum Tode währen. Der Bischof strafe den Sünder, verzeihe aber dem Büßer. Er lasse ihn nicht außerhalb der Kirche zu Grunde gehen, sondern nehme ihn auf und führe ihn zur Heerde zurück [13]). Dieses bezieht sich vornämlich darauf, daß sich Wölfe an die Excommunicirten machten, um

---

7) Dittrich, Dionysius b. G. S. 60. Freiburg 1867.
8) Dionys. De martyr. c. 11. p. 43.   9) Euseb. h. e. l. 6. c. 44.
10) A. c. l. 2. c. 38.   11) l. c. c. 10.   12) l. c. c. 15.
13) l. c. c. 20.

die wehrlosen, verirrten Schafe vollends zu morden. Die durch Trauer Niedergeschlagenen und Verzagten, weil ohne Hoffnung, in die Kirche aufgenommen zu werden, gaben ihnen Gehör und fielen theils völlig zum Heidenthum ab, theils wandten sie sich der Häresie zu [14]). So, schließt der Verfasser, verlangt es das Heil des Bischofes, der betet: vergib uns, wie wir vergeben [15]); so belehrt ihn das Verfahren Gottes mit den Sündern [16]); so das Beispiel Christi [17]). Und zwar soll er allen Sündern, die Idololatren nicht ausgenommen, vergeben. Nur wer gegen Gott förmlich Front macht, auf seine Barmherzigkeit hin sündigend, gleich als ob er das Böse nicht strafe, erhält keine Verzeihung [18]). Deß= gleichen empfiehlt das zweite Buch ein strenges Verfahren gegen *falsche Ankläger*. Der Bischof soll einen solchen ausschließen, wenn er sich aber reumüthig zeigt, lege er ihm nach Verlauf einiger Zeit Fasten auf und dann lasse er ihn zur Kirche zu. Erregt er abermal Unruhe, bringt er aufs Neue unbegründete Anschuldigungen, dann werfe er ihn als einen Verpesteten für immer aus der Kirche [19]).

Wie entschieden man dem Rigorismus entgegentrat, zeigt am auf= fälligsten der 52. (51.) apostolische Kanon, dessen Abfassung Drey in die zweite Hälfte des dritten Jahrhunderts verlegt [20]). Er verordnet nämlich, ein Bischof oder Priester, der einen reumüthigen Sünder nicht aufnehme, soll deponirt werden.

## §. 85. Cyprian und die Bußdisciplin.

Der heilige Bischof von Karthago, der die Schriften Tertullians zu seiner gewöhnlichen Lektüre gemacht hatte, stellte in den ersten Jahren nach seiner Bekehrung den Satz auf: „Dem könne in der Kirche nicht vergeben werden, der gegen Gott gesündigt habe [1])". Die zum Beweise dieses Satzes angeführten Schriftcitate zeigen jedoch, daß er unter der Sünde gegen Gott die Sünde gegen den heiligen Geist versteht. Wenn er daher später an Antonianus schreibt, er dürfe nicht meinen, er, der zuerst und anfänglich die unverkümmerte Geltung des evangelischen Ge= setzes vertheidigte, sei später davon abgegangen [2]): so ist ebenso wenig daran zu zweifeln, daß er bezüglich der Vergebbarkeit der Sünden von

---

14) l. c. c. 21. 15) l. c. 16) l. c. c. 22. 17) l. c. c. 24.
18) l. c. c. 23. 19) l. c. c. 43.
20) Drey, Neue Untersuchungen. S. 277.
1) Testim. l. 3. n. 28. 2) Epist. 52. p. 149. a.

jeher auf katholischem Boden stand, als daß man daran zweifeln kann, ob seine Grundsätze bezüglich der Aufnahme der Todsünder früher nicht strenger waren, als später.

Der Impuls zu einer milderen Praxis ging von Rom aus. Der römische Clerus hatte sich in seinem ersten Briefe an Cyprian (dem 2. der Sammlung) für schonendere Behandlung der Gefallenen erklärt. Cyprian war damals von diesen Grundsätzen so überrascht, daß er in dem Antwortschreiben bemerkt, da ihn sowohl die Schrift, als der Inhalt (sensus), wie selbst das Papier zu der Annahme bestimme, es möchte etwas nicht ganz der Wahrheit gemäß, sondern verändert sein, so schicke er ihnen denselben zur Prüfung zurück³). Sei es, daß ihm die Aechtheit des Briefes constatirt wurde, sei es, daß er selbst die in ihm ausgesprochenen Grundsätze nach genauerer Prüfung richtig fand, in dem 13. an seinen Clerus gerichteten Briefe bekennt er sich zu derselben Ansicht und gebraucht dabei beinahe dieselben Worte⁴). Dem römischen Clerus bemerkt er aber, er schlage, seinem Vorgange folgend, ein milderes Verfahren gegen die Büßer ein⁵).

Man sieht daraus, wie schnell und bald sich der Heilige zu seiner späteren Praxis bekannte. Unser obiges Bedenken gilt darum nicht der Sache, sondern hat nur ein persönliches Interesse. Was aber den zweiten Theil der obigen Behauptung betrifft, so wird ihm Niemand vorwerfen können, daß er je „von der unverkümmerten Geltung des evangelischen Gesetzes abgegangen sei". Man nehme, schreibt er, den in die Kirche auf, welcher Buße thut, welcher der göttlichen Gebote eingedenk, sanftmüthig, geduldig und den Priestern Gottes gehorchend, seine Pflichten und gute Werke ausübt⁶). Besonders machte er die Aufnahme von dem Ablaufe der gesetzlichen und vollen Zeit der Genugthuung abhängig⁷). Das wurde von Cyprian und den Bischöfen, die sich unter seinem Vorsitze versammelt hatten, nicht nur anempfohlen, sondern unter Drohungen befohlen⁸). Allzuschnelle Aufnahme der Gefallenen erschien ihm als eine andere Verfolgung, durch welche der Feind, listig und versteckt, seine Nachstellungen gegen dieselben fortsetzte, indem er dadurch zu bewirken suche, daß Schmerz und Trauer aufhörten und Gott nicht versöhnt werde und doch ist Er der Beleidigte, der allein die Sünden vergeben kann,

---

3) Epist. 3. p. 31.
4) Si premi infirmitate aliqua et periculo coeperint. Epist. 13. p. 57. b. cf. §. 83. not. 6.
5) Epist. 14. p. 63. 6) Epist. 13. p. 57. a.
7) Epist. 59. p. 211. b. 8) Epist. 55. p. 181. d.

um Verzeihung zu bitten und durch unsere Genugthuung zu versöhnen. Aus diesem Grunde erklärt er sich entschieden gegen jene Intercession der Martyrer, die ohne Rücksicht auf die Buße der Gefallenen ihre Aufnahme in die Kirche forderte. Die Martyrer mögen etwas verlangen, aber ihr Verlangen sei gerecht und nicht gegen Gottes Gebot. Ebenso wenig können Bischöfe, welche Gottes Gebote beobachten, einem solchen Ansinnen willfahren [9]), und Priester, die gegen den Willen des Bischofes Gefallene voreilig aufnehmen, weist er strenge zurecht [10]).

Diesen in der Kirche immer geltenden Grundsatz, ohne Buße keine Vergebung, hielt er auch den schwer Kranken gegenüber aufrecht. Gefallenen, welche bis zur Todesstunde die Exomologese verweigerten, in dieser Stunde aber um Aufnahme baten, sollte nicht entsprochen werden, weil sie nicht wahre Buße, sondern blos Todesangst dazu vermöge [11]). Cyprian traut solchen, welche die Buße auf das Todbett verschieben, keine zu, das ist der Sinn der Stelle. Um zu wissen, ob Jemand des Friedens würdig sei, soll der Bischof seine Buße prüfen. Es ist Sache der Bischöfe, das Gebot zu beobachten und Jene zu belehren, die aus Voreiligkeit oder Unwissenheit Gefallene zu bald aufnehmen wollen. Sie sollen ebenso die Werke und Verdienste der Aufzunehmenden untersuchen, als die Art und Beschaffenheit der Vergehen, damit die Kirche nicht vor den Heiden zu erröthen habe [12]). Er selbst, eingedenk der Rechenschaft vor Gott, erwog darum ängstlich und untersuchte genau, wer zur Kirche zugelassen werden dürfe [13]).

Die Buße bestand in einem reumüthigen Herzen, dessen Schmerz über die begangenen Sünden sich in flehentlichem Gebete, Nachtwachen, Thränen, im Bußgewande und Asche, wie Fasten und Almosen offenbarte. Und zwar mußte die Trauer um so größer sein, je schwerer die Sünde war [14]). Selbstverständlich gehörte die Exomologese zu ihr.

2) Da man von der lebenslänglichen Ausschließung aus der Kirche abgegangen war, mußte ein Zeitmaß für die Dauer der Ausschließung festgesetzt werden. Von Cyprian wissen wir, daß diese Frage auf einer Synode verhandelt wurde. Hierauf beziehen sich auch die Worte: Wir haben deinen Brief gelesen, in welchem du von einem gewissen Presbyter Viktor schreibst, es sei ihm, ehe er volle Buße geleistet und Gott, gegen den er sich versündigt, genuggethan, von unserem Amts-

---

9) De laps. p. 377. u. 378.   10) Epist. 10. p. 51. c.
11) Epist. 52. p. 156. b.   12) Epist. 10. p. 51 d.
13) Epist. 55. p. 183. e.   14) De laps. p. 385.

bruder Therapius der Friede ungültig und voreilig ertheilt worden. Diese Sache geht uns zu Herzen, es ist ein Abgehen von der Auktorität unseres Decretes, demgemäß vor Ablauf der gesetzlichen und vollen Buß= zeit, ohne Bitten und Vorwissen des Volkes, ohne drängende Krankheit und zwingende Nothwendigkeit der Friede nicht ertheilt werden soll [15]). Der Büßer wurde demnach eine durch Gesetze festgesetzte Zeit ausge= schlossen, die er, wenn nicht besondere Gründe hinzukamen, bis zu ihrem Ablaufe im Stande der Buße zubringen mußte. Ferner wurde die Länge der Bußzeit nach der Schwere des Vergehens bemessen, die sich auf mehrere Jahre erstreckte. Cyprian hält es nämlich für keine Ueber= eilung, wenn man Einigen, die nicht mit Willen, sondern durch den Schmerz der Folter überwunden, den Glauben verläugneten, den Frieden ertheile, nachdem sie während dreier Jahre strenge Buße geübt [16]). Im Folgenden betont er es noch einmal, weil man sie nicht tödtete, was sie wünschten, sondern so lange peinigte, bis das schwache Fleisch unterlag, stimme er für ihre Aufnahme. Wurde aber die für erzwungenen Abfall auferlegte Buße nach drei Jahren durch Indulgenz abgekürzt, so währte die Zeit für leichtsinnigen und böswilligen Abfall [17]) jedenfalls länger. Das steht auch im Einklange mit den An= gaben des Origenes. Da sich die Dauer des Katechumenates für ge= wöhnlich auf drei Jahre erstreckte, und Adamantinus bemerkt, die Gefallenen werden langsamer zugelassen, als da sie das erstemal aufge= nommen wurden [18]): so währte die Bußzeit länger als drei Jahre, die man aber ermäßigte, wenn mildernde Umstände hinzukamen. Wie groß der die drei Jahre überschreitende Zeitraum war, läßt sich nicht erkennen, doch kann er nicht unbedeutend gewesen sein, weil Origenes eigens darauf aufmerksam machte [19]).

Eine mildere Behandlung erfuhren ferner die libellatici. Ihnen gegenüber konnte man die Vergangenheit nicht zu Rathe ziehen, weil sie erst in der decischen Verfolgung auftauchten. Einige Christen kauften sich nämlich von der heidnischen Behörde einen Schein (libellus), der ihnen das falsche Zeugniß ausstellte, sie seien keine Christen, oder sie

---

15) Epist. 59. p. 211. a. 16) Epist. 53. p. 170.
17) cf. De laps. p. 374. d. 18) Orig. c. Cels. l. 3. c. 51.
19) Nach hom. 5. n. 10. in Jerem. cf. §. 72. not. 6. währte die Buße zum Theil 15 Jahre. Von einer nach fünfzehnjähriger Bußzeit abgelegten Eromologese wird wahrscheinlich diese Stelle zu verstehen sein. Um jedoch den Unterschied zwischen Eromologese und Anklage recht scharf hervorzuheben, scheint er den längsten Termin zur Bußzeit angegeben zu haben.

haben geopfert [20]). Anfänglich geschah dieses im guten Glauben und sie entschuldigten sich auch damit, sie haben mehr einen Irrthum, als ein Verbrechen begangen, weil sie die Erwerbung und Ueberreichung eines solchen Scheines für keine Glaubensverläugnung gehalten haben [21]). Viel strenger nahm es der römische Clerus in dem von Novatian verfaßten, an Cyprian gerichteten Schreiben, denn er glaubt, ihr Vergehen sei darum nicht geringer, sondern als Glaubensverläugnung zu bestrafen [22]). Cyprian selbst urtheilt, wenigstens später, milder, indem er zwischen Dem, der an sich und den Seinigen (durch Opfern) zum Verräther wird, und Dem, der Weib und Kind und das ganze Haus zu retten sucht, unterscheidet und nach Prüfung jedes einzelnen Falles die libellatici zur Gemeinschaft der Kirche zuläßt [23]). Derselben Ansicht war die karthaginensische Synode und da Cyprian einen großen Einfluß auf ihre Verhandlungen übte, läßt sich daraus schließen, er habe schon vor ihrer Abhaltung diese Ueberzeugung getheilt. Daß diese Frage auf ihr verhandelt wurde, ist nicht zu bezweifeln. Laut Schreiben des römischen Clerus war sie vor der Rückkehr Cyprians angeregt, sie war eine Sache von Bedeutung und Cyprian spricht sich in dem 52. Briefe so zuversichtlich aus, daß man erkennt, es war das nicht blos seine private Ansicht. Vor der Synode fügt er seinen Erklärungen die Clausel bei: ich habe damit kein Gesetz gegeben und will dafür meine Auktorität nicht voreilig einsetzen [24]). Sein Wunsch geht im Gegentheil dahin, recht bald ein Concil zu berufen, um auf ihm das Bußwesen verhandeln zu können [25]).

Nach seiner Rückkehr geschah dieses und wurden folgende Bestimmungen getroffen. Erstens: alle Gefallenen können, wenn sie Buße thun, Aufnahme in die Kirche erlangen. Zweitens: die ihnen auferlegte Bußzeit kann abgekürzt werden [26]). Drittens: eine Abkürzung dieser Bußzeit ist statthaft, um der Fürbitte der Martyrer willen, oder wenn der Pönitent in Krankheit fällt und ihm Todesgefahr droht. Die libellatici endlich konnten alsbald aufgenommen werden, wenn sie reumüthig waren [27]).

3) Die Milderung der Bußdisciplin offenbarte sich nicht nur darin, daß man von der lebenslänglichen Dauer derselben abging, sondern daß

---

20) Cyp. epist. 31. p. 98. a.     21) Epist. 52. p. 153.
22) Cyp. epist. 31. p. 98. b.     23) Epist. 52. p. 154.
24) Epist. 14. p. 60. b.     25) Epist. 13. u. 14.
26) Quod lapsis laxata sit poenitentia et quod poenitentibus spes pacis oblata. Epist. 52. p. 154. e.
27) Epist. 52. p. 153. f.

man auch mehrere Gründe zuließ, die eine Abkürzung derselben empfahlen. Der Impuls dazu ging von Rom aus, wie wir Eingangs bemerkten. Cyprian stimmte jedoch alsbald bei. In einem an die römischen Cleriker gerichteten Schreiben sagt er ausdrücklich, er habe sich zu der milderen Praxis bekannt, weil sie, laut des ihm durch den Subdiacon Crementius eingehändigten Briefes, Gefallenen, die erkrankten, die Gemeinschaft verliehen. Ferner habe ihn dazu die Rücksicht auf die Martyrer und das ungestüme Bitten der Gefallenen bestimmt [28]).

Was die Bitten der Gefallenen betrifft, trug man den Zeitverhältnissen Rechnung. Die decische Verfolgung war die erste eigentlich systematische, in der man, nach Cyprians Ausdruck, die Gläubigen nicht tödten, sondern durch Foltern zum Abfall bringen wollte [29]). Zudem war ihr eine lange Zeit der Ruhe vorhergegangen, die bei Vielen eine religiöse Erschlaffung zur Folge hatte, weßwegen der Abfall massenhaft geschah. Doch nicht Unglauben, oder Geringschätzung des Christenthums war das gewöhnliche Motiv der Verläugnung, sondern Schwäche. Stieß man sie erbarmungslos von sich, so bemächtigte sich gerade der Besseren unter ihnen Verzweiflung, oder sie wendeten sich vollends dem Heidenthum und der Häresie zu, die ihnen mit offenen Armen entgegenkamen [30]). Das beherzigten die Bischöfe und da die allgemeine Sündenvergebung declarirt war, wandte man allgemein das Dogma auf die Disciplin an. Jetzt war die Zeit dafür gekommen. War nämlich Einer in der Zeit von Kallistus bis Decius vom Glauben abgefallen, so unterlagen seinen Schritten Motive, die eine Milderung der Disciplin kaum räthlich erscheinen ließen. Den durch Qualen und Schmerz Ueberwundenen ließ man sie aber um so eher angedeihen, als die andauernde Verfolgung den in die Kirche Aufgenommenen und durch die Sakramente Gestärkten Gelegenheit gab, ihre Verläugnung durch ein nachfolgendes Bekenntniß gut zu machen.

Ein weiterer Beweggrund für Milderung der Bußdisciplin war die **Fürbitte der Martyrer**. Sie war längst in Uebung. Je mehr

---

28) Epist. 14. p. 60.
29) Selbstverständlich kamen auch früher solche Fälle vor. Wie Tertullian darüber dachte, sagen folgende Worte. Nulla est necessitas delinquendi, quibus una est necessitas non delinquendi. Nam et ad sacrificium et directo negandum necessitate quis premitur tormentorum sive poenarum, tamen nec illi necessitati disciplina connivet, quia potior est necessitas timendae negationis et obeundi martyrii quam evadendae passionis et implendi officii. Tert. de coron. c. 11. p. 355.
30) cf. Cyp. epist. 52. p. 150. a.

aber in der decischen Verfolgung abfielen, desto höher stieg das Ansehen der standhaft Ausharrenden und desto schwerer wog ihre Intercession. Wenn sich manche überhoben, so war das ein Mißbrauch, der jedoch den Gebrauch nicht entkräften konnte. Im zweiten Jahrhundert mochte ihre Fürbitte bei der Standhaftigkeit der Gläubigen zu den Seltenheiten gehören, jetzt hingegen fand sie sehr häufig statt und war um so gerechtfertigter, als gerade sie am besten wußten, welcher Mittel man sich bediente, um die menschliche Schwäche zum Falle zu bringen.

Endlich wirkten auch die in diesen Tagen entstehenden Extreme darauf ein, daß die katholischen Bischöfe die rechte Mitte inne hielten. Dem Diacon Felicissimus und dem Presbyter Novatus war Cyprian zu strenge und sie ließen sich in ihrer Opposition bis zum Schisma hinreißen, während sich der römische Priester Novatian aus dem entgegengesetzten Grunde von der Kirche trennte.

4) Kaum war Decius todt, so brach ein neues doppeltes Uebel herein, die Verfolgung des Gallus und die Pest. Beide wurden für die Milderung der Bußdisciplin von Bedeutung. Sollten solche, welche unfreiwillig, von Schmerz überwältigt, abgefallen waren, welche die Kirche Gottes nicht verlassen hatten, sondern vom ersten Tage ihres Falles an, nicht aufhörten, Buße zu thun und ihre Sünden zu beweinen, den Frieden erlangen, um sich zu dem bevorstehenden Kampfe zu rüsten, oder sollte er ihnen bis zur zurückgelegten Bußzeit verweigert werden? Cyprian entschied sich für das Erste, um sie nicht hilflos zu lassen, sondern durch den Leib und das Blut Christi zum Martyrium zu stärken. „Wie können wir sie zur Vergießung ihres Blutes auffordern, wenn wir ihnen das Blut Christi verweigern?" Wie ernst er die Sache nahm, und daß sich hierüber das in Karthago versammelte Concil nicht geäußert hatte, geht aus seinen Schlußworten hervor: Es hat uns gefallen, unter Eingebung des heiligen Geistes und von Gott durch Gesichte ermahnt, nach Untersuchung jedes einzelnen Falles den Abgefallenen den Frieden zu geben [31]).

Die Pest übte gleichfalls einen Einfluß auf die Aufnahme der Büßer. Man ließ nicht nur Sterbende zur Gemeinschaft zu, sondern auch solche, die schwer erkrankt wären, oder bei welchen eine schwere Krankheit auszubrechen drohte. Weil die Pest in einer wahrhaft furchtbaren Weise hauste, liegt die Annahme nahe, man werde die reumüthigen

---

[31] Epist. 54. p. 174. b.

Büßer zum großen Theile aufgenommen haben. Es starben jedoch nicht alle, und es entstand nun die Frage, sind die Genesenen von der kirchlichen Buße frei, oder haben sie die **volle Buße nachzuholen?** Cyprian antwortet: Nachdem den schwer Kranken der Frieden ertheilt ist, können wir sie nicht todtschlagen, gleich als ob die Sterbenden, welche zur Gemeinschaft zugelassen wurden, nothwendig sterben müßten, da sich darin vielmehr ein Zeichen der göttlichen Güte und väterlichen Milde offenbart, daß die, welche das Unterpfand des Lebens in der Aufnahme erhalten hatten, nach Erlangung des Friedens zum Leben verpflichtet werden[32]). Dittrich glaubt, der Bischof habe damit Jenen geantwortet, die nicht blos Nachholung der Buße, sondern auch Wiederholung der Absolution und feierliche Aufnahme in die Kirche forderten[33]). Er erkläre darum in diesen Worten, die Absolution dürfe nicht wiederholt werden, wohl aber habe der Betreffende noch die Buße zu verrichten. Allein Derartiges scheint uns nicht in den Worten Cyprians zu liegen. Sodann fügt der Bischof unmittelbar bei: Wenn deßwegen, nach erlangtem Frieden, das Zusammengehen (commeatus, mit den Gläubigen nämlich) von Gott ertheilt wird, darf darüber Niemand den Priestern Vorwürfe machen. Der Vorwurf bestand demnach darin, daß man so Reconciliirte in der Gemeinschaft mit der Kirche ließ, während die Gegner verlangten, sie sollen bis zu Ablauf der vollen Bußzeit wieder in die Reihe der Büßer versetzt werden.

Dittrich kam wohl zu dieser Auslegung der Worte Cyprians durch die Art und Weise, wie er die Lehre des Dionysius von Alexandrien darstellt. Dionysius schreibt: Wenn sie jedoch nachher am Leben bleiben, so scheint es mir ungereimt, sie wieder zu binden und mit den Strafen[34]) zu belasten. Denn sobald sie einmal freigelassen, mit Gott versöhnt und der göttlichen Gnade wieder theilhaftig geworden und wie Freie zum Herrn entlassen sind, ist es höchst widersinnig, sie von Neuem unter das Joch der Strafe zu bringen, ohne daß sie sich in der Zwischenzeit verfehlt

---

32) Postea tamen quam subventum est et periclitantibus pax data est, offocari a nobis non possunt aut opprimi aut vi et manu nostra in exitum mortis urgeri, ut quoniam morientibus pax datur, necesse sit mori eos qui acceperint pacem, cum magis in hoc indicium divinae pietatis... appareat quod qui pignus vitae in data pace perciplunt, hic quoque ad vitam percepta pace tenentur. Et idcirco si accepta pace commeatus a Deo datur, nemo hoc debet in sacerdotibus criminari, cum semel placuerit fratribus in periculo subveniri. Cyp. epist. 52. p. 152. b.

33) Dittrich, Dionysius der Große. S. 64.

34) Strafen oder Sünden; die Lesarten sind verschieden. Ἐπαχθίζειν ταῖς ἁμαρτίαις u. τοῖς ἐπιτιμίοις.

haben ... Sollten wir die Barmherzigkeit Gottes versprechen, die unsrige aber entziehen? Sollte jedoch Jemand, nachdem er genesen, noch einer weiteren Züchtigung bedürfen, so rathen wir ihm, sich **freiwillig** (durch Uebernahme von Bußwerken) zu erniedrigen, zu strafen und zu demüthigen und darauf zu sehen, was ihm selbst nützlich ist, was ihm den übrigen (Gläubigen) gegenüber geziemt und was auch den draußen Stehenden tadellos erscheint. Gehorcht er, so wird ihm das nützen, ist er aber ungehorsam und widerspenstig, so wird dieses Verbrechen hinlänglichen Grund zu einer zweiten Ausschließung geben [35]). Wie diese **freiwillige Buße** zu verstehen sei, das geht nach Dittrich aus den Worten hervor: Gehorcht er ꝛc., d. h. er glaubt, der Reconvalescent habe, wenn auch nicht immer, so doch unter Umständen, die durch seine beschleunigte Aufnahme verkürzte Buße nachholen müssen. Allein Dionysius unterscheidet sehr bestimmt zwischen **freiwilliger und nicht freiwilliger**, von der Kirche auferlegten und in den Reihen der Büßer zu vollziehender Buße; ein Unterschied, der nicht aufgehoben oder abgeschwächt werden darf. War die ertheilte Aufnahme in die Kirche gültig, und das sagt Dionysius unzweideutig, so konnte doch ein solcher nicht unter die Büßer gestellt werden, das wäre ein förmlicher Widerspruch nach der damaligen Praxis gewesen. Der Genesene hatte also, da der ertheilte Friede in Kraft bestand, nicht mehr in die Reihen der Büßer zurückzukehren, er sollte aber **für sich und privatim** [36]) noch Bußwerke verrichten, das nennt er freiwillige Buße, im Unterschiede von der dem Stande der Büßer vorgeschriebenen. Ein Ablaß wurde dadurch dem Betreffenden zu Theil, sofern er nicht mehr in die Klasse der Büßer zurücktreten mußte, wie die Rigoristen wollten, aber nicht ein Ablaß von der privaten Buße. Im Gegentheile, ließ er es an dieser fehlen, so konnte das eine zweite Ausschließung verursachen, weil die Vermuthung nahe lag, die Aufnahme sei wegen mangelnder Disposition ungültig gewesen.

Diese letzte Lehre trägt Cyprian nicht vor, so daß es dahin gestellt bleiben muß, ob sie blos in Alexandrien, oder auch anderwärts Geltung hatte.

### §. 86. Verschiedene Büßerklassen.

Die Bewegung, welche das Verfahren mit Todsündern von der

---

[35] Dittrich l. c. S. 65.
[36] Daß es sich um private Verrichtung von Bußwerken handelt, folgt auch daraus, daß sie sich der Büßer selbst auswählen konnte.

Mitte des zweiten bis zur Mitte des dritten Jahrhunderts hervorrief, kam erst dadurch zur Ruhe, daß man die Büßer, der Größe der Vergehen entsprechend, in ver schiedene Klassen eintheilte. Von solchen Klassen berichtet zuerst klar und unzweifelhaft Gregor der Wunderthäter in seinem kanonischen Briefe. An den Raubzügen, welche die Gothen unter der Regierung des Gallienus machten, betheiligten sich Christen durch Diebstahl und Gewaltthätigkeiten. Einem Bischofe, der Gregorius über ihre Behandlung im Bußsakramente befragte, gab er in zehn Kanonen Vorschriften hierüber. Der eilfte Kanon, der in der Ausgabe von Voß, aber nirgends in den griechischen Kanonensammlungen erscheint, ist unächt und ein erklärender Zusatz von späterer Hand [1]).

Plötzlich und wie durch Zauberschlag waren die von Gregor angeführten Bußgrade nicht entstanden, weßwegen ihre Grundzüge vor den Tagen des Wunderthäters aufzusuchen sind. In dieser Beziehung verdient schon Hermas Beachtung, sofern er die Sünder, welche sich gegen den Glauben verfehlten, von jenen unterscheidet, die sich sittliche Vergehen zu Schulden kommen ließen; die, welche dem Thurme ferner lagen, von jenen, welche innerhalb der Mauern, ihm näher standen. Entkleidet man seine Worte des Bildes, so treten zwei Klassen von Büßern hervor, von welchen die einen in einer engeren Verbindung mit der Kirche standen, als die andern. In die erste Klasse gehörten jene Büßer, die vom Glauben abgefallen waren, in die zweite solche, welche sich sittliche Vergehen zu Schulden kommen ließen.

Bei Tertullian darf man über diesen Gegenstand keinen Aufschluß suchen, da er blos Eine Klasse von Todsündern kennt, welche wir non modo limine, verum omni ecclesiae tecto submovemus [2]). Da er diese Worte mit Rücksicht auf die Katholiken gebrauchte, so erkennt man, daß sie gewisse Büßer nicht in die eigentliche Kirche zuließen, sondern in eine Vorhalle verwiesen, was bereits Hermas andeutet. Es gab jedoch außer ihnen noch andere, welche innerhalb der Mauern waren, ohne zur vollen Gemeinschaft zugelassen zu werden, wie aus Cyprians Worten erhellt. Der Bischof von Karthago unterscheidet Sünder, die sich weniger schwer verfehlten, von solchen, die vom Glauben abgefallen waren, und sagt, wenn jene erst nach der Exomologese und Handauflegung zur Communion zugelassen werden, wie kann man diesen ohne Exomologese und Handauflegung die Oblation und Eucharistie ge-

---
1) Möhler, Patrologie. S. 652.
2) Tert. de pudic. c. 4. p. 373.

statten ³). Zwischen dem Zustande, in dem sich die schweren Sünder befanden, und der Zulassung zur Eucharistie lag demnach eine **Mittelstation**, mit deren Ueberspringung den Genannten sogleich die volle Gemeinschaft von Einigen zu Theil wurde.

Das tadelt Cyprian nicht weniger als die übereilte Aufnahme im Allgemeinen. Ferner macht der Heilige einen Unterschied unter den **schweren Sündern**, oder den vom Glauben Abgefallenen. Die Bußzeit jener, die schnell und frech zum heidnischen Opferaltar traten, dauerte länger, während die, welche durch den Schmerz der Folter zum Falle gebracht wurden, drei Jahre zu büßen hatten ⁴). Da aber beide Arten Gefallener zu den Idololatren gehörten, gehörten auch beide in dieselbe Klasse der schweren Sünder, die jedoch bezüglich der Zeitdauer **zwei Abtheilungen in sich schloß.** Ob die Büßer beider Abtheilungen auch bezüglich der **Art der Strafen** verschieden behandelt wurden, darüber äußert sich Cyprian nicht.

Ueber die **zweite Klasse der Büßer**, welche sich weniger schwer versündigt hatten, gibt die Entscheidung Cyprians über die subintroductae Anhaltspunkte. Zuerst unterscheidet er zwischen jenen, welche thatsächlich Hurerei getrieben und bei welchen dieses nicht stattfand. Die ersten hatten **volle Buße** zu leisten und wurden erst nach der gebührenden, ihnen zuerkannten Zeit, zur Exomologese und dann zur Gemeinschaft zugelassen. Die anderen sollte man zur Gemeinschaft zulassen, mit der Drohung, im Rückfalle graviore censura ejiciantur, nec in ecclesiam postmodum tales facile recipiantur ⁵). Ergaben sich aus der obigen Stelle zwei Abtheilungen der ersten Büßerklasse, so aus dieser zwei Abtheilungen der zweiten Klasse. Die Einen ließ man nach ertheilter Absolution alsbald zur Eucharistie zu, den Rückfälligen wurde hingegen die Aufnahme nicht so leicht gemacht, sondern eine schwerere Strafe an-

---

3) Nam cum in *minoribus* peccatis agant peccatores poenitentiam justo tempore, et secundum disciplinae ordinem ad exomologesin veniant, et per manus impositionem episcopi et cleri jus communicationis accipiant, — nunc crudo tempore, persecutione adhuc perseverante, ... ad communicationem admittuntur, et offertur nomen eorum, et nondum poenitentia acta, nondum exomologesi facta, nondum manu eis ab episcopo et clero imposita, eucharistia eis datur. Cyp. epist. 9. p. 49. c.

4) cf. §. 85. not. 16 seq.

5) Epist. 62. p. 220. d. Es sind demnach folgende vier Klassen zu unterscheiden:
1. Klasse mit einer länger als 3 Jahre währenden Bußzeit.
2. Mit dreijähriger Bußzeit.
3. Bußzeit unter drei Jahren nebst Exomologese.
4. Kurze Bußzeit ohne Exomologese.

gebroht, obwohl sie nicht in die Klasse der schweren Sünder verwiesen werden konnten, da sie keine thatsächliche Hurerei getrieben hatten. Es gab also auch zwei Abtheilungen in dieser Klasse. Die den Rückfälligen angedrohte, ist dieselbe, von welcher Cyprian sagt, daß sich in ihr geringere Sünder befinden, die nach geleisteter Exomologese (das ist die gravior censura) in die Kirche aufgenommen wurden. Cyprian unterscheidet diese Klasse von der der schweren Sünder, in welche die förmlich hurenden Subintroductae verwiesen wurden, dadurch, daß er den Beisatz „volle Buße" wegläßt, den er bei den schweren Sündern meistens beifügt. Unter voller Buße verstehen wir aber, daß der Betreffende nicht mit Ueberspringung der Mittelstufen, oder ohne längere Bußzeit, zur Eucharistie zugelassen wurde.

2) Etwas bestimmter erscheinen die Umrisse der Bußgrade bei Origenes, obwohl es schwer hält, aus seiner allegorischen Interpretation den historischen Kern herauszufinden. In der achten Homilie über den Levitikus handelt er ausführlich über die Reinigung des Sünders, indem er die Unreinigkeit einer Wöchnerin und die eines Aussätzigen bespricht. Die Unreinigkeit einer Frau, die geboren hat, bezieht er auf die Geburt in Sünden, die Unreinigkeit des Aussätzigen auf die persönlichen, besonders nach der Taufe begangenen Sünden. In der weiteren Darstellung verbindet er aber die Reinigung des Katechumenen und Büßer mit einander, wodurch das Verständniß der Homilie sehr erschwert wird [6]). So viel ist sicher, er kennt verschiedene Bußgrade. Jeder Unreine wird ausgeschieden a conventu bonorum et segregetur a coetu castrisque sanctorum [7]). (Theilweise) gereinigt, wird er würdig, ingredi castra Domini, non tamen permittitur ei introire domum suam [8]). Weitere Reinigungen geschehen intra castra quidem posito eo, adhuc tamen extra domum suam [9]). Erst nach ihnen dignus efficitur, ut offerat sacrificium et hostia ejus sancta sanctorum fit [10]). Unde mihi videtur, sagt er von der jüdischen Reinigung, esse quasdam in ipsa purificatione differentias, et, ut ita dixerim, profectus quosdam purgationum [11]). Diese Unterschiede wendet er im Verlaufe

---

6) Wenn wir früher diese Homilie auf die Taufe und die Gnade der Wiedergeburt bezogen haben und sie jetzt auf die Bußgrade deuten: so hat dieses im Angegebenen seine Ursache. Weil wir glauben, Origenes macht beide Gesichtspunkte geltend, verwenden wir auch seine Worte nach beiden Seiten.
7) In Levit. hom. 8. n. 10. p. 146.
8) l. c. n. 11. p. 150.   9) l. c. p. 151.
10) l. c. p. 151.   11) l. c. n. 11.

so auf die chriſtliche Disciplin an, daß man deutlich ſieht, wie er auf die levitiſchen profectus purgationum kam.

Die erſte Klaſſe der Unreinen, oder Büßer, ſtand extra castra, die zweite extra domum, die erſte Reinigung führte zu dem Eintritt in das Lager, die zweite zu dem Eintritt in das Haus. Die obigen Worte: quod omnis immundus abjiciatur a conventu bonorum et segregetur a coetu castrisque sanctorum, legen die Deutung von castra auf die Liturgie und zwar die missa fidelium nahe, doch nicht deutlich genug. Berechtigt wird man aber zu dieſer Annahme durch das Verhältniß, in welchem das Lager zum Hauſe ſteht. Den Eintritt in das Haus erläutert er durch den Satz: Ecce quam dignus efficitur, ut offerat sacrificium ... et hostia ejus sancta sanctorum fit [12]). Damit iſt die Oblation und Communion in der Liturgie gemeint. Die Büßer der zweiten Klaſſe wohnten der Meſſe der Gläubigen bei, waren jedoch des Rechtes der Oblation und Communion beraubt, oder ſie waren zum Lager, aber nicht zum Hauſe zugelaſſen, oder castrum iſt die Gläubigenmeſſe, ohne Theilnahme an der Oblation und Communion.

Origenes ſchickt ferner der Aufnahme in das Lager, oder der Zulaſſung der Meſſe der Gläubigen, eine doppelte, beziehungsweiſe eine dreifache Reinigung voraus [13]). Die Erklärung des betreffenden levitiſchen Geſetzes durch den Alexandriner wiſſen wir jedoch nicht zu verwerthen, ſondern halten blos an dem Satze feſt, der Büßer trat erſt mit der dritten Reinigung in das Lager ein. War aber der Eintritt in das Lager gleich der Zulaſſung zur Gläubigenmeſſe und ging ihr eine zweifache Reinigung voraus, ſo wird man annehmen dürfen, die zwei erſten Bußgrade wurden ebenſo zur Katechumenenmeſſe zugelaſſen, als die zwei letzten zur Meſſe der Gläubigen. Dafür ſpricht auch, daß Origenes zur Charakteriſirung der Oration pro poenitentibus, Moſes zweimal als Gebetstype anführt, ſofern er für die ſündigen Iſraeliten überhaupt, und ſofern er für die Anbeter des goldenen Kalbes bittet [14]). Die Oration pro poenitentibus kam in der Katechumenenmeſſe, alſo extra castrum vor und die zwei Orationen ſetzen zwei Klaſſen von Büßern voraus. Allerdings gab es unter dieſer Vorausſetzung keine blos Hörenden, ſondern alle Büßer konnten, außer der Predigt, den Orationen der Katechumenenmeſſe beiwohnen. Darauf weiſen auch die Worte Ter-

---

12) l. c. hom. 8. n. 11. p. 151.   13) l. c. p. 149.
14) cf. Probſt, Liturgie. §. 45. S. 144.

tullians hin: pariter de poenitentiae officio sedent in sacco...
eisdem genibus exorant [15]). Man wird es vielleicht für einen
Nothbehelf halten, daß wir sedent und genibus exorant so premiren,
allein in dieser Lage befanden sich die Pönitenten jedenfalls während des
öffentlichen Gottesdienstes. Ein Sitzen fand aber in der Liturgie
nur unter der Predigt und ein knieendes Beten nur während der Orationen der Katechumenenmesse statt. Beschreibt daher Tertullian die
Büßer in dieser Körperstellung, so waren Idololatren, Mörder und
Fleischessünder während der ganzen Katechumenenmesse anwesend [16]).

Weil früher die Todsünder häufig bis an das Lebensende ausgeschlossen waren, wollte und konnte man sie nicht von allem gottesdienst-
lichen Verbande lösen. Als jedoch die lebenslängliche Buße aufhörte,
wurde die Strafe dadurch verschärft, daß man die schwersten Sünder
auf einige Zeit auch von der Predigt ausschloß, sodann sie blos zur
Predigt (Hörende) zuließ. Weiter aufsteigend durften sie auch den Orationen beiwohnen, welche sie liegend anhörten, während die zur Gläubigenmesse Zugelassenen, aber von der Oblation und Communion Aus-
geschlossenen, standen. Diese distinguirte Gestaltung der Bußgrade
trat jedoch erst zur Zeit Gregors des Wunderthäters ausgebildet hervor.

3) Gregor verordnet in dem angeführten Schreiben, solche gefangene
Christen, welche die ihnen vorgesetzten Speisen aßen, soll man nicht
behelligen, weil die Barbaren, in deren Gefangenschaft sie waren, den
Götzen nicht opfern. Ebenso verhalte es sich mit jenen Frauen, die in
der Gefangenschaft Gewalt erlitten, wenn sie zuvor ein keusches Leben
führten. War aber ihr früherer Lebenswandel unrein, so liegt Verdacht
vor, daß sie es auch in der Gefangenschaft waren. Man lasse sie darum
nicht leichtsinnig zur Gemeinschaft der Gebete ($\tau\tilde{\omega}\nu$ $\varepsilon\dot{\upsilon}\chi\tilde{\omega}\nu$) zu. can. 1.

Sind Geizhälse und Diebe überhaupt schon aus der Kirche auszuschließen, so um so mehr solche, welche diese Zeiten der Noth und
Drangsal zu ihrer Bereicherung benützten, damit der Zorn Gottes nicht
über das Volk und die Vorsteher kommt. can. 2.

Wegen einer ähnlichen Sünde kam der Zorn Gottes über die Israe-
liten und doch haben sie sich nur aus der feindlichen Beute bereichert, diese
aber suchen schändlichen Gewinn auf Kosten der Brüder. can. 3.

Niemand täusche sich, auch der, welcher etwas findet, darf sich damit

---

15) Tert. de pudic. c. 5. p. 376.
16) Mit klaren Worten sagen dieses die apostolischen Constitutionen. cf. Probst,
Liturgie ꝛc. S. 176 u. 177.

nicht bereichern. Um so strafbarer ist es, sich das anzueignen, was Andere, durch die Feinde von Haus und Hof vertrieben, zurückließen. can. 4.

Einige suchen sich durch eine solche Aneignung des Gefundenen für die eigenen Verluste schadlos zu halten. Wir sandten darum den Euphrosynus zu euch, damit er euch das hier gebräuchliche Verfahren über Zulassung und Ausschluß von den Gebeten kund mache. can. 5.

Es ist uns hinterbracht worden, daß Einige in der Unmenschlichkeit und Grausamkeit so weit gingen, Gefangene, die sich flüchteten, mit Gewalt zurückzubehalten. Schicket Einige in diese Gegend, damit nicht Blitze auf die fallen, die solches thun. can. 6.

Diejenigen, welche, des Christenthums uneingedenk, mit den Barbaren gemeinschaftliche Sache machten, ihre Mitbrüder tödteten und die Wege und Wohnungen den Barbaren verriethen, soll man nicht einmal zum Hören zulassen, bis es den versammelten Heiligen und vor ihnen dem heiligen Geiste anders gefällt. can. 7.

Deßgleichen sollen die, welche zur Zeit des Einfalles der Barbaren in fremde Häuser eindrangen, nicht zum Hören zugelassen werden. Wenn sie sich aber selbst anklagen und restituiren, so sollen sie sich in der Klasse der sich **Bekehrenden** niederwerfen. can. 8.

Die, welche von den Barbaren zurückgelassene Gegenstände gefunden und genommen haben, sollen ebenfalls in die Klasse der **Liegenden** verwiesen werden. Klagen sie sich aber selbst an und erstatten sie, so lasse man sie zu den Gebeten zu. can. 9.

Endlich sollen die, welche die Gebote beobachten wollen, das ungerechte Gut zurückgeben, ohne irgendwie eine Belohnung für das Finden oder Aufbewahren, oder wie sie es heißen mögen, zu beanspruchen. can. 10.

Diese Kanonen setzen die Existenz von vier Bußgraden voraus. Die schwersten Sünder werden nicht einmal zum Anhören (der Predigt) zugelassen. Von einer absoluten Ausschließung, so daß die Betreffenden in gar keiner Verbindung mit der Kirche standen, ist keine Rede. Es erhellt das aus den Worten: „Bis es den versammelten Heiligen gefällt." So konnte Gregor nur schreiben, wenn der Sünder noch zur Kirche gehörte und von der einen Klasse in die andere ein Uebergang stattfand. Eine völlige Absonderung hätte den Montanismus sanktionirt.

Weil die schwersten Verbrecher nicht einmal zum Hören zugelassen wurden, bestand der nächste Bußgrad in dem der **Hörenden**. Was die Klasse der Liegenden betrifft, bestimmt der erste Kanon: Räuber, die angeklagt und überwiesen sind, seien des Hörens nicht würdig, wenn sie sich aber selbst anklagen und restituiren, sollen sie sich in der Klasse der sich Bekehrenden niederwerfen. Sollte die Selbstanklage und Restitution so berücksichtigt worden sein, daß dasselbe Vergehen, mit Ueberspringung des zweiten Bußgrades, durch Verweisung in den dritten, bestraft wurde? Da die Kirche besonders auf die Gesinnung achtet, ist es wahrscheinlich; bestätigt wird es durch den Beisatz „der sich Bekehrenden". Da nämlich auch über die Liegenden, oder zur Erde niedergeworfenen Katechumenen gebetet wurde, werden sie durch diesen Beisatz von den Katechumenen unterschieden. Sie wohnten also nicht nur der Predigt, sondern auch der weiteren Katechumenenmesse bis zur oratio pro poenitentibus bei, welche über die auf der Erde Liegenden verrichtet wurde, worauf sie den Gottesdienst zu verlassen hatten.

Die Angehörigen des vierten Bußgrades ließ man zu den Gebeten zu. So wenig Gregor die Mörder can. 7. von der Kirche gänzlich trennt, so wenig stellt er die im 9. Kanon Genannten den „Brüdern" völlig gleich, denn der ganze Brief handelt von den Büßern. Die Zulassung zu den Gebeten, oder der Messe der Gläubigen, schließt darum eine Strafe nicht aus, sondern ein, die darin bestand, daß die Betreffenden zwar der ganzen Liturgie beiwohnten, von der Oblation und Communion jedoch ausgeschlossen waren.

Vierter Artikel.

## Ritus der Buße.

### §. 87. Verschiedene Bußgerichte.

Wenn dein Bruder wider dich gesündigt hat, so gehe und weise ihn zurecht zwischen dir und ihm allein. Wenn er dich hört, hast du deinen Bruder gewonnen, hört er dich aber nicht, so nehme Einen oder Zwei mit dir, damit die Sache auf dem Munde zweier oder dreier Zeugen beruhe. Hört er auch diese nicht, so sage es der Kirche, wenn er aber die Kirche nicht hört, so sei er dir wie ein Heide und öffentlicher Sünder [1]).

Diese Stelle redet zwar von den Sünden wider den Nächsten, man

---

1) Math. 18. 15—17.

darf aber nicht zweifeln, daß der Sünder überhaupt auf diese Weise behandelt wurde und insofern gibt sie Aufschluß über das Bußverfahren in der ersten Zeit. Bestätigt wird es durch den Apostel Paulus. Obschon mit dem Leibe abwesend, schreibt er, habe ich als geistig anwesend beschlossen, den, der dieses verübt hat, im Namen unseres Herrn Jesu Christi, mit euch im Geiste versammelt, mit der Macht unseres Herrn Jesu Christi, dem Satan zu übergeben ²). Diese Worte setzen voraus, daß das Gericht über gewisse Sünder zwar von den Aposteln, aber vor versammelter Gemeinde, vor der Kirche, gehalten wurde. Da ferner Paulus den Timotheus ermahnt, gegen einen Presbyter keine Klage anzunehmen, außer vor zwei oder drei Zeugen ³), so erkennt man, für gewöhnlich wurden Fehler und Sünden Einzelner von Einem und zwar dem Bischofe abgeurtheilt. Nimmt man den folgenden Vers hinzu: „die fehlenden (Presbyter) weise vor allen (Presbytern) zurecht, daß auch die übrigen Furcht haben": so erhalten wir, der Vorschrift des Herrn gemäß, ein dreifaches Bußgericht, vor einem Einzelnen, dem Bischofe, vor Mehreren, den Presbytern, und das dritte vor versammelter Gemeinde, der Kirche.

Die Gemeinde war bei dem Gerichte nicht blos passiv anwesend, sondern dem Briefe des Apostels Johannes zufolge, legte sie Fürbitte für den Schuldigen ein, die den „Todsündern" gegenüber unterbleiben sollte.

Um zu entscheiden, welche Sünden vor diesem, welche vor jenem Bußgerichte abgeurtheilt wurden, gibt die h. Schrift zu wenig Anhaltspunkte. Der Blutschänder sollte vor der Kirche gerichtet werden, woraus sich schließen läßt, sehr schwere und öffentlich bekannte Sünder seien vor dieses Forum gezogen worden. Andererseits wurde Hymenäus und Alexander vom Apostel allein (wenigstens wird die Kirche nicht erwähnt) dem Satan übergeben. Die singuläre Stellung der Apostel zu den Kirchen läßt die Aufstellung einer allgemein geltenden Norm nicht zu.

2) Ganz in der Weise, wie Jesus es angeordnet, findet sich das dreifache Gericht in den apostolischen Constitutionen. Niemand wird aber glauben, das, was Jesus vorgeschrieben und was in der zweiten Hälfte des dritten Jahrhunderts in Uebung ist, sei nicht auch in der Zwischenzeit vorhanden gewesen. In dem genannten Buche wird dem Bischofe aufgetragen, wenn er den Ankläger von Jemand als glaubwürdig erfunden habe, soll er den Angeschuldigten, nach der Lehre des

---

2) I. Cor. 5. 3—5.   3) I. Timoth. 5. 19.

Herrn, allein, ohne die Gegenwart von irgend Jemand, zur Buße zu bringen suchen. Läßt er sich nicht überzeugen, so soll er ihm vor einem Zweiten, oder Dritten, das Unrecht vorhalten, und wenn er auch dem kein Gehör schenkt, die Sache vor die Kirche bringen. Er werde sofort von der Kirche ausgeschlossen, wenn er aber Buße thun will: so nimm ihn auf, denn ehe er für seine Gottlosigkeit Buße gethan, darf er nicht zu der Gemeinschaft der Kirche zugelassen werden [4]). Hier ist nicht blos von der Versündigung gegen den Nächsten, sondern von Sünden und Gottlosigkeit (*ἀσεβημάτων*) überhaupt die Rede. Zudem heißt es in dem Schlußsatz der Stelle: unser Herr Jesus Christus hat für die Reumüthigen die Buße eingesetzt, und im folgenden Kapitel werden als solche Büßer Matthäus und Zachäus angeführt und sodann das Verfahren gegen die Büßer überhaupt näher beschrieben [5]). Daran kann man also nicht zweifeln, im dritten Jahrhundert wurde die von Jesus getroffene Anordnung auf die Büßer im Allgemeinen ausgedehnt.

Den besten Aufschluß gibt ein Brief des Papstes Cornelius an Cyprian. Er schreibt, so sehr ihn der Abfall Einiger betrübt habe, so freue es ihn jetzt, daß sie, nach Erkenntniß ihres Irrthumes, zur Kirche zurückgekehrt seien. Zuerst schenkte Cornelius ihrer aufrichtigen Bekehrung keinen Glauben. Da sie aber zu den **Priestern** gingen und erklärten, sie, wie der Priester Maximus, wünschen in die Kirche zurückzukehren und da sie ihre Irrthümer und Sünden verabscheuten, berief ich das **Presbyterium**, damit das Verfahren gegen dieselben gemeinschaftlich beschlossen werde. Die Büßer erschienen vor demselben mit den flehentlichen Bitten, das, was sie früher gethan, der Vergessenheit anheim zu geben. Die Folge war, daß dieser Vorgang auch den Gläubigen bekannt gemacht wurde, damit sie selbst sehen, die, welche sie so lange als Irrende betrauerten, seien in die Kirche aufgenommen. Ich rief daher die **ganze Gemeinde zusammen**. Wie aus Einem Munde dankten Alle Gott, zeigten die Freude ihres Herzens durch Thränen und umarmten sie, als ob sie heute aus dem Gefängnisse befreit worden wären. Ihre Worte lauteten: Wir erkennen Cornelius, den Bischof der heiligsten katholischen Kirche, als den von dem allmächtigen Gott und Christus unserem Herrn Erwählten. Wir bekennen unseren Irrthum. Wir sind wegen Betrügereien gestraft worden, wir sind überlistet worden durch schmeichlerisches, treuloses Geschwätz, denn obwohl wir mit einem schismatischen

---

[4]) A. C. l. 2. c. 37. u. 38.   [5]) A. C. l. 2. c. 39.

und häretischen Menschen eine Art Gemeinschaft hatten, war doch unsere wahre Gesinnung immer der Kirche zugethan. Wir wissen, daß Ein Gott ist und Ein Christus der Herr, den wir bekannt haben, Ein heiliger Geist und Ein Bischof in der katholischen Kirche sein müsse. — Wer wurde durch dieses ihr Bekenntniß nicht bewegt, da sie das, was sie vor dem weltlichen Gerichte bekannt hatten (ihre Betrügereien), in der Kirche bestätigten? Deßwegen befahlen wir, den Priester Maximus in seine Stelle einzusetzen. Die Uebrigen nahmen wir mit ungemeiner Zustimmung des Volkes auf [6]).

Dieses Schreiben ist um die Mitte des dritten Jahrhunderts abgefaßt, zu einer Zeit, in der die Bußdisciplin bereits gemildert war, dennoch läßt sich von ihm auf das frühere Verfahren zurückschließen. Montanisten und Novatianer warfen der katholischen Kirche blos das als Neuerung vor, daß sie die alte Praxis milderten. Hätten sie sich auch andere Aenderungen erlaubt, sie würden nicht geschwiegen haben.

Der Sünder begab sich, nach dem Briefe, zuerst zu **einem Priester** [7]) und bekannte seine Schuld. Dieses einzelne Beispiel erläutert, was Origenes als allgemeine Regel aufstellt, wenn er den Pönitenten belehrt, er soll sich einen Arzt aussuchen, zu dem er Vertrauen habe, und ihm seine Sünden bekennen [8]). Der Priester konnte ihm auflegen, daß er zu seiner Verdemüthigung und zur Erbauung der Gemeinde diese oder jene Sünde öffentlich in der Kirche bekenne, oder er konnte ihn einfach lossprechen, oder aber er wies ihn an den Bischof. Cornelius berichtet, daß die betreffenden Priester das letzte Verfahren beobachtet haben.

Der Bischof berief, da es ihm nothwendig schien, das **Presbyterium**, und vor ihm hatte der Pönitent seine Schuld zu bekennen. Ein solches Gericht war noch kein öffentliches, sofern den Laien der Zutritt

---

6) Cyp. epist. 46. p. 135. Der Bischof von Karthago theilt diese Auffassung mit dem Papste. Er macht nämlich einen Unterschied zwischen jenen, welche förmlich abfielen und durch heidnisches Leben zu der Welt zurückkehrten, welcher sie widersagt hatten, oder die als Ueberläufer förmlich Häretiker wurden, täglich die Waffen gegen die Kirche, als Muttermörder, führend, und jenen, welche die Schwelle der Kirche nicht verlassen haben und bittend und weinend sich zum Kampfe bereit erklärten. Den Letzteren, sagt Cyprian, ist der Par zu geben. Sollte, was Gott verhüten möge, der Bischof sich in dem einen oder anderen solcher Gefallenen täuschen, weil derselbe des Friedens nicht würdig war, der Bischof wird nicht getäuscht, sondern der Gefallene betrügt sich selbst. Epist. 54. p. 172. b. u. d.

7) Wenn im Briefe die Mehrzahl (compresbyteros) steht, so ist zu beachten, daß es auch mehrere Pönitenten waren.

8) Orig. in psl. 37. hom. 2. n. 6. p. 100.

versagt war. Es war aber auch nicht das geheime im strengen Sinne, wie das erste, in welchem der Priester den Sünder richtete. Bischof und Presbyterium konnten über den Sünder erkennen, ihm eine Buße auflegen, die er sogar öffentlich zu verrichten hatte, aber das Sündenbekenntniß wurde nicht vor versammelter Gemeinde abgelegt. Es versteht sich übrigens von selbst, daß die Regeln, die für das erste Bußgericht maßgebend waren, auch auf dieses Anwendung fanden. Wenn der Bischof mit dem Presbyterium es für zweckmäßig oder nothwendig erachtete, wurde dem Pönitenten zur Pflicht gemacht, seine Schuld vor versammelter Gemeinde zu bekennen.

Dieses trat besonders dann ein, wenn Jemand sich offenkundig von der Kirche getrennt, oder öffentliches Aergerniß gegeben und nun wieder in die Kirche aufgenommen werden wollte, oder wenn er von der Gemeinschaft der Kirche ausgeschlossen werden sollte. Das erste Verfahren schlug Cornelius in dem vorliegenden Falle ein. Was aber die Excommunication betrifft, so wurde sie blos über offenkundige Sünder verhängt. In den Kirchen Christi, sagt Origenes, herrscht die Gewohnheit, daß die vom Gebete ausgeschlossen werden, deren große Verbrechen offenkundig sind [9]. Wo aber die Sünde nicht evident ist, können wir Niemand ausschließen, um den Waizen nicht mit dem Unkraute auszureißen [10]. Vor dem dritten Bußgerichte, das der Bischof mit dem Presbyterium vor versammelter Gemeinde hielt, konnten also geheime, wie offenkundige, kleinere wie größere Sünden bekannt werden, je nach Umständen. Es mußte aber das Bekenntniß vor demselben abgelegt werden, wenn es sich um offenkundige, große Verbrechen, Todsünden im Sinne der damaligen Zeit, handelte.

Aus dem Angeführten erkennt man, das Verfahren im Abendlande stimmt mit dem von den apostolischen Constitutionen beschriebenen überein. Es war darum das in der Kirche allgemein übliche.

### §. 88. Lage des Büßers und Fürbitte der Gemeinde.

Die Büßer waren in der Katechumenenmesse zugegen. Wahrscheinlich hatten sie ihren Platz hinter den Katechumenen [1]. Nach der Predigt

---

9) Orig. in Math. series. 89. p. 207.
10) Orig. in Jes. Nave. hom. 21. n. 1. p. 737. Ueber die Excommunication wird im ersten Bande gehandelt.
1) Adsistit enim (poenitens) pro foribus ejus (ecclesiae) et de notae

wurde das Gebet über die Katechumenen und Energumenen verrichtet, worauf sie sich entfernten. Der Bischof wandte sich sofort zu den Pönitenten, für die der Diacon das Gebet sprach, worauf der Bischof über die Knieenden oder Liegenden eine weitere Oration verrichtete, nach der auch sie entlassen wurden. Nach Entfernung derer, die noch länger in der Buße verharrten, folgte die Aufnahme derjenigen, welche sie vollendet hatten. Tertullian führt nämlich die censura divina als den letzten Akt der Katechumenenmesse an²). Ferner entspricht diesem die Aufnahme der Katechumenen, die unmittelbar nach der Taufe und Firmung in die Messe der Gläubigen geführt wurden³). Die Gemeinschaft mit der Kirche, zu der die Büßer durch die Absolution gelangten, vollendete sich durch die Communion, weßwegen Cyprian der Handauflegung den Empfang der Eucharistie folgen ließ⁴). Beim Morgengrauen wurde endlich die Liturgie gefeiert und zu dieser Zeit begab sich der Büßer Natalius zur Kirche und erhielt die Aufnahme.

So lange die Ausschließung eine lebenslängliche war und die Aufnahme auf dem Todbette geschah, versteht es sich von selbst, daß das öffentliche Schuldbekenntniß das Erste war, nach dem der Sünder der Klasse der Büßer eingereiht wurde. Jene von Häretikern verführten Frauen mußten zuerst ihre Sünden öffentlich bekennen, dann verharrten sie bis an das Lebensende in der Buße⁵). Denn die Buße wurde aus dem Bekenntnisse geboren und die Genugthuung durch sie disponirt⁶).

Nach Cyprian war hingegen die Aufeinanderfolge der verschiedenen Theile diese: poenitentia acta, exomologesi facta, manu eis imposita, ad communionem admittuntur, nomen offertur, eucharistia datur⁷). Ist diese Reihenfolge zufällig, oder wurde sie durch Aenderungen in der Bußdisciplin verursacht? Das wird zugegeben werden müssen, daß in Fällen, wie dem in dem Briefe des Papstes Cornelius erwähnten, die Exomologese der Aufnahme un-

---

suae exemplo ceteros admonet, et lacrymas fratrum sibi quoque advocat. Tert. de pudic. c. 3. p. 372.

2) Tert. apol. c. 39. Von der göttlichen Strenge gegen Sünder, aber auch mit Rücksicht auf die Bußdisciplin wird das Wort gebraucht. Cyp. epist. 81. p. 100. d.

3) Just. apol. c. 65. Und zwar beim Beginne derselben.

4) Ante manum ab episcopo et clero in poenitentiam offerre pro illis et eucharistiam dare audeant. Cyp. epist. 10. p. 51. c. Damit ist zugleich gesagt, daß die Aufnahme vor der Opferung geschah, wie dieses Tertullian bezeugt. Morinus irrt also, wenn er sie vor die Communion versetzt.

5) Iren. l. 1. c. 13. n. 5. p. 68.   6) Tert. de poenit. c. 9. p. 59.

7) Cyp. epist. 9. p. 49. c.

mittelbar vorherging. Die von Cyprian angegebene Reihenfolge beruht also auf wirklichem Sachverhalt. Solches konnte jedoch, Idololatren und Mördern gegenüber, vor Kallistus, nicht wohl vorkommen, da sie bis zur Todesstunde in der Buße verharren mußten. Wie man aber aus dem Briefe des Cornelius gleichfalls sieht, hatten die Betreffenden zuvor dem Priester und versammelten Presbyterium ihre Schuld bekannt, und wie vorauszusetzen, eine Buße erhalten. Man wird sich deßwegen den Verlauf so vorzustellen haben, daß bei Vergehen, die eine baldige Aufnahme gestatteten, das Presbyterium den Sünder nach bekannter Schuld und sorgfältiger Prüfung, mit einer, wenn auch noch so kurzen Buße, belegte, nach deren Ablauf der Pönitent zur Kirchengemeinschaft zugelassen wurde. Bei schweren Vergehen, die eine Buße von mehreren Jahren nach sich zogen, wurde hingegen das alte Verfahren, demgemäß die Exomologese vor versammelter Gemeinde der Genugthuung voranging, beibehalten. Das ist unsere unmaßgebliche Ansicht über diesen Gegenstand.

2) Wenn Jemand eine Sünde öffentlich zu bekennen hatte, trat er mitten in die Kirche [8]), das Haupt gebeugt, knieend [9]), oder auf die Erde niedergeworfen, mit niedergeschlagenen Augen legte er sein durch Weinen unterbrochenes Bekenntniß ab und fügte diesem die Bitte bei, die Gläubigen möchten, für ihn bittend, ihm zur Besserung und Aufnahme verhilflich sein [10]). Wie die Gutgesinnten sich erbauten an seiner Reue und Verdemüthigung, so gab es auch solche, welche sich widerwillig von ihm abwandten und seinen Umgang von nun an flohen; vielleicht mußte er sogar Vorwürfe und Spott hören. Eingedenk der Strenge des göttlichen Gerichtes ließ sich der wahre Büßer dadurch nicht schrecken; er wollte sich so, wie er vor Gott war, auch vor den Menschen zeigen und nicht das Bewußtsein in sich tragen, er gleiche einem übertünchten Grabe [11]). In dieser Weise erschien der Priester Natalius vor Papst Zephyrin, da er durch Ehrenstellen und Geld, das ihm Häretiker anboten, zum Abfalle von der Kirche gebracht worden war. Gott wollte ihn jedoch nicht außerhalb der Kirche zu Grunde gehen lassen, darum schreckten ihn zuerst nächtliche Gesichte und da sie seine Ehrfucht und seinen Geiz nicht zu brechen vermochten, wurde er von heiligen Engeln während der ganzen Nacht

---

8) Orig. in psl. 37. hom. 2. n. 1. p. 94.
9) Orig. de orat. c. 31. p. 580.
10) Orig. in Levit. hom. 8. n. 10. p. 146.
11) Orig. in psl. 37. hom. 2. n. 1. p. 93.

aufs härteste geschlagen¹²). Beim Grauen des Tages stand er auf, zog ein Bußkleid an, bestreute sich mit Asche und warf sich unter Thränen vor dem Bischofe Zephyrin nieder, und nicht nur vor den Füßen des Clerus, sondern auch der Laien, wälzte er sich und bewegte die Kirche des barmherzigen Christus durch seine Thränen gleichfalls zum Mitleid. Nach vielen Bitten und die Striemen der empfangenen Schläge zeigend, wurde er mit Mühe aufgenommen¹³).

Nachdem der Büßer sein Bekenntniß abgelegt hatte, äußerte sich die versammelte Gemeinde über seine Zulassung oder Abweisung. Die Fürbitte und Gutheißung derselben war wahrscheinlich eine apostolische Einrichtung, wie I. Johann. 5. 16. zeigt. Obwohl zur Aufnahme eines Büßers nicht nothwendig, legten die Bischöfe doch großes Gewicht auf sie¹⁴). Cyprian schreibt an Papst Cornelius, möchte er doch sehen, welche Mühe er sich geben müsse, um die Gläubigen zur Aufnahme reumüthiger Schismatiker zu bewegen. Denn wenn sie sich über die Rückkehr wenig Schuldiger freuen, so murren sie hingegen, wenn sich Unverbesserliche und Freche, besonders Ehebrecher und Idololatren, zur Kirche drängen. Kaum vermag ich das Volk zu überreden, ja es ihm abzupressen, daß sie die Zulassung solcher gestatten. Und wenn Einer oder Andere, gegen den Willen und mit Widerspruch des Volkes, durch meine Willfährigkeit (facilitas) aufgenommen, hernach schlechter wurde, weil sie nicht mit wahrer Buße gekommen waren, so ist der Schmerz der Gemeinde um so gerechter¹⁵). Derartige Fälle mögen den Bischof von Karthago bestimmt haben, daß er ein Decret erließ, dem gemäß sine petitu et conscientia plebis Niemand der Friede ertheilt werden soll¹⁶). Die Fürbitte der ganzen Gemeinde fand jedoch nur bei großen Vergehen statt, bei kleineren Sünden übten die Diaconen diesen Dienst, wie wir hören werden.

Auf die Fürbitte der Gemeinde erfolgte die Aufnahme durch den Bischof. „Auf gleiche Weise, Bischof, leiste du Gott Gehorsam, indem du das Verlorene suchst ... Denn du hast die Gewalt, zurückzurufen und zu vergeben, durch dich sagt der Erlöser zu dem an Sünden Dar-

---

12) Gegen die triviale Erklärung: „Zephyrin ließ ihn des Nachts überfallen und durchprügeln", verweisen wir auf Tertull. de velan. virginib. c. 17. p. 33. und die Recognit. l. 10. c. 61., wo ein ähnlicher Vorgang erzählt wird.
13) Euseb. h. e. l. 5. c. 28. p. 378.
14) Den Seufzenden, schreiben die apostolischen Constitutionen dem Bischofe vor, für den die ganze Kirche bittet, nehme auf und lege ihm die Hände auf. A. C. l. 2. c. 18. p. 631.
15) Cyp. epist. 55. p. 184. a.  16) Cyp. epist. 59. p. 211. a.

niederliegenden: deine Sünden sind dir vergeben, dein Glaube hat dir geholfen, gehe im Frieden ¹⁷)". Man sieht, es fand eine förmliche Sündenvergebung statt, die aber erst nach reiflicher Prüfung des Bischofes und Clerus ertheilt wurde. Nam et judicatur, bemerkt Tertullian, magno cum pondere, ut apud certos de dei conspectu, summumque futuri judicii praejudicium est, si quis ita deliquerit, ut a communicatione orationis et conventus et omnis sancti commercii relegetur ¹⁸). Bezüglich der Aufnahme wurde das Hauptaugenmerk darauf gerichtet, ob der Büßer wahrhaft reumüthig und gebessert sei ¹⁹).

### §. 89. Absolution.

Die Buße hatte den Sünder wieder in den Stand zu versetzen, welchen er durch die Taufe erlangt, durch sein Vergehen aber verloren hatte. Die Taufe ertheilte ihm Nachlassung der Sünden und Einverleibung in die Kirche. Die Sünde, welche durch öffentliche Buße gesühnt werden mußte, befleckte mit einer Makel und Schuld, und schloß aus der Kirche aus. Aufgabe der Buße war es daher, sowohl die Schuld wegzunehmen, als die Gemeinschaft mit der Kirche, oder den Frieden, wiederzugeben ¹).

Beides geschah durch die Absolution, oder, wie man sich häufiger ausdrückte, durch Ertheilung des Friedens, sofern sich die Sündenvergebung in der Friedensertheilung vollendete und die Friedensertheilung auf die Sündennachlassung gründete. Der Gebrauch des letzten Wortes erklärt sich aus dem Verhältniß, in welchem die beiden Momente, oder Wirkungen der Buße, zu einander stehen. Die Ertheilung des Friedens schloß die Sündenvergebung entweder in sich, oder setzte sie als bereits geschehen voraus. Der Ausschluß aus der Kirche geschah wegen der Sünde, wurde daher der Frieden ertheilt, so mußte die Schuld zugleich mit vergeben werden, oder bereits erlassen sein. Im Frieden und von „Todsünden" frei sein, fiel daher zusammen. Deßwegen ruft Tertullian

---

17) A. C. l. 2. c. 20. p. 688.   18) Tert. apol. c. 39. p. 93.
19) Quae cicatrix non solum a Deo videtur, sed et ab iis qui acceperunt ab eo gratiam, qua pervidere possint animae languores, et discernere quae sit anima ita curata, ut omni genere vestigium illati vulneris abjecerit, et quas curata sit quidem, sed ferat adhuc veteris morbi in ipso vestigio cicatricis indicia. Orig in Lev. hom. 8. n. 5. p. 141.
1) Die Identität von pax und communicatio zeigt Cyprian. epist. 54. p. 171. e. De laps. p. 377. e.

den Martyrern zu, sie sollen wachen, daß sie den Frieden in sich haben, um ihn auch Anderen (den Gefallenen durch ihre Fürbitte) zuwenden zu können²). Als er aber zum Montanismus abgefallen war, sprach er: Gott und die Geisteskirche lassen Sünden nach, nicht aber der Priester³). Und du (Psychiker) räumest selbst deinen Martyrern diese Gewalt ein. Wer gestattet den Menschen, das zu ertheilen, was Gott vorbehalten ist? Wer kann durch seinen Tod Andere vom Tode befreien, außer der Sohn Gottes? Denn er hat in seinem Leiden den Schächer befreit⁴). Man sieht, der Frieden (den die Martyrer nicht ertheilten, sondern um den sie intercedirten) bestand in erster Linie in Nachlassung der Sünden und dann erst in der Aufnahme in die Gemeinschaft. Diesen Begriff verband die ganze damalige katholische Kirche mit pacem dare, denn Tertullian richtet seine Vorwürfe nicht etwa gegen einzelne Personen, sondern gegen die Psychiker im Allgemeinen.

2) Das Verhältniß von Sündenvergebung und Friedensertheilung konnte aber auch ein abnormes sein, sofern der Friede ertheilt wurde ohne Sündenvergebung und die Sünden erlassen wurden ohne Friedensertheilung. Von Confessoren, die den Frieden ohne Rücksicht auf bußfertige Gesinnung und Sündenvergebung ertheilten, sagt Cyprian: ad exitiosam temeritatem mendacio captiosae pacis invitant⁵). Das ist ein Frieden, schlimmer als die Verfolgung⁶), denn er bewirkt, daß die Gefallenen, die ihn erhielten, Gott nicht genug thun, ihre Sünden durch keine Bußwerke und Thränen sühnen, ihre Wunden nicht durch Thränen abwaschen⁷). Den Verleihern schadet ein solcher Friede, den Empfängern nützt er nichts, im Gegentheil, wenn ein solcher zur Communion geht, wird er des Leibes und Blutes Christi schuldig⁸).

Der andere Fall kam bei den Montanisten und Novatianern in der Form vor, daß sie Gefallene zur Buße zuließen, ohne ihnen Vergebung und Frieden zu ertheilen. Das war, abgesehen von dem dogmatischen Irrthume und blos die disciplinäre Bedeutung ins Auge gefaßt, nicht im Sinne des Bischofes von Karthago. Es wäre weder Recht, schreibt er an Papst Cornelius, noch würde die väterliche Milde und Erbarmung es zulassen, daß denen, welche an die Pforte anklopfen, die Kirche verschlossen, und denen, welche trauern und bitten, die Stütze der Hoffnung

---

2) Tert. ad Martyr. c. 1. p. 66.    3) Tert. de pudic. c. 21. p. 438.
4) l. c. c. 22.    5) Cyp. epist. 40. p. 119. e.
6) l. c. epist. 55. p. 185. c.    7) l. c. epist. 55. p. 181. e. u. f.
8) De lapsis p. 377. e. u. f.

auf das Heil versagt würde, so daß sie in der Todesstunde ohne Gemeinschaft und Frieden zum Herrn entlassen würden. Er selbst, der das Gesetz gegeben, hat gestattet, daß das auf Erden Gebundene auch im Himmel gebunden sei, dort aber gelöst werden könne, was zuvor hier in der Kirche gelöst wurde [9]).

Hiemit nicht zu verwechseln ist es, wenn die Kirche aus pädagogischen Rücksichten den Frieden nach einem längeren Zeitverlauf und allmählig ertheilte. Der volle Friede bestand in der vollen Kirchengemeinschaft, die durch den Empfang der Eucharistie besiegelt wurde. Ein Büßer konnte daher anfänglich zur Katechumenenmesse, dann zur missa fidelium und erst im letzten Stadium zum Empfange der Eucharistie zugelassen werden, wie das Origenes andeutet. Auch dadurch, daß die Aufnahme erst viele Jahre nach der Vergebung erfolgte, wurden die beiden Momente der Buße, Sündenvergebung und Frieden in kein abnormes Verhältniß zu einander gestellt, denn potentiell, oder der Möglichkeit nach, war mit der Vergebung die Aufnahme in die Kirche bereits gegeben, wenn auch der Büßer zu ihrer Verwirklichung noch gewisse Bedingungen erfüllen mußte.

3) Zwischen dem **Minister** der Buße im Allgemeinen und dem Minister, der im öffentlichen Gerichte den Frieden ertheilte, muß unterschieden werden. Geheime Sünden konnte ein Presbyter in der geheimen Beichte nachlassen, die öffentliche Absolution stand jedoch dem **Bischofe** zu und blos wenn er, aus was immer für Gründen, verhindert war, trat das Presbyterium an seine Stelle [10]).

Auf der Kathedra sitzend, sprach er, als mit richterlicher Gewalt von Gott ausgerüstet, das Urtheil über den Sünder, denn an ihn wurde das Wort gerichtet: Was ihr auf Erden bindet, ist im Himmel gebunden und was ihr auf Erden löset, ist im Himmel gelöst [11]). Sein Richteramt sollte er ohne Ansehen der Person gegen Sünder streng, gegen Büßer aber mild, verwalten [12]).

## §. 90. Handauflegung und Gebet.

Sündennachlassung und Aufnahme in die Kirche wurde durch Handauflegung und Gebet bewirkt. Wie der Heide durch die Taufe in die

---

9) Cyp. epist. 54. p. 171. c. cf. epist. 52. p. 158. c.
10) cf. Orig. in psl. 37. hom. 1. n. 2. p. 82. u. 83.
11) A. C. l. 2. c. 11.   12) l. c. c. 10. 12—13.

Kirche aufgenommen wird, so dieser (der Büßer) durch Handauflegung; führe ihn als durch die Buße gereinigt, da Alle für ihn bitten, auf die alte Weide. Statt der Taufe werde ihm die Handauflegung zu Theil, denn **durch sie wurde den Gläubigen der heilige Geist verliehen**[1]).

Die Ceremonie der Handauflegung ist so allgemein angewendet und ihr Gebrauch bei Ertheilung der Absolution so unbestritten, daß ein weiterer Nachweis überflüssig erscheint. Wichtiger ist die Frage, wozu eine Handauflegung? Die Antwort gibt die citirte Stelle, durch sie wurde den Gläubigen der h. Geist verliehen. Die Katechumenen empfingen durch die Taufe Nachlassung der Sünden und durch die Handauflegung (in der Firmung) die Mittheilung des heiligen Geistes. Bei den Pönitenten trat an die Stelle der Taufe die Buße und statt der Ertheilung des h. Geistes in der Firmung wurde ihnen die manus impositio in poenitentiam zu Theil. In dieser Beziehung sind jedoch mehrere Fälle wohl zu unterscheiden.

Bei Personen, die, in der Häresie geboren und erzogen, später zur Kirche zurückkehrten, trat zwar die Buße gleichfalls an die Stelle der Taufe, weil sie aber die Firmung nicht oder ungültig empfangen hatten, war ihnen gegenüber die mit der Buße verbundene Handauflegung das Sakrament der Firmung. Nihil innovetur, schreibt Papst Stephanus nisi quod traditum est, ut illi manus imponatur ad poenitentiam [2]).

---

1) A. C. l. 2. c. 41. p. 695.
2) Cyp. epist. 74. p. 293. b. Nihil innovetur nisi quod traditum est, ut etc. kann, so scheint es auf den ersten Anblick und so sagen die Gelehrten, Zweierlei heißen. Erstens: es werde keine Neuerung vorgenommen, sondern beobachtet, was der Tradition gemäß ist, daß einem solchen nämlich die Hand aufgelegt werde ic. Diese Interpretation haben (aus gutem Grunde) Constant und Meinungsgenossen sich angeeignet. Aber es ist doch klar, dieselbe sei nur möglich auf Kosten der Grammatik. Hätte Stephanus das Angegebene sagen wollen, so hätte er schreiben müssen: nihil innovetur, sed quod traditum est observetur, ut etc. Gäben die Worte nicht einen anderen Sinn, als den angegebenen, wir müßten die Stelle für corrupt halten und auf sicheres Verständniß des Stephanus verzichten. Glücklicher Weise aber geben sie einen andern, und zwar von selbst und ungesucht. Genau übersetzt heißen sie: Nichts werde erneuert, als was der Ueberlieferung gemäß zu erneuern ist, so daß ihm die Hand aufgelegt werde ic. Das Synodalschreiben, welches die afrikanischen Bischöfe an Stephanus sandten, enthielt, wie schon früher gelegentlich bemerkt, die Worte baptizandus et innovandus est, d. h. die Taufe des von einem Ketzer Getauften ist zu erneuern, oder an dem von einem Ketzer Getauften ist die Taufe zu erneuern. Dagegen sagt nun Stephanus: allerdings ist an einem solchen Menschen etwas zu erneuern, aber nichts anderes, als was der Ueberlieferung gemäß von jeher erneuert worden ist. Das ist aber nicht die Taufe, d. h. nicht die Taufe ist bisher und von Anfang an erneuert worden, sondern etwas Anderes. Was ist dieses Andere? ut manus ei imponatur in poenitentiam. Also die Buße? Aber das ist ja offenbar sinnlos. Mit einem Bußakte sind die Conver-

Daß mit dieser Handauflegung (wenn auch nicht ausschließlich, wie wir hören werden) dasselbe Gebet verbunden war, dessen man sich bei der Firmung bediente, versteht sich unter dieser Voraussetzung von selbst. Manus impositio ad poenitentiam bezeichnete in diesem Falle das Sakrament der Buße und Firmung.

Anders stellte sich die Sache bei Solchen, die in der Kirche getauft und gefirmt, zum Heidenthum, Judenthum, oder zur Häresie abfielen und reuig wieder zur Kirche zurückkehrten. Ihre Firmung war gültig und wurde deßhalb so wenig wiederholt, als die Taufe. Dennoch drückt sich Stephanus und Cyprian so aus, daß man kaum zweifeln kann, auch solchen Convertiten sei eine manus impositio ad poenitentiam zu Theil geworden. Durch ihren Abfall waren sie aus der Zahl der Gläubigen ausgeschieden, in dieselbe zurückkehrend, empfingen sie die Handauflegung, „denn durch sie wurde den Gläubigen der heilige Geist verliehen". Die Handauflegung konnte jedoch nach der einen Seite, sofern sie sich auf die Firmung bezog, keine sakramentale, sondern blos symbolische, an die Firmung erinnernde Bedeutung haben. Wie verhält es sich aber unter diesen Umständen mit dem zur Handauflegung gehörenden Gebete? Aus den Schriftstellern der ersten Jahrhunderte läßt sich diese Frage, unseres Wissens, nicht beantworten. Volle Beachtung verdient aber der ordo ad reconciliandum apostatam vel haereticum des römischen Pontificale. Nachdem der Pönitent das apostolische Glaubensbekenntniß abgelegt und dem Teufel und seinen Engeln widersagt hat (wie bei der Taufe), legt der Bischof dem vor ihm Knieenden die Hände auf und spricht ein Gebet, das mit dem bei der Firmung gebrauchten völlig übereinstimmt [8]). Die Firmung wird jedoch dem Betreffenden nicht ertheilt,

---

tirenden aufzunehmen, weil sie von der Sünde herkommen. Wie kann man also jenen Bußakt innovatio nennen? Rein unmöglich. Denn er ist ja vorher nicht dagewesen. Nur das kann man erneuern, was da ist; die Erneuerung besteht darin, daß man ein Daseiendes aufhebt und wieder setzt, dasselbe Seiende als ein Anderes setzt. So wollte nun im vorliegenden Falle Cyprian Alles innoviren, was die von Ketzern Getauften besaßen, d. h. die Taufe und die Firmung, Stephanus aber nur einen Theil, d. h. nur die Firmung. Mattes in der Tübinger Quartalschrift. 1849. S. 628.

8) Domine Deus omnipotens, pater Domini nostri Jesu Christi, qui dignatus es hunc famulum tuum ab errore gentilitatis (vel) mendacio haereticae pravitatis (sive) judaicae superstitionis clementer eruere et ad ecclesiam tuam sanctam revocare, tu Domine emitte in eum spiritum sanctum paraclitum de coelis. Amen.
Spiritum sapientiae et intellectus. Amen.
Spiritum consilii et fortitudinis. Amen.
Spiritum scientiae et pietatis. Amen.

wie denn auch die Salbung nicht erwähnt wird. Das angeführte Gebet darf darum auch nicht als Forma des Sakramentes gefaßt werden, sondern wie wir von der Handauflegung sagten, daß sie in diesem Falle einen symbolischen Charakter habe, so ist dieses Gebet blos ein fürbittendes. Ueber den, welcher den Glauben und heiligen Geist durch Apostasie verloren hatte, wird er wieder herabgefleht. Wir tragen auch kein Bedenken, das Gebet des Pontificale für dasselbe zu halten, das man in den ersten Jahrhunderten bei der manus impositio ad poenitentiam verwendete. Dieser Ritus konnte nur in einer Zeit entstehen, in welcher der Taufe blos die Ertheilung des heiligen Geistes in remissionem peccatorum zugeschrieben wurde, in einer Zeit, in der man die Firmung noch gleichzeitig mit der Taufe spendete. Im vierten Jahrhundert wäre die Entstehung eines solchen Ritus schwer zu erklären.

Noch ist der dritte Fall zu erörtern, wie verhielt es sich bei Pönitenten, die weder als Häretiker, noch als Apostaten, sondern wegen schwerer sittlichen Vergehen von der Zahl der Gläubigen ausgeschlossen waren? Auch sie empfingen die Handauflegung, „durch welche den Gläubigen der h. Geist verliehen wurde"; eine Ceremonie, die den oben angedeuteten symbolischen Charakter hatte. Sie hatten jedoch den Glauben nicht in der Art verläugnet, hatten dem h. Geiste nicht so widersagt, wie die Apostaten, weßwegen nach unserer Ansicht mit der ihnen zukommenden Handauflegung das angeführte Gebet des Pontificale nicht verrichtet wurde. Zudem leuchtet an sich ein, daß bei der Reconciliation der Pönitenten nicht blos die der Firmung entlehnte Oration gebetet wurde, sondern es muß mit derselben ein zweites Gebet verbunden gewesen sein, dessen Inhalt die Sündenvergebung bildete. Kurz, es handelt sich schließlich noch um die eigentliche Absolutionsformel. Ueber die Beschaffenheit derselben müssen wir uns jedoch auf dürftige Angaben der dermaligen Schriftsteller beschränken.

Origenes tadelt jene Bischöfe, „die sich rühmen, daß sie auch Idololatrie vergeben, Sünden des Ehebruches und der Unkeuschheit nachlassen können", als ob durch ihr Gebet über solche Sünder auch die Sünde zum Tode gelöst werde [4]). Cyprian aber glaubt, wenn Jemand bußfertige Gesinnung heuchle, so werde Gott die Sentenz seiner Diener

---

Adimple eum lumine splendoris tui et in nomine ejusdem Domini Jesu Christi signetur signo crucis in vitam aeternam. Amen. Pontific. rom.

4) Orig. de orat. c. 28.

verbeſſern ⁵). Daher der von Tertullian gebrauchte Ausdruck Abſolution; und zwar wurde die Sentenz öffentlich (palam) und feierlich verkündigt.

Ueber Form und Inhalt dieſes Gebetes und Urtheilſpruches eine beſtimmte Angabe zu machen, ſcheint unmöglich zu ſein. Chriſtus ſprach zu den Apoſteln: Welchen ihr die Sünden nachlaſſet ꝛc. und gab ihnen ohne beſondere Vorſchriften über die Art und Weiſe der Sündenvergebung einfach die Vollmacht zu ihr. Nur ſo viel liegt in dem Auftrage Chriſti, die Apoſtel und ihre Nachfolger ſollten durch einen Richterſpruch binden und löſen und inſoweit war das Verhalten der Kirche bedingt. Ob man dieſes Urtheil aber in **deprecativer** oder **indicativer** Form ausſprach, iſt ohne weſentliche Bedeutung. „Denn wenn der Prieſter auch ſprechen würde: Wir bitten dich, o Herr, erlaſſe dieſem Büßer ſeine Sünden, ſo läge darin ſtillſchweigend ſchon eingeſchloſſen, daß der Prieſter die Sünden bereits vergeben habe und daß nun Gott im Himmel dieſes Urtheil beſtätigen möge. Einen Unwürdigen wird der Prieſter eben niemals (wiſſentlich) als der göttlichen Verzeihung würdig hinſtellen. Sobald er daher ſein Gebet über den Büßer verrichtet, hat er ſein Urtheil über ihn ſchon ausgeſprochen⁶)". Die Beweiſe, die Morinus für die deprecative Form der Abſolution aus den **erſten drei Jahrhunderten** anführt ⁷), ſind nach meinem Ermeſſen nicht ſtichhaltig. Er beruft ſich darauf, daß dieſen Zeugniſſen zufolge die Sünden durch Gebete nachgelaſſen werden. Allein fürs erſte ſagen dieſelben Schriftſteller, auch die Euchariſtie werde durch Gebete vollzogen und doch iſt bei der Conſecrationsformel von keiner deprecatoriſchen Form die Rede. Zweitens können ſich die Bitten auch auf die Fürbitten und Gebete der Kirche beziehen, welche in die Liturgie aufgenommen waren. Drittens mögen den eigentlichen Urtheilsſpruch Gebete begleitet haben. Dieſem ſelbſt aber entſpricht die indicative Form mehr als die deprecative. Wie bemerkt, wollen wir jedoch nicht entſcheiden, ſondern vielmehr zeigen, daß man bezüglich dieſes Gegenſtandes in den Quellen der erſten drei Jahrhunderte keine genügenden Anhaltspunkte zu einer Entſcheidung finde.

3) Die apoſtoliſchen Conſtitutionen beſchreiben das Verfahren bei der Buße auf folgende Weiſe. Wenn du Jemand ſündigen ſiehſt, ſo weiſe ihn zurecht und heiße ihn hinausführen. Dem Hinausgeführten

---

5) Cyp. epist. 52. p. 154. a.
6) Frank, die Bußdisciplin der Kirche ꝛc. S. 778.
7) Morinus, de administratione Sacramenti poenitentiae. l. 8. c. 8. p. 529 seq.

866

sollen die Diaconen einen Vorhalt machen und ihn außerhalb der Kirche ins Verhör nehmen. Hereingetreten sollen sie bei dir für ihn bitten. Du läßt ihn hierauf eintreten und nachdem du ihn geprüft, ob er reuig sei und würdig, in die Kirche völlig aufgenommen zu werden, demüthige ihn durch Fasten von 1—7 Wochen, nach Beschaffenheit des Vergehens. Auf diese Weise entlasse ihn, nachdem du noch heilsame Worte beigefügt, daß er demüthig bleibe und Gott in den Worten: Si iniquitates observaveris etc. um Verzeihung bitten soll. Nach vollbrachter Bußzeit nehme ihn wieder auf, wie der Vater den Sohn [8]).

Das „Sehen", wie das „Hinausführen" weisen auf Vergehen hin, die im Gottesdienste durch ungeziemendes Betragen 2c. vorkamen [9]). Wahrscheinlich wurden auch Todsünder nach Ablegung der Exomologese aus der Versammlung entfernt, um ungestörter über ihre Aufnahme oder Zurückweisung berathen zu können und dann erst von den Diaconen hereingeholt. Diesen Gebrauch hat auch Origenes im Auge, wenn er schreibt: Quod si forte mundatus fuerit, sponte quidem a semetipso non venit ad sacerdotam, sed offertur, inquit, ab alio nec intrat in castra [10]). In dieser Homilie wendet er nämlich alttestamentliche Reinigungsgebräuche durchweg auf die christliche Reinigung durch die Buße (und Taufe) an. Weil ferner die apostolischen Constitutionen das Hereinführen durch die Diaconen eigens erwähnen, berechtigt das um so mehr zu der genannten Annahme. Bei größeren und großen Verbrechen machte die ganze Gemeinde den Fürbitter, bei kleineren Vergehen vertraten die Diaconen, als Diener der Gemeinde, ihre Stelle. In dem vorliegenden Falle ist von einem Sündenbekenntnisse keine Rede, denn einmal war das Vergehen dem Bischofe durch eigene Anschauung bekannt, sodann war es auch nicht so bedeutend, daß die Exomologese zur Strafe auferlegt wurde.

Das Bußgericht fand unmittelbar vor der missa fidelium statt und der Absolvirte wurde sofort zur Feier der Eucharistie zugelassen. Die Täuflinge küßte zuerst der Bischof nach vollendeter Handlung, dann gaben ihnen auch die Gläubigen in der Liturgie den Pax. Der Ausdruck pacem

---

8) A. C. l. 2. c. 16. u. c. 38. Weil Irenäus den 50. Psalm psalmum exhomologeseos nennt l. 4. c. 27. n. 1., wird er wohl persönlich von dem Büßer gebetet worden sein.

9) Den besten Aufschluß gibt Hippolyt. Qui loquitur in ecclesia, *expellātur neque illa die ad communionem mysteriorum admittatur*. Hippol. can. 17. p. 78.

10) Orig. in Levit. hom. 8. n. 10. p. 146.

dare in der Bedeutung von Lossprechen zeigt an, daß dieses auch vom Bischof beim Bußgerichte geschah. Zudem bemerkt Clemens A., der Apostel Johannes habe die verbrecherische Hand des Jünglings, die er vor ihm verbarg, als bereits durch Buße gesühnt, geküßt [11]); eine Notiz, die andeutet, das Küssen der durch Buße Gereinigten sei zur Zeit des Alexandriners ebenso allgemein bekannt, als üblich gewesen. Mit dem liturgischen Friedenskuß der Gläubigen trat der Absolvirte faktisch in die Kirchengemeinschaft ein.

### §. 91. Verhältniß der geheimen zur öffentlichen Absolution.

Dem Verhältnisse der drei Bußgerichte zu einander conform, bekannte der Pönitent zuerst einem Priester seine Schuld im Geheimen. Die wichtige, seither nicht erörterte Frage ist, ob ihn der Priester von **den Sünden absolvirte** und blos zur Aufnahme in die Kirche an den Bischof verwies [1]).

Bei geringeren Vergehen, oder, da blos notorische Sünder excommunicirt wurden, bei heimlichen Sünden, absolvirte der Priester. Da nämlich nach dem Früheren auch Presbyter das Bußsakrament verwalteten, die öffentliche Aufnahme in die Kirche aber dem Bischofe zukam: so muß sich das Amt der Presbyter auf die Vergebung der Sünden erstreckt haben, wie dieses Origenes deutlich ausspricht. Die Frage lautet darum näher dahin: wie verhielt es sich mit der Vergebung einer Sünde, welcher der Ausschluß aus der Kirche annex war? Vergab auch in diesem Falle der Presbyter die Sünde, während er den Pönitenten zur Aufnahme in die Kirche an den Bischof wies? Papst Cornelius schreibt an Cyprian, die betreffenden Pönitenten haben sich zu den Presbytern begeben, qui, cum haec et cetera eis fuissent exprobrata, ut *abolerentur* et de memoria tollerentur deprecati sunt [2]), d. h. die Presbyter hielten ihnen ihre Vergehen vor und die Pönitenten baten um Vergebung und Vergessenheit. Da einer der Büßer, Maximus, Presbyter war, kannte er die Bußdisciplin, die Bitte um Vergebung setzt darum voraus, die Presbyter haben von Sünden lossprechen können. Wie es scheint, willfahrten sie ihnen jedoch nicht, sondern wiesen sie an

---

[11] Clem. Quis dives. c. 42. p. 960.
[1] Mit dem Folgenden ist nothwendig das §. 72. über das geheime Sündenbekenntniß Gesagte zu vergleichen.
[2] Cyp. epist. 46. p. 135. d.

den Bischof und das Presbyterium. Vor demselben baten sie nämlich wiederholt, ihre Sünden der Vergessenheit anheimzugeben, daß sie nach Vergebung von Allem Gott ein reines und lauteres Herz darbrächten ³). Cornelius führt hierauf fort: Quod erat consequens, omnis hic actus populo fuerat insinuandus, ut et ipsos viderent in ecclesia constitutos quos errantes et palabundos tamdiu viderant et dolebant ⁴). Diese Worte setzen, nach unserem Ermessen, voraus, der Bischof mit dem Presbyterium habe den Betreffenden vergeben (hic actus) und die Gemeinde sei blos berufen worden, um sie mit ihrer Zustimmung und öffentlich in die Kirche aufzunehmen und die Exomologese vor ihr ablegen zu lassen. Die letzte sollte nämlich bei derartigen Vergehen vor der Gemeinde geschehen und blos in Nothfällen durfte sie, statt vor ihr, vor einem Presbyter und selbst Diacon geschehen. Ist dieses richtig, so war die Verzeihung der Sünden ein von der Aufnahme in die Kirche verschiedener Akt und es konnte demnach ein Pönitent Verzeihung der Sünden erlangt haben, ehe er in die Kirche aufgenommen war.

Bei dieser Annahme erklärt sich auch, wie jener kranke Presbyter dem Büßer Serapion die Eucharistie durch einen Knaben schicken konnte. Serapion war von der Sünde absolvirt, aber noch nicht in die Kirche aufgenommen. In Todesgefahr wurde reumüthigen Büßern, die um die Kirchengemeinschaft baten, dieselbe durch Reichung der Eucharistie ertheilt. Dasselbe geschah mit Serapion. In Nothfällen übertrug der Bischof das Recht der Aufnahme Presbytern und selbst Diaconen ⁵). Waren aber, wie im vorliegenden Falle, keine Cleriker zu finden, so genügte die Spendung der Eucharistie allein, die sich auch die Bischöfe als Beweis der Kirchengemeinschaft zusendeten. Vollen Beifall verdient ferner die Argumentation von Frank.

Es läßt sich, sagt er, weder für die griechische, noch für die abendländische Kirche ein Schriftstück aufweisen, aus welchem mit Bestimmtheit zu entnehmen wäre, daß im ersten Zeitraum dem Büßer nur ein einziges mal die Hände aufgelegt worden seien. Insbesondere sprechen die apostolischen Constitutionen, die wir als das wichtigste Dokument für die Praxis jener Zeit ansehen, immer nur im Allgemeinen von der Handauflegung, ohne jemals zu erwähnen, ob sie einmal oder mehreremal

---

3) l. c. p. 186. a.    4) l. c.

5) Apud presbyterum, si quis gravi lapsu in ruinam mortis inciderit, placuit agere poenitentiam non debere, sed potius apud episcopum: cogente, tamen infirmitate necesse est presbyterum communionem praestare debere, et diaconem si ei jusserit sacerdos. Concl. Illib. can. 32.

ertheilt worden sei. Dasselbe müssen wir von Tertullian und Cyprian behaupten. Mit diesem Vordersatze, den uns jeder Alterthumskenner gern zugestehen wird, bilden wir nun folgendes Argument. Für den ersten Zeitraum haben wir keine sichere Nachricht, ob die Handauflegung einmal oder öfter vom Büßer empfangen werden mußte. Im zweiten Zeitraume (vom 4. Jahrhunderte an) dagegen begegnet uns im Orient und Occident die allgemeine Praxis, daß die Handauflegung beim Eintritt in die Station der Liegenden, womit die eigentliche Buße begann, ertheilt, während der Zeit, die der Büßer in dieser Station zubringen mußte, öfter wiederholt, und vor der Zulassung zur heiligen Communion zum letztenmale gegeben wurde. Wer wird nun Angesichts dessen noch Bedenken tragen, zu glauben, daß auch im ersten Zeitraume wenigstens die zwei vorzüglichsten und wichtigsten Handauflegungen, zum Antritt und Schluß der Buße, gebräuchlich waren [6])?

Die Sache liegt jedoch noch viel einfacher, so daß diese Argumentation nicht einmal nöthig ist. Die wiederholte Handauflegung über die Pönitenten ist in der Liturgie der apostolischen Constitutionen ausdrücklich bezeugt. So oft sie gefeiert wurde, betete der Bischof über die anwesenden Büßer mit aufgelegten Händen. Binterim glaubt zwar, dieses Gebet und die mit ihm verbundene Handauflegung sei die gewesen, nach welcher der Pönitent zur Heerde auf die Weide, d. h. in die alten Rechte, in die Gemeinschaft wieder eintrat [7]) und folgert daraus, es habe nur eine Handauflegung stattgefunden. Das ist jedoch unrichtig. So wenig durch das in derselben Liturgie stehende Gebet über die Katechumenen und Energumenen jene in die Kirche aufgenommen und diese von Dämonen befreit wurden: so wenig wurden durch diese Oration die Pönitenten zur Kirchengemeinschaft zugelassen. Umgekehrt ist vielmehr zu sagen, wie dem Gebete über die Katechumenen ein Aufnahmeritus und dem Gebete über die Energumenen ein Exorcismus voranging, welcher Akt sich in den liturgischen Orationen fortsetzte: so ging dem Gebete über die Pönitenten eine Handlung voran, die sich in der betreffenden Oration gleichfalls fortspann, und diese Handlung war die Absolution von der Sünde. Hiermit stimmt auch der Inhalt dieser Oration überein, der, die Sündenvergebung voraussetzend, mit der Bitte um Aufnahme in die Kirche schließt [8]).

Die Sündenvergebung und erste Handauflegung fand bei notorisch

---

6) Frank, l. c. S. 807.   7) Binterim, l. c. V. 2. p. 297.
8) A. C. l. 8. c. 9. cf. Probst, Liturgie. S. 261.

schweren Sünden vor dem zweiten Bußgerichte statt, bei geheimen Vergehen aber vor dem ersten. Jetzt erst gelangt man zum vollen Verständniß der oben angegebenen Worte des h. Irenäus⁹). Die schuldigen Frauen wurden von den Brüdern bekehrt, weigerten sich aber, ihre Sünden öffentlich zu bekennen, darum waren sie weder innen noch außen, schwebten zwischen Thür und Angel¹⁰). Sie wurden bekehrt und waren innen, sofern sie heimlich (sei es vor dem ersten oder zweiten Bußgericht, denn auch dieses war kein öffentliches) gebeichtet hattten und absolvirt waren, sie waren außen, weil sie wegen Weigerung des öffentlichen Bekenntnisses nicht in die Kirche aufgenommen wurden. Hätten sie keine Absolution erhalten bei der heimlichen Beichte, so ist gar nicht abzusehen, warum Irenäus nicht einfach gesagt haben sollte, sie sind außen. Es muß etwas mit ihnen vorgenommen worden sein, wodurch sie in gewisser Weise auch innen waren und da dieses nicht die Aufnahme in die Kirche ist, muß es die Vergebung der Sünden sein. Ebenso erklärt sich jetzt, warum im Nothfalle selbst Diaconen in die Kirche aufnehmen konnten¹¹). Die Betreffenden hatten die Absolution bereits vor dem zweiten Bußgericht erhalten und wurden durch die Diaconen blos in die Kirche eingeführt.

## §. 92. Ritus der Privatbeicht.

Ueber diesen Gegenstand wollen wir Marchi sprechen lassen¹), dessen Kenntniß der Cömeterien und des Alterthums Niemand bezweifeln wird. In dem Cömeterium der h. Agnes befinden sich fünf Sitze, deren Beschaffenheit und Lage das Folgende näher angibt. Von diesen Sitzen zeigt Marchi zuerst, wofür sie nicht bestimmt waren und dann wozu sie dienten.

Sie dienten nicht für den Sänger der Psalmen, nicht für die Predigt, nicht für die Ordination der Cleriker, Priester und Bischöfe. Ausgehöhlt, wie sie sind, in den Ecken und nicht in den Mittelpunkten (centri) der Gemächer, sich längs der Arcosolien und Seitenwände hinziehend, so daß der dort Sitzende nicht den ganzen Saal vor sich hatte, konnten sie nicht dazu da sein, den Bischof oder Presbyter in Ausübung jener Funktionen aufzunehmen, die in direkter Beziehung zu der ganzen

---

9) cf. §. 79. not. 13 seq. §. 72. not. 2.
10) Καὶ τὸ τῆς παροιμίας ἐντύσασιν, μήτε ἔξω, μήτε ἴσω οὖσαι. Iren. l. 1. c. 13. n. 7. p. 65.
11) cf. §. 67. not. 23.
1) Monumenti delle arti christiane primitive. Roma 1844.

Versammlung standen. Noch mehr, in beiden Hauptgemächern dieser Crypte sind zwei Sitze, was zu der Einheit des Hauptes nicht paßt.

Auch für die Diaconen und Diaconissen, welche in den Versammlungen die Ordnung einzuhalten hatten, passen die Sitze nicht. Unmöglich kann ihnen ein Sitz angewiesen worden sein, wenn die viel höher stehenden Bischöfe und Presbyter keinen hatten. In der Krypte 28, die drei Sitze hat, konnte allerdings der Bischof und Diacon auf den beiden des Hauptgemaches Platz nehmen und die Diaconissin auf dem in der Abtheilung der Frauen, aber es entstünde durch diese Annahme die doppelte Inconvenienz, der Diacon befände sich in derselben Höhe und Nähe des Arcosoliums und Altares, wie der Bischof und die Diaconissin hätte ihren Sitz zu nahe am Altare, was der hierarchischen Ordnung wenig conform zu sein scheint... Es scheint überhaupt viel angemessener, daß der vor allen Anderen in der Versammlung stand, welcher seinem Amte gemäß über die gute Ordnung zu wachen hatte, ein Umstand, welcher selbst den Gedanken ausschließt, diese Sitze haben jemals solchen Bediensteten angehört [2]).

Ein etwas helleres Licht fällt auf diese (fünf) Sitze durch folgende Anschuldigung gegen die Christen der ersten Zeit, welche Minucius Felix in seinem Octavius dem Cäcilius in Mund legt. Alii eos ferunt ipsius antistitis ac sacerdotis colere genitalia, et quasi parentis sui adorare naturam [3]). Er fügt hierauf bei, daß er die Wahrheit der Thatsache nicht verbürgen könne, sicher sei sie aber eine Zugabe des heimlichen und nächtlichen Gottesdienstes.

Diese schändliche Verläumdung findet nach allgemeiner Annahme ihre Erklärung in den Worten, welche die Schrift Tertullians über die Buße enthält. Itaque exomologesis prosternendi et humilificandi hominis disciplina est. De ipso quoque habitu atque victu mandat, jejuniis preces alere, lacrimari, presbyteris advolvi et caris Dei adgeniculari. Tertullian schrieb nicht lange nach Minucius Felix und die Beschreibung, die er von der Beichte gibt, entdeckt uns die Veranlassung der heidnischen Verläumdung... Wir wissen, daß in den apostolischen Zeiten die Mysterien unseres Glaubens und die heiligen Ceremonien unseres Cultus nicht mit so viel Strenge und Vorsicht den Heiden verborgen und daß die Katechumenen nicht so vielfach erprobt wurden, wie dieses die Erfahrung bald nachher nöthig machte... Nimmt

---

2) l. c. p. 187.
3) Minuc. Felix l. c. c. 9. p. 386. Gall.

man nun an, ein Heide habe unter dem falschen Vorwande, er wolle den Glauben annehmen⁴); die damals nicht völlig unzugängliche Versammlung der Christen besucht: so fiel ihm unter anderen Gebräuchen auch der der sakramentalen Beicht auf. Er sah auf einem hierzu aufgestellten oder gemachten Sitze den Bischof oder einen Presbyter sitzen, zu seinen Füßen kniete der beichtende Gläubige, gebeugt, mit dem Haupte auf den Knien desselben, in demüthiger und niedergeschlagener Haltung. Wenn man die Ursache nicht wußte, konnte man nicht unterscheiden, ob es der Akt von Jemand ist, der seine Sünden beweint, der sich anklagt und um die Absolution bittet, oder von Jemand, der sich demüthig anbetend niederwirft.

Die Unwissenheit oder der böse Wille des Verräthers hatte sicher kein Interesse, sich über den wahren Grund einer solchen Ceremonie zu vergewissern. Gewöhnt an die Anbetung einer phantastischen und schamlosen Gottheit ... frohlockte er, mit eigenen Augen gesehen zu haben, und sofort den Seinigen diese neue Art Jdololatrie, welche die Christen eingeführt haben, verkündigen zu können. Wollen wir nun in den Cömeterien die einzelnen Orte durchsuchen, an welchen man diesen Ritus feierte: so werden wir uns ohne Schwierigkeit überzeugen, daß sie von denen der gemeinschaftlichen Versammlung nicht verschieden sein konnten, sei es wegen der Erbauung, welche alle Versammelten durch ihn erhielten, sei es wegen des Trostes, den der Pönitent empfand, der in der ersten Gluth, da man sich die Schmach des Kreuzes zum Ruhm anrechnete, sich um so glücklicher hielt, je mehr seine Verdemüthigung offenkundig war, mit der er sich bemühte, die eigenen Fehler gut zu machen und die Gerechtigkeit des ewigen Richters zu versöhnen. Ferner hätte die heidnische Verläumbung nicht so lauten können, wie sie lautet, wenn der Bischof oder Priester nicht gesessen, und zwar vor dem zu seinen Füßen knieenden Pönitenten gesessen wäre. Diese ursprüngliche Stellung des Richters und Pönitenten lebt noch jetzt in den Patriarchalkirchen Roms fort, wo an Ostern der Cardinal-Pönitentiar die Pönitenten nicht von der Seite, wie gewöhnlich, sondern von Vorn (di fronte) aufnimmt. Diese beiden Ursachen als wahr vorausgesetzt, sowohl, daß die Beicht in den Versammlungsorten abgelegt wurde, als daß der Pönitent vor dem

---

4) Wie begründet diese Annahme ist, zeigen die arabischen Kanonen Hippolyts, in welchen es heißt: Illi, qui ecclesias frequentant eo consilio, ut inter Christianos recipiantur, examinentur omni cum perseverantia, et (inquiratur), quam ob causam suum cultum respuant, ne forte intrent illudendi causa. Can. 10. p. 69.

sitzenden Richter kniete, kann ich ohne Verwegenheit behaupten, daß die Sitze der beiden Krypten, weil in dem Versammlungsorte aufgestellt und so gemacht, daß der Pönitent von Vorn aufgenommen wurde, wahrscheinlich auch zum Zwecke der sakramentalen Beicht gedient haben [5]).

## Fünftes Kapitel.

## Sakrament der Oelung.

### §. 93. Vorbemerkung.

Die ersten Jahrhunderte ertheilen wenig Nachrichten über dieses Sakrament, weil dasselbe als solches in das Gebiet der Arcandisciplin fiel. Sie erklärt jedoch die genannte Erscheinung insofern nicht genügend, als wir über die übrigen Sakramente, die doch auch verborgen werden sollten, manche Aufschlüsse haben. Ihnen gegenüber gab es nämlich mehrfach Veranlassung und Aufforderung, sie trotz der Arcandisciplin zu erwähnen, die bei der Oelung fehlten. Die Verläumdungen über die Feier der Eucharistie nöthigten Justin, von ihr zu sprechen. Zudem bildete sie so sehr den Mittelpunkt des christlichen Gottesdienstes, daß sie den Augen nicht völlig entzogen werden konnte. Weil die Taufe den Eintritt in das Christenthum öffnete, wurden auch die, wenigstens theilweise, mit ihr bekannt, die noch nicht zur Kirche gehörten. Die Heiden überhaupt, und die heidnischen Richter insbesondere, hatten, von der Initiation in ihre Mysterien ausgehend, ein Interesse, zu erfahren „wie die Christen sich Gott weihten", weßwegen die Gläubigen oft nicht umhin konnten, darauf einzugehen. An die Taufe aber schloßen sich Notizen über die Firmung an, obwohl sie kurz genug ausfallen und vielfältig durch den Ketzertaufstreit veranlaßt wurden.

Dieses war eine weitere Ursache, warum die Oelung selten erwähnt wird; sie bildete nie einen Gegenstand der Controverse. Zur Diskussion über Buße und Ehe forderte der Montanismus auf, weßwegen auch die Nachrichten über sie vor dem Auftreten dieser Sekte ebenso spärlich fließen, als wir der Bekämpfung derselben manche Bemerkungen verdanken.

Ferner stand die Oelung in keiner Verbindung mit dem gemeinsamen

---

5) Marchi l. c. p. 189.

Gottesdienste, denn wenn Ein Sakrament privatim und im Verborgenen gespendet werden konnte, ist sie es. Man kann nicht zweifeln, daß das Viaticum den meisten Sterbenden gereicht wurde und wie wenig ist hierüber in den Quellen enthalten! Man konnte diesen Akt verheimlichen und es geschah auch.

Endlich verbirgt sich die Oelung und ließ sie sich verbergen unter der charismatischen Krankenheilung. Nicht nur machte der Apostel Thaddäus durch Gebet und Handauflegung, ohne den Gebrauch von Kräutern oder Medicamenten, Kranke gesund [1]), sondern noch in der Mitte des zweiten Jahrhunderts war dieses der Fall [2]). Tertullian fügt bei, die Christen haben sich hierzu des Oeles bedient [3]) und wirft den häretischen Frauen vor, daß sie lehren, taufen, exorcisiren und Kranke zu heilen vorgeben [4]). Weit entfernt, diese Heilungen auf die Oelung zurückführen zu wollen, wird doch nicht bewiesen werden können, daß ihr gar kein Antheil an ihnen zukommt. Besonders das letzte Citat aus Tertullian erregt die Aufmerksamkeit. Er spricht in demselben von der Auflösung der Disciplin bei den Häretikern und daß sich selbst Laien priesterliche Funktionen anmaßen. Unter diesen Umständen ist unter den Worten mulieres haereticae audeant docere ... curationes repromittere, fortasse an et tingere, wohl nicht blos an eine gewöhnliche Krankenheilung zu denken, um so weniger, als sie zwischen Lehren und Taufen erwähnt wird. Um die Macht des Christenthums zu offenbaren, konnten die Gläubigen von den wunderbaren Wirkungen der Oelung sprechen, die Handlung selbst als eine sakramentale näher zu bezeichnen, war weder nöthig noch erlaubt.

Aus dem Gesagten folgt, die Oelung konnte mehr als ein anderes Sakrament verheimlicht werden und gemäß der Arcandisciplin sollte dieses geschehen. Da darf das Resultat nicht überraschen, daß von ihr weniger bekannt ist, als von einem anderen Sakramente.

### §. 94. Schrift und Tradition.

Wenn Jesus die Zwölfe aussendet und wenn sie Dämonen austreiben und viele Kranke mit Oel salben und sie gesund machen [1]), so

---

1) Euseb. h. e. l. 1. c. 13. p. 62.
2) l. c. l. 5. c. 7. p. 328. cf. Iren. l. 2. c. 32. n. 4.
3) Tert. ad Scapul. c. 4.   4) Tert. de praesc. c. 41.
1) Marc. 6. 13.

mag sich dieses vorzüglich auf die charismatische Heilung beziehen, jedoch nicht ausschließlich), denn wozu Oel, wenn das Charisma die Wirkung hervorbrachte? Man kann erwidern, die Salbung der Kranken mit Oel war bei den Juden eingebürgert und an diese Sitte lehnt sich der christliche Gebrauch an. Gerade das ist unsere Ansicht. Wie Taufe, Handauflegung und Eucharistie im Judenthume ein Vorbild hatten, so auch die Oelung. Man hat daher in dem obigen Vorgange ebenso eine Abschattung der kommenden Krankensalbung zu sehen, wie in der Aussendung der Zwölfe ein Vorbild ihrer Sendung, alle Völker zu lehren und zu taufen. In der gewöhnlichen Sitte, Oel bei Krankenheilungen zu gebrauchen, kann auch der Grund allein nicht liegen, daß Jesus in der Parabel vom barmherzigen Samariter das Oel erwähnt. Die Worte seiner Parabeln sind durchweg von tieferer Bedeutung, wie das Wesen derselben selbst.

Das Gesagte wird durch die bekannte Stelle des Jacobusbriefes bestätigt, der zufolge die Presbyter der Kirche über die Kranken beten und sie im Namen des Herrn mit Oel salben sollen [2]). Diese Stelle setzt um so mehr eine hierauf bezügliche Anordnung Christi voraus, als die Salbung nicht nur im Namen des Herrn geschehen soll, sondern auch die Wirkungen derselben: „das Gebet des Glaubens wird dem Kranken Gesundheit verschaffen, der Herr wird ihn erleichtern, und wenn er in Sünden ist, sie ihm vergeben", über menschliches Können und Vermögen hinausliegen. Eine charismatische Heilung kann nicht gemeint sein, weil nicht der, welcher ein Charisma besaß, zu dieser Handlung berufen wurde, sondern blos die Presbyter, und weil zwar die Heilung der Kranken, nicht aber die Vergebung der Sünden, in den Bereich der Charismen gehörte.

Für den uralten Gebrauch der Krankensalbung zeugen sogar die Gnostiker. Andere Häretiker, sagt Irenäus, erlösen Sterbende in der Todesstunde, indem sie ihnen eine Mischung von Wasser und Oel über das Haupt gießen, unter dem Gebete, sie möchten dadurch den Fürsten und Gewalten unfaßbar und unsichtbar werden [3]). Daß dieses ein Zerrbild der katholischen Oelung ist, läßt sich nicht verkennen.

---

2) Jacob. 5. 14.
3) Iren. l. 1. c. 21. n. 5. p. 97. Eine Hinweisung auf dieses Sakrament, wenn auch kein Zeugniß für dasselbe, liegt in den Worten Hippolyts: Magna enim res (consolatio) est *infirmo* a principe sacerdotum visitari; (non raro) reconvalescit a morte, quando episcopus ad eum venit, inprimis, si *super eo orat*. Can. 24. p. 80.

Außer diesem Berichte besitzen wir ein Zeugniß von Origenes, der von ihr in Verbindung mit der Buße redet. Denn sie wurde in ein ähnliches Verhältniß zur Buße gesetzt, wie die Firmung zur Taufe. Als Vollendung der Buße nannte man sie später oleum reconciliationis und spendete sie unmittelbar nach der Beicht und vor der Communion. Erst im 16. Jahrhundert stellte man den Empfang der Wegzehrung dem der Oelung voran. Wie nämlich, nach der Praxis der alten Zeit, beim Eintritte in die Kirche der Taufe die Firmung und dieser die Eucharistie folgte, so folgte bei dem Austritte aus diesem Leben der Buße die Oelung und dieser das Viaticum.

Die Worte des Origenes lauten: Es gibt noch eine siebente, übrigens harte und mühselige Art der Sündenvergebung durch Buße, wenn der Sünder sein Lager mit Thränen wäscht, Thränen sein Brod sind Tag und Nacht, wenn er sich nicht schämt, dem Priester des Herrn seine Sünden aufzudecken und das Heilmittel sucht... Dadurch wird auch das erfüllt, was der Apostel Jacobus sagt: Ist Jemand krank, so rufe er die Priester der Kirche ꝛc. [4]). Origenes verbindet Buße und Oelung, er trennt sie aber auch, da er ihr eine eigene Materie, die Salbung mit Oel, zuweist. Ferner führt er die Buße, wenn er von ihr allein spricht, auf die Worte Christi zurück: empfanget den h. Geist, welchen ihr die Sünde nachlasset ꝛc., die Sündenvergebung durch die Oelung aber auf den Ausspruch des Jacobus. Als Subjekt der Buße erscheint der Sünder im Allgemeinen, als Subjekt der Oelung der Kranke, oder Sterbende. Eingangs derselben Homilie sagt er nämlich: omnis enim anima eget oleo divinae misericordiae, nec praesentem vitam evadere quispiam potest, nisi ei oleum coelestis miserationis adfuerit [5]). Niemand wird von Origenes einen unumwundenen Ausspruch über die Spendung dieses Sakramentes verlangen. Genug, daß er in den angeführten Worten erklärt, Jeder, der dieses irdische Leben verlasse, bedürfe das Oel der göttlichen Barmherzigkeit. In dem alttestamentlichen Texte, den er interpretirt, ist zwar vom Oele, von Sterbenden aber entfernt keine Rede. Wie kommt er nun auf sie zu sprechen? Wie er bei Erklärung der Worte Ezechiels: mein Oel und Räucherwerk legtest du ihnen vor, auf die Taufe zu sprechen kommt [6]), so hier vom Oel auf die Sterbenden, und wie dort seiner Exegese ein christliches Mysterium zu Grunde liegt, auf das er sich bezieht, so hier.

---

4) Orig. in Levit. hom. 2. n. 4. p. 32.   5) l. c. n. 2. p. 27.
6) Orig. in Ezech. hom. 7. n. 4. p. 170. cf. §. 37.

Jedenfalls ersieht man aus dieser Homilie, die Oelung war zur Zeit des Origenes ein längst bestehendes und anerkanntes Mittel der Sünden-vergebung; widrigenfalls wäre er nicht so kurz über die Worte des Jacobus weggegangen.

Wozu anders endlich, als zum Gebrauche, weihte man Oel mit der Bitte, Gott möge ihm Kraft geben, Gesundheit zu verleihen und Krankheit zu vertreiben [7])? Dieses Gebet steht allerdings im achten Buche der apostolischen Constitutionen und es läßt sich aus seinem Inhalte nicht erkennen, ob es der Mitte des dritten oder vierten Jahrhunderts angehört.

### §. 95. Spender und Empfänger.

Der Brief des h. Jacobus erklärt unzweifelhaft die Presbyter für die Spender der h. Oelung. Ob das Ordinationsgebet über die Presbyter in den apostolischen Constitutionen auf diese Funktion anspielt, ist schwer zu entscheiden. In demselben heißt es: Bewahre in uns stets den Geist deiner Gnade, daß er (der Presbyter) erfüllt von heilwirkenden Kräften ($\dot{\varepsilon}\nu\varepsilon\rho\gamma\eta\mu\dot{\alpha}\tau\omega\nu$ $\dot{\iota}\alpha\tau\iota\kappa\tilde{\omega}\nu$) und dem lehrhaften Worte in Sanftmuth dein Volk unterrichte [1]). Die heilenden Thätigkeiten können sich auf den Priester, sofern er das Wort Gottes verkündigt, beziehen, nicht weniger aber auf das Gebet über Kranke, um ihnen Gesundheit zu verleihen. Diese Annahme empfiehlt sich um so mehr, als in dem Weihegebet über die Bischöfe außer dem Lehramte auch andere bischöfliche Funktionen kurz berührt werden.

Von dem Besuche und der geistigen Pflege der Kranken in dieser Zeit ist äußerst wenig bekannt, wenn sie aber erwähnt werden, erscheinen die Presbyter als die, welchen dieser Dienst obliegt [2]). Ebenso liegt vorzüglich den Presbytern die Sorge für die Confessoren oder Martyrer ob, wie man die um Christi willen im Gefängnisse Schmachtenden auch nannte [3]). Sofern ein Bekenner schnell und ohne Weiteres hingerichtet wurde, konnte ihm, als Gesundem, allerdings nicht das Sakrament der Oelung, sondern blos das der Eucharistie gespendet werden. Wenn man

---

7) A. C. l. 8. c. 29.
1) A. C. l. 8. c. 16.
2) Polyc. epist. ad Phil. c. 6. p. 197. Respice cum pascis infirmos et feneras Alto sagt Commodianus in dem Gedichte mit der Aufschrift: Pastori n. 78. p. 650.
3) Cyp. epist. 4. p. 82. epist. 6. p. 85. epist. 87. p. 118.

aber bedenkt, in welchem Zustande die Confessoren gewöhnlich von der Folter in den Kerker zurückgeführt wurden und wie viele den Leiden der Haft unterlagen, kann nicht bezweifelt werden, daß ihnen die Presbyter auch die Oelung ertheilten. Tertullian nennt sie auch infirmi, leiblicher wie geistlicher Hilfe gleich bedürftig [4]). Allerdings besuchten auch die Diaconen die Martyrer und Kranken, aber einerseits sorgten sie für die leiblichen Bedürfnisse derselben [5]), andererseits gingen sie den Presbytern bei ihren Funktionen an die Hand.

Ueber den **Empfänger** dieses Sakramentes gibt blos die Stelle aus dem Briefe des Jacobus Aufschluß. Ἀσθενεῖν (infirmari) bezeichnet nicht blos ein vorübergehendes Unwohlsein, sondern eine bedeutendere Krankheit, die den von ihr Befallenen darniederwirft, weßwegen es heißt, das Gebet des Glaubens wird den κάμνοντα erleichtern oder aufrichten.

## Sechstes Kapitel.
## Sakrament der Priesterweihe.
### §. 96. Wahl der Priester und Cleriker.

Mit Berufung auf die Apostelgeschichte herrscht in gewissen Kreisen die Ansicht, in der ersten christlichen Zeit habe das Volk den Clerus **gewählt**. Prüft man die Stelle act. 1. 15—26., so war allerdings das Volk anwesend, Jene aber, welche die Zwei vorstellten, das Loos warfen und über sie beteten, waren die Apostel. Es ist auch einleuchtend, daß nicht alle 120 das Loos warfen und daß die, welche sie vorstellten, von jenen verschieden sein mußten, welchen sie vorgestellt wurden. Die Apostel stellten sie dem Volke vor, damit es Zeugniß über sie ablege und wenn dieses kein Veto enthielt, besorgten sie das Weitere. Matthias erhielt auf keinen Fall ein Gemeindeamt, denn dieses würde allerdings die Wahl durch die Gemeinde, wenn nicht fordern, so doch empfehlen. Wie aber ein Apostel durch **Gemeindewahl berufen** werden soll, wie eine Gemeinde das **Apostolat** übertragen könne, wird schwer zu fassen sein.

Nicht weniger schwer zu fassen ist es, wie die Wahl von der Gemeinde ausgegangen sein soll, da die Apostel aus den von ihnen zuerst

---

4) Tert. ad martyr. c. 1. p. 65.
5) Ruinart. I. Acta S. S. Perpetuae etc. n. 3. p. 205.

Bekehrten Bischöfe ordinirten, für die, welche glauben würden¹). Die Apostel stellten, von Gott dazu bevollmächtigt, Bischöfe auch für solche auf, welche erst zum Glauben gelangen sollten. So spricht der Apostelschüler Clemens. Die protestantische Literatur erklärt aber seine Worte durch den Satz: die bereits bestehenden Gemeinden erwählen aus ihrer Mitte, vermöge ihrer Souveränetät, Vorsteher zur Einhaltung der Ordnung.

Bei der Ordination der Diaconen forderten die Zwölfe das Volk zur Wahl auf. Nach Cyprian bestand dieses Wählen in dem Zeugnisse, das die Gläubigen über sie ablegten. In der That geschah das auch und die Apostel wählten sie, beteten über sie und legten ihnen die Hände auf²). Darum heißt es Apostelgesch. 14. 22., nachdem sie ihnen Presbyter erwählt oder aufgestellt hatten. Uebereinstimmend hiermit schreibt Paulus an Titus 1. 5., er soll Presbyter aufstellen, wie er ihm geboten habe. Nach dem Tode des Apostels Jacobus kamen die Apostel und übrigen Schüler des Herrn, die noch am Leben waren, von verschiedenen Seiten zusammen und machten den Symeon zu seinem Nachfolger³). Allerdings ist hierdurch „die Theilnahme der Gemeinde an der Ernennung der für sie einzusetzenden Beamten nicht ausgeschlossen", aber zwischen dem Ausschlusse der Gemeinde und „dem democratischen Charakter der ersten christlichen Gemeindeverfassung" gibt es noch Mittelstufen, mit welchen die Kirchengeschichte uns bekannt macht.

Der Apostel Johannes besuchte die in der Nähe von Ephesus gelegenen Gegenden, setzte Bischöfe ein, gründete hier Kirchen und nahm dort Einen von Jenen, welche der heilige Geist bezeichnet hatte, in den Clerus auf⁴). Von einer Wahl des Clerus durch das Volk ist auch in den Clementinen nirgends die Rede. Petrus erwählt, wen er für würdig hält⁵). „Diesen Zachäus habe ich euch zum Bischofe ordinirt, weil ich weiß, daß er gottesfürchtig ist"; so lassen die Recognitionen denselben Apostel sprechen⁶). Man darf das auch nicht auf Rechnung der Häresie schreiben, denn nach dem Zeugnisse des Tertullian herrschte in dieser Beziehung große Unordnung bei den Sekten⁷), während gerade der ebionitische Gnosticismus bezüglich der Ordination sich eng an die Kirche anschloß⁸). Seine Anhänger mögen insofern zu weit gegangen

---

1) Clem. R. epist. ad Cor. c. 42. u. 43.    2) Act. 6. 7.
3) Euseb. l. 3. c. 11. p. 162.    4) Clem. Quis dives. c. 42. p. 959.
5) Clem. hom. 3. n. 63. p. 113.    6) Recog. l. 3. c. 66.
7) Tert. de praesc. c. 41. p. 24.    8) cf. §. 103.

sein, als sie das Volk von aller Betheiligung bei Aufstellung der Cleriker fern hielten, während die Apostel und ihre Schüler die Bischöfe unter Zustimmung der ganzen Gemeinde aufstellten ⁹). Gegen die Annahme eines allgemeinen Wahlrechtes der ältesten christlichen Gemeinden legt jedoch das Zeugniß der Clementinen Protest ein. Hätten die Gläubigen und nicht die Bischöfe die Cleriker erwählt, so konnte man es nicht für eine bischöfliche Amtspflicht erklären, tüchtige Vorsteher aufzustellen und jene als schlechte Hirten bezeichnen, welche untaugliche Obere einsetzten ¹⁰). Wie Gott im alten Bunde den Aaron zum Priesterthum durch Moses berufen hat und beßungeachtet Moses das ganze Volk versammelte: so verhält es sich auch im neuen Bunde. Die Gegenwart des Volkes bei der Ordination eines Priesters wird erfordert, damit sich dasselbe überzeugen konnte, man habe den Tüchtigsten, Gelehrtesten, Tugendhaftesten zum Priesterthume erwählt. In diesem Sinne wurde auch die Vorschrift des Apostels I. Timoth. 3. 7. verstanden ¹¹).

Auf dieselbe Weise spricht sich, nach unserer Ansicht, Cyprian aus ¹²).

---

9) Clem. R. l. c. c. 44. p. 90.
10) Orig. in Math. t. 16. c. 22. p. 870.
11) Orig. in Levit. hom. 6. n. 4. p. 101.
12) Weil verschiedene Auslegungen seiner Worte vorhanden sind, lassen wir sie selbst folgen. Propter quod plebs obsequens praeceptis dominicis et Deum metuens a peccatore praeposito separare se debet, nec se ad sacrilegi sacerdotis sacrificia miscere, quando ipsa maxime habeat *potestatem vel eligendi dignos sacerdotes, vel indignos recusandi.* Quod et ipsam videmus de divina auctoritate descendere, ut sacerdos plebe praesente sub omnium oculis deligatur et dignus atque idoneus *publico judicio et testimonio* comprobetur, sicut in Numeris Dominus Moysi praecepit dicens. Num. 20. Coram omni synagoga jubet Deus constitui sacerdotem, id est, instruit et ostendit ordinationes sacerdotales non nisi *sub populi assistentis conscientia fieri oportere*, ut plebe praesente vel detegantur malorum crimina vel bonorum merita praedicentur, et sit ordinatio justa et legitima quae *omnium suffragio et judicio* fuerit *examinata.* Quod postea secundum divina magisteria observatur in actis apostolorum, quando de ordinando in locum Judae apostolo Petrus ad plebem loquitur. Surrexit, inquit, Petrus in medio discentium, fuit autem turba hominum fere centum viginti. Nec hoc in episcoporum tantum et sacerdotum, sed et in diaconorum ordinationibus observasse apostolos animadvertimus, de quo et ipso in actis eorum scriptum est: Et convocaverunt, inquit, illi duodecim totam plebem discipulorum et dixerunt eis. act. 6. Quod utique iccirco tam diligenter et caute convocata plebe tota gerebatur, *ne quis ad altaris ministerium vel ad sacerdotalem locum indignus obreperet* ... Propter quod diligenter de traditione divina et apostolica observatione servandum est et tenendum quod apud nos quoque et fere per provincias universas tenetur, ut ad ordinationes rite celebrandas ad eam plebem, cui praepositus ordinatur episcopi ejusdem provinciae proximi quique conveniant et episcopus *deligatur plebe praesente*, quae singulorum vitam plenissime novit et uniuscujusque actum de ejus conversatione perspexit. Quod et apud vos factum videmus in Sabini collegae nostri ordinatione, ut de *universae*

Unzweideutig schreibt er den Gläubigen die Macht zu, würdige Priester zu wählen und unwürdige zu recusiren. Die Frage ist jedoch, was versteht er unter Wählen? Er erklärt es durch die Worte: der Betreffende soll durch das **öffentliche Urtheil und Zeugniß** als **würdig** erkannt werden. Darum müsse die Ordination unter den Augen des gegenwärtigen Volkes geschehen, denn das sei die gesetzliche Ordination, die durch die **Zustimmung und das Urtheil Aller geprüft sei.** Dadurch werde verhindert, daß sich ein Unwürdiger einschleiche. Das gegenwärtige Volk kenne nämlich aus dem früheren Umgange das Leben und die Sitten eines Jeden. Auf diese Weise sei man auch bei der Wahl des Sabinus verfahren, der durch die Zustimmung der ganzen Gemeinde und das Urtheil der Bischöfe erwählt worden sei. Das Wort judicium verbindet Cyprian einmal mit testimonium und zweimal mit suffragium und das erstemal fügt er dem suffragium das Wort examinata bei. Man sieht, bei einer ordinatio suffragio examinata kann suffragium nicht in der Bedeutung von Wahlrecht, wohl aber in der von testimonium stehen [13]). Die Ordination erfuhr durch das Zeugniß, das die Gläubigen über den zu Ordinirenden ablegten, eine Prüfung. In dieser Bedeutung faßt Cyprian unzweifelhaft das Wort suffragium in einem anderen Briefe, in dem er schreibt: In ordinationibus clericis, fratres carissimi, solemus vos ante *consulere* et mores ac merita singulorum *communi consilio* ponderare. Sed exspectanda non sunt *testimonia* humana cum praecedunt *divina suffragia*. Aurelius frater noster, a Domino jam probatus et Deo carus... bis confessus et bis confessionis suae victoriae gloriosus [14]). Für gewöhnlich ging Cyprian die Gemeinde um ihren Rath an, forderte ihr Zeugniß über den zu Ordinirenden. Ueber Aurelius bedurfte er kein **menschliches** Zeugniß, denn Gott hat ihn als tüchtig **beglaubigt,** da er zweimal als Confessor vor dem Richter stehend, siegreich aus dem Kampfe hervorging. Niemand wird wohl die divina suffragia dieser Stelle mit göttlichem Wahlrecht übersetzen wollen, denn der offenbare Sinn derselben ist: wir bedürfen kein menschliches

---

*fraternitatis suffragio* et *de episcoporum* qui in praesentia convenerant, quique de eo ad vos litteras fecerant, *judicio* episcopatus ei deferretur et manus ei imponeretur. Cyp. epist. 68. p. 255 u. 256.

13) In dieser Bedeutung faßt auch Papst Cornelius das Wort, wenn er schreibt, die übrigen Büßer haben wir cum ingenti populi suffragio aufgenommen. Cyp. epist. 46. p. 136. d.

14) Cyp. epist. 83. p. 105. a—b.

Zeugniß, da Gott selbst für Aurelius Zeugniß abgelegt hat. Die philologische Erklärung [15]) des Wortes reicht also nicht nur nicht aus, sondern führt auf Irrwege. Das Volk gab Zeugniß über den zu Weihenden und insofern trug es entweder zu seiner Wahl bei, oder konnte es sie vereiteln.

Das Urtheil über das Zeugniß des Volkes stand den Bischöfen zu. Cyprian faßt jedoch blos am Schlusse des Citates das Wort judicium in dieser Bedeutung, im Vorausgehenden schreibt er das judicium, wie das testimonium und suffragium Allen, Clerus und Volk, zu, d. h. er faßt es als Urtheil über die Würdigkeit der Betreffenden, wodurch es mit suffragium und testimonium nahezu zusammenfällt. Volk und Clerus gaben Zeugniß und Urtheil über die Tüchtigkeit des zu Ordinirenden ab.

Daß von einer Wahl keine Rede sei, geht auch daraus hervor, daß sich der Bischof von Karthago auf das alte und neue Testament beruft. Das jüdische Gesetz weiß sicher von einem Wahlrecht des Volkes bei Aufstellung von Priestern nichts und ebensowenig das neue Testament. Hätte nun Cyprian mit suffragium das Wahlrecht der christlichen Gemeinde bezeichnet, so konnte er dafür schlechterdings nicht die Berufung Aarons und des Apostel Matthias geltend machen. Endlich wissen wir, wenigstens von der Ordination eines Presbyter, die gegen das suffragium und judicium des Volkes vorgenommen wurde, ohne daß man den mindesten Grund zu der Annahme hat, die Stimme des Volkes sei nicht gehört worden, weil es schlecht war. Dieser Presbyter war No-

---

15) Diese entscheidenden Worte (universae fraternitatis suffragio und episcoporum judicio) deutete der berühmte anglikanische Gelehrte Beveridge (Synodicon t. 2. append. p. 47) so, daß die Comprovinzialbischöfe gewählt, die fraternitas aber, d. i. Volk und Clerus der betreffenden Gemeinde, nur die Zustimmung und das Urtheil über die Würdigkeit des Erwählten zu erklären gehabt hätten. Ich glaube jedoch, daß Beveridge dem Ausdrucke suffragio einige Gewalt angethan, und auch das judicio nicht ganz genau aufgefaßt habe. Suffragium, von sub und frango, bedeutet ein zerbrochenes Stückchen, eine Scherbe und zwar im prägnanten Sinne eines jener Scherbchen, womit die Alten in den Volksversammlungen zu stimmen pflegten. Der Ausdruck suffragium weist also darauf hin, daß die fraternitas eine Art Wahlrecht hatte, während die eigentliche Entscheidung, das judicium, in den Händen der Comprovinzialbischöfe war. Von Espen in seinem Kirchenrechte (p. l. tit. 13. n. 10.) erklärt dieß richtig so: die fraternitas, d. i. Clerus und Volk der betreffenden Gemeinde, hatten ein Vorschlagsrecht, den Comprovinzialbischöfen aber stand die Entscheidung zu, und somit der hauptsächlichste Antheil; ja es konnten Fälle vorkommen, daß sie Jemanden sine praevia plebis electione weihten, wenn nämlich das Volk schlecht war. War aber durch ihr (der Comprovinzialbischöfe) judicium der neue Bischof bestellt, so erhielt er sogleich von ihnen auch die heilige Weihung. Hefele, Beiträge ꝛc. I. S. 141. und gleichlautend, Conciliengesch. I. S. 367.

vatian, dem der Papst die Hände auflegte, obwohl der ganze Clerus und viele aus dem Volke sich gegen seine Ordination sträubten ¹⁶).

Suffragium und judicium war in den ersten Jahrhunderten terminus technicus für das Zeugniß, welches Clerus und Volk über Jemand, der in den Clerus aufgenommen werden sollte, oder einen höheren hierarchischen Grad erhielt, ablegte. Deutlich sieht man das aus dem Weihegebete der apostolischen Constitutionen. Siehe herab, heißt es daselbst, auf deinen Diener, den $\psi\acute{\eta}\varphi\psi$ καὶ κρίσει des ganzen Clerus in das Presbyterium Aufgenommenen ¹⁷). Suffragium und judicium ist blos die lateinische Uebersetzung des $\psi\tilde{\eta}\varphi o\varsigma$ und κρίσις. Von einem Wahlrecht des Volkes weiß aber die Liturgie der apostolischen Constitutionen nichts, wohl aber von einem Zeugniß geben ¹⁸). Auf dieses „Wahlrecht" spielt auch Tertullian an, wenn er sagt: praesident probati quique seniores, honorem istum non pretio, sed *testimonio* adepti ¹⁹).

Nicht weniger war der Clerus bei der Wahl der zu Ordinirenden betheiligt, denn er gehörte, wie das Volk, zu der fraternitas. Nach dem Briefe des h. Hieronymus an Evagrius wurden die alexandrinischen Bischöfe von Marcus bis auf Herakles und Dionysius immer von den Presbytern aus ihrem Gremium gewählt. Von der Aufnahme in das Presbyterium, nachdem zuvor der ganze Clerus Zeugniß über den Betreffenden abgelegt, war soeben die Rede ²⁰). Bei den niederen Ordines scheint jedoch die Theilnahme von Volk und Clerus weniger strenge gefordert worden zu sein. Cyprian hatte einen Lektor und Subdiacon ordinirt und machte dieses seinem Clerus mit dem Bemerken bekannt, es seien dieses jene Brüder, welche er unlängst mit allgemeiner Zustimmung (consilio) für den Clerus bestimmt habe ²¹). Diese Benachrichtigung, die er dem Clerus über die Anstellung eines Lektor gibt, steigert sich in einem anderen Briefe, bis zur Entschuldigung, daß er Clerus und Volk nicht näher befragt habe. Cyprian würde es sich aber nicht gestattet haben, bei der Ordination der Lektoren so zu verfahren, wenn die Anwesenheit von Volk und Clerus für so nothwendig

---

16) Euseb. l. 6. c. 43. n. 7. p. 470. Aehnliches wird von Gregor Thaumaturgus berichtet. Er ließ sich durch das suffragium (ψῆφον) und die Zeugnisse (μαρτυρίας) der Gemeinde nicht irren, sondern ordinirte den Köhler Alexander zum Bischof. Gregor Nyss. vita s. Gregor Thaum. c. 19—21.
17) A. C. l. 8. c. 16.  18) A. C. l. 8. c. 4.
19) Tert. apol. c. 39. p. 93.  20) A. C. l. 8. c. 16.
21) Cyp. epist. 24. p. 80.

erachtet worden wäre, wie dieses bei der Wahl der Diaconen, Presbyter und Bischöfe der Fall war. Die apostolischen Constitutionen verlangen bei der Ordination dieser drei letzten Grade die Anwesenheit des Volkes und Clerus [22]), bei der der Subdiaconen und Lektoren schweigen, sie hiervon [23]). Wenn dem liber pontificalis zu glauben ist, war es Papst Zephyrin, der verordnete, ein Levit, wie ein Presbyter, soll in Anwesenheit des Clerus und der Gläubigen ordinirt werden. Die betreffende Uebung war jedoch lange vor ihm vorhanden, denn sie ist apostolischen Ursprungs. Der „Levit" dieser Schrift kann nämlich blos der Diacon sein, da es unter dem Pontificate Zephyrins keine niederen Ordines gab [24]).

## §. 97. Der Name Ordination und Ordo.

Der erste Akt der Ordination im weiteren Sinne war das Zeugniß, das die Gemeinde und der Clerus dem Betreffenden durch Handausstrecken,

---

22) A. c. l. 8. c. 4. 16. 17.   23) A. C. l. c. c. 21. u. 22.

24) Zur Bestätigung und Erklärung des Angeführten dient das römische Pontificale, das bis zur Stunde gebraucht wird und die Priesterweihe mit folgenden Worten einleitet. Der Archidiacon stellt die zu Ordinirenden dem Bischofe vor und sagt: Reverendissime pater, postulat sancta mater ecclesia catholica, ut hos praesentes diaconos ad onus presbyterii ordinari. Et pontifex interrogat, dicens: Scis illos esse dignos? Respondet archidiaconus: Quantum humana, fragilitas nosse sinit, et scio et testificior ipsos dignos esse ad hujus onus officii. Pontifex dicit: Deo gratias.

Et annunciat clero et populo, dicens:
Quoniam, fratres charissimi, rectori navis et navigio deferendis eadem est vel securitas ratio, vel communis timoris, par eorum debet esse sententia quorum causa communis existit. Neque enim fuit frustra a patribus institutum *), ut de electione illorum, qui ad regimen altaris adhibendi sunt, *consulatur* etiam populus, quia de vita et conversatione praesentandi, quod nonnumquam ignoratur a pluribus, scitur a paucis, et necesse est, ut facilius ei quis obedientiam exhibeat ordinato, qui *assensum* praebuerit ordinando. Horum siquidam diaconorum in presbyteros, auxiliante domino, ordinandorum conversatio (quantum mihi videtur) probata et deo placita existit et digna (ut arbitror) ecclesiastici honoris augmento. Sed ne unum fortasse, vel paucos, aut decipiat assensio, vel fallat affectio, sententia est expetenda multorum. Itaque quid de eorum actibus aut moribus noveritis, quid de merito sentiatis, libera voce pandatis, et his *testimonium* sacerdotii magis pro merito, quam affectione aliqua, tribuatis. Si quis igitur habet aliquid contra illos, pro Deo et propter Deum, cum fiducia exeat et dicat; verumtamen memor sit conditionis suae.

---

*) Die obigen Worte zeigen deutlich, daß sie aus einer späteren Zeit stammen, zugleich aber auch, wie man die Aussprüche der Väter verstanden hat. Trotz dessen zeugt die Vergleichung der Kirche mit einem Schiffe für ein hohes Alterthum derselben. Sie erinnern an dieselbe Vergleichung in dem Briefe des Clemens an Jacobus n. 5., an die apostolischen Constitutionen l. 2. c. 57. und bei Hippolyt de Christo et Antichr. c. 59. p. 436. Da die Weihegebete sehr alt sind, ist wahrscheinlich auch diese Anrede die Ueberarbeitung eines älteren Formulares.

Cheirotonie, gab, das zugleich den Wunsch seiner Wahl, oder ein Veto gegen dieselbe in sich schloß. Die Ordination im engeren Sinne, oder die Cheirothesie geschah durch Handauflegung und Gebet.

Manche fassen Cheirotonie und Cheirothesie als Wechselbegriffe und setzen den vollen Begriff der Ordination in den durch Handausstrecken vor sich gehenden Wahlakt. In der Stelle, „er wurde von den Gemeinden zu meinem Begleiter gewählt [1])", hat χειροτονεῖν allerdings die Bedeutung von Wahl. Es handelt sich jedoch hier van keinem liturgischen Amte und darum auch von keinem liturgischen Akte, sondern die Vorsicht des Apostels wollte die Verwaltung von Geld Solchen anvertrauen, die von der Gemeinde selbst dazu bestimmt waren. Anders verhält es sich mit Apostgesch. 14. 23. An dieser Stelle steht Handausstrecken für Handauflegen. Wenn man nämlich von der Annahme ausgeht, die Gemeinde habe durch Cheirotonie gewählt, muß die Cheirotonie des Apostels als Handauflegung oder Weihe gefaßt werden, abgesehen davon, daß Paulus und Barnabas denselben Akt vornahmen, der an ihnen vorgenommen wurde und daß dieses unter Gebet und Fasten geschah. Diese Stelle ist aber auch die einzige in den neutestamentlichen Schriften, in welchen das Wort Cheirotonia den Akt der Ordination u. s. f. bezeichnet, für den sonst Cheirothesie, Handauflegung, gebraucht wird.

Der spätere Sprachgebrauch neigt dahin, daß mit Cheirothesie die Firmung und mit Cheirotonie die Weihe bezeichnet wird. In den apostolischen Constitutionen heißt es, Laien dürfen keine priesterlichen Handlungen verrichten, wie Opfern, Taufen, Handauflegen [2]). Cheirothesie steht hier ohne Zweifel für die Handauflegung bei der Firmung. Auch den Presbytern geben wir keine Vollmacht, Diaconen, Diaconissen, Lektoren, Minister zu weihen (χειροτονεῖν), sondern blos den Bischöfen [3]). Der Bischof soll aber von drei Bischöfen ordinirt werden (χειροτονεῖσθαι) und weder ein Presbyter noch ein Diacon darf Laien weihen [4]). Selbst in dem viel älteren Ordinationsgebet des achten Buches wird das Wort Cheirotonie für Weihe gebraucht.

2) Die lateinischen Schriftsteller bedienen sich zur Bezeichnung des Weiheaktes des Wortes ordinatio. Von den Häretikern sagt Tertullian: ordinationes eorum temerariae, leves, inconstantes [5]). Das letzte

---

1) Χειροτονηθείς II. Cor. 8. 19. In dieser Bedeutung gebraucht das Wort Ignatius ad Smyr. c. 11. ad Philad. c. 10. ad Polyc. c. 7.
2) A. C. l. 3. c. 10.   3) A. C. l. c. c. 11.   4) l. c. c. 20.
5) Tert. de praesc. c. 41. p. 54.

Wort erklärt er durch den Beisatz: itaque alius hodie episcopus, cras alius, hodie diaconus, qui cras lector, hodie presbyter, qui cras laicus, woraus hervorgeht, daß sich die Ordination auf die Lektoren, Diaconen, Presbyter und Bischöfe bezog. Durch sie wurden nämlich die Geweihten in ordinem ecclesiasticum aufgenommen [6]), der die Cleriker von dem Volke unterscheidet und zur Verrichtung priesterlicher Handlungen befähigt [7]). Der h. Cyprian redet nicht nur von ordinationes clericae [8]), sondern Firmilian zudem von einer potestas clericae ordinationis, durch die man unter Anderem zum Taufen bevollmächtigt wurde [9]).

Wenn man behauptet, die ersten Christen haben das Wort ordo im Gegensatze zu plebs aus der römischen Municipalverfassung entlehnt, so ist dieses möglich. Ritschl hält es jedoch für unwahrscheinlich und glaubt, ordo sei Uebersetzung von κλῆρος. Οἱ κλῆροι seien aber die verschiedenen Kasten und Stände, welche die Gemeinde, die Heerde bilden. Die Folgerung, der ordo der Christen und der ordo der Römer (das Collegium der Decurionen) habe dieselben Befugnisse in sich geschlossen, es seien den Ordinirten munera, auch honores, aber kein imperium zugekommen, ist hingegen unrichtig. Denn Cyprian spricht von einer potestas ordinis und wenn die Christen den Namen entlehnten, folgt nicht, daß dieses auch bezüglich der Sache der Fall war. Oder folgt daraus, daß Jacobus 2. 3. den christlichen Gottesdienst Synagoge und spätere Schriftsteller ihn Mysterium genannt haben, daß derselbe durchweg dem jüdischen Gottesdienst und den heidnischen Mysterien geglichen habe? Aus dem Worte ordo lassen sich die Befugnisse, die er ertheilte, nicht ermitteln, sie müssen aus der Amtsthätigkeit der hierarchischen Grade, in die man durch die Ordination eintrat, eruirt werden. In dieser Beziehung wissen wir aber, daß durch sie der Betreffende zu priesterlichen Funktionen ermächtigt wurde, denn Tertullian nennt den Ordo geradezu einen ordinem sacerdotalem, der besonders die Vollmacht zum Opfern und Taufen verleiht [10]).

6) De idol. c. 7. p. 154.  7) De exhort. cast. c. 7. p. 119.
8) Cyp. epist. 33. p. 106. a. epist. 66. p. 246. a.
9) Nos etiam illos quos hi qui prius in ecclesia catholica episcopi fuerant, et postmodum sibi potestatem clericae ordinationis assumentes baptizaverant, pro non baptizatis habendos judicavimus. Cyp. epist. 75. p. 309. d.
10) Tert. de exhort. cast. c. 7. p. 118. Sed hoc est, quod deprecor, ut si quis est, qui in *sacerdotalem ordinem* se ascitum videt, satisagat eruditioni et emendationi operam dare. Orig. in lib. regnorum hom. 1. n. 7. p. 83. Leider besitzen wir blos die lateinische Uebersetzung dieser Homilie. Dieselbe Bezeichnung steht In Ezech. hom. 9. n. 2. p. 185.

## §. 98. Wesen der Weihe.

Das Wesen der Ordination bestand in Handauflegung und Gebet von Seite des Bischofes über den zu Ordinirenden.

Die Menge erwählte Stephanus ... sie stellten sie vor die Apostel und diese legten ihnen betend die Hände auf ¹). Die Händeauflegung bezieht sich nicht auf die Wahl, denn diese war bereits geschehen. Zudem eignet sich ein mit Gebet und Cheirothesie verbundener Akt nicht zu einer Wahl und noch weniger spricht dafür das mit ihm verknüpfte Fasten. Nachdem sie nämlich Paulus und Barnabas zu dem Werke ausgesondert hatten, legten sie ihnen unter Fasten und Gebet die Hände auf ²). Denselben Ritus nahmen Paulus und seine Begleiter an Gläubigen von Antiochia, Lystra und Iconium vor und machten sie dadurch zu Presbytern ³). Die mit Gebet verbundene Handauflegung war demzufolge ein Akt, durch welchen Gläubige theils **Diaconen**, theils **Presbyter** wurden und da Timotheus mehr als Presbyter war (denn diese brachten ihre Klagen vor ihn und er entschied über sie), ordinirte man auch die **Bischöfe** durch diesen Akt. Der Apostel schreibt nämlich an Timotheus: Aus dieser Ursache rufe ich dir in den Sinn, wieder anzufachen die Gnadengabe, welche in dir ist durch die Auflegung meiner Hände ⁴). Wenn es ferner heißt: Vernachlässige nicht die Gnadengabe in dir, welche dir gegeben worden wegen Propheceiungen, unter Auflegung der Hände des Presbyteriums ⁵): so werden die letzten Worte so gefaßt werden müssen, daß außer dem Apostel auch die Presbyter die Hände auflegten. Bei der Ordination der Diaconen, wie bei der des Saulus und Barnabas, betheiligten sich gleichfalls mehrere.

Gegen die Berufung auf II. Tim. 1. 6. zum Beweise dafür, daß bei der Ordination eine Handauflegung stattfand, könnte man erinnern, der Apostel spreche nicht von der Ordination, sondern von der Firmung. Allein da in dem ganzen Briefe Timotheus nicht nach seinem Charakter nur als Christ, sondern in seiner **amtlichen** Stellung aufgefaßt er-

---

1) Act. 6. 6. 2) Act. 13. 2. 3. 3) Act. 14. 22.
4) II. Tim. 1. 6.
5) 1. Tim. 4. 14. Wie blos die Apostel ordinirten, so auch die Bischöfe, ihre Nachfolger. Das Folgende enthält viele Belegstellen dafür, so daß wir blos noch auf A. C. l. 3. c. 11. u. c. 20. verweisen, in welchen die Ordination der Laien den Presbytern und Diaconen geradezu untersagt und den Bischöfen ausschließlich zugeschrieben wird.

scheint, da nach Act. 13. 3. die Handauflegung auch dann vorgenommen wurde, wenn aus der Anzahl der Gläubigen Einer oder Mehrere zum besonderen Dienste des Herrn ausgewählt werden sollten; da endlich I. Tim. 1. 18.; 4. 14. nur von einer besonderen, zur Einsetzung des Timotheus in sein Vorsteheramt vorgenommenen Handlung, füglich verstanden werden kann: so ist unsere Stelle nur von der dem Timotheus durch die Handauflegung des Apostels mitgetheilten Gnadenstärke, ein treuer und tüchtiger Vorsteher der Gläubigen zu sein, zu verstehen [6]).

2) Obwohl in der nachfolgenden Stelle von der Handauflegung keine Rede ist, so ist sie doch von solcher Bedeutung, daß sie nicht schweigend übergangen werden kann. Papst Clemens schreibt an die Korinther: Unsere Apostel erkannten auch durch den Herrn Jesum Christum, daß Streit über den Namen des Episcopates entstehen werde, deßwegen, mit einer vollkommenen Voraussicht begabt, stellten sie die Vorgenannten auf und setzten für die Zukunft die Regel der Nachfolge fest, damit, wenn diese entschlafen wären, andere erprobte Männer an deren Stelle ihr Kirchenamt überkämen [7]). Diesen Worten gemäß regelten die Apostel die Nachfolge. Geschah dieses aber, so muß vor Allem die Art und Weise der Einführung in das bischöfliche (und priesterliche) Amt und die Uebertragung desselben, nicht nur für die Gegenwart, sondern auch für die Zukunft, festgesetzt worden sein. Wenn sich deßhalb von irgend einer sakramentalen Handlung annehmen läßt, sie rühre bis in die Einzelnheiten von den Aposteln her, so ist dieses bei der Ordination der Fall. Da die Apostel, laut der Apostelgeschichte und den Pastoralbriefen, die Weihe durch Handauflegung und Gebet vollzogen, blieb dieser Akt bestehen und wurde ausdrückliche Vorschrift. Das Ceremoniell aber, das ihn umkleidet, ist ganz geeignet, Alles ferne zu halten, was das Einschleichen eines Unwürdigen unterstützen oder Streitigkeiten verursachen könnte, weßwegen wir der Ansicht sind, gerade dadurch verrathe es seinen apostolischen Ursprung.

Außer den heiligen Schriften wird die Ordination eines Bischofes erstmals in dem unächten Briefe des Clemens an Jacobus erwähnt. „Weil ich, diese Worte legt der Brief dem Apostel Petrus in den Mund, von dem, der mich gesendet hat, dem Herrn und Meister Jesus Christus, belehrt worden bin, der Tag meines Todes nahe sich, ordinire ($\chi\epsilon\iota\rho o\tau o\nu\tilde{\omega}$) ich euch diesen Clemens zum Bischofe" [8]). Nachdem er dieses ge-

---

6) Mack, Commentar über die Pastoralbriefe. S. 425.
7) Clem. R. ad Cor. c. 44. p. 89.  8) Epist. Clem. n. 2. p. 612.

sprochen, legte er mir in Mitte Aller die Hände auf und nöthigte mich, den Erröthenden, auf seine Kathedra zu sitzen ⁹). Dasselbe war zu Ende des zweiten Jahrhunderts nicht nur etwa in ebionitischen Kreisen, sondern auch in der Kirche allgemein Uebung, denn sonst hätte Clemens A. nicht schreiben können, der ist in Wahrheit und wahrhaft Presbyter und Diacon der Kirche, der thut und lehrt, was des Herrn ist, und nicht der, welcher von Menschen ordinirt wird (χειροτονούμενος) ¹⁰). Ob in dem Satze: Quanti presbyteri constituti obliti sunt humilitatis, quasi idcirco fuerint *ordinati*, ut humiles esse desisterent ¹¹), das Wort ordinati die Uebersetzung von χειροτονεῖν ist, muß dahingestellt werden. So viel ist jedoch zweifellos, daß nach Origenes die Erhebung zum Presbyterate mit einer äußeren Handlung begleitet war, und da er selbst durch bischöfliche H a n d a u f l e g u n g Presbyter wurde ¹²), steht auch die Beschaffenheit dieser Handlung außer Frage. Deßgleichen wurde Novatian durch eine, wenn auch ungültige, Handauflegung zum Bischofe geweiht ¹³). Der Grundsatz stand nämlich im ganzen Alterthum fest, daß blos durch Auflegung der bischöflichen Hände die priesterliche Würde ertheilt und die Vollmacht zur Ausübung priesterlicher Funktionen gegeben wurde ¹⁴).

3) Welche Bedeutung kommt dieser Handauflegung zu? Nach Oswald läßt sich der Handauflegung ein dreifacher Sinn abgewinnen. Z u e r s t bezeichnet sie ein Aufnehmen in den Schutz und die Obhut. Wer über Jemand seine Hand ausstreckt, der nimmt ihn zu sich, zieht ihn an sich, erklärt ihn für seinen Schützling. Daher die Handauflegung sich so passend bei der Zulassung des Pönitenten zum „Frieden" der Kirche mit der Absolution verband. Das ist die reconciliatorische Handauflegung. Z w e i t e n s ist sie der sinnfällige Ausdruck des Gebetes. Geschieht nun solche über Jemand, so symbolisirt sie das Gebet über denselben und prägt daher die Absicht aus, Gnade und Segen vom Himmel herabzuziehen und auf den Betreffenden zu übertragen. Das

---

9) l. c. n. 19. p. 620.    10) Clem. strom. l. 6. c. 13. p. 793.
11) Orig. in Ezech. hom. 9. n. 2. p. 186. cf. in Levit. hom. 6. n. 3. p. 101.
12) Euseb. h. e. l. 6. c. 23. p. 430. cf. l. c. c. 8. p. 401.
13) Euseb. h. e. l. 6. c. 43. n. 4. p. 468. Quod et apud vos factum videmus in Sabini collegae nostri ordinatione, ut de universae fraternitatis suffragio et de episcoporum ... judicio episcopatus ei deferretur et manus ei imponeretur. Cyp. epist. 68. p. 256. b.
14) Ἀλλ᾽ οὔτε λαϊκοῖς ἐπιτρέπομεν ποιεῖν τινῶν ἱερατικῶν ἔργων ... διὰ γὰρ τῆς ἐπιθέσεως τῶν χειρῶν τοῦ ἐπισκόπου δίδοται ἡ τοιαύτη ἀξία. A. C. l. 3. c. 10.

ist die symbolische Bedeutung der Handauflegung bei der Firmung. Drittens kann sie das Hinübertreten einer innewohnenden Kraft an einen Andern bedeuten und selbst bewirken. Ohne nun bei der Handauflegung der Weihe die beiden ersten Bedeutungen ausschließen zu wollen, ist hier doch die letzte vorzugsweise ins Auge zu fassen. Die bischöfliche Cheirotonie ist Symbol der Mittheilung geistiger Kraft und somit Sinnbild einer geistigen Fortpflanzung, durch welche der Bischof zu denen, welchen er die Hand auflegt, in das Verhältniß einer geistigen Vaterschaft tritt [15]).

Bei der symbolischen Bedeutung darf man jedoch nicht stehen bleiben. Der Apostel sagt unzweideutig, die Gnadengabe ist in dir durch die Auflegung meiner Hände [16]). Die Cheirotonie symbolisirt nicht nur Mittheilung geistiger Kraft oder der Gnadengabe, sondern ertheilt sie wirklich. Da aber die Gnade von Gott ausgeht, läßt sich das nur so begreifen, daß sie gleichsam das Instrument ist, durch das Gott die Gnadengabe ertheilt. „Keiner von denen in der Kirche, welcher einen Vorrang vor Vielen gleichsam in Symbolen empfing, soll nach dem Willen des Paulus eine zweite Ehe eingegangen haben" [17]). Von Bischöfen und Priestern ist hier die Rede, denn vom Bischof sagt der Apostel, er soll Eines Weibes Mann sein. Sie haben daher ihre Würde gleichsam in Symbolen empfangen. Das Priesterthum hat zwar Christus der Kirche gegeben [18]), die Ordination zu demselben geschieht aber durch Menschen [19]). Manche Presbyter, sagt Origenes, haben die Demuth so vergessen, daß man glauben könnte, sie seien gleichsam darum ordinirt worden, daß sie von der Demuth ablassen, da sie doch vielmehr nach Demuth streben sollen, da sie Würde erlangt haben. Diese Würde bezeichnet er das einemal durch die Worte: Er hat dich zum Geliebten der Synagoge gemacht, das anderemal durch: Sie haben dich zum Führer gesetzt [20]). Dieser Er ist eben so sicher Gott, als die Sie die Bischöfe,

---

15) Oswald, die dogmatische Lehre von den h. Sakramenten. II. S. 841.
16) II. Tim. 1. 6.
17) Οὐδένα γὰρ τῶν ἀπὸ τῆς ἐκκλησίας ὑπεροχήν τινα παρὰ τοὺς πολλοὺς ὡς ἐν συμβόλοις ἀνειληφότα βούλεται ὁ Παῦλος δευτέρου πεπειρᾶσθαι γάμου. In Math. tom. 14. n. 22. p. 157.
18) Consequens enim est, ut secundum imaginem ejus qui sacerdotium ecclesiae dedit, etiam ministri et sacerdotes ecclesiae peccata populi accipiant et ipsi imitantes magistrum, remissionem peccatorum populo tribuant. In Levit. hom. 5. n. 3. p. 77.
19) Episcopus est apud Deum, etsi non per ordinationem hominum ad eum gradum pervenit. In Math. series. 12. p. 24. cf. in lib. Jesu Nave hom. 23. n. 2. p. 746.
20) In Ezech. hom. 9. n. 2. p. 186.

ober Gott ordinirt durch die Bischöfe. Steht das aber fest, daß es eine durch Menschen ertheilte Ordination gibt, durch welche die Ordinirten einen Vorrang erhalten: so kann man nicht in Abrede stellen, die Symbole, durch welche der Priester einen Vorrang erhält, seien von den Bischöfen ertheilt worden. Da ferner die Ordination in Handauflegung und Gebet bestand, sind unter ihnen die Symbole zu verstehen. Wie der Mensch durch Wasser und den h. Geist ein Christ wird, so wird der Christ durch Handauflegung und die Gnadengabe ein Priester. Das Eine ist nicht schwerer zu fassen, als das Andere.

Von demselben Gesichtspunkte aus faßt der h. Cyprian dieses Verhältniß, nur daß er statt Handauflegung, Mensch, statt Gnadengabe, Gott sagt. Gott macht die Priester [21]), er stellt die Bischöfe auf [22]) und der Mensch stellt sie auf, oder ordinirt sie [23]). Nicht auf eine unmittelbare, unsichtbare Weise macht er die Gläubigen zu Priestern, sondern durch die bischöfliche Ordination. Der Heilige schreibt nämlich an den apostasirten Bischof Pupianus: Das heißt an Gott nicht glauben, sich rebellisch gegen Christus und sein Evangelium verhalten, der sagt, kauft man nicht zwei Sperlinge um einen Pfennig und doch fällt keiner zur Erde ohne des Vaters Willen, wenn du meinst, die Priester Gottes werden ohne sein Wissen in der Kirche ordinirt. Denn glauben, die, welche ordinirt werden, seien unwürdig und lasterhaft, was heißt das anders, als glauben, nicht von Gott und nicht durch Gott werden seine Priester in der Kirche aufgestellt [24]). Diesem zufolge wird man einräumen müssen, nach der Lehre Cyprians stellt Gott durch die Ordination die Priester auf. Da aber die Ordination in der Auflegung der bischöflichen Hände besteht, erscheint sie als das Mittel, durch welches Gott den Priester zum Priester macht. Man darf wohl sagen, Augustinus drückt den Gedanken Cyprians kurz und prägnant in den Worten aus: Quis, frater, dat episcopalem gratiam, Deus an homo? Respondes: sine dubio Deus. Sed tamen per hominem dat Deus [25]).

4) Die weitere Frage lautet, was gibt Gott durch den Menschen, oder die Handauflegung? Nach dem Apostel, Gnadengaben. Worin bestehen diese Gnadengaben? Firmilian antwortet: alle Gewalt und Gnade,

---

21) Cyp. epist. 52. p. 151. b. epist. 69. p. 261. b.
22) Cyp. epist. 69. p. 263. f.
23) Hunc igitur a me et a collegis, qui praesentes aderant, ordinatum sciatis. Cyp. epist. 33. p. 106. b.
24) Cyp. epist. 69. p. 262. a. b.
25) August. de sacerd. dign. c. 5.

welche der Kirche verliehen ist, ruht in den Vorstehern, welche die Gewalt zu taufen, die Hände aufzulegen (firmen) und zu ordiniren besitzen ²⁶). Der Bischof von Cäsarea vindicirt den Bischöfen nicht blos die Ordinationsgewalt, sondern stellt Firmung und Weihe auf gleiche Linie mit der Taufe, weßhalb die Ordination mehr als ein ceremonieller Einführungsakt in den Priesterstand ist; sie trägt einen sakramentalen Charakter an sich. Ja, man kann sagen, sie ist ein Sakrament im eminenten Sinn, sofern sie Vollmacht und Fähigkeit zur Vollziehung der übrigen Sakramente gibt. Die Gewalt, Sünden nachzulassen, ist den Aposteln verliehen worden und den Kirchen, welche die von Christus Gesendeten gründeten, wie den Bischöfen, welche ihnen kraft der stellvertretenden Ordination folgten ²⁷). Im Weihegebete wird besonders auf Johannes 20. 22—23. hingewiesen, an dieses Gebet erinnert Firmilians Wort in der citirten Stelle, dieses versteht er unter der ordinatio vicaria. Das heißt aber nichts Anderes, als, die Vollmacht, Sünden nachzulassen hat Christus den Aposteln, und durch diese den Vorstehern der von ihnen gestifteten Kirchen ertheilt, die sie hinwieder durch die Ordination auf ihre Nachfolger im bischöflichen Amte übertrugen. Da nun die Fähigkeit, Sünden im Namen Gottes nachzulassen, nicht von einer symbolischen Handlung oder Ceremonie bedingt sein kann, muß die Ordination ein Sakrament sein.

Man könnte zwar glauben, der Vorrang, der nach Origenes den Bischöfen und Priestern in Symbolen verliehen wird, beziehe sich blos auf ihre äußere hervorragende Stellung. An der einen Stelle nennt er auch geradezu die visibiles primas cathedras, die sie durch die Ordination erhalten ²⁸), an der anderen setzt er aber die Würde darein, daß der Ordinirte von Gott zum Geliebten der Synagoge gemacht worden sei ²⁹). Dieses führt er anderwärts näher aus. Die Leviten und Priester sind das Erbe des Herrn, weßwegen ihnen weder Moses noch Jesus ein irdisches gab. Dieses Erbtheil besteht in Gnade und Wahrheit, die sie der großen Menge mittheilen sollen, damit sie das Heil erlange ³⁰). Mit anderen Worten: Sie, deren Erbtheil der Herr, oder die Weisheit

---

26) Cypr. opera epist. 75. p. 804. c.
27) In solos apostolos insufflavit Christus dicens: Accipite Spiritum S. Si cujus etc. Joa. 20. Potestas ergo peccatorum remittendorum apostolis data est et ecclesiis quas illi a Christo missi constituerunt et episcopis qui eis ordinatione vicaria successerunt. l. c. p. 807. f.
28) Orig. in Math. series. 12. p. 24.
29) In Ezech. hom. 9. n. 2. p. 186.
30) In lib. Jesu Nave hom. 17. n. 2. p. 711.

Gottes, das Wort Gottes, Wahrheit und Gerechtigkeit ist, wohnen unter den Uebrigen, deren Erbe die Erde ist, um sie der Wahrheit und Weisheit Gottes theilhaftig zu machen. So erstreckt sich die göttliche Fürsorge bis zu dem Kleinsten, damit die, welche principaliter der göttlichen Gnade nicht fähig sind, durch den Umgang mit ihnen erleuchtet werden [81]).

Der Unterschied zwischen Cleriker und Laien liegt zu Tage, denn diese sollen von jenen erleuchtet und geheiligt werden. Zu diesem Zwecke ist den Clerikern die göttliche Gnade principaliter ertheilt. Das ist also die zweite Seite jenes Vorranges, der ihnen in Symbolen verliehen wurde. Da aber diese Symbole, wie gezeigt, die Handauflegung oder Ordination sind: so wird durch sie den Clerikern principaliter göttliche Gnade zu Theil. Damit stimmt völlig überein, daß Origenes auch die Abwaschung bei der Taufe [82]) und das Brod der Eucharistie [83]) Symbol nennt. Die Ordination vermittelt Gnade, oder ist Sakrament, wie die Taufe und Eucharistie.

5) Mit der Handauflegung, so bezeugt es die Schrift, war Gebet verbunden. Die späteren Schriftsteller gedenken desselben nicht, dafür besitzen wir im achten Buche der apostolischen Constitutionen und im römischen Pontificale die Gebetsformulare selbst, die jedenfalls den ersten Jahrhunderten angehören. Mit den übrigen Sakramenten verhält es sich auf dieselbe Weise; die Materie (Wasser, Brod, Wein) wird erwähnt, die Forma schweigend übergangen. In dem Verhältniß von Materie und Form steht aber die Handauflegung zum Gebete. Gemäß dem römischen Pontificale legt zuerst der Bischof dem zu Ordinirenden die Hände auf und nach ihm die anwesenden Presbyter, dann spricht er das Weihegebet.

## §. 99. Vorschriften und Ceremonien.

Nicht alles Ceremoniell, das den heutigen Weiheakt umgibt, ist ein Produkt späterer Jahrhunderte, sondern wir sind, mit Rücksicht auf die angeführte Stelle aus dem Briefe des Papstes Clemens [1]), der Ansicht,

---

81) Ut, qui principaliter non possunt divinae gratiae capaces existere, illuminari ex istorum consortio mereantur... Ita ergo et nunc cohabitare jubentur Levita et sacerdos, qui non habent terram, Israelitae, qui habet terram, ut percipiat ab Israelite sacerdos et Levita terrena, quae non habent; et rursus Israelites percipiat a sacerdote et Levita coelestia et divina, quae non habet... Si enim *laicus*, quae necessaria sunt, non praebuerit sacerdotibus etc. l. c. n. 3. p. 712.
82) In Joan. tom. 6. n. 17. p. 385.   83) C. Cels. l. 8. c. 57.
1) cf. §. 98. not. 7.

mancher Gebrauch sei von den Aposteln selbst angeordnet, zu dem Zwecke, daß sich kein Unwürdiger ins Priesterthum einschleiche und keine Streitigkeiten entstehen können.

Welcher Art die von den Aposteln vorgeschriebenen Gebräuche waren, erhellt am besten aus dem Briefe des Papstes Cornelius. Novatian, schreibt er, der sich als Prediger und Verfechter der kirchlichen Disciplin gerierte, brachte durch List und Trug drei Bischöfe zusammen, ungebildete und einfältige Leute, die er nöthigte, ihn durch Handauflegung zum Bischof zu machen. Es geschah dieses um die 10. Stunde in geschlossenem Raum, nachdem er sie betrunken gemacht hatte ²). In diesen Worten persiflirt der Papst „den Verfechter der Disciplin". Sein Verfahren bei der Ordination widersprach demnach den damals geltenden Normen.

Durch List, unter einem falschen Vorwande, brachte er drei Bischöfe zusammen. Die Ordination eines Bischofes wurde gemäß göttlicher und apostolischer Ueberlieferung in Gegenwart der benachbarten Bischöfe vorgenommen ³). Der erste apostolische Kanon, wie die apostolischen Constitutionen, verlangen wenigstens zwei oder drei. Einer genügte nicht, denn die Sache soll auf dem Munde zweier oder dreier Zeugen beruhen ⁴). Bei der im 8. Buche c. 4. beschriebenen Weihe fungiren darum drei Bischöfe, obwohl noch mehrere als anwesend vorausgesetzt werden. Wenn dasselbe Buch zwei Bischöfe für genügend erklärt, verordnet es doch zugleich, der, welcher blos von Einem Bischofe ordinirt sei, werde ebenso deponirt, wie der, welcher ihn ordinirte. Sollten jedoch wegen der Verfolgung, oder einer anderen Ursache, nicht mehrere Bischöfe theilnehmen können, so dürfe zwar Einer die Handlung vornehmen, er habe jedoch ein Mandat von mehreren Bischöfen beizubringen ⁵).

Der apostolischen Ueberlieferung zufolge fanden sich die benachbarten Bischöfe bei der Ordination ein. Zu Cyprians Zeit war dieses beinahe überall noch gebräuchlich, doch gab es bereits Ausnahmen ⁶). Das dient

---

2) Euseb. h. e. l. 6. c. 43. n. 4. p. 468.
8) Scripsistis mihi, fratres carissimi, quod cum in Capsensi civitate propter ordinationem episcopi essetis... Cyp. epist. 53. p. 169. a. Propter quod diligenter de *traditione divina et apostolica observatione* servandam est et tenendum, quod apud nos quoque et fere per provincias universas tenetur, ut ad ordinationes rite celebrandas ad eam plebem, cui praepositus ordinatur, episcopi ejusdem provinciae proximi quique conveniant, et episcopus deligatur plebe praesente, quae singulorum vitam plenissime novit. Cyp. epist. 68. p. 256. a.
4) A. C. l. 8. c. 20.   5) A. C. l. 8. c. 27.   6) Cyp. l. c.

zum Beweise, daß um die Mitte des dritten Jahrhunderts, wahrscheinlich durch die becische Verfolgung veranlaßt, die apostolische Praxis sich zu der in den Kanonen der Apostel und den apostolischen Constitutionen normirten umgestaltete. Diese Vorschriften sind demzufolge nach Cyprian entstanden, weil aber in den apostolischen Constitutionen von der Verfolgung die Rede ist, fällt ihre Abfassung nicht später als in das erste Decennium des vierten Jahrhunderts. Vergleichen wir damit das Verfahren des Novatian, so macht er sich jenen Gebrauch, der damals noch eine Neuerung war, zu Nutzen. Er wird blos von drei Bischöfen orbinirt, weitere Bischöfe sind nicht anwesend und selbst die drei Confecratoren gehören nicht der Nachbarschaft an, sind auch nicht etwa Vorsteher in bedeutenden Städten, sondern sie wurden aus einem obscuren Winkel Italiens herbeigerufen. Endlich gab man ihnen vor, sie sollen in Rom im Vereine mit anderen Bischöfen zur Schlichtung von Streitigkeiten mitwirken. Das war Alles der damaligen Uebung zuwider. Benachbarte Bischöfe, die als solche den neu zu Weihenden kannten, sollten zugegen sein, Novatian rief seine Consecratoren aus einem entlegenen Theile Italiens, die von der ganzen Bewegung in Rom nichts wußten, Novatian wahrscheinlich nicht einmal dem Namen nach kannten. Da im Falle blos Einer consecrirte, er ein Mandat von anderen Bischöfen besitzen mußte, so war es sicher Vorschrift, die betreffenden Bischöfe nicht blos einzuladen, sondern ihnen auch den Zweck der Einladung bekannt zu machen. Novatian hingegen verschweigt nicht nur den wahren Zweck, sondern gibt einen falschen an.

Schon in der apostolischen Zeit wurden die Hände mit Gebet und unter Fasten aufgelegt [7]). Das römische Pontificale enthält die Rubrik: es gezieme sich, daß sowohl der Consecrator, als der Erwählte, Tags zuvor faste. Novatian hingegen machte seine Consecratoren betrunken. Um die 10. Stunde, in verschlossenem Raume, legten sie ihm die Hände auf. Der geziemende Tag der Consecration war der Sonntag [8]). Statuta die consecrationis, quae debet esse Dominica, vel natalitium Apostolorum, vel etiam festiva, si summus pontifex hoc specialiter indulserit [9]). Cornelius hätte es wohl erwähnt, wenn Novatian nicht am Sonntage orbinirt worden wäre, denn er macht sogar

---

[7]) Die Quellen der ersten drei Jahrhunderte enthalten unseres Wissens hierüber nichts. Pelliccia beruft sich für diese Sitte auf Bolland. 19. Januar und Surius 26. Novbr. Pellic. politia l. 1. c. 9. §. 2. p. 68. ed. Ritter.
[8]) A. C. l. 8. c. 4. [9]) Pontificale rom.

auf die Stunde aufmerksam. Nach unserem Ermessen sollte apostolischer Anordnung zufolge die Ordination in Verbindung mit der Liturgie vorgenommen werden, wie dieses nach den arabischen Kanonen Hippolyts, den apostolischen Constitutionen [10]) und dem römischen Pontificale geschieht. In der Mitte des dritten Jahrhunderts fand aber die Feier derselben mit dem Morgengrauen statt. Die zehnte Stunde war darum eine sehr ungewöhnliche. Selbst im Pontificale ist noch durch die Worte: hora competenti darauf hingewiesen, daß die Stunde der Ordinationes nicht in das Belieben des Consecrators gesetzt war. Deutlicher drücken sich die apostolischen Constitutionen aus. Nach Beendigung des Weihegebetes schreiben sie vor: „Und in der Frühe ($\text{ἕωθεν}$) wird er inthronisirt." $\text{Ἕωθεν}$ ist frühe Morgenstunde. Da aber der Inthronisation die übrigen die Weihe betreffenden Handlungen vorangingen, so erkennt man leicht, der Anfang des Aktes fiel mit dem Morgengrauen zusammen und es ist nun klar, weßhalb Cornelius die Feier zur zehnten Stunde rügt. Die Ursache, warum man am Sonntage während der Liturgie die Ordination ertheilte, lag darin, daß dadurch der Akt die nothwendige Oeffentlichkeit erlangte. In Gegenwart des versammelten Volkes und Clerus sollte die Weihe vorgenommen werden. Dem widersprach nun besonders, daß sie Novatian bei verschlossenen Thüren empfing. Bei der Ordination Fabians begab sich Volk und Clerus in die Kirche [11]); in der Kirche, am Altare, findet auch nach den apostolischen Constitutionen die Weihe eines Bischofes statt [12]). Diesen Ort wagte Novatian nicht zu umgehen. Er, der es gewagt hatte, einen anderen Altar zu errichten [13]), ließ sich in seiner Kirche ordiniren, aber nicht im Beisein der Gläubigen. Das war gegen die von den Aposteln herrührende kirchliche Disciplin. Man erkennt nicht nur aus der Apostelgeschichte, daß die Weihen vor versammelter Gemeinde stattfanden, sondern Papst Clemens bezeugt ausdrücklich, die Apostel haben verordnet, die ganze Kirche habe ihre Zustimmung zu geben ($\text{συνευδοκησάσης τῆς ἐκκλησίας πάσης}$) [14]). Bei der Ordination eines Priesters wird nämlich die Gegenwart des Volkes erfordert, damit Alle wissen und versichert sind, der werde zum Priesterthum erwählt, welcher der Tüchtigste, Gelehrteste, Heiligste, in jeder Tugend Hervorragendste aus dem ganzen Volke sei, damit nicht nachher eine Einsprache oder ein Bedenken erhoben werden

---

10) A. C. l. 8. c. 5.   11) Euseb. h. e. l. 6. c. 29. p. 439.
12) A. C. l. 8. c. 4 u. 5.   13) Cyp. epist. 40. p. 121. a.
14) Clemens R. ad Cor. c. 44. p. 90.

kann. Das ist es auch, was der Apostel über die Ordination eines Priesters in den Worten vorschrieb: "derselbe muß auch ein gutes Zeugniß von denen haben, die draußen sind [15]).

Die apostolischen Constitutionen beschreiben das der Weihe unmittelbar vorhergehende Verhalten auf folgende Weise. Der durchweg tadellos Erfundene und vom ganzen Volke als der trefflichste Erwählte werde zum Bischofe geweiht [16]). Nachdem sein Name bekannt gemacht und er genehmigt worden ist, gebe das versammelte Volk zugleich mit dem Presbyterium und den anwesenden Bischöfen an einem Sonntage seine Zustimmung. Der die erste Stelle unter den Andern einnimmt, frage das Presbyterium und Volk, ob dieser es ist, den sie als Vorsteher begehren. Auf ihr Zunicken frage er ferner, ob er von Allen das Zeugniß habe, daß er dieser großen und herrlichen Vorsteherschaft würdig sei, ob er sich in dem, was die Frömmigkeit betrifft, recht verhalten, die Pflichten der Gerechtigkeit gegen den Nebenmenschen beobachtet, seine häuslichen Angelegenheiten wohl verwaltet habe und sein Wandel keinem Tadel unterworfen sei. Wenn Alle mit einander der Wahrheit gemäß und nicht nach Vorurtheil ihm dieses Zeugniß ausgestellt haben [17]), wie vor dem Gerichte Gottes und Christi und dem gegenwärtigen heiligen Geiste und allen heiligen und dienenden Engeln, so frage er zum drittenmale, ob er wirklich des Amtes würdig sei, damit im Munde zweier oder dreier Zeugen jedes Wort bestehe. Zum drittenmal beipflichtend, daß er würdig sei, wurde von Allen das Zeichen der Zustimmung verlangt, und wenn es freudig gegeben wurde, schenkte man ihm Gehör.

Nachdem Stille geworden, sprach Einer aus den ersten Bischöfen, zugleich mit zwei Anderen, nahe am Altare stehend, das Gebet, während die übrigen Bischöfe und Presbyter still beteten und die Diaconen die heiligen Evangelien über dem Haupte dessen [18]), der ordinirt wurde, ausgebreitet hielten [19]).

---

15) Orig. in Levit. hom. 6. n. 3. p. 101. In Num. hom. 23. n. 4. p. 488.

16) In ordinationibus clericis, fratres carissimi, solemus vos ante consulere et mores ac merita singulorum communi consilio ponderare. Cyp. epist. 33. p. 105. a.

17) In dem römischen Pontificale heißt es bei der Presbyterweihe: Sed ne unum fortasse, vel paucos, aut decipiat assensio, vel fallat affectio, sententia est expetenda multorum. Itaque quid de eorum actibus aut moribus noveritis, quid de merito sentiatis, libera voce pandatis et his testimonium sacerdotii magis pro merito, quam affectione aliqua tribuatis. Si quis igitur habet aliquid contra illos, pro Deo et propter Deum, cum fiducia exeat et dicat; verumtamen memor sit conditionis suae.

18) Tum consecrator, accepto libro evangeliorum, illum apertum, adju-

2) Ueber das Ordinationsgebet, das jetzt folgt, wird eigens gehandelt werden. Nach der Doxologie, mit der es schließt, antworten die übrigen Priester, Amen, und mit ihnen das ganze Volk. Nach dem Gebet bringt einer der Bischöfe das Opfer in die Hände des Ordinirten. Und in der Frühe wird er an dem ihm zu übertragenden Orte von den übrigen Bischöfen inthronisirt.²⁰), indem ihn alle mit dem Kusse im Herrn küssen. Nach der Lesung des Gesetzes und der Propheten, unserer Briefe und der Apostelgeschichte, wie der Evangelien, begrüßt der Ordinirte die Kirche mit den Worten: die Gnade unseres Herrn Jesu Christi, die Liebe Gottes und des Vaters und die Gemeinschaft des heiligen Geistes sei mit euch Allen. Und Alle antworten: und mit deinem Geiste. Und nach dem Gruße hält er eine Ermahnungsrede an das Volk ²¹).

Die obigen Worte sind mißverständlich. Zweifellos folgte auf die Ordination die Liturgie. Wenn es aber heißt: „und nach dem Gebet ($\pi\varrho o\sigma\varepsilon v\chi\eta$) bringt einer der Bischöfe das Opfer in die Hände des Ordinirten, worauf er inthronisirt wird. Und nach der Lesung des Gesetzes ꝛc.", so fragt es sich, ist unter dem Gebet, der Proseuche, das Ordinationsgebet, oder die Liturgie, zu verstehen? Im letzten Falle wäre das Angegebene als Zwischensatz zu betrachten und dem mit Amen beantworteten Ordinationsgebet sogleich die Lesung des Gesetzes und der Propheten ꝛc. gefolgt. Auf den ersten Blick scheint sich zwar die Annahme, das Gebet, die Proseuche, sei das Ordinationsgebet gewesen, zu empfehlen, bei näherer Prüfung verdient aber die Annahme, es bezeichne die Liturgie, den Vorzug. Das Ordinationsgebet wird in der Ueberschrift nicht Proseuche, sondern Epiklese genannt, hingegen ist Proseuche die gewöhnliche Bezeichnung der Liturgie. Ferner brachte einer der Bischöfe nach der Proseuche dem Ordinirten das Opfer ($\vartheta v\sigma\iota\alpha v$). Da unter demselben blos das eucharistische Opfer verstanden werden kann, denn ein anderes Opfer würde Prosphora heißen und nicht dem Ordinirten, sondern von dem Ordinirten gegeben worden sein, da die Eucharistie nicht

---

vantibus episcopis assitentibus, nihil dicens imponit super cervicem et scapulas electi... Deinde consecrator et assistentes episcopi ambabus manibus caput consecrandi tangunt dicentes: Accipe spiritum sanctum. Quo facto, consecrator stans, deposita mitra, dicit... Nach wenigen Worten beginnt der Consecrator mit vor der Brust ausgebreiteten Händen das eucharistische Ordinationsgebet. So das römische Pontificale.

19) A. C. l. 8. c. 4.
20) Καὶ τῇ ἕωθεν ἐνθρονιζέσθω εἰς τὸν αὐτῷ διαφέροντα τόπον.
21) A. C. l. 8. c. 5.

vor Beginn, sondern am Schlusse der Liturgie gereicht wird: so setzt dieses gleichfalls voraus, die in Rede stehende Proseuche sei die Liturgie. Sodann bildete die Inthronisation und der Kuß der Bischöfe den geeigneten Schluß der ganzen Handlung, zu der auch die Feier der Eucharistie gehörte, weßwegen ihnen das römische Pontificale den Platz nach der Messe anweist. Endlich stellen die folgenden sehr umfangreichen Kapitel nicht die bei der Consecration eines Bischofes gefeierte Liturgie, sondern die Liturgie überhaupt dar und da hätte sich diese kurze Notiz nach so langer Unterbrechung verloren.

Am Schlusse der Liturgie reichte also der Consecrator dem Ordinirten das Opfer oder die Eucharistie. Das römische Pontificale schreibt vor: Deinde postquam consecrator corpus Domini sumpserit, non totum sanguinem sumit, sed solum partem ejus cum particula hostiae in calicem missa. Et priusquam se purificet, communicat consecratum ante se in eodem cornu capite inclinato stantem et non genuflectentem, prius de corpore, tum de sanguine.

Die Inthronisation des neu geweihten Bischofs durch die anwesenden Bischöfe erwähnt der Brief des Clemens an Jacobus. Nachdem Petrus den Clemens, seiner Weigerung ungeachtet, zum Nachfolger bestimmt und in Gegenwart Aller ordinirt hatte, setzte er den Erröthenden auf seine Kathedra [22]). Als ferner auf (Papst) Fabian eine Taube herabflog und sich auf sein Haupt setzte, rief das Volk einstimmig, er sei der Würdige und sogleich wurde er auf den bischöflichen Thron gesetzt [23]). Nach den arabischen Kanonen Hippolyts verlauft die Ordination des Presbyters, wie die des Bischofs, nisi quod throno non insideat [24]). Demgemäß gehörte die Inthronisation zum bischöflichen Weiheakt. Das römische Pontificale enthält die Worte: sobann steht der Consecrator auf und ergreift den Consecrirten bei der rechten, der erste der assistirenden Bischöfe aber bei der linken Hand, et inthronizant eum, ponendo ipsum ad sedendum in faldistorio, de quo surrexit consecrator, vel si id fiat in ecclesia propria consecrati, inthronizant eum in sede episcopali consueta.

Wie am Schlusse der Taufe und Firmung der Täufling vom Minister geküßt wurde, so geschah es auch zu Ende der Ordination. Auch diesen Gebrauch kennt das römische Pontificale. Vor der Lesung des Johannesevangeliums küßt der Consecrator den Neugeweihten und dasselbe

---

22) Epistol. Clementis ad Jacob. n. 19 p. 620. Gall. II.
23) Euseb. h. e. l. 6. c. 29. p. 440.   24) Can. 4. p. 66.

thun die affiftirenden Bifchöfe. Nach den arabifchen Kanonen Hippolyts wird der Ordinirte nicht blos vom Confecrator, fondern von allen
geküßt ²⁵).

### §. 100. Weihe der verfchiedenen Grade und ihr Gemeinfames.

Da die f. g. niederen Cleriker, den Lektor ausgenommen, vor Papft
Fabian nicht vorhanden waren und darum keine von Chriftus und den
Apofteln vorgefchriebene fakramentale Weihe erhielten, gehen wir auf den
Einführungsritus in ihr Amt nicht ein, fondern verweifen hierüber auf
den erften Band.

Eine fakramentale Weihe wurde den Diaconen, Presbytern und
Bifchöfen ertheilt. Abgefehen von den Zeugniffen der h. Schrift und
jenen, welche blos von einem einzelnen Ordo, z. B. den Diaconen allein,
fprechen, fagt Clemens R.: Chriftus wurde von Gott gefendet, die
Apoftel von Chriftus, Beides in rechter Ordnung nach Gottes Willen.
Nachdem fie den Auftrag empfangen... predigten fie auf dem Lande
und in Städten und ftellten die Erftlinge (der Bekehrten), welche fie
durch den Geift tüchtig erfunden, zu Epifcopen und Diaconen der künftigen Gläubigen auf. Und diefes war nichts Neues, denn vor langer
Zeit war über die Bifchöfe und Diaconen gefchrieben: constituam
episcopos eorum in justitia et diaconos eorum in fide ¹). Bekanntlich begreift Clemens R. unter dem Namen Epifcopen fowohl Bifchöfe
als Presbyter. Da zudem die Diaconen, bezüglich der Einfetzung in
ihr Amt, auf gleiche Stufe mit den Bifchöfen geftellt werden, ergibt
fich von felbft, daß nach apoftolifcher Anordnung alle drei Ordnungen
durch eine mit Faften und Gebet verbundene Handauflegung für ihr Amt
geweiht wurden. Daran wird nämlich Niemand zweifeln, daß das von
den Apofteln, laut der h. Schrift, Geübte, von ihnen auch für die Folgezeit angeordnet wurde. Nachdem Petrus, heißt es in den Recognitionen,
diefes und ähnliches gefprochen, legte er dem Zachäus die Hände auf
und betete, daß er untadelhaft die Pflicht feines Bifchofsamtes verfehe.
Hierauf ordinirte er zwölf Presbyter und vier Diaconen ²). Die ordinationes temerariae, die Tertullian den Häretikern vorwirft, ftehen in
einer folchen Verbindung nicht nur mit den dafelbft genannten Bifchöfen,
fondern auch mit den Diaconen, daß man fie mit vollem Rechte auf

---

25) Hippol. Can. arab. can. 2. p. 65.
1) Clem. R. ad Cor. c. 2. p. 87.   2) Recog. l. 3. c. 66. p. 1311.

alle brei Ordnungen beziehen kann. Origenes unterscheidet allerdings an einer Stelle zwischen Presbyter und Diaconen. Frequenter causa superbiae est ei, qui ignorat habere ecclesiasticam dignitatem, sacerdotalis *ordo* et leviticus *gradus*. Quanti presbyteri constituti obliti sunt humilitatis, quasi idcirco fuerint *ordinati*, ut humiles esse desisterent ³). Allein diese Worte dürfen nicht so verstanden werden, als ob die Diaconen keine Ordination erhalten hätten. In demselben Zusammenhange, wie in dieser Stelle, sagt er an einem anderen Orte: Nonnumquam autem morbus iste superbiae penetrat non solum pauperes plebis, verum etiam *sacerdotalem* et *leviticum ordinem* pulsat. Invenies interdum etiam in nobis aliquos, qui ad exemplum humilitatis positi sumus et in altaris circulo velut specula quaedam intuentibus collocati, in quibus arrogantiae vitium foetet, et de *altari Domini*, quod deberet incensi suavitate fragrare, odore teterrimus superbiae renidet. Sed objiciatur, quaeso ab omni hac sancta ecclesia et praecipue ab iis, qui ministrant *in sanctis*, odor iste teterrimus ⁴). Hier wird den Diaconen, wie den Presbytern ein ordo zugeschrieben, der sie zum Dienste am Altare und den Heiligthümern befähigte, und zwar wurde er ihnen durch Handauflegung zu Theil. Ein Bischof, oder Presbyter, oder Diacon, welcher diese Würde durch Geld erhielt, wurde ebenso deponirt und von der Kirchengemeinschaft gänzlich ausgeschlossen, wie der, welcher ihnen die Hände auflegte ⁵). Das entscheidendste Zeugniß legt jedoch Cyprian ab. Von der Thatsache ausgehend, daß die ordinationes sacerdotales in Gegenwart des Volkes stattfinden sollen, bemerkt er: Die Apostel haben dieses nicht nur bei den Ordinationen der **Bischöfe** und **Presbyter**, sondern auch der **Diaconen** beobachtet, damit sich kein Unwürdiger zum Dienste des Altares und in den priesterlichen Ort einschleiche ⁶). So kann nur der schreiben, welcher der Ueberzeugung ist, die Ordination der drei genannten Grade sei von den Tagen der Apostel an in der Kirche heimisch gewesen. Wenn sich daher ein katholischer Bischof um die Mitte des dritten Jahrhunderts auf diese Weise ausdrückt, kann man daraus auf die fortwährende Uebung der Kirche schließen.

2) Da den genannten drei hierarchischen Graden bei Uebertragung

---

3) Orig. in Ezech. hom. 9. n. 2. p. 186.
4) Orig. in lib. Judic. hom. 3. n. 2. p. 22.
5) Can. apost. can. 30. (28.)   6) Cyp. epist. 68. p. 255. f.

des Amtes eine Ordination durch Handauflegung zu Theil wurde, muß dieses Amt, bei aller Mannigfaltigkeit und Verschiedenheit seiner Verrichtungen, etwas Gemeinsames gehabt haben. Worin bestand dasselbe? Das Vorausgehende enthält bereits Andeutungen, denn nach Origenes befähigt die Ordination zum Dienste am Altare und bei den Heiligthümern (in sanctis); ein Wort, das der 29. (27.) apostolische Kanon mit „Liturgie" wiedergibt. Und wenn Cyprian bei der Ordination der Bischöfe, Presbyter und Diaconen die Gegenwart des Volkes fordert, damit sich kein Unwürdiger zum Dienste des Altares und in den priesterlichen Ort einschleiche, so schreibt er damit der Ordination dieselbe Wirkung zu. Noch entschiedener tritt dieses in folgender Stelle hervor. In der Kirche ordinirte Presbyter und Diaconen, die apostasirten, hierauf bei den Häretikern eine profane Ordination empfingen und gegen den Einen göttlichen Altar falsche und sakrilegische Opfer darzubringen wagten, sollen bei ihrer Rückkehr blos zur Laiencommunion zugelassen werden. Priester und Minister (Diacon), welche dem Altare und Opfer dienen, müssen nämlich unversehrt und unbefleckt sein [7].

Der eucharistische Opferdienst ist demnach das Gemeinsame, zu dem der Diacon, Presbyter und Bischof durch die Ordination befähigt und bevollmächtigt wurde. Daß aber dieser Dienst nicht bei allen drei Graden derselbe war, geht schon daraus hervor, daß nicht eine, sondern drei Weihen ertheilt wurden. Ebenso wenig ist damit die Befähigung und Bevollmächtigung zu anderen hierurgischen Handlungen ausgeschlossen. Der Dienst am Altare, näherhin die eucharistische Consecration, bildet jedoch den Mittelpunkt.

In der alten Kirche sprach für gewöhnlich der Bischof das Dankgebet, d. h. er opferte. In seiner Abwesenheit thaten dieses aber auch die Presbyter. Nach dieser Seite fällt darum die Presbyteratsweihe mit der bischöflichen zusammen. Sie unterscheidet sich aber von ihr, weil der Bischof allein Minister der Presbyteratsweihe ist, durch deren Verleihung der Priester die Consecrationsgewalt erhält. Die Diaconen sind nicht nur Diener gemeiner, sondern der eucharistischen Speise und werden durch die Ordination berufen, dem Priester am Altare zu dienen. Die Ordination des Diacon ist deßwegen mit Rücksicht auf diesen Zweck eine an sich vollendete Handlung, ein vollkommenes Sakrament. Zu diesem Zwecke kann jedoch ein höherer hinzukommen, wie dieses durch

---

[7] Cyp. epist. 72. p. 275. e.

die Presbyteratsweihe geschieht. Im Verhältnisse zur Presbyteratsweihe ist daher die des Diacon ebenso wenig die vollendete, als es die Presbyteratsweihe mit Rücksicht auf die bischöfliche Ordination ist. Dennoch ist jede für sich eine vollkommene Handlung, die sich im Episcopate vollendet, weil in ihm das höchste Ziel der Weihe erreicht wird, nämlich nicht nur beim Opfer zu dienen und es darzubringen, oder zu consecriren, sondern auch Anderen die Vollmacht zu diesem Dienste und der Consecration zu verleihen.

Zieht man das römische Pontificale nach dieser Seite in Betracht, so fällt auf, daß erst bei der Verleihung der Diaconatsweihe das Gebet die eucharistische Form (Präfations-)Form erhält, die es bei der Weihe der Presbyter und Bischöfe beibehält. Da diese Formulare sehr alt sind, ist dieses zugleich ein Beweis dafür, daß blos diese drei Ordinationen einen sakramentalen Charakter haben. Das den drei Weihen Gemeinsame hat in dieser Form einen äußeren Ausdruck erlangt.

### §. 101. Die Weihegebete der apostolischen Constitutionen im Allgemeinen.

Im achten Buche der in Rede stehenden Schrift sind die Weihegebete vollständig enthalten. Um über ihr Alter und ihre Aechtheit besser entscheiden zu können, geben wir zuerst die treffliche Erörterung von Drey über Zweck und Inhalt dieses Buches.

Drey glaubt, daß es aus mehreren Bestandtheilen zusammengesetzt, nach seinem Zweck und wesentlichen Inhalt ein Pontificalbuch sei. Darum ist es auch cap. 3. den Bischöfen ausdrücklich gewidmet mit den Worten: „nun führt uns unsere Rede zu dem ersten und wichtigsten Stück in der kirchlichen Einrichtung, damit ihr Bischöfe, die wir nach dem Willen Christi bestellt haben, wenn ihr diese unsere Verordnung (διάταξιν) vernommen habt, alles nach unserer Vorschrift auszurichten wissen möget." Wie also dieses Buch den Bischöfen allein zugeeignet ist, und sein Inhalt sich ausschließlich auf ihre Amtsverrichtungen bezieht, so war es auch ein Handbuch für sie allein, und eignete sich nicht zu den öffentlichen Vorlesungen in den Versammlungen, wie die sieben ersten Bücher [1]). Zu einem Pontificalbuche macht es ferner die demselben vorangestellte Einleitung oder Vorrede, die ja gerade den Unterschied zwischen Christen

---

1) Drey, Neue Untersuchungen. S. 104.

und Priestern als begründet in der doppelten Wirksamkeit des heiligen Geistes und der naturgemäßen Verfassung der christlichen Kirche hervorhebt. Der erste Gegenstand eines solchen Werkes ist daher natürlich die Creirung des Priesters, d. h. die Wahl und Weihe des Bischofes, und darüber werden die ersten Vorschriften gegeben; der zweite ist des Priesters hauptsächliche regelmäßig wiederkehrende Verrichtung, d. h. die Verrichtung der Liturgie, und darum ist diese mit dem Ganzen ihrer integrirenden Theile, mit den dazu gehörenden Formularen und Gebräuchen verzeichnet; den dritten Gegenstand bilden die Ordinationen der übrigen Geistlichen, welche zu allen Zeiten den Bischöfen zustanden, und darum folgen auf die Liturgie die bestehenden Vorschriften und Formeln für die verschiedenen Ordinationen; der Rest des Buches begreift theils Vorschriften und Formulare für den übrigen Theil der minder feierlichen bischöflichen Verrichtungen, theils einzelne kanonische Vorschriften. Mit Ausnahme der letzten, die deßwegen zufällig dazustehen scheinen, weil sie unvollständig sind und bei weitem nicht alles ausdrücken, was der Bischof in der Handhabung der Kirchenzucht zu beobachten hatte, ist der ganze übrige Theil des Buches aus der Idee seines Zweckes hervorgegangen, in diesem liegt seine ganze Genesis und es ist ebenso widersinnig und unmöglich, daß ein solches Buch aus ebenso vielen vereinzelten Bruchstücken, als etwa Kapitel sind, hätte zufällig zusammengesetzt werden können, als jede andere Schrift, der ein bestimmter Zweck und Plan sichtbar zu Grunde liegt. Die Liturgie des Buches bildete daher vom Anfang ein Ganzes, wie die Liturgie in ihrer Ausführung im Angesichte der Gemeinde einen bestimmten Kreis von Handlungen einschloß; ebenso drücken die Ordinationsformeln nur die bestehende Hierarchie, die übrigen Formulare die bestehende Privatandacht aus. In dieser Beziehung ist das Buch nur der nothwendige Ausdruck des in der Wirklichkeit Bestehenden, nicht die willkürliche Zusammensetzung beziehungsloser Fragmente.

Indessen konnte doch das Buch auch nach dieser Entstehungsweise im Einzelnen Veränderungen erfahren. Die liturgischen Formulare, nachdem sie stehend geworden, änderten sich wohl am wenigsten, in dem hingegen, was zum Ritus gehört, wurden mit der Zeit Zusätze gemacht, doch ist auch hierin unsere Liturgie in Vergleichung mit den spätern noch höchst einfach; der einzige Punkt von einigem Belang ist, wie wir gezeigt haben, die Einführung der Subdiacone in den Altardienst. Die Ordinationsformeln vermehrten sich, wie die niedern Kirchenämter oder Kirchendienste geschaffen, oder vielmehr von einander getrennt und bestimmten Individuen vereinzelt übertragen wurden, wodurch nun ebenso viele Ordinationen nothwendig wurden. Durch das Hinaufrücken solcher Personen, welche vorher die genannten Dienste ohne besondere Ordinationen verrichtet hatten, in den Rang von Ordinirten, mochten diejenigen, welche ebenso lang und noch länger schon eine besondere Klasse von Privilegirten (einen Stand) gebildet hatten, gleichfalls nach jener Auszeichnung durch eine Ordination lüstern werden, und dieß gab Veranlassung zu den Verordnungen des 23.—26. Kapitels; denn nur eine solche Ambition macht es erklärlich, daß besondere Erklärungen nothwendig werden konnten: der Bekenner, die kirchliche Jungfrau und Wittwe und der Exorcist werden nicht ordinirt, da es doch jedem Bischof bekannt sein mußte, daß dieß nie der Fall gewesen und kein Beispiel davon vorkommt; die angeführten Kapitel erscheinen daher für sich selbst als ein späterer Zusatz in unserem Pontificalbuche. Andere Verordnungen wurden durch ähnliche Veranlassungen herbeigeführt, wie Kap. 27, daß ein Bischof von drei oder wenigstens zwei andern Bischöfen ordinirt werden soll, da bis zu Ende des dritten Jahrhunderts diese Zahl unbestimmt war [2]), nicht minder die Verordnungen Kap. 28. 46. 30.—34. 42. 44., deren Alter und Veranlassung schon nachgewiesen wurde. Diese Zusätze erhielt aber unser Pontificalbuch auf eine Art, die weder eine eigentliche Zusammensetzung (aus vorher vereinzelten Bruchstücken), noch eine Interpolation genannt werden kann. Denn das Buch war ein Kirchenbuch, blieb in der Hand des Bischofes der Gemeinde, für welche es ursprünglich angelegt worden, und so änderte je einer oder der andere, oder setzte zu, was mit den veränderten Verhältnissen der Disciplin für nothwendig oder nützlich erachtet wurde und wozu Jeder das Recht hatte. So entstand dieses achte Buch, dessen Bestandtheile, einzeln betrachtet, von ungleichem Alter sind, welches aber als Ganzes dasselbe blieb, was es in seiner ursprünglichen Anlage war [3]).

### §. 102. Ordinationsgebet über den Bischof nach den apostolischen Constitutionen.

Dieses Gebet lautet also: Du, der Seiende, Herrscher, Herr, Gott, der Allmächtige, der allein Ungezeugte, der keinen König über sich hat, der immer Seiende und von Ewigkeiten Existirende, der Be-

---

[2]) In dieser Beziehung sind wir mit Drey nicht einverstanden. Novatian hätte sich nicht von drei Bischöfen weihen lassen, wenn die Zahl unbestimmt gewesen wäre.
[3]) Drey, Neue Untersuchungen ꝛc. S. 148—151.

dürfnißlose, erhaben über allen Ursprung und alle Entstehung, der allein Wahrhaftige, der allein Weise, der allein der Höchste ist, der von Natur Unsichtbare, dessen Erkenntniß anfangslos, der allein Gute und Unvergleichliche, der Alles vor seinem Werden weiß, der das Verborgene erkennt, der Unzugängliche, der keinen Herrscher über sich hat, Gott und Vater deines eingeborenen Sohnes, unseres Gottes und Erlösers, durch den du das All geschaffen, Fürseher, Beschützer, Vater der Erbarmungen und Gott alles Trostes, der du in der Höhe wohnest und auf das Niedrige herabsiehst, der du der Kirche Gesetze verleihest durch Ankunft deines Christus im Fleische, unter dem Zeugnisse des Paraklet, durch deine Apostel und uns, die durch deine Gnade hier stehenden Bischöfe, der du von Anfang Priester zur Führung deines Volkes gesetzt hast, Abel, Seth, Enos und Enoch, Noe, Melchisedek und Job, der du aufgestellt hast Abraham und die übrigen Patriarchen mit deinen gläubigen Dienern Moses und Aaron, Eleazar und Phinees, der du aus ihnen Vorsteher genommen hast und Priester in dem Zelte des Zeugnisses, der du Samuel zum Priester und Propheten erwählt, der du dein Heiligthum nicht ohne Liturgen gelassen, der du Jenen gnädig warst, welche du zu deiner Verherrlichung bestimmt hast; du selbst nun, durch die Vermittlung deines Christus, gieße durch uns die Kraft deines fürstlichen Geistes aus, welcher deinem geliebten Sohne Jesus Christus dient, welchen er nach deinem Willen deinen heiligen Aposteln, den Aposteln des ewigen Gottes, gegeben hat, herzenskundiger Gott, verleihe diesem deinem Diener, den du zum Bischofe erwählt hast, in deinem Namen zu weiden deine heilige Heerde und dein Hohepriester zu sein, dir tadellos Tag und Nacht zu dienen und dein Angesicht zu versöhnen, zu sammeln die Zahl deiner Geretteten und zu opfern dir die Gaben deiner Kirche; gib ihm, allmächtiger Herr, durch deinen Christus die Theilnahme des h. Geistes und mit ihr die Vollmacht, nach deinem Auftrage Sünden nachzulassen, wie Cleriker einzusetzen und jedes Band zu lösen, gemäß der Macht, welche du den Aposteln verliehen; gib ihm sodann dir in Sanftmuth und reinem Herzen, unwandelbar, untadelhaft, unbescholten wohlzugefallen, dir darzubringen das reine, unblutige Opfer, welches du durch Christus als Geheimniß des neuen Bundes angeordnet hast, zum Wohlgeruche durch deinen heiligen Sohn Jesus Christus, unseren Erlöser, durch welchen dir Herrlichkeit, Ehre und Anbetung im h. Geiste, jetzt und immer und in alle Ewigkeit. Nachdem er so gebetet hat, antworten die übrigen Priester Amen und mit ihnen das ganze Volk.

2) Würde dieses Gebet dem Anfange des vierten Jahrhunderts angehören, so wäre dieses Zeugniß für das katholische Priesterthum wahrhaftig bedeutungsvoll genug. Warum wir es aber in eine Schrift, welche die Sakramente der ersten drei Jahrhunderte bespricht, aufnehmen, hat seine Gründe in Folgendem: Nachdem Stille eingetreten ist, spricht Einer aus den ersten Bischöfen zugleich mit zwei anderen nahe am Altare stehend, während die übrigen Bischöfe und Presbyter still beten, zu Gott c. 4. Sofort beginnt die Oration. Da drei Bischöfe zumal das Weihegebet sprachen, konnte es schlechterdings nicht aus dem Herzen gebetet, sondern mußte geschrieben gewesen sein, und man kann blos darüber verschiedener Ansicht sein, ob es die Bischöfe so treu memorirt hatten, daß sie es aus dem Gedächtnisse beteten, oder ob sie es ablasen. Da ferner nach dem Vorausgehenden, und wie wir noch genauer zeigen werden, Ordinationsgebet und Liturgie zusammen gehören, so participirt das Weihegebet an dem Alter der Liturgie und umgekehrt. Das geschriebene Weihegebet liefert darum nicht nur den Beweis, daß zu der Zeit, als es abgefaßt wurde, die Liturgie geschrieben sein konnte, sondern es macht auch sehr wahrscheinlich, daß sie geschrieben war. Die etwaige Einwendung, die am Schlusse von l. 8. c. 4. stehenden Worte seien in späterer Zeit hinzugekommen, ist unbegründet, denn es wird sich nichts für sie anführen lassen. Nicht nur ist blos von Presbytern und Diaconen die Rede, sondern es sind auch mehrere Bischöfe anwesend, nebst den dreien, welche das Gebet sprechen. Wie früher gezeigt, war dieses Vorschrift bis zur Mitte des dritten Jahrhunderts, um welche Zeit sich die Uebung bildete, die bischöfliche Consecration ohne die passive Assistenz der benachbarten Bischöfe vorzunehmen. Ja, diese Uebung war damals schon so befestigt und die alte Praxis hatte sich schon so weit überlebt, daß Novatian es wagen konnte, sich auf diese Weise weihen zu lassen. Di Schlußworte von l. 8. c. 4. entsprechen daher vielmehr der vor als nach dem Jahre 250 geltenden Disciplin, weßwegen sie ebenso im dritten, als im zweiten Jahrhundert geschrieben sein können. Die letzte Annahme verdient sogar den Vorzug, denn das Weihegebet, auf das sie einleiten, und die Liturgie sind zusammengehörende Theile. Die Liturgie ist als letzte Handlung und Vollendung der Ordination aufgefaßt[1]), darum spricht der Geweihte die Worte: die Gnade unseres Herrn ꝛc. Sodann ist der Eingang des Weihegebetes und des

---

1) Die Liturgie steht in einem ähnlichen Verhältnisse zur Ordination, wie zur Taufe und Firmung.

liturgischen Dankgebetes ein Kind desselben Geistes, dieselbe Beschreibung der Unendlichkeit Gottes, mit derselben Häufung der nämlichen Worte. Da wie dort der Ausdruck, „erhaben über Ursprung und Entstehung", ἀβασίλευτος, ἀνενδεής, γνῶσις ἄναρχος. Gehören aber Liturgie und Weihegebet zusammen und fällt die erste ihrer Entstehung nach in den Anfang des zweiten Jahrhunderts[2]), so gilt dieses auch von dem letzten. Daß dieses Gebet von dem Herausgeber des Buches nicht gemacht, sondern vorgefunden wurde, beweist sein eigener Inhalt. Das achte Buch kleidet seine Lehren und Vorschriften in die Form ein, daß ein Apostel nach dem andern auftritt und spricht: ich verordne, sage ꝛc. Hätte nun derselbe Verfasser, welcher dem Buche diese Gestalt gab, auch dieses Gebet abgefaßt, so konnte er unmöglich schreiben: „gieße durch uns die Kraft deines Geistes aus, welcher deinem geliebten Sohne Jesus Christus dient, welchen er nach deinem Willen deinen heiligen Aposteln, den Aposteln des ewigen Lebens gegeben hat". In der Liturgie des Jacobus stehen in der Consecrationsformel die Worte: „gab er uns, seinen Jüngern und Aposteln". Auf diese Weise hätte auch der Verfasser den diktirenden Apostel sprechen lassen müssen. Er thut es nicht, denn das Gebet rührt nicht von ihm her. Zudem hätte ein nach dem Jahre 325 abgefaßtes kirchliches Gebet den heiligen Geist nicht den Diener des Sohnes genannt. Diese Indicien zeugen jedoch blos für das Vorhandensein des Gebetes im dritten Jahrhundert. Für ein höheres Alter ist das Folgende von Bedeutung.

In dem Weihegebet wird dem Bischofe die Vollmacht ertheilt, „das reine, unblutige Opfer darzubringen". Aus diesen Worten folgt, nach unserem Ermessen, zweierlei: Erstens feierten, als dieses geschrieben wurde, die Bischöfe die Eucharistie und nicht die Presbyter. Zweitens wurden nicht blos Presbyter zu Bischöfen geweiht, sondern auch Diaconen und Laien. Hätten nämlich damals Presbyter celebrirt, so mußte das Weihegebet diese Funktion bei ihrer Ordination erwähnen. Wie das Folgende zeigt, geschieht das blos, sofern die ἱερουργία erwähnt wird, was auf die Mitwirkung bei der eucharistischen Feier Bezug hat. Setzt man voraus, in diesem Worte liege die ungeschmälerte Bevollmächtigung zum Opfern, so konnte sie dem Bischofe doch nicht zum zweitenmale übertragen werden, wenn er sie als Presbyter bereits empfangen hatte. Der obige Satz hatte unter dieser Voraussetzung blos auf jene Bischöfe

---

2) cf. Probst, Liturgie. §. 85.

Anwendung, welche die Presbyteratsweihe nicht empfangen hatten. Dieses muß zur Zeit der Abfassung des bischöflichen Ordinationsgebetes die Regel gewesen sein, widrigenfalls er nicht in dieses, sondern in das Weihegebet über die Presbyter aufgenommen worden wäre. Die Zeit, in welcher die Bischöfe regelmäßig celebrirten und die Presbyter blos mitbeteten und mitwirkten, in welcher Laien unmittelbar und häufig auf den bischöflichen Stuhl erhoben wurden, ist aber nicht das dritte Jahrhundert, sondern das zweite und selbst im zweiten Jahrhundert fand dieses blos zu Anfang desselben statt. Daraus ergibt sich, daß dieses Gebet nicht nach der Mitte des zweiten Jahrhunderts abgefaßt wurde.

Was endlich die Form des Weihegebetes betrifft, so trägt es zwar den Charakter einer Eucharistie, oder eines Dankgebetes an sich, wie es auch mit einer Doxologie endigt, auf die Volk und Clerus mit Amen antwortete. Die Aufschrift lautet aber nicht: $\varepsilon \dot{v} \chi \alpha \rho \iota \sigma \tau \iota \alpha$, sondern $\dot{\varepsilon} \pi \iota \kappa \lambda \eta \sigma \iota \varsigma$. Da nun das Gebet bei der Wasser- und Oelweihe im dritten Jahrhunderte Eucharistia genannt, dieser Name also für derartige Gebete gebräuchlich wurde, muß das „Epiklese" genannte Ordinationsgebet in den Anfang des dritten oder in das zweite Jahrhundert verlegt werden. Wenn man nämlich dem Gebet bei der Oelweihe diesen Namen als Auszeichnung gab, so erhielt ihn um so sicherer das Ordinationsgebet. Im römischen Pontificale tragen auch alle drei Ordinationsgebete die Form des Dankgebetes oder der Präfation in ausgeprägter Weise an sich.

Die Umwandlung der alten Ordinationsgebete in die Gestalt, welche sie im römischen Pontificale haben, mag im dritten Jahrhundert erfolgt sein, als die Presbyter das Opfer in Landkirchen regelmäßig darbrachten, der Bischof vom Diaconat durch das Presbyterat zu seiner Würde aufstieg und die größeren Weihen die eucharistische Form erhalten hatten. Der Herausgeber des achten Buches der apostolischen Constitutionen nahm jedoch die Gebete in ihrer alten Form auf, denn dadurch bestärkte er den Leser in der Illusion, sie seien von Clemens R. nach dem Diktate der Apostel aufgezeichnet.

### §. 103. Die Clementinen und Hippolyt über dieses Gebet.

Auf das Alter dieses Ordinationsgebetes läßt sich ferner schließen, wenn man es mit dem in den Clementinen enthaltenen vergleicht. Petrus legt dem zu Ordinirenden die Hände auf und spricht: Herrscher und Herr des All, Vater und Gott, bewahre du den Hirten mit der

Heerde. Du bist die Ursache, du die Kraft. Wir sind die Unterstützten, du bist der Helfer, der Arzt, der Retter, der Wall, das Leben, die Hoffnung, die Zuflucht, die Erwartung, die Ruhe, kurz du bist Alles. Um das ewige Heil zu erlangen, hilf, befreie, bewache, du vermagst Alles, denn du bist der Fürst der Fürsten, der Herr der Herrn, der König der Könige. Du gibst dem Vorsteher die Macht, zu lösen, was zu lösen, zu binden, was zu binden ist. Du belehre, du bewahre durch ihn, wie durch ein Organ, die Kirche deines Christus, als schöne Braut, denn dir gebührt ewiger Ruhm, Lobgesang dem Vater und Sohne und heiligen Geiste in alle Ewigkeit. Amen [1]).

Das ist ein Fragment aus dem Ordinationsgebet, das durch die Worte, welche der Brief des Clemens an Jacobus dem sterbenden Petrus in den Mund legt, ergänzt wird. „Da der Tag meines Todes naht, ordinire ich euch diesen Clemens als Bischof. Ihm anvertraue ich die Kathedra meiner Rede.... den ich vor Allen als gottesfürchtig, menschenfreundlich, keusch, unterrichtet, mäßig, gut, gerecht, geduldig kennen lernte, der auch den Undank einiger Katechumenen standhaft zu ertragen mußte. Deßhalb gebe ich ihm die Macht, zu binden und zu lösen, so daß Alles, was er auf Erden binden wird, auch im Himmel entschieden sein wird. Er wird nämlich binden, was gebunden werden muß, als Einer, der die Regel der Kirche kennt. Ihn also höret, wissend, daß, wer den Vorsitzenden der Wahrheit betrübt, sich an Christus versündigt und den Vater des All erzürnt, weßwegen er nicht leben wird. Er, der Vorsitzende selbst aber soll die Stelle eines Arztes vertreten und nicht die Wuth eines wilden Thieres haben [2])".

Der Sache nach ist die Ordination nach dem Briefe dieselbe, wie die in den Homilien dargestellte. Uhlhorn findet zwar einen Unterschied, sofern in den Homilien Gott dem Geweihten die Macht übertrage, in

---

1) Clem. hom. 3. n. 72. p. 662.
2) Epist. Clem. ad Jacob. n. 2. p. 612. Gall. II. Durch die Annahme, diese Worte seyen im Ordinationsgebete der katholischen Kirche überhaupt gestanden, erklärt sich auch der Ausspruch des Origenes am besten: „Weil aber die, welche den bischöflichen Stuhl inne haben, sich dieses Wortes wie Petrus bedienen und lehren, gemäß der ihnen vom Heilande übertragenen Schlüsselgewalt sei das, was sie binden, auch im Himmel gebunden, und was sie lösen, auch im Himmel gelöst, muß man sagen, sie tragen eine gesunde Lehre vor. Orig. in Math. tom. 12. n. 14. p. 529. Vides ergo, quia non solum per apostolos suos Deus tradidit delinquentes in manus inimicorum, sed et per nos, qui ecclesiae praesident et potestatem habent non solum solvendi, sed et ligandi, traduntur peccatores in interitum carnis, cum pro delictis suis a Christi corpore separantur. Orig. in lib. Judic. hom. 2. n. 5. p. 19.

dem Briefe aber Petrus. Allein in den Homilien ist das Ordinationsgebet selbst aufgenommen, in dem Briefe aber berichtet Clemens dem Jacobus, daß ihn Petrus ordinirt habe. Im ersten Falle muß darum die Uebertragung des Ordo auf Gott zurückgeführt werden, im zweiten Falle konnte hingegen Clemens dem Zwecke seines Briefes zufolge nichts anderes sagen, als Petrus habe ihn geweiht, denn um dieses Jacobus zu melden, griff er zur Feder. Zudem ist es Gott, der durch die Menschen ordinirt.

Die Verwandtschaft des Ordinationsgebetes in den Clementinen mit dem in den apostolischen Constitutionen leuchtet ein. Das erste erscheint als eine gedrängte Zusammenstellung des letzten, in dem jedoch Ein Moment, die Bevollmächtigung zur Darbringung des Opfers, ausgelassen ist. Vielleicht kommt dieses auf Rechnung des ebionitischen Gnosticismus zu stehen, in dem die Eucharistie so zurücktritt, daß sie die Clementinen kaum der Erwähnung werth finden. Wahrscheinlich ist aber das Ordinationsgebet der apostolischen Constitutionen so alt, daß die erwähnte Abänderung dieses Gebetes um das Jahr 160 bereits vor sich gegangen war.

In der zweiten Hälfte des zweiten Jahrhunderts haben wir also dieselbe Auffassung des Priesterthums und der Ordination, wie sie die apostolischen Constitutionen enthalten. Die weitere Frage ist, woher haben die Clementinen diese Lehre, besonders die von dem Vergeben und Behalten der Sünden durch die Priester, als Organe Gottes? Die Frage ist berechtigt, „denn was bedarf es der Sündenvergebung, von der die Homilien bezeichnend genug immer nur im Zusammenhange mit der Taufe reden, da ja der Mensch seine Sünden selbst büßen muß [3])?" Wenn Uhlhorn antwortet, die Lehre von der Taufe ist ein der Heilslehre der Homilien sonst fremdes Element, ein denselben abgezwungenes Zugeständniß an das Christenthum: so ist das ebenso richtig, als dieser Satz auch auf die Ordination übertragen werden muß. Sie ist ihnen ebenso fremd, als die Taufe und deßhalb ein abgezwungenes Zugeständniß an das Christenthum.

In der Mitte des zweiten Jahrhunderts war diese Auffassung der Ordination und der die Sünden vergebenden Gewalt durch die Priester so festgegründet, daß der Ebionitismus ihr Zugeständnisse machen mußte [4]). Die weiteren Schlußfolgerungen überlassen wir dem Leser.

---

[3]) Uhlhorn. S. 214.
[4]) Auf altteſtamentliche Einflüſſe darf man um ſo weniger hinweiſen, als die

2) Wie richtig Drey das achte Buch der apostolischen Constitutionen ein Pontificalbuch nennt, geht aus den arabischen Kanonen Hippolyts hervor. In der Kirche existirten solche Bücher, oder Kanonen, welche den Bischöfen zur Richtschnur bei ihren liturgischen Handlungen dienten. Beide Schriften unterscheiden sich aber dadurch von einander, daß die Kanonen mehr das enthalten, was wir heute Rubriken heißen, während die Constitutionen vorherrschend die Gebetsformulare geben. Deutlich tritt dieses zu Tage, wenn man die Bemerkungen Hippolyts über die Messe mit der Liturgie der apostolischen Constitutionen vergleicht. Darum glauben wir, daß das Ordinationsgebet der Kanonen nicht wörtlich, sondern blos im Auszuge aufgenommen ist.

Nachdem das Volk über den ihm von den Bischöfen Vorgestellten Zeugniß gegeben und die „Exomologese" abgelegt war, schritt der Consecrator zur Weihe. Das arabische Wort, das Haneberg mit Exomologese übersetzt, scheint ihm übrigens kein Sündenbekenntniß zu bezeichnen, sondern die Verkündigung der göttlichen Herrlichkeit und das Bekenntniß der eigenen Schwäche, wie es im vorbereitenden Theile der Liturgie vorkommt. „Trefflich kann hieher die Oration der clementinischen Liturgie bezogen werden, welche der Messe der Gläubigen, nach c. 8. l. 8 der apostolischen Constitutionen, vorhergeht, oder die kürzere Oration der Liturgie des Marcus (Renaudot I. p. 120) ⁵)". Das ist jedoch nicht möglich, die Oration c. 8. l. 8 ist das Gebet der Büßer, das konnte doch bei der Bischofsweihe weder von ihm, noch über ihn gebetet werden. Ob das betreffende arabische Wort nicht den Begriff ausdrückt, den Origenes mit $\delta\epsilon\eta\sigma\iota\varsigma$, Gebet der Dürftigen, verbindet? Dann würde es heißen, nach den Gebeten der Katechumenenmesse (und der Oration für die Gläubigen) beginnt die Weihe. Nach der Ordination folgte, dem Gange der Liturgie gemäß, der Friedenskuß, die Oblation und sofort das Dankgebet, wie Hippolyt die Aufeinanderfolge angibt, während die apostolischen Constitutionen die Ordination der Katechumenenmesse voranstellen. Nach unserem Ermessen ist der Verlauf, wie ihn Hippolyt darstellt, der richtige, denn es ist nicht anzunehmen, daß die Katechumenen, Büßer ꝛc. der Ordination beiwohnten. Hippolyt gibt, wie Eingangs bemerkt, die Rubriken, die apostolischen Constitutionen reihen hingegen die Gebete an einander an. Darin liegt wohl der Grund der Verschiedenheit.

---

Ebioniten den a. t. Opfercultus verwarfen, und an seine Stelle die n. t. Sündenvergebung setzen.

5) Haneberg p. 98.

Episcopus, verordnen die Kanonen, *eligatur* ⁶) ab (ex) omni populo; sit sine ullo vehemente amore, sicut de illo scriptum est (I. Tim. 3. 2 seq. Tit. 1. 7.). In ea autem *hebdomade* ⁷), in qua consecratur, dicat populus: Nos eligimus eum. Deinde silentio facto in toto grege post *exomologesin* omnes pro eo orent dicentes: O Deus! corrobora hunc, quem nobis praeparasti. Deinde eligatur unus ex episcopis et sacerdotibus, qui manum capiti ejus imponat et oret, dicens.

**Canon tertius.** *Oratio super eum, qui in episcopum consecratur et ordo missae.*)

O Deus, pater Domini nostri Jesu Christi, pater misericordiarum et Deus totius consolationis (2. Cor. 1. 2.) qui habitat in altis et humilia respicit (Psalm. 112. 5. 6.), qui novit omnia antequam fiant (Dan. 13. 42.); tu, qui statuisti statuta ecclesiae, cujus imperio fit, ut ex Adamo perseverat genus sublime (justum) ratione hujus episcopi qui est (quodammodo) magnus Abraham; qui principatus et praelaturas constituit: respice super N. famulum tuum tribuens virtutem tuam et spiritum efficacem, quem tribuisti sanctis apostolis per Dominum nostrum Jesum Christum filium tuum unicum; illis (apostolis) qui fundaverunt ecclesiam in omni loco ad honorem et gloriam nominis tui sancti, quia tu cognovisti cor uniuscujusque. Concede illi, ut videat populum tuum sine peccato, ut mereatur pascere gregem tuum magnum sanctum. Effice etiam ut mores ejus sint superiores omni populo sine ulla declinatione. Effice etiam, ut propter praestantiam illi ab omnibus invideatur et accipe orationes ejus et oblationes ejus, quas tibi offeret die noctuque, sint tibi odor purus. Tribue etiam illi, o Domine, cum episcopatu spiritum clementem et potestatem ad remittenda peccata et tribue illi facultatem ad dissolvenda omnia vincula iniquitatis diabolicae et ad sanandos omnes morbos ⁸) et contere satanam sub pedibus ejus velociter

---

6) Die Cyprian das Wort eligere erklärt, wurde angegeben. cf. §. 96. Nach Haneberg wären die betreffenden arabischen Worte non de electione *per totum populum*, sed *ex* toto populo interpretenda essent, nisi res ipsa et auctoritas constitutionum aliud suaderent. Ἐπίσκοπον ... ὑπὸ παντὸς τοῦ λαοῦ ἐκλελεγμένον. Convenit Hippolytus graecus. Haneberg p. 98.

7) Das arabische Wort bezeichnet „Woche", secundum contextum et fontes graecos de die dominica sermo est. Haneberg l. c.

8) Dieses Heilen der Kranken ist entweder von den urchristlichen Charismen im Allgemeinen zu verstehen; oder es bezieht sich auf die h. Oelung.

(Rom. 16. 20.) per Dominum nostrum Jesum Christum, per quem tibi gloria cum ipso et spiritu sancto in saecula saeculorum. Amen.

Post haec convertant se omnes ad eum, osculantes eum in pace, quia ille hoc meretur.

Diaconus autem offerat oblationem et ille, qui consecratus est in episcopum imponat manus super oblatione, una cum sacerdotibus, dicens: ἡ χάρις τοῦ Κυρίου .... μετὰ πάντων. Respondeat populus: Et cum spiritu tuo. Dicat (celebrans) ἄνω σχῶμεν ... Respondeat populus: ἔχομεν πρὸς τὸν κύριον etc.

### §. 104. Das bischöfliche Weihegebet nach dem römischen Pontificale.

Schließlich ist das Ordinationsgebet des römischen Pontificale in Betracht zu ziehen. Von seiner eucharistischen oder Präfations-Form, war die Rede. Das Gebet selbst trägt das Gepräge hohen Alterthums an sich. Dahin gehört die Erwähnung der alttestamentlichen Priesterkleidung und ihre Deutung auf die Tugenden des Bischofes. Origenes verfährt in seinen Homilien auf dieselbe Weise. Es war dieses die Art und Weise der ersten Jahrhunderte. Die Worte: Da ei, Domine, ministerium reconciliationis in verbo et in factis, in virtute *signorum et prodigiorum*, weist auf eine Zeit hin, in der noch die Charismen blühten [1]). Im zweiten Jahrhundert waren diese Worte am Platze, im vierten sind sie ein Anachronismus. Der folgende Satz: Sit sermo ejus et praedicatio etc. hat zwar zu allen Zeiten Geltung, wurde jedoch gerade in den ersten Jahrhunderten besonders urgirt. Die Uebertragung der Binde- und Lösegewalt enthalten die apostolischen Constitutionen, wie die Clementinen. Aehnlich verhält es sich mit den folgenden Worten: Sit fidelis etc., welche die clementinischen Homilien, gerade da, wo sie von der bischöflichen Ordination sprechen, so premiren, daß

---

[1]) Der achte unter den arabischen Kanonen Hippolyts trägt zur Erklärung der obigen Worte bei. Er lautet: Si quis petitionem porrigit (episcopo), quae ad ipsius ordinationem pertinet (hac ratione confisus) quod dicit: Nactus sum charisma sanationis, non prius ordinetur quam clarescat, quomodo ea (quae de tali charismate praedicat) comparata sint. Inprimis inquirendum est, num sanationes, quae per eum fiunt, revera a Deo deriventur. Hippol. can. 8. p. 68. Beweisen Charismen die Befähigung zur Ordination, so wird man sie auch bem zu Ordinirenden erbeten haben. Noch auffallender sind die Worte des Irenäus: Ubi igitur charismata Domini positi sunt, ibi discere oportet veritatem, apud quos est ea quae est ab apostolis ecclesiae successio. Iren. l. 4. c. 26. n. 5. p. 263.

wenigstens die Vermuthung nahe liegt, sie haben sich in dem Weihegebete befunden ²).

Ein Gebrauch des Pontificale stimmt jedoch mit dem Alterthum nicht überein, oder läßt sich wenigstens durch kein Citat aus den ersten drei Jahrhunderten belegen, die Salbung. Nach unserem Ermessen ist sie dem Ordinationsgebet später eingefügt worden. Von den alttestamentlichen Priestergewändern ausgehend, fährt das Gebet fort: „So verleihe denn, wir bitten dich, o Herr, diesem deinem Diener, den du zur höchsten Stufe des Priesterthums auserwählt, die Gnade, daß, was immer jene Gewänder in Goldesglanz, im Schimmer der Edelsteine und in Mannigfaltigkeit der Handlungen bezeichneten, in seinen Sitten und Thaten leuchte." Wie sachgemäß schließt sich an dieses der Satz an: Es sei überfließend in ihm die Festigkeit des Glaubens (Goldglanz), die Reinheit der Liebe (Edelstein), die Einfalt des Friedens (mannigfaltige Handlungen). Schön seien durch deine Gabe seine Füße, um den Frieden zu verkündigen ꝛc." Im Pontificale wird dieser Zusammenhang durch die Salbung, die mit dem Satze: Comple in sacerdote tuo beginnt und mit: et exteriora circumtegat schließt, unterbrochen. Daß diese Partie ein Einschiebsel aus späterer Zeit ist, geht auch daraus hervor, daß die Salbung im Vorausgehenden nicht durch eine alttestamentliche Salbung motivirt ist. Blos von den jüdischen Priestergewändern ist die Rede und doch wäre die alttestamentliche Priestersalbung ein so treffendes Vorbild gewesen, wenn zur Zeit, als unser Gebet abgefaßt wurde, die Bischöfe gesalbt worden wären. Da Leo I. von der Salbung der Priester, oder, wie man seine Worte auslegt, der Bischöfe, redet, ergibt sich schon daraus, wie alt unser Formular ist. Nach unserer Ansicht gehört es den drei ersten Jahrhunderten an. Aus diesem Grunde nehmen wir das Weihegebet über den Bischof aus dem römischen Pontificale auf.

Dominus vobiscum. Et cum spiritu tuo. Sursum corda. Habemus ad Dominum. Gratias agamus domino Deo nostro. Dignum et justum est.

---

2) Clem. hom. 3. n. 60. p. 659. Diese Vermuthung wird durch folgende Worte des Origenes gesteigert. Quis enim fidelis servus et prudens, quem constituit dominus ejus super domum suam, ut det illis cibos in tempore? Math. 24. 45. Quod ad apostolos caeterosque episcopos et doctores parabola ista pertineat manifestum est. Orig. in Math. Com. series 61. p. 141. In Verbindung mit den so eben citirten Worten des Irenäus stehen folgende: Tales presbyteros nutrit ecclesia... de quibus et Dominus dicebat: Qui igitur erit fidelis actor, bonus, et sapiens, quem praeponit Dominus super familiam suam, ad danda eis cibaria in tempore? Iren. l. 4. c. 26. n. 5. Ja bereits Ignatius ad Ephes. c. 6. bezieht Math. 24. 45 auf die Bischöfe.

Vere dignum et justum est, aequum et salutare, nos tibi semper et ubique gratias agere, Domine sancte, pater omnipotens, aeterne Deus, honor omnium dignitatum, quae gloriae tuae sacris famulantur ordinibus. Deus, qui Moysen famulum tuum secreti familiaris affatu inter caetera coelestis documenta culturae, de habitu quoque indumenti sacerdotalis instituens, electum Aaron mystico amictu vestiri inter sacra jussisti, ut intelligentiae sensum de exemplis priorum caperet secutura posteritas, ne eruditio doctrinae tuae ulli deesset aetati. Cum et apud veteres reverentiam ipsa significationum species obtineret, et apud nos certiora essent experimenta rerum, quam aenigmata figurarum. Illius namque sacerdotii anterioris habitus nostrae mentis ornatus est, et pontificalem gloriam non jam nobis honor commendat vestium, sed splendor animarum. Quia et illa, quae tunc carnalibus blandiebantur obtutibus, ea potius, quae in ipsis erant, intelligenda poscebant. Et idcirco huic famulo tuo, quem ad summi sacerdotii ministerium elegisti, hanc quaesumus, Domine, gratiam largiaris; ut quidquid illa velamina in fulgore auri, in nitore gemmarum et in multimodi operis varietate signabant, hoc in ejus moribus, actibusque clarescat [3]). Abundet in eo constantia fidei, puritas dilectionis, sinceritas pacis. Sint speciosi munere tuo pedes ejus ad evangelizandum pacem, ad evangelizandum bona tua. Da ei, Domine, ministerium reconciliationis in verbo et in factis, *in virtute signorum et prodigiorum. Sit sermo ejus et praedicatio*, non in persuasibilibus humanae sapientiae verbis, sed in ostensione spiritus et virtutis. Da ei, Domine, claves regni coelorum, ut utatur, non glorietur potestate, quam tribuis in aedificationem, non in destructionem. Quodcunque ligaverit super terram, sit ligatum et in coelis, et quodcumque solverit super terram, sit solutum et in coelis.

---

4) Nun beginnt die Einleitung auf die Salbung. Comple in sacerdote tuo ministerii tui summam et ornamentis totius glorificationis instructum, coelestis ungenti rore sanctifica. (Consecrator, flexis genibus, versus ad altare incipit, caeteris prosequentibus hymnum: Veni creator spiritus. Finito primo versu... pollicem suum dexterum intingit in sanctum Chrisma et caput electi coram se genuflexi inungit... dicens) Ungetur et consecretur caput tuum, coelesti benedictione in ordine pontificali. In nomine patris et filii et spiritus sancti. Amen. Pax tibi. Et cum spiritu tuo. Hoc, Domine, copiose in caput ejus influat, hoc in oris subjecta decurrat, hoc in totius corporis extrema descendat, ut tui spiritus virtus et interiora ejus repleat et exteriora circumtegat. Abundet etc.

Quorum retinuerit peccata, retenta sint, et quorum remiserit, tu remittas. Qui maledixerit ei, sit illi maledictus⁴), et qui benedixerit ei, benedictionibus repleatur. *Sit fidelis servus et prudens*, quem constituas tu, Domine, super familiam tuam, ut det illis cibum in tempore opportuno et exhibeat omnem hominem perfectum. Sit sollicitudine impiger, sit spiritu fervens, oderit superbiam, humilitatem ac veritatem diligat, neque eam unquam deserat, aut laudibus aut timore superatus. Non ponat lucem tenebras, nec tenebras lucem, non dicat malum bonum, nec bonum malum. Sit sapientibus et insipientibus debitor, ut fructum de profectu omnium consequatur. Tribuas ei, Domine, cathedram episcopalem, ad regendam ecclesiam tuam et plebem sibi commissam. Sis ei auctoritas, sis ei potestas, sis ei firmitas. Multiplica super eum benedictionem et gratiam tuam, ut ad exorandam semper misericordiam tuam tuo munere idoneus et tua gratia possit esse devotus. Per dominum nostrum Jesum Christum filium tuum etc. etc.

## §. 105. Ordination der Presbyter.

Die Weihe der Presbyter darf man einfach voraussetzen, eine Voraussetzung, die außer dem Ordinationsgebete der apostolischen Constitutionen, die arabischen Kanonen Hippolyts in den Worten bestätigen: Bei der Ordination eines Presbyters wird Alles, wie bei der eines Bischofes gehalten, mit Ausnahme der Inthronisation. Auch dieselbe Oration wird über ihn gebetet, ganz wie über den Bischof mit alleiniger Weglassung des Namens „Bischof". Der Bischof wird nämlich in Allem dem Presbyter gleichgeachtet, ausgenommen die Kathedra und Ordination, weil ihm die Gewalt, zu ordiniren nicht zukommt ¹). Ferner sagt Cyprian mit deutlichen Worten, Presbyter und Diaconen werden in der Kirche geweiht. Ordinirten ja selbst Häretiker ²).

Der Ordinationsritus bestand in Handauflegung und Gebet. Das

---

4) Auch diesen Satz enthält der Brief des Clemens an Jacobus, wenn auch in einer anderen Fassung. „Wer ihn betrübt, wird nicht leben."
1) Hippol. can. 4. p. 66.
2) Addimus plane ... consensu et auctoritate communi ... ut etiam si qui presbyteri et diaconi, qui vel in ecclesia catholica prius ordinati fuerint, vel apud haereticos ... prophana ordinatione promoti. Cyp. epist. 72. p. 275. e.

Letzte lautet nach den apostolischen Constitutionen (dem wir in den Noten die Oration des römischen Pontificale beifügen), folgendermaßen: Wenn du Bischof einen Presbyter ordinirst, so lege ihm die Hand auf das Haupt, in Gegenwart des Presbyteriums und der Diaconen und sprechend betend: Allmächtiger Herr, unser Gott, der du durch Christus Alles erschaffen hast und durch ihn für das All entsprechend sorgest, der nämlich die Macht besitzt, Verschiedenes zu schaffen, der hat auch die Macht, für es auf verschiedene Weise zu sorgen. Deßwegen sorgest du, Gott, für die Unsterblichen allein dadurch, daß du über ihnen wachest, für die Sterblichen aber durch Fortpflanzung, für die Seele durch das Gesetz, für den Leib durch Stillung seiner Bedürfnisse. Du nun also, siehe auf diese heilige Kirche, vermehre sie, vervielfältige ihre Vorsteher und gib Kraft, daß sie in Wort und Werk zur Erbauung deines Volkes arbeiten ³).

Du also siehe nun herab auf deinen Diener, der durch die Stimme (ψήφῳ) und das Urtheil des gesammten Clerus dem Presbyterium eingereiht wurde und erfülle ihn mit dem Geiste der Gnade und des Rathes, um dein Volk mit reinem Herzen zu pflegen und zu leiten; wie du herabgesehen hast auf dein auserwähltes Volk und wie du Moses aufgetragen hast, Aelteste zu wählen, welche du mit deinem Geiste erfülltest ⁴).

Gewähre das jetzt auch, Herr, indem du in uns stets den Geist deiner Gnade bewahrest, damit er, erfüllt von heilwirkenden Kräften und lehrhaften Worten, in Sanftmuth dein Volk unterrichte, dir aufrichtig in reiner Gesinnung und willigem Geiste diene und den heiligen Dienst (ἱερουργίας) für das Volk untadelhaft verrichte, durch deinen Christus,

---

3) Vere dignum et justum est, aequum et salutare, nos tibi semper et ubique gratias agere. Domine sancte, Pater omnipotens, aeterne Deus, honorum auctor et distributor omnium dignitatum; *per quem proficiunt universa, per quem cuncta firmantur, amplificatis semper in melius naturae rationalis incrementis, per ordinem congrua ratione dispositum.* Unde et sacerdotales gradus atque officia levitarum, sacramentis mysticis instituta *creverunt,* ut cum Pontifices summos regendis populis praefecisses, ad eorum societatis et *operis adjumentum,* sequentis ordinis viros et secundae dignitatis eligeres. Sic in etc.

4) *Sic in eremo per septuaginta virorum prudentium mentes, Moysi spiritum propagasti,* quibus ille adjutoribus usus, in populo innumeras multitudines facile gubernavit. Sic et in Eleazarum et Ithamarum filios Aaron paternae plenitudinis abundantiam transfudisti, ut ad hostias salutares, et frequentioris officii sacramenta ministerium sufficeret sacerdotum. Hac providentia, Domine, apostolis filii tui doctores fidei comites addidisti, quibus illi orbem totum secundis praedicationibus impleverunt. Quapropter infirmitati quoque nostrae, Domine, quaesumus, haec adjumenta largire, qui quanto fragiliores sumus, tanto his pluribus indigemus. Da etc.

mit dem dir Ruhm, Ehre und Verehrung, und dem heiligen Geiste in alle Ewigkeit. Amen [5]).

2) Die Uebereinstimmung dieses Gebetes mit dem des römischen Pontificale ist, trotz mancher Verschiedenheit, groß. Der Form nach ist das des Pontificale eine Eucharistia, mit dem gewöhnlichen Eingang: sursum corda etc. Das Vorkommen dieser Form in den ersten drei Jahrhunderten steht mit Rücksicht auf das über die Wasser- und Oelweihe Gesagte außer Zweifel. Sein Charakter als Eucharistie prägt sich noch deutlicher durch die historischen Anführungen aus von Sic et in Eleazarum — Da quaesumus, welche das griechische Formular nicht besitzt. Ebenfalls der Form des Dankgebetes entsprechend schließt das Pontificale mit der Doxologie.

Ihr folgt ein Gebet, welches das acceptum a te, Deus, secundi meriti munus, in den Worten näher bezeichnet: ut in lege tua die ac nocte meditantes, quod legerint credant, quod crediderint, doceant, quod docuerint imitantes... et in obsequium plebis tuae panem et vinum in corpus et sanguinem filii tui immaculata benedictione transforment. Wie aber diese Beisätze das acceptum a te munus entwickeln: so enthalten, nach unserem Ermessen, die Worte des griechischen Formulares; „und den heiligen Dienst für das Volk untadelhaft verrichten", wenn auch nicht dieselben, so doch einen ähnlichen Gedanken. Demnach bleibt nur die Differenz, daß das Pontificale „die heilbringenden Wirkungen" übergeht.

Beide Formularien enthalten ferner nichts, was den drei ersten

---

5) Da quaesumus, omnipotens pater, in hos famulos tuos presbyterii dignitatem, *innova in visceribus eorum spiritum sanctitatis, ut acceptum a te, Deus, secundi meriti munus obtineant, censuramque morum exemplo suae conversationis insinuent.* Sint providi cooperatores ordinis nostri, eluceat in eis totius forma justitiae, ut bonam rationem dispensationis sibi creditae reddituri, aeternae beatitudinis praemia consequantur. Nach diesen Worten legt der Bischof dem zu Ordinirenden die Casel an, ein späterer Gebrauch, und fährt dann fort: Deus sanctificationum omnium auctor, cujus vera consecratio, plenaque benedictio est, tu Domine, super hos famulos tuos, quos ad Presbyterii honorem dedicamus, munus tuae benedictionis infunde, ut gravitate actuum et censura vivendi probent se seniores, his instituti disciplinis, quas Tito et Timotheo Paulus exposuit, ut in lege tua die ac nocte meditantes, quod legerint, credant, quod crediderint, doceant, quod docuerint, imitentur, justitiam, constantiam, misericordiam, fortitudinem, ceterasque virtutes in se ostendant, exemplo praebeant, admonitione confirment, ac purum et immaculatum ministerii sui donum custodiant, et in obsequium plebis tuae panem et vinum in corpus et sanguinem filii tui immaculata benedictione transforment, et inviolabili charitate in virum perfectum, in mensuram aetatis plenitudinis Christi, in die justi et aeterni judicii Dei, conscientia pura, fide vera, Spiritu sancto pleni resurgant. Per eumdem Dominum etc.

Jahrhunderten widerstreiten würde. Im Gegentheile werden die Presbyter, wie von Hermas und Cyprian, doctores genannt und das Wort benedictio ist bei Tertullian der gewöhnliche Ausdruck für gratiarum actio und consecratio⁶). Die Worte Cyprians, omnium suffragio et judicio⁷), gibt das griechische Gebet durch ψήφῳ καὶ κρίσει τοῦ κλήρου παντός. Diese Merkmale reichen jedoch nicht zu, um diese Gebete den ersten drei Jahrhunderten vindiciren zu können. Sicher ist das aber der Fall, wenn dieses Ordinationsgebet der apostolischen Constitutionen dasselbe Alter genießt, wie das Ordinationsgebet über den Bischof und die Liturgie dieses Buches. Zum Nachweise dessen haben wir besonders die Worte Drey's über die Weihegebete in den apostolischen Constitutionen aufgenommen.

Nur auf Einen Akt sei noch aufmerksam gemacht. Am Schlusse der Weihe tritt der Ordinirte, nach dem römischen Pontificale, vor den Bischof et genuflexus ponit manus suas junctas inter manus pontificis dicentis: Promittis mihi et successoribus meis reverentiam et obedientiam? Et ille respondet: Promitto. Das muß ein sehr alter Gebrauch sein, der darum gleichfalls für das Alter des priesterlichen Ordinationsritus zeugt. Der schismatische Bischof Novatian zwang nämlich den, welcher die eucharistische Partikel empfangen hatte, zu schwören, indem er die Hände desselben in seine beiden Hände schloß und sprach: schwöre mir beim Leibe und Blute unseres Herrn Jesu Christi, daß du mich nie verlassen und zu Cornelius zurückkehren werdest⁸). Ob Novatian diesen Schwur blos von Priestern, oder von allen seinen Anhängern forderte, ist nicht zu ersehen, weil Eusebius nicht den ganzen Brief des Cornelius mittheilt; das aber ist zu ersehen, daß in der Mitte des dritten Jahrhunderts derselbe Ritus stattfand, wie der in dem Pontificale beschriebene. Cornelius entsetzt sich nämlich nicht über den Schwur an sich, denn der muß damals allgemein üblich gewesen sein, sondern daß ihn Novatian bei der Communion und daß er ihn für eine solche Sache forderte.

## §. 106. Weihe der Diaconen.

Wie die Apostel den zu den Propheten und Lehrern gehörenden Barnabas und Saulus unter Gebet die Hände auflegten¹): so geschah

---

6) cf. Probst, Liturgie S. 197.  7) Cyp. epist. 68. p. 255. e.
8) Euseb. l. 6. c. 43. p. 471.  1) Act. 13. 3.

dasselbe den Diaconen gegenüber ²). Die Recognitionen erwähnen gleichfalls, neben der Ordination der Presbyter, die der Diaconen ³) und die ordinationes temerariae, die Tertullian den Häretikern vorwirft, beziehen sich, wie angegeben, gleichfalls auf die Weihe derselben, die seit den Tagen der Apostel in der Kirche stattfand ⁴). Es sei deßhalb nur noch auf die Disputation des Archelaus mit Manes (anno 278) aufmerksam gemacht, in der es heißt, Archelaus habe den Turbo zum Diacon geweiht ⁵).

Die apostolischen Constitutionen lehren nicht nur die Ordination der Diaconen ⁶), wie die arabischen Kanonen Hippolyts ⁷), sondern sie enthalten auch das Gebet, unter welchem sie der Bischof weihte. Er wählte Männer zu diesem Amte, die Gott wohlgefällig waren, die er aus dem ganzen Volke für würdig und zur Vollbringung ihrer Berufspflichten für die tauglichsten hielt ⁸), legte ihnen in Gegenwart des Presbyteriums und der Diaconen die Hände auf und sprach: Allmächtiger, wahrhaftiger und untrüglicher Gott, der Alle bereichert, die ihn in Wahrheit anrufen, furchtbar in den Rathschlüssen, weise in der Vorsehung, stark und groß, höre unsere Bitten, Herr, neige dein Ohr zu unserem Flehen und offenbare dein Angesicht über diesen deinen Diener, für dich zum Diaconate erwählt, und erfülle ihn mit dem heiligen Geiste und Kraft, wie du erfüllt hast deinen Martyrer und Nachahmer der Leiden Christi, Stephanus, und würdige ihn, das ihm übertragene Diaconat wohlgefällig, unwandelbar, tadellos, unbescholten verwaltend, einer höheren Stufe gewürdigt zu werden, durch die Mittlerschaft deines eingebornen Sohnes, mit dem dir Ehre, Ruhm und Anbetung, und dem heiligen Geiste in Ewigkeit. Amen ⁹).

Den arabischen Kanonen Hippolyts zufolge legt der Bischof dem Betreffenden die Hände auf und verrichtet folgendes Gebet über ihn: O Gott, Vater unseres Herrn Jesu Christi, wir bitten dich inständig, daß du ausgießest deinen heiligen Geist über deinen Diener N. und ihn zubereitest mit jenen, welche dir nach deinem Wohlgefallen dienen, wie Stephanus, daß du ihm die Kraft verleihest, die Gewalt des Feindes durch das Zeichen des Kreuzes zu besiegen, mit welchem er selbst bezeichnet wird, daß du ihm verleihest ein Leben und einen Wandel sün-

---

2) Act. 6. 6.   3) Recog. l. 3. c. 66.
4) Nec hoc in episcoporum tantum et sacerdotum, sed et in ordinationibus diaconorum observasse apostolos animadvertimus. Cyp. epist. 69. p. 255. f.
5) Galland. tom. III. n. 39. p. 594.   6) A. C. l. 3. c. 20.
7) Hippol. can. 5. p. 66.   8) A. C. l. 3. c. 15.   9) A. C. l. 8. c. 18.

denlos vor allen Menschen und eine Lehre Vielen (heilsam), durch welche er das zahlreiche Volk in der heiligen Kirche ohne Aergerniß zum Heile führe. Nimm an seinen ganzen Dienst durch unsern Herrn Jesum Christum, durch welchen dir mit ihm und dem heiligen Geiste Ruhm sei in alle Ewigkeit: Amen [10]).

Das dritte Ordinationsgebet, das nach unserem Ermessen gleichfalls den ersten drei Jahrhunderten angehört, ist das des römischen Pontificale, das also lautet: Es ist wahrhaft würdig und recht, billig und heilsam, daß wir dir, Gott, Geber der Würden, Verleiher der Weihen und Ordner der Aemter, **der du in dir bleibend Alles** erneuerst und Alles ordnest durch dein **Wort, deine Kraft und deine Weisheit, Jesus Christus,** deinen Sohn, unseren Herrn, und mit ewiger Vorsicht Alles vorbereitest und ausführest zur rechten Zeit. Du verleihest, daß der Leib Christi, deine Kirche nämlich, die mit himmlischen Gnaden mannigfach geschmückt ist und aus ihren verschiedenen Gliedern durch ein wunderbares Gesetz zu einem Ganzen sich zusammenfügt, wachse und sich ausbreite zur Mehrung deines Tempels, indem du angeordnet, daß die Diener des heiligen Amtes **in drei Stufen für deinen Namen streiten**; indem du vom Anfange die Söhne Levis ausgewählt, daß sie in geheimnißvollem Walten getreue Wächter deines Hauses sein und das Erbe deines Segens als ewigen Lohn besitzen sollten. Schaue nun auch, wir bitten dich, o Herr, in Gnaden herab auf diese deine Diener, welche wir bemüthig einweihen zum Amte des Diaconates, damit sie deinen heiligen Altären dienen. Wir als Menschen, unkundig des göttlichen Sinnes und der höchsten Weisheit, beurtheilen ihren Lebenswandel, wie wir vermögen, dir aber, o Herr, entgehet nicht, was uns unbekannt ist, vor dir liegt das Verborgene klar. Du durchschaust die Geheimnisse, du durchforschest die Herzen. Du kannst ihr Leben mit himmlischem Urtheile prüfen, wodurch du immer prävalirst, das, was sie begangen, reinigen, das, was sie thun sollen, verleihen [11]). Empfange den **heiligen Geist,** zur Stärke, **zu widerstehen dem Teufel und seinen Versuchungen; im Namen des Herrn** [12]). Entsende über sie, wir bitten dich, o Herr, den hei-

---

10) Hippol. can. 5. p. 67.
11) Hic solus pontifex manum dexteram extendens, ponit super caput cuilibet ordinando, et nullus alius, quia non ad sacerdotium, sed ad ministerium consecrantur, dicens singulis:
12) Postea prosequitur in primo tono, extensam tenens manum dexteram, usque in finem praefationis.

ligen Geist, damit sie zur getreuen Verwaltung deines Dienstes durch das Geschenk deiner siebenfachen Gnade gestärkt werden. Möge an ihnen in Fülle sich zeigen das Bild jeglicher Tugend, bescheidenes Ansehen, standhafte Züchtigkeit, Reinheit der Unschuld und Ernst geistiger Zucht. In ihren Sitten mögen deine Gebote erglänzen, damit die Gemeinde in dem Beispiele ihrer Keuschheit eine heilige Nachahmung erhalte; mögen sie, ein gutes Zeugniß des Gewissens im Herzen tragend, in Christus fest und standhaft verharren und durch würdige Fortschritte mit deiner Gnade von der niederen Stufe zu der höheren aufzusteigen verdienen. Durch denselben Jesus Christus ꝛc.

Diese Gebete stimmen insofern überein, als sie allgemein gehalten, die Funktionen des Diacon im Einzelnen nicht erwähnen. Ferner wird in allen dreien der heilige Geist über den zu Ordinirenden herabgerufen, um sein Amt würdig zu verwalten, ein tadelloses Leben zu führen und den Teufel zu überwinden. Den letzten Satz hat das erste Formular nicht, wohingegen das Pontificale den Stephanus nicht in diesem, wohl aber in dem vorausgehenden Gebet als Vorbild der Diaconen erwähnt. Ein Zug fehlt in dem zweiten Formular, der sich auf das Aufsteigen zu einer höheren Stufe bezieht und seine Entstehung wahrscheinlich I. Timoth. 3. 13 verdankt. Uebrigens steht er mit den Anschauungen des dritten Jahrhunderts im Einklange, denn Cyprian rühmt es an Papst Cornelius, daß er nicht mit Einem Male sich zur Bischofswürde erschwungen, sondern in stufenweiser Beförderung durch alle Kirchenämter, und unter verdienstvoller Amtswaltung derselben zu ihr emporgestiegen sei[13]).

Dem Wesen nach stimmen die drei Formulare überein. Die Hauptdifferenz liegt in dem Eingang des Pontificale, welchen die beiden anderen Gebete nicht besitzen. Gerade dieses Exordium trägt jedoch die Merkmale eines sehr hohen Alters an sich. An die Apologeten erinnert der Satz: qui in te manens cuncta disponis per verbum, virtutem sapientiamque Jesum Christum. Die Worte: ut suae castitatis exemplo imitationem sanctam plebs acquirat, setzen verehelichte Diaconen voraus, denn ehelose konnten nicht dem Volke zur Nachahmung dienen. Nach dem weiteren Satze: sacri muneris servitutem trinis gradibus ministrorum nomini tuo militare constituens waren blos drei hierarchische Grade vorhanden. Man kann erwidern, es beziehe sich das auf die hierarchia juris divini im Unterschiede von der h. j.

---

13) Cyp. epist. 52. p. 150. e. Es wird davon an einem anderen Orte gesprochen werden.

ecclesiastici. Allein für eine solche Unterscheidung ist das Gebet zu alt. Zudem sagt die vorausgehende Oration: ut digne addamini ad munerum ecclesiastici gradus. Werden die Betreffenden jetzt erst der Zahl der kirchlichen Grade beigefügt: so können sie nicht vorher einem solchen angehört haben, d. h., als diese Worte geschrieben wurden, gab es noch keine „niederen Ordines". Der inferior gradus, von dem man zu höheren aufstieg, war das Diaconat.

## Siebentes Kapitel.

## Ehe.

### §. 107. Ihr Wesen nach der Schrift.

Die Ehe, von Gott im Paradiese eingesetzt, wurde durch den Fall des Menschen nicht nur in das Verderben hineingezogen und zerrüttet, so daß im Heidenthum [1]) und selbst im Judenthum nur noch wenige Spuren dieser göttlichen Institution übrig blieben, sondern auf dem Wege der Zeugung, oder der zu diesem Behufe geschlossenen ehelichen Verbindung, vererbt sich auch Schuld und Strafe des Stammvaters auf seine Nachkommen. Deßwegen lag es im Wesen des Christenthums, als der Wiederherstellung und Vollendung der Schöpfung, daß die Ehe nicht nur ihre ursprüngliche Reinheit wieder erhielt, sondern daß auch die Zeugung, durch die sich die Sünde vererbte, in der christlichen Ehe geheiligt und die eheliche Verbindung selbst ein Gnadenmittel wurde. Wie aus der Vereinigung Christi mit der Menschheit das Heil principaliter hervorgeht: so soll die eheliche Verbindung von Mann und Weib in secundärer Weise den Gatten Heil und Gnade verleihen. Die Ehe wurde zum Abbild der Vereinigung Christi mit der Kirche, dem großen Sakramente, erhoben und damit selbst Sakrament.

2) Von diesem Gesichtspunkte aus ist die Anwesenheit Jesu auf der Hochzeit zu Kana zu fassen. Der Sohn Gottes nimmt Fleisch an, um die Menschen am Kreuze zu erlösen, und diese erlösende Thätigkeit beginnt er damit, daß er bei einer Hochzeit erscheint. Er ist gekommen,

---

1) Auch die in die tiefste Nacht versunkenen Heiden umgaben die Eheschließung noch mit religiösen Gebräuchen und faßten sie nicht als „ein rein weltliches Ding". Nach Tertullian äfften die Dämonen, wie die anderen heiligen Gebräuche der Christen, so auch diesen nach, indem sie die Heiden bestimmten, Aehnliches zu thun.

zu suchen, was verloren war und sein erstes Wunder ist die Verwandlung von Wasser in Wein. In diesem auffallenden Verhältnisse liegt ein genügender Grund, hinter der äußeren Begebenheit ein tieferes Geheimniß zu suchen; und dieses liegt nahe. Das Reich Gottes ist gleich einem Könige, der seinem Sohne ein Hochzeitmahl veranstaltete. Math. 22. 1. Den Sohn, den der König sandte, kennen wir, er kam, um eine neue Ehe mit der Menschheit zu schließen, den neuen Bund. „Der Wein war ihnen ausgegangen." Wein ist Symbol des Feurigen, Geistlichen, Göttlichen. Das war aber dem Heidenthum, wie dem im Buchstabendienst verknöcherten Judenthum abhanden gekommen [2]). Die alte Ehe, der alte Bund, hatte keinen Wein mehr. Wasser ist Symbol der Menschen und Völker. **Dieses verwandelt Jesus in Wein.** Er war gekommen, die Menschen göttlich, zu Kindern Gottes zu machen. Wie die Verwandlung von Wasser in Wein seine erlösende, die Menschheit umgestaltende Thätigkeit symbolisirt: so ist die irdische Ehe Abbild der Ehe, die er mit der Menschheit eingegangen. Darum ist jenes sein **erstes Wunder**, darum tritt er als Gottmensch zuerst bei einer **Hochzeit auf** [3]). Die christliche Ehe ist ein großes Mysterium.

3) Auf diese Weise faßt der Apostel die Ehe, wenn er sie in Verbindung mit der Incarnation bringt und sie ein großes Mysterium nennt in Beziehung auf Christus und die Kirche. Er unterläßt es auch nicht, die Vergleichung zwischen beiden Geheimnissen durchzuführen. Die Frau soll dem Manne unterthan sein, wie die Kirche Christus. Der Mann sei das Haupt der Frau, wie Christus das Haupt der Kirche. Der Mann liebe seine Frau, wie Christus seine Kirche liebt. Er soll die Frau als seinen Leib lieben, wie Christus die Kirche als seinen Leib liebt. Die Frau ist vom Fleische und Beine des Mannes, wie die Kirche der Leib Christi ist. Wie der Mann Vater und Mutter verläßt und seinem Weibe anhängt, so hat der Sohn Gottes um der Kirche willen

---

2) Nam quia apud Judaeos defecerat gratia spiritalis, defecit et vinum. Vinea enim domini sabaoth domus erat Israel. Christus autem docens et ostendens gentium populum succedere et in locum quem Judaei perdiderant nos postmodum merito fidei pervenire, de aqua vinum fecit, id est, quod ad nuptias Christi et ecclesiae, Judaeis cessantibus, plebs magis gentium conflueret et conveniret ostendit. Aquas namque populos significare in apocalypsi scriptura divina declarat dicens: Aquae quas vidisti, super quas sedet meretrix illa, populi et turbae et gentes ethnicorum sunt et linguae. apoc. 17. 15. Cyp. epist. 63. p. 229. d. e.

3) Nebenbei bemerkt, fällt durch die Anwesenheit und fürbittende Thätigkeit Mariens bei dieser Hochzeit auch ein Licht auf ihre Stellung im neuen Bunde. Sie ist die Fürbitterin der Gläubigen und Menschen überhaupt.

den Himmel verlassen. Wie Mann und Weib Ein Fleisch sind, so sind in der Person Christi die beiden Naturen zur Einheit verbunden [4]).

Schon aus dieser Gegenüberstellung geht hervor, daß die Ehe dem Apostel nicht blos ein bürgerlicher Vertrag war. Man wird entgegnen, der sakramentale Charakter der Ehe im strengen Sinne ist in dieser Vergleichung nicht gelehrt. Ein Sakrament ist nicht blos Symbol einer heiligen Sache, Zeichen der Gnade, sondern es verleiht auch Gnade. Das ist richtig, deßwegen sind noch zwei Verse näher in Betracht zu ziehen.

Der Apostel schließt die in Rede stehende Stelle mit den Worten: Groß ist dieses Geheimniß, ich sage aber in Christus und der Kirche und gibt damit den Schlüssel zum vollen Verständniß der obigen Worte. Nicht etwa blos eine geistreiche Parallele läßt sich zwischen den beiden Ehen ziehen, nicht blos eine zufällige Verwandtschaft findet zwischen beiden statt, sondern die Ehe ist als Abbild des großen Mysteriums, der Vereinigung Christi mit der Kirche, selbst Mysterium, oder Sakrament, geworden. Geheimnißvolles Abbild kann sie nur sein, wenn sie an dem Wesen des großen Geheimnisses, das der Welt das Heil gebracht, participirt und darum selbst **heilbringendes Mysterium** ist. Der Apostel deutet dieses auch selbst an. Wenn er nämlich in der ganzen Stelle die beiden Ehen in Parallele stellt, so muß dieses auch von den Worten gelten: Er hat seine Kirche geliebt und sich für sie hingegeben, um **sie zu heiligen**, daß sie heilig und unbefleckt sei. Wie durch die Verbindung Christi mit der Kirche die Kirche geheiligt wird: so wird durch die eheliche Verbindung, die ein Abbild der Ehe Christi mit der Kirche ist, Mann und Frau geheiligt. Oder, wie Christus seine Braut in dem Vermählungsakte durch die Taufe reinigte und heiligte: so ist auch die Vermählung von Mann und Frau ein Akt der Heiligung. Wenn aber die christliche Ehe die Gatten heiligt, so ist sie nicht blos Symbol einer heiligen Sache, sinnbildet sie nicht blos, sondern verleiht sie auch Gnade.

4) Man kann es ungehörig finden, wenn in die Lehre der Schrift die Lehre eines Kirchenvaters hereingezogen wird, der sachliche Zusammenhang mag es jedoch entschuldigen, denn kein Anderer erklärt die in Rede stehende Stelle des apostolischen Briefes so eingehend, wie Methodius. Er glaubt, der Vergleichung, welche der Apostel zwischen

---

4) cf. Ephes. 5. 22—23.

der Ehe und der Verbindung Christi mit der Kirche anstelle, müsse etwas Tieferes zu Grunde liegen, als was der oberflächliche Sinn der Schriftworte darbiete⁵). Dieser Satz ist im Auge zu behalten, denn ihm zufolge handelt es sich im Nachfolgenden um die Ehe. Um diesen tieferen Sinn zu eruiren, führt er aus, Adam sei nicht blos eine Type, ein Bild Christi, sondern er selbst. Es habe sich nämlich geziemt, daß der Erstgeborne Gottes (d. h. die Weisheit) mit dem erstgebornen Menschen vereinigt, Mensch werde. Dadurch erneuerte er das Anfangs-Seiende (Adam) und bildete es aus der Jungfrau und dem Geiste aufs Neue, wie Gott den Menschen anfänglich aus jungfräulicher Erde gebildet habe⁶).

Nach einer längeren Exposition greift er den Faden wieder auf und erklärt, warum der Apostel das von Adam Gesagte direkt auf Christus anwende. Wie Adam mit Christus nicht blos in einem typischen, sondern realen Zusammenhange stehe, sofern er die Menschheit angenommen, sie restaurirt und vergöttlicht habe, so sei das Bilden der Eva aus Adam auch nicht blos Type, sondern die Kirche sei aus dem Fleisch und Gebein Christi. Er habe den Vater verlassen und sei auf die Erde herabgestiegen, um seiner Frau anzuhängen, und am Kreuze im Tod entschlafen, um sich die Kirche darzustellen, herrlich, ohne Flecken und Runzeln, sie reinigend im Bade. Er befruchtet den Geist mit geistlichem Samen, die Kirche aber empfängt gleich einer Frau, um die Tugend zu gebären und zu ernähren. Durch die Verbindung mit dem Logos vermehrt und verbreitet sich nämlich die Kirche, so daß damit auch das Wort: wachset und vermehret euch, erfüllt wird. Denn aus der Seite des am Kreuze Entschlafenen fließt der Kirche eine gewisse Kraft zu, durch die Alle Wachsthum erhalten, die in ihm erbaut werden. Die in der Taufe geboren werden, empfangen nämlich von seinem Gebein und Fleisch, d. h. aus seiner Heiligkeit und Herrlichkeit⁷).

Wie Eingangs bemerkt, handelt es sich in dieser Stelle nicht blos um das Verhältniß Christi zur Kirche an sich, oder darum, daß jede Seele eine Braut Christi werden und sein soll, sondern Methodius will den Nachweis liefern, die Ehe Adams und Evas sei mehr als eine Type der Ehe Christi mit der Kirche. Er schließt deßhalb mit den Worten: Daraus erhellt, daß das, was die Schrift von Adam und Eva erzählt, sich auf Christus und die Kirche bezieht⁸). Hält man dieses fest, so

---

5) Method. Conviv. orat. 3. n. 1. p. 683.
6) l. c. n. 4. p. 686.   7) l. c. n. 8. p. 688.   8) l. c. n. 9. p. 689.

lehrt Methodius, durch die Incarnation sei nicht nur die Menschheit geheiligt, sondern wie der alte Adam durch den neuen (Christus) regenerirt wurde, so auch die alte Ehe durch die neue (christliche) und wie der Kirche durch ihre Verbindung mit Christus Gnade zufließe, die sie heilige, so der christlichen Ehe, denn die beiden Ehen stehen in einer realen Wechselbeziehung zu einander. Gerade das also, was bei Erklärung der Stelle aus dem Epheserbriefe die größten Schwierigkeiten macht, premirt Methodius am meisten.

Diese Interpretation der paulinischen Stelle ist übrigens nicht so durchsichtig, daß die Art und Weise, wie Möhler diese reale Wechselbeziehung erklärt, überflüssig wäre. Ist der alte Adam, bemerkt er, in Christo ein neuer geworden, so ist die alt-adamitische Ehe, die in Fleisch und Sünde fortzeugte, durch die neu-adamitische (christliche) Ehe, und zwar durch die objektive Erlösung, vorerst auch objektiv erneuert, und in den geistigen Grundcharakter des Christenthums aufgenommen und erhöht, also mit der von Christus in die Kirche ausströmenden Gnade befruchtet worden; die aber subjektiv an jenen sich verwirklicht, welche im Sinne Christi und seiner Kirche, nämlich mit nächster Beziehung auf die Realisirung des göttlichen Reiches, dem Ziele der Incarnation, ehelich sich verbinden. Da aber der Christ vermöge seines ein für alle Mal und unwiderruflich in der Taufe mit Christus und der Kirche eingegangenen geistigen Lebensbundes mit einer anderen christlichen Person keine andere Ehe schließen kann, als in genannter Beziehung, so folgt, daß jede rechtmäßige christliche Ehe, im Sinne eines opus operatum, nothwendig sakramental sein müsse, wie aus gleichem Grunde keiner nicht christlichen dieser Charakter zukommen kann. Die wirkliche Aneignung der heiligenden Gnade aber hängt natürlich hier, wie bei den übrigen Sakramenten, nicht von der Würdigkeit des Ministers, sondern von der Disposition der Empfangenden, hier der christlichen Brautpersonen, ab [9]).

### §. 108. Häretische Gegensätze.

Da die Kirchenväter und christlichen Schriftsteller der ersten Jahrhunderte selten von der Ehe sprechen, ohne auf die damaligen häretischen Irrthümer hinzuweisen, ist zum vollen Verständniß des Folgenden, auf sie einzugehen. Clemens A. dient dabei zum Wegweiser.

---

9) Möhler, Patrologie. S. 697.

Dualismus ist das Charakteristikon der gnostischen Systeme, dem zufolge Gott und Welt, Geist und Materie, im Widerspruch mit einander stehen; denn die Materie ist das ewige, böse Princip. Die ältesten Gnostiker, Valentin und Basilides, bildeten jedoch die Gegensätze nicht bis in ihr volles Extrem aus. Die Materie dachten sie sich als todte, gestaltlose Masse, als Chaos, das der Demiurg gestaltete, der nach ihnen ein Organ des höchsten Gottes ist.

Standen sich ihnen zufolge die Gegensätze von Geist und Materie im Großen und Ganzen nicht so schroff gegenüber, so war dieses auch in ihrer Anwendung auf die Ehe der Fall. Sie verwarfen die Ehe nicht gänzlich [1]). Zudem war dem System Valentins zufolge das Pleroma mit Aeonenpaaren erfüllt, die ehelich verbunden, das Urbild der Ehe darstellten.

2) Anders die übrigen Systeme; nach ihnen war die Materie nicht blos ein träges Chaos, sondern ein wild tobendes Reich der Finsterniß und der sie gestaltende Demiurg ein dem höchsten Gott feindseliges Wesen. Sie verwarfen die Ehe schlechthin. Clemens theilt sie in zwei Klassen. Die einen lehren, gleichgültig ($\dot{\alpha}\delta\iota\alpha\varphi\acute{o}\rho\omega\varsigma$) zu leben, oder sie geben die Geschlechtsgemeinschaft völlig frei. Die anderen bekennen sich, alles Maß überschreitend, zu einer Gott- und Menschen-feindlichen Enthaltsamkeit [2]).

Die Anhänger der ersten Klasse, die Freien, hielten Alles für erlaubt und glaubten, dadurch, daß sie die fleischlichen Gelüste befriedigten, sie zu ertödten. Sie ertödteten aber in diesem Treiben nicht die Gelüste, sondern das Gewissen. Wenn durch die Lasterhaftigkeit der Geist in die Dienstbarkeit des Fleisches gebracht, die Regung nach dem Guten erstickt, der letzte bleiche Schimmer des höheren Lichtes verglommen war, dann tritt eine völlige Erstorbenheit für das Göttliche ein. Das hielten sie für die indifferentia, nach der der Gnostiker streben müsse. Das scheint mir die Bedeutung der obigen Worte zu sein. Nicht die Ehe hielten sie für etwas Indifferentes, sondern sie lehrten $\dot{\alpha}\delta\iota\alpha\varphi\acute{o}\rho\omega\varsigma$ ζῆν. Diese Indifferenz erwarb man sich nach ihrer Lehre durch den craffesten Miß-

---

1) Von sich selbst, den in (ἐν) der Welt Seienden, sagten die Valentianer, wer die Frau nicht liebt und sich mit ihr nicht verbindet, ist nicht aus der Wahrheit und gelangt nicht zu der Wahrheit. Die aber von (ἀπό) der Welt sind (die Psychiker), und sich mit einer Frau verbinden, gelangen nicht zur Wahrheit, weil sie ihr in Begierlichkeit verbunden sind, weßwegen ihnen die Enthaltsamkeit nothwendig und ein gutes Werk ist. Iren. adv. haer. l. 1. c. 6. n. 4. p. 31.

2) Clem. A. strom. l. 3. c. 5. p. 529.

brauch der Geschlechtsgemeinschaft. Durch den Genuß der Lust, sagte ein Gnostiker zu Clemens, bekämpfe ich die Lust. Wer sich von ihr enthält, die er nie genossen, thut nichts Großes, wohl aber der, welcher sie genießend, von ihr nicht überwunden wird, darum sagte er, er übe sich durch sie in ihr [3]). Clemens faßt diese Leute an ihrem Ehrenpunkte, demgemäß sie sich als Erkennende und Freie [4]) brüsteten. Wie, fragt er, kann ein Solcher zur Gnosis gelangen, da blos der reine Geist befähigt ist, Gott zu erkennen und zu empfangen? Wie der Baum aus den Früchten erkannt wird, so die Gnosis aus dem Leben, denn sie ist ein Licht, das der Seele zwar eingeboren, aber erst durch die Beobachtung der Gebote jenen Glanz erhält, der Alles erleuchtet. Ebenso verhält es sich mit der Freiheit. Das ist Freiheit, durch die wir von Gelüsten und Begierden frei werden. Wer aber sagt, ich kenne Gott und seine Gebote nicht beobachtet, der ist ein Lügner. I. Joh. 2. 4 [5]). Auf den Hauptpunkt hat jedoch Clemens nicht geantwortet. Auch er lehrt, wie kein Anderer, die indifferentia; völlige Affektlosigkeit stellt er als das höchste Ziel des Gnostikers hin. Der große Unterschied liegt aber darin, daß er durch Unterdrücken der Lust, die Affekte, Jene durch Befriedigen derselben, das sittliche Gefühl abzutödten lehrten.

Verwandt mit diesen Gnostikern sind die Antitakten, die sich dem Gott der Juden oder dem Demiurg, der das Unkraut unter die Werke des guten Vaters säete und so das Böse erzeugte, entgegenstellten [6]). Deßwegen, sagten sie, setzen wir uns auch ihm entgegen, um den Vater zu rächen, indem wir dem Willen des Zweiten entgegenhandeln. Hat dieser gesagt, du sollst nicht ehebrechen: so sagen wir, wir brechen die Ehe, um sein Gebot aufzuheben [7]). Warum entgegnet ihnen Clemens, dehnt ihr das nicht auf alle Gebote aus? Denn da er sagte: wachset und vermehret euch, solltet ihr, die ihr ihm entgegentretet, auf keine Weise Geschlechtsgemeinschaft pflegen und da er sagte: ich habe euch Alles zum Essen gegeben, solltet ihr nichts davon genießen. Ja, da er sagt, Aug um Aug, solltet ihr euch ihm nicht entgegenstellen [8]).

So urtheilte der in die Herrschaft des Fleisches gekommene Geist. Der Fortschritt bestand darin, daß sich der Geist nicht länger im Dienste

---

3) Clem. l. 2. c. 20. p. 490.
4) Die Anhänger des Prodicus nannten sich Gnostiker und Söhne des höchsten Gottes, die als Königskinder über den Sabbat und alle Gesetze erhaben seien. Für den König ist nämlich kein Gesetz geschrieben. Strom. l. 3. c. 4. p. 525.
5) Clem. l. 3. c. 5. p. 531.   6) Strom. l. 3. c. 4. p. 526.
7) l. c. p. 527.   8) l. c. p. 528.

des Fleisches mit solchen Stümpereien behalf, sondern im bewußten Dienste des **Geistes**, aber des bösen, von der Stufe des **Lasters**, auf die der **Bosheit** herabsteigend, ein System der Ruchlosigkeit aufstellte, bei dem zwar auch das Fleisch seine Rechnung fand, das aber principaliter jeder göttlichen und natürlichen Ordnung Hohn sprach. Das geschah durch den Communisten **Karpokrates** und seinen Sohn **Epiphanes**. In dem Buche über die Gerechtigkeit stellt Epiphanes den Satz an die Spitze, die Gerechtigkeit Gottes sei Gemeinschaft mit Gleichheit. Gleich sei nach allen Seiten der Himmel ausgespannt und umgebe rings die Erde, und die Nacht zeige auf gleiche Weise alle ihre Sterne und den Urheber des Tages, den Vater des Lichtes, Helios, habe Gott von oben her auf gleiche Weise für alle, die sehen können, ausgegossen, sie alle sehen gemeinsam, indem kein Unterschied sei zwischen Reichen und Armen, Volk und Fürst, Vernünftigen und Unvernünftigen, Mann und Weib, Freien und Knechten. Nicht anders sei es bei den vernunftlosen Wesen. Indem er allen lebendigen Wesen von oben her sich mittheile, den Guten und Schlechten, befestige er die Gerechtigkeit dadurch, daß Niemand mehr habe und den Nächsten berauben könne, um selbst das Licht auf doppelte Weise zu haben. Die Sonne lasse allen Geschöpfen gemeinsame Nahrung wachsen und verleihe allen die gleiche Gerechtigkeit. Auf gemeinsame Weise werden alle Geschöpfe nach ihrem Geschlecht erzeugt, und es gebe kein geschriebenes Gesetz der Erzeugung, es wäre längst abgeschafft worden. Allen sei dieselbe Geschlechtsgemeinschaft angeboren, wie der Schöpfer und Vater von Allem, als derselbe Gesetzgeber, Allen dasselbe Auge zum Sehen gegeben habe, ohne das Weibliche vom Männlichen, das Vernünftige vom Vernunftlosen, oder überhaupt das Eine vom Anderen zu trennen. Dieser natürlichen Gemeinschaft stellte er die Gesetze als feindliche Macht entgegen. Die Gesetze, welche die Unwissenheit der Menschen nicht in der Zucht halten können, haben die Menschen gegen die Gesetze zu handeln gelehrt. Die Eigenthümlichkeit der Gesetze sei es, welche die Gemeinschaft des göttlichen Gesetzes zerschneide und zernage. Darauf beziehe sich das Wort des Apostels: „durch das Gesetz habe ich die Sünde erkannt." Der Unterschied zwischen Mein und Dein sei durch die Gesetze gekommen, man könne das Gemeinsame nicht mehr gemeinsam genießen, weder die Erde, noch ihre Güter, nicht einmal die Ehe. Gemeinsam für Alle habe der Schöpfer die Weinstöcke geschaffen, die weder einen Sperling noch einen Dieb abweisen, ebenso sei es bei dem Getreide und den übrigen Früchten, die übertretene Gemeinschaft aber habe den Dieb der Heerden und Früchte erzeugt. Indem Gott Alles gemeinsam für den Menschen schuf, und das Weibliche gemeinsam mit dem Männlichen zusammenbrachte und alle Geschöpfe auf gleiche Weise paarte, habe er dadurch Gerechtigkeit geoffenbart, Gemeinschaft mit Gleichheit. Die so Entstandenen aber haben die Gemeinschaft, durch die sie entstanden seien, verläugnet und es soll jetzt Einer Eine haben, während doch alle Theil nehmen können, wie es bei den übrigen Geschöpfen sei. Die stärkere Begierde sei den Männern zur Erhaltung des Geschlechtes eingepflanzt, und es könne sie weder Gesetz, noch Sitte, noch irgend etwas anderes vertilgen, sie sei Gottes Gebot [9]).

Dieser Theorie entsprach die Praxis der Karpokratianer, wie Clemens weiter ausführt. Darauf schließt er: Von diesen und ähnlichen Häresien, glaube ich, hat Judas in seinem Briefe prophetisch gesprochen von Vers 8—16.

3) Zur zweiten Klasse gehörten jene Häretiker, welche unter dem schönen Namen der **Enthaltsamkeit** gegen die Schöpfung und den heiligen Weltschöpfer und Gott, den Einen Allherrscher, gottlos handelten und die Ehe und Kindererzeugung deßhalb verwarfen, weil man nicht Andere zu ihrem Unglück in die Welt einführen und dem Tode keine neue Nahrung geben dürfe [10]). Unter Anderem beriefen sie sich für die Ehelosigkeit auf Jesus selbst. Sie kennen, erwidert Clemens, die Ursachen nicht, warum er sich nicht verehelichte. Erstens hatte er als eigene Braut die Kirche, sodann war er kein gewöhnlicher Mensch, der einer Gehilfin nach dem Fleische bedurft hätte, auch war ihm nicht nöthig, Kinder zu zeugen, der in Ewigkeit bleibt und als der Eine Sohn Gottes geboren ist. Wohl aber lehrte er die Rechtmäßigkeit der Ehe in den Worten: was Gott vereinigt hat, soll der Mensch nicht trennen. Wenn er sodann über die Ehelosigkeit ($\varepsilon\dot{v}vov\chi\iota\alpha$) so spricht, daß die Jünger sagten, wenn es sich so mit der Frau verhält, ist es nicht gut heirathen: so verbietet er damit nicht die Ehe, sondern blos die Wiederverheirathung nach geschehener Ehescheidung. Wenn sie ferner behaupten, die Enthaltung von der Geschlechsgemeinschaft diene dem Körper, so ist zu erwidern, nur jene Enthaltsamkeit sei gut, deren Motiv die Liebe Gottes ist. Und verwarfen etwa die Apostel, von welchen Petrus und Philippus Kinder zeugten, die Ehe [11])? Die wahre Enthaltsamkeit widerstreitet nämlich der Ehe nicht, denn sie besteht darin, daß die Gläubigen nichts

---

[9]) Strom. l. 3. c. 2. p. 513.  [10]) Strom. l. 3. c. 6. p. 531.
[11]) Strom. l. 3. c. 6. p. 533—535.

aus Begierlichkeit thun, sondern blos das, was nothwendig ist. Wir sind nicht Kinder der Begierlichkeit, sondern des Willens, und der, welcher sich wegen der Kindererzeugung verehelicht, muß gleichfalls die Enthaltsamkeit üben, daß er nicht einmal gegen seine Frau gelüstet, sondern sie liebt und sich um seine Kinder bemüht [12]).

Die hervorragendsten Vertreter dieser Irrlehre waren die **Marcioniten**. Sie sagen, die Natur sei böse, weil sie aus der bösen Materie durch den Demiurg geworden sei. Um nicht die durch den Demiurg gewordene Welt zu bevölkern, verlangen sie, daß man sich der Ehe enthalte. Sie widersetzen sich ihrem Schöpfer und eilen zu dem Guten, der sie berufen hat, nicht aber zu dem, welcher, wie sie sagen, ganz anderer Art ist. Weil sie nun hier nichts Eigenes zurücklassen wollen, werden sie nicht durch freien Entschluß enthaltsam, sondern aus Feindschaft gegen den Weltschöpfer, indem sie das von ihm Geschaffene nicht gebrauchen wollen. Während sie aber so mit gottlosem Sinne gegen Gott Krieg führen, die natürlichen Gedanken von sich fern halten, und die Langmuth und Güte Gottes verachten, bedienen sie sich, wenn sie auch nicht heirathen wollen, doch der geschaffenen Nahrung, und athmen die Luft des Weltschöpfers ein, da sie seine Geschöpfe sind und in seiner Welt bleiben. Und während sie eine ganz neue Erkenntniß, wie sie sagen, als Evangelium verkündigen, sollten sie doch auch dafür dem Herrn der Welt Dank wissen, daß ihnen das Evangelium hier verkündigt worden ist [13]).

Diesen Irrthümern gegenüber hielt Clemens, und mit ihm alle kirchlichen Schriftsteller, den Satz aufrecht, die Ehe ist zur Erhaltung

---

12) Strom. l. c. p. 538.
13) Strom. l. 3. c. 3. p. 515. Außer Tatian, dem Stifter der Enkratiten, der die Stelle I. Cor. 7. 5 dahin auslegte, die Ehe beziehe sich nur auf die geistige Einheit der Gatten im Gebete, die eheliche Beiwohnung erkläre aber der Apostel für eine das Gebet aufhebende Gemeinschaft des Verderbens p. 577, erwähnt Clemens noch den Doketen Julius Cassian, der eine Schrift über die Eunuchie verfaßte. Er behauptete in ihr, man dürfe aus der sexuellen Gestalt der Männer und Weiber nicht schließen, daß sie Gott zur Geschlechtsgemeinschaft bestimmt habe. Wenn diese Organisation der menschlichen Natur von dem Gott wäre, zu welchem wir zu kommen suchen, so würde er nicht die Eunuchen selig gepriesen und der Prophet nicht gesagt haben, sie seien kein unfruchtbarer Baum (Isai 56. 3). Sonst müßte man auch den Erlöser tadeln, daß er uns neubildet und vom Irrthum und von der Gemeinschaft der Geschlechtstheile befreit. Cassian berief sich dafür auf einen im Evangelium der Egyptier enthaltenen Ausspruch des Herrn. Auf die Frage der Salome, wenn das, worüber sie fragte, werde erkannt werden, habe er gesagt: dann, wenn ihr das Kleid der Schande werdet zertreten haben und die zwei eins werden und in der Einheit des Männlichen und Weiblichen weder Männliches noch Weibliches sein wird. Strom. l. 3. c. 13. p. 553.

des menschlichen Geschlechtes nothwendig und die Kindererzeugung nicht sündhaft. Die Begierlichkeit hingegen ist sündhaft. Darum schließt der Gläubige die Ehe nicht aus Begierlichkeit, sondern aus Nothwendigkeit. Er enthält sich aber der Beiwohnung, wenn die Frau empfangen hat [14]), wie er dies auch um des Gebetes willen thut. So verlangt es die Enthaltsamkeit, die auch Eheleute üben sollen [15]). Aber selbst der Begierlichkeit trägt der Apostel Rechnung, sofern er wegen der Unenthaltsamkeit und des Brennens mit der zweiten Ehe Nachsicht hat. Ein Solcher sündigt nicht nach dem Gesetz, weil sie durch das Gesetz nicht verboten ist, er erfüllt aber auch die evangelische Vollkommenheit nicht [16]).

Um dem Folgenden nicht vorzugreifen, schließen wir diese Erläuterung mit den Worten des Clemens: Wir preisen die Jungfräulichkeit selig und die, welchen dieses Geschenk von Gott gegeben ist, wir bewundern die Ehrbarkeit der einmaligen Ehe, doch sagen wir, man müsse sich auch Anderer erbarmen, denn von der zweiten Ehe schreibt der Apostel, wenn du brennst, so heirathe [17]).

## §. 109. Natürliche Ehe.

Gegen die Angriffe der Häretiker vertheidigten die Katholiken die **Heiligkeit** der natürlichen Ehe mit Nachdruck, weil sie Gott eingesetzt und gesegnet hat. Es schien ihnen ein Widerspruch, wenn Jemand sagte, er kenne Gott, und die von ihm eingesetzte Ehe als sündhaft verwarf. Denn wenn das Gesetz, nach dem die Ehe geschlossen wird, heilig ist, so ist es auch die Ehe [1]).

Nicht weniger traten sie für die **Monogamie** durch die Erklärung ein, die Ehe bestehe darin, daß Gott Zwei zu Einem Fleische verbinde, oder die bereits Verbundenen zur Einheit in demselben Fleische besiegle [2]). Nicht läugnen wir die Verbindung des Mannes und Weibes als von Gott gesegnet, jedoch nur eine. Denn auch Adam war der Eine Mann

---

14) Strom. l. 3. c. 11. p. 543. Obwohl die Kirche dieses nicht gebietet, kommt es doch bei den alten Schriftstellern vor. Die apostolischen Constitutionen verordnen: Μήτε μὴν ἐγκυμονούσαις ὁμιλείτωσαν αὐταῖς, οὐκ ἐπὶ παίδων γὰρ γενέσει τοῦτο ποιοῦσιν, ἀλλ᾽ ἡδονῆς χάριν, οὐ δεῖ δὲ φιλήδονον, τὸν φιλόθεον ὑπάρχειν. A. C. l. 6. c. 28. cf. Recog. l. 6. c. 12. Orig. in Genes. hom. 5. n. 4. p. 196. u. hom. 3. n. 6. p. 180.
15) Strom. l. c. c. 12. p. 546 u. 547.
16) l. c. c. 12. p. 548.   17) Strom. l. 3. c. 1. p. 511.
1) Clem. strom. l. 3. c. 12. p. 549.
2) Tert. de monog. c. 9. p. 152.

der Eva und Eva die Eine Frau von jenem, Eine Frau, Eine Rippe ³). Man sieht, wie besonders im ersten Citat zur Bestreitung der Polygamie die Einheit im Fleische betont wird. Nach der Einrichtung des Schöpfers ist nämlich die Zeugung eines Kindes ausschließlich durch die Vereinigung von blos zwei geschlechtlich verschiedenen Individuen bedingt. Ferner ist der irdische Mensch so organisirt, daß, obwohl sein Geist geschlechtslos ist, er doch durch den Geschlechtsunterschied tingirt wird, weßwegen auch der Geist des Mannes in dem des Weibes jene Ergänzung findet, die sie zu einer höheren geistigen Einheit befähigt und verknüpft. Da nun aber beim Menschen, als leiblich geistigem Wesen, die fleischliche Vereinigung zur geistigen fortschreiten soll und die erste blos von einem Manne und einem Weibe sein kann, so ist dieses auch bei der geistigen der Fall ⁴). Kurz, die copula carnalis fordert Monogamie und die auf ihr sich vollziehende, oder in ihr sich vollendende geistige Gemeinschaft verlangt, daß diese Monogamie ad hoc eine dauernde sei, so daß beim Menschen Monogamie und Unauflöslichkeit der ehelichen Verbindung zusammenfallen. Das scheint uns der Sinn der obigen Citate zu sein, die blos das Wort und die Einrichtung Gottes wiederholen.

Die Berufung auf die Polygamie der Altväter wurde durch die Erwiderung abgewiesen, Gott habe sie gefordert, als sich die Menschen vermehren und ausbreiten sollten ⁵). Die Aufgabe des Gesetzes war es aber, dieses nachher abzuschneiden und zu regeln. Zuletzt lehrte das Evangelium die geistige Beschneidung, so daß ihm Gelegenheit geboten war, das anfänglich Gestattete zu verbessern ⁶). Außerdem handelte es sich bei der Polygamie der Patriarchen um Geheimnisse von hoher Bedeutung. Wäre es nämlich überhaupt erlaubt gewesen, zur Frau zu nehmen, welche Einer will und wie er will und so viele er will, so würde dieses vor Allen David zugestanden worden sein ⁷).

Ebenso verhält es sich mit der Unauflöslichkeit der natürlichen

---

3) Tert. ad uxor. l. 1. c. 2. p. 75.
4) Andererseits kann eine geistige Verbindung zwischen mehreren Männern und Frauen stattfinden, aber keine allseitige, weil in dieser Welt die leibliche Existenz trennend dazwischen tritt. Da jedoch die Vereinigung von Mann und Weib die innigste sein soll, so daß er Vater und Mutter verläßt und seinem Weibe anhängt, so vollendet sich die geistige Vereinigung in der Einheit des Fleisches, die aber blos zwischen zweien stattfindet.
5) Clem. strom. l. 3. c. 12. p. 548.   6) Tert. ad uxor. l. 1. c. 2. p. 75.
7) Just. D. c. T. c. 141. p. 461. cf. l. c. c. 134, wo er von der Ehe Jacobs redet.

Ehe. In ihr werden zwei Individuen verschiedenen Geschlechtes so mit einander verbunden, daß sie eine wahre Lebenseinheit bilden. Das hat aber die Unauflöslichkeit sowohl zur Voraussetzung als zur Folge. „Die Frau ist Lebensgefährtin, aus Zweien von Gott in einen Leib vereinigt, wer aber das Eine wieder in Zwei trennt, ist Feind der göttlichen Schöpfung und Gegner seiner Vorsehung[8])". Das Bilden des Weibes aus der Rippe des Mannes drückt diese Einheit bezeichnend aus und Adam spricht blos den göttlichen Willen in den Worten aus: Das ist Bein von meinem Bein und Fleisch von meinem Fleisch... Darum wird der Mensch seinen Vater und seine Mutter verlassen und seinem Weibe anhangen und es werden Zwei in Einem Fleische sein[9]). Und als die Juden Jesus durch die Frage versuchten: Ist es einem Manne erlaubt, sein Weib um jeder Ursache willen zu entlassen? wiederholte er das Obige und schloß mit den Worten: Was Gott verbunden hat, soll der Mensch nicht trennen[10]). Die Pharisäer wollten jedoch eine bestimmte Antwort darauf, ob Jesus den vom mosaischen Gesetz gestatteten Scheidebrief anerkenne. Hierauf erwiderte er, das mosaische Gesetz stehe mit der ursprünglichen, göttlichen Ordnung in keinem Widerspruche, denn der Scheidebrief hebe diese Ordnung nicht auf, sondern sei eine der Herzenshärtigkeit der Juden gemachte Concession. Selbstverständlich folgen alle christlichen Schriftsteller, die sich mit diesem Gegenstande beschäftigen, hierin ihrem Herrn und Meister[11]).

2) Ein Hauptzweck der natürlichen Ehe war die Kindererzeugung. Die Ehe, sagt Clemens, ist die erste gesetzliche Verbindung eines Mannes und einer Frau zur Erzeugung gesetzlicher Kinder[12]). Sie wurde nicht nur der heidnischen Lasterhaftigkeit gegenüber betont[13]), so daß Justin bemerkt, entweder verehelichen wir uns zu diesem Behufe, oder wir bleiben ehelos[14]), sondern wie am Schlusse des vorigen §. angegeben, wurde sie als Zweck der Ehe erklärt. Unter der Aufschrift: ἐξήγησις ἀποστολικοῦ κηρύγματος führen die apostolischen Constitutionen

---

8) A. C. l. 6. c. 14.  9) Genes. 2. 23. 24.  10) Math. 19. 3. 6.
11) Quoniam si ita factum est a primordio, invenimus nos ad initium dirigi a Christo, sicut in quaestione repudii, dicens, illud propter duritiam ipsorum a Moyse esse permissum, ab initio autem non ita fuisse, sine dubio ad initium revocat matrimonii individuitatem, ideoque quos Deus ab initio conjunxit in unam carnem duos, hodie homo non separabit. Tert. de monog. c. 5. p. 141. cf. Orig. in Num. hom. 11. n. 1. p. 840. A. C. l. 6. c. 14.
12) Clem. strom. l. 2. c. 23. p. 502.
13) Epist. ad Diog. c. 5. Athenag. de legat. c. 33. Minuc. Felix. c. 31.
14) Just. apol. I. c. 29. p. 198.

den Satz an: Wir glauben, die gesetzliche Ehe und Kindererzeugung sei ehrwürdig und makellos, denn zur Vermehrung des menschlichen Geschlechtes wurde Adam und Eva verschiedenen Geschlechtes gebildet [15]). Billigend citirt Clemens A. Plato, der die Unsterblichkeit und Fortdauer des menschlichen Geschlechtes davon abhängig mache, während Andere sagen, der Kinderlose ermangle jener natürlichen Vollkommenheit, die darin bestehe, daß er für einen Nachfolger an seiner Stelle sorge, denn der sei vollkommen, der aus sich einen Aehnlichen mache. Man habe also durchaus zu heirathen, um des Vaterlandes, der Nachfolge der Kinder und der Vollendung der Welt willen [16]).

In nächster Verbindung hiemit stand die Regelung des **Geschlechtstriebes**, gegen dessen schrankenlose Befriedigung einerseits, oder dessen Stemplung zur Sünde andererseits, die Katholiken wider die Häretiker in die Schranken traten, wie früher gezeigt. Die Ehe war ihnen Mittel, denselben in vernünftiger und gottgefälliger Weise zu ordnen [17]).

Außerdem hatte die Ehe den Zweck, dem Manne in der Frau eine **Gehilfin** zu geben und umgekehrt. Die Sorgfalt der Frau und ihre eifrige Ausdauer scheint das Ausharren anderer Genossen und Freunde zu übertreffen, je mehr sie durch die Theilnahme im Ertragen und Beistehen Allen bei weitem vorgezogen wird. In der That ist sie nach der Schrift eine nothwendige Gehilfin [18]). Ferner hat die Ehe, wie die Ehelosigkeit, ihre eigenen Pflichten und Dienstleistungen, die sich auf den Herrn beziehen, die Sorge für die Kinder und die Frau [19]). Einige, fährt Clemens fort, enthalten sich wegen der Verheißung (künftiger Güter), oder aus Furcht Gottes und diese Enthaltsamkeit ist das Fundament der Gnosis, der Weg zu dem, was besser ist und ein Antrieb zum Vollkommenen .... Jedoch ist auch der enthaltsam, welcher nicht nur die Leidenschaften des Gemüthes unterdrückt, sondern den Gütern ($\dot{\alpha}\gamma\alpha\vartheta\tilde{\omega}\nu$) entsagt und beharrlich das Große der Gnosis im Besitz erhält, aus dem die Tugendübungen hervorgehen. Deßwegen ißt und trinkt und verehelicht er sich, nicht weil er diese Dinge an sich bevorzugt, sondern aus Nothwendigkeit. Heirathen, sage ich, wird er, wenn es der Logos sagen wird und wie es sich schickt. Der Vollkommene hat nämlich die Vorbilder der Apostel und zeigt sich wahrhaft als Mann nicht darin, daß er ein einsames Leben wählt, sondern der übertrifft die Männer, welcher in der Ehe und Kindererzeugung und Sorge für den Haushalt, in Leid

---

15) A. C. l. 6. c. 11.   16) Clem. strom. l. 3. c. 10. p. 504.
17) A. C. l. 6. c. 28.   18) Clem. l. c.   19) l. c. c. 12. p. 546.

und Freud sich übt, durch die Sorge für das Hauswesen sich von der Liebe Gottes nicht abwenden läßt, und gegen alle Versuchungen, welche Kinder, Frau, Gesinde und Besitz mit sich bringen, kämpft, während der, welcher kein Hauswesen besitzt, meistens ohne Versuchung bleibt. Der also, welcher blos für sich sorgt, wird von dem übertroffen, der zwar in dem, was sein Heil betrifft, unter ihm steht, in dem aber, was den Haushalt des Lebens betrifft, ihm überlegen ist, indem er in der That im Kleinen ein Bild der wahren Vorsehung darstellt. Wir müssen aber zuvor so viel möglich die Seele mannigfaltig üben, daß sie zur Aufnahme der Gnosis bestellt ist [20]).

Damit sind die Vorzüge der Ehe und des Familienlebens treffend geschildert, obwohl Clemens dasselbe nicht über die **Virginität** stellt, nicht einmal für ein an sich wünschenswerthes Gut hält, sondern blos zeigt, welche Vorzüge es für den hat, der heirathet. Es folgt das aus dem Obigen eben so sicher, als aus dem Nachfolgenden, in welchem er die Gnosis, als Trennung der Seele von allen Affekten, mit dem Tode, als Trennung der Seele vom Leibe vergleicht, und fragt: Wie kann dem Speise, Trank und Ehe begehrenswerth sein, welcher jedes Vergnügen bringende Wort und Werk für verdächtig hält [21])? Nicht Jedem ist jedoch das einsame Leben zuträglich und für den eignet sich die Ehe. Keiner ist in dieser Beziehung beschränkt, sondern er kann nach Gutdünken wählen. Wenn hingegen Einige unter dem Vorwande, die Beschwerlichkeiten des Ehestandes zu meiden, ehelos bleiben, die Liebe verlieren und sich bis zum Menschenhaß versteigen, so ist das eben so verkehrt, als wenn Verehelichte allen Lüsten fröhnen [22]).

Immer kehren die ältesten Schriftsteller von der Ehe zu der Virginität, als dem Höheren, zurück. Uebrigens tadelt Origenes solche, die zu viel verlangten [23]). Zu ihnen gehörte der Bischof Pinytus von Knossus, der dem Nacken der Brüder das schwere Joch der Enthaltsamkeit auflegte [24]).

## §. 110. Christliche Ehe.

Von der göttlichen Einsetzung der Ehe im Paradiese gingen die

---

20) Strom. l. 7. c. 12. p. 874.   21) l. c. p. 875.
22) Strom. l. 3. c. 9. p. 541.
23) Ut puta, qui prohibent nubere, et ab eo quod expedit, ad immoderatam munditiam compellunt. Orig. in Math. series. 10. p. 19.
24) Euseb. h. e. l. 4. c. 23.

chriftlichen Schriftsteller auf die chriftliche Ehe über. Wie durch Chriftus Alles erneuert wurde, so auch die Ehe. Der Apoftel schreibt an die Ephefer (1. 19.): Gott habe in sich selbst bestimmt, zur Veranstaltung der Erfüllung der Zeiten Alles in einem Haupte, d. h. bis zum Anfang zurück, in Christo wiederzusammenzufassen, was in ihm über dem Himmel und über der Erde ist. Darum hat sich der Herr zwei griechische Buchstaben, den ersten und letzten, beigelegt, welche Zeichen des in sich zurücklaufenden Anfanges und Endes sind. Er zeigt dadurch, wie das α zum ω verlauft und wieder zurücklauft; so sei in ihm sowohl der Verlauf des Anfangs bis zum Ende, als der Rücklauf des Endes zum Anfange, damit alle Veranstaltung durch ihn endige, durch den sie begonnen, durch das Wort Gottes nämlich, das Fleisch geworden ist, und daher endige, wie sie begonnen habe. Dergestalt werden alle Dinge in Chriftus zum Anfang zurückgerufen, wie der Glaube, von der Beschneidung zur Unversehrtheit jenes Fleisches zurückkehrt, das von Anfang war, die Einheit der Ehe, wie sie von Anfang war, das Verbot des Scheidebriefes, wie er von Anfang nicht war und zuletzt der ganze Mensch in das Paradies zurückgerufen werde, wo er von Anfang war. Das Ende ist jedoch nicht blos der Anfang, sondern der vergeistigte und verklärte Anfang, denn das Geistige ist nicht zuerst, sondern das Animalische und dann erst das Geistige [1]). Was also die adamitisch-paradiesische Ehe Eigenthümliches hatte, findet sich auch in der chriftlichen wieder, das Grundgesetz jener ist das Hausgesetz, dieser in der Kirche. Das ist aber nicht Alles. Die alt adamitische war eine typische, nach Ephes. 5. 31. 32, ihre ideale und geistige Erfüllung hat sie in der Ehe Chrifti mit der Kirche erlangt, aus der wir Alle geistig **wiedergeboren** worden sind. Darum trägt die chriftliche Ehe die Eigenthümlichkeit der **beiden Stammväter**, des ersten und zweiten Adams, und die Signatur ihrer beiderseitigen Ehen, der leiblichen und geistigen, zugleich und nothwendig an sich, und ist darum so wahrhaft **sakramental**, als die Ehe Chrifti mit der Kirche vom Apoftel mit Auszeichnung das **große Sakrament** genannt wird und wirklich ist [2]). Tertullian war

---

[1]) Tert. de mong. c. 5. p. 142.
[2]) Tert. de exhort. castit. c. 5. At cum apostolus in ecclesiam et Christum interpretatur: Erunt duo in una carne, secundum spiritales nuptias ecclesiae et Christi (unus enim Christus et una ejus ecclesia) agnoscere debemus duplicatam et exaggeratam esse nobis unius matrimonii legem tam secundum generis fundamentum, quam secundum Christi firmamentum. De uno matrimonio censemur utrobique, et carnaliter in Adam et spiritaliter in

dessen sich klar bewußt und zählt darum die Ehe mitten unter den kirchlichen Sakramenten auf. Auf diese Weise erklärt Möhler die in der Note stehenden Worte des Apologeten ³). Nach unserem Ermessen kann und muß man jedoch noch weiter gehen, um die ganze Tragweite der tertullianischen Worte zu ermessen und sagen, wenn Christus die Ehe zu einem Sakramente erhob, mußte er zugleich die natürliche Ehe, oder die des ersten Stammvaters, restauriren, denn die durch die Sünde corrumpirte konnte nicht das Substrat eines Sakramentes werden. Und umgekehrt sollte die abamitische Ehe wieder in ihrer Integrität hergestellt werden, so mußte an ihre Eingehung Gnade geknüpft werden, die sie vor dem Rückfall in das alte Verderben bewahrte ⁴).

Tertullian spricht sich deshalb über den sakramentalen Charakter der Ehe noch deutlicher aus. Zu den Worten, Niemand haßt sein Fleisch (außer Marcion), sondern nährt und pflegt es, wie Christus die Kirche, bemerkt er: Nemo non diliget imaginem quoque sponsae, imo et servabit illam et honorabit et coronabit, habet similitudo cum veritate honoris consortium ⁵). Das Bild der Vereinigung Christi mit der Kirche ist die Ehe. Wenn nun das Bild mit der Wahrheit, oder das Abbild mit dem Urbild das consortium honoris theilt, so theilt es auch das consortium sacramenti.

Bei solcher Anschauung von dem Wesen der Ehe verstand es sich von selbst, daß sie nicht als bürgerlicher Vertrag behandelt, sondern als sakramentaler Akt vor dem Bischofe geschlossen wurde ⁶). Weil die Liebe ⁷), welche Christus und die Kirche zusammenführte, die christlichen Gatten verband, ergab sich das ebenso, als weil die vom Apostel auf das Verhältniß Christi zur Kirche bezogene Ehe ein heiliges Mysterium ⁸), und die durch den Logos vollendete Ehe geheiligt ist, wenn die Verbindung sich Gott unterwirft und mit aufrichtigem Herzen ge-

---

Christo; duarum nativitatum unum est monogamiae praescriptum. De monog. c. 11.
3) Möhler, Patrologie. S. 781.
4) Daß die Gnade nicht irresistibel wirkt, zeigt am besten unsere Zeit.
5) Adv. Marc. l. 5. c. 18. p. 459.
6) Ignat. ad Polyc. c. 5. p. 180.
7) Daß die Liebe, in welcher Form sie auch auftreten mag, Gegenstand des Vertrages sein könne, war den Vätern zu sublim. Sie glaubten, er greife blos da Platz, wo man das „Wachset und vermehret euch", über Geld und Gut spricht, nicht aber da, wo eine glückliche Ehe weder nach Gold, noch Schönheit, sondern nach der Tugend bemessen wird. Clem. strom. l. 4. c. 20. p. 621.
8) Clem. strom. l. 3. c. 12. p. 549.

schlossen wird ⁹). Als Abbild der Incarnation und der aus ihr fließenden Gnaden ist sie selbst begnabigt und heiligt die Gatten, wenn sie sich dieses Charismas würdig machen. Ein Charisma nennt nämlich **Origenes** die Ehe und wenn er das Charisma der Ehe auch mit dem der Jungfräulichkeit auf gleiche Stufe stellt, so sagt er doch, die Eheleute erhalten durch das Faktum ihrer Verbindung von Gott Gnade. **„Weil sie Gott verbunden hat, deßwegen ist Gnade in den von ihm Verbundenen.** Dieses wohl wissend, sagt deßhalb Paulus, die dem Worte (Logos) Gottes ¹⁰) gemäße Ehe sei, wie die Ehelosigkeit, ein Charisma ¹¹). Den Jungfräulichen wird wie den Verehelichten Gnade zu Theil, den letzten wird sie aber durch die von Gott eingesetzte Verbindung verliehen, oder die den Eheleuten ertheilte ist an die äußere Handlung der Verbindung geknüpft. Für die Jungfräulichen ist hingegen kein eigener äußerer Akt zu ihrer Vermittlung vorhanden.

Der Ehestand (das Leben in der Ehe) ist überhaupt so wenig ein Sakrament, als der jungfräuliche Stand, aber der Ehestand wird durch einen sakramentalen Akt eingegangen, aus dem für die Gatten, wenn sie der Wirksamkeit der durch ihn erlangten Gnade kein Hinderniß setzen, fortwährend Hilfe und Beistand von oben zufließt. Der jungfräuliche Stand wird hingegen als Vermählung des Menschen mit Christus in der Taufe (Firmung, Eucharistie) geschlossen. Was darum das Sakrament der Ehe für die Verehelichten ist, das ist die Taufe zc. für die Jungfräulichen. Man wird entgegnen, die Taufe empfangen auch die Eheleute, warum erhalten nun die Jungfräulichen nicht außerdem ein eigenes Sakrament? Antwort, weil die Virginität kein vom Christenstand im Allgemeinen qualitativ verschiedener Stand ist, sondern blos eine höhere Stufe desselben. Der Ehestand hingegen ist keine Potenzirung des allgemeinen Christenstandes, sondern eine zu ihm hinzukommende menschliche Verbindung. Zum entsprechenden Leben in dieser hinzukommenden Verbindung kommt auch ein neues Sakrament hinzu, zum ent-

---

9) Ἁγιάζεται γοῦν καὶ γάμος κατὰ λόγον τελειούμενος, ἐὰν ἡ συζυγία ὑποπίπτῃ τῷ θεῷ καὶ διοικῆται μετὰ ἀληθινῆς καρδίας. Clem. strom. l. 4. c. 20. p. 621.

10) „Die dem Worte Gottes gemäße Ehe" erklärt Clemens strom. l. 3. c. 12. durch: dem Herrn gemäß, ὁ κατὰ κυρίου γάμος. Der Logos ist also Christus, oder die christliche Ehe ist ein Charisma.

11) Καὶ ἐπεὶ ὁ θεὸς συνέζευξε, διὰ τοῦτο χάρισμά ἐστιν ἐν τοῖς ὑπὸ θεοῦ συνεζυγμένοις, ὅπερ ὁ Παῦλος ἐπιστάμενος, ἐπίσης τῷ εἶναι τὴν ἁγνὴν ἀγαμίαν χάρισμα φησί, καὶ τὸν κατὰ λόγον θεοῦ γάμον εἶναι χάρισμα. Orig. in Math. tom. 14. n. 16. p. 143.

sprechenden Leben im jungfräulichen Stande fließt die Gnade aus den elementaren Sakramenten. Der Potenzirung des allgemeinen Christenstandes in der Virginität entspricht nämlich die Potenzirung, oder oftmalige Spendung der elementaren Sakramente. Da von ihnen blos die (Buße und) Eucharistie wiederholbar ist, besteht in dem oftmaligen Empfange derselben das Virginitäts-Sakrament.

2) Wird den Gatten in ihrer Verbindung Gnade zu Theil, so steigern sich selbstverständlich auch die an sie gestellten Forderungen. So beredt darum Clemens A. die sittliche Bedeutung der Ehe schildert, er kennt doch noch eine höhere, wahrhaft übernatürliche Bedeutung derselben. Nicht nur in dem, was den Haushalt betrifft, sondern auch in dem Glauben an Christus soll die Gattin eine Gehilfin des Mannes sein[12]). Wer sind die Zwei oder Drei im Namen des Herrn Versammelten, in deren Mitte der Herr ist? Oder nennt er nicht Mann und Frau und Kind die Drei, weil die Frau mit dem Manne durch Gott verbunden wird[13]). Die christliche Ehe ist, als Abbild der Vereinigung Christi mit der Kirche, die Kirche im Kleinen. Zwei Gläubige sind verbunden unter einem Joche, zu einer Hoffnung, zu einem Gelübde, zu gleichem Dienste. Geschwister sind sie sich, Mitknechte, ohne Trennung des Fleisches oder Geistes. Sie sind in Wahrheit Zwei in Einem Fleische, Ein Fleisch und Ein Geist. Mit einander beten sie, mit einander werfen sie sich nieder, mit einander fasten sie, gegenseitig lehren (unterstützen), gegenseitig ermahnen sie sich. Mit einander sind sie in der Kirche Gottes, mit einander beim Mahle Gottes, vereint in Nöthen, in Verfolgungen, in Erquickungen. Nichts verhehlen sie einander, sie meiden einander nicht, sind einander nicht beschwerlich. In Freiheit besuchen sie die Kranken, unterhalten die Armen, geben Almosen ohne Zwang; das Opfer wird besucht ohne Bangigkeit, die tägliche Andacht ohne Hinderniß geübt; nicht heimlicher Weise bezeichnet man sich mit dem Kreuze, kein eilfertiger Glückwunsch, keine stumme Danksagung[14]). Zwischen beiden ertönt Psalm- und Lobgesang und sie wetteifern mit einander, wer seinem Gott am besten singe. Solches schaut und hört Christus und freuet sich, solchen sendet er seinen Frieden. Wo zwei sind, da ist auch er, wo er ist, da ist nicht der Böse. Das ist es, was die Stimme des Apostels uns in kurzen Worten hinterließ[15]). Mit dem letzten Satze weist Ter-

---

12) Clem. strom. l. 8. c. 18. p. 561. 13) l. c. c. 10. p. 542.
14) Bezieht sich vielleicht gratulatio auf das Gebet vor, benedictio auf das nach dem Essen? 15) Tert. ad uxor. l. 2. c. 9. p. 101.

tullian auf die paulinischen Worte hin, die Ehe sei ein Abbild von der Vereinigung Christi mit der Kirche und das Vorausgehende ist deßhalb eine Beschreibung der Ehe, wie sie nach dem Apostel unter Christen stattfinden soll. Ferner dient die christliche Ehe nicht nur zur Befriedigung, sondern zur Beherrschung des Geschlechtstriebes, wie die angegebenen Citate beweisen [16]).

## §. 111. Unauflösbarkeit der christlichen Ehe.

Wie die natürliche Ehe, laut dem Buchstaben des Gesetzes, unauflöslich ist, so ist es die christliche laut der allegorischen Auslegung des Gesetzes durch den Apostel Paulus [1]). Das heißt, war die alte Ehe unauflöslich, weil die Beiden nach Gottes Willen ein Fleisch waren, so ist es die christliche nicht nur beßhalb, sondern weil sie ein Abbild der unauflöslichen Einheit Christi mit der Kirche ist.

Nachdem Jesus den Pharisäern geantwortet, Moses habe den Juden um ihrer Herzenshärtigkeit willen gestattet, die Frau zu entlassen, von Anfang sei das nicht so gewesen, fährt er fort: Ich aber sage euch, wer seine Frau entläßt, es sei denn wegen Hurerei, und eine andere heirathet, bricht die Ehe, und wer eine Geschiedene heirathet, bricht die Ehe. Die Jünger sagten zu ihm: wenn die Sache des Mannes mit seinem Weibe sich so verhält, so ist nicht gut heirathen [2]). Zu Hause fragten sie ihn abermal darüber und da sprach er zu ihnen: Wer immer sein Weib entläßt und eine Andere nimmt, begeht an ihr einen Ehebruch [3]).

Gemäß göttlicher Einsetzung war die Ehe unauflöslich. Im alten Bunde wurde die Ertheilung des Scheidebriefes gestattet. Im neuen Bunde, indem das Ursprüngliche hergestellt ist und die Herzenshärtigkeit durch die Gnade überwunden werden soll, ist dieses nicht gestattet. Die christliche Ehe participirt als Abbild der Vereinigung Christi mit der Kirche, auch nach der Seite an der Natur dieser Vereinigung und da sie unauflöslich ist, ist es auch die Ehe. Die anfangs von Gott gewollte Unauflöslichkeit derselben wird im Christenthum bestätigt und zu einer absoluten. Der, welcher seine Frau entläßt, macht, daß sie die Ehe bricht, weil er ihr Gelegenheit gibt, sich wieder zu verehelichen. Nur

---

16) cf. §. 108. not. 12 seq.
1) Orig. in Num. hom. 11. n. 1. p. 844.
2) Math. 19. 9.   3) Marc. 10. 11.

wenn er sie wegen Ehebruch entläßt, geschieht das nicht, weil sie bereits eine Ehebrecherin ist. Eine entlassene Frau zu ehelichen, ist aber Ehebruch, aus welcher Ursache sie auch entlassen wurde [4]). Bei Lucas 16. 18 sagt nämlich Jesus ohne allen Vorbehalt und ohne jede Ausnahme: "Jeder, der sein Weib entläßt und eine Andere heirathet, bricht die Ehe, und wer eine vom Manne Geschiedene heirathet, bricht die Ehe." In derselben Weise theilt der Apostel die Lehre Christi mit, wenn er schreibt: Denen aber, welche durch die Ehe verbunden sind, gebiete nicht ich, sondern der Herr, daß das Weib sich nicht vom Manne scheide. Wenn sie aber geschieden ist, bleibe sie ehelos, oder versöhne sich mit ihrem Manne. Auch der Mann entlasse sein Weib nicht [5]).

Trotz dieser apostolischen Erklärung der Worte Christi, trotz dem kategorischen Ausspruche Jesu: die Ehe einer Geschiedenen ist Ehebruch, halten doch Viele die Wiedervermählung für erlaubt, indem sie sich auf den Beisatz: Es sei denn um der Hurerei willen Math. 5. 32.; 19. 2—9, berufen. Die Erklärung von Math. 5. 32 enthält das Obige. Aus dem Wortlaute von Math. 19. 2—9 wird aber auch die befangenste Interpretation nicht mehr herauslesen können, als daß der un schuldige Theil den ehebrecherischen entlassen und sich wieder verehelichen könne, während die Wiederverehelichung des schuldigen Theiles für Ehebruch erklärt wird. Diese Exegese ist jedoch offenbar unrichtig, denn bricht der schuldige Theil durch Wiederverehelichung die Ehe, so muß sie noch bestehen, weil man eine nicht bestehende nicht brechen kann und besteht sie noch, so besteht sie für beide Theile, weil sie als Vereinigung von Zweien Beide gleichmäßig bindet. Die in Rede stehende Interpretation verwickelt darum die Worte des Herrn geradezu in Widerspruch mit einander, wohingegen die Erklärung, daß um der Porneia willen eine Scheidung mit Fortdauer des Ehebandes erlaubt sei, sie in Einklang mit Luc. 16. 18 bringt.

2) Die Unauflöslichkeit der Ehe wurde auch von jeher in der Kirche gelehrt und aufrecht erhalten. Origenes berichtet zwar, einige kirchliche Vorsteher hätten die Verehelichung Geschiedener gestattet, um dadurch Schlimmeres zu verhüten, bemerkt jedoch dazu, die Solches zugeben, handeln gegen das ursprüngliche Gesetz und die Schrift [6]). Außer dieser Aeußerung findet sich keine weitere Spur. Hermas und Justin erklären eine solche Wiederverehelichung, wie das Folgende zeigen wird, für schwere

---

4) Das ist die Erklärung von Math. 5. 32.   5) I. Cor. 7. 10.
6) Orig. in Math. tom. 14. n. 32. p. 160.

Sünde. Athenagoras hält nicht nur die Entlassung der Frau, wie die Wiederverheirathung, für verboten, sondern wälzt, von der Unauflösbarkeit der Ehe ausgehend, sogar einen starken Vorwurf auf die, welche sich nach dem Tode des Gatten wieder verehelichten [7]). Nach Clemens A. erklärt das Gesetz geradezu, du sollst die Frau nicht entlassen, außer wegen Hurerei. Für Ehebruch wird es aber gehalten, bei Lebzeiten des einen der Getrennten sich wieder zu vermählen [8]). Wegen der citirten Schriftworte könnte man glauben, im Falle der Hurerei habe der Alexandriner die Ehe für auflösbar gehalten, allein der Nachsatz steht ohne allen Vorbehalt da. Wenn die alte Ehe, sagt Clemens an einer andern Stelle, Eine (d. h. unauflösbar) ist, kann die nach dem Herrn keine andere sein. Denn was Gott vereinigt hat, kann der Mensch mit Recht nicht trennen. Um so mehr aber wird der Sohn das beobachten, was der Vater befohlen hat [9]). Sodann exegesirt er Math. 19. 6 auf eine Weise, in der das Verbot einer solchen Verehelichung zu Tage liegt. Die Gnostiker schlossen aus den betreffenden Worten Christi auf ein Verbot der Ehe im Allgemeinen. Clemens entgegnet, dieses Verbot ist kein allgemeines, sondern bezieht sich auf den bestimmten Fall, daß der, welcher seine Frau entlasse, nicht heirathen dürfe, so lange sie am Leben sei [10]).

So allgemein anerkannt war dieses, daß Marcion, um einen Widerspruch zwischen dem alten und neuen Bunde zu constatiren, diese Lehre herbeizog. Ein solches Verfahren war nur dann möglich, wenn die Nichtauflösbarkeit im neuen Bunde durchweg zugestanden und evident war. Konnte das Band der christlichen Ehe gelöst werden, so war Marcion durch den Hinweis auf diese Thatsache widerlegt. War es aber nicht lösbar, dann galt es, unter Festhaltung dieses Satzes, nachzuweisen, daß sich Moses und Christus nicht widersprechen. Den letzten Weg schlägt Tertullian in seiner Widerlegung des Marcion ein, indem er bemerkt, den Juden sei die Scheidung blos um ihrer Herzenshärtigkeit willen gestattet worden, weßwegen zwischen dem alten und neuen Bunde kein Widerspruch stattfinde, denn auch im alten Bunde sollte die Ehescheidung nicht vorkommen. Sofort sucht er zu beweisen, daß es auch im neuen Bunde eine Scheidung gebe. Christus, sagt er, habe die Ehescheidung nur dann verboten, wenn Jemand seine Frau entlasse, um eine Andere zu heirathen, denn der, welcher seine

---

[7]) Athenag. legat. c. 33.   [8]) Clem. strom. l. 2. c. 23. p. 506.
[9]) l. 3. c. 12. p. 549.   [10]) Strom. l. 3. c. 6. p. 534.

Frau entläßt und eine andere ehelicht, bricht die Ehe, wie der, welcher die Geschiedene heirathet. Die Ehe bleibt nämlich bestehen, welche nicht rechtlich (von Gott durch den Tod) ¹¹) getrennt ist. Beim Bestand der Ehe ist aber Wiederverehelichung Ehebruch. Weil daher Christus die Ehescheidung blos bedingterweise verboten hat, so hat er sie nicht völlig verboten, und hat er sie nicht völlig verboten, so ist sie erlaubt. Du siehst also, Christus tritt überall in die Fußstapfen des Schöpfers, sowohl in dem Gestatten als Verbieten des Scheidebriefes ¹²).

Diese sophistische Deduktion enthält den schlagendsten Beweis für die kirchliche Lehre. Wenn die Wiederverehelichung Geschiedener gestattet gewesen wäre, hätte Tertullian nicht so schließen können und Marcion hätte seine Behauptung nicht einmal aufstellen können. Gerade die marcionitischen Antithesen setzen die katholische Lehre und Praxis im zweiten Jahrhunderte ¹³) in das hellste Licht. Dem Montanisten mag zudem die Niederschreibung dieser Worte sauer genug geworden sein, denn er mußte sich völlig auf katholischen Standpunkt stellen, um dem Gnostiker mit Erfolg entgegentreten zu können. Der Montanismus verwarf nämlich die zweite Ehe schlechtweg, die Kirche gestattete sie.

3) Welches Verhalten in der ersten Hälfte des zweiten Jahrhunderts beobachtet wurde, wenn ein Gatte die Ehe gebrochen, läßt sich aus Hermas und Justin erkennen.

Auf die Frage, ob der, dessen Frau die Ehe gebrochen, ohne Sünde mit ihr fortleben könne, wurde unterschieden, ob der Mann von ihrem Ehebruche wußte, oder nicht. Im letzten Falle beging er durch Fortsetzung der Ehe keine Sünde. Im ersten Falle mußte er sie entlassen, um an ihrem Ehebruche keinen Theil zu nehmen ¹⁴). Eine Frau, so erzählt Justin, bekehrte sich zum Christenthume und suchte auch ihren lasterhaften Mann auf bessere Wege zu bringen. Da ihr Bemühen vergeblich war, wollte sie sich von ihm trennen. Von den Ihrigen bestimmt und beredet, mit der Hoffnung auf seine Besserung vertröstet, that sie

---

11) Per mortem utique, non per repudium facta solutione, quia repudiatis non permitteret (scilc. Paulus Ap.) nubere adversus pristinum praeceptum. Tert. de monog. c. 11. p. 159.

12) Adv. Marc. l. 4. c. 34. p. 325—327.

13) Aus dem dritten Jahrhunderte wollen wir nur noch an Cyprian erinnern. Der kurze Satz: uxorem a viro non recedere, aut si recesserit innuptam manere, in epist. Pauli ad Cor. prima Testim. lib. 3. c. 99. p. 492. ist besonders dadurch von Bedeutung, daß er in dem Buche „der Zeugnisse" steht, das Cyprian als Leitfaden für den christlichen Unterricht verfaßte.

14) Herm. mand. 4. n. 1. p. 267.

sich Gewalt an und blieb. Da ihr jedoch über den Gatten, der das natürliche und positive Gesetz verachtete, noch Schlimmeres berichtet wurde, fürchtete sie, sie möchte Theilnehmerin seines schlechten Wandels werden, wenn sie bei ihm bliebe und schickte ihm das Repudium [15]). Die Frau durfte sich also scheiden, um nicht Mitschuldige zu werden. Die Christen suchten aber diesen Schritt soweit möglich zu vermeiden, in der Hoffnung, der schuldige Theil werde sich bekehren. Daß nämlich die genannte Frau im Einverständnisse mit den kirchlichen Obern handelte, ergibt die Notiz, sie sei „von den Ihrigen" zu längerem Ausharren bestimmt worden.

Nach der Scheidung waren zwei Fälle möglich. Die Frau (oder der Mann) konnte Buße thun, oder sie verweigerte sie. That sie Buße und wollte sie zum Manne zurückkehren, so mußte er sie aufnehmen. Verharrte sie aber in ihrem Lebenswandel, so währte auch die Trennung fort, aber das Gebot, unverehelicht zu bleiben, bestand in Kraft, nicht blos darum, weil sie noch Buße thun konnte, sondern weil, ungeachtet der Trennung, das Eheband nicht gelöst war. „Ich fragte ihn, was dann, wenn die Frau in ihrer Sünde verharrt? Er antwortete: der Mann entlasse sie und der Mann bleibe für sich [16])". Die nämlich, welche eine solche Digamie nach menschlichen Gesetzen eingehen, ja selbst, die eine Frau mit Begierlichkeit ansehen, sind vor unserem Meister Sünder. Denn Christus sagt über die Keuschheit, wer eine Frau mit Begierlichkeit ansieht, hat die Ehe im Herzen bereits gebrochen und wer die vom früheren Manne Geschiedene heirathet, bricht die Ehe [17]).

4) Weil Hermas das Gesagte auf **Ehebruch und Abfall zum Götzendienst** ausdehnt, ergibt sich daraus, auch im letzten Falle durfte sich der Mann von der Frau trennen. Dieses waren wohl die **einzigen, rechtmäßigen Ursachen**. Origenes legt einem Juden die Behauptung in den Mund, die christliche Lehre, welche den Mann autorisirt, sein Weib um der Hurerei willen zu entlassen, sei dieselbe, wie die mosaische, die ihm dieses propter foeditatem aliquam gestatte. Hierauf entgegnet er ihm, dem ist nicht so, denn der Begriff der jü-

---

[15]) Just. apol. II. c. 2. p. 284. Völlig übereinstimmend hiermit verordnen die apostolischen Constitutionen, wer eine Ehebrecherin behält, ist ein Uebertreter des Naturgesetzes. Ihm zufolge ist die Gattin die Gehilfin des Mannes, eine solche ist aber keine Gehilfin, sondern eine Verführerin, deren Sinn auf Anderes gerichtet ist. A. C. l. 6. c. 14.
[16]) Herm. past. mand. 4. n. 1. p. 267.
[17]) Just. apol. 1. c. 15. p. 167.

bifchen foeditas ift ein viel weiterer, weßwegen der Jude feine Frau aus vielen Gründen entlaffen konnte. Im Chriftenthum wird hingegen der Scheidebrief blos wegen der Porneia ertheilt [18]). Sofort fragt Origenes weiter, wie verhält es fich aber bei fchweren Verbrechen? Ift Giftmifcherei und Mord ein hinlänglicher Grund zur Ehefcheidung? Es fcheint ihm diefes ebenfo vernünftig zu fein, als man andererfeits dem Gebote des Erlöfers „um der Hurerei willen" nicht entgegen handeln dürfe. Das letzte ift alfo der Punkt, auf den es bei Beantwortung obiger Fragen ankommt. Um wenigftens eine bejahende Antwort zu ermöglichen, bemerkt Origenes: Jefus fagt nicht: Niemand entlaffe feine Frau, außer wegen Hurerei, fondern, „wer feine Frau, den Fall der Hurerei ausgenommen, entläßt, macht fie zur Ehebrecherin". Man fieht, obwohl er das Obige zur Erklärung von Math. 19. 9 gefchrieben hat, fieht er von diefer Stelle ab und hält fich an Math. 5. 32. In ihr verbietet Jefus die Ehefcheidung, weil durch fie das Weib zum Ehebruch verleitet wird. Ein Weib, das die Ehe bereits gebrochen, kann daher der Mann, ohne Gefahr, fie erft zur Ehebrecherin zu machen, entlaffen. Die Entlaffung ift jedoch nicht die einzige Urfache, die zum Ehebruche führen kann. Es gefchieht diefes ebenfo, wenn der Mann feiner Frau Vertraulichkeiten mit anderen Männern zuläßt, oder ihr die eheliche Pflicht verweigert. Ein Mann, der dadurch das Weib zum Ehebruch verleitet und fo gegen Math. 5. 32 handelt, ift ftrafwürdiger, als der, welcher fie (obwohl keine Ehebrecherin) wegen Mord entläßt. Ehebruch kann alfo auch ohne Entlaffung verurfacht werden und — das fagt allerdings Origenes nicht, aber man lieft es zwifchen den Zeilen — Entlaffung kann auch ftattfinden, ohne daß fie ihren Grund allein im Ehebruche hat.

Damit war eine, wenn auch keine deutliche, Antwort auf die obigen Fragen gegeben. In der Ungewißheit, ob er nicht zu viel concedirt habe, geht er fchließlich auf die Haupdifferenz zwifchen Judenthum und Chriftenthum über und bemerkt: Die Frau mag aus was immer für einem Grunde gefchieden fein, wenn fie fich wieder verehelicht, ift fie Ehebrecherin, wie der Mann, der eine Gefchiedene heimführt [19]).

Ehebruch war demnach bis in die Mitte des dritten Jahrhunderts

---

18) Cum disjuncto matrimonio, *ex ea tamen causa*, qua licet seu viro, seu feminae ad viduitatis perseverantiam sustineri fagt Tert. de patient. c. 12. p. 96.
19) Orig. in Math. tom. 14. n. 24. p. 160—164.

die einzige Ursache, die eine Scheidung gestattete und Origenes wirft zuerst die Frage auf, ob sie auch aus anderen Gründen erlaubt sei. Er wagt nicht ja zu sagen, legt aber die bejahende Antwort nahe.

Auffallend möchte es scheinen, warum er den Abfall vom Glauben schweigend übergeht. Die Ursache mag darin liegen, daß es sich in den besprochenen Fällen um keine Auflösung des Ehebandes, sondern blos um eine zeitliche Scheidung der Gatten handelte. Der Gatte hingegen, welcher Christ geworden war und mit dem heidnisch gebliebenen Theile nicht ohne Beschimpfung der christlichen Religion und Gefahr des Abfalles leben konnte, durfte sich von ihm trennen und abermal verehelichen. Will der Ungläubige sich scheiden, so mag er sich scheiden, denn nicht gebunden ist der Bruder oder die Schwester in solchem Falle [20]). Der christliche Theil sollte sich aber nicht vorschnell und ohne genügenden Grund trennen. War ein solcher vorhanden, so konnte das Eheband gelöst werden, sei es, weil die natürliche Ehe nicht absolut unauflöslich ist, oder weil die Kirche durch göttliches Privilegium die Vollmacht zur Auflösung einer solchen Ehe hat, sofern in diesem Falle göttliche Dispens eintritt, wie den Juden eine solche zu Theil wurde.

## §. 112. Erfordernisse zur Eingehung der Ehe.

Weil die christliche Ehe ein Abbild der Vereinigung Christi mit der Kirch ist, bedarf sie der Bestätigung beider. Und wie nach römischem Rechte die Einwilligung der Väter zu einer gültigen Ehe nothwendig ist, so nach christlichem Gesetz die Zustimmung Gottes, des Vaters [1]) und seines Stellvertreters, des Bischofs. Es geziemt sich, daß Braut und Bräutigam mit Wissen und Gutheißen des Bischofs ihre Vereinigung schließen, damit die Ehe vollzogen werde nach dem Sinne Gottes, und nicht nach der Lust des Fleisches [2]). Geheime Verbindungen, d. h. solche, die nicht mit Genehmigung und Wissen der Kirche eingegangen wurden, waren der Gefahr ausgesetzt, als Ehebruch und Hurerei verurtheilt zu werden [3]). Es ist das zwar das Urtheil eines Montanisten, allein auch Methobius sagt, wer sich nicht enthalten kann, eheliche gesetzlich und beflecke sich nicht heimlich [4]). Das Wort λαθροφθορῶν, das er gebraucht, bezeichnet dasselbe, was Tertullian sagt.

---

20) I. Cor. 7. 15.
1) Tert. ad ux. l. 2. c. 9. p. 101.   2) Ignat. ad Polyc. c. 5.
3) Tert. de pudic. c. 4. p. 873.   4) Method. conviv. orat. 3. n. 14. p. 693.

Bereits mit den Worten Justins, es sei nicht erlaubt, zur Frau zu nehmen, welche Einer will und wie er will und so viele er will⁵), sieht man, die Verehelichung war durch kirchliche Gesetze geregelt, die sich nicht nur auf die Monogamie, sondern auch auf die Beschaffenheit der Gatten, wie auf den Modus der Eheeingehung bezogen. Kirchliche Ehegesetze kennt auch Athenagoras, denn Jeder von uns hält nur die für seine Frau, die er nach den bei uns geltenden Gesetzen gefreit hat⁶). Der, welcher sich verehelichte, mußte Gewisses beobachten, wie die Frau, welche er ehelichte, gewisse Eigenschaften haben mußte. Nicht Jeder soll deßhalb Jede freien, noch zu jeder Zeit, noch unter allen Umständen und rücksichtslos, sondern die in der rechten Lage ist und die rechten Eigenschaften besitzt und wenn es sich geziemt, der Kinder wegen, die ihm in Allem ähnlich ist und nicht genöthigt oder gezwungen den sie liebenden Mann nimmt... So zeigt Abraham, daß die, welche dieselbe Mutter haben, nicht geehelicht werden dürfen⁷).

Da von einer geziemenden Zeit die Rede ist, kann man daraus schließen, es seien nicht alle Tage hiezu geeignet gewesen. Daß Verwandtschaftsgrade ein Ehehinderniß bildeten, sagt Clemens ausdrücklich, wie die Frau weder durch moralische Nöthigung, noch physischen Zwang zur Eingehung einer Ehe gedrängt werden durfte. Ferner sollte die Frau dem Manne in Allem ähnlich sein. Das bezog sich vorzüglich auf Gleichheit der Religion. Mit Berufung auf die Schriften des alten und neuen Bundes stellten christliche Lehrer den Satz auf: mit Heiden (und Juden) ist keine Ehe zu schließen⁸). Von einem solchen Bündnisse sagten sie, das heiße prostituere gentilibus membra Christi⁹). Zudem verleiten solche Ehen zum Götzendienste, mit welchem bei Jenen die Hochzeiten anfangen¹⁰). Gläubige, welche mit Heiden Ehebündnisse eingingen, machten sich daher der Hurerei schuldig und wurden von der Gemeinschaft ausgeschlossen, da man, nach dem Apostel I. Cor. 5. 11, mit ihnen nicht einmal Speise nehmen soll¹¹).

---

5) Just. D. c. T. c. 141. p. 461.
6) Athen. legat. c. 33. γυναῖκα μὲν ἕκαστος ἡμῶν, ἣ ἠγάγετο κατὰ τοὺς ὑφ' ἡμῶν τεθειμένους νόμους, νομίζων.
7) Clem. strom. l. 2. c. 23. p. 502.
8) Cyp. test. l. 3. c. 62. p. 589. d. Ideo non nubemus ethnicis, ne nos ad idololatriam usque deducant, a qua apud illos nuptiae incipiunt. Tert. de corona c. 13. p. 359. D. h. die Ehe wurde unter heidnischen Ceremonien geschlossen, an welchen der Christ, ohne der Idololatrie zu verfallen, nicht Theil nehmen konnte.
9) Cyp. de laps. p. 374. b.  10) Tert. l. c.
11) Haec cum ita sint, fideles gentilium matrimonia subeuntes, stupri

Dieses strenge Urtheil ist in der Natur der Sache begründet. Die christliche Ehe ist Abbild der Vereinigung Christi mit der Kirche. Die Verbindung eines Christen mit einem Heiden oder Juden konnte ein solches Abbild nicht sein [12]).

Die Gläubigen hatten außer diesen so zu sagen dogmatischen Gründen noch andere **sittlicher und disciplinärer** Art, welche sie gegen solche Ehen stimmten. Durch Verehelichung eines Christen mit einem Heiden wurden ihre Mysterien häufig verrathen, lernten Heiden selbst jene verborgenen Orte kennen, an welche sie sich vor der Verfolgung flüchten mußten, so daß sie nirgends mehr Sicherheit hatten [13]). Und in welche Lage kam die christliche Gattin eines heidnischen Mannes! Sie, die Magd des Herrn, verweilt mit fremden Laren und in Mitte derselben wird sie bei allen Ehrenbezeugungen der Dämonen, bei allen Festlichkeiten der Kaiser zu Anfang des Jahres, zu Anfang des Monats, durch Weihrauch beunruhigt. Sie schreitet hervor durch die bekränzte und beleuchtete Thüre, wie aus einem neuen Versammlungsorte der öffentlichen Unzucht. Sie liegt mit ihrem Manne zu Tische bei Gesellschaften, oft in Garküchen, und sie, die ehedem nur Heilige zu bedienen pflegte, wird nun oftmal Unheilige bedienen und darin soll sie nicht das Urtheil ihrer Verdammung vorauserkennen? Denn jene ehrt sie, welche sie richten soll. Wessen Hand soll sie begehren, an wessen Becher Theil nehmen? Was wird der Mann ihr, was sie ihm vorfingen? Sie wird allerdings etwas hören, sie wird hören aus dem Theater, aus der Schenke, aus der ganea. Welche Erwähnung Gottes? welche Anrufung Christi? Wo ist die Nahrung des Glaubens durch Lesung der Schrift, wo die Erquickung des Geistes? wo die göttliche Benediktion? Alles ist fremd, alles feindselig, alles voll Verdammniß, zum Verderben des Heiles vom Bösen angestiftet [14]).

---

reos esse constat et arcendos ab omni communicatione fraternitatis, ex literis Apostoli dicentis, Cum ejus modi nec cibum sumendum... Non adulterium est quod prohibetur? non stuprum est? extranei hominis admissio, minus templum Dei violat, minus membra Christi cum membris adulterae commiscet? Quod sciam, non sumus nostri, sed pretio empti, et quali pretio? Sanguine Dei. Tert. ad ux. l. 2. c. 3. p. 92.

12) Hieher gehören auch nachfolgende Kanonen der Synode zu Elvira. Propter copiam puellarum gentilibus minime in matrimonium dandae sunt virgines christianae, ne aetas in flore tumens in adulterium animae resolvatur. can. 15. Haeretici si se transferre noluerint ad ecclesiam catholicam, nec ipsis catholicas dandas esse puellas; sed neque Judaeis neque haereticis dare placuit, eo quod nulla possit esse societas fideli cum infideli; si contra interdictum fecerint parentes, abstineri per quinquennium placet. can. 16

13) Tert. ad uxor. l. 2. c. 5.   14) Tert. ad uxor. l. 2. c. 6.

Anders verhält sich die Sache, wenn bereits verehelichte Heiden Christen wurden. Ihnen wird befohlen, auszuharren, sie werden geheiligt und empfangen Hoffnung auf Lohn. Wenn eine solche Ehe bei Gott gültig ist, warum sollte sie nicht glücklich ablaufen, von Bedrängnissen, Aengsten, Beschwerden und Flecken frei bleiben, da sie schon zum Theil den Schutz der göttlichen Gnade besitzt. Denn durch Beweise einer gewissen Würdigkeit zur himmlischen Tugend berufen, flößt sie dem Heiden Ehrfurcht ein, daß er ihr weniger in Weg legt, weniger wissen will und nachforscht. Er ahnt Großes, sieht den guten Erfolg. Er weiß, daß sie besser geworden ist, und so ist er selbst ein Candidat der Gottesfurcht. Auf diese Weise schlägt das jenen leichter zum Guten aus, bei welchen die Gnade Gottes den Umgang macht. Etwas anderes ist es aber, aus freiem Willen und Entschluß das Verbotene eingehen [15]).

Solche Ehen verdammt Gott und mit Recht. Schon Herren, die strenge auf Zucht halten, verbieten ihren Sklaven, sich auswärts zu verehelichen. Sie (das claudische Senatsconsult vom Jahre 52) verfügten, daß eine Freie, welche mit einem fremden Sklaven wider seines Herrn Willen in ein Contubernium traten, sammt ihrem Vermögen diesem Herrn als Sklavin zufallen solle. Sollen die irdischen Gesetze strenger beobachtet werden, als die himmlischen Vorschriften?

Hierauf fährt Tertullian fort, ich bitte dich, stelle dir die Beispiele der Heiden vor Augen. Viele, von Geburt edel und mit zeitlichen Gütern gesegnet, verbinden sich mit Unadeligen und zugleich Unbemittelten aus Wollust. Einige verehelichen sich mit Sklaven, die Achtung aller Menschen verachtend, wenn sie nur Jemand haben, von welchem sie keine Beschränkung ihrer Freiheit fürchten dürfen. Eine christliche Gläubige aber scheut sich, einen armen Gläubigen zu ehelichen, da sie doch in dem armen Manne künftig reich würde. Denn wenn den Armen das Himmelreich ist, so wird der Reiche in dem Armen eine reichere Aussteuer finden [16]).

Die letzten Sätze sind für die christliche Ehe und Ehegesetzgebung im dritten Jahrhunderte nicht ohne Bedeutung. Wie bemerkt, sprechen schon die Väter des zweiten Jahrhunderts von einer eigenen kirchlichen Ehegesetzgebung. Dieselbe war eine Nothwendigkeit, denn die römischen Gesetze standen theilweise geradezu in offenem Widerspruch mit der christlichen Lehre, wie wenn z. B. das Papische Gesetz die Ehe eines Frei-

---

15) Tert. ad ux. l. 2. c. 7. p. 99.   16) l. c. c. 8.

geborenen mit einer Freigelassenen für aufgelöst erklärt, wenn derselbe Senator wurde. Vor dem dritten Jahrhundert tritt das eigene christliche Eherecht aber noch nicht offen hervor. In den Zeiten der Verfolgung mußten die Gläubigen Alles zu vermeiden suchen, was die feste Organisation der Kirche documentirte und den Argwohn der Staatsmänner erregen konnte. Nichts war aber dazu mehr geeignet, als wenn die römischen Juristen und Regenten wahrnahmen, daß die Christen ihr eigenes Eherecht, ihre besondere Form der Schließung von Ehen hatten. Erst als zur Zeit Caracalla's andauernde Ruhe und vergleichungsweise Sicherheit für die Christen gekommen war, durfte die Kirche wagen, ihre Grundsätze über die Ehe offenbar ins Leben einzuführen. Das geschah durch Papst Kallistus. Hippolyt berichtet, Kallistus habe erklärt, christliche Frauen könnten sich mit Sklaven oder Freien rechtmäßig vermählen ($\nu o\mu i\mu\omega\varsigma\ \gamma\alpha\mu\eta\vartheta\tilde{\eta}\nu\alpha\iota$), wenn sie die Ehe auch nicht nach dem (römischen) Gesetze eingingen. Der Papst stellte also eine gesetzliche Eingehung der Ehe, nämlich die kirchliche, der anderen, der heidnisch politischen, entgegen; er erklärte, daß die Kirche sich nicht gebunden erachte durch die Bedingungen, welche die römische Civilgesetzgebung über Eingehung einer vollkommenen legalen Ehe (nuptiae justae) aufstellte. — Bedingungen, welchen die Staatsbehörde selber im Grunde keine absolut entscheidende Kraft beilegte.

Die jungen Männer der höheren Stände bekannten sich meistens zum Paganismus, während das Christenthum unter dem weiblichen Geschlechte viele Anhänger zählte. Eine christliche Jungfrau aus diesen Ständen hatte darum die Wahl, entweder ehelos zu bleiben, oder eine Mischehe einzugehen, oder sich mit einem Unebenbürtigen zu verbinden. Wie die Kirche und Tertullian über die Ehe mit Heiden urtheilte, haben wir ebenso gehört, als daß der letzte solchen christlichen Jungfrauen räth und sie auffordert, sich mit christlichen Männern aus den niederen Ständen zu verbinden. Hier griff nun Kallistus ein. Er gestattete vornehmen und reichen Frauen, sich mit Freien und Sklaven zu vermählen. Verband sich eine mit einem ihrer Sklaven, so geschah dieses entweder so, daß der Sklave erst freigelassen wurde, dann war dieß (außer bei Senatorstöchtern) eine nach römischen Gesetzen, ohngeachtet der hin und wieder ausgesprochenen Mißbilligung, ächte, vollständige Ehe, der die Kirche ohne Zweifel auch schon früher das Siegel ihrer Segnung aufdrückte; oder der Sklave blieb einstweilen in seinem Stande [17]), dann war es in

---

17) Es scheint das selten vorgekommen zu sein, da die apostol. Constitutionen

den Augen des Staates ein bloßes Contubernium, das aber die römische Kirche jetzt in ihrer Sphäre und in den Augen der Gläubigen zur Würde einer christlichen Ehe erhob. Hippolyt selbst gedenkt der Marcia, der Concubine des Kaisers Commodus, die eine eifrige Christin war [18]) und deren Einfluß die Christen die Ruhe, welche sie unter Commodus genoßen, vorzugsweise verdankten. Allem Anscheine nach war sie in der Gemeinschaft der Kirche und wurde zum Sakramente zugelassen, sonst würde sie wohl nicht vom Bischof Victor ein Verzeichniß der nach Sardinien verbannten Bekenner begehrt und die Freilassung derselben bewirkt haben.' Viktor betrachtete also wohl ihr Verhältniß zu Commodus als ein eheliches, als ein inaequale conjugium, wie das Concubinat im römischen Rechte noch später genannt wird; und in der That hatte Commodus seine Gemahlin, die Kaiserin Crispina, schon im Jahre 183 wegen Ehebruchs verstoßen und nachher hinrichten lassen, und behandelte die Marcia, die er ihrer niedrigen Geburt wegen nicht förmlich heirathen konnte, ganz als seine Gemahlin, so zwar, daß er neben ihr keine andere Gemahlin gehabt zu haben scheint und ihr alle Ehren einer Kaiserin erweisen ließ; nur wurde das Feuer nicht vor ihr hergetragen. Endlich aber mußte auch sie, um ihr eigenes Leben und das vieler Andern vor dem verrückten Tyrannen zu retten, an der Verschwörung, die seine Ermordung beschloß, Theil nehmen. Es ist dieß ein sprechendes Beispiel, in welche Verwicklungen die Kirche der herrschenden Sitte gegenüber schon damals gerieth [19]).

### §. 113. Verlobung und Trauung.

Fragen, die sich auf die erlaubte und gültige Eingehung der Ehe bezogen, wurden wahrscheinlich bei der Verlobung besprochen. Heiden und Juden [1]) kennen eine solche und nicht weniger die Christen. Tertullian erwähnt dieselbe und stellt den Verlobten Rebekka als Beispiel vor Augen,

---

einem Christen, der in einem solchen Verhältnisse zu seiner Sklavin stand, befahlen, sie frei zu lassen und zu ehelichen. A. C. l. 8. c. 32.

18). Er nennt sie die φιλόθεος παλλακή Κομμόδου. p. 287. In den apostolischen Constitutionen l. 8. c. 32 heißt es: Παλλακή τινος ἀπίστου δούλη, ἐκείνῳ μόνῳ σχολάζουσα, προσδεχέσθω· εἰ δὲ καὶ πρὸς ἄλλους ἀσελγαίνει, ἀποβαλλέσθω. Die arabischen Kanonen Hippolyts verordnen: Si Christianus, postquam cum concubina speciali vixit, quae ex ipso peperit filium, illa spreta (aliam foeminam) ducere vult, est occisor hominis, nisi forte in fornicatione illam deprehenderit. can. 16. p. 72.

19) Döllinger, Hippolytus und Kallistus. S. 158.

1) cf. Binterim VI. 2. S. 122.

weil sie ihren Bräutigam weder küßte, noch ihm die Hand reichte. Er nennt sie deßhalb eine Frau von christlicher Zucht ²). Verboten war übrigens christlichen Verlobten diese Handlungsweise nicht, denn Tertullian erklärt sie in den Worten: corpore et spiritu masculo mixtae sunt per osculum et dexteras ³), für nichts Ungewöhnliches.

Ferner spricht er von Tafeln nicht nur der Verehelichung, sondern auch der Verlobung. Die körperliche und geistige Entwicklung beweist die Mannbarkeit eines Mädchens. Hae sunt tabellae *prioris* naturalium sponsalium et nuptiarum ⁴). Liefern diese körperlichen Zustände den ersten Beweis, daß ein Mädchen heirathen könne, so folgten gemäß den obigen Worten andere Zeugnisse nach, die keinen natürlichen, sondern gesetzlichen Charakter hatten und die Verlobung und Ehe constatirten. Da sie Tertullian zudem tabellae nennt, wird man nicht umhin können, sie für Verlobungs- und Verehelichungsurkunden zu halten, welche als gesetzliches Beweismittel für die eingegangene Verlobung oder Ehe dienten. Es ist dieses um so sicherer, als er von der Ungültigkeit der Mischehen (mit Heiden) sprechend, den Satz beifügt: Mit welcher Verehelichungsurkunde will ein Christ, der einen Heiden freite, vor dem Gerichte Gottes erscheinen und dadurch seine gültig geschlossene Ehe nachweisen ⁵)? Deutlich erkennt man daraus, diese tabulae waren ein Beweismittel für die Gültigkeit der Verlobung oder Ehe.

Das Brechen des Eheversprechens, sei es von Seite der Eltern oder der Verlobten, wurde darum auch nach Kanon 54 der Synode von Elvira mit dreijährigem Ausschlusse aus der Kirche bestraft. Blos wenn Braut oder Bräutigam ein großes Verbrechen begangen und sie sich noch nicht fleischlich versündigt hatten, konnte das Eheversprechen aufgelöst werden.

2) Ob die Verlobung bei den damaligen Christen ein religiöser Akt war, ist unbekannt. Zweifellos war es die Schließung der Ehe. Wenn Tertullian die heidnische Eingehung der Ehe vor dem Hohenpriester für eine Nachäffung des christlichen Gebrauches erklärt ⁶): so ist das offenbar eine Anspielung auf die christliche Vorschrift, nach der sie mit Zustimmung des Bischofs eingegangen wurde ⁷). Bereits in dem Aus-

---

2) Tert. de virg. vel. c. 11. p. 22.  3) l. c. c. 11. p. 23.
4) l. c. c. 12. p. 24.
5) Tert. ad uxor. l. 2. c. 3. p. 93. At numquid tabulas nuptiales de illo apud tribunal Domini proferemus? Et matrimonium rite contractum allegabimus, quod vetuit ipse?  6) Tert. de praesc. c. 40. p. 52.
7) Ignat. ad Polyc. c. 5. Auch nach dem Briefe des Clemens an Jacobus

druck des Ignatius μετὰ γνώμης liegt mehr als ein bloßes Wissen um diesen Akt. Noch deutlicher spricht dieses Tertullian aus: Um in Gott die Ehe nach dem Gesetze und den Aposteln zu schließen, wer bist du, daß du eine solche (eine zweite) Ehe verlangst, welche die, von welchen du sie verlangst, nicht schließen dürfen, nämlich der einmal verehelichte Bischof, die Priester und Diaconen, die gleichfalls nur einmal verehelicht sind, wie die Wittwen, deren Verfahren, nicht mehr zu heirathen, du an dir selbst nicht befolgst. Jene übergeben allerdings so Männer und Frauen, wie die Bissen [8]). Das illi dieser Stelle weist nicht nur über die Wittwen, sondern auch Diaconen hinweg und auf die Presbyter und Bischöfe hin, von welchen man den Gatten verlangte und die ihn gaben. Ferner geschah die Eingehung der Ehe nicht nur in ihrer Gegenwart, sondern sie waren thätig, sie verbanden die Brautleute. Eine andere Frage ist, ob Tertullian durch Erwähnung der Diaconen und Diaconissen blos anzeigen wollte, die Ehe sei in ihrer Gegenwart geschlossen worden, oder ob auch sie einen Dienst zu verrichten hatten? Möglich ist es, daß eine Diaconissin der Braut hilfreich zur Seite stand und deßgleichen dem Bräutigam ein Diacon, das genannte Pronomen illi scheint jedoch nur ihre Gegenwart zu indiciren, denn die Ehe wurde in der Liturgie, der die Diaconen und Wittwen beiwohnten, geschlossen, wie das Reichen „des Bissens" zeigt. Diese buccellae beziehen wir nämlich auf die Communion. Bei der Verehelichung übergab der Bischof oder Priester die Frau dem Manne und umgekehrt, wie derselbe ihnen auch die Eucharistie reichte.

Viel deutlicher, ja geradezu zweifellos lehren dieses folgende Worte: Wie sollte ich vermögen, das Glück einer Ehe zu schildern, welche die Kirche schließt, das Opfer bestätigt, der Segen besiegelt, welche von Engeln angekündigt und gültig erklärt wird vom Vater [9]). Drei verschiedene Akte sind damit namhaft gemacht, die Tertullian wahrscheinlich

---

sollen die Presbyter junge Leute bald in der Ehe verbinden. l. c. n. 7. p. 615.

8) Ut igitur in Deo nubas secundum legem et apostolum, si tamen vel hoc curas, qualis es, id matrimonium postulans, quod eis a quibus *postulas*, non licet habere ab episcopo monogamo, a presbyteris et diaconis ejusdem — sacramenti, a viduis, quorum sectam in te recusasti? et illi plane sic *dabunt* viros et uxores quomodo bucellas. Hoc enim est apud illos, omni petenti te dabis, et *conjungent vos* in ecclesia virgine, unius Christi unica sponsa. Tert. de monog. c. 11. p. 156.

9) Unde sufficiam ad enarrandam felicitatem ejus matrimonii, quod ecclesia conciliat et confirmat oblatio et obsignat benedictio, angeli renunciant, pater rato habet. Tert. ad axor. l. 2. c. 9. p. 101.

in der Aufeinanderfolge anführt, wie sie der Wirklichkeit entsprach. Weil nämlich das Opfer die Ehe bestätigt, war sie schon zuvor geschlossen, folgen aber die zwei ersten Akte in der richtigen Weise auf einander, so wird das auch mit dem dritten der Fall sein. Hiernach gestaltete sich die Eheschließung in nachstehender Weise.

Die eigentliche Eingehung der Ehe, oder die Erklärung des Consenses vor der Kirche, wird durch die Worte angedeutet: ecclesia conciliat. Verbindet man hiermit das oben Angeführte: a quibus postulas[10]), so verlangte der Bräutigam die Braut vom Priester. Es liegt nicht nur im christlichen Geiste, daß der Mann seine Frau von Gott erbittet und daß sie ihm daher der Priester, als Stellvertreter Gottes, übergab, sondern es erhält damit auch die Bemerkung Tertullians, wie Kinder sich nicht ohne Zustimmung der Väter verehelichen, so Christen nicht ohne Zustimmung des himmlischen Vaters[11]), ihre volle Bedeutung. Der Bitte entsprach der Priester, indem er die Braut dem Bräutigam übergab. Vielleicht legte er ihre Hände in einander und verband sie so symbolisch; et conjungent vos[12]). Da nämlich die Verlobten sich die Hände reichten, ist diese Annahme nicht grundlos.

Das bestätigende Opfer besteht in der oblatio panis, wie es Tertullian auch nennt, oder in der Feier der Eucharistie. In der alten Kirche erscheint diese Feier durchweg in Verbindung mit der Spendung der übrigen Sakramente und als die Vollendung derselben. Nach der Taufe und Firmung wurde der Neophyt in die Versammlung der Brüder, in die Liturgie, geführt. Die Aussöhnung des Büßers vollendete sich mit dem Empfang der Communion, die in der Messe gespendet wurde. Der Bischof brachte nach der Ordination das eucharistische Opfer dar. So wurde auch die Ehe in der Feier dieses Opfers bestätigt. Zu dem in der Eucharistie gegenwärtigen Jesus drängt es den, der in den Sakramenten Gnade und Wahrheit empfangen hat, um ihm dafür zu danken, sich mit ihm und durch ihn Gott zu opfern und sich mit Christus selbst zu vereinigen. Dieses Verfahren ist bis zur Stunde in der Kirche üblich und das römische Missale enthält eine eigene Votivmesse pro sponso et sponsa.

Nach der Messe wurden die jungen Eheleute abermal vor den Priester geführt, um von ihm die Benediktion zu empfangen. Diese Aufeinanderfolge der Handlungen verlangt die Darstellung des Tertullian.

---

10) De monog. c. 11.   11) Tert. ad uxor. l. 2. c. 9. p. 101.
12) De monog. c. 11.

Für eine solche, der Feier der Eucharistie folgende, die ganze Handlung abschließende Ceremonie, lassen sich gleichfalls andere analoge Fälle anführen. Nach Vollendung der Ordination und Liturgie wurde der Bischof inthronisirt, nach der Taufe, Firmung und Communion dem Neophyten Milch und Honig gereicht.

Der Priester legte der Braut die Hände auf und segnete sie; et obsignat benedictio. Tertullian selbst verbindet gewöhnlich die Segnung mit einer Handauflegung, so daß sie auch bei der Ehebenediktion stattgefunden haben wird. Noch mehr berechtigt Clemens A. zu dieser Annahme. Gegen den falschen Haarschmuck der Frauen eifernd, motivirt er seine Verwerflichkeit durch die Frage: Wem legt der Priester die Hand auf? Wen segnet er? Nicht die geschmückte Frau, sondern fremde Haare und durch sie einen fremden Kopf [13]). Man sieht, auch er verbindet Segnung und Handauflegung mit einander. Die Behauptung, die Frauen seien blos bei der Eheeingehung gesegnet worden, wäre allerdings zu weit gehend. Das aber wird nicht bestritten werden, da Frauen überhaupt unter Handauflegung gesegnet wurden, da Tertullian die Segnung noch ausdrücklich bei der Vermählung bezeugt, — daß unter dieser Voraussetzung die Annahme, der Priester habe der Braut die Hand aufgelegt und sie gesegnet, völlig berechtigt ist [14]).

Die kirchliche Eingehung der Ehe galt für ein so nothwendiges Requisit, daß geheime, oder blos bürgerliche Verbindungen, dem Ehebruch und der Hurerei gleichgeachtet wurden [15]).

Man darf auch nicht glauben, es sei dieses etwa eine montanistische Eigenthümlichkeit gewesen, denn Tertullian setzt die kirchliche Schließung der Ehe als die allgemein geltende durchweg voraus und vindicirt sie nicht blos seiner Sekte. Zudem spricht sich Methodius, wie angegeben, ähnlich aus [16]).

3) Die von den ältesten Schriftstellern gegebene Beschreibung dieses Ritus ist so allgemein gehalten, daß sie eine nähere Angabe wünschenswerth macht. Irgend ein Gebet oder Formular, das anerkannt den ersten Jahrhunderten angehört, ist jedoch nicht vorhanden. Glücklicherweise

---

13) Clem. Paedag. l. 3. c. 11. p. 291.
14) Zudem wird auch das Schmücken der Frauen eher bei der Eheeingehung stattgefunden haben, als beim Empfang der Buße oder des Exorcismus.
15) Tert. de pudic. c. 4. p. 873. Ideo penes nos occultae quoque conjunctiones, id est non prius apud ecclesiam professae juxta moechiam et fornicationem judicari periclitantur.
16) cf. §. 112. not. 4.

trägt aber der heutige griechische und römische Trauungsritus Merkmale eines hohen Alterthums an sich, so daß sich mit seiner Hilfe die Art der frühesten Eheeinsegnung genauer darstellen läßt.

Dieselbe war mit dem Meßopfer verbunden, das steht durch Tertullian ebenso fest, als daß die Liturgie in der oratio pro fidelibus ein Gebet für Eheleute enthielt; ein Gebet, das sich nach der Consecration in den Fürbitten (ἐντεύξεις) wiederholte [17]). Da aber, laut Justins Angaben, außer den Gläubigen im Allgemeinen, der Neophyten in demselben eigens gedacht wurde: so spricht die Vermuthung dafür, man werde neben den Ehegatten im Allgemeinen auch für die Nupturienten in demselben gebetet haben. Diese Vermuthung wird durch den griechischen Ritus zur Gewißheit. Der ordo servari solitus in sponsalibus celebrandis [18]), wie das officium coronationis nuptiarum [19]), führt unläugbar die oratio pro fidelibus der alten Liturgie, und, als Bestandtheil desselben, das Gebet für die Brautleute an [20]). Diesem folgt sofort bei Uebergebung der Ringe ein längeres Gebet. Weil jedoch die heutigen Griechen die Einsegnung insofern von der Messe getrennt haben, als die Gebete nach derselben gesprochen werden, läßt sich aus dem Euchologium nicht erkennen, ob das letzte Gebet ursprünglich auch in der Liturgie stand. Diesen Zweifel löst der römische Ritus, so-

---

[17]) Probst, Liturgie. S. 275.    [18]) cf. Goar, Euchologium. p. 310.
[19]) l. c. p. 314.
[20]) Der Kürze halber geben wir den Anfang des ordo in der lateinischen Uebersetzung. Inclamat sacerdos: Benedictus Deus noster, jugiter, nunc et semper et in saecula saeculorum.
Chorus: Amen.
Diaconus: In pace Dominum precemur.
Chorus: Kyrie eleison.
Diac.: Pro superna pace et salute illorum, Dominum precemur.
Chorus: Kyrie eleison.
Diac.: Pro pace orbis universi, prospero statu sanctarum Dei ecclesiarum et omnium unione, Dominum precemur.
Chorus: Kyrie eleison.
Diac.: Pro sancta hac domo et cum fide et devotione et timore Dei ingredientibus in eam, Dominum precemur.
Chorus: Kyrie eleison.
Diac.: Pro archiepiscopo nostro N. venerando presbyterio, ordine diaconorum in Christo, omni clero et populo, Dominum precemur.
Chorus: Kyrie eleison.
Diac.: Pro servo Dei N. et ancilla Dei N. sibi nunc invicem desponsatis et salute eorum, Dominum precemur.
Chorus: Kyrie eleison.
Diac.: Ut eis concedantur liberi in generis succensionem et cuncta ad salutem postulata, Dominum precemur.
Chorus etc. etc.

fern er ein mit dem griechischen gleich lautendes Gebet **nach dem Vater unser in der Liturgie** vorschreibt. In der missa pro sponso et sponsa wird zuerst in der Collekte vor der Epistel (die an die Stelle der oratio pro fidelibus trat) für die Nupturienten gebetet und dann nach dem Pater noster das zweite kürzere Gebet eingeschaltet. Daß dieses **nach** dem Gebet des Herrn und nicht in den eigentlichen Fürbitten (ἐντεύξεις) geschieht, ist von keiner Bedeutung, weil die Stellung des Vater unser vor Gregor d. G. in der Liturgie schwankend war [21]). So viel resultirt aus der Verbindung des griechischen und römischen Ritus mit Sicherheit. Die Eheeinsegnung bestand in alter Zeit in Gebeten, die mit der oratio pro fidelibus und den Enteuzeis verbunden, in der Liturgie über die Nupturienten verrichtet wurden. Da dieses aber auch mit den Angaben Tertullians und der Beschaffenheit der ältesten Liturgie übereinstimmt, erhalten wir damit ein ziemlich klares Bild der frühesten Eheeinsegnung [22]). Diesem ist nur noch beizufügen, daß der römische Ritus nach der Messe noch eine **Benediktion** vorschreibt. Et obsignat benedictio sagt Tertullian.

Ob bereits in den ersten Jahrhunderten eigene Brautführer, **Paranymphen**, vorhanden waren, ist zweifelhaft. Wahrscheinlich versahen Diaconen und Diaconissen diesen Dienst, weßwegen sie Tertullian bei der Vermählung erwähnt. Binterims Annahme scheint aus wenig zuverlässigen Quellen geschöpft. Er sagt: Die Brautführer nahmen die vornehmste Stelle im Brautzuge ein. Ihr Entstehen im Christenthum schreibt man Papst Soter († 172) zu, der nach Ciacconius und Platina angeordnet hat, daß keine Ehe als rechtmäßig angesehen werden soll, die nicht vom Priester eingesegnet und nicht von den Paranymphen begleitet worden ist [23]). Der berühmte Dekretalbrief des Evaristus thut auch davon Meldung. — Diese Einrichtung ist nichts weniger als neu. Bei allen feierlichen Ehen waren Brautführer als Zeugen und Bürgen des Aktes. Die Gespielinnen, wovon im Buche der Richter 14. 11 und die Jungfrauen, wovon bei Math. 25. 1 geredet wird, kann man als Brautbegleiter ansehen... Bei der Einsegnung stehen die Paranymphen

---

21) Probst, Liturgie. §. 93.
22) Ob auch die Gebete des römischen und griechischen Rituale der ältesten Zeit angehören, wagen wir nicht zu behaupten, obwohl das alttestamentliche Gepräge derselben auf eine sehr frühe Zeit hinweist.
23) Instituit ne legitima uxor haberetur, nisi cui sacerdos prius benedixisset, et quam parentes solemni pompa more christiano merito collocassent, quamque etiam de more paranymphae custodissent.

entweder zur Seite der Braut und des Bräutigames, oder hinter ihnen. Nach dem griechischen Euchologium wechseln sie die Trauringe ²⁴).

Von einem Wechseln der Trauringe bei Schließung der Ehe ist zwar in den ersten Jahrhunderten nichts bekannt, wohl aber gab es solche. Nach Clemens A. soll der Mann der Frau einen goldenen Ring geben, nicht zur äußeren Zierde, sondern um die Haussachen, die ihr anvertraut wurden, zu versiegeln ²⁵).

Die Braut trug keinen **Kranz**, denn Kränze wurden von den ersten Christen überhaupt perhorrescirt. Der Kranz der Braut soll der Mann sein, der Kranz des Mannes die Ehe und die Blüthen dieses Kranzes die aus der Ehe hervorgehenden Kinder ²⁶). Hingegen war die Braut **verschleiert**, wie die Frauen überhaupt. Tertullian nennt den Schleier den Gott geweihten Habit ²⁷). Wird er so genannt, weil die Jungfrauen, die ihn trugen, als solche Gott geweiht hießen, oder wurde er durch Segnung geweiht, oder nennt ihn der Apologet so, um dadurch die Hochschätzung, die er für ihn hatte, auszudrücken? Hundert Jahre später sagt Ambrosius, die christliche Ehe werde durch den **priesterlichen** Schleier und Segen geheiligt.

## §. 114. Zweite Ehe.

Unter **Bigamie** verstehen die kirchlichen Lehrer auch förmliche **Polygamie** ¹). Die heidnische Gesetzgebung nahm es in diesem Punkte nicht genau, sondern erklärte blos die Frau für eine Ehebrecherin, die sich mit einem andern Manne abgab, nicht aber den Mann, der mit mehreren Frauen Umgang pflegte ²). Daß die Kirchenväter diese Bigamie für Ehebruch erklärten, versteht sich um so mehr, als sie schon die Bigamie, der zufolge Jemand eine **Geschiedene** ehelichte, für solchen

---

24) Binterim VI. 2. S. 110.
25) Clem. Paedag. l. 3. c. 11. p. 287. Circa feminas etiam illa majorum instituta ceciderunt, quae sobrietati patrocinabantur. Quum aurum nullum norat praeter unico digito, quem sponsus oppignorasset pronubo annulo. Tert. apol. c. 6. p. 18. Tertullian spricht jedoch nicht von christlichen Frauen, weßwegen wir dieser Stelle keine Beweiskraft für den christlichen Gebrauch zuschreiben können. Von de idol. c. 16. p. 171 gilt dasselbe. Die A. C l. 1. c. 3 verbieten der Frau sogar das Tragen goldener Ringe.
26) Clem. Paedag. l. 2. c. 8. p. 212.
27) Tert. de virg. velan. c. 3. p. 7.
1) cf. Binterim, VI. 1. p. 830. Der mir nach dieser Seite hin aber zu weit zu gehen scheint.
2) Lactant. l. 4. c. 33.

anfahen. Der Name Bigamie wurde aber auch jener Ehe beigelegt, die Jemand **nach dem Tode** des ersten Gatten abschloß. Dieser Bigamie, oder **zweiten Verehelichung**, stellte man die Monogamie, oder erste und einmalige Ehe, gegenüber.

Die zweite, nach dem Tode des ersten Gatten erfolgte Ehe wurde nicht als sündhaft verworfen, aber auch nicht gebilligt, die wiederholte Verehelichung nach gelöstem Eheband wurde nicht verboten, das Verharren in der Wittwenschaft aber gerathen ³). Der Sache nach steht Athenagoras auf demselben Standpunkte, obwohl er sich zu dem Ausdruck hinreißen läßt, es sei ein anständiger Ehebruch, wenn er die, welche ihm die Jungfräulichkeit geopfert, entweder entlasse, oder sich wieder verehelich ⁴); Worte, zu welchen Möhler bemerkt: So hoch achtete die Kirche die jungfräuliche Unbeflecktheit des Leibes, daß, wenn auch diese in der ehelichen Gemeinschaft untergegangen war, dennoch in der Unauflöslichkeit des und zwar des einzig geknüpften Ehebandes die Ehrfurcht und gewissermaßen die Idee in Erinnerung erhalten werden sollte ⁵).

Ferner erschien die zweite Ehe dem Zartgefühl der ältesten Christen eine feine Verletzung der dem ersten Gatten gelobten **Treue**. Das, was einmal einem Gatten verlobt und eigen gewesen, sollte nicht durch eine fernere Vermählung zum Eigenthum eines zweiten gemacht werden. Diese Anschauung macht sich besonders bei Tertullian geltend, obwohl er viel zu weit geht, indem er die zweite Verehelichung als förmlichen Ehebruch faßt. Die Wittwe gehört noch ihrem im Frieden abgeschiedenen Gatten an. Sie behält den, welchen sie gegen ihren Willen verloren hat, sie betet für seine Seele, opfert am Jahrestage seines Todes und verlangt bei der Auferstehung seine Gemeinschaft. Wenn man auch in der anderen Welt weder zur Ehe gibt, noch nimmt, so sind wir dort für einen höheren Stand bestimmt, da wir, uns und die Unsrigen wiedererkennend, zu einer geistigen Gemeinschaft auferstehen werden. Wie kann also die für einen andern Mann ledig sein, welche dem ihrigen in alle Zukunft verpflichtet ist ⁶)? Wie bemerkt, Tertullian geht zu weit. Die Ehe ist wesentlich Vereinigung Zweier in einem **Fleische**; die der **leibliche Tod** löst. Die geistige Gemeinschaft währt allerdings über dieses Leben hinaus, aber sie bildet das Wesen der ehelichen Verbindung nicht, sondern ist blos ein Complement derselben. Das weiß Tertullian

---

3) Clem. A. l. 3. c. 12. p. 548. cf. §. 108. not. 16 u. 17
4) Athenag. legatio c. 33. p. 84. Gall.   5) Möhler, Patrologie. S. 282.
6) Tert. de monog. c. 9.

wohl, um aber die zweite Ehe für Ehebruch erklären zu können, setzt er hier das Eheband in die geistige Gemeinschaft. Etwas Wahres liegt jedoch in seinen Worten, deßwegen wünschen und rathen die kirchlichen Lehrer, die zuerst eingegangene Verbindung unversehrt zu bewahren. Wenn der Apostel Jemand wegen Unenthaltsamkeit und Begierlichkeit zur zweiten Ehe zu schreiten erlaubt, so sündigt der, welcher dieses thut, nicht gegen das Gesetz, er erfüllt aber jene Vollkommenheit des Lebens nicht, die dem Evangelium entspricht. Himmlischen Ruhm erwirbt sich hingegen der, welcher allein bleibt, die durch den Tod aufgelöste Verbindung unversehrt bewahrt und gerne der Einrichtung gehorcht, gemäß der er vom Dienste des Herrn nicht abgezogen wird [7]).

Endlich war die zweite Ehe ebenso ein Zeichen von **Unenthaltsamkeit**, wodurch sie aus ihrer höheren Würde in das gemeine Natürliche herabgezogen wurde, als der **Schwäche**, die keine Billigung, sondern blos Nachsicht erfuhr. Es verhielt sich mit ihr ähnlich, wie wenn Jemand wegen körperlicher Schwäche an Pascha nicht fasten konnte. Besser wäre es, an diesem Tage, an welchem das Essen streng untersagt ist, nüchtern zu bleiben, mit Rücksicht auf den Zustand des Betreffenden läßt man jedoch Nachsicht walten; er soll essen, damit er nicht stirbt [8]).

Noch strenger als über die zweite Ehe urtheilte man, besonders vom Gesichtspunkte der Enthaltsamkeit aus, über die **dritte und vierte**. Die apostolischen Constitutionen, die übrigens, wenigstens dem Ausdrucke nach, zu weit gehen, schreiben vor, Frauen, die in jungen Jahren Wittwen geworden, sollen nicht in das Chärikon [9]) aufgenommen werden, weil sie so tief fallen könnten, sich zum zweitenmale zu verehelichen. Das sollt ihr nämlich wissen, die ersten und einzigen Ehen, nach Gesetz und Recht geschlossen, sind nach Gottes Willen eingegangen, die zweiten Ehen, nach abgelegtem Gelübde, sind unerlaubt, nicht wegen der Ehe, sondern wegen Bruch des Gelübdes, die dritten Ehen sind ein Beweis der Unenthaltsamkeit und jede fernere Ehe nach der dritten ist offenbare Hurerei und unzweifelhafte Ausschweifung ... Jüngeren Frauen wird nach dem Tode des ersten Mannes ein zweiter gewährt, damit sie nicht in die Fallstricke des Teufels gerathen [10]).

2) Das sind im Allgemeinen die Vorschriften über die zweite Ehe

---

7) Clem. strom. l. 3. c. 12. p. 548.
8) Method. Conviv. orat. 3. n. 12. p. 691.
9) D. h. in jenen Stand der Wittwen, welche zu kirchlichen Diensten und Zwecken verwendet wurden und kirchliche Ehren genossen.
10) A. C. l. 3. c. 2.

und die Gesichtspunkte, nach welchen sie beurtheilt wurde. Weil Origenes noch einige andere Punkte berücksichtigt, geben wir schließlich ihm das Wort. Nach dem Tode des Gatten, sagt er, kann der hinterbliebene Theil zu einer neuen Ehe schreiten [11]). Der aber, welcher nach höheren Gnaden und größerer Glückseligkeit strebt, bleibt unverehelicht. Um der Herzenshärte willen wurde im alten Bunde der Scheidebrief gestattet, obwohl es von Anfang nicht so war. Im neuen Bunde ist um der Herzenshärte und Schwäche wegen die zweite Ehe gestattet, obwohl sie dem Wesen der christlichen Ehe nicht entspricht [12]). Darum kommt der, welcher eine solche Ehe eingeht, nicht, wie Hurer und Ehebrecher, in das ewige Feuer, sondern er wird des Heiles theilhaftig, jedoch in einem niedrigeren Grade. Weil nämlich dem Bigamus eine Makel anklebt, gehört er nicht zur Zahl jener kirchlichen Glieder, welche weder Makel noch Runzeln haben. Gerettet wird er zwar im Namen Jesu, aber nicht gekrönt [13]).

Daß zur Zeit des Origenes die Kirche die Wiedervermählung nicht gern sah, aber doch gestattete, das folgt auch aus der Ansicht, die sich Viele über sie bildeten. Die Einen, sich darauf stützend, daß sie nicht verboten war, schritten zur 2., 3., 4. Ehe [14]). Andere, von der Mißbilligung der Kirche ausgehend, hielten sie für verwerflich. Wenn nun Jemand der letzten Ansicht war, wie hatte man sich ihm gegenüber zu verhalten? Man lasse ihn in seinem Irrthume, denn es ist besser, er halte sie für verdammenswerth und bleibe ehelos, als daß ihm die Wahrheit kund wird, in Folge deren er zu einer abermaligen Vermählung schreitet [15]). Diese Antwort drückt die Ueberzeugung des Adamantius am besten aus. Seine Lehre von dem geringen Grade der Seligkeit hat ihren Grund in dem Satze: Seliger aber ist sie ꝛc. I. Cor. 7. 40 und bezieht sich, wie sein Lehrer Clemens ausdrücklich bemerkt, auf den Stand der Vollkommenheit, im Unterschiede von dem der Gerechtigkeit überhaupt. Weil jedoch Bischöfe, Priester, Diaconen, Wittwen, d. h. die Träger kirchlicher Würden, als solche zu den Vollkommenen gehören sollen, ist ihnen die zweite Ehe untersagt [16]), eine Vorschrift, die in der ganzen Kirche Geltung hatte. Deßwegen erwiderten auch die Katholiken den Montanisten, die ihre Ein=Ehe allen Gläubigen aufbürden wollten, dieses

---

11) Orig. ad Rom. l. 6. n. 7. p. 295.
12) In Math. t. 14. n. 23. p. 160.
13) In Luc. hom. 17. p. 849.     14) In Luc. l. c.
15) In Jerem. hom. 19. n. 4. p. 692.     16) In Luc. hom. 17. p. 849.

Gebot habe blos auf die Priester Anwendung. Was antwortet Tertullian hierauf? Alle Gläubige sind Priester. Es ist wirklich auffallend, wie Protestanten nach diesem Satze mit beiden Händen greifen, nm zu beweisen, das Alterthum kenne kein specifisches Priesterthum, während ihnen nicht unbekannt ist, wie derselbe Mann keine Verdrehung und Entstellung scheut, um seinen Satz von der Verwerflichkeit der Wiederverehelichung aufrecht zu halten. Hauber hat in der Abhandlung: „Tertullians Kampf gegen die zweite Ehe [17])" gezeigt, wie er bei diesem Geschäfte allen Glanz seiner alten Advokatenart zeigt (S. 618), aus dem Verbote, keine Wittwe zu heirathen, ein Verbot der zweiten Ehe für den Priester macht, einen hypothetischen Satz in einen kategorischen, das contradiktorische Gegentheil in ein conträres verwandelt, in rascher Wendung die geistliche Bruderschaft der Christen der leiblichen des mosaischen Gesetzes substituirt (S. 620 u. 622) 2c. Ganz in derselben Weise substituirt er das allgemeine Priesterthum dem specifischen und die betreffenden Worte haben nicht mehr Werth, als seine Auslegung der paulinischen Ehevorschriften. Wer so mit dem N. T. umgeht, sagt Hauber, hat seine Ansichten nicht aus dem N. T., und fügen wir bei, wer so mit der Kirchenlehre umgeht, hat seine Ansichten nicht aus der Kirchenlehre.

O. A. M. D. G.

---

[17]) Theologische Studien und Kritiken. Jahrgang 1845. 2. Band.

# Register.

Ablaß 292, Fürbitten der Gläubigen u. Martyrer 293, 341, Martyrerscheine 295.
Absolution 359, Absolutionsformel 364, Verhältniß der geheimen zur öffentlichen Absolution 367.
Anhauchen und Aushauchen 50, 133.
arca für die Eucharistie 241.
Athenagoras über Ehe 450, 462.
Balsam geweiht 87, 162, am grünen Donnerstag 186.
Backenstreich bei der Firmung 188.
Baptisterien 114.
Begierdetaufe 106.
Beichtstühle 370.
Benediktion 62, Wesen u. Wirkungen 63, Minister 66, Eintheilung derselben 67, Benediktion von Greisen u. Früchten 68, Eulogien 71, Wasser 74, Oel 83, Kirchen 92, bei der Firmung 184, der Brautleute 460.
Besessenheit 19, ihre Ursachen und Symptome 85.
Binterim 188, 241, 260, 461.
Bluttaufe 101, ihre Wirkungen 104, Verhältniß zur Wassertaufe 105.
Bischof Wahl 379, Weihe 405, Minister der Taufe 115, Firmung 178, Eucharistie 212, Buße 259, 361.
Brod aus Gerste und Waizen 200, ungesäuertes 201, seine Gestalt 201.
Bündniß bei der Taufe 143.
Buße, Namen 244, Zulässigkeit derselben 245, Heilmittel für schwere Sünden 250, 313, Sakrament 253, Minister 256, Theile derselben 271, cf. Reue, Sündenbekenntniß, Genugthuung.
Bußdisciplin nach der Schrift 296, den apostolischen Vätern 298, um die Mitte des 2. Jahrhunderts 303, Hermas 308, Einmalige Buße 308, 314, 249, 330, Zu Ende des 2. Jahrhunderts 314, Montanismus und Zephyrin 318, Tertullian u. Kallistus 323, Origenes 326, Novatianismus 331, seine Bekämpfung im Morgenlande 333, Cyprian 336, seine Gründe für Milderung, Nachholung der Buße 339.
Büßerklassen 345, Dauer der Buße 339.
Bußgericht, dreifaches 351, die Büßer vor demselben 356, Fürbitte der Gemeinde 358, Absolution 359, Handauflegung und Gebet 361, Gebet über Büßer 396, Privatbeicht 370, cf. Absolution und Handauflegung.
Cäcilius von Bilta über Exorcismus 132, Firmung 184, 186, 189.
Charismen 414.
Cheirotonie und Cheirothesie 385.
Chiliasmus 23.
Ceremonien 11, von Häretikern gebraucht 12.
Clemens A. über das Uebel 27, Stellung der Taufe und Firmung zur Eucharistie 197, Minister der Buße 262, Bußdisciplin 276, 314, Ehe 437, 441, 461, bei den Häretikern 428.
Clementinen (Homilien) über das Uebel 30, Besessenheit 38, Unkeuschheit 304, Ordination 409.
Consecrationsformel der Eucharistie 206, ihr Verhältniß zu den Evangelien 209.
Chrisam, s. Beschaffenheit und Weihe 86, 90, cf. Balsam.
Cyprian, Taufwasser 77, Oelweihe 83, Exorcismus bei der Taufe 108, Ketzertaufe 118, Firmung 179, Buße 259, 336, Wahl der Cleriker 380.
Dämonen, ihr Einfluß auf die Welt 16, sie bekämpfen das Christenthum 17, 19, und Ursache der Uebel 33, und Besessenheit 86.
Diaconen, Weihe derselben 420, Minister

der Taufe 117, ihre Thätigkeit bei der Eucharistie 215, 228, Buße 250, 370, Ehe 456.

Dionysius b. G. über Ketzertaufe 102, gegen Novatian 334, über Nachholung der Buße 343.

Disposition für die Taufe 120, Firmung 174, Eucharistie 224.

Dittrich 108, 335, 343.

Drey 403.

Ehe, nach der Schrift 424, Häretische Gegensätze 428, Natürliche Ehe, monogam 432, unauflöslich 440, ihr Zweck 440, Verhältniß der christlichen Ehe zur natürlichen 443, Sakrament 9, 444. Zweck derselben 446, Unauflösbarkeit 446, Zweite Ehe 461, cf. Verlobung und Trauung.

Ehebrecher, Verfahren gegen sie 446.

Ehehindernisse und Mischehen 450.

Ehegesetzgebung 453.

Ehescheidung, Ursachen derselben 447.

Elvira, Concil über Taufe 121, 173, Buße 317.

Erde, verflucht 20, jungfräulich 23, befleckt 24.

Eucharistische Form der Wasser- 78, Oel- 86, und Priesterweihe 409.

Eucharistie, ihre Stellung zur Taufe und Firmung 194, Ungesäuertes Waizenbrod 200, gemischter Wein 203, Consecrationsformel 206, Minister 212, Empfänger, geistige Disposition 224, körperliche 226. Wirkungen der würdigen 229 und unwürdigen Communion 232, Oftmalige Communion 233, Wegzehrung 236, Aufbewahrung der Eucharistie 240, Ritus der Spendung 243.

Eulogien 71.

Exomologese 245, 279, wiederholte 469, einmalige nach Hermas 308, Clemens 314, Tertullian 249, Origenes 330, cf. Sündenbekenntniß.

Exorcismus von Christen geübt 40, 43, sein Verhältniß zur Widersagung 41, zur Taufe 42, 140, Exorcisten 44, Beschaffenheit des Exorcismus 46, Beschwörungsformulare 51, Beschwörung der Katechumenen, Täuflinge, Energumenen 56, von Wasser und Oel 61, bei der Taufe 133, Sein Verhältniß zur Salbung 139, Unterlassung beseben 108.

Feuertaufe 106.

Firmung nach Schrift und Tradition 159, Verhältniß zur Taufe 168, Wirkungen 160, 171, Minister und Empfänger 173, Ritus nach dem A. Con. 175, nach Hippolyt 183, Art der Salbung im Abendlande 178, Signation auf der Stirne 179, Verhältniß von Salbung. Signation und Handauflegung 181, Salbung und Signation der Häretiker und nachträglich Gefirmten 181, Benediktion 184, Gebet oder Forma 185, Par 188, Gebet 189.

Fluch auf der Erde cf. Erde.

Frank 365, 369.

Genugthuung, Nothwendigkeit, Beschaffenheit, Dauer 289, für zeitliche u. ewige Strafen 392, cf. Ablaß.

Gerstenbrod 200.

Glaubensbekenntniß = mysterium und juramentum 3, Ablegung bei der Taufe 141.

Gnostiker cf. Häretiker.

Gregor Thaum. Büßerklassen 345, 349.

Häretiker über Sakramente 6, Ceremonien 12, Taufe 99, Firmung 160, Oelung 375, Ordination 410, Ehe, über dieselbe Valentinianer 429, Antitakten 430, Karpokratianer 431, Enkratiten und Marcioniten 432.

Hagemann 321.

Handauflegung, ihre Bedeutung 389, beim Exorcismus 50, 133, bei der Firmung 164, Buße 362, Priesterweihe 387, Ehe 458.

Haneberg 138, 412.

Hermas über Buße 308, Klassen der Büßer 311, 345, Buße ein Heilmittel 313, über die Ehe 447.

Hippolyt, Beschwörung 57, Segnung 70, Salbung 138, Taufe 149, Firmung 183, Buße 324, 326, Ordination 412, 421.

Hoppe 209.

Incarnation und Sakramente 5.

Inthronisation der Bischöfe 399.

Irenäus über Taufe 99, Firmung 160, 375, Buße 276, 285, 316, 370.

Jungfräulichkeit cf. Virginität.

Kallistus über Buße 323.

κατηγορία 286.

Ketzertaufe 102, 118.

Kindertaufe 121.

Kirchweihe 92.

Klee 253.

Kreuzzeichen beim Exorcismus 50, der Taufe 129, Firmung 177.

Kleider, weiße bei der Taufe 150.

Kuß cf. Par.

Krankenheilung 374.

Lactantius über Buße 278.
Lesungen beim Exorcismus 49, vor der Taufe, Prophezeiungen 125.
Libellatici 339.
Litanei von allen Heiligen 153.
Mack 69, 388.
Marchi 370.
Martene 188, 202.
Martyrer cf. Ablaß.
Mattes 362.
Methodius über die Ehe 427, 449.
Milch und Honig bei der Taufe 151.
Minucius Felix über Dämonen 17.
Minister des Exorcismus 43, der Benediktion 67, der Taufe 115, Firmung 173, Eucharistie 212—221, der Buße 257, (Clemens und Origenes über denselben 261, Minister d. B. = Arzt 263, Verhalten desselben 265), Oelung 377, des Ordo 392.
Missale romanum über Taufwasserweihe 79, Lesungen 125, Eheeinsegnung 460.
Möhler 19, 170, 230, 273, 294.
Montanisten über Buße 318, Ehe 462.
Mysterium, sein Wesen 1, Unterricht in den Mysterien 191.
Namen, Bedeutung derselben 46, bei der Taufe 190, und Firmung 175 ertheilt.
Novatian, seine Weihe 394, über die Buße 332.
Oel, exorcisirt 61, geweiht 83, auf dem Altar 84, am grünen Donnerstag 136, Minister der Weihe 85, Katechumenenöl 86, Krankenöl 87, Oel mit Wasser gemischt 88, als Nahrungsmittel geweiht 89, Weihegebet 89, cf. Balsam und Chrisam.
Oelung als Sakrament 373, warum so wenig erwähnt 373, Schrift und Tradition über dieselbe 374, Spender und Empfänger 377.
Ordo u. Ordination 384, 402, Bischofsweihe nach den A. Con. 405, Clementinen 409, Hippolyt 412, dem röm. Pontificale 414, Presbyteratsweihe 417. Diaconatsweihe 420.
Origenes über das Uebel 28, 33, Besessenheit 36, Exorcismus 46, Taufe 100, 143, Firmung 185, Eucharistie 195, 221, Buße 263, 270, 286, Bußdisciplin 326, 347, Oelung 376, Ordo 390.
Ostern, Tag der Taufe 111, der Communion 377.
Osteroktav 191.
Oswald 389.
Pathen bei der Taufe 124, Firmung 175.
Pastophorien 240.

Pfingsten, Tauftag 112.
Pax nach der Taufe und Firmung 188, Ordination 399.
Piscina 115.
Pontificale romanum, Oelweihe 86, 90, Firmung 186, Aufnahme der Büßer 363, Bischofsweihe 414, die der Presbyter 418, Diaconen 422, Wahl der Cleriker 384, 397.
Priesterweihe, Sakrament 9, 390, Wesen der Weihe 387, Ceremonien 393, und Grade der Weihe 400, 402, Weihegebete der A. Con. im Allgemeinen 403, cf. Ordination.
Presbyter cf. Priesterweihe u. Minister.
Prophezeiungen 126.
Procession nach der Taufe 154.
Renuntiation cf. Widersagung.
Resipiscentia 393.
Reue 271, 280.
Rituale romanum, Exorcismus 53, Taufe 129, 131, 134, 143, Salbung nach der Taufe 187.
Sakrament, Wortbedeutung 1, Wesen 5, Zahl und Aufeinanderfolge 7.
Salbung vor der Taufe 137, bei der Firmung 160, 163, 167, 178, der Kranken und Sterbenden 374, keine bei der Ordination 415.
Sanctus 65.
Salz bei der Taufe 129.
Segnung cf. Benediktion.
Siegel 160.
Stephanus über Firmung u. Buße 362.
Sünden gegen den h. Geist 296, Todsünden 303, 323, nach Origenes 327, vergebbare und nicht vergebbare nach Tertull. 323, Schwierigkeit der Vergebung 246, cf. Vergebung.
Sündenbekenntniß nach der Schrift 274, und Tradition 275, öffentl. Bekenntniß 279, Nothwendigkeit desselben 280, Schwierigkeit desselben 282, Geheimes Bekenntniß und sein Verhältniß zum öffentlichen 284.
Sündenfall, Folgen desselben 16, 20.
Suffragium 383.
Symbolum 3, Symbol 390.
Taufe, Namen 97, Wesen u. Wirkungen 98, Nothwendigkeit 101, Bluttaufe 102, einmalige Taufe 105, 119, Begierdes-, Feuer-, stellvertretende Taufe 107, klinische Taufe 108, Zeit der Taufe 111, Taufe durch Besprengen 109, Ort der Taufe 113, Minister 115, Ketzertaufe 118, Empfänger 120, Kindertaufe 121, Pathen 124.

Taufritus, Verlangen der Taufe, Kreuzeszeichen, Salz 129, Widersagung und Exorcismus 130, Anhauchen u. Aushauchen 133, Salbung 137, Glaubensbekenntniß u. Taufbündniß 141, Spendung durch Untertauchen, Begießen, Besprengen 144, Taufwasser 74, Taufformel 146, Ceremonien nach der Taufe, weißes Kleid 150, Milch u. Honig 151.

Tertullian über die Sakramente 5, 8, Uebel 21, 33, Exorcismus 50, 53, Taufwasser 75, 80, Oelweihe 90, Minister der Taufe 117, über Firmung 164, 178, Minister der Eucharistie 217, über Buße 248, 282, Nichtvergebbarkeit der Todsünden 323, Ehe 435, 439, 446, Trauung 455, zweite Ehe 462, 465.

Theodot excerpta Wasserweihe 75, Oelweihe 84, Firmung 161.

Theophilus, Folgen der Sünde 20, 31, Salbung 162.

Testament der 12 Patriarchen, Keuschheit und Buße 304, 307.

Tischgebet und Segen 68.

Todsünden cf. Sünden.

Trauung vom Priester 455, in der Liturgie 457, 459, Segnung 458, 460, Paranymphen 460, Trauringe 461, Brautkranz 462.

Uebel in der Welt und ihre Entstehung 27, Folge der Endlichkeit der Welt 27, Strafe für Sünden 30, Wirkung der Dämonen 33.

Unkeuschheitssünden 303, 321.

Uhlhorn 12.

Vater unser nach der Taufe u. Firmung 189.

Vergebung aller Sünden durch die Buße 246, Nichtvergebung der Sünden gegen den h. Geist 296, der Todsünden 250, 323.

Verlobung 454, Verlobungstafeln 455.

Virginität 438, kein Sakrament 441.

Waizenbrod 200, cf. Brod.

Wasser, exorcisirt 61, mit Wein gemischt 205.

Wegzehrung 236.

Weidenkörbe 242.

Wein 203, mit Wasser gemischt 205, Farbe des eucharistischen 206.

Weiß 192.

Wiedergeburt durch die Taufe 100, 169, ihre Stadien 195.

Widersagung, ihre Bedeutung und ihr Verhältniß zum Exorcismus 41, 180, zum Glaubensbekenntniß 144.

Wittmann über die Uebel 32.

Zephyrin, Bußedikt 321.

## Druckfehler.

Lies statt: und nicht des S. 33 und nicht das Linie 7.
Objektes S. 42 Subjektes L. 19.
Orte S. 66 Objekte L. 20.
göttlicher Vortheile S. 283 zeitlicher V. L. 25.
milderten. Hätten S. 354 milderte. Hätte L. 14.
u. s. f. S. 382 s. str. L. 19.

www.ingramcontent.com/pod-product-compliance
Lightning Source LLC
Chambersburg PA
CBHW030321020526
44117CB00030B/333